U0541737

好望角

在这里，看见新世界

The Arabs: A History

征服与革命中的
阿拉伯人
1516年至今

［英］尤金·罗根 著
廉超群 李海鹏 译

浙江人民出版社

图书在版编目（CIP）数据

征服与革命中的阿拉伯人：1516年至今／（英）尤金·罗根著；廉超群，李海鹏译. —杭州：浙江人民出版社，2019.7(2024.9重印)
ISBN 978-7-213-09245-9

Ⅰ.①征… Ⅱ.①尤… ②廉… ③李… Ⅲ.①阿拉伯人-民族历史-研究 Ⅳ.①K370.8

中国版本图书馆CIP数据核字(2019)第066365号

浙江省版权局
著作权合同登记章
图字:11-2017-146号

Copyright © 2009 Eugene Rogan
This edition arranged with Felicity Bryan Associates Ltd.
through Andrew Nurnberg Associates International Limited

地图审图号：GS(2019)1668号

征服与革命中的阿拉伯人:1516年至今

[英]尤金·罗根 著 廉超群 李海鹏 译

出版发行：浙江人民出版社(杭州市体育场路347号 邮编 310006)
　　　　　市场部电话：(0571)85061682　85176516
丛书策划：王利波　　　　　　营销编辑：陈雯怡
责任编辑：汪　芳　　　　　　责任校对：朱　妍
责任印务：程　琳　　　　　　封面设计：张庆锋
电脑制版：杭州大漠照排印刷有限公司
印　　刷：杭州富春印务有限公司
开　　本：880毫米×1230毫米　1/32　　印　张：23.625
字　　数：567千字　　　　　　　　　　插　页：18
版　　次：2019年7月第1版　　　　　　印　次：2024年9月第18次印刷
书　　号：ISBN 978-7-213-09245-9
定　　价：138.00元

如发现印装质量问题,影响阅读,请与市场部联系调换。

图 1 和图 2 分别是在 1516—1517 年间征服马木鲁克帝国阿拉伯领土的奥斯曼素丹塞利姆一世和在 1519 年将北非沿海地区纳入奥斯曼统治的巴巴里海盗海伊尔丁·巴巴罗萨。这两幅基于想象的佛罗伦萨绘画，大约是在两人去世后的 1550 年左右完成的。1613—1618 年德鲁兹王法赫尔丁二世流亡佛罗伦萨期间，这两幅画可能是他见到的美第奇家族藏品的一部分。

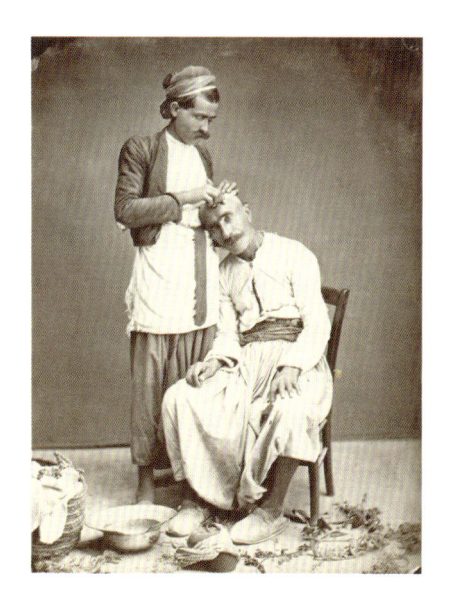

图 3 这名 19 世纪大马士革理发师做生意的方式，同他一个世纪前的同行理发师艾哈迈德·布戴伊里相同。

图4 拿破仑·波拿巴率领法国军队在金字塔之战（1798年7月21日）中大败统治埃及的马木鲁克埃米尔们，成功进入开罗。这幅画是路易·弗朗索瓦·勒热纳（1775—1848）在1806年基于战场速写完成的。勒热纳描绘了马木鲁克骑兵和训练有素的法国步兵间不对等的冲突。用埃及编年史家哲拜尔提的话说，法军"枪声不断，震耳欲聋"。

图5 这幅乔治·伊曼纽尔·奥皮茨（1775—1841）创作的作品描绘了1831年阿卡城门外，年迈的黎巴嫩山统治者埃米尔巴希尔·谢哈卜二世（中间持手杖而立者）向埃及将军易卜拉欣帕夏（马背上）效忠。易卜拉欣是埃及统治者穆罕默德·阿里帕夏之子，他在围攻阿卡6个月后占领了这个战略要塞，完成了对叙利亚的征服。

图6 医生、编年史家米哈伊勒·米舍卡目睹了1831—1832年埃及人对阿卡的围攻,并汇报给统治黎巴嫩山的谢哈卜家族。米舍卡后来担任大马士革美国领事馆的副领事。1860年大马士革屠杀中,他和家人在暴徒的暴力中幸存。在19世纪70年代初米舍卡晚年阶段,邦菲斯创作了这幅肖像画。

图7 穆罕默德·阿里帕夏,是一名出生于卡瓦拉的阿尔巴尼亚人,于1805—1847年间统治埃及,建立了一个覆盖苏丹、希贾兹、大叙利亚和克里特岛的帝国。1840年,他让路易·夏尔·奥古斯特·库代(1790—1873)给他画了这幅坐着的肖像画。同年,他的军队被英国-奥斯曼联军赶出叙利亚。他建立的王朝统治埃及到1952年。

图8 1832年起,埃米尔阿卜杜·卡迪尔领导阿尔及利亚反抗法国统治的运动,直到1847年他最终向奥马勒公爵投降。法国艺术家奥古斯特·雷吉斯(1813—1880)描绘了这次投降的场面。阿卜杜·卡迪尔因其坚决的抵抗而在法国赢得了广泛的尊敬。他受到法国总统路易·拿破仑的隆重接见,随后被光荣地流放到奥斯曼领土上,并享有法国的津贴。他在大马士革定居,在该城1860年的屠杀中拯救了许多基督徒。

图9 麦加谢里夫侯赛因之子埃米尔费萨尔的肖像照。他是1916—1918年反抗奥斯曼人的阿拉伯大起义中阿拉伯军队的首领。1918年2月28日,保罗·卡斯泰尔诺运用奥托克罗姆干版彩色摄影技术在红海亚喀巴港拍摄了这张照片。1920年,费萨尔成为叙利亚国王,同年被法国人罢黜,1921年加冕为伊拉克国王。

图10 1918年3月28日，费萨尔阿拉伯军队的一群贝都因士兵在棕榈树丛中。保罗·卡斯泰尔诺的这张奥托克罗姆干版彩色照片记录了一些男子的脸，他们参与袭击了希贾兹铁路和麦加与大马士革间的奥斯曼沙漠要塞。英国军官T.E.劳伦斯，即著名的"阿拉伯的劳伦斯"，在他的经典之作《智慧七柱》中颂扬了这些袭击。

图11 法国第一任常驻摩洛哥将军路易-赫伯特·利奥泰元帅的肖像照。他是一个创新型的统治者，他那富有同情心的帝国统治方式影响了日后法国对叙利亚的殖民治理。利奥泰的统治被阿卜杜·卡里姆·赫塔比领导的里夫战争（1921—1926）破坏。乔治·舍瓦利耶在1927年拍摄了这张奥托克罗姆干版彩色照片，此时利奥泰已经离开摩洛哥两年。

图12 1925年,阿卜杜·卡里姆·赫塔比在摩洛哥抗击法国人的这些激动人心的画面,激发了阿拉伯世界各地的民族主义者。以北里夫地区的山中要塞为基地,阿卜杜·卡里姆带领他的柏柏尔非正规军先后击败了西班牙人和法国人,直到1926年欧洲联军包围并击败了里夫人。在这张平版印刷画中,拥有现代战机和火炮的法国人在阿卜杜·卡里姆领导的摩洛哥骑兵的紧逼下节节败退,头顶上方的伊斯兰旗帜上写着:"万物非主,唯有真主,穆罕默德是真主的使者。"

图13 法国驻叙利亚首任高级专员亨利·古罗将军的奥托克罗姆干版彩色肖像照,1919年10月3日摄于贝鲁特,拍摄者是奥古斯特·莱昂。古罗曾任利奥泰在摩洛哥时的助手,尝试应用利奥泰的多项措施来支持法国对叙利亚的统治,但失败了。他的分而治之的策略最终在叙利亚激起了一场从1925年持续至1927年的全国性的反叛。这场反叛最终被镇压。

图 14　1919 年 11 月 22 日，法国统治下的贝鲁特。法国三色旗装点着奥斯曼钟楼和主行政中心的阳台，军队在底下的阅兵广场上扎营。虽然一些黎巴嫩人在 1919 年的巴黎和会上积极寻求法国的委任统治，但他们希望法国扮演一个更无私的角色，来帮助他们建立独立国家所必需的机构。

图 15　1925 年，被法国炮火摧毁的大马士革。1925 年 10 月，大马士革人起义反抗法国的殖民统治。起义者涌入阿兹姆宫，试图俘获法国高级专员莫里斯·萨拉伊。法国统治当局清空了这座宫殿，将火炮对准周边的街区，轰炸了 48 小时。一名目击者记录道，在大马士革，"毁灭性的炮弹和大火吞噬了 600 多座最美的房屋"。照片的前部就是阿兹姆宫的废墟。

图 16 萨阿德·扎格卢勒和埃及代表团的其他成员结束在马耳他的流放后回国。1919年3月8日,扎格卢勒被捕,激起埃及全国的民族主义示威。民众的压力迫使英国收回其政策,允许扎格卢勒和代表团成员回开罗,并作为埃及的代表参加巴黎和会。但代表团的努力是徒劳的:列强早已承认英国为埃及的保护国。照片上,扎格卢勒被安排坐在中间,握着手杖。他的右边是伊斯玛仪·西德基,两人后来分道扬镳,西德基成为埃及"自由化时代"的反面人物。

图 17 1919年,妇女首次参与埃及的国家政治,登上世界各大媒体的头条。这份法国周刊描绘了英国骑警注视下一众男性中间一群蒙头蔽面的女性,以大力宣扬"埃及的女性示威"。胡达·沙拉维是这场运动的领导者之一,她的丈夫阿里与扎格卢勒一同被流放。

图18 在这张1928年摄于吉达的照片中间戴着眼镜、高出身边众顾问一头的人是阿卜杜·阿齐兹·本·阿卜杜·拉赫曼·费萨尔·阿勒·沙特,在西方更多以伊本·沙特而闻名,他是现代沙特阿拉伯王国的创建者。他在1925年征服希贾兹的哈希姆王国之后,获得了"纳季德素丹兼希贾兹国王"的称号。1932年,伊本·沙特将他的王国重新命名为沙特阿拉伯,使之成为唯一一个以统治家族命名的现代国家。

图19 法乌齐·盖伍格吉(中间)与1936—1939年巴勒斯坦阿拉伯起义的领导人在一起。盖伍格吉参加了阿拉伯人反抗欧洲统治最有名的几次起义,包括叙利亚的麦赛伦战役(1920)、叙利亚起义(1925—1927)、巴勒斯坦阿拉伯起义和伊拉克的拉希德·阿里军事政变(1941)。二战期间,他在纳粹德国避难,躲避英国人的追捕。二战后的1947—1948年,他回到巴勒斯坦,领导阿拉伯解放军。

图20 惩戒性惩罚：英国军队摧毁了被怀疑支持1936—1939年阿拉伯起义的村民的房屋。这种未走常规程序而进行的集体惩罚，其合法性来自英国统治当局为打击阿拉伯起义而通过的一系列紧急法规。1936—1940年间，大约有2000所房屋被毁。

图21 1943年8月17日，叙利亚议会召开。在1941年7月自由法国宣布叙利亚和黎巴嫩独立后，叙利亚人投票选举出了他们首个独立政府。民族联盟获得了明显的多数，在第一届议会会议（如照片中所示）中，该党派领导人舒克里·古瓦特里当选为叙利亚共和国总统。

图22 1945年5月29日，叙利亚议会一片狼藉。尽管法国做出了保证，但戴高乐的政府无意承认叙利亚的完全独立，拒绝将该国军队的控制权移交总统古瓦特里的政府。1945年5月，当叙利亚人起身进行民族主义示威时，法国人突袭了议会，向政府机关开火，并炮轰大马士革的住宅区，试图将他们的权威强加在不情愿的叙利亚人身上，但他们的尝试失败了。1946年4月，最后一名法国士兵撤离叙利亚。

1948 年为巴勒斯坦而战

图 23　这张摆拍的宣传照展现了一群集合了常规军和非常规军的士兵，在一名头戴缠头的穆斯林宗教人士的指挥下，保卫耶路撒冷城墙，抵御犹太人的进攻。

图 24　事实上，巴勒斯坦战士在 1948 年没有做好保卫国家的准备。由于缺乏装备和训练，没有人拥有能与 1948 年他们所面对的犹太部队相匹敌的战斗经验。更糟糕的是，他们低估了对手。5 月 14 日，英国从巴勒斯坦撤军后，他们被犹太部队彻底击败。

图25　1952年7月在埃及掌权后不久的埃及自由军官们。51岁的穆罕默德·纳吉布将军（坐在桌后）是平均年龄34岁的年轻自由军官中的老政治家。1954年，贾马勒·阿卜杜·纳赛尔中校（坐在纳吉布右边）软禁纳吉布并就任总统。站在纳吉布右边的是纳赛尔的得力助手阿卜杜·哈基姆·阿米尔少校。埃及共和国的第三任总统、中校安瓦尔·萨达特坐在左数第四位。

图26　这张照片展示的是阿尔及利亚民族解放阵线的领导人即将登上那架将他们送向被俘命运的摩洛哥客机。1956年10月22日，法国战机拦截了这架原本飞往突尼斯的DC-3飞机，并迫使该机在阿尔及利亚城市奥兰降落。艾哈迈德·本·贝拉、穆罕默德·黑德尔和霍辛·艾耶特·艾哈迈德（从左至右）被捕并被关押至阿尔及利亚战争结束。摩洛哥素丹穆罕默德五世之子穆莱哈桑王子（后来的哈桑二世国王，照片中身着制服）为这些阿尔及利亚的革命者送行。

1958 年黎巴嫩内战

图 27　1958 年 10 月，在抵制总理拉希德·卡拉米、总统福阿德·谢哈卜新政府的民众抗议活动中，很多前总统卡米勒·夏蒙的基督徒妇女支持者走上街头，用扫帚柄来骚扰黎巴嫩政府军的士兵。据称有很多妇女在冲突中受伤。

图 28　1958 年 7 月伊拉克革命爆发后，总统夏蒙以压制"共产主义颠覆"为由寻求美国支持，黎巴嫩也成为唯一一个援引艾森豪威尔主义条款的国家。3 天之内就有约 6000 名美国海军陆战队士兵在黎海岸线登陆，他们的一举一动引发了贝鲁特居民的密切关注。在 10 月 25 日未发一枪一弹而悄然撤离前，这支部队的数量已增至 1.5 万人，还保有第六舰队和舰载飞机的支持。[原标题：好奇的黎巴嫩人观看美国海军陆战队士兵休息……]

图29 阿卜杜·萨拉姆·阿里夫上校是1958年7月推翻哈希姆王室的伊拉克革命的领导人之一。7月14日，阿里夫成功占领伊拉克国家广播电台，向震惊的伊拉克民众宣布了国王费萨尔二世的死讯以及共和国建立的消息，伊拉克人民全力支持革命。图中阿里夫正在什叶派圣城纳杰夫向聚集的支持者发表讲话，阐述新政府的目标和改革计划。随后在1963年，阿里夫又推翻了总统阿卜杜·卡里姆·卡西姆，从而成为伊拉克共和国第二任总统。

1967年6月战争

图30 1967年6月5日清晨，以色列空军向埃及、约旦、叙利亚空军基地发动了一系列毁灭性的突袭，从而掀开了1967年6月战争的帷幕。在不到3小时的时间内，以色列人摧毁了埃及85%的战斗机，使其空军基地完全瘫痪。在取得了空中优势后，以色列地面部队横扫西奈、约旦河西岸和戈兰高地，彻底击溃了埃及、约旦、叙利亚三国军队。图中是以色列士兵正在西奈的一处空军基地检查被摧毁的埃及战机。

图31 1967年6月以色列对约旦河西岸的占领，迫使超过30万名巴勒斯坦人逃往约旦河东岸寻求避难。战争期间连接约旦河东西两岸的道路、桥梁遭到彻底破坏，这也使得难民们的逃亡之路更加凶险。很多新难民仅带着少量可携带的财产就踏上了逃亡之路。

巴勒斯坦劫持事件

图 32 莱拉·哈立德是解放巴勒斯坦人民阵线成员。1969 年，她成功劫持了环球航空公司一架由罗马飞往大马士革的飞机，最终所有乘客和机组人员都被安全释放。其第二次行动针对一架以色列客机，但被以色列国家航空公司的安保人员挫败，她的同伴被当场击毙，她本人则被制服，并在飞机紧急迫降伦敦后被英国警方逮捕。作为犯人交换计划的一部分，莱拉·哈立德于 1970 年 10 月 1 日被英国政府释放。

图 33 解放巴勒斯坦人民阵线控制了约旦首都安曼以东道森机场的一条废弃跑道，并宣布将其重新命名为"革命机场"。1970 年 9 月 6 日至 9 日，"人阵"先后将一架美国环球航空公司客机、一架英国海外航空公司客机以及一架瑞士航空客机劫持至"革命机场"。9 月 12 日，在清空机上全部 310 名人员后，3 架被劫客机全部被炸毁。这次行动成功地吸引了国际社会对巴勒斯坦问题的关注，但也驱使侯赛因国王在 1970—1971 年血腥的"黑九月"战争中将巴勒斯坦运动彻底清除出约旦。

图 34　年轻上尉穆阿迈尔·卡扎菲于 1969 年发动军事政变推翻了利比亚王室，建立了一个全新的"民众国"。1970 年，他宣布将利比亚石油工业收归国有，声称政府将垄断国内石油资源的生产、标价和利润。其他阿拉伯产油国也追随其步伐，提升了这些国家的全球经济影响力。

图 35　1973 年 10 月 6 日下午，埃及军队跨越苏伊士运河，成功突破了以色列人沿巴列夫防线所布置的坚固的沙筑工事防御体系。由于是在犹太人的赎罪日发动袭击，埃及人打得以色列人措手不及，在进攻发起后仅几分钟之内就成功地在 1967 年 6 月战争中失去的西奈领土上升起了本国国旗。这也是阿拉伯世界在长达 20 年的战争状态中首次在战场上击败这个犹太国家。

图36 经过一周的激烈战斗，以色列人重整旗鼓，开始向叙利亚和埃及发动攻势。他们利用埃及人10月6日以水枪在巴列夫防线防御工事上打开的缺口横渡苏伊士运河，包围了位于运河西岸的埃及军队。结果战场上两国陷入僵持，埃及总统安瓦尔·萨达特则将这一军事僵局转化为政治优势。

图37 在1973年10月激战正酣之际，阿拉伯产油国动用了其石油武器，对世界经济产生了灾难性的影响。美国因其对以色列战备工作的支持，面临着阿拉伯世界的全面石油禁运。1973年12月，美国国务卿基辛格在对阿拉伯国家的巡回访问期间，呼吁沙特国王费萨尔解除沙特对美国的石油禁运，但并未取得成功。1974年3月，阿拉伯产油国才最终解除了石油禁运。

图38 在1974年11月13日受邀在联合国大会发表演讲期间，巴解组织主席亚西尔·阿拉法特享受了国家元首级别的待遇。以色列代表团从其前排座位上集体退场，以示抗议。"今天，我来到这里，一手拿着橄榄枝，一手拿着自由战士的枪，"他在座无虚席的大厅中说道，"不要让橄榄枝从我手中滑落。"

图39 1975—1976年黎巴嫩内战期间，整片整片的贝鲁特街区因内战暴力而被夷为平地。然而，这仅仅是一场延续长达15年的冲突的第一阶段，在此期间，黎巴嫩国内没有一块土地能够幸免。

1981年10月6日安瓦尔·萨达特遇刺

图40 1981年10月6日,埃及总统安瓦尔·萨达特遇刺身亡。萨达特为庆祝作为其总统任期高光时刻的1973年战争,每年都坚持全身戎装地出席10月6日的阅兵仪式。1979年后,埃及因打破阿拉伯内部阵线、与以色列单独签署和平协议而遭到孤立,一年一度的阅兵式对萨达特而言就显得更为重要。图为1981年埃及总统乘坐一辆豪华敞篷轿车,参加他的最后一次10月6日阅兵。

图41 阅兵式意料之中的沉闷突然被打破:一辆炮兵卡车突然脱离车队,车上的武装人员向检阅台开火。萨达特总统几乎当场死亡,刺杀者是一名叫哈立德·伊斯兰布里的伊斯兰主义者。他高喊道:"我杀死了法老,我不怕死。"

图 42 发生在萨布拉、沙蒂拉难民营的暴行,迫使美国、法国和意大利部队返回黎巴嫩。尽管是作为维和部队进入黎巴嫩,但为了支持总统艾敏·杰马耶勒政府,他们却被迫卷入了黎巴嫩的战斗。1983 年 10 月 23 日,一系列经过精心协调的自杀式爆炸袭击将法国和美国营地夷为平地,瞬间就炸死了 241 名美军士兵和 58 名法国伞兵部队军人。图中为美国海军陆战队成员在其位于贝鲁特国际机场附近总部的废墟中开展救援行动。

图 43 20 世纪 80 年代,黎巴嫩什叶派发展为一支新兴的力量。他们与 1983 年针对法国和美国军队总部的袭击以及一系列针对黎境内以色列部队的毁灭性袭击关系密切。1985 年,在伊朗支持下一个名为真主党的新组织悄然成立。作为一支民兵力量,真主党的活动使得以色列在黎巴嫩南部的阵地难以维持,最终迫使以色列于 2000 年单方面撤军。图为 1989 年什叶派宗教人士在贝鲁特西区领导真主党成员举行阿舒拉节庆祝活动。

图44 为了将巴解组织战士逐出黎巴嫩首都，1982年7月以色列人对贝鲁特西区进行了围攻，也让这座满目疮痍的城市经历了一轮前所未有的暴力。在美国总统罗纳德·里根的介入下，以色列人才于8月解除了对贝鲁特的包围。根据调解结果，巴解组织战斗人员将在一支由美国、法国、意大利的维和人员组成的国际部队的监督下完成撤离。

图45 1982年8月22日，巴勒斯坦战士登上卡车驶往不远处的贝鲁特港，在那里他们将登船开启流亡之旅。自从1970—1971年巴解组织被逐出约旦以来，贝鲁特就一直是巴勒斯坦人反抗以色列武装斗争的中心。巴勒斯坦战士宣称在抵制以色列人围攻的战斗中取得了胜利，他们是在巴勒斯坦旗帜和阿拉法特的画像之下，携带着武器撤离贝鲁特的。

图46 在1948年战争中逃离家园的巴勒斯坦难民至今仍居住在难民营内。这些难民成为黎巴嫩基督徒民兵组织易于袭击的目标，后者指责巴勒斯坦人应为黎巴嫩内战期间几次最严重的暴力冲突负责。1982年9月，在多国部队撤离贝鲁特、马龙派总统巴希尔·杰马耶勒遭暗杀身亡后，基督徒民兵在以色列人的掩护下进入萨布拉和沙蒂拉难民营，对手无寸铁的巴勒斯坦难民进行了疯狂屠杀。图中为屠杀刚刚结束后一位幸存者走在萨布拉难民营的瓦砾边。

图47 1991年海湾战争"沙漠风暴"行动击退了1990年伊拉克对科威特的入侵。在遭受长达数周的空袭之后，伊拉克军队在地面战斗开始前夕点燃了科威特国内700口油井，打响了对科威特及其支持者的环境和经济战。

图48 伊拉克军队急于在惨烈的地面战争开始前撤离科威特，征用了大量卡车和汽车。在科威特向北通往伊拉克的80号高速公路上，数以千计的伊拉克车辆在完全暴露的情况下被美国战机击毁，这条公路也因此被称为"死亡公路"。过度的杀戮引发了国际社会的谴责，也迫使美国总统乔治·赫伯特·沃克·布什于1991年2月28日终止了"沙漠风暴"行动。

图49 解放科威特带来了一个计划之外的结果：巴以之间开启了第一次有意义的和平进程。在挪威外交部的支持下开展的秘密"二轨外交"，最终促成巴以双方于1993年9月13日签署《奥斯陆协议》。签署当日，在美国总统比尔·克林顿的协调下，多年的对手亚西尔·阿拉法特和伊扎克·拉宾在白宫实现历史性握手。

出版者言

当今的世界与中国正在经历巨大的转型与变迁，她们过去经历了什么、正在面对什么、将会走向哪里，是每一个活在当下的思考者都需要追问的问题，也是我们作为出版者应该努力回应、解答的问题。出版者应该成为文明的瞭望者和传播者，面对生活，应该永远在场，永远开放，永远创新。出版"好望角"书系，正是我们回应时代之问、历史之问，解答读者灵魂之惑、精神之惑、道路之惑的尝试和努力。

本书系所选书目经专家团队和出版者反复商讨、比较后确定。作者来自不同的文化背景，拥有不同的思维方式，我们希望通过"好望角"，让读者看见一个新的世界，打开新的视野，突破一隅之见。当然，书中的局限和偏见在所难免，相信读者自有判断。

非洲南部"好望角"本名"风暴角"，海浪汹涌，风暴不断。1488年2月，当葡萄牙航海家迪亚士的船队抵达这片海域时，恰风和日丽，船员们惊异地凝望着这个隐藏了许多个世纪的壮美岬角，随船历史学家巴若斯记录了这一时刻：

"我们看见的不仅是一个海角，而且是一个新的世界！"

浙江人民出版社

佳评推荐

该书叙事堪称杰出、动人、华丽，随处可见光彩夺目的人物刻画、妙趣横生的旁白和权威睿智的学术洞见，当今世界的很多重要问题都可以在这里找到答案。

——西蒙·S. 蒙蒂菲奥里（《耶路撒冷三千年》作者），《金融时报》

本书以1516年奥斯曼帝国征服阿拉伯世界作为起点，从地缘政治变迁和社会转型的角度出发，深度梳理五百年来阿拉伯人从摆脱外族奴役到建立主权国家和实现民族复兴的曲折历程，探究当今阿拉伯世界诸多困境的历史成因，谈古论今，视野开阔，行文朴实，雅俗共赏，尤其是选用史料丰富生动，构思独具特色，加之译者专业功底和语言能力俱佳，具有很强的可读性，是目前学界难得一见的好书。

——中东史研究专家、天津师范大学教授哈全安

栩栩如生、引人入胜、欲罢不能，一部讲述阿拉伯人希望与失望的流畅动人的历史。

——《卫报》

极其生动和权威……他是运用阿拉伯资料的大师。

——马克思·黑斯廷斯，《星期日泰晤士报》

杰作……必读。

——安东尼·萨廷，《旁观者》

一部精心创作的历史杰作。如果你想了解现代阿拉伯人是什么样的，

以及他们与西方世界的关系是如何演变的,本书是最佳选择。

——基什维尔·福克纳,《前景》

这是研究这个复杂而有争议地区的一块学术里程碑。西方学者关于中东的著作汗牛充栋,但大多秉持外部视角。罗根……使用了大量阿拉伯语材料,从阿拉伯人自己的视角讲述阿拉伯人的历史。这是一个动人的故事,尤金·罗根是讲述这个故事最有天赋的编年史家。

——阿维·施莱姆,《铁墙:以色列与阿拉伯世界》作者

关注大国之间的博弈和事件的发展过程,将阿拉伯历史置于现代语境之中。

——《经济学人》年度好书

尤金·罗根书写了一部权威而广博的历史。

——弗朗西斯·罗宾逊,《时代周刊文学副刊》

展现了西方的干涉和腐败的本土领导如何剥夺了阿拉伯世界的权利,且使其自我倾轧。

——乔治·彭德尔,《金融时报》年度好书

尤金·罗根要讲述的历史是血腥的、多样的、动人的,但令人遗憾的是,这段历史通常是大家不熟悉的……这是一本必读指南,解释了为什么伊斯兰世界对西方怀恨在心。

——迈克尔·派伊,《苏格兰人报》

[故事]引人入胜,讲述精彩绝伦……一直以来,阿拉伯人努力争取西方更平等的对待,但仍未成功,在这个大背景下分析[阿以冲突],是本书最为突出的价值……堪称历史书写的典范。

——《经济学人》

他做到了一个凡人能做到的客观公正……若想对这一地区晚近的历史有一个清晰、高效、可靠的了解，本书必不可少。

——斯蒂芬·豪，《新人文主义者》

扣人心弦。

——迈克尔·克里根，《苏格兰人报》年度好书

一部有趣、优雅的作品，对这个多元民族的观察令人耳目一新。在美国，这个民族的历史、文化和性格常被严重误解（若非主动歪曲的话）。读一读，你会了解到很多。

——斯蒂芬·M. 沃尔特，《外交政策》网站

［罗根］提供了一个棱镜，透过它，西方的普通读者可以看到五个世纪的喧嚣与狂热、混乱与困境……罗根学识渊博，极富人情味，他一直在全力呈现东西方之间大量的共同点。

——《大西洋月刊》

这项广博的研究在连贯叙事和细节呈现间取得了平衡，具有可读性和说服力。因此，罗根的作品当与希提和侯拉尼的早期经典相媲美。

——《外交事务》

罗根以一种既不草率又不激烈的方式，基于阿拉伯人自己的经历，勾勒了五百年的历史，从某种程度上说，这是惊人的壮举……［罗根］能够收集并整合如此丰富的信息来展示各方的人性善恶，同时既不屈从也不接受传统观念，这是真正了不起的。希望美国的决策者能人手一册，并好好做笔记。

——《达拉斯新闻晨报》

一部文采斐然的宏大叙事作品，书写乐观与绝望……对广大读者来说，罗根的这部作品生动且富于感召力，兼具时效性和启发性。他通过一个个阿拉伯平民、知识分子、活动家和政治领袖的声音来讲述历史，提供了一个当下亟需的内部视角，同阿拉伯世界在媒体中的刻板形象构成微妙的反差。此外，对于阿拉伯世界与其历史上的"他者"——欧洲、西方和以色列间那些充满争议却又常被简单化的关系，本书揭示了一些不为人熟知且令人不安的事实。这本著作本身已十分引人入胜，又因其同全球事务的相关性而为人们的思考提供了营养。

——《BBC 历史杂志》

极具可读性……本书取材于日记、回忆录和报纸中的亲历者的叙述，这一叙述同许多西方历史学家所写的不同，它充满阿拉伯人报道和反思这些动荡事件的声音……本书的优点之一是所覆盖的地理范围。就这一时期的历史而言，几乎没有其他历史学家试图去覆盖整个阿拉伯语世界。

——安娜·亚历山大，《社会主义评论》

第一手的故事、生动的叙述、出色的研究。

——玛丽·罗素，《爱尔兰时报》

阅读这样一本重要的新书让人愉悦，这本书是一位严肃的学者写的，他介绍了一个地区的背景，这个地区在未来的几年中将越来越受人关注……罗根讲的是一个快速发展的有关权力的故事，我们很难不被字里行间的激情打动……罗根的历史是有深度的。他为与他同时代的人们贡献了杰出的作品。

——马克·艾伦，《碑铭》

中译本序

2016年1月,中国政府发布了首份《中国对阿拉伯国家政策文件》,文件称:"中国同阿拉伯国家的友谊源远流长",已延续了2000多年。

很明显,阿拉伯人和中国人有着深厚的历史联系。据说,先知穆罕默德曾对追随者说:"求知哪怕远至中国。"他的继任者奥斯曼·本·阿凡(Uthman Ibn Affan,644—656年在位)曾向唐朝派遣使节。801年,被阿拔斯王朝俘虏的旅行家杜环回到中国后曾撰文描述巴格达。15世纪初,著名的航海家郑和航行到过阿拉伯半岛。显然,阿拉伯文明和中华文明之间的关系跨越了千年。

然而,在现代,中国与阿拉伯世界的关系相对较新。经过几个世纪有限的交流,阿拉伯国家直到20世纪50年代才开始与中国建立关系。从1956年5月同贾马勒·阿卜杜·纳赛尔领导的埃及建交开始,到1990年7月与沙特互派大使,中国用了34年的时间才与全部22个阿拉伯国家建立了外交关系。20世纪下半叶,中阿关系的目标和成就依然不太显著。

进入21世纪,中国已经成为一个全球经济强国,在阿拉伯世界具有巨大影响力。阿拉伯世界已成为中国第七大贸易伙伴,2005—2014年间,双边贸易增长了500%。自2014年以来,中国对几乎每个阿拉伯国家的出口都超过了美国。2013年,"一带一路"倡议宣布,中国与阿拉伯世界的关系将在未来得到更显著的发展。

因此,我这本阿拉伯近现代史的著作在中国出版,适逢其时。随着中国在阿拉伯地区的经济参与越来越深入,政策制定者和公众都将希望获得世界上更多的关于这个迷人地区的信息。历史是理解世界任何地方的必要起点。

我承认,当初写本书时,我并没有顾及中国读者。本书最初是我在2001年9月11日基地组织在纽约和华盛顿发动袭击后为西方读者写的。美国政府及其盟友对美国本土遭受的最严重的袭击做出回应,对阿拉伯和伊斯兰世界发动了反恐战争。2001年和2003年以美国为首发动的阿富汗战争和伊拉克战争似乎证实了文明之间存在冲突,这对世界的稳定是有害的,并有可能加剧美国在"9·11"袭击后面临的安全威胁。

21世纪初,西方和伊斯兰世界之间的冲突因彼此误解而愈演愈烈。美国人开始将伊斯兰极端主义视为对他们的安全、价值观和生活方式的最大威胁。他们没有意识到的是,他们在反恐战争中奉行的政策,使西方成为对阿拉伯和伊斯兰世界人民的安全、价值观和生活方式的最大威胁。

作为一名在阿拉伯世界生活了10多年、研究这个地区40多年的西方学者,我觉得我有责任分享我的知识和经验,以帮助弥合西方和伊斯兰世界之间的鸿沟。我想,于我而言,最佳的方式是为普通读者写一部历史,这部历史将采用过去5个世纪种种事件的阿拉伯亲历者的记述来记录阿拉伯人的现代历程,即阿拉伯人眼中的现代世界的历史。

在写这段历史的过程中,我试图展现外部势力如何对阿拉伯历史产生了巨大影响。奥斯曼时代即将结束时,英国和法国在该地区发挥了主导作用。1830年,法国占领阿尔及利亚,帝国时代开启,直至1971年英国从波斯湾的阿拉伯国家撤出才结束。在帝国时代结束之前,美国和苏联就已经将中东拖入了冷战的分裂政治,1946—1991年,阿拉伯人一直处于超级大国的控制之下。自苏联解体以来,阿拉伯世界一直处于美国的单极势力之下。这使得进入21世纪以来的岁月成为阿拉伯现代史上最痛苦的时期。痛苦的经历鼓励阿拉伯人寻求新的合作伙伴,以平衡美国在阿拉伯地区的影响力。对许多阿拉伯国家政府来说,中国就是解决之道。

20世纪,中国与中东的交往始终有别于其他世界大国。1949年,从自己的革命经历中走出来的人民共和国,积极推动反帝和民族解放运动。虽然是一个社会主义国家,但中国并不试图将中东拖入冷战的分裂政治。相反,通过万隆会议,中国寻求推动一种替代冷战的不结盟方式,事实证明,这种方式对中东各国的领导人和人民非常有吸引力。

1956年5月,从埃及开始,阿拉伯国家开始与这个人民共和国建立外交关系。20世纪50年代,有6个阿拉伯国家与中国互派大使,其中既有叙利亚、伊拉克和阿尔及利亚临时政府等革命共和国,也有也门和摩洛哥等更为保守的君主国。20世纪70年代和80年代,中东和北非的其他国家与中国实现了关系正常化,较为保守的阿拉伯海湾国家——阿拉伯联合酋长国、卡塔尔、巴林和沙特阿拉伯在1984—1990年间也完成了阿拉伯世界与中国的全面建交。

因此,在中东,中国是一个新的力量。中国来到这一地区时,既没有困扰欧洲与阿拉伯世界关系的帝国遗产,也没有俄罗斯人和美国人在冷战期间建立的庇护关系。然而,中国在阿拉伯世界的经济影响力几乎肯定会改变其参与该地区事务的性质。中国是一个大国,中国在阿拉伯世界的投资在使其参与中东经济的同时,也会使其参与中东政治。因此，对中东感兴趣的学者和决策者，将通过尽可能多地阅读该地区的历史而受益。为避免历史的错误重演，从历史中吸取教训特别有意义。

在我与中国大学的学术交流中，中国学者对当代阿拉伯世界政治和经济的认知水平让我印象深刻。我也注意到中国学者给这一地区的研究引入了不同的观点，挑战了西方学界的许多假设。因此，我相信中国学者和西方学者之间的交流可以增进我们彼此对这个共同感兴趣的地区的认识。我希望西方读者能够通过翻译了解更多关于阿拉伯近现代史的中国学术研究，并希望我们能基于中国档案了解更多中国与阿拉伯世界交流互动的历史。

我非常自豪和高兴地看到，我这部关于阿拉伯世界的历史著作能通过该领域的优秀学者——北京大学阿拉伯语系的助理教授廉超群博士和李海鹏博士的优秀译本介绍给中国读者。我要向他们表示感谢，感谢他们对这一项目的倾情投入。同时，也非常感谢天津师范大学哈全安教授通读译稿，并对个别之处进行修改和完善。这些学者慷慨地贡献了他们对阿拉伯世界的深刻认识，使我能够同中国读者分享我对阿拉伯历史的思考。

尤金·罗根
2018 年 11 月于牛津

目 录

中译本序 / 001

序　言 / 001

第一章　从开罗到伊斯坦布尔 / 017

第二章　阿拉伯人挑战奥斯曼统治 / 052

第三章　穆罕默德·阿里的埃及帝国 / 079

第四章　改革的危险 / 109

第五章　第一波殖民主义：北非 / 138

第六章　分而治之：第一次世界大战及战后解决方案 / 186

第七章　大英帝国在中东 / 223

第八章　法兰西帝国在中东 / 273

第九章　巴勒斯坦灾难及其后果 / 323

第十章　阿拉伯民族主义的兴起 / 365

第十一章　阿拉伯民族主义的衰落 / 421

第十二章　石油时代 / 471

第十三章　伊斯兰的力量 / 527

第十四章　冷战之后 / 582

第十五章　21世纪的阿拉伯人 / 640

致　　谢 / 679

图片版权许可 / 682

注　　释 / 684

原书索引 / 716

序　言

菲达·哈姆迪(Fayda Hamdy)是在牢房里得知突尼斯总统下台的。这一天是2011年1月14日,宰因·阿比丁·本·阿里(Zine el-Abidine Ben Ali)已经统治突尼斯超过23年了。为推翻这个强人,哈姆迪扮演了不小的角色,虽然她不敢向狱友承认这一点。哈姆迪是小城西迪布济德的市政巡视员,她被指控侮辱了一名街头小贩,后者的自焚在突尼斯激起全国范围的示威游行,并最终引发北非和中东地区的一系列群众性运动,统称"阿拉伯之春"。

西迪布济德是突尼斯一个被游客和政府忽视的省内小城。4周前,2010年12月17日,菲达·哈姆迪在她家乡的菜市场里转悠。她是一个40多岁的女人,身着正式的蓝色制服,她的肩章和肩章上的条纹显示着她的权威。两名男同事陪伴着她。大多数无牌小贩会在巡视员接近时逃离,但26岁的街头小贩穆罕默德·布瓦齐齐(Mohamed Bouazizi)拒绝让步。哈姆迪认识布瓦齐齐,且已经警告过他不要在市场附近无证销售水果。12月17日,布瓦齐齐坚持不走,指责巡视员骚扰、腐败。争吵升级,双方大吵大闹,布瓦齐齐护着他的推车,巡视员没收了这个年轻人的货物。

巡视员和布瓦齐齐间的这场致命的混战中到底发生了什么,没有定论。年轻小贩的朋友和家人坚持认为,菲达·哈姆迪侮辱并掌掴穆

2 罕默德·布瓦齐齐——"这在中东社会是一种严重侮辱",随后命令同事没收了他的水果和秤。菲达·哈姆迪否认曾向这个街头小贩伸出过手,她声称,当巡视员没收他的货物时,"布瓦齐齐袭击了我们,割伤了我的手指"。细节很重要,因为布瓦齐齐的反应如此极端,以至于无论是他的朋友还是和他不相干的人都难以解释他后来的行为。[1]

同巡视员的对抗让布瓦齐齐满心愤怒。对抗结束后,布瓦齐齐立即向西迪布济德市政办公室讨要说法,但没有得到同情的倾听,反而又遭到了殴打的羞辱。他转而去往市长办公室,但后者拒绝接待他。在那一刻,有根弦"啪"的一声断了。他的姐姐巴斯玛·布瓦齐齐解释说:"我弟弟的经历,从没收他的水果推车到被一个女人侮辱和扇耳光……足以让他失去理智,特别是在所有市政官员都拒绝与他见面,他无法抱怨这种虐待行为之后。"

此刻已是中午,市长办公室周围的街道上挤满了市民,穆罕默德·布瓦齐齐往衣服上浇油漆稀释剂,点燃了自己。旁观者中,有人拍下了这一可怕的场景,有人急忙上前试图扑灭布瓦齐齐身上的火焰,他身上的烧伤面积达90%。他昏倒了,被送往附近城镇本阿鲁斯的医院。

布瓦齐齐孤注一掷的自焚行为让西迪布济德的市民们震惊。他们和他一样感受到了不公,普通民众在勉强维持生计,而政府似乎在与他们作对。当天下午,布瓦齐齐的朋友和家人在市长办公室外他自焚的地方举行了一次自发的示威。他们朝铁门扔硬币,喊着:"这是给你的贿赂!"警察用警棍驱散愤怒的群众,但第二天,更多的示威者卷土重来。警察使用催泪瓦斯,并向人群开枪。两人被警察击中,伤重不治。此时,布瓦齐齐的病情也恶化了。

西迪布济德抗议的消息传到了首都突尼斯城,由毕业生、专业人士和受过教育的失业者组成的躁动不安的年轻人,通过社交媒体传播了布瓦齐齐的苦难经历。他们将布瓦齐齐接纳为他们的一员,假称他是一名未就业的大学毕业生(尽管他没有完成高中学业,但他帮助支付他姐妹上大学的学费),沦落到靠售卖蔬果来满足生活需求。他们在脸书上建了一个小组,布瓦齐齐的故事极速传开了。阿拉伯卫星电视频道半岛台的一名记者获知了这个故事。政府控制下的突尼斯媒体没有报道西迪布济德发生的麻烦事,但半岛台报道了。西迪布济德的弱势群体起身行使他们反抗腐败和权力滥用的权利,这一故事每晚在半岛台的网络中播出,传播给了全球的阿拉伯收视者。

穆罕默德·布瓦齐齐的自焚,激起公众舆论反对总统宰因·阿比丁·本·阿里治下突尼斯的每一处不公:腐败、权力滥用、对普通民众处境漠不关心、经济发展未能给青年人提供机会。突尼斯的抗议运动激发起对这类问题十分熟悉的阿拉伯世界的公民,他们通过电视关注事态的发展。已掌权23年的本·阿里一筹莫展。示威扩散到卡塞林、塔莱、布宰因营等其他穷困的内陆城市,最终在突尼斯城爆发。

突尼斯各城市持续升级的紧张局势迫使本·阿里做出回应。12月28日,布瓦齐齐自焚11天后,突尼斯总统造访了这名濒死之人的病房。政府控制的突尼斯媒体,一直以来轻描淡写地报道全国各地的示威,这回却在黄金时段报道了总统的探视。报纸和电视上充斥着这样的画面:本·阿里满心关切地询问照料布瓦齐齐的医生——布瓦齐齐此时已失去意识,烧伤的身体裹在纱布中。本·阿里将布瓦齐齐的家人请到总统府,承诺他将尽一切所能挽救他们儿子的生命。他下令逮捕菲达·哈姆迪,这名被指控掌掴布瓦齐齐、刺激后者自焚的市政巡视员。

2011年1月4日,布瓦齐齐伤重不治。突尼斯的抗议者们宣布这名街头小贩为烈士,那位市政巡视员成为本·阿里政权的替罪羊。她同普通囚犯一起被关押在加夫萨,她对布瓦齐齐的死负有责任,公众对此大加斥责，因此律师们拒绝担任她的代理。哈姆迪向狱友们隐瞒了身份，自称是一名教师，因"掌掴一个小男孩"而入狱。她后来承认："我害怕告诉他们真相。"[2]

1月前两周，示威蔓延到突尼斯的所有主要城镇。警察使用暴力回应，导致200人死亡，另有数百人受伤。但突尼斯的职业军队拒绝代表本·阿里的政权进行干预。当本·阿里意识到他不再享有军队的忠诚且没有任何让步举措可以安抚示威者时，便于2011年1月14日退下总统职位逃往沙特，此举震惊了他的国家和整个阿拉伯世界。菲达·哈姆迪同狱友一起在电视上关注着这些不同寻常的事件。突尼斯人民实现了看上去不可能实现的成就：通过民众抗议，他们推翻了阿拉伯世界一个根深蒂固的统治者。

突尼斯"革命"的影响震荡着阿拉伯世界各处。总统们和国王们紧张地关注着公民的行动把他们的同行赶下台。本·阿里是一个"终身总统"，但他不是唯一的。利比亚的统治者穆阿迈尔·卡扎菲、也门总统阿里·阿卜杜拉·萨利赫、埃及总统侯斯尼·穆巴拉克分别于1969年、1978年和1981年掌权，他们都培养一个儿子接班。1970年起由阿萨德家族统治的叙利亚成为第一个完成世袭继承的阿拉伯共和国；2000年，巴沙尔·阿萨德在他父亲哈菲兹·阿萨德去世后登上总统位。阿拉伯世界各地的分析家预测，如果一个根深蒂固的统治者可以在突尼斯下台，其他地区的统治者也可能如此。[3]

生活在阿拉伯世界各专制政权下的人们对突尼斯人经历的挫败与压迫感同身受。2005年6月被暗杀的黎巴嫩记者萨米尔·卡希尔（Samir Kassir），在"阿拉伯之春"爆发之前多年，就诊断出一种"阿拉伯痼疾"（Arab malaise）。他指出："在当下做阿拉伯人并不好受。有些人感受着迫害，有些人则自我厌恶，一种深深的不安漫布阿拉伯世界。"这一不安渗透到社会各个层面，传遍阿拉伯世界，最终在2011年爆发。[4]

早在"阿拉伯之春"爆发之前,埃及公民就已动员起来要求变革。2004年,一群活动家组成埃及变革运动,称作"基法亚"(Kifaya,意为"够了")。该运动抗议穆巴拉克延续其对埃及的统治且培养其子贾马勒(Gamal)继任总统。同样在2004年,埃及议会独立议员艾曼·努尔(Ayman Nour)组建明日党(Ghad Party)。在2005年的总统大选中,他大胆挑战穆巴拉克,让公众浮想联翩,但他为此付出了高昂的代价:他遭到了选举腐败的可疑指控,获罪入狱3年。2008年,更年轻的、掌握计算机技术的政权反对者发起"4·6青年运动",其脸书页面支持工人维权。年末,该运动成员已达数万之众,包括许多之前从未参与政治活动的人。

2011年以前的埃及草根运动,无论是否吸引了更年轻一代,都无法撼动穆巴拉克政权。2010年12月结束的议会选举被广泛谴责为埃及史上最腐败的选举,其中执政的民族民主党获得了超过80%的席位。民众普遍认为,年迈的穆巴拉克正通过操纵顺从的议会为其子贾马勒的继位铺路。大部分埃及人对政治充满幻灭,他们选择抵制选举,拒绝给新的立法机构提供任何一点民众授权。在选举过后两个月,埃及人又从抵制转向积极呼吁推翻穆巴拉克政权。

受突尼斯人鼓舞,埃及的活动分子于2011年1月25日在开罗中心的解放广场组织起一场民众示威。示威者涌进广场,人数之众前所未见,达数十万人。以"1·25运动"著称的抗议浪潮席卷埃及其他主要城市,如亚历山大、苏伊士、伊斯梅利亚和曼苏拉,波及尼罗河三角洲和上埃及,从而使全国陷于停滞。

18天内,埃及的"革命"运动挑战穆巴拉克政权并取得胜利,让全世界为之瞠目结舌。政府使用了肮脏的手段,释放监禁的罪犯制造恐怖与混乱。便衣警察扮作支持穆巴拉克的反示威群体,袭击解放广场的示威者。总统的手下甚至极尽表演之能事,对抗议者发动马、驼袭击。示威过程中,超过 800 人遇害,数千人受伤。但抗议者们以坚定的决心抵抗住了穆巴拉克政权的每一次恐吓,抗议者的人数持续增长。整个过程中,埃及军队拒绝支持政府,宣布抗议者的诉求合法。

同先于他下台的本·阿里一样,穆巴拉克认识到,没有军队的支持,他的位置是不稳固的。考虑到穆巴拉克本人是埃及的前空军司令,军队的沉默让人惊讶。2011 年 2 月 11 日,埃及总统下台,解放广场欢声雷动,埃及举国欢腾。掌权约 30 年的侯斯尼·穆巴拉克曾被认为是不可击败的,他的下台证明,2011 年的阿拉伯"革命",将会从突尼斯和埃及传播到整个阿拉伯世界。

2 月 15 日,示威在班加西爆发,标志着反抗穆阿迈尔·卡扎菲 41 年独裁统治的利比亚"革命"开始。同月,示威者在萨拿、亚丁和塔伊兹(Ta'iz)①集结,要求也门统治者阿里·阿卜杜拉·萨利赫下台。2 月 14 日,示威者涌入麦纳麦的珍珠广场(Pearl Roundabout),将"阿拉伯之春"引入巴林。3 月,叙利亚南部城镇德拉的非暴力示威引来总统巴沙尔·阿萨德的严酷政权的暴力镇压,开启了"阿拉伯之春"最为悲剧性的一章。

待到菲达·哈姆迪出狱时,突尼斯和阿拉伯世界整体已变得让人不认识了。哈姆迪最终在她的亲属中找到了一名代理律师,在 2011 年 4 月 19 日的一次庭审中洗脱了所有的指控。她被释放时,突尼斯已走出了穆罕默德·布瓦齐齐之死的一系列悲剧事件,正憧憬着本·阿里

---

① 国际通行的阿拉伯语拉丁转写系统用左半圆符"ʿ"表示阿拉伯语字母"ع"(浊咽擦音[ʕ]),用右半圆符"ʾ"表示阿拉伯语字母"ء"(声门塞音[ʔ]),这两个符号有时会分别简化为左单引号和右单引号。本书的英文原版采用了更为简便的处理方式,即将两个符号统一为右单引号,目的是尽可能降低非专业读者的阅读障碍。对中译本的读者来说,考虑到非专业读者可以直接略过拉丁转写的专有名词和术语,而专业读者则有了解原词的形态与拼法的需求,因此译者在译本的拉丁转写词中用左、右单引号对上述两字母进行区分。——译者注

政权被推翻后的新政治时期,也在应对这一时期的挑战。她回到西迪布济德,继续供职于市政部门,但她不再巡视市场。她换下制服和贝雷帽,换上平民服装,包上伊斯兰头巾。她的新装束体现了一个从军事威权主义转向伊斯兰民主实验的阿拉伯世界。[5]

2011年的阿拉伯"革命"震惊了世界。在威权统治者治下稳定了几十年后,阿拉伯世界的各国被看似前所未有的急剧与戏剧性变化席卷。这就好像阿拉伯政治的地壳板块从地质时间转向现实时间。面对不确定的未来,历史是最好的向导——这是经常被政治分析者忽视的简单事实。在西方,低估历史对当下的价值再常见不过。正如政治评论家乔治·威尔(George Will)所写:"当美国人用'这是历史'来评价某事物时,他们的意思是此事物(与当下)毫不相干。"[6] 这个观点大错特错。西方的政策制定者与知识分子若想了解"阿拉伯之春"的根源,应对2011年后阿拉伯世界面对的严峻挑战,需要更关注历史。

在现代,阿拉伯各民族一直绞尽脑汁应对内部与外部的重大挑战。他们寻求脱离外部势力的控制,推动变革,建立较少专制、对公民更为负责的政府。这些是阿拉伯现代史的大主题,决定了本书的书写方式。

对于他们的历史,特别是伊斯兰教产生后5个世纪,也即公元7—12世纪的历史,阿拉伯人极为自豪。这是伊斯兰帝国的黄金时代,基于大马士革、巴格达、开罗和科尔多瓦的诸帝国主导了世界事务。可以说,在伊斯兰兴起之初的几个世纪,阿拉伯人被界定为一个在阿拉伯半岛各部落之间共享一种语言(阿拉伯语)的民族,其中大多数人共同信仰逊尼派伊斯兰教。回望伊斯兰初期,所有的阿拉伯人都视之为一个逝去的时代,其间阿拉伯人统治着世界。伊斯兰主义者特别响应这一说法,他们认为,阿拉伯人在最贴近他们的伊斯兰信仰之时最强大。

11世纪末起,外来入侵者糟蹋了伊斯兰的土地。1099年,在血腥围困之后,十字军占领耶路撒冷,开启了十字军王国长达两个世纪的外族统治。1258年,蒙古人洗劫阿拔斯哈里发的首都巴格达,当地居民的鲜血染红了底格里斯河。1492年,天主教收复失地运动(Catholic Reconquista)逐走了伊比利亚半岛最后的穆斯林。但开罗在马木鲁克苏丹国的统治(1250—1517)下,依然是伊斯兰权力的基地,该政权的统治范围包括当今的埃及、叙利亚、黎巴嫩、以色列、巴勒斯坦、约旦和沙特的红海诸省。

只有在16世纪奥斯曼征服之后,阿拉伯人才开始被外国都城统治。1453年,征服者穆罕默德(Mehmed the Conqueror)占领拜占庭首都君士坦丁堡,将该城更名为伊斯坦布尔,自此开始从那里统治他们日益壮大的帝国。伊斯坦布尔跨越博斯普鲁斯海峡,横亘欧洲和亚洲,在两大洲都分布着街区。奥斯曼的伊斯坦布尔,尽管是逊尼派穆斯林帝国的首都,但却远离阿拉伯世界——距大马士革1500千米(940英里)、距巴格达2200千米(1375英里)、陆上距开罗3800千米(2375英里)。此外,奥斯曼帝国的行政语言是土耳其语,而非阿拉伯语。阿拉伯人对现代的探索是在他族统治下开始的。

过去的5个世纪内,奥斯曼人统治了阿拉伯人4个世纪。随着时间的推移,帝国在经历变化,统治也在发生相应的改变。征服后的第一个世纪,奥斯曼人的统治并不太苛刻:阿拉伯人必须承认素丹的权威,遵守他的法律和真主的法律(sharia,"沙里亚",即伊斯兰法)。非穆斯林少数群体可以在社群领袖的领导下,依照自己的宗教法律,自行管理,只需向国家缴纳人头税。总的来说,在这个当时占据世界主导地位的帝国内,阿拉伯人平静地看待他们的地位,即一个伊斯兰帝国中的穆斯林。

18世纪,统治发生了显著的变化。奥斯曼帝国在17世纪达到权力的顶峰,但在1699年遭受了第一次领土丧失,欧洲的敌手们夺取了克罗地亚、匈牙利、特兰西瓦尼亚和乌克兰的波多利亚省。这个现金流干涸的帝国开始拍卖政府职位和行省农业地产作为税收来源。这让边远省份的强人们积聚了大量土地,从中积累了足够的财富与权力挑战奥斯曼政府的权威。18世纪下半叶,一批这样的本地领袖对奥斯曼帝国在埃及、巴勒斯坦、黎巴嫩、叙利亚、伊拉克和阿拉伯半岛的统治发起了严峻挑战。

到19世纪,奥斯曼人开启了一个重大改革阶段,旨在平息帝国内部的挑战,遏制欧洲邻国的威胁。这个改革时期催生了一系列新的统治模式,反映了源自欧洲的有关公民的新思想。奥斯曼改革试图在行政、兵役和税收等领域建立所有公民间的权利和义务平等,对土耳其人和阿拉伯人一视同仁。他们推动构建一个新的认同——奥斯曼主义,试图跨越奥斯曼社会各种民族与宗教分野。改革并没能保护奥斯曼人免受欧洲的侵蚀,但确实让帝国加强了对阿拉伯行省的控制。在民族主义侵蚀帝国在巴尔干半岛的位置之际,诸阿拉伯行省变得益发重要。

但那些启发了奥斯曼改革的思想,也同样带来了关于民族与社群的新观念,在阿拉伯世界的一些人心中催生了不满,不满其自身在奥斯曼帝国的地位。他们开始对奥斯曼人的统治恼怒不满,日益指责后者使阿拉伯人自12世纪起处于相对落后的地位。对比过去的辉煌与当下在奥斯曼帝国内的卑微屈膝,以及这个帝国在更为强大的欧洲邻国面前的节节败退,阿拉伯世界中的许多人呼吁在他们自己的社会中推行改革,并期盼阿拉伯独立。

1918年一战后奥斯曼帝国覆灭,对许多阿拉伯世界的人来说,这是开启独立与民族荣耀新纪元的分水岭。他们希冀在奥斯曼帝国的灰烬上复活一个伟大的阿拉伯王国;美国总统伍德罗·威尔逊在其著名的"十四点原则"中呼吁民族自决,这让他们振作不已。但他们将面对苦涩的失望,因为他们会发现新的世界秩序不是基于威尔逊的原则而是欧洲的规则。[7]

英、法利用1919年的巴黎和会将现代国家体系施于阿拉伯世界,除了阿拉伯半岛中南部,所有阿拉伯地区都陷入了某种殖民统治。在刚刚脱离奥斯曼统治的叙利亚和黎巴嫩,法国人给予这两个殖民地共和形式的政府。而英国人则赋予他们的阿拉伯领地伊拉克和约旦威斯敏斯特模式的君主立宪。巴勒斯坦是唯一的例外,在那里,英国人不顾本地居民的反对而承诺建立一个犹太民族家园,破坏了建立民族政府的所有努力。

殖民势力给每个新阿拉伯国家确定了首都,作为政府驻地,并向统治者施压,要求制定宪法、组建民选议会。边界在很多情况下都是人为设定的,由相邻国家协商确定,但常伴有争执。许多阿拉伯民族主义者反对这些举措,认为它们分裂且削弱了阿拉伯民族,后者只有通过更广泛的阿拉伯统一才能重新获得其应有的地位,即成为受人尊敬的世界性力量。但是,根据欧洲的规则,只有获得承认的民族国家才是合法的政治实体,这与是否拥有帝国的历史根源并不相干。

殖民时代的一个长期遗产是民族国家的民族主义(如埃及民族主义、伊拉克民族主义)和泛阿拉伯民族主义间的矛盾。到20世纪四五十年代阿拉伯国家开始摆脱殖民统治获得独立时,两种民族主义间的分歧已成为永久性的。其中的问题是,大部分阿拉伯公民相信,基于殖民主义所创制的政治体的、更小范围的民族主义,从根本上说是不合法的。对于那些期待阿拉伯人在20世纪重振雄风的人来说,只有更广泛的阿拉伯民族主义运动才能有如下前景:动员起足够多的民众、团结一致,这对于恢复阿拉伯人在当今各国中应有的位置而言是必需的。殖民经历让阿拉伯人形成一群国家而不是一个民族社群,对于这样的结局,阿拉伯人一直深感失望。

二战撼动了欧洲对世界事务的影响力。战后的岁月是一个去殖民化的时代,亚洲与非洲各国从殖民统治者手中获得独立,而独立往往需要借助武力。20世纪下半叶,美国和苏联成为主导性的大国。两国之间的对抗被称为冷战,将界定一个新的时代。

莫斯科和华盛顿为争夺全球统治权而进行激烈竞争。美国和苏联都试图将阿拉伯世界纳入他们各自的势力范围,中东由此成为超级大国对抗的几个竞技场之一。尽管已进入民族独立时期,但阿拉伯世界的回旋空间依然受到外部规则即冷战规则的限制,时长近半个世纪(1945—1990)。

冷战的规则很直接:一国可以成为美国或苏联的盟友,但不能同时与两国保持友好关系。总的来说,阿拉伯人民对美国的反共产主义与苏联的辩证唯物主义并没有什么兴趣。他们的政府试图通过不结盟运动寻求一条中间道路,但徒劳无功。最终,阿拉伯世界的每一个国家都被迫站队。

那些进入苏联势力范围的阿拉伯国家自称"进步国家",但西方则称他们为"极端国家"。这些国家包括在20世纪下半叶经历过革命的每个阿拉伯国家:叙利亚、埃及、伊拉克、阿尔及利亚、也门和利比亚。而那些选择站在西方这边的阿拉伯国家——自由共和制的突尼斯和黎巴嫩以及保守君主制的摩洛哥、约旦、沙特和海湾国家,则被进步的阿拉伯国家称为"反动国家",被西方认为是"温和国家"。这样就形成了超级大国与阿拉伯人之间的庇护关系,阿拉伯国家从超级大国那里获得军火来发展军队、获得援助来发展经济。

只要两个超级大国存在,这个体系就能维持相互制衡。苏联和美国都不敢在该地区发起单边行动,担心激起另一个超级大国的敌对回应。华盛顿和莫斯科的政府官员生活在对第三次世界大战的恐惧之中，日夜操劳，防止中东点燃这样的大战之火。阿拉伯领导人也知道如何游走于超级大国之间，他们以倒向敌对阵营来威胁庇护国，以获得更多的军火和发展援助。尽管如此，到冷战结束时，阿拉伯人十分清楚，他们离冷战初所希望实现的那种程度的独立、发展和尊严依然遥远。随着苏联的解体，阿拉伯世界进入了一个新的时代，但这个时代对之更为不利。

1989年柏林墙倒塌后不久，冷战结束。对阿拉伯人而言，这个单极化的时代始于1990年伊拉克入侵科威特。当苏联投票赞成联合国安理会授权美国领导的打击克里姆林宫昔日盟友伊拉克的战争时，格局已然确定。冷战期间的稳定状态被一个不受限制的美国力量主导的时代取代，阿拉伯世界的许多人担心出现最坏的状况。

后冷战时期，美国对中东的政策摇摆不定。20世纪90年代起，美国各任总统推行了非常不同的政策。对于苏联解体时在任的美国总统乔治·赫伯特·沃克·布什来说，冷战结束意味着一个世界新秩序的开始。一直到比尔·克林顿，国际主义与接触战略一直是美国政策的特征。2000年，乔治·沃克·布什当选后，新保守派上台，美国转向单边主义。2001年9月11日美国遭到袭击后，布什政府的外交政策给整个中东地区带来了破坏性的影响，并最终发展成针对伊斯兰世界、以阿拉伯人为主要嫌疑人的反恐战争。巴拉克·奥巴马试图撤销布什政府的许多政策，削减美国在中东的军事存在——此过程削弱了美国的影响力。

美国主导的单边主义时代的规则，被证明是自现代以来对阿拉伯世界最为不利的。没有其他强国来限制美国的权力，阿拉伯各国政府发现他们正面临切切实实的入侵和政权更迭的威胁。将"9·11"之后的几年描述为阿拉伯历史上最糟糕的时期毫不夸张,"阿拉伯之春"不过是一个简短而悲剧性的中断。萨米尔·卡希尔在2004年观察到的,今天依然成立:"在当下做阿拉伯人并不好受。"

过去200年,阿拉伯人大部分时间都在为从外部势力获得独立而奋斗。同时,阿拉伯各国人民也在试图限制本国统治者的专制权力。"阿拉伯之春"不过是阿拉伯人为实现问责政府和法治社会而进行的世纪斗争的最新一章。

到18世纪末,专制主义已是欧洲和地中海世界的常态。在1789年法国大革命前,只有英国和荷兰共和国做到了用选举议会限制王权。1789年之后,西方国家开始普遍推行宪法:1789年在美国,1791年在波兰和法国,1814年在挪威,1831年在比利时。一个新的政治秩序产生了:法律限制了统治者的权力,臣民获得了具有更高法律地位的公民地位。

在19世纪的第一个25年访问欧洲的阿拉伯人,归来后会着迷于他们在巴黎和伦敦所接触到的新政治思想。埃及宗教学者里法阿·塔赫塔维(Rifa'a al-Tahtawi)1831年从巴黎归国后,将1814年法国宪章的全部74条翻译成阿拉伯语。生活在埃及总督穆罕默德·阿里(Muhammad 'Ali)的专制统治之下,塔赫塔维对于法国宪法对国王的限制和对公民的保护大为惊叹。突尼斯改革家海伊尔丁·突尼西(Khayr al-Din al-Tunisi)受塔赫塔维作品的启发,主张推行宪法,限制突尼斯总督的专横统治。突尼斯和埃及分别于1861年和1882年推行宪法,这两个最早立宪的阿拉伯国家也是最先经历"阿拉伯之春"运动的,这也许并不是巧合。

下一波宪政改革同一战之后欧洲的殖民统治的开启同步。1923年的埃及宪法、1925年的伊拉克宪法、1926年的黎巴嫩宪法和1930年的叙利亚宪章，都显示了阿拉伯人基于合法政府和法治、为谋求从殖民统治中独立而做的努力。尽管这些宪法赋予阿拉伯国家以选举的、多党制的立法机构，但殖民当局竭尽全力破坏阿拉伯人的主权。自由宪政受到损害，成为欧洲殖民统治的延伸。

1948年的巴勒斯坦战争中，以色列痛击阿拉伯国家，控制了巴勒斯坦托管国78%的土地作为新生的犹太国家。战争失败后，阿拉伯自由主义遭到否定。缺乏战备让爱国军官同他们的国王或总统心生隔阂；以色列这个新生国家的军队，被阿拉伯的宣传机器贬斥为"犹太黑帮"，败于这样的军队，削弱了阿拉伯公民对新近独立的阿拉伯各国政府的信心。阿拉伯世界进入一个新的革命时期，叙利亚（1949）、埃及（1952）、伊拉克（1958）、也门（1962）和利比亚（1969）的军事政变扶持果敢的行动派人士掌权，统领由技术专家官员组成的政府。这些军事政权既是（国家）民族主义的，也是阿拉伯民族主义的，它们开启了一个新的时代，一个社会公正、经济发展、军事强盛、独立于外部势力的新时代。作为回报，这些新的军事统治者要求他们的公民绝对服从。从某种意义上说，这是一个社会契约，阿拉伯公民自愿停止他们为限制专制统治而付出的努力，来换取政府的承诺，满足他们的需求。

进入21世纪，这一既有的阿拉伯社会契约被违背了。到2000年，除了富裕的石油国家，其他阿拉伯国家都无力兑现承诺。一个愈发明显的趋势是：只有该地区统治者的一小部分朋友和家人才能从经济机遇中获益。贫富之间的不平等程度加深，引人担忧。阿拉伯各国并不处理公民合法的抱怨，反而以更加高压的方式回应日益增长的不满情绪。更糟糕的是，这些高压式的政权通过世袭继承积极维持他们家族对政治的掌控，年迈的总统们培养他们的儿子接班。不仅阿拉伯社会契约被破坏，而且这些失败的政权还有可能让自己屹立不倒。

2011年，阿拉伯各国人民站起来，以群众运动的方式，试图重新制约统治者。开罗城中心的一个标语牌上这样写道:"人民不应该害怕政府,政府应该害怕人民。"遗憾的是,这种情况并没能持续。强人重新掌权——只有突尼斯是个例外,2010年12月菲达·哈姆迪和穆罕默德·布瓦齐齐的致命冲突使这场运动首先在那里爆发。此后在那个国家形成的脆弱的宪政秩序,是将成为未来阿拉伯社会秩序的预兆,还是"阿拉伯之春"一个独特的成功案例,目前尚不得而知。

一味强调阿拉伯历史上的各种冲突是错误的,因为这湮没了阿拉伯世界引人入胜之处。作为一名毕生研究中东的学生,我被阿拉伯历史吸引是由于其丰富与多元。我在贝鲁特和开罗度过童年,之后在美国上大学时,我对中东产生了兴趣。我在大学里学习了阿拉伯语和土耳其语,以便能阅读阿拉伯历史的原始材料。在细读宫廷记录和编年史、档案文献和手稿、日记和回忆录的过程中,阿拉伯历史让我既熟悉又陌生,这深深吸引了我。

阿拉伯世界在过去5个世纪所经历的种种,与全球其他人所经历的相同。民族主义、帝国主义、革命、工业化、城乡移民、为妇女权益而斗争,所有这些人类现代历史的宏大主题都在阿拉伯世界得到呈现。但又有许多元素让阿拉伯人不同:他们城市的样貌、他们的音乐和诗歌、他们作为伊斯兰教"选民"的特殊地位(《古兰经》中对真主用阿拉伯语向人类降下最后的启示,强调了不下10次)以及他们对于民族社群的概念——从摩洛哥延伸至阿拉伯半岛。

阿拉伯人是多元的,但又由一个基于语言和历史的共同认同维系在一起,这让他们愈加有吸引力。他们是一个民族,同时也是许多民族。从摩洛哥到埃及,跨越北非的游历者会发现方言、书法、景观、建筑、饮食、统治方式、经济活动的类型都在发生万花筒似的改变。如果这个旅行者继续穿越西奈半岛,进入肥沃的新月地带,他会注意到在巴勒斯坦和约旦、叙利亚和黎巴嫩以及伊拉克之间存在着类似的差异。从伊拉克向南进入海湾国家，阿拉伯世界展现出邻国伊朗的影响。阿曼和也门则反映出东非和南亚的影响。所有这些民族都有各自独特的历史，但他们都认为自己被共同的阿拉伯历史所维系。

在写作本书的过程中，我试图通过均衡叙述北非、埃及、肥沃的新月地带和阿拉伯半岛的历史经历，来合理地处理阿拉伯历史的多元性。与此同时，我也试图展示这些地区历史之间的联系。例如，法国在摩洛哥的统治如何影响了法国在叙利亚的统治，以及对法国在摩洛哥统治的反叛如何影响了对法国在叙利亚统治的反叛。不可避免的是，在叙述中一些国家占据了过多的篇幅，而另一些国家则被遗憾地忽视了，对此我很抱歉。

我参考了各种各样的阿拉伯资料，使用了生活在阿拉伯动荡岁月中的亲历者的叙述：从早年间的编年史，到大量来自知识分子、记者、政客、诗人、小说家、出名的与平凡的人的记录。在我看来，偏向使用阿拉伯资料来书写阿拉伯人的历史是非常自然的，正如偏向使用俄罗斯的资料来书写俄国人的历史那样。一些外国权威人物，如政治家、外交官、传教士和旅行者，都有关于阿拉伯历史的洞见值得分享。但我相信，如果西方读者能够读到阿拉伯人对他们所生存时代的描述，通过他们的眼睛来看阿拉伯历史，则读者们对该历史会有不同的看法。

第一章　从开罗到伊斯坦布尔

夏日骄阳炙烤着艾什赖弗·冈素·奥乌里（al-Ashraf Qansuh al-Ghawri）。这位马木鲁克（Mamluk）王朝的第49任素丹，正在检阅即将出征的军队。自1250年建立王朝以来，马木鲁克人一直统治着这个当时最古老、最强盛的伊斯兰国家。这个以开罗为首都的帝国，覆盖了埃及、叙利亚和阿拉伯半岛。年逾古稀的冈素，已执政15年。此时，他正在帝国的最北端，叙利亚阿勒颇城外的达比格草原（Marj Dabiq），应对马木鲁克史上最大的威胁。而他即将失利，这次失利将触发马木鲁克帝国的覆灭，为奥斯曼土耳其人征服阿拉伯世界铺平道路。检阅的这一天，是1516年8月24日。

冈素头戴轻型缠头，以抵御叙利亚沙漠上的烈日。他身披象征王室威严的蓝色斗篷，肩负战斧，驾着阿拉比亚战马，检阅军队。但凡有战事，马木鲁克素丹往往亲自领兵出征，并带着大部分政府官员随军征战。这就好比美国总统带领半数内阁成员、众参两院领导人、最高法院法官、主教与拉比们，同军官与士兵一起戎装出战。

马木鲁克军队的将领们，同4位大法官一起，站在素丹的红色旌旗下。他们的右侧，是帝国的精神领袖，哈里发穆台瓦基勒三世（al-Mutawakkil Ⅲ）。他站在自己的旌旗下，同样戴着轻型缠头，身披斗篷，肩负战斧。40名先知穆罕默德的后裔，头绑黄色丝绸包裹的

大西洋

埃格 波格
厄德勒
布达
考尼饶 蒂米什瓦拉
埃弗拉克
波斯尼亚
埃迪尔内
鲁米利亚
爱琴海
伊兹密尔
雅典
丹吉尔 休达 奥兰 阿尔及尔 突尼斯 西西里岛 伯罗奔尼撒半岛
梅利利亚 马耳他 纳瓦里诺湾
非斯 特莱姆森 阿尔及利亚 突尼斯 克里特
摩洛哥 地中
的黎波里
的黎波里

撒 哈 拉 沙 漠

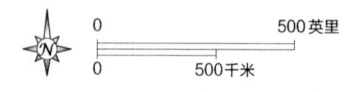

0　　　　　500 英里
0　　　500 千米

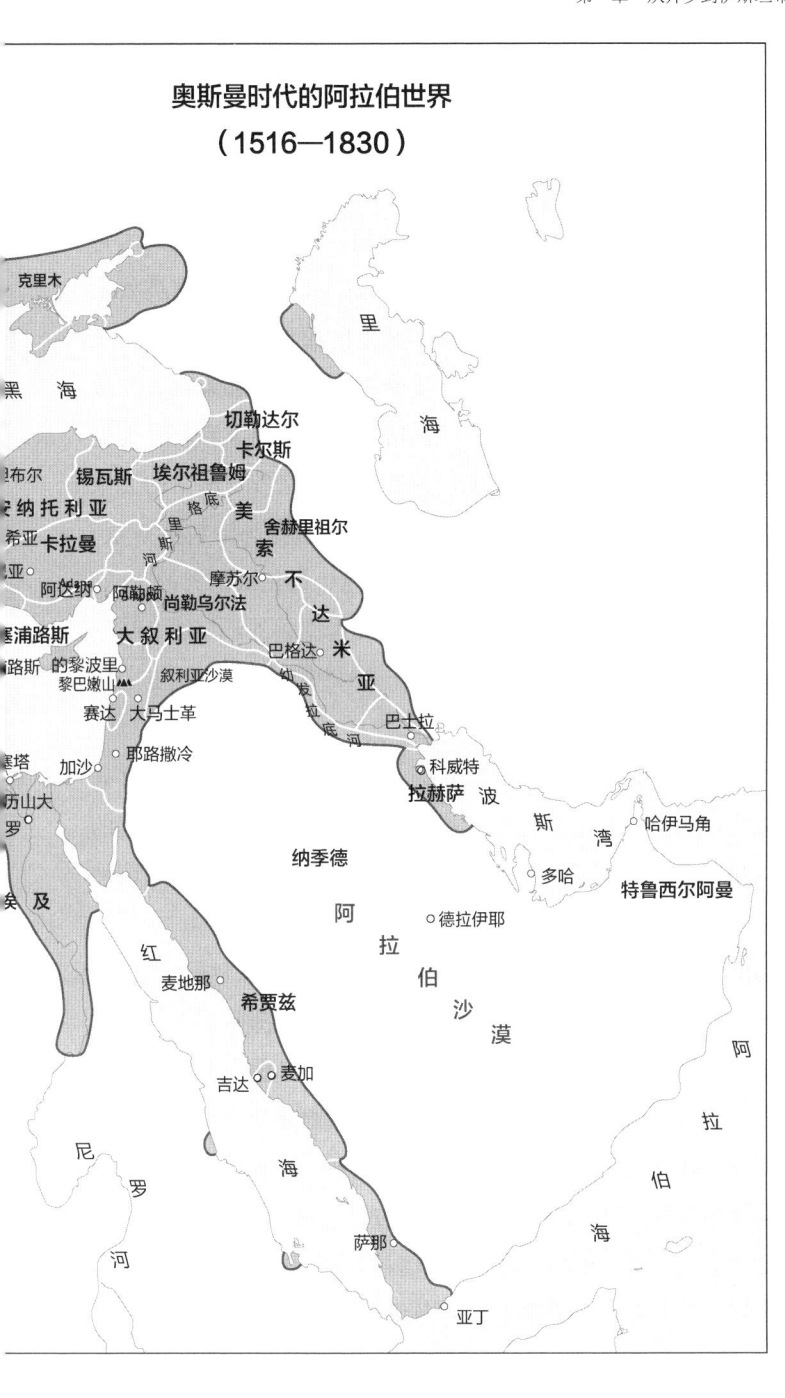

奥斯曼时代的阿拉伯世界
（1516—1830）

克里木
黑海
布尔 锡瓦斯 切勒达尔 卡尔斯
纳托利亚 埃尔祖鲁姆
希亚 卡拉曼 舍赫里祖尔
阿达纳 阿勒颇 摩苏尔 美
塞浦路斯 尚勒乌尔法 不
路斯 大叙利亚 达
的黎波里 巴格达 米
黎巴嫩山 叙利亚沙漠 亚
赛达 大马士革 巴士拉
加沙 耶路撒冷 科威特
塞塔 拉赫萨 波
历山大 斯 哈伊马角
罗 纳季德 多哈 特鲁西尔阿曼
埃 阿 德拉伊耶
红 拉
麦地那 伯
希贾兹 沙
吉达 麦加 漠 阿
拉
伯
海
尼
罗 萨那
河 亚丁

里海

《古兰经》抄本,围绕着冈素。同他们站在一起的,是绿色、红色和黑色旌旗下,各神秘主义苏非教派的领袖。

两万名马木鲁克士兵在草原上集结,这一壮观的场景,定会让当时身处其中的冈素和他的随从们赞赏有加,信心满满。"马木鲁克",在阿拉伯语中意为"被拥有的"或"奴隶",指一个精英奴隶士兵阶层。来自欧亚草原和高加索基督教地区的年幼男子,被带至开罗。在那里,他们皈依伊斯兰教,接受军事训练,远离家人与故乡,并全身心地忠于他们的主人——包括拥有他们的人和教育他们的人。在接受最高水准的军事训练,并被灌输对宗教与国家的无限忠诚之后,成年的马木鲁克会被赋予自由,并跻身统治精英阶层。他们是近身肉搏战中的终极斗士,曾经战胜过中世纪最强大的军队。1249年,马木鲁克人击败了法国国王路易九世率领的十字军。1260年,他们将蒙古军队逐出阿拉伯人的领土。1291年,他们驱走了伊斯兰世界最后的十字军。

集结的马木鲁克军队呈现出壮观的景象。士兵们身披色彩鲜亮的丝质战袍,他们的头盔和铠甲采用当时最高水准的工艺,他们的武器由高强度的钢铁制成,并镶嵌黄金。外在的华美,是骑士精神的要素之一,也是渴求胜利的勇士们彰显自信的标志。

战场的另一端,奥斯曼素丹手下久经沙场的战士们对马木鲁克人虎视眈眈。奥斯曼帝国源自13世纪同基督教拜占庭帝国进行"圣战"的一个突厥穆斯林小王国,地处安纳托利亚(现代土耳其的亚洲领土)。14—15世纪,奥斯曼人兼并了其他突厥王国,征服了拜占庭帝国在安纳托利亚和巴尔干的领土。1453年,奥斯曼帝国第七任素丹穆罕默德二世(Mehmed II)成功攻占君士坦丁堡,完成对拜占庭帝国的征服,这是之前所有穆斯林政权都未曾做到过的。在此之后,穆罕默德二世将以"征服者"闻名于世。君士坦丁堡更名为伊斯坦布尔，成为奥斯曼帝国的首都。穆罕默德二世的继任者们雄心不减，继续为他们的帝国开疆拓土。1516年的这一天，冈素将要同塞利姆一世（Selim I，1512—1520年在位）作战，他是奥斯曼帝国第九任素丹，外号"冷酷者"。

冈素在他的北部边境展示军事实力，但与之矛盾的是，他原本打算借此来避免战争。奥斯曼帝国与波斯萨法维帝国相互敌对。萨法维人统治的地区在现今的伊朗，他们同奥斯曼人一样说突厥语，可能是库尔德民族的一支。他们那位魅力超凡的领袖，伊斯玛仪沙①（Shah Ismail，1501—1524年在位），下令立什叶派伊斯兰教为萨法维帝国的官方宗教，这将他置于同奉行逊尼派伊斯兰教的奥斯曼帝国的意识形态冲突之中。[1] 1514—1515年间，奥斯曼人和萨法维人因争夺东安纳托利亚爆发战争，前者取得了胜利。萨法维人急切寻求同马木鲁克人联盟以抵抗来自奥斯曼人的威胁。冈素并不特别支持萨法维人，但他想要维持地区的势力均衡，希望部署在叙利亚北部的强大马木鲁克军队可以将奥斯曼人的扩张之心限制在安纳托利亚，将波斯留给萨法维人，将阿拉伯世界留给马木鲁克人。马木鲁克的军事部署对奥斯曼帝国的侧翼构成了战略威胁。同冈素的预期相悖的是，为规避两线作战的风险，奥斯曼素丹暂时停止同萨法维人的敌对，专心对付马木鲁克人。

马木鲁克人派出了一支庞大的军队，但是奥斯曼军队的规模要大得多，训练有素的骑兵和步兵总人数多达马木鲁克军队的3倍。根据当时历史纪年学家的估计，塞利姆的军队总人数为6万人。同对手相比，奥斯曼人还具有显著的技术优势。马木鲁克人的老式军队倚重士兵的个人作战能力，而奥斯曼人则派出一支装备火枪的现代火

---

① 沙(Shah)，君主称号，源自波斯语，被借入奥斯曼土耳其语。——译者注

药步兵团。马木鲁克人固守中世纪的军事理念，而奥斯曼人则代表着16世纪战争的现代面貌。同通过赤手肉搏赢得个人荣誉相比，作风顽强、经验丰富的奥斯曼士兵对取胜后获得的战利品更感兴趣。

两军在达比格草原交战，奥斯曼的火枪重创马木鲁克的骑士军团。在奥斯曼军队的攻击下，马木鲁克军队的右翼溃败，左翼叛逃。左翼的指挥官是阿勒颇城的长官，他是一名马木鲁克，名叫海伊尔贝伊（Khair Bey）。事后发现，早在交战前，海伊尔就已经和奥斯曼人结盟，转而效忠"冷酷者"塞利姆。海伊尔的背叛给奥斯曼人在战斗开始不久就送去了胜利。

马木鲁克素丹冈索·奥乌里惊恐地看着他的军队在他周围溃散。战场上尘土飞扬、浓烟滚滚，两军都几乎无法看见对方。冈素不再相信他的士兵们能获胜，他转向他的宗教顾问们，催促他们祈求胜利。一名马木鲁克军官意识到局势的不可逆转，他取下并叠好素丹的旌旗，对冈素说："素丹啊我们的主人，奥斯曼人已经击败了我们，您去阿勒颇自救避难吧！"当领会到军官所说属实时，素丹突然中风，半身动弹不得。他试图跨上他的马，却摔了下来，当场死亡。四散奔逃的随从们抛弃了素丹，他的尸体再也未曾找到过，仿佛大地裂开，吞噬了这位坠落的马木鲁克的身体。

待到硝烟散去，这场屠杀的恐怖景象全部显现出来。马木鲁克编年史家伊本·伊耶斯（Ibn Iyas）这样写道："这是一段暴怒的时间，使婴儿白头，将铁融化。"战场上尸横遍野，濒死的人与马在呻吟，获胜的奥斯曼人急切地劫掠倒下的敌手，迅速终结了呻吟。他们留下"无首的尸身和布满尘土、面貌狰狞的头颅"，任凭乌鸦和野狗吞食。[2] 对马木鲁克人来说，这是一场前所未有的失败，这次打击让他们的帝国再也无法恢复元气。

达比格草原之战的胜利让奥斯曼人成为叙利亚的主人。"冷酷者"塞利姆进入阿勒颇，未遭到任何抵抗。他又继续兵不血刃，占领大马士革。9月14日，战斗结束后约三周，战败的消息传到开罗。幸存的马木鲁克将领们集聚开罗，选出了新一任素丹。他们选择冈素的副手艾什赖弗·图曼贝伊（al-Ashraf Tumanbay）继任。图曼贝伊是最后一位马木鲁克素丹，他的统治只维持了三个半月。

"冷酷者"塞利姆从大马士革写信给图曼贝伊，给了他两个选择：投降并作为奥斯曼帝国的属国，可继续统治埃及；抵抗则面临彻底的毁灭。读信时，图曼贝伊因害怕而哭泣，因为他不能选择投降。恐惧开始笼罩马木鲁克素丹的士兵与臣民。为了维持纪律与秩序，图曼贝伊发布公告，禁止出售葡萄酒、啤酒和大麻，违者以死刑论处。但编年史家称，焦虑不安的开罗居民对素丹的命令置若罔闻，面对迫近的入侵威胁，他们从毒品和酒精中寻找慰藉。[3] 当奥斯曼人攻陷沿海城市加沙、屠戮千人的消息传来，恐怖的气息笼罩整个开罗城。1517年1月，奥斯曼军队进入埃及，向马木鲁克帝国的首都进发。

1月22日，塞利姆抵达开罗北郊。面对即将到来的战斗，图曼贝伊的士兵们毫无斗志，许多部队没有报到履职。城市传令官被派往开罗的大街小巷，威胁说要把每个逃兵绞死在他自家门前。通过这种方式，图曼贝伊集结了他所能集结的所有士兵，骑兵、步兵和贝都因人非正规军，总计大约2万人。吸取达比格草原之战的教训，图曼贝伊解除了骑士制度对火器的禁令，给大批士兵配备了火枪。他还准备了100辆装备轻型火炮的战车来对抗入侵者。开罗的男男女女来到战场上为军队呐喊，为胜利祷告。这支没有军饷、缺乏自信、基本靠不住的马木鲁克军队，在战斗日来临时，为了自己的生存而非为胜利而战。

1517年1月23日，战斗打响。"这是一场惨烈的战斗，"伊本·伊耶斯写道，"只要一提起它，就足以让人心生恐惧并失去理智。"战鼓擂响，马木鲁克骑兵跨上战马，驰向战场。他们遭遇了一支规模大得多的奥斯曼军队，"像蝗虫一样涌来"。伊本·伊耶斯称，接下来的战斗要比先前的达比格草原失利更糟糕，土耳其人"像乌云一样从四面八方袭来""他们的枪声震耳欲聋，他们的进攻击搏挽裂"。不到1小时，马木鲁克的防御者们伤亡惨重，全线撤退。图曼贝伊并没能比他的大多数将领坚持战斗更久，他退了下来，发誓择日再战。[4]

胜利的奥斯曼军队袭击了开罗，对这座城市进行了3天的洗劫。无助的平民听任入侵的军队摆布，眼睁睁地看着自己的房屋和财产被洗劫。面对奥斯曼士兵的暴虐，开罗民众唯一的庇护是奥斯曼素丹本人，他们竭尽全力讨好新主人。清真寺中，传统上以马木鲁克素丹之名进行的周五聚礼，变为向塞利姆素丹致敬，这是承认王权的传统方式之一。布道者们缓慢而庄重地念道："真主保佑素丹，两陆与两海之王的儿子、统率两军的征服者、两伊拉克的素丹、两圣城的仆人、胜利的国王塞利姆沙。两世的主啊，请赐予他永远的胜利。""冷酷者"塞利姆接受了开罗的臣服，他指示他的大臣们宣布大赦并恢复安全秩序。

在击败马木鲁克军队近两周后，塞利姆素丹进入开罗城。这是大多数开罗居民第一次有机会仔细瞻仰他们的新主人。伊本·伊耶斯生动地描绘了这位奥斯曼征服者：

> 当素丹穿过城市时，所有的民众都为他欢呼。据说他肤色白皙，下巴刮得干干净净。他大鼻大眼，身材短小，戴着小缠头。他举止轻浮而不安分，在骑行时不时左顾右盼。据称他当

时约 40 岁。他没有以往素丹们的威严。他秉性邪恶，嗜血，暴躁，不能忍受别人的顶撞。[5]

马木鲁克素丹逃亡期间，塞利姆在开罗坐卧难安。奥斯曼人知道，只要图曼贝伊活着，他的支持者就会谋划他的复辟。只有他公开死亡，才能使这些希望彻底破灭。1517 年 4 月，"冷酷者"塞利姆获得了这个机会，贝都因部落成员背叛了逃亡的图曼贝伊，将他交给了奥斯曼人。塞利姆强迫图曼贝伊在开罗城中游街示众，以确凿无疑地告诉人们这就是那位被罢黜的马木鲁克素丹。游街结束于开罗的一个主要城门祖韦拉门（Bab Zuwayla）。在那里，刽子手们将图曼贝伊拉出来，在惊恐万分的人群面前绞死了他。行刑时，绞绳断了，据说断了两次，这似乎表明神明非常不情愿允可弑君。"当他的灵魂终于屈服，人群中爆发出一声大叫，"编年史家如此记载，从而记录下公众在见证这一前所未有的场面时的震惊与恐惧。"过去我们从未目睹过在祖韦拉门下绞杀埃及素丹的场面，从来没有！"[6]

对塞利姆素丹来说，图曼贝伊的死值得庆祝。随着马木鲁克王朝的覆灭，塞利姆完成了对马木鲁克帝国的征服，并将他们所有的财富、土地和荣耀都转到了他自己的王朝。在将叙利亚、埃及和阿拉伯半岛的希贾兹省纳入奥斯曼帝国之后，他现在可以荣归伊斯坦布尔了。希贾兹作为伊斯兰教的诞生地，意义非凡。穆斯林相信，正是在这里，在麦加城，真主第一次向先知穆罕默德降示《古兰经》，而正是在临近的麦地那，先知建立了第一个穆斯林社团。现在，塞利姆将麦加和麦地那两圣地的仆人与保护者添加到素丹的君王头衔上，赋予素丹以宗教合法性。这些成就向世人昭示，塞利姆是世界上最伟大的伊斯兰帝国的素丹。

在离开开罗之前，塞利姆要求看一部著名的埃及皮影戏，这是一种在照亮的幕布上投出剪影来表演的偶人戏。他只身独坐欣赏着剧中的场景。皮影大师制作了一个祖韦拉门的模型和一个图曼贝伊素丹被绞死那一刻的形象。当演到绳子断了两次时，这位奥斯曼素丹"觉得这场面很有趣。他给了这位艺术家200第纳尔和一件丝绒的荣誉斗篷。'当我们出发去伊斯坦布尔时，跟我们一起走吧，让我的儿子也看看这个场景。'塞利姆对他说"。[7] 他的儿子苏莱曼将在3年后继承奥斯曼王位和塞利姆从马木鲁克人手中征服的一切。

奥斯曼人征服马木鲁克帝国是阿拉伯历史上的一个重大转折点。马木鲁克剑士和奥斯曼枪手之间致命的兵器冲突标志着阿拉伯世界中世纪的结束和现代的开始。奥斯曼人的征服还意味着，自伊斯兰教兴起以来，阿拉伯世界第一次被一个非阿拉伯国家的首都统治。公元661—750年间，伍麦叶王朝，伊斯兰教的第一个王朝，在大马士革统治着他们快速扩张的帝国。750—1258年，阿拔斯王朝哈里发在巴格达统治着当时最伟大的穆斯林帝国。建于969年的开罗，在1250年马木鲁克王朝兴起之前，曾是至少四个王朝的首都。从1517年起，阿拉伯人将通过外国首都制定的规则来商议他们的国际地位，这一政治现实将被证明是现代阿拉伯历史的一个决定性特征。

尽管很多人因"冷酷者"塞利姆的血腥征服而担惊受怕，但事实证明，从马木鲁克向奥斯曼统治的过渡要比他们所预想的顺利。13世纪以来，阿拉伯人一直被讲突厥语的外族人统治，奥斯曼人同马木鲁克人有许多相似之处。两个帝国都有基督徒奴隶出身的精英。两个帝国都是官僚国家，都遵守宗教法，并都建立强大的军队保护伊斯兰领土免受外部威胁。此外，现在谈论反对"外国"统治的独特的阿拉伯身份认同为时尚早。在民族主义时代之前，身份认同同个体的部落或城镇出身相关。若阿拉伯人有更为宽泛的身份认同，则更有可能基于宗教而不是种族。大多数阿拉伯人是逊尼派穆斯林，对他们来说，奥斯曼人是完全可以接受的统治者。对当时的人们而言，行政中心从阿拉伯世界迁至横跨欧洲和亚洲大陆的伊斯坦布尔，似乎并不成问题。

看起来，阿拉伯人是从务实而非意识形态的角度来看待从马木鲁克向奥斯曼统治的转变的。他们更关心法律、秩序和合理的税收，而非思考被土耳其人统治意味着什么。埃及历史学家阿卜杜·拉赫曼·哲拜尔提（'Abd al-Rahman al-Jabarti）在 19 世纪初就对奥斯曼早期的统治表达了尊重：

> 奥斯曼人在其统治开始阶段是正统哈里发以来伊斯兰社团最好的统治者之一。[8] 他们是最强大的宗教捍卫者和非信徒的反对者，因此，他们通过攻城拔寨扩大领土，这是真主赐予他们及其副手的。他们控制了地球上最宜居的地区。四面八方的王国向他们俯首称臣。他们不忽视国家，而是保卫其领土和边疆。他们坚持举行伊斯兰仪式……尊崇宗教领袖，支持维护两圣城麦加和麦地那，并通过遵守伊斯兰法律和惯例来维护司法的规则与原则。他们的统治是稳固的，他们的控制是持久的，国王们敬畏他们，自由民和奴隶们都服从他们。[9]

叙利亚的村民和市民并不为马木鲁克帝国的覆灭而哀悼。伊本·伊耶斯讲道，饱受过度征税和专横统治之苦的阿勒颇居民，阻止从达比格草原败退的马木鲁克人进入阿勒颇城，并且"用比奥斯曼人更糟的方式对待他们"。当"冷酷者"塞利姆进入阿勒颇城时，"城里点灯庆祝，集市上烛光闪耀，为他祈祷的声音不绝于耳，人们欢欣鼓舞"，庆祝摆脱了之前马木鲁克的统治。[10] 根据大马士革编年史家穆罕默德·本·突伦（Muhammad ibn Tulun，1475—1546）的记载,大马士革人也对政治统治者的更迭无动于衷。他对马木鲁克统治末期的描述总是提及税收的无度、官员的贪婪、中央政府的无能、马木鲁克埃米尔肆无忌惮的野心、乡村地区安全的缺乏以及治理不善造成的经济困境。[11] 相比之下,伊本·突伦赞赏奥斯曼人的统治,后者给大马士革省带来了法律、秩序和正常的税负。

相较于对阿拉伯世界的影响,马木鲁克帝国的覆灭可能更为显著地改变了奥斯曼帝国。奥斯曼帝国的腹地位于巴尔干半岛和安纳托利亚,首都伊斯坦布尔横跨帝国的欧洲和亚洲行省。阿拉伯世界远离奥斯曼帝国的中心,阿拉伯民族为帝国不同族裔的人口增添了新鲜血液。阿拉伯人本身是一个多元的民族,他们共同的阿拉伯语分化成多种方言。从阿拉伯半岛穿越肥沃的新月地带到北非,方言之间越来越不能相通。尽管当时(一如现在)大多数阿拉伯人同奥斯曼土耳其人一样是逊尼派穆斯林,但也有相当规模的少数群体,包括伊斯兰教的分支派别、基督徒和犹太人。阿拉伯世界的文化也十分多样,不同的阿拉伯地区都有各自独特的烹饪、建筑和音乐传统。历史也分裂了阿拉伯民族,在伊斯兰教产生后的数个世纪中,不同地区曾被不同的王朝统治。阿拉伯世界的并入从根本上改变了奥斯曼帝国的地理疆域、文化和人口结构。

如何为他们新获得的阿拉伯领土设计切实可行的行政架构,是奥斯曼人面对的一个实际挑战。阿拉伯人并入奥斯曼帝国时,帝国正迅速向波斯、黑海地区和巴尔干地区扩张。帝国政府为新领土培训和任命合格行政官员的能力不足以应对帝国疆域的迅速扩张。只有那些最接近奥斯曼帝国腹地的地区,比如叙利亚北部城市阿勒颇,才处于标准的奥斯曼统治之下。离安纳托利亚越远,奥斯曼人就越努力维持原有的政治秩序,从而确保这些地区实现最顺利的政治过渡。奥斯曼人是实用主义者,而非空想家,相较于将他们自己的方式强加于阿拉伯人，他们更感兴趣的是在这些新的领土上维护法律和秩序，并定期收取合理的税收。因此，在征服之后的初期阶段，奥斯曼人采用多样的方式统治诸阿拉伯行省，并实行广泛的自治。

在叙利亚和埃及，奥斯曼人面临的第一个挑战是如何在马木鲁克行政人员中组建一个忠诚的政府。只有马木鲁克人有必要的知识和经验替奥斯曼人统治叙利亚与埃及。然而，奥斯曼人不能指望马木鲁克人的忠诚。奥斯曼统治的第一个 10 年，爆发了一系列暴力叛乱，马木鲁克的一些要人试图脱离奥斯曼帝国，恢复马木鲁克对叙利亚和埃及的统治。

在征服马木鲁克帝国后的头几年里，奥斯曼人基本上保全了前朝的机构，让马木鲁克埃米尔（或称"长官"）掌管。他们以阿勒颇、大马士革和开罗三大城市为中心，将前马木鲁克的领土划分为三个行省。阿勒颇是第一个完全由奥斯曼人统治的行省，一名奥斯曼人被任命为阿勒颇的总督。该省与奥斯曼帝国的政治和经济生活紧密地结合在一起。当时的民众并不知道，奥斯曼人的征服将开启阿勒颇历史上一个真正的黄金时代，一直持续到 18 世纪。在那个时代，阿勒颇将成为亚洲和地中海之间一个重要的陆上贸易中心。虽然距离海岸约 50 英里，但阿勒颇吸引了荷兰、英国和法国的黎凡特公司开设办事处，成为阿拉伯世界最国际化的城市之一。[12] 当威廉·莎士比亚让《麦克白》中第一个出场的女巫谈论一名水手的妻子时，她说"她的丈夫是'猛虎号'的船长，到阿勒颇去了"，环球剧场的观众都知道她在说什么。

塞利姆素丹选择马木鲁克人担任大马士革和开罗的总督。他任命的两位总督差别很大。他指定詹比尔迪·加萨里（Janbirdi al-Ghazali）任大马士革的总督。在马木鲁克时期，詹比尔迪是叙利亚的一名总督，曾在达比格之战中英勇抗击奥斯曼人。他率领马木鲁克军队袭击了塞利姆在加沙的部队，并负伤。之后带着余部撤回开罗，协助图曼贝伊守卫开罗。

很明显，塞利姆赞赏詹比尔迪对他的马木鲁克君主所表现出的正直和忠诚，并希望他能将这份忠诚献给他的奥斯曼新主人。1518年2月，塞利姆授予詹比尔迪马木鲁克时期大马士革总督所拥有的一切职权，作为交换，詹比尔迪每年纳贡23万第纳尔。[13]将如此多的权力移交给一人却不加制衡，显然是有风险的。

在开罗，塞利姆选择马木鲁克时期的阿勒颇总督海伊尔贝伊任总督。在达比格草原之战前，海伊尔贝伊曾与塞利姆通信，向这位奥斯曼素丹效忠。在达比格草原之战中，他弃阵而去，将阵地留给了奥斯曼人。后来，他被图曼贝伊逮捕，关入开罗的监狱。塞利姆攻占开罗后，释放了海伊尔贝伊，并表彰了这位阿勒颇前总督的贡献。然而，塞利姆从未忘记海伊尔贝伊背叛了他的前马木鲁克君主。根据伊本·伊耶斯的记载，塞利姆曾用他的名字玩文字游戏，称他为"海因贝伊"（Khain Bey），即"叛徒阁下"。[14]

塞利姆素丹在世时，这些行政安排并没有受到质疑。1520年10月，消息传来，塞利姆驾崩，年轻的苏莱曼王子登上奥斯曼王位。继任奥斯曼王位后，新素丹苏莱曼面临着阿拉伯行省的一连串叛乱。一些马木鲁克人认为，他们效忠的是作为征服者的塞利姆素丹，而非他的王朝。

第一次马木鲁克起义爆发在大马士革。詹比尔迪·加萨里试图恢复马木鲁克帝国，并宣布自己为素丹，王号"最尊贵的王"（al-Malik al-Ashraf）。他穿戴马木鲁克的服饰和轻型缠头，禁止大马士革人穿戴奥斯曼服饰。他禁止清真寺的布道者以苏莱曼素丹的名义念诵周五聚礼的祷文。他开始将奥斯曼士兵和官员驱逐出叙利亚，的黎波里、霍姆斯和哈马都支持他。他组建了一支军队，准备从奥斯曼帝国手中夺回阿勒颇。[15]

阿勒颇人民仍然忠于奥斯曼素丹国。他们哀悼塞利姆的死，并以苏莱曼的名义念诵周五聚礼的祷文。当总督得知叛军迫近，他开始加强阿勒颇的防御。12月，詹比尔迪的部队包围了这座城市。叛军炮击阿勒颇城门，将燃烧的弩箭射过城墙，但守军修复了破损的城墙，挡住了詹比尔迪的部队。在围城15天后，大马士革人撤退了。在围困过程中，大约200名阿勒颇居民以及一些士兵被打死。[16]

眼见反叛受挫，詹比尔迪回到大马士革巩固自己的地位并集结部队。1521年2月，他前往大马士革郊区与一支奥斯曼军队作战。詹比尔迪的军队很快被击溃，他本人也在战斗中阵亡。恐慌席卷了大马士革。詹比尔迪企图脱离奥斯曼帝国并重建马木鲁克统治，但却徒劳无果。由于支持詹比尔迪，大马士革人失去了和平服从奥斯曼统治所能带来的好处。

刚刚击败詹比尔迪的军队现在开始洗劫大马士革城。根据伊本·突伦的记载，有3000多人被杀，城镇街区和邻近村庄被劫掠，妇女和儿童被俘虏。詹比尔迪的头颅和1000名阵亡士兵的耳朵被当作战利品送到伊斯坦布尔。[17] 马木鲁克人对大马士革的影响就此终结。此后，大马士革将由伊斯坦布尔任命的奥斯曼总督直接统治。

在埃及，奥斯曼人的统治反复受到挑战。虽然塞利姆质疑开罗马木鲁克总督的诚信，称他为"叛徒阁下"，但海伊尔贝伊在1522年去世前一直维持着奥斯曼帝国在埃及的统治秩序。奥斯曼当局花了一年多的时间才任命了一位新的总督来取代他。1523年5月，两名来自埃及中部的地方官员利用这段空位期发动了一场叛乱，并得到一些马木鲁克人和贝都因首领的支持。埃及的奥斯曼驻军迅速镇压了叛乱，许多马木鲁克叛乱分子随后被监禁或处死。

接下来的挑战来自新任命的奥斯曼总督本人。艾哈迈德帕夏（Ahmad Pasha）渴望成为一名伟大的维齐尔，即奥斯曼政府的宰相。仅获埃及总督的任命让他颇为失望，为满足自己的野心，他试图自立为埃及的独立统治者。他于1523年9月抵达开罗，此后不久，就开始解除开罗奥斯曼驻军的武装，并将大批步兵遣回伊斯坦布尔。他释放了因参加去年起义而被监禁的马木鲁克人和贝都因人。随后，艾哈迈德帕夏宣布自己为素丹，并命令他的支持者杀死城堡中残余的奥斯曼部从。和詹比尔迪一样，他要求周五聚礼的布道者以他的名义念诵祷文，并下令铸造刻有他名字的钱币。然而，他的反叛是短暂的。他的对手攻打他，迫使他撤退到乡下。1524年3月，他在那里被捕并斩首。伊斯坦布尔向开罗派遣了一位新的总督，明确指示他终结马木鲁克的势力，将埃及更为全面地置于中央政府的统治之下。此后，苏莱曼素丹证明了他完全有能力赢得阿拉伯臣民的忠诚。直到他统治结束，再没有威胁奥斯曼人统治的叛乱发生。

在塞利姆完成征服后的10年内，埃及、叙利亚和希贾兹已稳定地处于奥斯曼统治之下。帝国的首都伊斯坦布尔是整个帝国的决策者和立法者的家园。统治集团的顶层是素丹，他享有绝对君权，他的话就是令状。他住在托普卡珀宫（Topkapi Palace），在高墙后面俯瞰皇城、博斯普鲁斯海峡和金角湾。从宫殿的城墙向山下走，在一组宏伟的大门后面，是大维齐尔和他的大臣们的办公地。这个内阁中枢以其最独特的特点——大门而闻名。在土耳其语中，该中枢被称作"*Bab-i Ali*"，即"高门"。这个词在法语中被译作"*La Sublime Port*"（高大的门），又被英译成"Sublime Porte"（高大的门），或简称"the Porte"（门）。奥斯曼宫廷和内阁这两大机构为各阿拉伯行省乃至整个帝国制定了新的统治规则。

奥斯曼人的统治带来了新的治理实践。16世纪奥斯曼帝国的地方统治是一种封建主义形式，中央政府将土地授予军事指挥官们。获得该职位的人负责监督司法的运转，并从他的土地上征税。他用他的土地收益供养一定数量的骑兵，并向中央财政缴纳一笔固定数额的税款。与欧洲的封建主义不同，奥斯曼制度不是世袭的，因此没有产生一个与素丹的权力相抗衡的贵族阶层。这一制度非常适合迅速扩张的帝国，因为开疆拓土的速度超过了国家培养训练有素的官员来管理领土的能力。官员们负责簿记，盘点帝国的财富。他们编制了详细的税务登记，罗列了各行省中每一个村庄应纳税的人、家庭、田地和收入的数量。这些登记理应每30年更新一次，但在16世纪期间，国家开始忽视簿记。到17世纪，这种做法就完全消失了。[18]

叙利亚新设立的奥斯曼行省——阿勒颇、大马士革，以及后来的沿海省份的黎波里（位于今黎巴嫩），被划分为较小的行政单位，由军事指挥官负责管理。行省总督被授予最大的封地，作为回报，总督需要为素丹的征战提供一定数量的军队，并向素丹的国库缴纳固定额度的税收。行省的军事指挥官被授予了第二大的封地，较低级别的指挥官所获封地的大小取决于他们的军衔以及他们预计为素丹的军事行动提供军队的数量。[19]这一经过调整的封建制度并未在埃及实行，对埃及的统治继续在奥斯曼总督和马木鲁克军事指挥官之间不稳定的伙伴关系中进行。

各阿拉伯行省的行政人员由伊斯坦布尔的中央政府任命，他们往往来自阿拉伯世界以外的地区。同马木鲁克人一样，奥斯曼人也运行着自己的奴隶征募制度，来源地主要是他们治下的各巴尔干行省。每年一度的征募将年轻的基督教男孩从他们的村庄中带走，这在土耳其语中叫作"*devshirme*"，意为"男孩征募"。男孩们被送到伊斯坦布尔，在那里他们皈依伊斯兰教，接受训练，为帝国服务。身体健壮的男孩被送去接受军事训练，以加入精锐的禁卫军步兵团。头脑聪慧的男孩则被送去宫廷接受训练，以在宫廷或官僚机构中从事文职工作。

以现代标准衡量，男童征募看上去是不折不扣的野蛮行为：孩童成为奴隶，在远离家人的环境中成长，并被强制皈依伊斯兰教。然而，在当时，这是在一个流动性相当有限的社会中向上流动的唯一手段。通过男孩征募，农民的儿子可以成为将军或大维齐尔。事实上，奥斯曼军队和政府的精英队伍基本上只在征募的男孩中选录。大多数阿拉伯人是自由出生的穆斯林，他们被排除在这种征募之外，这意味着他们在奥斯曼帝国早期的权力精英中的代表性严重不足。[20]

苏莱曼二世素丹统治时期的一个重大创新，是在法律上界定了奥斯曼行省的行政架构。在西方，他以"大帝"（the Magnificent）闻名，而在本国，则以土耳其语外号"立法者"著称。在苏莱曼死后两个多世纪，埃及编年史家哲拜尔提对他实行的法律和行政改革的功劳大加赞赏："立法者苏莱曼素丹确立了政府管理原则，完成了帝国的构建，并划分了各行省。他在黑暗中闪耀，燃起宗教的光辉，扑灭异教徒的火焰。从那时起一直到现在，这个国家（即埃及）一直是他们帝国的一部分，也一直服从奥斯曼人的统治。"[21]行政法则以一份名为"法典"的宪法文件的形式被送往各行省。各行省的法典明确了总督与纳税人之间的关系，并以白纸黑字规定了双方的权利和义务。在当时，它代表了政府问责制度的最高水平。

第一部行省法典起草于1525年艾哈迈德帕夏叛乱之后。苏莱曼素丹的大维齐尔易卜拉欣帕夏担负着恢复奥斯曼素丹对埃及统治的使命，引入法典是这一使命的核心部分。这部法典非常全面，规定了直到村庄级别的行政框架。它明确了公职人员在保障治安、维护灌溉系统和征税方面的责任。关于土地调查、慈善捐赠、谷仓维护和海港管理，法典也都有明确的规定。这部法典甚至规定总督应该多久与他的行省资政委员见一次面（每周4次，就像伊斯坦布尔的帝国资政会议一样）。[22]

为了执行法律，奥斯曼行政长官需要守纪、可靠的部队。各省总督指挥的部队由奥斯曼正规军和本地征募的非正规军组成。部队中的精英是禁卫军，他们的指挥官是伊斯坦布尔直接任命的。像大马士革这样的城市，会有一支由500—1000名禁卫军组成的步兵来维持当地秩序。还有一些骑兵部队，由该省的财政收入来供养。根据奥斯曼帝国的档案，在16世纪的最后25年间，阿勒颇、的黎波里和大马士革三省共有8000多名骑兵。[23]这些正规军得到了本地征募的步兵和北非雇佣军的协助。

司法是除总督和军队之外，奥斯曼统治体系的第三个要素。伊斯坦布尔中央政府向各行省省会派遣一名大法官统领伊斯兰法庭。虽然基督徒和犹太人有权在他们自己社区的宗教法庭上解决内部纠纷，但许多人选择在穆斯林法庭申诉或记录交易。所有伊斯坦布尔颁布的皇家法令都会在法庭上公开宣读并登记在册。除刑事案件外，法院还为争议各方提供仲裁，担任记录商业合同和土地交换的公证人，并登记人们生活中的重大事件，如结婚和离婚、寡妇和孤儿的安置以及死者个人财产的分配等。所有案件和交易都被正式登记在法院的档案中，许多记录留存至今，是了解奥斯曼帝国城镇日常生活的宝贵资料。

苏莱曼一世被证明是奥斯曼帝国最成功的统治者之一。在长达46年（1520—1566）的统治期间，他完成了他父亲开启的对阿拉伯世界的征服。1533—1538年，他从波斯萨法维帝国手中夺取了巴格达和巴士拉。那里的逊尼派民众遭受了什叶派萨法维人的多年迫害,他们视奥斯曼军队为解放者。对伊拉克的征服在战略和意识形态上都有重要意义。苏莱曼一世巩固了他的帝国,将古老的阿拉伯首都巴格达纳入麾下,并阻止了什叶派教义向逊尼派地区的扩张。

16世纪30—40年代,苏莱曼一世的部队从埃及向南推进,占领了阿拉伯半岛南部的也门地区。1525—1574年,在西地中海地区,苏莱曼将利比亚、突尼斯和阿尔及利亚等北非沿海地区以朝贡附属国的形式纳入奥斯曼帝国势力范围。到16世纪末,除了一直处于奥斯曼帝国势力范围之外的阿拉伯半岛中部和摩洛哥素丹国,阿拉伯世界的其余地区都在帝国某种形式的控制之下。

每一块阿拉伯土地都是在不同的时间和特定的情况下,带着不同的历史和行政背景,并入奥斯曼帝国的。奥斯曼帝国在每一个阿拉伯行省的统治故事都是独特的,深受这些行省并入帝国时所处状况的影响。

奥斯曼征服北非更多通过海盗行为而非传统战争实现。当然,一方眼中的海盗对另一方来说是海军上将。16世纪,在英国与西班牙无敌舰队的战争中,弗朗西斯·德雷克爵士(Sir Francis Drake)的海盗行为发挥了巨大作用,但作为伊丽莎白一世王国的骑士和她最受信任的顾问之一,人们几乎不会将他和众所周知的海上强盗形象挂上钩。海伊尔丁(Khayr al-Din)也是如此。他是奥斯曼历史上最伟大的海军上将之一,因红胡子而被同时代的欧洲人称为"巴巴罗萨"(Barbarossa)。对西班牙人来说,他是一个无情的海盗、地中海航运的祸害,他把数千名战斗中被俘的基督教水手卖为奴隶。对北非沿海地区居民来说,他是一名神圣的战士,对西班牙占领者发动"圣战",他所获得的战利品是当地经济的重要组成部分。对奥斯曼人来说，他是他们中土生土长的一员，大约在1466年出生于土耳其海岸附近的爱琴海的米蒂利尼岛。

16世纪初，西地中海是基督教和穆斯林军队之间激烈冲突的战场。1492年，格拉纳达沦陷，西班牙完成对伊比利亚半岛的征服，结束了穆斯林对西班牙近8个世纪的统治（711—1492）。在信奉天主教的西班牙，自主改宗迅速转变成强制皈依，面对这样的形势，大多数伊比利亚穆斯林离开家园到北非寻求庇护。这些被称为摩里斯科人的穆斯林难民从未忘记自己的家园，也从未原谅西班牙。西班牙的君主，卡斯蒂利亚的伊莎贝拉（Isabella of Castile）和阿拉贡的费迪南德（Ferdinand of Aragon），无情地将"圣战"推向地中海对岸、摩里斯科人藏身的各穆斯林王国。从摩洛哥到利比亚，他们沿着北非海岸线建立了一系列堡垒殖民地，或称"要塞"，并迫使内陆城镇的地方首领向西班牙纳贡。其中两处殖民地，摩洛哥海岸线上的休达和梅利利亚至今仍是西班牙的属地。

西班牙的侵略扩张几乎没有遭到北非穆斯林小国的反对。基于非斯（在今摩洛哥）、特莱姆森（在阿尔及利亚）和突尼斯的三个地方王朝统治着西北非。它们向西班牙君主纳贡，不敢向控制其主要港口和码头的西班牙要塞发起任何挑战。穆斯林统治者与西班牙侵略者的合作让他们失去了臣民的信任。很快，当地的狂热分子开始组织自己的部队来反抗入侵者。由于要塞是通过海上补给的，西班牙的船只比坚固的堡垒本身更易受到攻击。当地的水手武装了船只，在海上开展"圣战"，在西方，这些人被称为"巴巴里海盗"（Barbary corsairs，"巴巴里"可能源自古希腊语，指"野蛮人"，更可能源自对北非土著柏柏尔人的指称）。当这些海盗从他们攻击的西班牙船只上掠夺财物、奴役船员时，他们视他们的战争为同基督教侵略者的宗教冲突。对西班牙人的大胆攻击使这些海盗成为当地的英雄，并赢得了沿岸阿拉伯和柏柏尔居民的支持。

海伊尔丁是最著名的巴巴里海盗。他追随兄长阿鲁吉（'Aruj），后者在阿尔及尔以东的小港吉吉里建立了一个独立小政权。阿鲁吉沿着阿尔及利亚向西扩张其势力范围，并于1517年占领特莱姆森。第二年，他试图守卫特莱姆森失败，被西班牙人杀害。海伊尔丁认识到，巴巴里海盗若想守住他们的地盘、对抗强大的西班牙帝国，需要一个强大盟友的支持。通过与奥斯曼帝国结盟，他把巴巴里海盗的"圣战"发展成一个成功的战争机器。

1519年，海伊尔丁派遣一名使者，携带礼品和一封阿尔及尔人民的请愿书赴奥斯曼宫廷，请求塞利姆素丹提供保护，并提出将他们自己置于素丹的统治之下。当时"冷酷者"塞利姆行将就木，他同意将阿尔及利亚沿海地带纳入奥斯曼帝国的领土。他让海伊尔丁的使者带着一面奥斯曼旗帜和2000名禁卫军回去复命。世界上最伟大的穆斯林帝国开始同西班牙舰队交战，这给西地中海的均势带来了决定性的改变。

同奥斯曼人新立盟约，巴巴里海盗备受鼓舞，他们将战线扩展到了北非沿海以外地区。海伊尔丁和他的将领们攻击了位于意大利、西班牙和爱琴海诸岛的目标。16世纪20年代，他像在海上航行的罗宾逊一样，劫持欧洲的粮船，向遭受干旱、物资短缺的阿尔及利亚沿海居民派发粮食。他的船只将摩里斯科人从西班牙救出，将他们带回他控制的城镇定居，并让他们加入他同西班牙的战斗。

然而，海伊尔丁和他的部下最出名的是他们对西班牙船只的攻击。他们击沉桨帆船，释放穆斯林奴隶，缴获数十艘敌舰。在西班牙和意大利的沿海地区，"巴巴罗萨"这一名字引起了人们的恐惧，这是有理有据的。海伊尔丁的部下俘虏的基督徒达数千人，他们将其中的贵族扣下以赚取高额赎金，将平民卖为奴隶。这给穆斯林海盗们带来了一种浪漫的正义感：他们中的很多人以前曾被西班牙人俘虏，并被卖为桨帆船上的奴隶。

西班牙海军需要一名海军上将来与海伊尔丁对垒。1528年，皇帝查尔斯五世（Charles V）雇佣著名将领安德烈亚·多里亚（Andrea Doria，1466—1560），让他率军与海伊尔丁交战。多里亚是热那亚人，他养着一支舰队为欧洲的君主们提供租用服务。由此看来，他同海伊尔丁一样是一名海盗。

多里亚是一位伟大的海军上将，但海伊尔丁更伟大。在他们18年的地中海对决中，多里亚很少能胜过他的奥斯曼对手。他们在1530年的第一次相遇就是一个很好的例子。1529年，经过短暂的围困，海伊尔丁的军队攻占了阿尔及尔湾的西班牙要塞。西班牙的战俘沦为奴隶，被驱使去拆除堡垒，而堡垒的石头被用来建造防波堤，以保护阿尔及尔港。失去战略要塞的查尔斯五世暴跳如雷，紧急召集了一个国务会议。安德烈亚·多里亚建议袭击阿尔及尔西侧的歇尔谢尔港。1530年，多里亚的军队在歇尔谢尔附近登陆，释放了数百名基督徒奴隶，但却遭到居住在这个城镇中的摩里斯科人的顽强抵抗，他们正急切地渴望同西班牙人一战。海伊尔丁派遣了一支救援部队。为避免同更庞大的奥斯曼舰队交战，多里亚撤回了他的战船，将西班牙士兵遗弃在歇尔谢尔。坚持抵抗的西班牙士兵被杀，投降者则沦为奴隶。海伊尔丁羞辱了西班牙人两次，从而稳固了他在阿尔及尔的地位。

这名巴巴罗萨也提升了他在素丹眼中的地位。1532年，他受邀赴伊斯坦布尔会见苏莱曼大帝。他带着一支由44艘战船组成的舰队出发，一路上蹂躏了热那亚和西西里的沿海地区，夺取、劫掠并焚毁了18艘基督教船只。最后，他抵达伊斯坦布尔，素丹邀请他到皇宫觐见。他被引领到素丹面前，跪下亲吻地面，等待他君主的命令。

苏莱曼命令他的海军上将起身，封他为奥斯曼海军的统帅，或称卡普丹帕夏（Kapudan Pasha），及海洋诸省的总督。在伊斯坦布尔逗留期间，海伊尔丁居住在皇宫内，定期同素丹会面，讨论海军战略。作为宠爱重臣的最高象征，苏莱曼在一次宫廷庆典上将一枚金质勋章钉在海伊尔丁的缠头上，以表达对这位卡普丹帕夏的感激，感谢他为奥斯曼帝国拓展北非疆土、打败敌对的西班牙。[24]

从伊斯坦布尔回来后，海伊尔丁开始筹划他的下一次重大战役：征服突尼斯。他组建了一支近1万人的远征军，于1534年8月兵不血刃地占领了突尼斯。奥斯曼人控制了从突尼斯到阿尔及尔的北非沿海地区，查尔斯五世在西地中海的海上霸权摇摇欲坠。安德烈亚·多里亚建议西班牙皇帝将海盗们从突尼斯逐走。查尔斯同意了，并亲自随舰队出征。他写道："桨帆船、盖伦帆船、克拉克帆船、小帆船、轮船、双桅船以及其他舰船"组成的庞大舰队，载着由约2.4万名士兵和1.5万匹马组成的西班牙、德国、意大利和葡萄牙军队驶向突尼斯。"出发时我们[请求]造物主的帮助和指引……在神的佑助和恩惠下，我们将给巴巴罗萨以看上去最有效、最致命的打击。"[25]

当这支庞大的无敌舰队接近突尼斯时，海伊尔丁心知自己无法抵抗，便撤回了他的部队。突尼斯落入西班牙军队手中。查尔斯五世在他寄回国内的信中称，西班牙军队释放了2万名基督徒奴隶。阿拉伯历史记录称，西班牙人在洗劫突尼斯的过程中杀害了至少同样多的当地居民。从战略上讲，征服突尼斯让西班牙人牢牢掌控了通往西地中海的门户西西里海峡。仅存的穆斯林据点就是阿尔及尔了。

1541年，西班牙人发动了一场大规模的围攻，试图攻占阿尔及尔并一劳永逸地击败海伊尔丁。一支由65艘桨帆船和400多艘运输船组成的舰队，载着3.6万名士兵和围城器械，于10月中旬启航。阿尔及利亚编年史家赛义德·穆拉德（Sayyid Murad）写道："这支舰队覆盖了整个海面，但我无法数清所有的舰船，因为它们数量太庞大了。"为了对抗西班牙人，巴巴里海盗集结了1500名奥斯曼禁卫军、6000名摩里斯科人和数百名非正规军。面对一支人数超过自己军队3倍还不止的入侵部队，海伊尔丁看起来处于绝境之中。他的一位将领试图提振军队的士气，说道："基督徒的舰队确实是巨大的……但别忘了安拉会在穆斯林抗击他们宗教的敌人时给予帮助。"[26] 他的话在那位本地编年史家看来，是具有预言性的。

在西班牙入侵前夕，天气突变，狂风把西班牙的舰船吹上了岩石海岸。那些安全到达岸边的士兵被暴雨淋得湿透，火药也被水浸湿了。在这种情况下，守卫者的剑和箭被证明是更有效的武器。在150艘舰船失踪和1.2万人被杀或被俘的情况下，浑身湿透、士气低落的西班牙人被迫撤退。巴巴里海盗取得了对西班牙人的决定性胜利，并且一劳永逸地巩固了他们在北非的地位。这是海伊尔丁最伟大的胜利，这之后阿尔及尔每年都会举行庆祝活动，直至奥斯曼统治结束。

5年后的1546年，海伊尔丁·巴巴罗萨逝世，享年80岁。他成功确保了奥斯曼帝国对北非沿海地区的控制（尽管对的黎波里和突尼斯的最终征服是由他的继任者在16世纪稍晚时期完成的）。奥斯曼帝国对北非的统治不同于其他阿拉伯领土，更多地体现了这块土地的海盗传统。在海伊尔丁死后的几十年里，伊斯坦布尔任命的总督、奥斯曼舰队上将和奥斯曼禁卫军首领之间相互制衡。在17世纪，在阿尔及尔定居并成为永久居民的禁卫军首领成为阿尔及尔的总督，并通过政务委员会（或称"迪万"，*diwan*）进行统治。1671年，权力再次发生转移。舰队上将任命一名当地统治者，称号"德伊"（*dey*），取代禁卫军首领进行统治。在一段时期内，伊斯坦布尔继续任命帕夏，即总督，但帕夏的权力是象征性的，德伊握有实权。

1710年开始，德伊也担任帕夏的职务，伊斯坦布尔对北非的控制也越来越弱，德伊们享有完全的自治权，作为回报，他们每年仅向帝国中央政府缴纳一小笔贡金。

奥斯曼帝国和西班牙在西地中海的争夺结束后很久，奥斯曼中央政府依然非常满意阿尔及尔的德伊们代其统治北非沿海地区。巴巴里海盗控制的沿海地区因距离伊斯坦布尔太远而无法被直接管理，也因人口稀少而无法负担更为复杂的治理体系的开销，因此，该地区成为奥斯曼人选择与当地精英合作统治的阿拉伯行省中的典型。这使得奥斯曼帝国能够在帝国国库几无损失的情况下，对具有战略价值的穆斯林地区宣示主权，并获得少量收入。这一安排也符合阿尔及尔德伊们的利益，使他们在同地中海地区海上强国的交往中，既享有奥斯曼人的保护，又享有高度自治。这一让德伊们和奥斯曼人同时受益的安排一直持续到19世纪——至此，两者都无力抵抗欧洲殖民北非新纪元的开启。

东地中海地区形成了一种截然不同的自治制度。长期以来，黎巴嫩山区为逃避受迫害的非正统宗教社团提供庇护。其中两个社团——马龙派和德鲁兹派建立了他们自己的统治系统。虽然黎巴嫩高地（以黎巴嫩山著称）与大叙利亚其他地区一样，于1516年"冷酷者"塞利姆征服时期被纳入奥斯曼帝国的统治范围，但帝国的中央政府倾向于让当地居民在自己的山寨中自治。

7世纪末，马龙派为逃避当时拜占庭帝国中敌对基督教派的迫害，到黎巴嫩北部山区寻求庇护。他们是中世纪十字军的支持者，此后与梵蒂冈关系密切。1584年，罗马开设了一所马龙派学院，向最有天赋的年轻马龙派教徒传授神学，这巩固了马龙派教徒与罗马天主教会之间的联系。

德鲁兹派的渊源可以追溯到 11 世纪的开罗，当时一群持有异见的什叶派穆斯林因遭受迫害而逃离埃及。在孤立的黎巴嫩南部山区，他们的信仰发展出一种独特而高度神秘的新形式。德鲁兹派既是一个宗教团体，也是一个政治团体。在马龙派基督徒的充分参与下，德鲁兹人开始掌控黎巴嫩山的政治秩序。德鲁兹埃米尔，也即德鲁兹王，统治着一个等级森严的德鲁兹和基督教世袭贵族体系，其中每一个世袭贵族都属于黎巴嫩山的某一特定地区。

当奥斯曼帝国将黎巴嫩山纳入统治范围时，奥斯曼素丹们选择保留该地区特定的封建秩序，仅要求德鲁兹王承认素丹的权威，每年向他纳贡。因为德鲁兹人内部分化严重，不足以对奥斯曼帝国的统治构成威胁，所以这种模式运作良好。但随着埃米尔法赫尔丁二世（Amir Fakhr al-Din Ⅱ）的崛起，这一状况发生了变化。

黎巴嫩山之王法赫尔丁二世（约 1572—1635）像是马基雅维利书中的一个人物。他的统治方式不同于奥斯曼帝国的其他统治者，更接近于恺撒·博尔吉亚（Cesare Borgia）。法赫尔丁将暴力与狡诈相结合，扩大他控制的领土，并持续掌权数十年。他甚至任命他自己的御用历史学家为后人记载下他执政期间的丰功伟绩。[27]

1591 年，法赫尔丁在父亲被敌对的赛义法（Sayfa）家族暗杀后开始掌权。赛义法家族是一个库尔德家族，基于沿海城市的黎波里（不要与同名的利比亚城市混淆）统治黎巴嫩北部。在随后的 30 年内，德鲁兹王法赫尔丁为两重动机所驱使，一是向赛义法家族复仇，二是扩张他自己家族的统治范围。同时，法赫尔丁同奥斯曼人保持了良好的关系，按时足额缴纳他的领地所承担的税款。他前往大马士革，大方地向总督穆拉德帕夏（Murad Pasha）赠送礼物和金钱，后者后来被提升为伊斯坦布尔的大维齐尔。借助这些往来关系，法赫尔丁成功地将他的统治区域扩展到了南部港口城市赛达、贝鲁特城和沿海平原、黎巴嫩山北部地区和东部的贝卡谷地。到1607年，这位德鲁兹王已经牢牢控制了现代黎巴嫩国的大部分领土以及巴勒斯坦北部的部分地区。[28]

随着他所统治的这个小国家的发展壮大，法赫尔丁的麻烦也越来越多。他所控制的领土已经远远超出了自治的黎巴嫩山，进入了完全由奥斯曼帝国统治的地区。这种前所未有的扩张引发了伊斯坦布尔的政界和法赫尔丁本地竞争对手的忧虑。为保护自己免受奥斯曼帝国的阴谋之害，这位马基雅维利式的德鲁兹王于1608年同佛罗伦萨的美第奇家族签订了联盟条约。美第奇家族给法赫尔丁提供枪支并协助他建造防御工事，以换取在竞争激烈的黎凡特贸易中的特权地位。

法赫尔丁同托斯卡纳缔盟的消息让人恐慌不安。在随后的几年内，黎巴嫩和托斯卡纳关系的深化让奥斯曼人越发忧心忡忡。当法赫尔丁的朋友穆拉德帕夏的大维齐尔之位被敌对的纳苏哈帕夏（Nasuh Pasha）取代时，法赫尔丁在伊斯坦布尔的地位更加岌岌可危。1613年，素丹决定采取行动，派一支军队去推翻法赫尔丁并除掉他的德鲁兹小国。奥斯曼海军舰船被派去封锁黎巴嫩港口，这一方面是为了防止这位德鲁兹王逃跑，另一方面也是为阻止托斯卡纳的船只前来协助。法赫尔丁巧妙地避开了攻击者，用贿赂的方式绕过了奥斯曼舰船。法赫尔丁雇用了两艘法国的盖伦帆船和一艘佛兰德船，在一名顾问和一些侍从的陪同下，去往托斯卡纳。[29]

从赛达到里窝那，法赫尔丁航行了53天，终于到达了托斯卡纳的领土。他5年的流亡经历代表了一个罕见的历史时刻。在那时，阿拉伯和欧洲的君王们平等会面并且带着敬意看待彼此的风俗习惯。法赫尔丁和他的侍从们目睹了美第奇宫廷的运转、文艺复兴时期的技术状况以及当地人各式各样的风俗习惯。德鲁兹王被亲眼看到的一切迷住了，从普通佛罗伦萨人的日常家居用品到美第奇家族杰出的艺术收藏，包括奥斯曼帝国杰出人物的画像。他参观了佛罗伦萨大教堂，登上了乔托钟楼，爬上了布鲁内列斯基（Brunelleschi）设计的著名穹顶。后者是前一个世纪建成的，是当时最伟大的建筑成就之一。[30]然而，尽管法赫尔丁在佛罗伦萨目睹了许多奇迹，但他却从未怀疑过他自己国家文化的优越性，也从未怀疑过奥斯曼帝国是当时最强大的国家。

1618年，法赫尔丁回到了他的故土。他审慎地选择了回归的时机：奥斯曼人又一次同波斯人交战，对他的回归视而不见。在法赫尔丁离开的5年内，情况发生了很大变化。奥斯曼当局将他家族的统治范围压缩至黎巴嫩山南半部舒夫的德鲁兹区，德鲁兹社团分裂成多个敌对派别，这将确保不会有某个家族获得法赫尔丁曾享有的那种至高无上的地位。

很快，法赫尔丁就挫败了奥斯曼中央政府和地区竞争对手的计划。从他回归的那一刻起，这位德鲁兹王就重建了他对黎巴嫩山人民和领土的权威，旨在重建他的个人帝国，从北部的拉塔基亚港向南覆盖整个黎巴嫩高地，直到巴勒斯坦并越过约旦河。在过去，法赫尔丁通过获得奥斯曼当局的许可来确保他的所得。而这一次，他在统治疆域上的拓展对奥斯曼中央政府构成了直接挑战。他相信他的战士能够击败奥斯曼人可能部署的任何军队。在随后的5年中，法赫尔丁在对抗奥斯曼当局方面变得越来越大胆。

1623年11月，法赫尔丁的军队在昂杰尔之战中击败了来自大马士革的奥斯曼军队，俘虏了大马士革总督穆斯塔法帕夏（Mustafa Pasha）。至此，法赫尔丁的权力达到顶峰。[31]德鲁兹军队带着他们的囚徒大马士革总督沿着贝卡谷地追击敌人直到巴勒贝克。在军队包围巴勒贝克时，法赫尔丁接待了一个来自大马士革的要人代表团，他们就释放他们的总督前来谈判。在之后的12天内,这位德鲁兹埃米尔一直拖着谈判的进程,直到确保他的每一个领土目标都实现,才释放他的囚徒。

1629年,奥斯曼人和波斯人之间的战争结束,伊斯坦布尔再次将注意力转向黎巴嫩山叛逆的德鲁兹王,此时他已将他控制下的疆域向东延伸入叙利亚沙漠,向北延伸到安纳托利亚。1631年,法赫尔丁做出了一次傲慢的举动,拒绝一支奥斯曼军队在"他的"领土上过冬。从那时起,奥斯曼人下定决心要除去这名不顺从的封臣。

年迈的法赫尔丁也面临着来自其他群体的挑战——贝都因部落、他的宿敌的黎波里的赛义法家族以及同他竞争的德鲁兹家族。在素丹穆拉德四世(Murad IV)强有力的领导下,奥斯曼人抓住了法赫尔丁日益被孤立的时机,于1633年从大马士革派遣了一支部队去推翻这位德鲁兹领袖。也许法赫尔丁的支持者在多年不断的战斗后已疲惫不堪,又或许他们正在对他的判断力失去信心,因为他越来越肆无忌惮地违逆伊斯坦布尔的命令。当奥斯曼军队逼近时,德鲁兹的战士们拒绝了他们领袖的战斗号召,让他和他的儿子们自己去对抗奥斯曼军队。

逃亡的德鲁兹王躲在德鲁兹腹地深处舒夫的山洞里。奥斯曼将领们一路追踪,进入高地,点起火用烟把他从藏身之处逼了出来。法赫尔丁和他的儿子们被抓获,并被带到伊斯坦布尔,于1635年处决。这终结了一份非凡的事业,也消除了阿拉伯世界对奥斯曼统治的重大威胁。

在清除了法赫尔丁后,奥斯曼人乐于恢复黎巴嫩山的本地政治制度。为占据多数的逊尼派穆斯林设计的政府体系不适合当地多样化的基督徒和德鲁兹人口,但只要当地统治者愿意进入奥斯曼的体系,帝国中央政府非常愿意接受各阿拉伯行省的多样性。黎巴嫩的封建秩序将一直持续到19世纪,其间没有再给伊斯坦布尔带来麻烦。

塞利姆完成征服后的一个世纪里,埃及发展出了一个独特的政治秩序。虽然他们的统治王朝已经被摧毁,但马木鲁克人作为一个军事阶层幸存,仍然是奥斯曼时期埃及统治精英的核心。他们保全了家族,继续引入征召来的年轻奴隶来更新他们的军队,维护他们的军事传统。由于无法根除马木鲁克人,奥斯曼人别无选择,只能把他们纳入埃及的行政机构。

早在17世纪,马木鲁克贝伊们就开始在奥斯曼治下的埃及担任主要行政职位。马木鲁克人被赋予财政权和对每年前往麦加的朝觐队伍的管理权。他们被任命为阿拉伯半岛希贾兹行省的总督,实际垄断行省的行政事务。这些职位带来了声望,更重要的是,这些职位的获得者得以控制重要的收入来源。

在17世纪,马木鲁克贝伊们还占据了埃及的一些最高军事职位,这让他们同从伊斯坦布尔派来的奥斯曼总督和军官形成了直接竞争的局面。奥斯曼中央政府忙于应对帝国欧洲边境更为紧迫的威胁,对于埃及这个富饶的行省,它更关心的是维持秩序、确保经常性税收制度正常运转,而不是如何调整奥斯曼中央政府任命的官员与马木鲁克人之间的权力平衡。在埃及变幻莫测的政治环境中,总督们只能自行应对。

马木鲁克大家族之间的对抗导致了激烈的派系斗争。对奥斯曼人和马木鲁克人来说,开罗的政治变得变幻莫测。17世纪形成的两个主要派别是法卡里派(Faqari)和卡西米派(Qasimi)。法卡里派与奥斯曼骑兵联系紧密,他们以白色为标志,以石榴为象征。卡西米派同埃及本土军队联系紧密,他们以红色为标志,并以圆盘为象征。每个派别都有自己的贝都因盟友。这些派别的起源只留存于传说中,但可以明确的是,到 17 世纪末,派别分化已经完全形成。

奥斯曼的总督们试图操纵派系对抗来压制马木鲁克人。这给处于不利地位的马木鲁克派别以推翻奥斯曼总督的切实动机。在编年史家艾哈迈德·凯特胡德·德木尔德什(Ahmad Katkhuda al-Damurdashi,他自己是一名马木鲁克军官)的编年史所覆盖的 1688—1755 年期间,不同的马木鲁克派别成功罢免了埃及 34 位奥斯曼总督中的 8 位。

马木鲁克人拥有比奥斯曼总督更大的权势,这一点在 1729 年派系斗争的阴谋中显露无遗。法卡里派的首领宰因·法卡尔(Zayn al-Faqar)召集一群军官,计划对敌对的卡西米派发动一场军事行动。宰因·法卡尔对他的手下说:"我们会要求总督给这次征战提供 500 袋钱,如果他同意,他可以继续担任总督;如果他不同意,我们会罢免他。"法卡里派派代表团去见奥斯曼总督,后者拒绝支付用于攻击卡西米派的军事行动开销。宰因·法卡尔暴跳如雷,他对随从说:"我们不会接受皮条客做我们的总督。走!我们去把他罢免了。"法卡里派未经任何授权,自作主张做了决定。他们仅仅给伊斯坦布尔去了一封信,通知帝国中央政府奥斯曼总督已被罢免,并已任命一名代理总督代行总督职权。随后,这一派马木鲁克人用武力强迫他们任命的代理总督用苏伊士港海关的收入作为攻击卡西米派军事行动的经费。这笔支出以开罗防御的名义被合理化。[32]

马木鲁克人对他们的竞争对手使用了非同寻常的暴力。卡西米派非常清楚地知道,法卡里派正在准备一场大规模对抗以占得先机。1730 年,卡西米派派了一名刺客去刺杀敌对派别的首领宰因·法卡尔。这名刺客是法卡里派的叛徒,曾因与法卡里派发生冲突而转投卡西米派。这次,他乔装成一名警察,假装逮捕了一个宰因·法卡尔的敌人。"把他带到这儿来。"宰因·法卡尔下令，想要面对面见见他的敌人。"他来了。"刺客回答道，然后用手枪射中了宰因·法卡尔的心脏，后者立刻毙命。[33] 随后，刺客和他的同谋冲出法卡里派首领的家逃脱，沿途打死了几个人。这是一场大规模血仇的开端。

法卡里派任命穆罕默德·卡塔米什贝伊（Muhammad Bey Qatamish）为他们的新首领。穆罕默德贝伊已晋升到马木鲁克的最高级别，获得了"城市首领"的头衔。作为对宰因·法卡尔遭暗杀的回应，穆罕默德贝伊下令消灭所有同卡西米派有关联的马木鲁克人。"你们当中有卡西米派的间谍。"穆罕默德贝伊指着他侍从中一个不走运的人警告说。在这名男子有机会为自己辩护之前，穆罕默德贝伊的军官们将他拖到桌子底下，砍掉了他的头。这是为宰因·法卡尔之死复仇的行动中杀害的第一人。在 1730 年的屠戮结束之前，还会有更多的人被杀。

穆罕默德贝伊向宰因·法卡尔任命的代理总督求助，声称参与谋杀法卡里派首领的有 373 人，并获得了处决他们的授权。对他而言，这是授权清除卡西米派。德木尔德什记载："穆罕默德·卡塔米什贝伊屠戮了整个卡西米派，除了那些……逃到乡村的人。他甚至把还未到青春期的马木鲁克少年从他们的居所带走，送到尼罗河中的一个小岛上集体杀戮，并把尸体投入河中。"穆罕默德贝伊消灭了所有卡西米派的家族，发誓再也不让该派在开罗立足。[34]

事实证明，消灭卡西米派要比穆罕默德贝伊设想的困难得多。1736 年，卡西米派回归，同法卡里派算旧账。他们得到了奥斯曼总督白基尔帕夏（Bakir Pasha）的协助。白基尔帕夏之前就担任过埃及总督，但被法卡里派罢免，不得不提前结束任期。他自然是卡西米派的盟友。白基尔帕夏邀请穆罕默德贝伊和法卡里派的其他重要的马木鲁克人赴会，一群卡西米派人带着手枪和剑埋伏在会场。穆罕默德贝伊一到,卡西米派人就现身,击中了这名法卡里派首领的胃部,并屠杀了他的将领们。总之,他们杀害了开罗10位最有权势的人,并将他们的头颅堆在城里一座主要清真寺里示众。[35] 综合各种记录,这是奥斯曼埃及历史上最严重的屠杀之一。[36]

多年的派系斗争使法卡里派和卡西米派都无力维持在开罗的领导地位。这两个敌对的派别被一个叫作卡兹杜厄里(Qazdughli)的马木鲁克家族推翻,在18世纪余下的时间内,该家族一直掌控奥斯曼埃及。随着该家族的崛起,极端的派系暴力冲突减少了,给这个饱受冲突蹂躏的城市带来了一定程度的和平。就奥斯曼人而言,他们从未全面掌控富裕但不守规矩的埃及行省。奥斯曼埃及形成了一种独特的政治文化,直到"冷酷者"塞利姆征服马木鲁克埃及数个世纪后,各马木鲁克家族依然拥有比伊斯坦布尔任命的总督更大的政治权力。在埃及,就像在黎巴嫩和阿尔及利亚一样,奥斯曼的统治适应了当地政治。

在征服马木鲁克帝国两个世纪之后,奥斯曼人成功地将他们的帝国从北非扩展到了阿拉伯半岛南部。整个过程并不是一帆风顺的。在许多情况下,奥斯曼人不愿或无法在各阿拉伯行省建立标准化的政府,而选择与本地精英合作统治。各阿拉伯行省同伊斯坦布尔的关系可能差异很大,各省的行政架构也千差万别,但它们毫无疑问都是同一个帝国的组成部分。这种多样性对当时多民族和多教派的帝国来说是很常见的,奥匈帝国和俄罗斯帝国也是如此。

18世纪中叶前,奥斯曼人对这一多样性的掌控多多少少是成功的。他们面临过挑战,特别是来自黎巴嫩山和埃及的挑战,但他们使用多种策略,成功地确立了奥斯曼帝国的统治,并确保没有任何地方领袖对帝国的中心地位构成持久威胁。然而,18世纪后半叶,该中心与处于边缘地位的阿拉伯世界之间的动态关系发生了变化。新的地方领袖崛起，他们开始整合军力，寻求自治，公然违抗奥斯曼帝国的制度。他们往往同帝国在欧洲的敌对势力合作。这些新兴的地方领袖对奥斯曼政权构成了实质性挑战，将在19世纪危及帝国的生存。

第二章　阿拉伯人挑战奥斯曼统治

理发师知道城里发生的一切,因为他每天都在同各行各业的人交谈。从理发师艾哈迈德·布戴伊里(Ahmad al-Budayri)日记的记载来看,他非常健谈,且对18世纪中叶大马士革的政治和社会了如指掌。他日记中所涉及的话题都是各地理发店交谈中常见的话题,包括本地的政治、高昂的生活成本、天气以及人们对世风日下的抱怨。

除了他日记所载的内容,我们对大马士革理发师布戴伊里的生活知之甚少。他太卑微了,不足以被列入当时的人物传记,也即奥斯曼时期的名人录。他的日记因此更加引人注目。对18世纪的商人而言,有读写能力本不常见,更不用说用文字记录下他们的想法了。他很少谈论自己,更愿意写别人的事。我们不知道他何时出生、何时离世,但很明显,他写作这部从1741年持续到1762年的日记时是一个成年人。布戴伊里是一个虔诚的穆斯林,属于一个神秘的苏非教团。他已婚,有孩子,但没有提过他的家庭生活。他为自己的职业感到自豪,提到将他引入行的老师时充满敬佩,也回忆了那些他给理过发的杰出人士。

这名大马士革的理发师是奥斯曼帝国忠诚的臣民。1754年,他写道,大马士革人得知素丹马哈穆德一世(Mahmud I,1730—1754

年在位）离世，震惊不已。他也记录了已故素丹之子奥斯曼三世（Osman III，1754—1757年在位）登基时公众的庆祝活动。当时的大马士革"装点得比公众记忆中的任何时候都漂亮"。他祈祷道："愿真主保佑这个奥斯曼国家直到时间的尽头。阿敏①!"[1]

理发师为奥斯曼国家的延续而祈祷，理由充分。根据奥斯曼人的治国理念，好的统治是四个相互依赖的要素之间的微妙平衡，这一平衡可被理解为一个"公正的循环"（circle of equity）。首先，国家需要一支庞大的军队来行使其权力。维持一支庞大的军队需要巨大的财富，而税收是国家唯一的常规财富来源。为了征税，国家必须促进国民生活的繁荣。为了国民生活的繁荣，国家必须维护法律的公正，这就回到了国家的责任上来，从而完成了一个完整的循环。当时大多数奥斯曼政治分析者在解释政治混乱时往往会归咎于对上述四要素中某一要素的忽视。从布戴伊里所见证的18世纪中叶大马士革的状况来看，他确信奥斯曼帝国已陷入严重的困境。官员腐败，军纪松弛，物价高涨，政府权威的衰退损害了公共道德。

可以说，问题的根源在大马士革的总督们。在布戴伊里生活的时代，大马士革并没有按照帝国惯例由伊斯坦布尔任命的奥斯曼土耳其人替素丹统治，而是由一个本地贵族王朝统治。执政的阿兹姆家族在17世纪通过敛聚叙利亚中部城镇哈马周围的大量耕地而发家致富。后来，他们到大马士革定居，成为城中财富与权势的拥有者。1724—1783年，5名阿兹姆家族成员统治过大马士革，共统治了45年。同时，还有几名阿兹姆家族成员受命统治赛达、的黎波里和阿勒颇等行省。综合来看，统治叙利亚各省的是18世纪各阿拉伯行省涌现的地方领导力量中一个较为显赫的代表。

---

① 与犹太教和基督教中使用的"阿门"同源，源自阿拉米语。——译者注

今天，我们可能会认为，相较于奥斯曼官僚，阿拉伯人更愿意接受同胞的统治。然而，18世纪的奥斯曼官僚依然是素丹的仆人，理论上完全忠于帝国，行使统治职权时不带私利。相比之下，阿兹姆家族的统治者们明显考虑个人和家庭利益，身居高位时，他们借机敛财并建设自己的王朝，这一切都以奥斯曼帝国的利益为代价。"公正的循环"被打破，诸事开始崩坏。

布戴伊里详细讨论了阿兹姆统治大马士革的长处和短处。他日记所覆盖的时段，大部分是艾斯阿德·阿兹姆帕夏（As'ad Pasha al-Azm）统治时期。他在位14年（1743—1757），是奥斯曼时期所有大马士革总督中任期最长的。这名理发师对艾斯阿德帕夏极尽溢美之词，但也提出了不少批评。他谴责阿兹姆家族的总督们掠夺大马士革的财富，并认为他们应对军队的混乱和公德的崩坏负责。

在阿兹姆家族的统治下，军队已经从一支维护法律和秩序的纪律严明的部队，堕落为一群目无法纪的乌合之众。大马士革的禁卫军分为两个群体——伊斯坦布尔派遣的帝国部队（kapikullari）和大马士革本地的禁卫军（yerliyye）。此外，还有一些库尔德人、土库曼人和北非人组成的非正规部队。不同的军团经常发生冲突，给城市的和平带来了严峻挑战。1756年，在帝国禁卫军和大马士革本地禁卫军的冲突中，阿玛拉区的居民因支持前者而付出了高昂的代价。为了报复，后者将整个阿玛拉区的住宅和商店付之一炬。[2] 布戴伊里记录了多件士兵袭击甚至杀害大马士革居民而完全不受惩罚的事件。在极度焦虑时期，市民的反应是锁闭店铺，把自己关在家里，这让城市的经济生活陷入停顿。这位理发师的日记真实地记录了"安全部队"对普通大马士革居民生命和财产构成的威胁。

布戴伊里还认为，阿兹姆家族应对大马士革长期居高不下的食品价格负责。他声称，他们不仅没有监管市场、确保定价的公平，而且阿兹姆家族的总督们实际上还滥用职权来囤积粮食，人为制造粮食短缺以最大化个人利益。有一次，大饼价格下跌，艾斯阿德帕夏派他的仆从向饼铺施压，要求他们提高价格以保护小麦市场，而小麦市场是他家族财富的来源。[3]

在日记中，布戴伊里愤怒谴责阿兹姆家族总督聚敛财富，而大马士革的普通百姓却在挨饿。艾斯阿德帕夏在大马士革中心建的宫殿，是他滥用权力的体现，这座宫殿如今依然矗立城中。该项目用上了城里所有的建筑材料和所有训练有素的石匠与工匠，推高了普通大马士革人所需承担的建造成本。艾斯阿德帕夏命令宫殿的建造者们从城里的老房子和老建筑中剥去珍贵的建筑材料，不顾房屋主人的利益和房屋的历史价值。这个项目是艾斯阿德帕夏贪婪的明证。布戴伊里提到，艾斯阿德帕夏在宫殿的"地板下、水井中、天花板上、蓄水池中，甚至厕所里"，为他巨大的个人财富建了无数藏匿处。[4]

布戴伊里认为，军纪的崩坏，加上阿兹姆家族总督的贪婪，已导致公共道德的严重恶化。奥斯曼帝国之所以获得合法性，是因为它有能力推广伊斯兰价值观，且维持必要的机构，让臣民在逊尼派伊斯兰准则下生活。公共道德的崩坏因而成为国家权威崩塌的显著标志。

在布戴伊里看来，城市里娼妓横行最能说明城市公共道德水准的下滑。大马士革是一个保守的城市，良家女子遮住头发，穿着端庄，很少有机会与自己家庭之外的男性交往。大马士革的妓女们丝毫不遵循这些规矩。这名理发师经常抱怨醉酒的妓女，与同样醉酒的士兵作乐狂欢，裸露着面庞和头发，大步穿行于大马士革的街道和市场。大马士革的总督几次试图禁止卖淫活动，但都没有效果。

在城中驻军的鼓动下，妓女们拒绝服从命令。

大马士革的老百姓似乎开始接受，甚至欣赏城里的妓女。18世纪40年代，一位名叫赛勒姆恩的年轻、美丽的女子完完全全地吸引了大马士革人，她的名字在当地的俚语中成了时尚和美丽的代名词。特别时髦的裙子会被称作"赛勒姆恩裙"，新奇的珠宝会被叫作"赛勒姆恩饰品"。

赛勒姆恩是一个藐视权威的鲁莽的年轻女子。她的行径让人联想起比才的卡门。1744年的一个下午，赛勒姆恩在大马士革城中心与一位法官相遇。她喝醉了，还带着刀。法官的侍从朝她喊叫，要求她让道。赛勒姆恩嘲笑他们，挥刀向法官冲去，法官的手下竟然几乎无法控制住她。法官让当局逮捕了她，当局以暴行为由处决了她。随后，一名城市传令官被派往大马士革街头，传令杀死所有妓女。许多妇女逃走了，另一些则躲藏了起来。[5]

事实证明，禁令是短暂的，大马士革的妓女们很快又回到了街头，抛头露面，无拘无束。1748年，理发师写道："在那些日子里，腐败加剧，真主的奴仆们遭受迫害，妓女数量激增，日日夜夜都充斥着市场。"他描述了为纪念当地一位圣人而举行的妓女游行，大马士革民众看上去对这种亵渎宗教价值观的活动坦然接受，这让他倍感愤怒。一个妓女爱上了一个生病的年轻土耳其士兵。她发誓，如果她的情人恢复健康，她将进行一次祈祷，向圣人表示敬意。士兵康复后，她履行了她的誓言：

> 她和同她一样罪孽深重的姑娘们一起，排成一种队列行进。她们手捧蜡烛和香炉穿过集市。这群女子唱着歌，敲着鼓，不遮面纱，长发披肩。人们看着她们却并未反对。只有正直的人们在高声呼喊："真主至大！"[6]

这次游行结束后不久，市政府再次试图禁止卖淫。城中各区的负责人被告知要举报任何可疑的人，并派城市传令官去敦促妇女正确佩戴面纱。然而，在这些新令发布后的几天里，理发师称："我们看到这些女子又在街巷和市场里行走，她们的行为举止依然如故。"到这时，总督艾斯阿德·阿兹姆帕夏决定不再试图驱逐这些厚颜无耻的妓女，转而向她们征税。

阿兹姆家族的总督们滥用职权，牺牲人民的利益来致富，但他们不能遏制邪恶，也不能控制名义上由他们指挥的士兵。大马士革的理发师深感沮丧。一个由这样的人统治的国家能够长久吗？

到 18 世纪中叶，奥斯曼人和阿拉伯人的关系已经走到了十字路口。

从表面上看，奥斯曼帝国成功地将阿拉伯世界纳入了他们的帝国。奥斯曼人用了两个世纪，将统治范围从阿拉伯半岛最南端延伸到非洲西北部摩洛哥的边境。阿拉伯人普遍接受奥斯曼素丹为他们的合法君主。每周五，他们都以素丹的名义礼拜，为素丹的战争贡献士兵，还向素丹的代理人交税。绝大多数的阿拉伯臣民，如那些在农村耕种土地的人，以及那些居住在城市中的手工业者与商人，都接受了奥斯曼人的社会契约。他们所期望的回报是他们的人身安全、财产安全以及对伊斯兰价值观的维护。

然而，一个重要的变化正在阿拉伯世界发生。在奥斯曼帝国最初的几个世纪中，阿拉伯人，作为自由民出生的穆斯林，被排除在高级职位之外，这些职位，是留给那些通过"男孩征募"招来的奴隶精英们的。但是，到 18 世纪中叶，地方的显贵们升入了行省行政体系的最高级，并被授予了"帕夏"称号。大马士革阿兹姆家族的崛起就是一个很好的例子，从埃及经巴勒斯坦和黎巴嫩山到美索不达米亚和阿拉伯半岛,都是如此。在阿拉伯世界,地方领袖崛起,伊斯坦布尔的影响下降,因为更多的税收被用于地方军队和地方长官的建设工程。这一现象在许多阿拉伯行省蔓延,从而带来一种累积效应,对奥斯曼帝国的领土完整构成越来越大的威胁。因为在 18 世纪下半叶,地方领袖的快速壮大使得多个阿拉伯行省开始反抗伊斯坦布尔的统治。

各阿拉伯行省地方领袖们的背景各不相同,从马木鲁克家族族长到部落领袖再到城市显贵。驱使他们的是勃勃的雄心,而不是对奥斯曼人某一具体做事方式的不满。他们拥有共同类型的财富:他们毫无例外都是大地主,利用奥斯曼土地政策的变化获得了大量地产;他们终生拥有这些地产,在某些情况下还把这些地产传给了他们的子女。他们把自己地产上的收益从政府的金库转移出来,以满足自己的需要。他们建造豪华的宫殿,并维持自己的军队来加强权势。伊斯坦布尔的损失转化成各阿拉伯行省地方经济的真正收益,地方领袖得以将庇护网络扩展至工匠和民兵,以进一步加强自身的权力。

这样的地方领袖并不是各阿拉伯行省独有的,巴尔干半岛和土耳其安纳托利亚也出现了类似的地方领袖,但对伊斯坦布尔来说,阿拉伯世界并不是最核心的,无论我们如何去理解"核心"所指。相较于巴尔干半岛和安纳托利亚,奥斯曼人更少依靠各阿拉伯行省的收入和军队。此外,阿拉伯世界离伊斯坦布尔更远,中央政府不愿动用军队和资源镇压小规模叛乱。伊斯坦布尔更关心的是来自维也纳和莫斯科的挑战,而不是大马士革和开罗的地方领袖带来的麻烦。

一直到 18 世纪,欧洲邻国对奥斯曼帝国的威胁都要比各阿拉伯行省可能形成的威胁大得多。奥地利的哈布斯堡王朝抵御着奥斯曼帝国在欧洲的征服。1683 年，奥斯曼人兵临维也纳城门。1699 年，奥地利人击败奥斯曼人，并通过《卡洛维茨条约》（Treaty of Karlowitz）获得匈牙利、特兰西瓦尼亚和波兰部分地区，这是奥斯曼人遭受的第一次领土损失。俄罗斯彼得大帝在黑海和高加索地区向奥斯曼人施压。与这种重大程度的威胁相比，巴格达或大马士革的地方领袖们根本不值得考虑。

奥斯曼被欧洲军队击败，让帝国范围内的地方挑战者更加大胆。随着地方领袖势力的日益壮大，被派往各阿拉伯行省的奥斯曼官员逐渐失去了阿拉伯臣民的尊重和服从。政府官员也失去了对素丹驻军的控制，后者变得无法无天，并与地方军队和地方领袖的民兵发生冲突。军中的违逆进而损害了伊斯兰法官和学者的权威，他们传统上是公共秩序的守护者。在奥斯曼人治理无效的地方，人们越来越多地寻求地方领袖来保障他们的安全。在巴士拉，一名当地的基督教商人写道："人们敬畏阿拉伯人的首领而非奥斯曼人。"[7]

一个国家一旦失去臣民尊重就有麻烦了。编年史家阿卜杜·拉赫曼·哲拜尔提在分析 18 世纪奥斯曼帝国对埃及马木鲁克人的统治缘何崩溃时说："如果这个时代可以在瓶子里小便，当时的医生们就会知道它得了什么病。"[8] 地方领袖的崛起是奥斯曼人疾病的核心，只有通过强力重塑国家权威才能治疗。帝国的中央政府面临一个两难处境，只有确保帝国的欧洲边境足够稳定，才能腾出必要的资源来应对各阿拉伯行省的挑战。

各地地方统治的性质差异很大，给伊斯坦布尔的权威构成了多样化的挑战。大致说来，那些最靠近奥斯曼中心的行省是最温和的。诸如黎巴嫩山的谢哈卜家族、大马士革的阿兹姆家族和摩苏尔的加利利家族等一些显赫家族建立了忠于奥斯曼统治的王朝，但在各自势力范围内要求最大化的自治。[9] 在更南的巴格达、巴勒斯坦和埃及，出现了一些马木鲁克领袖，他们试图扩大领土范围，直接挑战奥斯曼政府。阿拉伯半岛中部形成的沙特-瓦哈比联盟对奥斯曼政府构成了最严重的威胁，因为它控制了圣城麦加和麦地那，阻止了一年一度的奥斯曼朝觐车队到达圣城。相比之下，更偏远的行省，如阿尔及尔、突尼斯和也门，心甘情愿继续成为奥斯曼素丹的属国，每年向素丹纳贡，以换取全面的自治。

这些地方领袖的活动尚未构成一场阿拉伯运动。他们中许多人并不属于阿拉伯民族，好些人也不说阿拉伯语。在18世纪下半叶，奥斯曼统治的挑战者还只是雄心勃勃的个人，他们为了自己的利益行事，很少关心他们统治下的阿拉伯人民。他们相互隔绝，对奥斯曼帝国的核心几乎没有构成威胁。然而，当他们携手合作，像埃及的马木鲁克人与巴勒斯坦北部的一位地方领袖结盟那样，他们就有能力征服全部奥斯曼行省。

20世纪，中东因石油而扬名四方。但在18世纪，是棉花给东地中海地区带来了极大的财富。欧洲对棉花的需求可以追溯到17世纪。英国兰开夏的纺织厂的棉花主要来自西印度群岛和美洲殖民地，而法国的大部分棉花进口则依赖奥斯曼市场。18世纪，纺织技术的进步带来了工业革命，欧洲对棉花的需求猛增。法国从东地中海地区进口的棉花增加至原来的5倍多，从1700年的210万千克增加到1789年的近1100万千克。[10] 最受欧洲市场喜爱的棉花是在巴勒斯坦北部加利利地区生产的。加利利棉花所创造的财富足以满足当地一位世袭统治者的雄心，使他强大到足以挑战奥斯曼帝国在叙利亚的统治。

这位加利利的强人是扎希尔·欧麦尔（Zahir al-'Umar，约1690—1775）。扎希尔是宰伊德尼部落（the Zaydanis）的首领，这是一个 17 世纪起在加利利定居的贝都因部落，控制了萨法德和提比利亚之间的大片农田。他们与大马士革有着密切的贸易往来，并开始通过控制加利利的棉花种植园来积累可观的家族财富。扎希尔是加利利宰伊德尼部落的第三代首领。尽管他在西方并不特别出名，但他在阿拉伯世界声名远播达数个世纪。鉴于他与奥斯曼总督们对抗的历史，他经常被描述为阿拉伯或巴勒斯坦民族主义者，这是不合实际的。到他去世时，他已经是传奇人物了，也有了两部几乎是同时代人给他写的传记。

扎希尔漫长而非凡的生涯始于 18 世纪 30 年代，那时他与一个贝都因部落结盟，攻占了当时还不过是一个小村庄的提比利亚。他确保赛达总督正式任命他为加利利地区的征税官，从而巩固了他的所得。他开始在提比利亚筑城防御，并组建了一支由大约 200 名骑兵组成的小型民兵队伍。

以提比利亚为基地，扎希尔和他的家族开始将他们的控制范围扩展到巴勒斯坦北部肥沃的平原和高地，命令佃农们在他们的土地上种满棉花。他给他的兄弟们分配领土，让他们代为管理。他开始建立自己的小王国，并变得愈加强大。他控制的领土越多，获得的棉花收入就越多，这使他能够扩大军队，让进一步扩张领土成为可能。

到 1740 年，扎希尔已成为巴勒斯坦北部最有权势的领袖。在打败纳布卢斯的军阀和控制拿撒勒后，他控制了巴勒斯坦和大马士革之间的贸易，这进一步增加了他的财富和资源。

宰伊德尼王国的快速发展致使扎希尔·欧麦尔同大马士革总督产生冲突。总督的一个主要职责就是满足每年去麦加朝觐的车队的需求并提供费用。扎希尔现在控制的土地，其税收历来是专门用于支付朝觐车队费用的。扎希尔抢在大马士革总督之前获得外约旦和巴勒斯坦北部的税收，这让朝觐车队陷入资金危机。当伊斯坦布尔政府得知这一情况后，素丹命令大马士革总督苏莱曼·阿兹姆帕夏（Sulayman Pasha al-Azm）抓捕和处决扎希尔，并摧毁他在提比利亚周围的防御工事。

大马士革的理发师布戴伊里在他的日记中记录道，1742年，苏莱曼率领一支庞大的军队从大马士革出发去推翻扎希尔。伊斯坦布尔的中央政府也派出士兵并送来包括火炮和地雷在内的重型武器去摧毁扎希尔和他的防御工事。苏莱曼帕夏还从黎巴嫩山、纳布卢斯、耶路撒冷以及邻近的贝都因部落招募志愿兵，这些人都视扎希尔·欧麦尔为对手，很高兴有机会击败他。

苏莱曼帕夏围攻了提比利亚3个多月，但扎希尔的部队没有屈服。他的兄弟将粮食和军需品走私越过奥斯曼防线，在他的帮助下，扎希尔成功地抵抗住了军力远胜于他的部队。大马士革的总督很恼火，他设法拦截一些往提比利亚走私食物的宰伊德尼人，砍下他们的头作为战利品送到伊斯坦布尔。然而，苏莱曼帕夏没能取得那个大战利品，3个月后，他被迫返回大马士革，为赴麦加朝觐做准备。苏莱曼帕夏不愿承认失败，他散布谣言说，他解除了对提比利亚的围困，是出于同情该镇手无寸铁的平民。他还声称绑架了扎希尔的一个儿子作为人质，要求扎希尔承诺将他征收的税款还给大马士革。大马士革的理发师一五一十地记录下了这些谣言，并补充了一句免责声明："我们还听到了故事的另一版本，只有真主知道事情的真相。"[11]

1743年，苏莱曼帕夏朝觐归来，立即同扎希尔·欧麦尔在提比利亚重开战火。同上一次一样，在伊斯坦布尔和巴勒斯坦地区那些怨愤不平的扎希尔邻近势力的支持下，他再次调集了一支强大的军队。提比利亚的居民又一次做好了经受严重围困的准备。但第二次围攻并未发生。在前往提比利亚的途中,苏莱曼·阿兹姆帕夏在海边小城阿卡停了下来,在那里他因高烧离世。他的尸体被带回大马士革埋葬,部队被解散。扎希尔·欧麦尔得以不受干扰地去实现他自己的雄心壮志。[12]

18世纪40—60年代,扎希尔的统治没有受到挑战,他的权力迅猛扩张。赛达总督的兵力绝对无法同扎希尔相匹敌,大马士革的新任总督艾斯阿德·阿兹姆帕夏听任提比利亚的统治者自行发展。在伊斯坦布尔,扎希尔谋得了一些位高权重者的支持,保护他免遭帝国中央政府的关注。

扎希尔利用他相对独立的优势,将他的统治从提比利亚延伸到沿海城市阿卡,后者当时已是棉花贸易的主要港口。他再三要求赛达总督授予他收益丰厚的阿卡征税权,但却一直遭到拒绝。最终,在1746年,他占领了阿卡并宣称自己是征税官。在18世纪40年代,他在阿卡筑城防御,在城中建了自己的基地,从而拥有对棉花贸易从农田到市场的控制权。大马士革法国棉花商的书信显示,他们对扎希尔·欧麦尔非常不满,说他变得"太强大,太富有了……对我们不利"。[13]到18世纪50年代,扎希尔给他出售的棉花定价。当法国人试图迫使扎希尔接受他们的条件时,他禁止加利利的棉农们将棉花卖给法国人,逼迫他们重回谈判桌,并接受他的条件。

尽管扎希尔·欧麦尔多次同奥斯曼政府对抗,但他一直在试图获得官方承认。他是最终想进入统治集团的反叛者。他努力去获得像阿兹姆家族在大马士革那样的地位:帕夏的官僚级别和赛达的总督位置。为此,他每次反叛之后都忠实地纳税。然而,在他在位期间,扎希尔的地位不过是赛达总督下属的征税官。这让这位加利利的强人倍感沮丧。1768—1774年间,同俄国陷入毁灭性战争的奥斯曼帝国,为保证扎希尔的忠诚,以折中的方式回应他的要求。1768

年，帝国中央政府承认他为"阿卡的谢赫，拿撒勒、提比利亚和萨法德的埃米尔和全加利利的谢赫"。[14]这些只不过是一个头衔，不足以满足扎希尔的雄心。

经过近20年的相对和平，扎希尔再次面临来自奥斯曼行省政府的威胁。1770年，大马士革新总督试图终结扎希尔对巴勒斯坦北部的统治。奥斯曼帕夏（'Uthman Pasha）设法让自己的儿子成为的黎波里和赛达的总督，并与黎巴嫩山德鲁兹社团结盟，反对扎希尔。纳布卢斯的贵族们也渴望看到他们好战的北方邻居的末日。突然，扎希尔发现自己被敌对势力包围了。

在与奥斯曼帕夏你死我活的斗争中，扎希尔只能通过与另一位地方领袖合作才能生存下来。唯一强大到足以抗衡大马士革和赛达联军的地区势力是开罗的马木鲁克统治者，一位名叫阿里贝伊（'Àli Bey）的杰出领袖。扎希尔和阿里贝伊的联合带来了当时阿拉伯行省对伊斯坦布尔统治的最大挑战。

马木鲁克领袖阿里贝伊有许多外号。有些同时期的人称他为"精灵阿里"，就好像他能用魔法来实现看似不可能的事情一样。他的土耳其语外号是布鲁特·卡潘（*Bulut Kapan*），意为"捕云者"，这是因为他镇压贝都因人，奥斯曼人认为贝都因人比云更难抓到。他最著名的外号是"伟大的阿里贝伊"，事实上，在1760—1775年之间，他取得的成就超过了奥斯曼埃及史上任何一位马木鲁克。

1743年，15岁的阿里贝伊来到埃及，在占领导地位的马木鲁克家族卡兹杜厄里家族做军事奴隶。他一路攀升，在1755年他主人去世时获得了自由并晋升到了贝伊。贝伊是马木鲁克的最高级别，贝伊们的领袖是"城市首领"。1760年，阿里贝伊成为领袖，此后，除了一些短暂的中断，他一直掌权，直到1773年去世。

阿里贝伊是军阀，擅长借助恐惧赢得尊敬。他的同时代人、伟大的埃及历史学家哲拜尔提将他描述为"一个强大、固执、雄心勃勃、只有至高无上的权力才能让他满足的人。他不苟言笑，只对严肃的事情上心"。[15]据说他会给来面见他的人带来生理影响："他如此使人心生敬畏以至于有人因敬畏他而死去，许多人会因为他在场而颤抖。"[16]他镇压对手毫不留情，从不效忠任何人。而后来发生的事件表明，他也没赢得其他人对他的忠诚。他打破马木鲁克家族内部关系的束缚，像消灭敌对马木鲁克家族那样打击自己家族内部的马木鲁克人。

阿里贝伊是马木鲁克帝国覆灭之后第一个凭一己之力统治埃及的人。他获取埃及的土地收入，控制所有对外贸易，并向欧洲商人群体索取大量资金，毫不夸张地说，他垄断了埃及的财富。他向本地基督教和犹太社团强索财物，并拒绝向伊斯坦布尔缴纳全部税款。阿里贝伊的财富使他得以扩大军力。在打破埃及既有的马木鲁克派系格局之后，阿里贝伊开始建立自己的马木鲁克家族。他购买并训练了自己的奴隶，他们是他唯一能信任的人。他的家族在鼎盛时期约有3000名马木鲁克，其中许多人曾是数以万计的庞大军队的将领。

在确立了对埃及的绝对控制之后，阿里贝伊寻求完全脱离奥斯曼统治而独立。受前朝马木鲁克人启发，他试图在埃及、叙利亚和希贾兹重建他们的帝国。据哲拜尔提说，阿里贝伊热衷于阅读伊斯兰历史，曾给他的仆从们讲解为何奥斯曼人对埃及的统治根本是不合法的。他认为："埃及的国王——素丹拜伯尔斯（Baybars）和素丹盖拉温（Qalawun）以及他们的子孙和我们一样都是马木鲁克人。奥斯曼人利用老百姓的表里不一，用武力夺去了这个国家。"[17]这里暗含的意思是，通过武力夺取的土地可以合法地通过武力夺回。

阿里贝伊的第一个目标是伊斯坦布尔派驻埃及维护法律的总督

和军队。总督们很早就放弃了统治埃及的企图,真正的统治者是那些相互竞争的马木鲁克家族。总督们试图做到的是通过举行权力仪式和征收国库划定的税额来维护伊斯坦布尔对埃及名义上的统治权。由于自身实力不足,总督们试图让敌对的马木鲁克家族互相对抗。但这在阿里贝伊的统治下已不可能了,因为他已经消灭了竞争对手,没有人能挑战他的统治。现在,阿里贝伊罢免总督和军官,有传言说他甚至毒杀他们而不受惩罚。奥斯曼人在这个富裕却叛逆的埃及行省的利益已经受到了十分严重的威胁。

接下来,阿里贝伊出兵反抗奥斯曼帝国,公然谋求领土扩张。哲拜尔提写道:"他不满足于真主赋予他的对上、下埃及这个过去的国王们和法老们引以为傲的王国的统治权,他的贪婪刺激他去扩张王国的领土。"[18] 阿里贝伊首先在1769年占领了临红海的希贾兹省,该省曾是马木鲁克帝国的一部分。在取得这一成功之后,他开始用他的名字而不是当时在位的奥斯曼素丹的名字来铸造钱币,这表明他对奥斯曼帝国统治权的反叛。阿里贝伊已经开始了他恢复前马木鲁克帝国的计划。而奥斯曼人正陷于同俄国的战争中,无力阻止他。

1770年,当阿里贝伊反抗奥斯曼帝国正如火如荼之际,扎希尔·欧麦尔第一次联系阿里贝伊,提出联合反抗大马士革总督。这个时机再好不过。当时的一名编年史家记载道:"当阿里贝伊收到这个信息时,他认为这将有助于实现他最大的愿望。他决心反抗奥斯曼政府,并将自己的统治范围从埃及的阿里什延伸到巴格达。"[19] 阿里贝伊与扎希尔·欧麦尔缔结了盟约,并同意推翻大马士革的奥斯曼总督。

阿里贝伊致函素丹的死敌、俄国女皇叶卡捷琳娜大帝,寻求她的帮助,以对抗奥斯曼帝国,这加剧了东地中海地区的危机。他要求叶卡捷琳娜派出舰船和骑兵将奥斯曼人赶出大叙利亚，作为回报，他承诺帮助俄国人攻占波斯南部。尽管女皇拒绝派出骑兵，但她同意让当时正在地中海巡游的俄罗斯舰队助阵。阿里贝伊的背叛并没有逃过奥斯曼政府的注意。然而，奥斯曼人在黑海和东欧被俄军围困，无法阻止阿里贝伊。

同叶卡捷琳娜和扎希尔结盟让阿里贝伊备受鼓舞，他开始动员他的部队。他召集了一支约2万人的军队，由他最信任的将领之一伊斯玛仪贝伊（Isma'il Bey）带领，入侵叙利亚。1770年11月，马木鲁克部队横扫加沙，又经过4个月的围攻，占领了雅法港。扎希尔带领他的部下加入伊斯玛仪贝伊的部队，并陪同马木鲁克军穿越巴勒斯坦。他们穿过约旦河谷，沿着沙漠的边缘向东，往朝觐路行进。随后，叛军急速朝大马士革迈进，企图从奥斯曼总督手中夺取这座城市。他们一直行进到大马士革以南的村庄穆宰伊里卜，此地距离大马士革一日行程。

伊斯玛仪贝伊进入穆宰伊里卜，直面大马士革总督，后者完全丧失了战斗的意愿。那时正是朝觐季，虔诚的穆斯林正在履行伊斯兰教的五功之一，要从大马士革到麦加，进行危险的沙漠之旅。总督奥斯曼帕夏正在履行朝觐统领的职责。伊斯玛仪贝伊是一个虔诚的信徒，比大多数马木鲁克人接受过更多的宗教教育。在朝觐季攻击总督是反伊斯兰教的罪行。在没有任何警告和解释的情况下，伊斯玛仪贝伊命令他的士兵从穆宰伊里卜撤退，返回雅法。扎希尔·欧麦尔对此震惊不已，但他的抗议无效。在1770—1771年这个冬季的剩余时间里，叛乱完全停止。

阿里贝伊一定会对伊斯玛仪贝伊大发雷霆。1771年5月，他向叙利亚派遣了第二支部队，统帅是穆罕默德贝伊（Muhammad Bey），外号"艾布·宰海卜"（Abu al-Dhahab），意为"黄金之父"。他的外号得自一次赤裸裸的炫耀：当阿里贝伊将他晋升到贝伊并赋予他自由身时，他向站立在城堡和市中心之间的街道两旁的人群抛洒金币。这是一次公共关系的成功之举，让穆罕默德贝伊家喻户晓。

穆罕默德贝伊率领3.5万名士兵出发。他们横扫了巴勒斯坦南部，在雅法同伊斯玛仪贝伊指挥的军队汇合。两贝伊的马木鲁克联军势不可挡。他们穿过巴勒斯坦，在一次小规模战斗后，于6月将奥斯曼总督赶出了大马士革。马木鲁克人现在控制了埃及、希贾兹和大马士革。阿里贝伊几乎已经实现他一生为之奋斗的重建马木鲁克帝国的愿望。

然后，不可思议的事情发生了：没给任何警告和解释，穆罕默德贝伊率军离开大马士革，返回开罗。这次的问题又出在虔诚的马木鲁克将军伊斯玛仪贝伊。马木鲁克的将领们刚控制大马士革，伊斯玛仪贝伊向穆罕默德贝伊发难，指责后者犯下了严重的罪行，不仅冒犯了素丹，也冒犯了他们的宗教。在为阿里贝伊效劳之前，伊斯玛仪贝伊曾在伊斯坦布尔待过一段时间，他对素丹作为他那个时代最伟大的伊斯兰帝国的领袖充满敬意。他警告穆罕默德贝伊说，奥斯曼帝国不会允许这样一场大规模的叛乱在今世不受惩罚，真主也会在后世追究他们的责任。"因为反叛素丹确实是魔鬼的阴谋。"伊斯玛仪贝伊警告穆罕默德贝伊。

伊斯玛仪贝伊的警告引起了穆罕默德贝伊的焦虑，还激发了后者的野心。他认为，阿里贝伊同俄国女皇签订了反对素丹的协议，这背离了伊斯兰教的道路。他提出："现在，伊斯兰法允许任何穆斯林诛杀［阿里贝伊］而不受惩罚，并占有他的后宫和财富。"[20] 伊斯玛仪贝伊从本质上推断：穆罕默德贝伊会因反叛他的主人而得到真主和素丹的宽恕，也会获得阿里贝伊对埃及的统治权。伊斯玛仪贝伊的观点得到了支持，现在，阿里贝伊最信赖的两名将领正率领一支庞大的马木鲁克军队返回埃及，决心推翻他们的前主人。

马木鲁克人征服并迅速放弃大马士革所带来的冲击在东地中海地区产生回响。当时的一名编年史家惊呼："大马士革人完全被这件奇事震惊了。"扎希尔和他的盟友们也是如此。当马木鲁克军队进攻大马士革时，扎希尔占领了赛达，并在雅法部署了一支 2000 人的驻军。由于过度扩张，他现在失去了他最重要的盟友，冒着单独面对奥斯曼人的愤怒的风险。至于阿里贝伊，他意识到他已经无力回天。他只能召集一些象征性的支持者，但这些人在同穆罕默德贝伊率领的军队进行小规模战斗后也四散奔逃了。1772 年，阿里贝伊逃离埃及，同扎希尔一起在阿卡避难。

随着阿里贝伊逃离埃及，他建立新马木鲁克帝国的梦想破灭了。穆罕默德贝伊自立为埃及的统治者，并派伊斯玛仪贝伊前往伊斯坦布尔，为他争取埃及和叙利亚两省总督的职位。穆罕默德贝伊不做帝国梦，而是在奥斯曼帝国的框架内寻求认可。

阿里贝伊急于夺回王位，在还没来得及调集规模足够大的军队去对付他自己建立起来的强大的马木鲁克家族的情况下，他仓促行动。1773 年 3 月，他率领一支小部队向开罗进发，为恢复他的王国做无望的努力。穆罕默德贝伊的军队与他交战，彻底击溃了他的部队。阿里贝伊受伤被俘。穆罕默德贝伊把他的主人带回开罗，将他软禁在自己家里。一周之后，阿里贝伊去世。谣言不可避免地出现了，称这是一场谋杀。"只有真主知道他究竟如何死去。"编年史家哲拜尔提总结道。[21]

阿里贝伊的死对扎希尔来说是一场灾难。他现在很老了，已经 80 多岁了，而当时的预期寿命只有他岁数的一半。他没有地区盟友，且已公然背叛了他的奥斯曼君主。令人难以置信的是，扎希尔仍在寻求中央政府的正式承认。由于奥斯曼人深陷与俄国的战争，并渴望确保麻烦重生的叙利亚行省的和平,扎希尔毕生的抱负似乎即将实现。1774 年,大马士革的奥斯曼总督告诉他,他将被任命为赛达的总督,统领巴勒斯坦北部和外约旦的部分地区。

但伊斯坦布尔确认扎希尔总督任命的皇家法令从未下达。1774 年 7 月,素丹与俄国签订和平条约,结束了长达 6 年的战争。他没有心情去奖励那些与他的敌手俄国结盟的叛徒。素丹没有发出晋升令,而是派穆罕默德贝伊率一支马木鲁克军队去推翻这位老迈的巴勒斯坦强人。1775 年 5 月,埃及军队占领了雅法,屠杀了当地居民。恐慌蔓延到扎希尔控制下的其他城镇。月末前,扎希尔的政府和大部分民众逃离了阿卡。6 月初,穆罕默德贝伊占领了阿卡。

让人没有想到的是,穆罕默德贝伊,这位矍铄、健壮的埃及马木鲁克统治者刚一占领阿卡就病倒了。1775 年 6 月 10 日,他突然死于高烧。几天后,扎希尔收复了他的城市,在经历埃及占领带来的恐慌后恢复了城市的秩序。但事实证明,扎希尔的解救是短暂的。奥斯曼帝国派海军上将哈桑帕夏(Hasan Pasha)带着 15 艘舰船出战,要求扎希尔臣服并补缴税款。扎希尔没有抵抗。他对大臣们说:"我是个老人,我再也没有战斗的勇气了。"厌倦了战争的大臣们附和道:"我们是穆斯林,服从素丹。对于信奉独一真主的穆斯林来说,不允许以任何形式与素丹作战。"[22]

扎希尔的和平退隐计划被他自己的家人破坏了。他同意带着家人和仆从从阿卡撤出,投奔他在黎巴嫩南部的什叶派盟友。但他的儿子奥斯曼('Uthman)背叛了他,他怀疑父亲假装撤退,一旦有机会就重新掌权,就像他一次又一次所做的那样。奥斯曼拜访在扎希尔手下效力多年的北非将领艾哈迈德·阿加·德尼兹利(Ahmad Agha al-Denizli),透露他的父亲正要逃离阿卡。"如果你想成为[上将]哈桑帕夏最喜欢的人,那就把真主的旨意施于我的父亲吧,因为他在外面,和他的家人单独在一起。"德尼兹利召集了一群北非雇佣军,伺机伏击扎希尔。

刺客们不得不设下圈套去抓住那个难以捉摸的老谢赫。在距阿卡城门外15分钟路程处,扎希尔注意到他的一个妃子不见了,家人都不知道她去哪儿了。"这不是抛弃人的时候。"老谢赫责骂道,然后骑马回去找那个被抛弃的女人。他在德尼兹利的小分队藏身处附近找到了她,伸手拉她上马。年龄和焦虑坏了事。86岁的扎希尔被年轻女子从坐骑上拉下来,倒在地上。刺客们跳了出来,用匕首击倒了老人。德尼兹利拔剑砍下扎希尔的头,以此作为战利品献给奥斯曼海军上将哈桑帕夏。

如果说德尼兹利希望通过这一举动赢得哈桑帕夏的好感,他将会非常失望。奥斯曼海军上将让他的部下清洗扎希尔的头颅,然后把它放在椅子上,凝视着这位年迈谢赫干枯的脸。海军上将转向德尼兹利说:"如果我不能替扎希尔向你报仇,真主是不会原谅我的!"[23] 他立马命令手下把德尼兹利带走,勒死他,把他的尸体扔到海里。

扎希尔·欧麦尔和伟大的阿里贝伊的故事就这样结束了。奥斯曼帝国经受住了统治阿拉伯世界250年来最严重的内部挑战。两位地方领袖同基督教势力结盟,集埃及和巴勒斯坦两个富裕地区的财力,共同反对素丹的政府。阿里贝伊差点重建囊括叙利亚、埃及和希贾兹的古马木鲁克帝国,并置于他个人的统治之下。但即便在这关键时刻,奥斯曼人仍然对阿拉伯领土上反叛的臣民施加了巨大的影响。马木鲁克将领伊斯玛仪贝伊和穆罕默德贝伊,虽然跨过叛乱的门槛,但在触及合法性的底线时撤回了脚步,转而寻求帝国中央政府的承认。用伊斯玛仪贝伊的话来讲,大多数地方领袖仍然认为"反叛素丹是魔鬼的阴谋"。

扎希尔·欧麦尔和阿里贝伊的倒台并不意味着阿拉伯世界地方统治者的终结。马木鲁克人继续主宰着埃及的政治生活，尽管在阿里贝伊和穆罕默德贝伊离世之后，再没出现过单独的统治者。各马木鲁克家族又回复到派系斗争状态，这让埃及在18世纪余下的日子里动荡不安。奥斯曼人重新确立了他们对各叙利亚行省的控制，并任命强人担任大马士革、赛达和的黎波里的总督。更偏远的地方，如黎巴嫩山、巴格达和摩苏尔，仍然由本地领袖统治，但没有人试图直接挑战伊斯坦布尔的统治。

阿拉伯世界对奥斯曼统治的下一个真正挑战出现在帝国边界之外阿拉伯半岛的中部。这是一场因其清教式的意识形态而更具威胁的运动，将在从伊拉克经由叙利亚沙漠到希贾兹的圣城麦加和麦地那的弧形区域内威胁奥斯曼帝国的统治。与扎希尔·欧麦尔和阿里贝伊不同，这场运动的领袖的独特之处在于，他在如今的中东和西方仍是一个家喻户晓的人物，他就是瓦哈比改革运动的创始人穆罕默德·本·阿卜杜·瓦哈卜（Muhammad ibn 'Abd al-Wahhab）。

穆罕默德·本·阿卜杜·瓦哈卜于1703年出生在阿拉伯半岛中部纳季德（Najd）地区的绿洲小镇欧叶伊奈的一个学者家庭。他年轻时到处旅行，在巴士拉和麦地那进行宗教学习。他接受了伊斯兰教四大教法传统中最保守的罕百里学派的训练，并深受14世纪神学家伊本·泰米叶（Ibn Taymiyya）的影响。伊本·泰米叶主张恢复先知和他最初的继任者们（即哈里发）时期的穆斯林社团。他谴责一切与苏非主义有关的神秘主义做法，认为这些做法偏离了伊斯兰教的正道。伊本·阿卜杜·瓦哈卜带着明确的信念和将这些信念付诸实践的雄心回到家乡纳季德。

起初,这位热情洋溢的青年改革者得到了他家乡统治者的支持。然而,他的观点很快就引起了争议。当穆罕默德·本·阿卜杜·瓦哈卜下令以通奸罪公开处决一名妇女时,附近城镇的首领和欧叶伊奈的主要贸易伙伴感到惊骇并开始警觉。这不是欧叶伊奈居民所熟悉和践行的伊斯兰教信仰。他们向统治者施压,要求处死这个激进的神学家,但统治者却选择了放逐伊本·阿卜杜·瓦哈卜。

这位带着危险思想流亡在外的年轻神学家并没有走得很远。伊本·阿卜杜·瓦哈卜受到了临近绿洲迪尔伊叶统治者穆罕默德·本·沙特(Muhammad ibn Sa'ud)的欢迎。现代沙特人把他们第一王国的建立时间定于1744—1745年间的这次历史性会面,当时两人达成一致,沙特统治者和他的后人将奉行伊本·阿卜杜·瓦哈卜所宣扬的修正过的伊斯兰教。《迪尔伊叶协议》确立了这场运动的基本原则,后来被称为瓦哈比主义。

该运动初始时期,瓦哈比派被外界广泛误解。他们被描述为一个新的教派,并被指控持有非正统的信仰。恰恰相反,他们的信仰是极端正统的,呼吁回归先知和他的继任哈里发们的原初伊斯兰教。瓦哈比派试图以《古兰经》降示后的第三世纪为界,认定之后伊斯兰教的发展是"有害的标新立异"并命令禁止。

瓦哈比主义最重要的信条是真主独一无二的属性,也即他们所说的"认主独一"。用任何其他低于真主的生命体同真主匹配,都被谴责为多神崇拜(阿拉伯语为"*shirk*")。这是因为,一旦有人相信真主有伙伴或代理,那他信仰的就不止一个神。同许多其他宗教一样,伊斯兰教是一种充满活力的信仰,随着时间的推移经历了一些重大变化。几个世纪以来,伊斯兰教中形成了许多与瓦哈比主义所奉行的绝对的认主独一论相悖的制度。

例如，在阿拉伯世界，圣人崇拜很普遍，从先知穆罕默德的门徒到身份更低的本地村庄的圣人，都有自己的圣墓或圣树。（这些圣地至今仍在阿拉伯世界的许多地方得到保存和维护。）瓦哈比派反对穆斯林向圣人祈祷以代替他们向真主说情，因为这损害了真主的独一性。他们认为，向杰出的穆斯林表达敬意，应该以他们为楷模行事而不应敬拜他们的坟墓。因此，圣墓和纪念圣人诞辰的年度朝圣活动成为瓦哈比派早期的攻击目标。伊本·阿卜杜·瓦哈卜曾亲手砍倒圣树，推倒圣墓。摧毁圣墓这种对伊斯兰教中最受尊崇的人物的大不敬行为，让主流的逊尼派穆斯林社会震惊万分。

除了憎恶圣人崇拜外，伊本·阿卜杜·瓦哈卜特别不能容忍与苏非主义有关的神秘主义做法和信仰。伊斯兰教神秘主义有很多种形式，从行乞苦修到著名的德尔维希旋转舞。从把斋到吟诵、从舞蹈到自焚，苏非派使用多种技巧来达到同造物主神秘结合的狂喜。苏非主义是奥斯曼宗教和社会生活的基本组成部分，各苏非教团定期举行礼拜仪式。一些教团建造精美的道堂，吸引社会精英，另一些教团则呼吁彻底禁欲，抛弃世俗的一切。某些行业和职业与特定的苏非教团相关联。很难想象还有哪个宗教制度会与奥斯曼社会有更密切的联系。然而，瓦哈比派认为，所有参与苏非主义活动的人都是多神崇拜者，因为他们渴望与造物主建立神秘的联合。这是一项非常严重的指控。

瓦哈比派将奥斯曼帝国伊斯兰教的很大一块视为多神崇拜，从而使自己走上了与帝国冲突的道路。尽管正统伊斯兰教规定容忍犹太教和基督教等其他一神信仰，但却绝对不能容忍多神崇拜或多神信仰。事实上，所有优秀的穆斯林都有责任让多神崇拜者认识到他们信仰的错误，并将他们带上伊斯兰教的正道。如果做不到这一点，穆斯林就有责任参加"圣战"打击和消灭多神崇拜。瓦哈比主义将苏非主义和圣人崇拜等主流宗教行为定性为多神崇拜,这直接挑战了奥斯曼帝国的宗教合法性。

只要瓦哈比运动局限在奥斯曼帝国边界之外的阿拉伯半岛中部纳季德地区,奥斯曼人就不会重视它带来的挑战。从1744年到1765年穆罕默德·本·沙特去世期间,瓦哈比运动的扩张仅限于纳季德中部的绿洲城镇。直到18世纪80年代末,瓦哈比主义才扩散到伊拉克南部和希贾兹的奥斯曼帝国边境。

在18世纪90年代,奥斯曼人注意到阿拉伯行省面临的新威胁,并敦促巴格达总督采取行动。巴格达的帕夏尽可能地推迟派他的军队进入阿拉伯半岛的敌对地区。1798年,他终于召集了一支1万人的军队与瓦哈比派作战。奥斯曼军队在瓦哈比地区表现不佳,他们很快被包围,被迫与沙特将领沙特·本·阿卜杜·阿齐兹(Sa'ud ibn 'Abd al-'Aziz)进行停火谈判。瓦哈比派同意停火,但不承诺今后会一直认可奥斯曼伊拉克的城镇和村庄。巴格达的帕夏对此感到忧虑重重。

1802年,瓦哈比派第一次将他们的"圣战"推进到奥斯曼领土,他们袭击了伊拉克南部圣地卡尔巴拉。卡尔巴拉在什叶派伊斯兰教中占有特殊地位,因为公元680年,先知穆罕默德的孙子侯赛因·本·阿里(Husayn ibn 'Ali)就是在这里被伍麦叶哈里发的军队杀害的。殉难的侯赛因被尊为什叶派伊斯兰教12位永无过失的领袖(即伊玛目)中的第三位,而建在他陵墓遗址上的清真寺装有镀金圆顶,十分奢华。每年都会有成千上万的朝圣者来到这位伊玛目的陵墓献礼敬拜,而这恰恰是瓦哈比派最厌恶的圣人崇拜。

瓦哈比派对卡尔巴拉的袭击非常残酷,令人胆寒。编年史家伊本·比什尔(Ibn Bishr)给出了同时代人对这场大屠杀的描述:

> 穆斯林[即瓦哈比派]包围并突袭了卡尔巴拉。他们杀害

了市场和房子里的大部分人。他们摧毁了侯赛因陵墓上的圆顶。他们把在陵墓内部和周边看到的东西都拿走了,包括饰有绿宝石、蓝宝石和珍珠的墓罩。他们洗劫了城里所有的东西——财物、武器、衣服、布料、黄金、白银和珍贵的书籍。他们的战利品不计其数。他们在那里只待了一个上午,午后就带着所有的战利品离开了。在卡尔巴拉有近2000人被杀。[24]

屠杀、亵渎侯赛因的陵墓和清真寺以及劫掠城镇,塑造了瓦哈比派在阿拉伯公众口中的暴力名声。残暴袭击圣地并杀害那么多手无寸铁的男女和儿童在奥斯曼世界引起了广泛的憎恶。伊拉克南部、叙利亚东部及希贾兹地区城镇和乡村的居民向奥斯曼政府求助,以抵御这一严重威胁。

面对瓦哈比派的挑战,奥斯曼人困难重重。这场改革运动的根据地在阿拉伯半岛中部,位于奥斯曼帝国最偏远的阿拉伯行省之外。奥斯曼军队须从安纳托利亚行军数月,才能到达纳季德的边境。正如巴格达总督所发现的那样,在瓦哈比派自己的地盘上同他们作战非常困难。在如此恶劣的环境下,仅仅保证庞大军队的食物和水供给,对奥斯曼人来说就是一个巨大的挑战。奥斯曼政府发现自己无力遏制瓦哈比派的威胁。

接下来,瓦哈比派袭击了伊斯兰教圣地麦加和麦地那,给奥斯曼帝国合法性的核心以重重一击。1803年3月,沙特将领沙特·本·阿布杜·阿齐兹向希贾兹进发,于4月进入麦加城。他的军队没有遇到抵抗,也保证不使用暴力。他们先向麦加的居民解释了他们的信仰,然后实施了他们的新法:禁止穿丝绸衣服和吸烟,摧毁圣墓,拆毁建筑上的圆顶。在占领两大圣城几个月后,瓦哈比派退回纳季德。直到1806年,瓦哈比派才决定将希贾兹从奥斯曼帝国的领土中剥离出来,并入他们迅速扩张的国家。

一旦瓦哈比派控制了麦加和麦地那,来自奥斯曼帝国的朝觐者就不再被允许进入伊斯兰教的圣城来完成朝觐功课。来自大马士革和开罗的奥斯曼帝国官方朝觐团中都有一顶由骆驼负载的驮轿(mahmal),装饰华美,里面安放着覆盖克尔白(Ka'ba)天房的幔帐。天房位于麦加清真寺的中央,内有神圣的宝石。驮轿中还有《古兰经》抄本和大量珠宝。敲鼓吹号的乐手们围绕着驮轿。使用音乐、装饰克尔白天房以及以奢华敬神都触犯了瓦哈比派的禁令,他们拒绝驮轿进入麦加,破坏了几个世纪以来逊尼派穆斯林对麦加最神圣圣地的礼敬。

一名曾在1806年陪同埃及朝觐团的军官,把他同瓦哈比派接触的经历告诉了编年史家哲拜尔提:

> 瓦哈比人指着驮轿问他:"你们带来了什么礼物,需要你们如此崇敬?"
>
> 他回答说:"这是一个自古以来被遵循的习俗。这是一个象征,也是朝觐者聚集的标志。"
>
> 瓦哈比人说:"以后不要这样做了,也别带这些东西来了。如果你再带来,我就把它砸碎。"[25]

1807年,一支不带驮轿和乐师的叙利亚朝觐团试图进入麦加,但仍遭到拒绝。不管有没有驮轿,瓦哈比派都认为奥斯曼穆斯林不比多神教徒好多少,因此拒绝他们进入伊斯兰教最神圣的地方。

素丹帝王头衔中最重要的部分,强调他是信仰的捍卫者和希贾兹圣城的守护者。瓦哈比派吞并希贾兹并禁止奥斯曼朝觐团进入,蔑视了奥斯曼政府守护其领土的世俗权力和素丹作为伊斯兰教最神圣城市守护者的宗教合法性。威胁已严重到无以复加。若奥斯曼人无法应对这一挑战并重申其权威,他们将无法生存。

尽管奥斯曼人很快就将瓦哈比派贬斥为沙漠中野蛮的贝都因人，但他们知道挫败这场运动将非常困难。科威特和伊拉克的现代战争表明，大国在阿拉伯半岛征战会面临巨大的后勤问题。部队不得不用舰船运送，并在酷热的陆地上长途跋涉，补给线长而脆弱。他们被迫在瓦哈比派的地盘上作战。瓦哈比派是狂热的，深信他们是在践行真主的意志。因此，总会有奥斯曼士兵被瓦哈比派强有力的宣教感染而投入敌方阵营的风险。

从伊斯坦布尔向希贾兹派远征军不太可能。对于这样的远征，奥斯曼人缺乏财力和军事资源。他们转而一再要求巴格达、大马士革和开罗的总督出兵。巴格达总督正在他的南部地区继续抵御瓦哈比派的袭击，尚未能成功击退袭击者。大马士革的总督库尔德人坎吉·优素福帕夏（Kanj Yusuf Pasha）向伊斯坦布尔承诺重新打通朝觐路线，但他没有资源去兑现这一承诺。正如叙利亚编年史家米哈伊勒·米舍卡（Mikhayil Mishaqa）所言，坎吉·优素福帕夏"既无法派出足够的士兵，也无法为他们提供足够的弹药，以将瓦哈比派赶出希贾兹，因为[从大马士革出发]，这将是一场40天行程的远征，将穿过炙热的沙地，沿途也没有食物和水补给他们及其坐骑"。[26]

只有一个人能够调动必要的军力，并证明有足够的能力击败瓦哈比派，为奥斯曼帝国收复希贾兹。1805年以来，埃及一直由一位能力非凡的总督统治。然而，天赋和雄心可以让他应对瓦哈比派的挑战，但很快又会让他转而对抗奥斯曼政府。确实，穆罕默德·阿里帕夏（Muhammad 'Ali Pasha）将行省领导人挑战伊斯坦布尔对阿拉伯行省统治的危险趋势带向顶峰。事实证明，穆罕默德·阿里强大到足以威胁奥斯曼王朝本身。

第三章　穆罕默德·阿里的埃及帝国

1798年6月，英国舰船毫无征兆地出现在埃及海岸。一个登陆队划船上岸，当时还很不起眼的亚历山大城的总督和地方显贵们接待了他们。英国人警告他们说法国即将入侵，并表示愿意提供帮助。总督愤慨地说："这是素丹的土地，无论是法国人还是其他国家的人都无权得到它，让我们自己处理吧！"[1] 一个像法国这样的次等国家将要威胁奥斯曼帝国的领土，或是奥斯曼帝国的臣民可能会向另一个次等国家英国求助，这类说法显然冒犯了亚历山大的显贵们。英国人划着船回到他们的高桅帆船上，撤走了。当时，没有人再进一步考虑这件事。

亚历山大城的人民在7月1日早上醒来，发现他们的港口满布军舰，他们的海岸被入侵。拿破仑·波拿巴率领一支大规模的部队到来，这是自十字军东征以来第一支进入中东的欧洲军队。由于军力和火力都不及对手，没过几小时，亚历山大就投降了。法国人站稳了脚跟，继续向开罗进发。

马木鲁克骑兵在开罗南郊与法国军队正面相遇。英勇的马木鲁克人拔出剑，向法国侵略者发起进攻，仿佛1516年马木鲁克人在达比格草原大战奥斯曼人的场面重现。但马木鲁克人甚至没能进入攻击距离。法国人排着紧密队形向前推进，一排排步兵的步枪持续轰鸣,一批批马木鲁克骑兵倒地阵亡。一位同时代的埃及编年史家记录道:"空气浓黑,满布火药、烟尘和风裹挟来的尘土。枪声不断,震耳欲聋,人们觉得地在晃动,天在崩塌。"[2]据埃及目击者说,战斗在45分钟内结束。拿破仑军队占领了毫无防备的开罗,恐慌席卷街巷。

在接下来的3年里,埃及人民直接接触到了法国人的风俗习惯、启蒙运动的思想和工业革命的技术。拿破仑曾打算在埃及建立永久政权,这意味着要用法国统治的好处来赢得埃及人民的心。这不仅仅是军事问题。有67名学者随法国步兵前来,他们肩负双重使命:研究埃及,并用法国文明的优越性感染埃及人。随着法国大革命思想的自由传播,占领埃及成为法国最初的"文明化使命"。

阿布杜·拉赫曼·哲拜尔提(1754—1824)是这次占领的重要目击者,他是一名知识分子和神学家,能够接触到法国和埃及社会的最高阶层。哲拜尔提用很长的篇幅记录了法国的占领,详细描述了埃及人同法国人及其革命思想和令人震惊的技术的碰撞。

法国革命思想与埃及穆斯林价值观之间的鸿沟不可逾越。法国人认为具有普世性的启蒙运动价值观,对许多埃及人来说是非常令人反感的。他们既是奥斯曼帝国的臣民,也是虔诚的穆斯林。从拿破仑第一次向埃及人民宣布"所有人在上帝面前一律平等,只有智慧、才干和美德才能使他们彼此不同"时,就可以看出这种世界观上的差异。

拿破仑的声明非但没有引起谋求解放的共鸣,反而令人深感沮丧。哲拜尔提逐行批驳了这篇声明,拒绝了拿破仑所吹嘘的大多数"普世"价值观。他将拿破仑宣称的人人平等贬斥为"谎言和蠢话",并总结道:"你看,他们是物质主义者,否认真主的所有属性,他们遵循的信条将人的理性变得至高无上,人们随心所欲对世事做出评判。"[3] 哲拜尔提的言论反映了埃及大多数穆斯林的观念，他们拒绝人类理性凌驾于天启的宗教之上。

如果说法国人不能说服埃及人接受启蒙运动的思想，但他们仍然相信法国的技术会打动当地人。拿破仑的学者给埃及带来了一批新巧的事物。1798年11月，法国人举行蒙哥尔费（Montgolfier）热气球发射仪式。他们在开罗周围张贴告示，邀请市民见证飞行的奇迹。哲拜尔提听到法国人就他们的飞行器给出了让人难以置信的说法，"人们可以坐在里面，前往遥远的国度采集信息、发送消息"，于是他亲自去见证这项技术的展示。

看着平台上那只装饰着法国红、白、蓝三色的薦薦的气球，哲拜尔提满是怀疑。法国人点燃了蒙哥尔费热气球的火芯，让气球充满热空气直到起飞。人群惊愕得喘不过气来，法国人显然乐意见到这样的反应。一切似乎进展顺利，直到气球失去了它的火芯。没有了热空气，蒙哥尔费热气球垮了，坠落在地面上。热气球坠毁让开罗的观众恢复了对法国技术的蔑视。哲拜尔提不屑一顾地写道："很明显，这就像仆人们为节日和婚礼做的风筝。"[4] 当地人并没有被打动。

法国人没有意识到埃及人固有的骄傲和被外国占领的屈辱感。拿破仑的声明似乎是呼吁埃及人感恩，但鲜有埃及穆斯林会认可法国人或他们的制度——至少不会当着法国人的面承认。贝托莱先生（Monsieur Bertholet，1748—1822）的化学演示就是一例。

哲拜尔提是开罗法国研究院的常客，这次演示他又出席了。他坦诚地记录下他对所目睹的化学和物理学成就的惊讶。他写道："我在［研究院］看到的最神奇的事情之一是：一位助手拿起一个装满蒸馏液体的瓶子，倒了一点到杯子里，然后他又从另一个瓶子里倒了些东西。这两种液体沸腾了，冒出五颜六色的烟，直到烟消失，杯子里的液体都干了，变成了一块黄色的石头。他把石头倒出来，放在架子上。那是一块干石头，我们拿在手里查看。"液体转化为固体之后，他又演示了气体的易燃性和纯钠的挥发性。当"用锤子轻轻地"敲击时，钠发出"像卡宾枪一样可怕的声音"。当哲拜尔提和他的埃及同胞们被砰砰的炸裂声惊得瞠目结舌时，他对法国学者们的欢乐愤恨不已。

重头戏是用莱顿瓶来演示电的特性，莱顿瓶是1746年研制出来的静电发生器。"如果一个人一手握引线……一手接触这个旋转的玻璃瓶的底部……他的身体会颤抖，他的骨架会震动，他的肩胛骨会发出嘎嘎声，他的前臂会立即抖动起来。任何人，即使是一千人或更多，只要接触过他、他的衣服或与他相连的事物，就会有同样的体验。"

毫无疑问，现场观看演示的埃及人对他们所见到的景象印象深刻，但他们尽力不表现出惊讶。一名目睹化学演示的拿破仑的助手日后写道："液体转化、电的骚动和电流实验等所有的奇迹完全没有让他们感到惊讶。"他说，演示结束后，一名穆斯林知识分子通过翻译提出了一个问题："这一切都很好，但它们能做到让我同时在这里和摩洛哥吗？"贝托莱耸了耸肩，以示回答。这位谢赫说："啊，好吧，他毕竟不是个足够出色的巫师。"[5] 对此，哲拜尔提不能苟同，私下里他在他的书房里反思这些演示："他们的［研究院］里有奇怪的东西、装置和设备，获得的成果像我们这样的人是无法理解的。"[6]

1798年拿破仑入侵埃及的真正原因是地缘战略，而非文化因素。法国在18世纪后半叶的主要对手是英国。这两个欧洲海洋强国在多地争夺霸权，包括美洲、加勒比、非洲和印度。英国和法国的商业公司在印度进行了一场激烈的霸权争夺战，双方不得不通过7年战争（1756—1763）才分出胜负。当时英国打败了法国并取得了对次大陆的霸权，但法国从未接受过它在印度的失败。

1792年法国大革命战争爆发后，英法两国又恢复了敌对状态。拿破仑重回印度，以期寻找损害英国利益的方法。通过占领埃及，他希望统治东地中海，并关闭通往印度的战略性的海陆线路，这条线路从地中海通过埃及到红海和印度洋。英国人得知拿破仑正在土伦集结一支大规模的远征军，怀疑他将对埃及采取行动。于是，霍雷肖·纳尔逊上将（Admiral Horatio Nelson）率领一支强大的海军中队前往拦截法国舰队。实际上，他们一直追击到埃及，在那里他们与亚历山大总督进行了短暂而令人沮丧的会面。纳尔逊撤出他的舰队，去东地中海的其他地方搜寻拿破仑。

法国人成功地躲避了皇家海军，拿破仑的军队迅速征服了埃及。然而，纳尔逊的中队在一个月后赶上了法国舰队，并于8月1日在尼罗河战役中成功地击沉或夺取了所有法国军舰，只有2艘军舰幸免。拿破仑的旗舰"东方号"在战斗中被炸，形成了一个壮观的火球，照亮了夜空。在尼罗河战役中，法军折损了1700多人。

英国对法国舰队的胜利宣告了拿破仑远征的失败。法军2万人被困在埃及，无法与法国通信。这次失败严重打击了埃及法军的士气。1799年8月，拿破仑突然抛下他的军队，返回法国，同年11月他在法国夺取政权，这加剧了埃及法军的孤立感。

拿破仑逃离后，埃及的法军无所事事。拿破仑的继任者与奥斯曼人就法军从埃及全部撤离进行谈判。1800年1月，法国人和奥斯曼人达成了协议，但他们的计划被英国人破坏了，后者不希望看到一支庞大而富有经验的法军重新加入拿破仑的军团，从而在其他战线上与英国作战。1801年，英国议会批准进行军事远征，以确保法国在埃及投降。远征军于1801年3月抵达亚历山大，同奥斯曼人联合对开罗实行两边夹击。法国人于1801年6月和8月分别在开罗和亚历山大投降。之后，他们登上了英国和奥斯曼的船只，被运回法国，结束了这一令人遗憾的事件。

法国对埃及的占领只持续了3年。从人性的角度来说，这是一段令人着迷的时期，其间埃及人和法国人在彼此身上都找到了值得钦佩和谴责之处。在这次接触中，双方都受了伤。1801年夏天，在奥斯曼帝国和英国联军的驱赶下，从开罗撤出的法国人不再是自信的革命新秩序的代言人。相反，他们因战争和疾病而减员，他们的士气因困在埃及数年得不到救助而低落。许多法国人皈依了伊斯兰教，娶了埃及妻子——虽然这并不是对他们占领下的人民屈尊俯就的表现。但是埃及人的自信也因被占领的经历而动摇。面对法国人及其思想和技术，埃及人的优越感遭到了打击。

*

法国人的离去在埃及留下了权力真空。为期3年的占领破坏了马木鲁克人在开罗和下埃及的权力基础。奥斯曼人想不惜一切代价阻止各马木鲁克家族的重建——法国人离开了，对奥斯曼人来说，这是对叛乱的埃及行省重塑权威的绝佳时机。英国人担心拿破仑会试图夺回埃及，于是决心留下强大的威慑力量。就保卫埃及抵御法国未来的攻击而言，英国人对马木鲁克人比对奥斯曼人更有信心，因此他们努力复苏最强大的马木鲁克家族。他们向奥斯曼人施压，要求赦免那些开始重建各自家族和恢复势力的最核心的马木鲁克贝伊。奥斯曼人不得不违背对自己更有利的判断，遵从英国的意愿。

1803年，英国远征军刚一离开，奥斯曼人就采用自己的方案解决埃及问题。帝国中央政府命令开罗的总督消灭马木鲁克贝伊，并将他们的财富充入国库。[7]然而,马木鲁克人已经恢复元气,足以抵抗奥斯曼人的攻击。奥斯曼人和马木鲁克人随即展开激烈的权力斗争,从而延长了饱受战争折磨的开罗平民的苦难生活。混乱的局势下,一名奥斯曼军官冒了出来,控制了与马木鲁克人的冲突,并赢得了公众支持来统治埃及。事实上,他很快就会成为埃及近代史上最有影响力的人物之一。他的名字是穆罕默德·阿里(Muhammad 'Ali)。

穆罕默德·阿里(1770—1849)是阿尔巴尼亚人,生于马其顿的卡瓦拉,在埃及的奥斯曼军队里统领一支由6000人组成的强大而桀骜难驯的阿尔巴尼亚分遣队。1803—1805年,穆罕默德·阿里通过不断变化的联盟关系强化了他的个人权力,牺牲了奥斯曼总督、其他奥斯曼兵团的统领和主要马木鲁克贝伊的利益。他公开寻求开罗显贵们的支持,这些人在经历了由法国人和奥斯曼人5年内先后带来的政治和经济动荡之后,变得益发躁动不安。到1805年,这位阿尔巴尼亚分遣队的统领已成为一名有能力在开罗拥立国王的人,但他自己也渴望成为国王。

穆罕默德·阿里的活动并未逃脱奥斯曼当局的注意。这位阿尔巴尼亚人的统领被认为是麻烦制造者,但他有天分和雄心,可以为帝国所用。阿拉伯半岛的局势依然严峻。1802年,瓦哈比派袭击了伊拉克的奥斯曼帝国领土,并于1803年控制了圣城麦加。这些伊斯兰改革者对来自开罗和大马士革的奥斯曼朝觐团施加压力,并威胁要完全禁止他们进入圣城麦加和麦地那(就像他们在1806年以后所做的那样)。对素丹来说,这种局面是难以忍受的,因为他通过他的帝王头衔宣称自己是伊斯兰教最神圣城市的守护者。1805年,开罗的显贵们首次请求伊斯坦布尔任命穆罕默德·阿里为埃及总督,帝国中央政府却决定任命他为阿拉伯半岛希贾兹行省的总督,并委派给他粉碎瓦哈比运动的危险任务。

作为希贾兹的候任总督,穆罕默德·阿里被晋升为帕夏,这使他有资格担任奥斯曼行省的总督。穆罕默德·阿里接受了希贾兹总督的任命,但仅仅是为了头衔。他对挪到这个红海行省任新职毫无兴趣。相反,他与开罗文职显贵中的盟友密谋向奥斯曼人施加压力,要求任命他为埃及总督。显贵们相信穆罕默德·阿里和他的阿尔巴尼亚士兵能够给开罗带来秩序。他们还有一种错觉,认为穆罕默德·阿里会因为他们的支持而心怀感激,进而允许显贵们操控这位他们任命的总督。他们希望利用这次机会减轻政府对开罗的商人和工匠所施加的税负,以重振该省的经济活力,为他们的利益服务。但是穆罕默德·阿里另有计划。

1805年5月,开罗市民起来抗议奥斯曼总督胡尔希德·艾哈迈德帕夏(Khurshid Ahmad Pasha)。在经历了多年的动荡、暴力、过度征税和不公正之后,开罗的普通民众已经到了爆发的临界点。他们关闭店铺以示抗议,并要求奥斯曼人任命他们选择的总督。经历过这些动荡时代的哲拜尔提描述了开罗各清真寺头戴缠头的谢赫们领导的大规模示威,年轻的男性在示威队伍里高呼口号,反对残暴的帕夏和奥斯曼制度的不公。暴民们来到穆罕默德·阿里的家。

穆罕默德·阿里问:"你们想让谁当总督?"

人们回答:"我们只接受你。根据我们的标准,你将成为我们的总督,因为我们知道你是一个公正、善良的人。"

穆罕默德·阿里谦逊地拒绝了这个提议,但暴民们坚持。在表达了不情愿之后,这位狡猾的阿尔巴尼亚人假装人们说服了自己。然后,领头的显贵们给他准备了一件毛皮披风和一件仪式长袍,就地给他举行了加冕仪式。这是前所未有的:开罗人民将他们自己选择的总督强加于奥斯曼帝国。

在任总督胡尔希德·艾哈迈德帕夏对此不以为然。他反驳道："我是素丹任命的，我不会因农民的命令而被免职，只有在帝国政府的命令下才能让我离开城堡。"[8] 开罗的平民围困了城堡里被罢免的总督一个多月，直到 1805 年 6 月 18 日，伊斯坦布尔发布命令确认了人民对总督的选择。现在，穆罕默德·阿里成为埃及的主人。

被任命为埃及总督是一回事——自 1517 年奥斯曼人征服埃及以来，已有数十人获得了这一头衔，而实际统治埃及则是另一回事。穆罕默德·阿里帕夏确立了对该行省的掌控，这是之前和之后的总督们都没能做到的。他成功地垄断了埃及的财富，并用财政收入建立了强大的军队和官僚机构。他依靠军队扩大了统治疆域，使埃及成为帝国的中心。但穆罕默德·阿里和伟大的阿里贝伊不一样。后者是一名马木鲁克，梦想着重建马木鲁克帝国；而前者是一个奥斯曼人，试图主宰奥斯曼帝国。

穆罕默德·阿里也是一位创新者，他借鉴欧洲的思想和技术，使埃及走上了一条改革之路，他的做法后来为奥斯曼人所效仿。他在中东建立了第一支以农民为主体的军队。他实施了欧洲之外最早的工业化项目之一，运用工业革命的技术为他的军队生产武器和织物。他向欧洲各国首都派遣了教育代表团，并设立了翻译局出版欧洲书籍和技术手册的阿拉伯语版本。他与欧洲列强建立了直接联系，后者视他为独立的君主，而非奥斯曼素丹的总督。到统治结束时，穆罕默德·阿里已经成功确立了他的家族对埃及和苏丹的世袭统治。他的王朝将统治埃及直到 1952 年革命推翻君主制。

虽然奥斯曼中央政府已将穆罕默德·阿里的任命从希贾兹转到开罗，但仍然期望他来发动一场反对瓦哈比派的战役，以恢复奥斯曼帝国在阿拉伯半岛的权威。这位新总督找了许多借口来忽视伊斯坦布尔的命令。他是在混乱中上台的，他知道，若他不能让开罗的公众和奥斯曼士兵服从的话，他也会倒台。

穆罕默德·阿里的阿尔巴尼亚士兵给他提供了独立的权力基础，帮助他在开罗使用武力获得控制权。支离破碎的各马木鲁克家族是他的第一个目标，他追打他们一直到上埃及。这位帕夏很快发现，这样的战役代价不菲，且光靠士兵不足以控制埃及，他也需要财政支持。农业是该省的主要收入来源，然而，埃及五分之一的农田被捐出以支持伊斯兰机构，其余五分之四则以包税的方式承包给各马木鲁克家族和其他大地主，几乎没给开罗的财库带来任何收益。为了掌控埃及的收入，穆罕默德·阿里必须控制埃及的土地。

通过建立对埃及土地直接征税的制度，穆罕默德·阿里获得了控制埃及所需的资源。在此过程中，他破坏了反对他的马木鲁克人和支持他的开罗显贵们的财政基础，剥夺了宗教学者自主获得的收入，地主们发现他们得依赖他们原本希望控制的总督。总的来说，穆罕默德·阿里先花了6年时间巩固了他在埃及的地位，然后才接受素丹的委托，在阿拉伯半岛发动针对瓦哈比派的军事行动。

1811年3月，穆罕默德·阿里派他的儿子图苏帕夏（Tussun Pasha）领导针对瓦哈比派的军事行动。这将是穆罕默德·阿里第一次在埃及境外行动。在把一大部分军队派往国外之前，他希望确保埃及的和平与稳定。他为图苏举行了授衔仪式，并邀请了开罗所有的重要人士参加，包括最有权势的马木鲁克贝伊们。在与穆罕默德·阿里政府多年敌对之后，贝伊们将这一邀请视为和解的姿态。显然，他们认为，总督会发现在马木鲁克的支持下统治要比继续反对他们容易得多。几乎所有的贝伊都接受了邀请，身着盛装来到开罗城堡参加仪式。如果说有哪个贝伊有疑虑的话，那么几乎所有马木鲁克首领都出席的事实一定给了他们某种安全感。此外，什么样的人会违反待客的规矩而对他的客人背信弃义呢？

授衔仪式结束后，马木鲁克们组成正式的巡游队列穿过城堡。当他们穿过一条通道时，两头的大门突然关上了。还没等困惑不已的贝伊们明白发生了什么，士兵们突然从墙头冒出来向他们开火。多年的战斗让士兵们十分仇恨马木鲁克人，他们兴致勃勃地执行任务，从墙头跳下去刺杀了那些贝伊。哲拜尔提记录道："士兵们狂怒地屠杀埃米尔们并抢夺他们的衣物，带着恨意，他们一个都没有放过。"士兵们杀死了马木鲁克贝伊们及其打扮起来陪同巡游的随行人员，后者大多数是开罗的普通民众。"这些人喊叫着求救。有人叫着：'我不是士兵，也不是马木鲁克。'另一个人喊着：'我不是他们中的一员。'然而，士兵们毫不在意这些尖叫和哀求。"[9]

然后，穆罕默德·阿里的军队横冲直撞地穿过了这座城市。他们拖出任何被怀疑是马木鲁克的人，把他们带回城堡斩首。穆罕默德·阿里在向伊斯坦布尔提交的报告中称，共有 24 名贝伊和 40 名他们的手下被杀，他送去了死者的首级和耳朵来支持他的说法。[10] 但哲拜尔提的描述表明，暴力的范围要广得多。

城堡里的屠杀是对开罗马木鲁克人的最后一击。他们在开罗生存了近六个世纪，挺过了"冷酷者"塞利姆的征服和拿破仑的入侵，但却几乎被穆罕默德·阿里消灭殆尽。少数幸存的马木鲁克人留在了上埃及，他们知道开罗的统治者会不惜一切代价来获得权力，他们没法再挑战他。穆罕默德·阿里确信国内不再有对他统治的任何挑战，现在他可以派军队去阿拉伯半岛，去赢得奥斯曼素丹的感激。

事实证明，瓦哈比战役极大地消耗了穆罕默德·阿里统治的埃及的资源。战场离本土很远，通信和补给线又长又脆弱，图苏帕夏被迫在恶劣的环境中、在敌人的地盘上作战。1812年，瓦哈比派利用他们熟悉乡村环境的优势，把埃及军队引入一条狭窄的小路，大败这支8000人的军队。许多士气低落的阿尔巴尼亚军官退出了战场，返回开罗，导致图苏人手不足。穆罕默德·阿里向吉达派遣了增援部队，次年，图苏成功地占领了麦加和麦地那。1813年，穆罕默德·阿里亲自陪同朝觐团，并把圣城的钥匙送交伊斯坦布尔的素丹，作为素丹恢复对伊斯兰教诞生地的统治权的象征。但是这些胜利付出了高昂的代价：埃及军队损失了8000人，埃及财政支出了17万袋钱（相当于1820年的670万美元）。[11] 而瓦哈比派并没有被完全击败，他们只是在埃及军队进攻之前撤退了，且一定会回来。

图苏率领的埃及军队和阿卜杜拉·本·沙特（Abdullah ibn Saud）率领的瓦哈比军队之间的战斗仍在继续，直到1815年双方才达成休战。回到开罗，图苏感染了瘟疫，回家几天后就去世了。图苏的死讯传回阿拉伯半岛时，阿卜杜拉·本·沙特打破休战协定，袭击了埃及的营地。穆罕默德·阿里任命他的长子易卜拉欣（Ibrahim）为埃及军队统帅。这是易卜拉欣帕夏辉煌的军事生涯的开始，他将成为穆罕默德·阿里的大元帅。

1817年初，易卜拉欣帕夏在阿拉伯半岛接任统帅，对瓦哈比派展开无情的打击。他首先确保埃及对红海希贾兹行省的控制，然后将瓦哈比派逐回阿拉伯半岛中部的纳季德。尽管纳季德已经位于奥斯曼帝国领土之外，但易卜拉欣帕夏决心一劳永逸地消除瓦哈比派的威胁，一直将他的敌人赶回他们的首都迪尔伊叶。在那里，双方进行了一场长达6个月的激烈的消耗战。城墙内的瓦哈比派，在埃及人的围困下，慢慢地缺水缺粮，而埃及军队因疾病和阿拉伯半岛中部致命的夏季高温而遭受重大损失。最终，埃及人获胜，1818 年 9 月瓦哈比派投降，他们知道自己将面临彻底的灭亡。

根据穆罕默德·阿里的命令，埃及军队摧毁了迪尔伊叶，并将瓦哈比运动的所有领导者送往开罗囚禁。穆罕默德·阿里知道，通过镇压让奥斯曼素丹政权合法性遭受长达 16 年质疑的运动，他赢得了素丹马哈穆德二世（Sultan Mahmud II）的青睐。此外，他在阿拉伯半岛中部的战役中获胜，这是其他奥斯曼总督或将领没有做到过的。阿卜杜拉·本·沙特和瓦哈比政权的其他领导者从开罗被送往伊斯坦布尔，接受素丹的审判。

马哈穆德二世（1808—1839 年在位）将处决瓦哈比运动领导者变成了一个国家庆典。他召集高级政府官员、外国大使和帝国重要人士到托普卡珀宫观礼。3 名罪犯即军队统帅阿卜杜拉·本·沙特、首席大臣和瓦哈比运动的精神领袖被戴上重链，因犯下反宗教和反国家罪接受公开审判。审讯结束后，素丹判处 3 人死刑。阿卜杜拉·本·沙特在阿亚索菲亚清真寺正门前被斩首，首席大臣在王宫正门前被处决，精神领袖在伊斯坦布尔的一个大市场内被砍头。他们的尸首被拿去示众，头塞在胳膊下，示众 3 日后，尸首抛入大海。[12]

随着法国军队被驱逐出埃及和瓦哈比运动的失败，素丹马哈穆德二世可能有理由相信，奥斯曼帝国在阿拉伯世界的地位经受住了最严峻的挑战。然而，在阿拉伯半岛取得胜利的埃及总督本人将对马哈穆德二世构成更为严重的威胁。瓦哈比派攻击的是帝国的边缘地区，虽然该地区就信仰而言非常重要，但边缘终究是边缘，而穆罕默德·阿里将对奥斯曼帝国的中心和统治王朝本身构成挑战。

*

为了表彰易卜拉欣为奥斯曼帝国击败瓦哈比派，马哈穆德二世将穆罕默德·阿里的这个儿子晋升为帕夏，并任命他为希贾兹总督。

红海行省希贾兹就以这种方式成为穆罕默德·阿里帝国的第一块新增领土。此后，埃及财政将获得吉达港的海关收入。吉达是红海贸易中的重要港口，也是每年前往麦加朝觐的门户，因此，吉达海关的收入相当可观。

1820年，穆罕默德·阿里的军队入侵苏丹，大大巩固了埃及对红海的控制。他在尼罗河上游为他的军队寻找新的奴隶士兵来源，同时也希望在苏丹找到神话中的金矿，以充实他的财库。暴行破坏了这次在苏丹的军事行动。喀土穆以北尼罗河边辛迪地区的统治者杀害了穆罕默德·阿里的儿子伊斯玛仪（Ismail），埃及远征军采取报复行动，杀害了3万名当地居民。黄金从未出现，苏丹人宁愿死也不愿在穆罕默德·阿里的军队服役。数千名被俘的服兵役者在从家中被带走时满心沮丧，他们染上了病，在前往埃及训练营的长途跋涉中丧命。1820—1824年间被奴役的2万名苏丹人中，到1824年只有3000人幸存。[13]苏丹战役（1820—1822）真正让埃及受益的是商业和领土。将苏丹纳入埃及帝国后，穆罕默德·阿里将他控制的土地面积扩大了一倍，并控制了红海贸易。埃及对苏丹的霸权将持续136年，直到1956年苏丹重获独立。

埃及军队新兵短缺让穆罕默德·阿里严重受限。阿拉伯半岛和苏丹的战事，以及士兵年事的增长，使他最初的阿尔巴尼亚军队的实力大打折扣。到苏丹战役时，穆罕默德·阿里军队中幸存的阿尔巴尼亚人已经在埃及待了20年。奥斯曼人于1810年禁止从高加索向埃及输出军事奴隶，以防止马木鲁克复兴并遏制穆罕默德·阿里本人的野心。奥斯曼帝国也不愿意派任何帝国的士兵去为穆罕默德·阿里服务，因为欧洲的前线还需要他们。缺少外部的新兵资源，埃及总督不得不回过头来依靠自己的民众。

在奥斯曼帝国的世界里，建立一支国家军队——一支从工人和农民中征募士兵的军队，仍然是新鲜事物。士兵是由奴隶构成的军事阶层。在 17 和 18 世纪，奥斯曼帝国著名的步兵军团，也就是所谓的禁卫军，调整了他们的征兵方式，不再实行"男孩征募"。士兵们娶妻生子，并让他们的儿子加入禁卫军，但有别于其他人群的军事阶层的概念依然存在。农民们被认为过于被动、缺乏活力而不适合服兵役。

18 世纪，奥斯曼帝国开始在同欧洲军队作战时失利，这让素丹对帝国步兵的战斗力渐生疑虑。他们邀请退役的普鲁士和法国军官到伊斯坦布尔介绍现代欧洲的作战方法，如阵形组合、刺刀冲锋和移动火炮的使用。18 世纪末，素丹塞利姆三世（1780—1807 年在位）建立了一支新的奥斯曼军队，士兵征募自安纳托利亚的农民，身着欧式马裤，由西方军官训练。他称这支新军为"尼扎米·杰地德"（*Nizam-i Cedid*），即"新制"部队，该部队的士兵被称为尼扎米兵。

1801 年，素丹塞利姆三世向埃及派了一支 4000 人的尼扎米军团，穆罕默德·阿里得以亲眼见证军团的训练有素和纪律严明。一名同时代的奥斯曼人记录道，派到埃及的尼扎米军团"勇敢地与异教徒作战，连续击败他们的入侵，未见也未听闻任何一名士兵脱逃"。[14] 尼扎米军团对强大的禁卫军构成的直接威胁甚于任何一支欧洲军队。尼扎米军是"新制"，意味着禁卫军是"旧制"，但后者不会在仍有能力保护自己利益的情况下接受裁减。1807 年，禁卫军叛变，推翻了塞利姆三世，解散了尼扎米军。虽然奥斯曼帝国的首次国家军队试验以不幸的结局告终，但它仍为穆罕默德·阿里提供了一个可在埃及复制的模式。

而拿破仑的军队给穆罕默德·阿里提供了第二个参考模式。法国的全民兵役带来了一支大规模公民军队，在精明能干的指挥官的带领下,具有征服各大陆的能力。然而,穆罕默德·阿里认为埃及人民是臣民,而不是公民,他从来没有像法国的革命将领那样,试图用振奋人心的意识形态口号来鼓动他的军队。他建设埃及的新制军队,除了决定延请法国军事专家来训练他征募的军队外,效仿的是奥斯曼帝国的尼扎米军的先例。1822年,他委托参加过拿破仑战争的老兵塞韦斯上校(Colonel Sèves)——一名在埃及被称为苏莱曼·阿加(Sulayman Agha)的皈依伊斯兰教的法国人,来组织和训练一支完全从埃及农民中征召的尼扎米军。一年之内,他就组建了一支3万人的部队。到19世纪30年代中期,该部队的人数达到13万。

埃及尼扎米军的组建并非一蹴而就。埃及农民担心他们的农场和家人的福利,他们对家园和村庄十分依恋,导致服兵役成为一种真正的折磨。当征兵队逼近时,有些农民逃离他们的村庄以躲避征兵。另一些人则故意割下手指或打掉一只眼睛,使自己残疾,以便以此获得豁免。各地都起来反抗征兵,1824年,上埃及估计有3万名农民造反。即便被迫服兵役,也有许多农民逃走。只有通过严厉的惩罚,穆罕默德·阿里的政府才能迫使埃及农民参军。令人吃惊的是,这支不情不愿的军队在战场上却非常成功。在希腊,这支军队接受了第一次考验。

1821年,奥斯曼帝国的希腊诸省爆发了民族主义起义。这次起义是秘密社团"友谊社"(Filiki Etairia)的成员发起的,该社成立于1814年,目标是建立独立的希腊国。奥斯曼帝国的希腊人是一个独特的社群,维系这个社群的是他们的语言、东正教信仰和共同的历史,从古典时期一直到希腊化的拜占庭帝国。作为奥斯曼帝国第一次公开的民族主义起义,希腊战争带来的危险要比18世纪地方领袖的叛乱严重得多。以前的叛乱仅由领袖个人的野心推动,而民族主义的新颖之处在于，它是一种能够激励全体人民起来反抗奥斯曼统治者的意识形态。

1821年3月，起义在伯罗奔尼撒半岛南部爆发，并迅速蔓延到希腊中部、马其顿、爱琴海诸岛和克里特岛。奥斯曼人发现他们同时在几条战线上进行阵地战，于是向穆罕默德·阿里求助。1824年，他的儿子易卜拉欣帕夏率领一支由1.7万名新近训练好的步兵、700名骑兵和4个炮兵连组成的埃及军队向伯罗奔尼撒半岛进发。由于他麾下所有的士兵都是土生土长的农民，这是我们第一次谈论真正的埃及军队。

埃及人在希腊战争中取得了完全的胜利，新组建的尼扎米军证明了他们的英勇无畏。在征服克里特岛和伯罗奔尼撒半岛后，易卜拉欣帕夏被授予这些行省的总督职位，进而将穆罕默德·阿里的帝国从红海扩大到爱琴海。具有讽刺意味的是，他的军队在打击希腊人的战场上表现得越好，素丹和他的政府就越担心。埃及人正在镇压反抗奥斯曼帝国的叛乱，并在扩大开罗控制的领土。如果穆罕默德·阿里也起来反叛的话，很难说奥斯曼人能抵挡住他的军队。

埃及的胜利和希腊的苦难也在欧洲各国首都引发关注。希腊战争吸引了英国和法国知识精英的注意力。当古典世界的城市变成现代战场时，欧洲支持希腊的团体大声疾呼，要求他们的政府干预，以保护信仰基督教的希腊人免受信仰伊斯兰教的土耳其人和埃及人的伤害。1823年，诗人拜伦勋爵航行到迈索隆吉翁支持独立运动，引起了国际社会对希腊问题的关注。1824年4月，拜伦因发烧去世，这使他成为希腊独立事业的烈士，虽然他并没有死在奥斯曼士兵手中。拜伦死后，公众要求欧洲干预的呼声倍增。

英国和法国政府容易受到公众压力的影响，但更关注更为重要的地缘战略因素。法国同穆罕默德·阿里的埃及发展了特殊的关系。

相应地，这位埃及总督为他的军队聘请法国军事顾问，依靠法国工程师满足工业和公共设施建设的需求，还派学生到法国接受高级训练。法国渴望保持与埃及的特殊关系，以此扩大在东地中海地区的影响力。然而，埃及向希腊的扩张让巴黎政府陷入两难的境地。在东地中海地区看到埃及比法国更强大，这不符合法国的利益。

对英国政府来说，情况更为明确。看着巴黎在埃及的影响力不断扩大，伦敦日益担忧。自拿破仑入侵以来，英国一直试图阻止法国统治埃及和通往印度的海陆通道。拿破仑时代的大陆战争也给英国留下了创伤，英国担心欧洲列强在奥斯曼帝国领土上谋求影响力可能会再次引发列强之间的冲突。因此，英国政府致力于保护奥斯曼帝国的领土完整，以维护欧洲的和平。很明显，奥斯曼帝国无法依靠自身留住希腊，英国也不希望看到埃及伤害奥斯曼帝国的利益并将势力扩展至巴尔干半岛。因此，帮助希腊人在奥斯曼帝国内部实现更大的自治，确保奥斯曼和埃及军队撤出争议领土，最符合英国的利益。

穆罕默德·阿里在他的希腊战役中毫无收获。这场战争大大损耗了他的财库。他的尼扎米新军在希腊被过度使用。奥斯曼人对他的猜疑与日俱增，很明显，奥斯曼人正尽其所能耗尽他的军队和财库。到1827年夏天，欧洲列强已明确表示反对埃及在希腊的地位，并集结了一支英法联合舰队，迫使奥斯曼帝国和埃及撤军。埃及总督最不希望的事情是与欧洲列强在战场上交战。1827年10月，穆罕默德·阿里给他在伊斯坦布尔的政治代理人的信中说道："我们必须认识到，我们无法站出来对抗欧洲人，［如果我们这么做，］那唯一可能的结果就是整个舰队沉没，多达3万至4万人阵亡。"虽然穆罕默德·阿里为自己的陆军和海军感到骄傲，但他知道他们不是英国和法国的对手。他写道："尽管我们是军人，但我们只具备基础的技战术水平，欧洲人在这方面远远领先我们，并已将他们［关于战争］的理论付诸实践。"[15]

尽管穆罕默德·阿里对可能发生的灾难有着清晰的认识，但他还是将海军投入了这次战斗，派遣舰队前往希腊。奥斯曼人不愿承认希腊独立，素丹决定戳穿欧洲列强虚张声势的幌子，选择无视他们的联合舰队。但这是个致命的错误。联合舰队在纳瓦里诺湾困住了埃及船只，并在1827年10月20日的交战中，4小时内击沉了奥斯曼帝国和埃及的几乎全部78艘舰船。超过3000名埃及人和奥斯曼人在战斗中丧生，而进攻的联合舰队中约有200人阵亡。

穆罕默德·阿里对他的损失暴跳如雷，并要求素丹马哈穆德二世对他海军的损失负责。此外，埃及人发现自己处于拿破仑在尼罗河战役后所处的状况：成千上万的士兵被困，没有船只能够补给他们或接他们回国。穆罕默德·阿里直接与英国谈判，达成休战协议，并在没有同素丹商量的情况下将儿子易卜拉欣帕夏和埃及军队从希腊接回埃及。马哈穆德二世被总督的违逆抗命激怒了，但是穆罕默德·阿里不再寻求素丹的支持。他忠心耿耿侍奉君王的日子已经过去了。从此往后，穆罕默德·阿里将牺牲素丹的利益，追求自己的目标。

纳瓦里诺战役也是希腊独立战争的转折点。1828年，在法国远征军的协助下，希腊战士将奥斯曼军队赶出了伯罗奔尼撒半岛和希腊中部。同年12月，英国、法国和俄国三国政府会晤，同意建立独立的希腊王国，然后将他们的方案强加于奥斯曼帝国。经过3年多的谈判，希腊王国终于在1832年5月的伦敦会议上成立。

在希腊经历溃败之后，穆罕默德·阿里把目光投向了叙利亚。自1811年他首次同意领导反对瓦哈比派的军事运动以来，他就一直渴望统治叙利亚。1811年，他向奥斯曼帝国中央政府请愿，要求统治叙利亚。1818年战胜瓦哈比派后，他又再次请愿。奥斯曼人两次都回绝了他，不想让他们的埃及总督变得太强大而不再为中央政府效劳。当伊斯坦布尔要求埃及驰援希腊时，中央政府提出有望将叙利亚交给穆罕默德·阿里。在纳瓦里诺折损了他的舰队之后，埃及总督要求兑现承诺，但索求无果。中央政府认为，经历这次损失，穆罕默德·阿里已被大大削弱，无须再去赢得他的好感。

穆罕默德·阿里意识到，中央政府从未打算把叙利亚让给他。他也知道奥斯曼人没有力量阻止他夺取领土。易卜拉欣帕夏和他的军队一回到埃及，穆罕默德·阿里就开始组建新舰队，并重新装备他的军队，准备入侵叙利亚。他同英国和法国接触，以获得两国对他勃勃雄心的支持。法国对与埃及达成协议表现出一定的兴趣，但英国继续反对一切对奥斯曼帝国领土完整的威胁。穆罕默德·阿里毫不气馁，继续备战。1831年11月，易卜拉欣帕夏开始率军入侵叙利亚。

现在，埃及军队同奥斯曼帝国交战了。易卜拉欣帕夏率领3万名士兵迅速征服了巴勒斯坦。到11月底，他的军队已经到达北部要塞阿卡。当有关埃及行动的报告送达伊斯坦布尔时，素丹派了一名特使去说服穆罕默德·阿里停止进攻，但没有效果。帝国中央政府随即要求大马士革和阿勒颇的总督们组建军队去击退埃及入侵者。埃及军队正围攻阿卡，这个几乎坚不可摧的要塞，这给了总督们6个月的短暂时机。

虽然奥斯曼人准备击退埃及军队的入侵，但巴勒斯坦和黎巴嫩的一些地方领袖在面对来自埃及的新威胁时，选择支持易卜拉欣帕夏，以维护自身的地位。埃及军队到达阿卡时，黎巴嫩山的统治者埃米尔巴希尔二世（Amir Bashir Ⅱ）同易卜拉欣帕夏缔结盟约。埃米尔巴希尔所在的统治家族——谢哈卜家族的一名成员派亲信幕僚米哈伊勒·米舍卡去观察埃及对阿卡的围攻,并向黎巴嫩山的统治者们汇报。

米舍卡在阿卡观察埃及军队的行动近3周。他刚到达就目睹了埃及海军和奥斯曼守军在阿卡进行的激烈战斗。穆罕默德·阿里投入22艘军舰围攻,向阿卡城堡发射了7万多发炮弹。守军顽强抵抗,并在激烈的交火中成功地让许多军舰失去了战斗力。米舍卡写道,炮火从早晨持续到日落,"在火药的烟尘中,阿卡隐匿不见了"。根据米舍卡的资料,埃及派出了8个步兵团(1.8万人)、8个骑兵团(4000人)和2000名贝都因非正规军攻击守卫阿卡的"3000名勇敢善战的士兵"。看到阿卡坚固的海堤和保护城墙的防御工事,米舍卡警告他的雇主们围攻将是一场持久战。

埃及人连续攻打了阿卡要塞6个月。到1832年5月,城堡坚不可摧的城墙已经损坏到足以让易卜拉欣帕夏集结步兵攻入城堡的地步。他发表了振奋人心的演讲,让久经沙场的战士们回想起他们在阿拉伯半岛和希腊所取得的胜利。易卜拉欣帕夏警告他们,开弓没有回头箭,"大炮会跟在他们身后,轰炸任何没有攻占城墙就回撤的战士"。在夹杂着威胁的鼓励言语的演讲后,易卜拉欣帕夏带领他的部下攻向残损不堪的阿卡城墙。他们轻而易举地攻破了壁垒,迫使幸存的守军投降。经过几个月的战斗,阿卡守军只剩下350人。[16]

占领阿卡后,易卜拉欣帕夏向大马士革进发。大马士革城的奥斯曼总督动员1万名平民进行防御。易卜拉欣帕夏知道,未受过训练的平民无法同专业军队作战,他命令部队向这些参与防御的平民脑袋上方开火,吓得他们四散奔逃。确实,枪声足以驱散大马士革人。总督撤离,加入北方的奥斯曼军队。埃及人进入大马士革,没有遭到任何抵抗。易卜拉欣帕夏命令他的士兵尊重市民和他们的财产，并宣布大赦全部大马士革人。他打算统治叙利亚人民，所以不想同他们产生隔阂。

易卜拉欣帕夏为大马士革任命了一个执政委员会，随后继续他对叙利亚的无情征服。这位埃及将领把一些大马士革的重要人士带在身边，以防止市民在他离开后造反。米哈伊勒·米舍卡又一次追踪了埃及的军事行动，为黎巴嫩山的统治者们收集情报。当埃及人从大马士革出发时，他统计了他们的人数："1.1万名步兵，2000名正规骑兵，3000名［贝都因］骑兵"，总共有1.6万人，加上43门大炮和3000头运送补给和物资的骆驼。他们行进到叙利亚中部的霍姆斯，在那里又有6000名埃及士兵加入了他们的队伍。

7月8日，埃及人在霍姆斯附近同奥斯曼人进行了争夺叙利亚控制权的第一场大战。米舍卡写道："场面令人激情澎湃。当埃及正规军到达战场时，他们遇到了数量更多的土耳其正规军。日落前一小时，双方爆发激烈的战斗，枪声炮火持续不断。"在山顶上观战的米舍卡无法判断战斗的走向。"那是可怕的一小时，其间地狱各门都打开了。日落时分，枪声停歇，只留下大炮轰鸣，直到日落后一个半小时，才重回寂静。"直到那时，他才知道埃及人在霍姆斯战役中取得了完全的胜利。奥斯曼将领们匆忙抛弃了营地，开始逃亡。"食物还留在火上炙烤，医药箱、成卷的敷料和［给死者的］裹尸布、大量的毛皮和受奖时穿的披风以及许多物资都留了下来。"[17]

不知疲倦的易卜拉欣帕夏并没有在霍姆斯逗留。取胜一天后，他率军向北去往阿勒颇，以完成对叙利亚的征服。和大马士革一样，阿勒颇没有反抗埃及军队就投降了，易卜拉欣帕夏留下一个新政府，代表埃及统治这座城市。奥斯曼帝国的总督早已撤离，加入了一支庞大的奥斯曼军队，其中包括霍姆斯战役中幸存的部队。7月29日，奥斯曼人在亚历山大勒塔附近的贝伦村（时属阿勒颇行省，现位于土耳其）与埃及军队交战。埃及军队虽然在人数上处于劣势，但依然重创奥斯曼军队直至接受后者投降。随后，易卜拉欣帕夏率军前往阿达纳港，那里有埃及的舰船，给精疲力竭的军队提供补给。易卜拉欣帕夏给开罗发去了详细记录埃及胜绩的战报，等待他父亲下一步的命令。

而穆罕默德·阿里从战争转向谈判，试图通过素丹的法令或欧洲的干预来确保他在叙利亚的所得。就奥斯曼人而言，他们不愿意向叛变的埃及总督割让任何利益。奥斯曼帝国的大维齐尔（即宰相）穆罕默德·拉希德帕夏不承认穆罕默德·阿里在叙利亚的地位，并开始组建一支8万多人的庞大军队，试图将埃及人从土耳其海岸和整个叙利亚赶走。而易卜拉欣帕夏在重组军队和补给军需之后，于1832年10月进入安纳托利亚中部，以对抗奥斯曼人的威胁。当月，他占领了科尼亚城，并在此备战。

埃及军队将不得不在能想象到的最恶劣的环境中作战。习惯了夏季沙漠的炎热和尼罗河畔温和冬季的埃及军队，发现自己身处冬季安纳托利亚高原的漫天暴雪和零下冰封之中。然而，即使在这样的条件下，那些被迫应征入伍的士兵仍被证明是一支纪律严明的军队。尽管人数少于对手，但他们在科尼亚战役（1832年12月21日）中大胜奥斯曼军队。埃及人甚至抓到并囚禁了大维齐尔，这极大地加强了他们在谈判中的筹码。

素丹一听到军队战败和大维齐尔被俘的消息就屈服了，答应了穆罕默德·阿里提出的大部分领土要求。在科尼亚战败后，素丹失去了所有军事选择，他现在直面一支驻扎在安纳托利亚西部屈塔希亚镇的埃及军队，距离帝国首都伊斯坦布尔只有200千米（124英里）。为了确保埃及军队完全撤出安纳托利亚，马哈穆德二世重立穆罕默德·阿里为埃及总督（他在入侵叙利亚后被剥夺了头衔，并被宣布为叛徒），并将希贾兹、克里特岛、阿卡、大马士革、的黎波里和阿勒颇等省授予穆罕默德·阿里和易卜拉欣帕夏，同时赋予阿达纳港的征税权。1833年5月，在俄罗斯和法国的斡旋下，《屈塔希亚合约》签订，上述战果得到了确认。

《屈塔希亚合约》签订后，易卜拉欣帕夏将他的部队撤回叙利亚和埃及。穆罕默德·阿里没有实现他所渴望的独立。奥斯曼帝国把他牢牢地束缚在帝国的统治之下。但是他已经把奥斯曼帝国的大部分阿拉伯行省都置于他的家族统治之下，建立了一个埃及帝国，在19世纪30年代余下的时间里与奥斯曼帝国相抗衡。

埃及对叙利亚的统治很不受欢迎。新的税收给社会各阶层——从最贫穷的工人到最富有的商人，带来了沉重的负担。本地领袖被剥夺了传统权力，被隔绝在统治阶层之外。米舍卡记录道："当埃及人开始改变宗族习俗，对民众征收比他们习惯支付的更多的税时，人们开始鄙视他们，希望再次回到土耳其人的统治之下，因此表现出反叛的迹象。"埃及人的反应是解除叙利亚人的武装并将他们征召入伍，这反而激起了更剧烈的反抗。米舍卡解释说："士兵没有期满后获得自由、回归家庭的固定的服役期限，相反，服役期像地狱一样长久。"[18]许多年轻人为了躲避征兵而逃跑，这进一步损害了当地的经济生产力。叛乱从叙利亚沿海的阿拉维山区蔓延到黎巴嫩山和叙利亚南部的德鲁兹地区，再到巴勒斯坦高地的纳布卢斯。1834—1839年，易卜拉欣帕夏发现他的军队一直忙于镇压不断升级的叛乱。

穆罕默德·阿里没有被叙利亚乡村的民众动乱所吓倒，他把叙利亚看作是他的埃及帝国的永久领土。他坚持不懈地争取欧洲对他计划的支持：脱离奥斯曼帝国，在埃及和叙利亚建立独立王国。

1838 年 5 月,他告知奥斯曼帝国中央政府和欧洲列强,他决意建立自己的王国,提出向奥斯曼人支付 300 万英镑(合 1500 万美元)的脱离费。英国首相帕默斯顿对此发出了严厉警告:"这位〔穆罕默德·阿里〕帕夏必将会发现,英国将同奥斯曼帝国素丹一起要求纠正如此骇人听闻的针对素丹的错误行为,以防止土耳其帝国被肢解。"[19] 就连穆罕默德·阿里的法国盟友也警告他,不要采取可能导致他与素丹和欧洲对抗的举措。

得到欧洲的支持,奥斯曼人倍感振奋,决定立即对穆罕默德·阿里采取行动。素丹马哈穆德二世再次组建了一支远征军。自从 1826 年暴力解散禁卫军以来,马哈穆德大力建设新的奥斯曼尼扎米军。他的高级军官向他保证,这支德国人训练的步兵要强于埃及军队,后者在连续 5 年镇压叙利亚民众叛乱后已疲惫不堪。1839 年 6 月 24 日,奥斯曼军队行进到阿勒颇附近的叙利亚边境,袭击了易卜拉欣帕夏的部队。与所有人的预期相反,埃及人在尼济普之战(Battle of Nezib)中击溃了奥斯曼人,造成后者大规模伤亡,并俘虏了 1 万多人。

素丹马哈穆德二世没能收到军队被击败的消息。由于素丹患了肺结核,健康状况已经恶化了好几个月,6 月 30 日,他在得知尼济普惨败之前就去世了。他尚处青春期的儿子素丹阿布杜·迈吉德一世(Abdulmecid I,1839—1861 年在位)继位,他年轻、缺乏经验,无力安抚帝国将领们的紧张情绪。奥斯曼舰队的海军上将艾哈迈德·费夫齐帕夏(Ahmed Fevzi Pasha)带领他的整个海军横渡地中海,投奔穆罕默德·阿里麾下。这位海军上将担心,俄国有可能像他所预料的那样介入奥斯曼政局、扶持年轻的素丹,一旦如此,舰队可能会落入俄国的控制之下。他也相信穆罕默德·阿里是最有能力维护奥斯曼帝国的领袖;相较于乳臭未干的王储,刚健有力的叛乱者会成为更好的素丹。恐慌在伊斯坦布尔蔓延。年轻的素丹面临着奥斯曼帝国历史上最大的内部威胁，却没有陆军或海军来保护他。

欧洲列强对奥斯曼帝国的动荡同样忧心忡忡。英国担心俄国会利用权力真空占领博斯普鲁斯海峡和达达尼尔海峡，以确保其黑海舰队可以进入地中海。这将冲击英国数十年来旨在遏制俄国黑海舰队并拒绝其进入温水港口的政策，该政策维持了对英国有利的海上力量均衡。此外，法国有意使其盟友埃及将统治范围扩大到整个东地中海地区，英国希望能挫败法国的这一图谋。英国领导了一个由欧洲列强组成的联盟（法国没有参加）来介入这场危机，旨在支持奥斯曼王朝，迫使穆罕默德·阿里从土耳其和叙利亚撤出。

谈判持续了一年，穆罕默德·阿里试图利用他在尼济普的胜利来获得更多的领土和主权特权，而英国和奥斯曼帝国则要求埃及从叙利亚撤军。1840 年 7 月，英国、奥地利、普鲁士和俄国组成的欧洲联盟提出让穆罕默德·阿里终身统治大马士革，让他的家族世袭统治埃及，条件是他的士兵立即撤出叙利亚其他地区。这是他们的最终提案，同时英国和奥地利舰队已在东地中海集结准备采取行动。穆罕默德·阿里相信自己拥有法国的支持，拒绝了这一提案。

盟军舰队在英国海军上将内皮尔（Napier）的指挥下迫近港口城市贝鲁特，并于 9 月 11 日炮轰埃及人的阵地。英国利用当地特工在叙利亚和黎巴嫩各地散发传单，呼吁当地人民起来反抗埃及人。大叙利亚地区的人们过去曾经起来反抗过，很乐意再来一次。与此同时，盟军舰队从贝鲁特开往阿卡，力争把埃及人赶出城堡。埃及人原以为他们能抵挡住任何攻击，但根据米哈伊勒·米舍卡的记录，英国、奥地利和奥斯曼联合舰队用了 3 小时 20 分钟就攻克了这座城堡。埃及人刚刚收到的火药露天堆放在城堡的中心，而盟军舰船的一枚炮弹引爆了火药,"爆炸出其不意,阿卡城内的士兵四散奔逃,无人继续留守"。[20]欧洲和奥斯曼军队夺回了阿卡,并控制了整个叙利亚海岸。

易卜拉欣帕夏发现他的位置越来越不稳固。海路被切断,他无法补给他的部队,而这些部队正不断受到当地居民的骚扰。他率军从土耳其和叙利亚各地撤回到大马士革。1841年1月,约7万名士兵在大马士革集结,易卜拉欣帕夏开始从叙利亚沿陆路有序撤回埃及。

埃及的威胁已经得到控制,但第二次埃及危机对奥斯曼帝国生存构成的挑战需要正式解决。一项协议在伦敦达成,奥斯曼人授予穆罕默德·阿里对埃及和苏丹的终身统治,并确立他的家族对埃及的世袭统治,而穆罕默德·阿里承认奥斯曼素丹是他的宗主,并同意每年向帝国中央政府支付一笔款项,以表示他对帝国的顺从和忠诚。

英国还希望确保东地中海地区的纷争不再威胁欧洲的和平。而防止欧洲列强因在黎凡特地区争夺战略优势而发生冲突的最佳保障,是确保奥斯曼帝国的领土完整,这是英国首相帕默斯顿勋爵一直以来的重点关切。在1840年《伦敦公约》的一份秘密附件中,英国、奥地利、普鲁士和俄国政府正式承诺"不寻求领土扩张,不寻求排他性影响力,不为其臣民谋取任何他国臣民无法公平获得的商业利益"。[21]这一克己的条约为奥斯曼帝国提供了近40年的保护,使其免受欧洲对其领土的图谋之害。

*

从1805年到1841年,穆罕默德·阿里的雄心壮志经历了一个循环。他升为总督,成为埃及的主人。一旦他在埃及站稳了脚跟并增加了财政收入,他就开始建设现代军队。随后,他将自己的领土范围从苏丹和红海沿岸的希贾兹一度扩大到包括希腊的大部分地区和整个叙利亚。但外部干涉剥夺了他的战果,到 1841 年,他的势力范围又缩回到埃及和苏丹。埃及将拥有自己的政府,将制定自己的法律,但仍将受奥斯曼帝国外交政策的约束。虽然埃及人可以铸造自己的钱币,但他们的金币和银币上都须印有素丹的名字,而埃及统治者的名字则只能印在价值低廉的铜币上。埃及可以拥有自己的军队,但士兵人数不能超过 1.8 万人,这与埃及之前部署的 10 万至 20 万人的庞大军队相去甚远。穆罕默德·阿里取得了很大的成就,但他曾经的雄心更大。

穆罕默德·阿里在他执政的最后几年饱受失望与疾病困扰。这位帕夏已进入风烛残年,当他的军队从叙利亚回来时,他已经 71 岁了。他日渐被他的儿子易卜拉欣疏远。在叙利亚战役期间,父子俩通过宫廷官员沟通。两人都与疾病作斗争,易卜拉欣被送到欧洲治疗结核病,而穆罕默德·阿里因服用治疗痢疾的硝酸银而开始丧失思维能力。1847 年,素丹意识到穆罕默德·阿里不再具有足够的统治能力,于是任命易卜拉欣帕夏接替。6 个月后,易卜拉欣去世。那时,穆罕默德·阿里早已远离了人们的视线。王位传给了穆罕默德·阿里的孙子阿巴斯(Abbas)。1849 年 8 月 2 日,穆罕默德·阿里去世,阿巴斯主持了他的葬礼。

地方领袖的时代结束了。在剥夺了埃及人对克里特岛、叙利亚各省和希贾兹的统治权后,奥斯曼政府小心翼翼地派自己人担任这些行省的总督。大马士革的阿兹姆家族,就像摩苏尔的加利利家族一样,失去了他们在 18 世纪大部分时间里所统治的城市。黎巴嫩山自治政府因谢哈卜家族与埃及政府勾结而被推翻。在黎巴嫩山,奥斯曼人也试图任命自己的总督,但这将带来爆炸性的后果,使黎巴嫩走上教派冲突的道路。谋求脱离奥斯曼政府的地方自治让阿拉伯世界的劳动人民付出了高昂的代价,他们遭受了战争、通货膨胀、政治动荡和雄心勃勃的地方领袖治下无数的不公正待遇。现在,他们想要和平与稳定。

奥斯曼人也想结束对他们统治的内部挑战。在被外国威胁以及与俄国和奥地利的战争所困扰的同时,他们看到了放任阿拉伯行省自行其是的风险:"伟大的阿里贝伊"同扎希尔·欧麦尔的联盟威胁到了奥斯曼帝国在叙利亚和埃及的统治;瓦哈比派蹂躏了伊拉克南部,并夺取了奥斯曼统治下的希贾兹;穆罕默德·阿里利用埃及的财富建立了军队,并掌控他自己的帝国,从而威胁奥斯曼帝国的生存。如果没有欧洲列强的干预,穆罕默德·阿里可能已在第二次埃及危机中推翻了奥斯曼帝国。这些经历使奥斯曼政府认识到改革的必要性。改革不是对已有的政府机构进行温和的修补,而是对古老的统治机器进行彻底检修。

奥斯曼人意识到,他们无法依靠自身来改革他们的帝国。他们需要利用使他们的竞争对手欧洲变得强大的那些思想和技术。奥斯曼的政治家们注意到穆罕默德·阿里如何成功地利用现代欧洲思想和技术建设了一个充满活力的国家。向欧洲派遣代表团、引进欧洲的工业和军事技术,以及在各级军事和官僚机构中聘用欧洲技术顾问,这些举措极大地帮助了穆罕默德·阿里成就功业。

奥斯曼帝国与欧洲邻国的关系正进入一个复杂的新时代。欧洲将成为榜样,成为军事和技术领域的典范。但欧洲也是一个威胁,既是觊觎奥斯曼帝国领土的好战者,也是危险的新意识形态的源头,因此必须与之保持距离。奥斯曼改革者面临如下挑战:如何在不损害自身文化完整性和价值观的情况下采纳欧洲的理念和技术。

奥斯曼帝国无法对欧洲的进步视而不见。在 19 世纪，欧洲已经成为主导世界的力量，奥斯曼帝国被迫按照欧洲规则行事的趋势日益显著。

第四章　改革的危险

1826年4月13日，一位年轻的穆斯林宗教学者靠近停泊在亚历山大港的法国帆船"鳟鱼号"(*La Truite*)。他是里法阿·塔赫塔维，身着开罗古老的爱资哈尔清真寺学府（创建于969年）的学者长袍和头巾，正步向通往帆船的舷梯。有生以来，他第一次踏出埃及的土地。他受命前往法国，担任穆罕默德·阿里派往欧洲的第一个教育代表团的随团阿訇。5年后，他才回到他的祖国。

上船后，塔赫塔维审视着代表团其他成员的面庞。他们是一个非常多样化的群体：总共有44名男子，年龄从15岁到37岁不等。塔赫塔维（1801—1873）当时24岁。[①] 表面上看，这是一个埃及代表团，但实际上只有18名成员是土生土长的说阿拉伯语的人。代表团的其他成员说土耳其语，反映了奥斯曼帝国的民族多样性，而埃及仍然是该帝国的一部分。其中，有土耳其人、切尔克斯人、希腊人、格鲁吉亚人和亚美尼亚人。这些人是埃及总督挑选去学习欧洲语言和科学的，回国后，他们将用在法国学到的知识改造他们的祖国。

塔赫塔维出生于上埃及一个小村庄的著名法官和神学家家族，

[①] 塔赫塔维出生于1801年10月15日，至1826年4月13日，未满25周岁，故此处为24岁。——编者注

16岁起开始学习阿拉伯语和伊斯兰神学。他是一位有天赋的学者，曾任爱资哈尔的教员。1824年，他获得公职，在欧式尼扎米新军的一个步兵师中担任阿訇。依靠这一任职，加上他靠山的支持，塔赫塔维被选中履行前往巴黎的重要使命。这是一个可以成就一个人事业的任命。

塔赫塔维随身带着一本空白的笔记本，用来记录他对法国的印象。他对每一处细节都颇感兴趣：法国人如何盖房子、谋生活和信宗教，如何运作交通与金融，男性与女性如何交往，如何穿戴与跳舞，如何家装与摆桌子。写作时，塔赫塔维既带着好奇与尊重，也带着客观的批评。几个世纪以来，一直是欧洲人游历中东并将他们所见的异国的风俗习惯著述成书。如今，第一次有一个埃及人扭转了局面，书写这个叫作法国的陌生而奇异的国度。[1]

塔赫塔维对法国的反思充满了矛盾。作为一名穆斯林和埃及奥斯曼人，他对自己的信仰和文化的优越性充满信心。他认为法国是一个没有信仰的地方，那里"没有一个穆斯林定居"，而法国人自己则是"名义上的基督教徒"。然而，他的亲眼观察丝毫没让他怀疑欧洲在科学和技术方面的优越性。他回忆道："法国拥有伊斯兰诸王国所缺乏的一切，说真的，在〔法国〕居住期间，我为此感到悲哀。"[2] 塔赫塔维认为，有一道鸿沟将他的读者们同西方科学分隔开。欧洲天文学家已证明地球是圆的，他认为有必要对此进行解释，从而让人可以稍许感知到这道鸿沟的所指。他意识到伊斯兰世界在科学上已远远落后于欧洲，并认为伊斯兰世界有义务和权利恢复这一学问，因为西方自文艺复兴以来所取得的进步是建立在中世纪伊斯兰教所取得的科学成就的基础上的。他认为奥斯曼帝国借鉴欧洲的现代技术进步不过是西方偿还对伊斯兰科学欠下的债。[3]

对埃及人眼中的法国缘何成为它在19世纪20年代的样貌，塔赫塔维的书中充满了十分有趣的思考，而他对政治改革最重要的贡献，则是他对宪政的分析。他翻译了 1814 年法国宪章的所有 74 条，并撰文详细分析了该宪章的要点。[4] 塔赫塔维相信这部宪章保有法国进步的秘密。他对他的精英读者们解释说，"我们录下这部宪章，这样你就可以看到，他们的智慧如何决定了公正和公平是王国文明与臣民康乐的因素，以及统治者和他们的臣民如何由此引导，实现国家富强、知识增长、财富积累、安居乐业"。

塔赫塔维对宪政的赞扬在当时是勇敢的。这些是危险的新思想，没有伊斯兰传统的根基。正如他承认的那样，法国宪章的大部分原则"既不能在《古兰经》中也不能在先知的逊奈〔行为〕中找到"。他可能会害怕其他穆斯林宗教人士对这些危险的革新做出反应，但更大的风险是惹恼他的统治者。毕竟，宪章同样适用于君主和他的臣民，并要求权力在君主和民选立法机构间分配。穆罕默德·阿里统治下的埃及是一个完全专制的政权，而奥斯曼帝国则是一个绝对的君主制国家。代议制政府的概念或对君主权力的限制，会被大多数奥斯曼精英视为颠覆性的异端邪说。

这位改革派宗教学者着迷于法国宪章如何保障普通公民的权利，而不是强化精英的控制。最打动塔赫塔维的宪章条款中，就有主张所有公民在法律面前一律平等以及所有公民"不论其社会地位如何，都有资格担任任何职务"的条款。他认为，这种向上流动的可能性，将鼓励"人们不断学习"，以"到达比他们所居更高的位置"，从而防止他们的文明陷于停滞。塔赫塔维又一次行走于危险的边缘。在像奥斯曼埃及这样一个等级森严的社会里，社会流动性会被他那个时代的精英们视为一个危险的概念。

塔赫塔维更进一步赞扬了法国的言论自由权。他解释说，宪章鼓励"每个人自由表达自己的观点、知识和情感"。他接着说道，一般法国人表达自己观点的媒介是一种叫作"刊"或"报"的事物。这将是塔赫塔维的许多读者第一次听说报纸,当时报纸在阿拉伯语世界还不为人所知。他解释说,无论是有权有势的人,还是普通人,都可以在报纸上发表自己的观点。事实上,他强调了平民有机会使用新闻媒体的重要性,"因为即使是一个卑微的人也可能会想到一些重要人物没有想到的事情"。然而,真正触动这位宗教学者的是新闻媒体具有让人们为自己的行为负责的力量。"当某人做了一件伟大或可鄙的事情时,记者们会记录下来,让要人和平民都知晓,这样可以鼓励做好事的人,让做可鄙之事的人改过。"

塔赫塔维对奥斯曼政治惯例最为大胆的违反在于,他详细并心怀赞赏地讲述了1830年推翻波旁王朝国王查理十世(Charles X)的七月革命。逊尼派穆斯林的政治思想主张,为了维护公共秩序,臣民有义务服从统治者,哪怕统治者专横跋扈。法国人民在查理十世暂停宪章并"羞辱了保障法国人民的权利神圣不可侵犯的法律"时起来反对他们的国王,目睹这场政治动荡的塔赫塔维显然站在法国人民这边。为了恢复君主的绝对权力,查理十世无视议会代表,禁止公众批评国王及其内阁,并实行新闻审查制度。当人们武装起来反抗他们的统治者时,这名埃及宗教学者选择支持他们。塔赫塔维对七月革命的详尽分析格外引人注目,盖因其含蓄地支持人民有权推翻君主以维护他们的合法权利。[5]

在巴黎度过了5年难忘的时光后,塔赫塔维于1831年回到埃及,他对法国的印象尚留在他的笔记本上。因法语流利,他获得了一个高级别任命,负责建立一个政府翻译局,主要为穆罕默德·阿里诸项改革所必需的欧洲技术手册提供阿拉伯语版本。在忙于建立翻译局的同时,塔赫塔维抽出时间修改了他的巴黎笔记,准备出版。也许是为了保护自己,避免因刊载危险政治思想而受惩罚,他在序言中对穆罕默德·阿里大肆颂扬。最终的成果完全是一部杰作,于1834年以阿拉伯语发表,随即被翻译成土耳其文。塔赫塔维的作品,通过对欧洲科技进步的清晰阐述,以及对启蒙运动政治哲学的分析,成为19世纪奥斯曼和阿拉伯改革时期的开先河之作。

*

19世纪期间,奥斯曼人及其阿拉伯公民与欧洲的互动日益增多,迫使中东人民认识到,在军事和经济实力上,欧洲已经超过了他们。尽管大多数奥斯曼人仍然相信他们所处的世界在文化上更为优越,但他们的改革者认为,有必要掌握欧洲的思想和技术,否则,欧洲就会掌控他们。

奥斯曼人及其在埃及和突尼斯的自治属国开始改革他们的军队。他们很快意识到,为了支持现代化军队的开支,必须扩大国家的收入基础。因此,行政与经济领域也开始效仿欧洲的做法,以期带来经济繁荣与税收增长。欧洲资本家为他们的产品和机械寻找海外市场,在他们的推动下,越来越多的欧洲技术被奥斯曼及其自治属国引进。素丹及突尼斯、开罗总督热衷于利用电报、轮船和铁路等现代欧洲技术,作为进步和发展的外在标志。然而,这些技术是昂贵的,随着伊斯坦布尔、开罗和突尼斯受过教育的精英们越来越担心他们的统治者挥霍无度,他们开始呼唤改革议程中缺失的宪法和议会。

改革的每一阶段都是为了在体制上加强奥斯曼帝国及其阿拉伯属国的实力,保护它们免受欧洲的入侵。对此,改革者们要失望了,因为在改革期间,奥斯曼世界越来越容易受到欧洲的渗透。起先是欧洲通过领事施压、贸易和资本投资施行的非正式控制,之后,随着突尼斯、奥斯曼政府和埃及先后未能兑现向外国债权人许下的资金承诺,欧洲的正式控制开始了。

奥斯曼帝国的改革始于 1839 年第二次埃及危机最严重的时期。素丹马哈穆德二世去世，他尚处青春期的儿子阿卜杜·迈吉德一世继位，这并不是宣布一项激进改革计划的好时机。然而，在穆罕默德·阿里的埃及军队迫近的威胁下，奥斯曼帝国比以往任何时候都更需要欧洲的善意。为了确保欧洲对其领土和主权的保障，奥斯曼政府认为需要向欧洲列强表明，奥斯曼帝国是现代国家共同体中负责任的一员，能够遵循欧洲的治国标准。此外，曾在马哈穆德二世统治下工作的改革者，决心巩固在已故素丹任内已经取得的改革成果，并促使他的继任者承诺继续推动改革。

这两个动机将塑造奥斯曼改革时代的特征：在公共关系上摆出姿态以赢取欧洲的支持，同时，真诚地投入改革以确保帝国在内外威胁下继续生存。1839 年 11 月 3 日，奥斯曼外交大臣穆斯塔法·拉希德帕夏（Mustafa Reshid Pasha）代表阿卜杜·迈吉德一世，在伊斯坦布尔向受邀的奥斯曼和外国政要宣读改革法令。在那一天，奥斯曼进入了行政改革期。1839—1876 年，奥斯曼帝国将奉行君主立宪制，拥有一个选举产生的议会。这一时期被称为"坦齐马特"（Tanzimat，字面义为"重新组织"）。

坦齐马特有三个重大里程碑：1839 年改革法令、重申并扩展 1839 年改革计划的 1856 年改革法令、1876 年宪法。1839 年和 1856 年的法令反映了奥斯曼改革者借鉴西方政治思想的程度。第一份法令提出了一个温和的三点改革计划：确保奥斯曼帝国所有臣民的"生命、荣誉和财产的绝对安全"；建立"常规的税收评估制度"；改革兵役制度，实行定期征兵和固定服役期限。[6]

1856 年法令重申了 1839 年提出的改革，并将改革进程扩大到法庭和刑罚制度。身体刑罚将得到遏制，酷刑将被废除。该法令试图规范帝国财政，公开年度预算，接受公众监督。同时，还呼吁金融体系现代化，建立现代银行体系，"以创造用来扩大财富来源的资金"，这是通过在帝国内部投资诸如修建道路、开凿运河等公共工程实现的。该法令总结道："为实现这些目标，应当寻求利用欧洲科学、技术和资金的途径，并逐步践行。"[7]

然而，仅仅通过重大法令来回顾坦齐马特，还无法全面了解1839—1876年期间所推行的改革。19世纪中叶，奥斯曼国家和社会的主要制度发生了重大变革。为了改革税基，确保未来的繁荣，政府开始定期进行人口普查，并引入新的土地登记制度，以个人所有制取代包税制，这更符合西方的私有财产概念。省级行政机构经历了彻底改革，形成了从诸如大马士革和巴格达等省会向下一直到村级的常规政府体系。

这些变革需要数千名受过现代技术教育的新官僚。为了满足这一需求，国家建立了仿效欧洲课程体系的新的小学、初中和高中学校网络，以培训公职人员。同样，帝国的法律经历了法典化，这是一项雄心勃勃的计划，旨在调和伊斯兰法与西方法典，从而使奥斯曼法律制度更符合欧洲法律的规范。

若改革只在较高层的政府展开，奥斯曼帝国的臣民就不会对坦齐马特感兴趣。在19世纪50和60年代，改革开始触及个人生活。国家想方设法将奥斯曼臣民的名字登记在册，但由于害怕税收和征兵，臣民们抵制政府的这一做法。家长们不送孩子上公立学校，因为他们担心，登记入学最终会把孩子送入军队。城镇居民尽可能地躲避人口普查官员，农民们尽可能地逃避土地登记。然而，随着官僚机构规模的扩大和效率的提高，帝国的臣民不得不屈从这项现代政府势在必行的举措：保持对国家居民及其财产的准确记录。

素丹同样受到了改革进程的影响，程度不亚于他的臣民。奥斯曼素丹的绝对权力被侵蚀，政治重心从素丹的宫殿转移到了帝国中央政府的各职能部门。大臣会议在政府中承担主要的立法和行政职责，大维齐尔成为政府首脑。素丹的角色被削减为仪式性与象征性的国家元首。1876年颁布的宪法将这一变革推向高潮，尽管素丹依然手握大权，但该宪法通过建立议会扩大了政治参与范围。此后37年中，奥斯曼专制主义被君主立宪制取代。

任何重大的改革计划都隐含风险，尤其是在外国思想介入的情况下。保守的奥斯曼穆斯林谴责坦齐马特将非伊斯兰的标新立异的做法引入国家和社会。事实证明，最具争议的问题是基督徒和犹太人的地位变化，在以逊尼派穆斯林为主体的奥斯曼社会中，他们一直是非穆斯林的少数群体。

在19世纪，欧洲列强越来越多地以少数民族权利为借口干涉奥斯曼帝国的事务。俄国为东正教提供保护，这是奥斯曼帝国最大的基督教群体。法国长期以来与黎巴嫩山的马龙派教会保持着特殊关系，并在19世纪对奥斯曼帝国所有天主教群体提供正式庇护。英国人与该地区的任何教会都没有历史联系。尽管如此，英国代表了犹太人、德鲁兹人以及聚集在阿拉伯世界新教传教士周围的少数皈依者的利益。只要奥斯曼帝国占据具有战略意义的地区，欧洲列强就会用一切手段干涉奥斯曼事务。少数群体权利问题为列强提供了大量将自己的意志强加于奥斯曼人的机会。这样做，有时会给欧洲人和奥斯曼人都带来灾难性的后果。

1851—1852年的"圣地争端"表明大国干涉会给各方都带来危险。天主教和希腊东正教的修士们在各自对巴勒斯坦基督教各圣地的权利和特权上存在分歧。作为回应，法国和俄国向伊斯坦布尔施压，要求给予他们各自庇护的群体以特权。奥斯曼人首先屈服于法国的压力,将伯利恒圣诞教堂的钥匙交给了天主教徒。俄国人决心为希腊东正教徒争取更大的权益,以免在法国人面前丢脸。但在奥斯曼帝国向俄国做出类似让步后,法国皇帝拿破仑三世派了一艘先进的螺旋桨战舰,沿着达达尼尔海峡,将法国大使送到伊斯坦布尔,并威胁称,如果奥斯曼政府不撤销给予受俄国庇护的东正教徒的特权,法国将轰炸奥斯曼帝国在北非的营地。当奥斯曼人向法国人屈服时,俄国人威胁要发动战争。1853年秋开始的奥斯曼帝国和俄国之间的战争恶化成1854—1855年间的克里米亚战争,英国和法国同沙俄间爆发暴力冲突,超过30万人丧生,更多人受伤。欧洲以奥斯曼帝国少数群体的名义进行干涉,后果过于严重,奥斯曼政府不允许这种做法继续下去。

在1839年改革法令中,奥斯曼人做了一次不积极的尝试,试图收回对非穆斯林少数群体的管辖主动权。素丹在他的诏令(*firman*)中说:"我们崇高的素丹国的穆斯林和非穆斯林臣民将毫无例外地享受我们帝国给予的特权。"显然,如果要说服欧洲列强,不再需要他们的干预来保障基督徒和犹太人的利益,那素丹和他的行政机构就需要就穆斯林和非穆斯林之间的平等做出更强有力的声明。奥斯曼政府面临的问题是,推行教派平等政策必须得到本国穆斯林多数派的同意。《古兰经》明确区分伊斯兰教和另两种一神信仰,该区分已载入伊斯兰法。在许多信众看来,若奥斯曼政府无视该区分,这将违背真主的经书与律法。

克里米亚战争结束后,奥斯曼政府决定冒着激发国内公众愤怒的风险,阻止欧洲以帝国非穆斯林少数群体的名义进一步干涉。1856年改革法令的颁布日期的选择,配合了克里米亚战争结束后召开的巴黎和会。该法令的大部分条款涉及奥斯曼帝国基督徒和犹太人的权利与责任。法令首次规定,所有奥斯曼臣民,不论信奉何种宗教，一律平等。"任何因宗教、语言或种族而使我帝国臣民中某一群体比另一群体地位低下的区分或指称，都将从行政条例中永远抹去。"该法令进一步承诺，所有奥斯曼臣民，不分宗教和民族，都有机会上学、获得政府工作和征召入伍。

改革进程早已因其欧化的倾向而引起争议。但1856年法令颁布之前的各项改革都没有直接违背《古兰经》。穆斯林视《古兰经》为真主的原话，也是真主永恒的话语。违背《古兰经》就是违背真主，因此，毫不奇怪，在帝国的城市里宣读1856年法令激起了虔诚穆斯林的愤怒。大马士革的一位奥斯曼法官在他1856年的日记中写道："法庭宣读了这份法令，赋予了基督徒完全的平等，准许了平等、自由和其他违反永恒的伊斯兰法的做法……它是落在所有穆斯林〔头上〕的灰尘。我们请求真主让宗教更强大，让穆斯林取得胜利。"[8] 奥斯曼臣民立即明白了这一改革的重要性。

坦齐马特改革正在把奥斯曼帝国带入危险的境地。由于政府颁布的改革违背了大多数人的宗教信仰和价值观，改革进程有可能引发对政府权威的反叛和民众之间的暴力。

奥斯曼人并不是最早颁布穆斯林、基督徒和犹太人平等法令的穆斯林统治者。早在19世纪20年代，穆罕默德·阿里在埃及就已经做到了。但他颁布这部更早的法令，是希望在不分教派的平等基础上面向所有埃及人征税和征兵，而不是考虑解放少数群体。19世纪30年代埃及占领大叙利亚期间，推行平等原则，虔诚的穆斯林们无疑提出了反对，但穆罕默德·阿里强大到足以镇住他的批评者并贯彻他的意志。看到了穆罕默德·阿里的改革，奥斯曼人很可能认为他们可以遵循他的先例，而不会引发内乱。

埃及的占领还让欧洲的商业打入奥斯曼帝国的阿拉伯行省。贝鲁特成为东地中海的一个重要港口，商人们得以进入像大马士革这样的内陆城市的新市场，这些城市过去是对西方商人关闭的。欧洲商人开始依赖当地的基督徒和犹太人作为他们的中间人，担任翻译和代理。个别基督徒和犹太人通过与欧洲贸易和领事活动的联系而变得富有，许多人接受了欧洲公民身份，并因此获得了奥斯曼法律的豁免。

19世纪40年代，大叙利亚的穆斯林群体已经对一些阿拉伯基督徒和犹太人享有的特权产生了怨恨，这种怨恨是非常危险的。教派之间微妙的平衡正在被外部力量打破。几代人以来，阿拉伯各省第一次出现了教派间的暴力冲突。1840年，大马士革的犹太人被指控在宗教仪式上谋杀了一名天主教牧师，随后受到当局的暴力镇压。[9] 1850年10月，教派冲突在阿勒颇爆发。一个穆斯林群体袭击了城中富有的基督徒少数群体，造成数十人死亡，数百人受伤。这样的事件在阿勒颇历史上是前所未有的，这反映出穆斯林商人的怨恨，他们的生意受到损害，而他们的基督徒邻居则通过与欧洲的商业往来而变得富有。[10]

更大的麻烦正在黎巴嫩山酝酿。19世纪30年代埃及的占领导致当地统治秩序崩溃，挑起了与埃及人结盟的马龙派和抵抗埃及人的德鲁兹人之间的不和。埃及人撤退后，德鲁兹人回到黎巴嫩山，发现在他们离去时马龙派已变得富有和强大。德鲁兹人在逃离埃及统治时放弃的土地已被马龙派占有。教派间的差异，导致1841年爆发教派冲突。这场冲突在接下来的20年里时断时续，英国支持德鲁兹人而法国支持马龙派，更是给冲突火上浇油。

奥斯曼人试图利用埃及军队撤退后留下的权力真空，更大程度地掌控黎巴嫩山。他们设置了一个双总督省，一名马龙派总督掌管北部地区，一名德鲁兹总督掌管贝鲁特—大马士革公路以南地区，以取代17世纪末以来统治黎巴嫩山但已声名扫地的谢哈卜政权。这一教派分治在黎巴嫩山的地理和人口方面都没有根据，因为两个地区都有马龙派和德鲁兹人。因此，设置双总督省只会加剧两派之间的紧张关系。更糟糕的是，马龙派还经历着内部分裂，统治家族、农民和神职人员之间的深刻分歧在农民起义过程中爆发，而起义又加剧了紧张局势。到1860年，随着德鲁兹人和马龙派各自组建武装备战，黎巴嫩山已经成了火药桶。

1860年5月27日，一支3000人的基督徒部队从扎赫勒镇向德鲁兹腹地挺进，为遭受袭击的基督徒村民报仇。他们在临近艾因德拉村的贝鲁特—大马士革公路上遇到了约600人的德鲁兹小型部队。德鲁兹人大败基督徒并继续进击，洗劫了一些基督徒村庄。艾因德拉战役标志着一场毁灭性战争的开始。马龙派基督徒节节败退，德鲁兹人以今天被称为种族清洗的方式踩躏基督徒的城镇和村庄。目击者称，高地村庄的街道上血流成河。

在3周内，德鲁兹人占领了黎巴嫩山南部和整个贝卡谷地。位于贝鲁特—大马士革公路以北的扎赫勒镇是最后一个被攻陷的基督教据点。6月18日，德鲁兹人袭击并占领了扎赫勒，杀死了守军，并迫使其居民逃离。黎巴嫩的基督教势力被彻底摧毁，德鲁兹人掌控了全局。至少200个村庄被洗劫，数以千计的基督徒被杀、受伤或无家可归。[11]

黎巴嫩山事件加剧了整个大叙利亚教派之间的紧张局势。颁布1856年改革法令和确立不同信仰的奥斯曼公民间平等的法律地位，已经让穆斯林和基督徒之间的关系异常紧张。多位大马士革编年史家都注意到了基督徒获得法律权利后的变化。基督徒不再承认穆斯林一贯享有的特权，穿着的服饰开始使用一些先前只有穆斯林才能用的颜色。他们也变得越来越坚定自信。一位愤怒的穆斯林要人写道："当基督徒与穆斯林发生争吵时，无论后者如何辱骂他，他都会以同样的甚至更多的脏话回骂。"[12]大马士革的穆斯林认为，这样的行为是不可容忍的。

一名基督徒要人也表达了相似的观点。米哈伊勒·米舍卡是黎巴嫩山人，在19世纪30年代埃及占领期间，他曾为执政的谢哈卜家族效力。此后，他移居大马士革，在那里，他被任命为美国领事馆的副领事，当时美国的势力还相对较弱。他写道："当帝国开始在其臣民中推行改革和无关宗教信仰的平等原则时，无知的基督徒过度解读了平等，他们认为小人物不必屈从大人物，位低者不必尊重位高者。事实上，他们认为卑微的基督徒与尊贵的穆斯林可以平起平坐。"[13]大马士革的基督徒公然藐视古老的惯例，无意间加剧了教派间的紧张关系，最终招致灭顶之灾。

大马士革的穆斯林社群对黎巴嫩山的血腥事件感到非常满意。他们认为，黎巴嫩的基督徒行为傲慢，激怒了德鲁兹人，这种看法是有一定道理的。大马士革的穆斯林很高兴看到基督徒落败，对于流血杀戮，他们没有表现出丝毫悔恨。米舍卡记录道，当他们听闻扎赫勒陷落的消息，"大马士革充满了欢腾和庆祝，你还以为帝国已经征服了俄国"。面对城里的穆斯林日益增长的敌意，大马士革的基督徒开始担心自己的安全。

扎赫勒陷落后，德鲁兹武装开始袭击大马士革腹地的基督教村庄。基督徒农民逃离了毫无保护的村庄，躲到相对安全的大马士革城墙内。大马士革基督教区的街道上挤满了这些基督徒难民。米舍卡称，他们"睡在教堂周围的小巷里，以地为床，以天为盖"。在日渐敌视基督徒的人眼中，这些手无寸铁的人成了日益增长的反基督徒情绪的宣泄对象。他们的脆弱和贫穷降低了他们做人的资格。他们指望着基督徒同胞和奥斯曼总督来庇护他们免受伤害。

大马士革的奥斯曼总督艾哈迈德帕夏并不是城中基督徒社群的朋友。米舍卡作为领事官员同总督往来频繁，他确信总督正刻意给教派间的紧张关系推波助澜。米舍卡解释说，艾哈迈德帕夏认为，1856年改革以来，基督徒已逾越了他们应处的地位，并故意逃避与他们新获得的权利相匹配的义务，特别是纳税义务。尽管大马士革的穆斯林人口4倍于基督徒，但艾哈迈德帕夏还是装备上大炮来"保护"清真寺免受基督徒袭击，用以加剧穆斯林的恐慌情绪。通过这样的措施，艾哈迈德帕夏促使大马士革穆斯林相信他们正面临遭受基督徒袭击的威胁。

在局势最紧张的时候，艾哈迈德帕夏下令制造一场旨在挑起暴乱的示威游行。1860年7月10日，他让一群因犯下伤害基督徒罪行而入狱的穆斯林囚犯在大马士革市中心的街道上游街示众，表面上是为了教训他们。不出所料，一群愤怒的穆斯林聚集在这些人的周围，打破了枷锁，放走了他们。穆斯林被这样无端羞辱的场面，只会强化这样一种公共认知：1856年法令颁布以来，基督徒已逾越了他们应处的地位。愤怒的民众转向基督徒街区，决心给他们一个教训。黎巴嫩山就近发生的事件仍然历历在目，受这些事件启发，屠戮似乎已成为这些民众眼中的合理方案。

米舍卡发现自己卷入了他早就预料到的暴力中。他描述了愤怒的民众如何砸开他家的大门，涌入他家中。他带着他最小的几个孩子从后门逃走，希望到穆斯林邻居的房子里避难。道路的每一处转角，都有愤怒的民众堵路。为了引开他们，米舍卡扔出几把硬币，当人们争先恐后争抢他的钱时，他就带着孩子跑了。用这个计策，他三次躲过了暴徒，但最后他发现他被一伙疯狂的人挡住了。

> 我无处可逃。他们围上来要扒下我的衣服并杀我。我的儿子和女儿在尖叫："杀了我们，不要杀我们的父亲！"一个恶棍

一斧头砍在我女儿头上,他会为此付出代价的。另一个恶棍在距离我六步远的地方向我开枪,没打中,但我的右太阳穴被斧子击伤了,我的右肋、右脸和右臂也被一棍子击伤了。我周围围了好多人,开枪时不打到别人是不可能的。

米舍卡被那伙人俘虏了。他与家人分离,被带着穿过偏僻的小巷到一位官员的家中。但毕竟,米舍卡是一名外国领事。一位穆斯林邻居给这位遭受虐待的基督徒朋友提供了避难所,让他和他的家人团聚。他的全家,包括被愤怒的民众砍倒的小女儿,都奇迹般地在屠杀中幸存下来。

只有那些找到安全避难场所的基督徒才逃过了这场屠杀。还有一些基督徒被一些穆斯林要人救了下来,为首的是流亡在外的阿尔及利亚反抗法国殖民主义的英雄埃米尔阿卜杜·卡迪尔(Abd al-Qadir)。他和其他人冒着生命危险拯救逃难的基督徒,并为他们提供庇护。其他基督徒则躲在英国和普鲁士领事馆的有限空间里,领事馆的警卫们成功地挡住了暴徒。大部分幸存者躲在并不安全的大马士革城堡里,担心士兵们可能会随时让暴民进入。虽然这座城市的大多数基督徒确实找到了安全的避难所,但没能找到避难所的数千人在3天的屠杀中遭受了暴徒们可怕的暴力。

米舍卡在事后提交给美国驻贝鲁特领事的报告中详细列举了屠杀造成的人员和财物损失。他声称,至少有5000名基督徒在暴力事件中丧生,占原先2万人基督徒社群的四分之一。约有400名妇女被绑架和强奸,许多妇女因此怀孕,其中包括米舍卡家里的一名佣人。财物损失十分严重。超过1500所房屋被夷为平地,基督徒拥有的商店全都被洗劫,基督徒区约200家商店付之一炬。教堂、学校和修道院被劫掠并破坏。[14]基督徒区因偷窃、故意破坏和纵火而遭到大面积毁坏,这是这座城市近代史上前所未有的教派冲突。

奥斯曼政府在穆斯林和非穆斯林公民之间确立法律上的平等，主要是为了防止欧洲列强干涉其内政。但随后在黎巴嫩山和大马士革发生的针对基督徒的暴力事件，有可能招致欧洲大规模的干涉。获悉屠杀事件后，拿破仑三世的法国政府立即派出了一支由法国贵族查理·德·博福尔·德奥普尔将军（General Charles de Beaufort d'Hautpoul）率领的远征军，他曾在19世纪30年代埃及占领叙利亚期间担任埃军顾问。德·博福尔的任务是防止进一步的流血事件，并将暴力侵害该地区基督徒的肇事者绳之以法。

奥斯曼帝国必须迅速行动。他们派出了最高级别的政府官员之一，奥斯曼改革的设计师福阿德帕夏（Fuad Pasha），采取一切必要的措施，在法国远征军抵达叙利亚海岸之前恢复秩序。福阿德以惊人的效率完成了使命。他启动了一个军事法庭，严惩所有破坏秩序的责任人。大马士革总督因未能阻止屠杀而被判处死刑。上至贵族，下至最贫穷的城市工人，有数十名穆斯林在大马士革街头被公开绞死。数十名奥斯曼士兵因擅自脱离队伍、参与谋杀和抢劫而被火枪队处决。数百名大马士革人被流放或戴枷游街后被处以长期监禁，服繁重劳役。

政府设立委员会处理基督徒索赔损坏和被盗财产事宜。穆斯林街区被清空，为无家可归的基督徒提供临时住所。国家雇佣石匠，重建损毁的基督徒街区。总的来说，奥斯曼官员预想了欧洲列强可能提出的每一项不满，并在欧洲人有机会干涉之前就采取行动。当德·博福尔将军抵达黎巴嫩海岸时，福阿德已经控制住了局势。他再三感谢法国人提供协助，并在黎巴嫩海岸为他们提供了一个营地，那里远离任何人口聚集地，士兵们可以在那里随时待命，以备不时之需。但需求从未出现，法国人在一年之内就撤走了他们的部队。

奥斯曼帝国安然度过了这场危机,他们的主权完好无损。

奥斯曼人从 1860 年的经历中学到了一些重要的教训。他们再也不会采取公然违反伊斯兰教义的改革措施。因此,在接下来的几十年里,当废奴运动和英国政府联合起来向奥斯曼帝国施压,要求废除奴隶制时,帝国政府表示反对。《古兰经》的经文鼓励奴隶主善待奴隶,允许他们结婚,并赋予他们自由身,但没有提及废除奴隶制。素丹怎么能宣布真主之书所允许的事非法呢?为了应对英国的压力,中央政府同意致力于废除奴隶贸易,《古兰经》对此并无规定。1880年,中央政府签署了《英国-奥斯曼协定》以禁止黑奴贸易。这是一种妥协,目的是维护帝国内部的和平,而不是遏制奴隶制。[15]

奥斯曼人还认识到,需要在改革与利益之间取得平衡,以赢得公众对坦齐马特的支持。扩张官僚机构是为了更有效地向普通民众征税,更高效地征召他们服西式兵役,但并没有给他们带来好处。所有旨在使奥斯曼帝国更符合欧洲政治思想和实践的法律变革,都与普通奥斯曼人格格不入。为了鼓励臣民接受这些陌生的变革,奥斯曼政府需要在推动本土经济发展和促进社会福利上给予更多的投入。诸如煤气照明、蒸汽动力轮渡和有轨电车等大型项目,可以提升公众对素丹政府的自豪感与信心,可能会为改革派政府赢得更多的支持。为避免改革进程带来更多的动荡,帝国中央政府需要对奥斯曼社会和经济做出切实可见的贡献。

19 世纪下半叶,政府在帝国各地的建筑项目和公共工程上大量投入。帝国的两个属国——埃及和突尼斯,享有足够的自主权来推行自己的发展计划。在汲取了启蒙运动的思想之后,奥斯曼世界开始在狂热的消费热潮中获取欧洲的工业技术。19 世纪晚期,随着奥斯曼世界被引入全球经济,工业商品和产品以日益多样化的形式进入阿拉伯市场。

*

在19世纪，埃及引领着现代化的行动。穆罕默德·阿里在工业和技术方面大力投入，尽管他的项目总是考虑军队建设。投入建设埃及民用基础设施的重任落在了他的继任者身上。

阿巴斯帕夏（Abbas Pasha，1848—1854年在位）批准给予一家英国公司修建亚历山大和开罗间铁路的特许权，这是一个低调的开端。特许权协议是政府鼓励私营公司在其管辖领域进行重大投资的标准合同。特许权的条款将规定投资者和政府在固定期限内应享有的权利和利益。特许权的条件越优厚，就越容易吸引企业家到自己的国家来。然而，如果政府希望企业为自己的国库创造一些利润，就必须谨慎行事，不要向外国人做出太多让步。随着南美、非洲和亚洲各国政府争相谋求新技术，实业家们开始讨价还价。阿巴斯帕夏是个保守的人，他不愿对外国投资者做出太多承诺。

埃及的下一任统治者萨义德帕夏（Said Pasha，1854—1863年在位）致力于实施更为雄心勃勃的计划。他在开罗和亚历山大之间铺设了第二条铁路，并特许修建了一条从开罗到苏伊士的新线路，完成了地中海和通往印度洋的红海之间海路的陆上连接。他促成了欧洲和埃及的伙伴关系，将蒸汽机船引入尼罗河和红海。然而，1856年萨义德给予他前导师法国人费迪南·德·莱塞普（Ferdinand de Lesseps）的特许权是其他项目无法匹敌的：修建一条连通地中海和红海的水上通道，即苏伊士运河。这是19世纪埃及最大的发展项目，也是对国库的最大消耗。

授予特许权本身并不需要国库开支。如果埃及的特许权持有者建立的所有企业都成功了，投资者和政府都会从中获利。遗憾的是，许多企业都面临高风险并最终失败。这对于希望通过投资欧洲技术来振兴国内经济的东道国政府而言已经够糟糕的了。但损失还会加剧，因为欧洲国家的领事们在他们的公民投资失败时还会索要赔偿。

每个领事都记下其他国家领事得到的赔偿，并试图得到更多的赔偿，因为这关乎民族自豪感。因此，当尼罗河航运公司破产时，埃及国库不得不向欧洲股东赔偿34万英镑。[16]就个人索赔而言，奥地利人创造了新的基准，他们的领事设法从埃及政府那里榨取了70万法郎，理由是28箱蚕茧因苏伊士开往开罗的火车晚点发车而损坏，显然这个理由是站不住脚的。据说，萨义德中断了与一位欧洲商人的会面，要求仆人关上窗户。他打趣道："如果这位先生感冒了，我得花1万英镑。"[17]

苏伊士运河工程带来了数目最大的赔款账单。英国曾反对法国修建连接地中海和红海的运河计划。鉴于其在印度的帝国，英国将不可避免地比任何其他海上强国更依赖这条运河。让一家法国公司控制这条战略水道是英国绝对不能接受的。他们无权阻止埃及政府针对其主权领土发出特许权，但他们可以反对特许权的条款。具体来说，英国反对埃及承诺提供免费劳动力来挖掘运河，认为这等同于奴隶制，并要求废除赋予苏伊士运河公司运河沿岸土地开发权的条款，认为这是一项殖民计划。埃及政府过于依赖同英国的友好关系，无法拒绝英国的反对意见，因此通知苏伊士运河公司，希望重新谈判1856年那份最初特许权的主要条款。该公司将争端移交给法国政府，以捍卫其作为特许权持有者的权利，抵御来自英国的压力。

萨义德的继任者伊斯玛仪帕夏（Ismail Pasha，1863—1879年在位）继承了这场争端，不得不接受法国皇帝拿破仑三世的仲裁，后者并不是一个无利害关系的中立方。1864年，拿破仑三世提出解决方案，要求埃及政府向苏伊士运河公司支付 3800 万法郎以补偿不能使用免费劳工的损失，并另外支付 3000 万法郎补偿将要归还给埃及的运河沿岸土地。此外，他还找其他借口向埃及政府再额外征收 1600 万法郎，使赔偿总额达到约 8400 万法郎（1864 年，约合 336 万英镑或 3350 万美元），这个数额是空前的。[18]

尽管在发展项目上遭受重大损失，埃及政府仍然对其经济前景保持乐观。埃及最重要的出口作物是欧洲纺织业者所珍爱的长绒棉。1861 年，美国内战爆发，美国棉花的供应减少。1861—1865 年间，棉花价格翻了两番。埃及的棉花年收入急剧增加，从 19 世纪 50 年代初的 100 万英镑上升到 19 世纪 60 年代中期的 1150 万英镑。随着棉花收入进入埃及国库，伊斯玛仪帕夏相信他可以在兑现对苏伊士运河公司承诺的同时，仍然可以雄心勃勃地开发新项目。

伊斯玛仪渴望把埃及变成一个强国，也希望自己作为埃及统治者得到更多认可。1867 年，他征得奥斯曼的许可，将他的总督头衔"帕夏"改为"赫迪威"（khedive），这是一个更显赫的波斯头衔，意为"总督"。身为赫迪威，伊斯玛仪试图效仿巴黎重塑他的首都开罗。着眼于 1869 年的苏伊士运河通航庆典，伊斯玛仪开启了开罗迅速而彻底的转变之路。旧开罗和尼罗河之间建起了现代化的街区，欧式风格的建筑排列在宽阔、笔直的街道上。尼罗河上建了一座新桥，伊斯玛仪在尼罗河的主岛上为自己建造了一座新宫殿（埃及政府破产后被改作宾馆）。街道铺砌平整，安上了煤气路灯。景观建筑师们将埃兹贝基亚等过去尼罗河泛滥形成的洼地改造成带有咖啡馆和步行道的公共花园。一座国家剧院和一座歌剧院也建了起来。[19] 意大利作曲家威尔第（Verdi）受委托写了一部埃及主题的歌剧，为歌剧院揭幕，但他花了更长的时间才完成了《阿伊达》，歌剧院先在《弄臣》的旋律中揭幕了。这一波建设热潮随着 1869 年 11 月法国皇后尤金妮亚到访庆祝苏伊士运河通航而达到顶峰。

伊斯玛仪争取确保埃及在世界文明国家中占有一席之地，这些骇人的开支就是这一努力的一部分。尽管诸项庆典从各个角度来看都令人印象深刻，但新开罗是一个建立在借款之上的面子工程，伊斯玛仪的政府已经时日无多。具有讽刺意味的是，当初埃及实施发展计划，是为了摆脱奥斯曼帝国和欧洲的掌控而获得独立。然而，埃及政府每给出一项特许权都让自己更容易受到欧洲的侵蚀。不仅埃及如此，北非另一个国家也在推行雄心勃勃的改革和发展项目过程中加大了对欧洲的依赖。

突尼斯和埃及一样，在奥斯曼帝国里享有充分自治，在19世纪建设自己的发展项目。突尼斯政府被称为摄政政府，自18世纪初以来一直由侯赛因王朝领导。巴巴里海盗的时代早已一去不复返了。1830年起，摄政政府禁止一切海盗行为，努力通过工业和贸易发展经济。

1837—1855年，突尼斯由一位名叫艾哈迈德贝伊（Ahmad Bey）的改革家统治。艾哈迈德贝伊深受埃及穆罕默德·阿里的影响，他在突尼斯创建了一支尼扎米军队，并开办了一所军事学院，发展了新军所需武器与制服的支持产业。在新军受训的军人中，有一位年轻的马木鲁克名叫海伊尔丁，他将成为19世纪最伟大的改革者之一，最终将担任突尼斯和奥斯曼帝国的首相。

海伊尔丁是从奴隶上升到政治权力顶峰的那类马木鲁克中的最后一人。在写给自己孩子的自传中，海伊尔丁就成为马木鲁克的感受发表了珍贵的见解："尽管我确知我是切尔克斯人，但我对我的国家和父母没有确切的记忆。我一定是在某次战争或迁徙时与家人分离的，从此永远失去了他们的踪迹。"海伊尔丁做过多次努力，但未能找到他的亲生父母。他写道："我对童年的最早记忆是在伊斯坦布尔，1839年我在那里开始为突尼斯贝伊效力。"[20]

在学习阿拉伯语和接受伊斯兰教育后，海伊尔丁加入了军队，接受法国军官的训练。他是一位才华横溢的年轻军官，在突尼斯，他仅用了14年就晋升为将军，成为最顶层的军官，随后步入政坛。海伊尔丁熟谙法语、阿拉伯语和土耳其语，在他的职业生涯中，他广泛游历欧洲和奥斯曼帝国。他亲身感受了欧洲的进步，这让他坚定支持坦齐马特改革，支持借鉴欧洲的经验和技术来充分发挥伊斯兰国家的潜力。1867年，他出版了一本颇有政治影响力的阿拉伯语小册子，阐释了他的观点。两年后，该书的法语译本授权出版。

海伊尔丁对他改革纲领的阐释，既面向怀疑伊斯兰世界现代适应能力的欧洲听众，也面向拒绝外来新生事物的穆斯林听众，后者认为新生事物违背了伊斯兰教派及其价值观。这里，海伊尔丁立足于埃及的改革倡导者塔赫塔维率先提出的观点（海伊尔丁读过并赞赏塔赫塔维讨论法国的书）：穆斯林借用现代欧洲科学不过是欧洲偿还欠中世纪伊斯兰科学的债。[21]而这一观点将被19世纪以后的穆斯林改革家越来越多地提及。

尽管海伊尔丁在倡导政治和经济改革时心直口快、毫无保留，但在财政上他却是一个保守主义者。他希望看到突尼斯发展其经济基础，以支撑使用现代技术的开支。他认为，政府应该投资建厂，将本国的经济作物加工成商品来满足本地市场需求。他遗憾地表示，突尼斯劳动者将原棉、丝绸和羊毛"以低廉的价格卖给欧洲人，待欧洲人短时间内加工成[成品布]后，又以好几倍的价钱买回来"。[22]他指出，由突尼斯的工厂来纺织突尼斯的棉纤维并生产面料供国内消费要好得多。这样的话，国家将不断繁荣，政府就能够投入更多的基础设施项目。这样完善的财政管理需要有才智的政府。带着越来越深的不安，海伊尔丁眼睁睁地看着突尼斯统治者们的面子工程和糟糕投资把国家带上破产之路。

突尼斯是一个相对较小的国家，相较于埃及投入的项目，突尼斯用于改革的支出并不算大。艾哈迈德贝伊统治期间最大的支出都同尼扎米军有关。艾哈迈德贝伊想要维持一支 2.6 万人的步兵队伍，为此，他从法国引入了所有必要的技术和劳动力来发展相关的支持产业，包括兵工厂、铸造厂、生产制服的纺织厂、生产马鞍和靴子的皮革厂等。然而，就像埃及的伊斯玛仪帕夏一样，艾哈迈德贝伊也有他的面子工程。他最为浪费的一次挥霍，是在距首都突尼斯城西南 10 英里的穆罕默迪亚建造被他称为突尼斯凡尔赛宫的宫殿群。随着支出日益超出突尼斯的财力，艾哈迈德贝伊被迫削减他的雄心。他最终放弃了多家新工厂，损失巨大。

艾哈迈德贝伊的继任者继续推进改革，公共项目的支出居高不下，资源却日益减少。1859 年政府铺设了一条电报线以改善通信，并修建了一条引水渠为突尼斯城提供淡水。一家英国公司获得特许权，修建一条 22 英里长的铁路，将突尼斯城与拉古莱特港和海滨城镇马尔萨连接起来。煤气照明被引入突尼斯城，城里的街道也被铺砌平整。[23] 就像埃及的伊斯玛仪帕夏一样，突尼斯的统治者想要赋予他们的首都以欧洲现代化的所有外在标志。

改革正以不同的速度在伊斯坦布尔和奥斯曼帝国的其他行省进行。作为帝国中心，伊斯坦布尔对分布在巴尔干半岛、安纳托利亚和阿拉伯世界的各省负有责任，必须确保所有省会城市都在发展。政府承担了阿拉伯世界的主要城建项目，建造新市场、政府办公场所和学校。此外，政府还在帝国的许多主要城市引入了煤气照明、有轨电车以及现代生活的其他外在标志。

奥斯曼帝国还给予欧洲公司建造大型基础设施项目的特许权。

它们对伊斯坦布尔、伊兹密尔和贝鲁特的港口进行了现代化改造。它们在黑海和马尔马拉海建立了轮船公司。1856 年，一家英国公司获得了在土耳其修建第一条铁路的特许权，这条从伊兹密尔港到艾登的农业腹地的铁路长 130 千米（81 英里）。一家法国公司获得了修建第二条铁路的特许权，这条从士麦那到卡萨巴的铁路长 93 千米（58 英里），建于 1863—1865 年间。铁路线的延长让政府从铁路中获得的收益大幅增长，这鼓励了对安纳托利亚地区铁路的进一步投资。坦齐马特时代还建了一些工业企业，发现并开采了一些煤矿和其他矿藏。然而，成功企业的利润被失败企业的亏损抵消，奥斯曼投资欧洲技术的回报永远无法赶上投资新技术的成本。

不计后果的政府开支让奥斯曼帝国和北非各地的改革者们忧心忡忡。欧洲技术的引进带来与预期相反的结果。发展非但没有使这些国家强大和独立，反而让中东地区的各政府变得贫穷和弱小，更易遭到欧洲的干涉。海伊尔丁在谈论突尼斯时称："显然，超出这个王国承受能力的过度开支是专断统治的结果，而节约是王国走向繁荣安康的途径。要做到节约，就要控制坦齐马特范畴下的所有开支。"[24] 海伊尔丁认为，若要发展项目取得成果，政府必须量入为出。专断统治和过度开支正在破坏坦齐马特改革。

对于像海伊尔丁这样的改革派思想家来说，解决政府开支过度和统治专断的办法在于宪法改革与代议制政府。塔赫塔维对法国宪法的分析在 19 世纪下半叶得到了清晰的回应。在宪政统治下，国家会繁荣昌盛，人民的知识会增加，他们的财富会增长，他们的心会得到满足。至少理论上是这样的。

而 1861 年的突尼斯宪法远远没有达到改革者的期望。宪法文本借鉴了奥斯曼帝国 1839 年和 1856 年的改革法令，没有限制贝伊的行政权力，保留了后者任命和解除大臣职务的权力。但宪法确实要求成立代表议会，即由统治者提名的 60 名议员组成的大议会（Grand Council）。被任命为大议会议长的海伊尔丁，很快就大失所望，因为大议会在限制贝伊的过度行为上权力有限。他承认，艾哈迈德贝伊和他的首相成立大议会的目的只是为了给他们的决定提供橡皮图章，因此，他在 1863 年提请辞职。促使他辞职的导火索是政府决定签订第一份外国贷款合同，海伊尔丁预测这将把这个他移居的国家带向"毁灭"。[25]

埃及宪政运动也勃兴于 19 世纪 60 年代。许多改革者追随塔赫塔维的分析思路，认为宪政是欧洲强大和繁荣的基础，也是埃及自身改革中缺失的一环。然而，正如在突尼斯那样，统治者不同意，就不可能有改变。埃及总督伊斯玛仪帕夏在 1866 年要求成立第一届代表协商议会。议会由 75 名间接选举产生的议员组成，任期 3 年。同突尼斯的贝伊一样，埃及的统治者试图通过组建议会来将地主权贵牵扯进他那些有争议的金融政策中，议会的作用仅限于咨商（代表们不能制定埃及法律）。尽管该议会是统治者的产物，但却成为埃及精英对统治者及其政府的政策提出批评的论坛，标志着更广泛地参与国家事务的开始。[26]

东地中海地区最重要的宪政运动发生在奥斯曼土耳其。19 世纪 60 年代末，土耳其一些主要知识分子在巴黎和伦敦集会，他们与欧洲的自由主义者聚在一起，提出了一系列关于宪政、人民主权和代表人民的民选议会的要求。他们被称为奥斯曼青年党，他们就奥斯曼社会的贫困和国家的财政状况批评政府。青年党人抱怨奥斯曼帝国日益依赖欧洲列强，抱怨外国干涉奥斯曼事务，并将土耳其的问题完全归咎于素丹及其政府不负责任的政策。青年党人出版报纸，并游说外国政府支持他们的事业。即便如此，他们也承认，只有素丹同意，变革才能到来。19世纪土耳其大知识分子纳米克·凯末尔(Namik Kemal)告诫他的青年党人同伴："奥斯曼民族忠于其奥斯曼统治者，除非（素丹）真有意愿，否则我们什么也做不了。"[27]青年党于1871年解散，但后来又回到伊斯坦布尔游说，在那里得到了改革派政府官员的支持。1876年，奥斯曼宪法颁布，第一届奥斯曼议会召开，奥斯曼青年党人的努力得到了回报。

如果突尼斯、埃及和奥斯曼帝国的改革者希望通过宪政改革来避免经济崩溃，他们会大失所望。早期的宪政运动过于尊重权威，没有对统治者加以约束。他们似乎希望突尼斯的贝伊、开罗的帕夏或伊斯坦布尔的素丹会自愿接受约束，并做出开明仁慈之举，同代表议会分享权力。但这些都是不切实际的期望。贝伊、帕夏和素丹都像以前一样继续统治，他们不受限制，任意挥霍，直至政府破产。

*

对中东独立最大的威胁不是欧洲的军队，而是欧洲的银行。奥斯曼改革者对接受欧洲贷款所要面临的风险感到恐惧。1852年，素丹阿卜杜·迈吉德向法国寻求资金时，一位顾问把他拉到一边，强烈反对这笔贷款："您的父亲[马哈穆德二世]曾与俄国人打过两场仗，经历过多次战役。他身负多重压力，但他没向国外借过钱。您统治下的领土平安无事。如果借钱的话，人们会怎么说呢？"这位顾问接着说："哪怕只借5比索，这个国家都会陷入困境。因为一旦借贷，就没有尽头了。[这个国家]会负债累累，不可自拔。"阿卜杜·迈吉德被说服了，他取消了贷款，但两年后他将再次求助欧洲的债权人。[28]

海伊尔丁不愿成为突尼斯第一笔外国贷款的责任方，1863年，他选择辞去突尼斯大议会议长职务。他日后辛酸地描述了导致1869年突尼斯破产的政策。"在耗尽了摄政国的所有资源之后，[首相]在不到7年的时间里就自弃于借贷的毁灭之路……之前从不欠任何人分毫的突尼斯，背负上了政府从欧洲借来的2.4亿比索［合600万英镑或3900万美元]的债务。"²⁹根据海伊尔丁的估计，在整个改革时期，突尼斯的国家年收入一直稳定在2000万比索左右。7年来，年均支出比收入多170%。结果，突尼斯的主权被移交给国际金融委员会。

接下来宣布破产的是奥斯曼中央政府，时间是1875年。20年间，奥斯曼帝国共签了16笔外国贷款，总额近2.2亿英镑（合12.1亿美元）。每贷一次款，奥斯曼经济就会更深地陷入欧洲的经济控制之中。在给越来越多心生怀疑的投资者提供优惠之后，在支付了在欧洲市场发行债券所需的佣金和费用之后，奥斯曼政府只拿到了1.16亿英镑（合6.38亿美元），其中大部分用于偿还帝国的债务（约1900万英镑合1.045亿美元用于偿还本金，超过6600万英镑合3.63亿美元用于支付利息）。这样一来，2.2亿英镑中只剩下4100万英镑（合2.255亿美元）①可供奥斯曼人用于经济投资。正如阿卜杜·迈吉德的顾问所预测的那样，奥斯曼帝国债台高筑，陷入了困境。

接下来的6年里，奥斯曼人经历了与俄国的又一场灾难性战争（1877—1878）带来的混乱。1878年的《柏林条约》结束了战争，也坐实了领土的损失。奥斯曼人最终在1881年同欧洲债权人达成了协议，成立奥斯曼公共债务管理局。管理局由七人理事会领导，代表

---

① 根据计算，应为3100万英镑（合1.705亿美元）。——编者注

了主要的债券持有国（英国、法国、德国、奥匈帝国、意大利、荷兰和奥斯曼帝国[①]）。管理局的主席由法国人和英国人轮流担任。奥斯曼帝国的所有经济部门都受管理局控制。来自食盐专营税、渔税、丝绸什一税、印花税、宗教税的收入和几个奥斯曼行省部分年度上缴款被专门用于偿还债务。利润丰厚的烟草贸易也受管理局管辖，但很快，一个专门的机构成立了，监管并垄断烟草的购买和销售。管理局取得了对整个奥斯曼帝国财政的巨大控制权，欧洲列强不仅用它来控制素丹政府的行动，还将铁路、矿业和公共工程等奥斯曼帝国的经济部门向欧洲公司开放。[30]

埃及是最后一个宣布破产的中东国家，时间是1876年。但如果早一点宣布破产的话，政府的处境会好不少。埃及的状况同奥斯曼帝国惊人地相似。1862—1873年，埃及共签了8笔外国贷款，总额为6850万英镑（合3.7675亿美元），扣除向外国投资者提供的折扣优惠后，仅剩4700万英镑（合2.585亿美元），其中约3600万英镑（合1.98亿美元）用于支付外国贷款的本金和利息。因此，6850万英镑的贷款中，埃及政府仅获得约1100万英镑（合6050万美元）用于投资经济。

筹集资金偿还债务越来越困难，赫迪威伊斯玛仪开始出售埃及政府的资产。据估计，他在国内借债约2800万英镑（合1.54亿美元）。1872年，埃及政府通过了一项法律，规定提前6年缴纳土地税的土地所有者未来永久享有土地税50%的折扣。这一孤注一掷的措施也未能阻止财政的崩溃。1875年，总督决定以400万英镑（合2200万美元）的价格将政府持有的苏伊士运河公司股份卖给英国政

[①] 奥斯曼帝国的债券持有国包括其自身，是因为帝国内有持有国债的个人，此处的"奥斯曼帝国"代表的是私人债权人群体。——编者注

府，但这只收回了政府投入开凿运河的 1600 万英镑（合 8800 万美元）资金的四分之一。1876 年 4 月，失去了重要资产的国库试图推迟支付国债利息。这相当于宣布破产，世界各国的追讨人像瘟疫一样降临埃及。

1876—1880 年，埃及的财政由来自英国、法国、意大利、奥地利和俄国的专家负责，他们的首要关切是外国债券持有人的利益。同伊斯坦布尔一样，一个正式委员会成立了。一项项不切实际的方案接踵而来，给埃及纳税人带来了沉重的负担。在每一项方案中，外国经济顾问都设法更深入地参与埃及的财政管理。

1878 年，两名欧洲委员被"邀请"加入总督的内阁，宣告欧洲已牢固确立对埃及的控制。英国经济学家查尔斯·里弗斯·威尔逊（Charles Rivers Wilson）被任命为财政大臣，法国人埃内斯特-加布里埃尔·德·布利尼埃（Ernest-Gabriel de Blignières）被任命为公共工程大臣。1879 年，当赫迪威伊斯玛仪试图在一次内阁改组中罢免威尔逊和德·布利尼埃时，欧洲开始显示对埃及的影响力。英法两国政府向奥斯曼素丹施压，要求罢免"他的"埃及总督。一夜之间，倔强顽抗的伊斯玛仪被推翻，取而代之的是他更加顺从的儿子陶菲克（Tawfiq）。[31]

随着突尼斯、伊斯坦布尔和开罗的破产，中东的改革进程兜了一圈后又回到了原点。改革运动的初衷是加强奥斯曼帝国及其属国，防止外部干涉，结果却让欧洲进一步掌控中东各国。随着时间的推移，非正式的帝国主义控制发展成直接的殖民统治，整个北非被日益强大的欧洲各帝国瓜分。

第五章　第一波殖民主义：北非

欧洲早已打下殖民阿拉伯世界的基础，但欧洲在阿拉伯世界的帝国主义活动，直到19世纪的最后25年才轰轰烈烈地开始。如上一章所述，欧洲技术的传播和让资金短缺的中东各国政府超越自身财力、过度开支的金融安排，扩大了欧洲在奥斯曼帝国各地——从北非到阿拉伯半岛的影响力。奥斯曼帝国及其北非自治行省的破产，为欧洲实行更为直接的控制扫清了阻力。

欧洲在北非的利益不断扩大，相应地，它们也更有动力开展彻底的帝国统治。到19世纪80年代，欧洲列强更加关心维护它们在南地中海的国家利益，而不是保持奥斯曼帝国的领土完整。1840年的所谓"自我否定协定"不过是一纸空文，瓜分北非的大幕随即拉开。1881年，法国将突尼斯纳入统治范围。1882年，英国占领埃及。1911年，意大利占据利比亚。1912年，欧洲列强同意摩洛哥（唯一一个一直独立于奥斯曼帝国统治的北非国家）成为法国和西班牙的被保护国。第一次世界大战爆发前，欧洲直接统治了整个北非。

欧洲在阿拉伯世界的帝国主义活动源自北非，有许多原因。北非的各阿拉伯行省远离奥斯曼帝国的权力中心，脱离伊斯坦布尔、实现自治的趋向在18和19世纪愈发明显。中东大叙利亚、美索不达米亚和阿拉伯半岛的各阿拉伯行省，更靠近奥斯曼帝国的腹地，并在 19 世纪的改革（1839—1876）过程中被更紧密地纳入伊斯坦布尔的统治。当突尼斯和埃及等地成为奥斯曼帝国属国时，大马士革和阿勒颇依然是帝国不可或缺的行省。出现单一的统治家族，领导日益独立的政府，这些强化北非自治的新发展使北非国家更容易被欧洲占领。

此外，北非各国离南欧国家相对较近，特别是西班牙、法国和意大利，这也让北非国家更贴近欧洲的势力范围：接受军事援助、工业商品和金融资本。北非是奥斯曼帝国的遥远边疆，但却是欧洲的近邻。19 世纪末，当欧洲在新的一波帝国主义浪潮中越过自己的边界时，近邻首当其冲是很自然的事。

欧洲国家殖民北非还有一个原因：先例。法国对阿尔及利亚的长期统治为其实现对突尼斯和摩洛哥的野心提供了重要先例，也为意大利对利比亚实行帝国主义统治提供了借口。如果 1827 年促使法国入侵阿尔及尔的历史契机没有出现的话，对北非大部分地区的瓜分也许就不会发生。

*

像突尼斯一样，阿尔及尔摄政国名义上属于奥斯曼帝国，但统治阿尔及尔的总督在国内和国际事务中享有很大自治权。统治精英是募自伊斯坦布尔的土耳其军人，他们组建行政委员会，选举他们的领袖，或称"德伊"。德伊同欧洲各国政府有直接往来。伊斯坦布尔的素丹正式批准选举出来的德伊，并要求阿尔及尔纳贡。唯一派驻阿尔及尔的奥斯曼官员是伊斯兰法庭的法官。除此之外，素丹对阿尔及尔的权威完全是仪式性的。

阿尔及尔的德伊们利用他们的自治权，单独与欧洲建立商业和政治关系，不受伊斯坦布尔的控制。但是，缺少奥斯曼帝国的背后支持，德伊们对他们的欧洲贸易伙伴儿无影响力。1793—1798 年，德

大西洋　欧洲

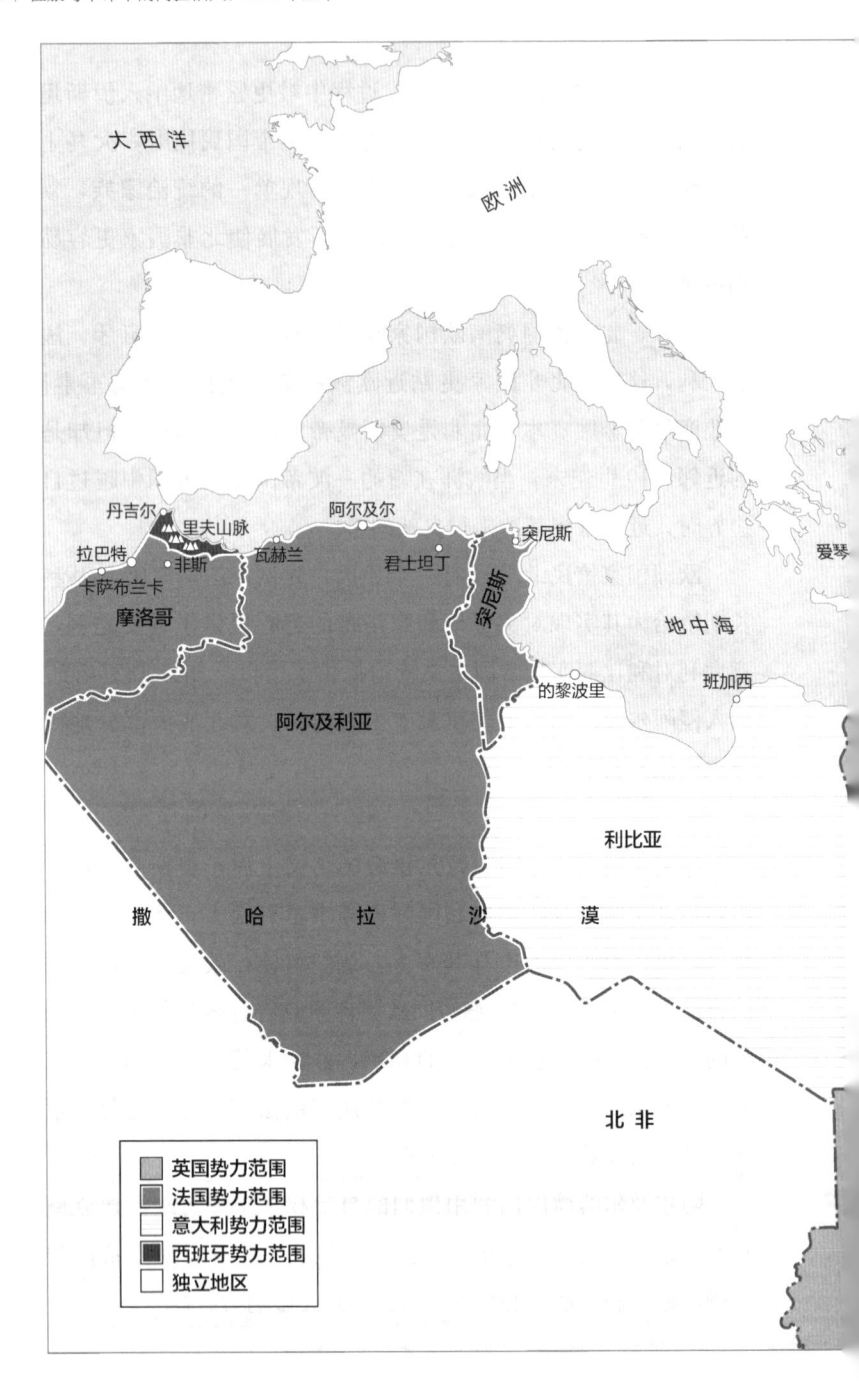

丹吉尔　里夫山脉　阿尔及尔　突尼斯
拉巴特　非斯　瓦赫兰　君士坦丁　突尼斯　爱琴
卡萨布兰卡
摩洛哥　地中海
的黎波里　班加西

阿尔及利亚

利比亚

撒　哈　拉　沙　漠

北　非

	英国势力范围
	法国势力范围
	意大利势力范围
	西班牙势力范围
	独立地区

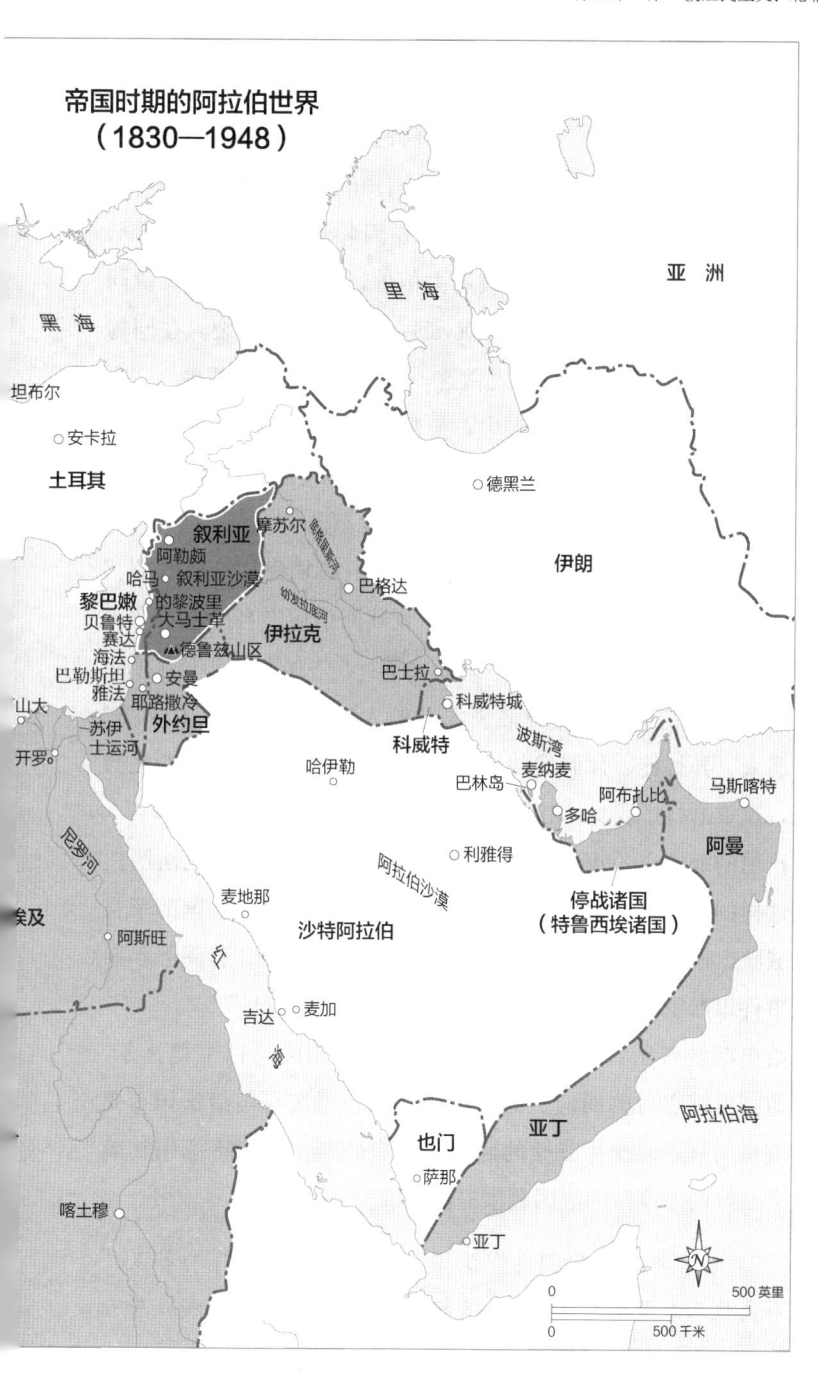

帝国时期的阿拉伯世界
（1830—1948）

亚洲

黑海
里海

伊斯坦布尔
安卡拉
土耳其

德黑兰
伊朗

叙利亚
摩苏尔
阿勒颇
底格里斯河
哈马 叙利亚沙漠
的黎波里 巴格达
黎巴嫩 大马士革
贝鲁特 幼发拉底河
赛达 德鲁兹山区 伊拉克
海法
巴勒斯坦 巴士拉
雅法 安曼 科威特城
亚历山大 耶路撒冷
苏伊士运河 外约旦 科威特 波斯湾
开罗 麦纳麦 阿布扎比 马斯喀特
哈伊勒 巴林岛
尼罗河 多哈 阿曼
利雅得
麦地那 阿拉伯沙漠 停战诸国
沙特阿拉伯 （特鲁西埃诸国）
阿斯旺
吉达 麦加
埃及
也门 亚丁 阿拉伯海
萨那
喀土穆 亚丁

0   500 英里
0   500 千米

伊们以赊账的方式为法国在意大利和埃及的军事行动提供军粮，他们一再要求法国政府付款，却得不到任何回应。数十年过去了，法国一直没有支付欠款，这笔交易逐渐成为两国间摩擦的根源。

到1827年，在阿尔及利亚德伊侯赛因帕夏（Husayn Pasha, 1818—1830年在位）多次向法国政府去信催讨欠款无果后，德伊同法国领事皮埃尔·德瓦尔（Pierre Deval）的关系即将破裂。在同德瓦尔私下会面时，侯赛因帕夏大发雷霆，用蝇拂打了法国领事。

在向各自的上级提交的报告中，德瓦尔和侯赛因帕夏就这次会面给出了不同的说法。[1] 德瓦尔对法国外交大臣称，当他去宫殿拜见侯赛因帕夏时，发现这位德伊正处于焦躁的状态。

侯赛因帕夏质问道："你的大臣为什么不回复我写给他的信？"德瓦尔称他字斟句酌地回答道："我将在收到回信后亲自呈递给您。"根据德瓦尔的说法，德伊就在这一刻爆发了："'为什么他不直接回信呢？我是乡巴佬吗？是浑身沾满泥巴的人吗？是赤脚流浪汉吗？你这个恶人、异教徒、拜偶像的人！'然后，他起身离座，握着蝇拂的手柄，重重击打了我身体三下，命我退下。"

阿拉伯的蝇拂由一束马尾毛嵌入手柄制成。人们一时无法明白如何用这样的工具来"重重击打"。然而，法国领事坚称法国的荣誉受到了威胁。他递交给外交大臣的报告是这样结尾的："若阁下不愿给予此事件以严重而公开的关注，那至少请允许我辞职。"

在给奥斯曼帝国首相的报告中，德伊承认用蝇拂打了德瓦尔，但这是遭到挑衅之后的回应。他解释说，他曾三次写信给法国，要求对方支付欠款，但连礼节性的回复都没有收到。他"特意用礼貌的方式、友好的态度"向法国领事提出此事。

"为什么我写给你们［即法国］政府的信没有得到答复？"领事固执而傲慢地用冒犯性的言辞回答说："法国国王和政府可

以不对你给他们的信做出答复。"他胆敢亵渎穆斯林的宗教,蔑视陛下[素丹]作为世界保护者的荣誉。我无法忍受这种侮辱,这种侮辱超出了所有可以忍受的限度,我只能依靠穆斯林特有的勇气,用我卑微的手握着的蝇拂轻打了他两三下。

无论这两种相互不一致的说法背后的真相到底如何,可以确定的是,1827年,法国人并不打算偿还30年前欠下的债,阿尔及利亚人也不愿意免债。蝇拂事件后,法国要求赔偿对法国荣誉造成的损害,而阿尔及利亚人则继续坚持要求法国偿还长期拖欠的债款。这场争端使双方走向冲突,阿尔及利亚人拒绝让步,法国人也没有退路。

法国人针对德伊的"侮辱"发出了最后通牒。他们要求阿尔及利亚人向法国国旗鸣枪敬礼,但遭到了德伊的拒绝。法国人随后对阿尔及尔港实施了封锁,这对马赛商人造成的伤害要大于阿尔及利亚海盗,后者驾着快船可以轻易通过列着长队执行封锁的法国舰船。在经历了两年的僵持之后,法国试图寻求一个挽回面子的解决方案,便派了一名外交官与德伊谈判。阿尔及利亚人向外交官的主舰发了几枚炮弹,阻止谈判者上岸。在阿尔及利亚经历的尴尬让正处于困境的法国国王查理十世的政府十分难堪。

查理十世(1824—1830年在位)面临着内外交困。他试图恢复一些法国国王的绝对权力,让时间倒流到革命前的时代。1830年,他中止宪法(里法阿·塔赫塔维在他研究法国的书中详细描述过),带来了危机。他的首相朱尔·德·波利尼亚克亲王(Prince Jules de Polignac)提出,海外军事行动可以为国王争取公众舆论的支持。但波利尼亚克也承认,对于将不可避免地改变地中海势力均衡的举措,法国必须应对其他欧洲大国,特别是英国的反对。他派大使前往伦敦和欧洲其他宫廷,向他们解释,即将入侵阿尔及利亚是为了彻底摧毁海盗，完全废除奴役基督徒的奴隶制，并终止欧洲国家为保航运安全而向这个摄政国纳贡。波利尼亚克希望，这一维护普遍利益的说法可以赢得国际社会对法国入侵阿尔及尔的支持。

1830年6月，由3.7万名士兵组成的法国远征军在阿尔及尔西部登陆。远征军很快击败了德伊的军队，并于7月4日进入阿尔及尔城。这一胜利不足以拯救查理十世，月末他在1830年的七月革命中被推翻。当时旅居巴黎的埃及学者里法阿·塔赫塔维记录道，比起征服阿尔及尔，法国人更满足于推翻不得人心的国王。他认为，征服阿尔及尔的"动机似是而非"。[2] 尽管如此，法国在波旁王朝垮台后仍占据阿尔及尔，这是查理十世平庸统治遗留下来的为数不多的遗产之一。1830年7月5日，侯赛因帕夏投降，结束了阿尔及利亚300年的奥斯曼历史，开启了法国对阿尔及利亚132年的统治。

虽然法军在阿尔及尔击败了土耳其驻军，但这场胜利并没有让他们控制整个国家。只要法国人将他们的野心限定在主要的沿海城镇，他们就不太可能在阿尔及利亚遇到有组织的抵抗。欧洲列强长期以来一直占据着北非海岸的战略港口。法国在1830年7月占领阿尔及尔和1831年1月占领奥兰，同西班牙在休达和梅利利亚（现在仍是西班牙的领地）设要塞并没有太大区别。但法国人并不满足于占领主要城镇，他们希望执行"有限占领"政策，殖民富饶的沿海平原，引入法国定居者。这是一项势必会激起阿尔及利亚本地居民敌意的政策。

阿尔及利亚人口由彼此隔绝的阿拉伯人和柏柏尔人组成，后者是一个非阿拉伯民族，在7世纪的伊斯兰征服后皈依伊斯兰教。柏柏尔人有自己的语言和习俗，分布在北非，主要是阿尔及利亚和摩洛哥。阿拉伯人和柏柏尔人与阿尔及尔德伊们的统治保持独立，并抵制土耳其驻军试图征税或将奥斯曼统治扩展到阿尔及尔、君士坦丁和奥兰等主要城市之外的企图。因此，对于摄政国的覆灭，他们毫不悲伤。但这并不意味着，相较于土耳其人的统治，阿尔及利亚乡村的柏柏尔人和阿拉伯人会更顺从法国人。

当法国人开始殖民阿尔及利亚的沿海平原时，当地部落就组织反抗，反抗运动始于阿尔及利亚西部的奥兰附近。阿拉伯人和柏柏尔人求助于苏非教团（神秘的穆斯林兄弟会）的领袖，他们往往兼具宗教合法性和高贵血统，这一血统将教团成员同先知穆罕默德的家族联系在一起。各苏非教团都有遍布阿尔及利亚的分会网络，要求成员向分会领袖效忠。该网络自然就成为发起反抗运动的组织框架。

在阿尔及利亚西部，卡迪里耶教团（Qadiriyya Order）是最强大的苏非教团之一。教团的首领是一位名叫穆希丁（Muhi al-Din）的长者。当地几个主要部落向穆希丁请愿，请他接受素丹的头衔，领导阿尔及利亚西部的阿拉伯人对法国发动"圣战"。当他以年老体衰为由拒绝的时候，这些部落提名他的儿子阿卜杜·卡迪尔（1808—1883），后者已在攻击法国人时证明了他的英勇无畏。

1832年11月，24岁的阿卜杜·卡迪尔被奉为埃米尔，担任反法部落联盟的首领，开启了中东近代史上最为杰出的职业生涯之一。此后15年内，阿卜杜·卡迪尔团结阿尔及利亚人民展开了反抗法国占领的持久抵抗运动。毫不夸张地说，在他生活的时代，他在西方和阿拉伯世界都是一个传奇。

对法国人来说，阿卜杜·卡迪尔是"高贵的阿拉伯人"的终极典范，是一个萨拉丁式的人物，他的宗教信仰和个人品质使他的保家卫国、反抗外国军事入侵的动机无可非议。在战斗中，他勇敢而大胆，采用游击战式的作战方式，多次率领小规模军队战胜法军，当时的法军比曾击溃埃及马木鲁克的军队更先进。他的英雄业绩被法军征战阿尔及利亚的官方记录员、浪漫主义画家霍勒斯·韦尔内（Horace Vernet，1789—1863）用绚丽的油画描绘了下来。维克多·雨果用"*le beau soldat, le beau prêtre*"这样的诗句赞颂他，字面意思为"英俊的战士，英俊的教士"。

对于他的阿拉伯追随者来说，阿卜杜·卡迪尔是先知穆罕默德的后裔（即谢里夫），也是一个主要苏非教团中最受尊敬的领袖之一，因而具有宗教合法性。他们向他宣誓效忠，得到的回报是战胜强大的敌军。阿卜杜·卡迪尔的英雄业绩令整个阿拉伯和伊斯兰世界的同时代人兴奋不已，他是捍卫伊斯兰世界不受外国侵略者侵犯的"信士的长官"。

阿卜杜·卡迪尔指挥作战极富才智。一次，法国人获取了一些他的文件，他们惊讶地发现，他可靠地掌握了有关法国众议院辩论阿尔及利亚战争的情报。他了解这场战争在法国公众舆论中是多么不得人心，也知道法国政府正面临同阿尔及利亚起义者妥协的压力。[3] 掌握这些情报后，阿卜杜·卡迪尔推动战事向驱使法国寻求和平的方向发展。

他两次迫使法国将领按他的条件缔结和平条约，承认他的主权，并明确法国控制区的边界。第一份条约是在1834年2月同路易·德米歇尔（Louis Desmichels）将军达成的；第二份是相互承认主权的《塔夫纳条约》，是在1837年5月同罗贝尔·比若（Robert Bugeaud）将军缔结的。后一条约承认阿卜杜·卡迪尔拥有对阿尔及利亚超过三分之二土地的主权。[4] 由于双方都有扩张的野心，两份条约都很快失效了。

阿卜杜·卡迪尔和法国人都想将东部城市君士坦丁纳入各自的统治之下。法国人认为君士坦丁远在1837年条约中承认的阿卜杜·

卡迪尔政权所辖领土之外。阿尔及利亚人则反驳道，这份条约明确规定了法控地区的边界，法国人侵占君士坦丁即是违约。法国和阿尔及利亚的立场又一次不可调和。阿卜杜·卡迪尔指责法国人食言，并重启战斗。1839 年 11 月 3 日，他写信给法国总督：

> 当时我们处于和平状态，你们国家和我们国家之间的界限已经明确划定……［现在］你发布［声明］称，阿尔及尔和君士坦丁之间的所有地区都不再听我的号令。和约破裂是你造成的。但是，为了不让你指责我背约，我警告你，我将重启战斗。你好好准备吧，并警告你们的旅人以及所有住在孤立无援处的人！一句话，你采取一切你认为必要的防备措施吧！[5]

阿卜杜·卡迪尔的军队袭击了阿尔及尔东部米蒂贾平原上易受攻击的法国农业殖民地。他们杀害并打伤了数百名定居者，将他们的家园付之一炬，这引发了广泛的恐慌。巴黎政府面临着一个明确的选择：要么撤出，要么下决心完全占领阿尔及利亚。巴黎选择了后者，派出了比若将军率领的庞大的作战部队，要让反抗法国统治的阿尔及利亚势力彻底"屈服"。

比若面临着一项艰巨的任务，即在阿尔及利亚取得全面胜利。阿尔及利亚人组织有序、斗志高昂。阿卜杜·卡迪尔将他的阿尔及利亚政权划分为 8 个省，每个省设一名省长，领导各级行政单位直至部落层级。省长定期领取俸禄，负责维持法律和秩序，并为国家收税。阿卜杜·卡迪尔还任命法官，执行伊斯兰法。他的统治并不张扬，在伊斯兰法的约束下运作，鼓励农民和部落成员纳税。

阿尔及利亚政府从税收中筹集了足够的资金来支持战场上颇为高效的志愿部队。根据阿卜杜·卡迪尔自己的估计，他的部队有 8000 名常规步兵、2000 名骑兵和 240 名配备 20 门大炮的炮兵，平均分布在 8 个省。这些机动部队能够采用经典的游击战术去骚扰法军，而一旦法军人数多到足以压制他们时便撤退。

阿卜杜·卡迪尔还沿着高原的山脊建了一批要塞城镇，法军反攻时他的军队可入内躲避。1848 年，阿卜杜·卡迪尔在土伦向俘获他的法国人解释了他的战略："我确信，战争已经重新开始，我将被迫放弃所有的内陆中心城镇给你们［即法国人］，但你们不可能推进到撒哈拉，因为你们的交通工具会拖累并阻止你们前进到这么远的地方。"[6]

这位阿尔及利亚领袖的策略是把法国人引到内陆，在那里入侵者会因战线拉得过长而被孤立，更易被击败。阿卜杜·卡迪尔在要塞城镇塔格迪姆特警告一名法国囚犯："你将病死在我们的山里，而那些疾病带不走的人，我的骑兵将用子弹处死他们。"[7] 由于他的政府和防御比以往任何时候都组织得要好，阿卜杜·卡迪尔相信他将再次战胜法国人。

然而，阿卜杜·卡迪尔没有预料到法国会对阿尔及利亚人民使用非同寻常的暴力。比若将军在阿尔及利亚内陆地区使用了焦土策略——烧毁村庄、赶走牲畜、破坏农田、毁掉果园，以此削弱民众对阿卜杜·卡迪尔反抗运动的支持。男人、女人和儿童都被杀害，军官们被告知不留俘虏。阿卜杜·卡迪尔的手下但凡有想要投降的，一律被砍倒。各部落和村庄开始反对阿卜杜·卡迪尔，避免因支持他而遭到厄运。法军的举措还摧毁了乡村经济，削减了阿卜杜·卡迪尔的税收收入。

阿尔及利亚人在法国的猛烈攻击下震惊无措，民众对阿卜杜·卡迪尔抵抗运动的支持开始瓦解。战士们的家人开始害怕遭到阿尔及利亚同胞的袭击，阿卜杜·卡迪尔建了一个巨大的营地，叫作"齐马拉"（zimala），将所有战士的家人，包括妻儿与老人，都带了进来。阿卜杜·卡迪尔的齐马拉是一个拥有不少于 6 万人口的移动城市。他声称:"当一个阿拉伯人失去了与家人的联系后,他有时会花上两天时间才能〔在人群中〕找到他们。"齐马拉的规模之大可见一斑。齐马拉也是阿卜杜·卡迪尔军队的移动支持部队,内有制械师、制鞍师、裁缝等他的团队所需要的所有工匠。

法军迫切希望打击阿卜杜·卡迪尔手下战士们的士气和阿尔及利亚军队的支持基地,齐马拉自然成为法军的首要攻击目标。由于很好地掌握了法军的位置且熟悉地形,阿卜杜·卡迪尔得以在冲突的头 3 年里保证齐马拉的安全。然而,1843 年 5 月,营地的位置被出卖,法国军队攻击了齐马拉。阿卜杜·卡迪尔和他的部下得知这次袭击时,为时已晚,已来不及救援。后来他对俘获他的法国人说:"如果当时我在场,毫无疑问,我们会为我们的妻子和孩子而战,会向你们展示一个伟大的日子。但是真主不愿如此,我 3 天后才得知这件不幸的事,太迟了!"[8]

法军对齐马拉的袭击取得了预期的效果。据阿卜杜·卡迪尔估计,法国人杀了这个移动营地十分之一的人口。失去长辈与妻儿,严重打击了部队的士气。这次袭击也让阿卜杜·卡迪尔蒙受了巨大的物质损失,他失去了大部分资产。之后,他抗击法国的战斗开始走向尾声。阿卜杜·卡迪尔和他的部队不断后撤,1843 年 11 月,这位阿尔及利亚将领带着他的追随者流亡到摩洛哥。

在接下来的 4 年里,阿卜杜·卡迪尔集结他的部队在阿尔及利亚攻击法国,然后退入摩洛哥境内逃避追捕。摩洛哥素丹穆莱阿卜杜·拉赫曼(Moulay Abd al-Rahman)并不愿卷入阿尔及利亚冲突。然而,由于窝藏敌人,法国攻击了靠近阿尔及利亚边界的摩洛哥城镇乌季达,并派海军炮轰丹吉尔港和摩加多尔港。1844 年 9 月,法国和摩洛哥政府签署了一项恢复友好关系的条约,明确宣布阿卜杜·

卡迪尔在摩洛哥帝国全境是逃犯。[9] 安全的庇护所被剥夺，同物资基地的联系被切断，阿卜杜·卡迪尔的抗法斗争愈发艰难，1847年12月，他向法国人投降。

法国庆祝阿卜杜·卡迪尔战败，认为他们战胜了一个重要对手。这位阿尔及利亚领袖的一位传记作者（和崇拜者）讽刺地说："让我们想一想，七年的战斗和十万人组成的世上最强的军队才摧毁了埃米尔［小国君王］用两年零五个月建立起来的军队，这真让人难以置信啊！"[10]① 这场战争给阿尔及利亚人民带来了毁灭性的影响，平民伤亡人数估计有数十万。

法国人将阿卜杜·卡迪尔送到法国，把他和他的家人监禁在一起。阿卜杜·卡迪尔多少是个名人，国王路易·菲利普的政府想利用这名囚徒的声望，准备高调赦免他。但1848年革命爆发，路易·菲利普被推翻，这一计划被打乱了。在巴黎政权更迭的政治动荡中，这位阿尔及利亚领袖被遗忘了。直到1852年，新总统路易·拿破仑（后来加冕为拿破仑三世皇帝）才恢复了阿卜杜·卡迪尔的自由。这位阿尔及利亚领袖受邀作为路易·拿破仑的贵宾乘坐白色战马巡游巴黎，并与总统一起检阅法国军队。他从未被允许返回阿尔及利亚，但法国人给了他终身养老金和一艘轮船，让他自己选择流放地。阿卜杜·卡迪尔起航前往奥斯曼领地，并在大马士革定居下来，在那里他受到了英雄般的欢迎。他和他的家人被接纳进大马士革精英家族圈，他后来在当地的教派政治中发挥了重要作用。此后，阿卜杜·卡迪尔专心投入学术和伊斯兰神秘主义。1883年，他在大马士革去世。

---

① 1839年，为回应法国远征军越过《塔夫纳条约》所规定的法控地区的边界，阿卜杜·卡迪尔袭击了米蒂贾平原的法国殖民地，条约因此破裂。法国于1939年11月18日正式向阿卜杜·卡迪尔的政权宣战，此即为引文中"七年的战斗"的起点。——译者注

战胜阿卜杜·卡迪尔仅仅是法国征服阿尔及利亚的开始。在接下来的几十年中，法国继续向南扩展其殖民范围。到1847年，已有将近11万欧洲人在阿尔及利亚定居。第二年，定居者群体赢得了选举法国议会议员的权利。1870年，拥有近25万法国定居者的阿尔及利亚正式并入法国，非欧洲裔的居民成为法国的国民（非公民）。除了犹太复国主义者对巴勒斯坦的殖民之外，在整个中东地区没有任何定居者殖民主义能与法国在阿尔及利亚取得的成就相提并论。

*

除了法国对阿尔及利亚进行的暴力的帝国主义战争外，从1840年的《伦敦黎凡特绥靖公约》（London Convention for the Pacification of the Levant）到1878年的《柏林条约》，欧洲列强遵守了维护奥斯曼帝国领土完整的承诺。1881年，法国占领突尼斯，对北非的正式殖民又开始了。

1840—1881年，欧洲和奥斯曼帝国都发生了很大的变化，民族主义这个源自欧洲的新思想开始深入人心。民族主义是18世纪欧洲启蒙运动的产物，19世纪期间以不同的程度在欧洲传播。希腊是一个早期的皈依者，在经历了10年的战争之后，于1830年从奥斯曼帝国独立。其他欧洲国家，如德国和意大利，在民族主义的感召下，经过几十年的统一运动逐渐形成国家形态，到19世纪70年代初才以现代国家的形式出现在国际社会中。奥匈帝国内部也开始面临日益增长的民族主义挑战，奥斯曼帝国在东欧的领土走上同样的道路只是时间问题。

19世纪30年代，罗马尼亚、塞尔维亚、波斯尼亚、黑塞哥维那、黑山、保加利亚、马其顿这些巴尔干半岛国家开始谋求从奥斯曼帝国独立。欧洲列强给予奥斯曼帝国的基督徒越来越多的支持，支持他们摆脱土耳其的"枷锁"。英国和法国的政治家们提出了支持巴尔干民族主义运动的动议。俄国政府全力支持巴尔干地区的东正教徒和斯拉夫同胞。奥地利人希望从波斯尼亚-黑塞哥维那和黑山的分离主义运动中获益，借机损害奥斯曼人的利益，并扩大自身的领土（但在这一过程中，引入了 1914 年致其自身覆灭并触发世界大战的民族主义运动）。

这些外部支持增加了巴尔干民族主义者与奥斯曼国斗争的勇气。1875 年，波斯尼亚-黑塞哥维那爆发了大规模叛乱。第二年，保加利亚民族主义者发动起义反抗奥斯曼人。保加利亚的冲突毁坏了乡村地区，基督徒和穆斯林的村庄陷入了民族主义战士与奥斯曼士兵之间的暴力冲突。欧洲的报纸对保加利亚穆斯林更高的伤亡人数视而不见，而将对基督徒的屠戮称作"保加利亚恐怖"大肆宣传。波斯尼亚-黑塞哥维那和保加利亚的起义让奥斯曼帝国陷入困境。1876 年 7 月，塞尔维亚的米兰王子向奥斯曼帝国宣战。俄国也跟着支持巴尔干地区斯拉夫人的行动。

通常来说，英国会在这种情况下干预。保守党首相本杰明·迪斯雷利长期以来一直主张支持奥斯曼帝国，作为遏制俄国对欧洲大陆野心的缓冲。然而，迪斯雷利发现他被公众舆论束缚住了。暴行及媒体对此的报道使他的亲土耳其政策名声扫地，也使他更易受到自由党对手威廉·格莱斯顿的挖苦。1876 年，格莱斯顿出版了一本影响很大的小册子，题为《保加利亚恐怖和东方问题》(*The Bulgarian Horrors and the Question of the East*)。他在书中用大段生动而激烈的言辞谴责土耳其人是"人类中反人类的典型"。他的小书主张将奥斯曼人从他们的欧洲行省里全部驱逐出去。他写道："现在，能让土耳其人结束凌辱行径的唯一可行方式就是让他们自己滚蛋。"格莱斯顿更顺应民意，迪斯雷利和英国政府被迫放弃对维持奥斯曼帝国领土完整的支持。

既然不必再维持土耳其对其行省主权的原则,欧洲列强就开始考虑肢解奥斯曼帝国。欧洲批评人士提出,奥斯曼帝国的改革尝试并没有带来一个稳定的、可以独立生存的国家。他们指出,1875年奥斯曼帝国的破产进一步证明土耳其是"欧洲病夫"。与其如此,不如商议在欧洲列强之间重新分配奥斯曼帝国的领土。德国提议瓜分奥斯曼帝国,让奥地利和俄罗斯分割巴尔干地区,把叙利亚分给法国,把埃及和地中海主要岛屿分给英国。英国对此十分震惊,迅速提议于1876年11月在伊斯坦布尔召开一次国际会议,解决巴尔干危机和俄土冲突。

外交努力赢得了回旋的时间,但那些好战的大国却执意要发动战争,动荡的局势为他们提供了充足的机会。1877年4月,俄国再次向奥斯曼帝国宣战,并同时从帝国的东西两侧入侵。俄军迅速攻入东安纳托利亚,并穿过巴尔干半岛,造成奥斯曼守军重大伤亡。1878年初,俄军横扫保加利亚和色雷斯,向伊斯坦布尔挺进,奥斯曼军队的防线崩溃。为避免首都沦陷,奥斯曼帝国被迫无条件投降。

在被俄国彻底击败之后,奥斯曼帝国对1878年柏林会议强加给它们的条款几乎没有发言权。欧洲列强抛弃长期以来维持奥斯曼帝国领土完整的做法,开始了对奥斯曼帝国领土的第一次分割。在柏林会议期间,保加利亚获得在奥斯曼帝国内部的自治权,而波斯尼亚-黑塞哥维那虽然名义上仍然是奥斯曼帝国的领土,实际上被奥地利占领。罗马尼亚、塞尔维亚和黑山获得完全独立。俄国在东安纳托利亚获得了大量领土。这些安排迫使奥斯曼帝国交出了五分之二的领土和五分之一的人口(其中一半是穆斯林)。[11]

英国人无法阻止奥斯曼帝国的解体,便决心在柏林会议开始之前确保自己在奥斯曼帝国疆域内的战略利益。作为一个海上强国,英国长期以来一直寻求在东地中海建一个海军基地来监督苏伊士运河的航运，保证其畅通无阻。塞浦路斯岛可以很好地满足这个需求。相较于这片岛屿，四面楚歌的奥斯曼素丹阿卜杜·哈米德二世（Abdul Hamid II，1876—1909年在位）更需要一个盟友，因此，他在柏林会议前夕以塞浦路斯为交换条件，与英国缔结了防御同盟条约。

英国对塞浦路斯的主权要求，将对奥斯曼帝国的分割从巴尔干扩大到北非。德国同意英国获取塞浦路斯，但两国都承认需要对法国做出补偿，以维持地中海的势力均衡。他们同意将突尼斯"提供"给法国，以巩固其北非帝国，并维护同阿尔及利亚交界地区的安全。在1870—1871年普法战争后吞并法国阿尔萨斯-洛林省的德国也很乐意送出这份礼物，以修复同巴黎的关系。只有意大利提出了反对意见，因为它在突尼斯有大量定居者和投资，其他大国不以为意，建议意大利转而考虑利比亚（1911年，意大利确实这么做了）。

法国人获准占领突尼斯，但找不到理由对这个顺从的北非国家采取敌对行动。突尼斯政府自1869年破产以来同法国金融顾问进行了充分合作以偿还外债。1879年，法国政府首次提出在突尼斯建一个被保护国，但统治者穆罕默德·萨迪克贝伊（Muhammad al-Sadiq Bey，1859—1882年在位）委婉地拒绝了将他的国家交付外来帝国统治的提议。

法国的公共舆论反对殖民行为，这进一步加大了阻力。大多数人认为，法国为获取阿尔及利亚付出了过于高昂的代价，几乎没有人支持法国继续在北非扩张。在内缺乏公众支持，在外缺少借口，法国政府将突尼斯并入其北非帝国的努力受阻。与此同时，意大利利用法国人的迟滞不前扩大在突尼斯的势力范围。在突尼斯，意大利的定居者社群规模远超法国。法意间的对抗最终促使法国人采取行动。

法国人必须找到入侵突尼斯的理由。1880年，一名法国投机商人违反了特许权协议，他费尽千辛万苦，却被突尼斯人驱逐出境。

法国领事提出抗议，向贝伊发出最后通牒，要求赔偿这名法国人，并惩罚对驱逐这名无力偿债者负有责任的突尼斯官员。这次羞辱当然不能同1827年阿尔及利亚的蝇拂事件相提并论，但粗暴对待一名法国国民被认为足以动员一支入侵部队来挽回国家荣誉。突尼斯的统治者表现出不可思议的理智，他接受了法国的所有无理要求，从而清除了法国入侵的借口。部队撤回了军营，等待入侵突尼斯的更好时机。

1881年3月，有消息称一群部落成员在一次袭击中从突尼斯越境进入了阿尔及利亚，法军再次集结。虽然贝伊提出赔偿损失和惩罚部落成员，但法国人坚持要自己采取行动。一支法国骑兵支队越过突尼斯边界，绕过犯下过失的部落的领地，直奔突尼斯城。4月，他们在突尼斯首都同一支海上部队会合。面对法国的陆路和海路入侵，穆罕默德·萨迪克贝伊于同年5月12日与法国签订条约，在事实上切断了他与奥斯曼帝国的联系，并将主权割让给了法国。突尼斯经历的改革和破产让欧洲对它的非正式控制变为完全的帝国主义统治。

当法国人忙于将突尼斯并入他们的北非帝国时，动乱正在埃及东部酝酿。如上一章所述，埃及的改革和破产引来欧洲对其财政与政府管理的干预。欧洲列强采取的措施非但没有助其恢复秩序，反而破坏了埃及国内政治的稳定，催生了一场强大的反对运动，威胁到了赫迪威的统治。原先是英法协调行动，以加强赫迪威的统治，结果却是英国在1882年意外占领了埃及。

*

埃及的新任赫迪威陶菲克帕夏（1879—1892年在位），被夹在欧洲的诉求和本国社会强大的利益集团之间。他是突然登上总督宝座的。他的前任（和父亲）赫迪威伊斯玛仪因阻碍英法人士对埃及财政的控制，在英法施压游说下，被奥斯曼素丹罢免。因此，陶菲克帕夏深知不能绕过欧洲列强。然而，顺应英法的要求，却让他在埃及国内受到越来越多的批评。为偿还埃及外债而实施的经济紧缩政策激怒了大地主和城市精英，他们越来越直言不讳地反对赫迪威的蠢政。

埃及的精英们拥有一个政治平台，那就是1866年伊斯玛仪帕夏建的早期议会，叫作代议议会。精英们在议会中的代言人开始要求：议会行使国家预算批准权，内阁对议会负有更大责任，制定一部自由主义的宪法来限制赫迪威的权力。面对这些要求，陶菲克帕夏既无权也不愿做出让步，便在欧洲列强的支持下于1879年中止了议会。作为回应，土地精英们开始支持埃及军队中日益壮大的反对运动。

埃及破产后实施的紧缩政策严重打击了埃及军队，特别是军中的埃及人。军中说土耳其语的精英军官和说阿拉伯语的本土埃及人之间分歧严重。这些讲土耳其语的军官，被称为突厥-切尔克斯人，源自成为军事阶层的马木鲁克人。他们同赫迪威的家族和伊斯坦布尔的奥斯曼人都有紧密联系。他们看不起土生土长的埃及人，轻蔑地称他们为农民士兵。埃及财政的掌控者宣布大幅裁军后，突厥-切尔克斯军官为保护自身利益，将裁减配额强加于埃及本土军人。埃及军官团结一致捍卫自身利益，准备动员起来反抗不公平的裁减。一名最高级别的埃及军官艾哈迈德·欧拉比上校（Colonel Ahmad Urabi，1841—1911）领导了这次反抗运动。

艾哈迈德·欧拉比是第一批进入军官队伍的本土埃及人。他出生在尼罗河三角洲东部的一个村庄。1854年，他放弃了在爱资哈尔清真寺学府的学业，进入萨义德帕夏开办的新型军事学院。欧拉比相信他和同辈的突厥-切尔克斯人一样有资格成为军官。他声称他的父系和母系都源自先知穆罕默德的家族——在穆斯林眼中，这是非常显赫的血统，没有一个马木鲁克能与之匹敌，因为后者都是皈依伊斯兰教的高加索基督徒军事奴隶。欧拉比才华横溢、胸怀大志，取得了卓越的成就，以反抗者而非军士的身份青史留名。的确，以他的名字命名的反抗事件促使英国于1882年占领埃及。

欧拉比在他的回忆录中理想化地将军中的制度描述为举贤任能制，即晋升通过考核决定，"同龄人中的佼佼者会被晋升到适当的级别"。[12] 显然，欧拉比在考核中表现出色。1854—1860年，他从一个普通士兵成长为埃及有史以来最年轻的上校，当时年仅19岁。欧拉比对萨义德帕夏忠心耿耿，这位总督将军官集团向本土埃及人开放。

1863年伊斯玛仪帕夏继位后，这位新任总督又恢复了传统的偏见，在军队中给予说土耳其语的军官更多特权。此后，裙带关系与民族成分取代才能，成为军中晋升的依据。雄心勃勃的欧拉比撞上了突厥-切尔克斯精英设置的玻璃天花板。伊斯玛仪（1863—1879年在位）统治的整整16年内，欧拉比没有得到一次晋升。这一经历让他对军中的上级军官和埃及的总督心生怨愤。

伊斯玛仪掌权后，欧拉比同突厥-切尔克斯精英的冲突几乎立即就开始了。欧拉比被安排在切尔克斯将军胡斯鲁帕夏（Khusru Pasha）帐下，他抱怨道："他盲目地偏袒自己的族人，当他发现我是血统纯正的［埃及］国民时，我存在于军团中就让他非常苦恼。他想方设法把我开除出军团，这样就可以把我的职位安排给马木鲁克子弟了。"[13]

当欧拉比被送到负责晋升的考核委员会时，胡斯鲁帕夏的机会来了。这个机构确保士兵靠才能而非关系晋升。胡斯鲁帕夏命令欧拉比伪造考试成绩，以提拔一名切尔克斯人。欧拉比拒绝了，于是这名将军就向军事大臣宣称欧拉比不服军令。这个案子一直呈送到赫迪威伊斯玛仪处，欧拉比被暂时解除军职，转到文官部门。1867年，欧拉比获得了赫迪威的赦免，直到1870年春才重新以先前的上校军衔全职回军队服役。但他依然对他的突厥-切尔克斯上级和所遭遇的不公怀有深深的怨恨。

19世纪70年代是埃及军队受挫的年代。欧拉比参加了灾难性的阿比西尼亚战役,赫迪威伊斯玛仪发动此战役是为了试图将埃及的帝国统治扩展到现今索马里和埃塞俄比亚的领土。1876年3月,阿比西尼亚国王约翰取得了对埃军的决定性胜利,将入侵者赶出了他的领土。在外遭受了重大伤亡和军事耻辱的军队回到国内,士气低落,但还得面对1876年国家破产后的遣散。这是掌控财政的欧洲人强制推行的一项经济政策,埃及军队将要从1.5万人削减到仅7000人的象征性兵力,2500名军官的薪水将减半。1879年1月,欧拉比奉命将他的兵团从罗塞塔调到开罗,准备遣散。

欧拉比抵达开罗时,发现全城都是等待遣散的埃及士兵和军官。大有前途的军旅生涯突然结束,失业即将到来,面对这一状况,男人们群情激愤。1879年2月18日,一群埃及军校学员和军官在财政部外举行示威,抗议不公平的裁减。当首相努巴尔帕夏和英籍财政大臣查尔斯·里弗斯·威尔逊爵士从政府内出来时,愤怒的官员粗暴地对待了这两名政客。当时没有参加抗议的欧拉比后来向一名支持他的英国人讲述说:"他们发现努巴尔正登上马车,便袭击了他,拔他胡子,扇他耳光。"[14]

军人的骚乱正合赫迪威伊斯玛仪的胃口,因此欧拉比和他的同僚们怀疑,这位总督参与组织了这次示威。伊斯玛仪想要摆脱他内阁中的法籍和英籍大臣,并希望在预算上拥有更大的支配权。他认为,欧洲财政顾问实施的严格紧缩政策正在破坏埃及国内的政治稳定,损害了埃及偿还外国债务的能力。军人示威结束后第二天,伊斯玛仪接受了努巴尔混合内阁的辞职。然而,英国人和法国人并不打算纵容赫迪威重掌权力。1879年6月,伊斯玛仪被废黜。

赫迪威伊斯玛仪下台让欧拉比和其他埃及军官们长舒一口气。然而，在他的继任者陶菲克帕夏的领导下，埃及军官的地位反而恶化了。新任军事大臣奥斯曼·里夫奇帕夏（Uthman Rifqi Pasha）是一名突厥-切尔克斯人，他撤去了一些埃及本土军官的职务，代之以他的族人。1881 年 1 月，欧拉比得知他和一些同僚即将在他称为马木鲁克复辟的行动中被解职。"切尔克斯高、低级别的军官定期在胡斯鲁帕夏［欧拉比之前的上司］的家中聚会，颂扬马木鲁克国家的历史，奥斯曼·里夫奇帕夏也出席……他们相信，他们已经准备好要收复埃及和埃及的一切财富，就像他们的马木鲁克前辈那样。"[15]

欧拉比和他的同僚们决定采取行动。他们起草了一份给赫迪威陶菲克的请愿书，陈述他们的不满和要求。1881 年 1 月的这份请愿书标志着欧拉比参与国家政治的开始，开启了军人干政的危险先例，这将在整个 20 世纪的阿拉伯历史中重演。

欧拉比和他的埃及军官们有三个主要目标：扩大埃及军队的规模，撤销财政掌控者强加给军队的裁员额度；修改条例，确立军人之间不分种族和宗教，一律平等；任命埃及本土军官担任军事大臣。欧拉比似乎没有意识到这些要求之间存在矛盾，即平等与偏好埃及本土大臣之间的矛盾。

欧拉比他们的要求对于他们所处的时代来说是革命性的。首相利雅得帕夏（Riyad Pasha）收到军官们的请愿书时，公开威胁他们："这份请愿书极具破坏性，它比你们先前一位同事提交的请愿书还要危险，他后来被派到了苏丹。"[16] 当时，苏丹相当于埃及的西伯利亚。但埃及军官拒绝撤回请愿书，并要求提请赫迪威关注。

收到欧拉比的请愿书后，赫迪威召集最高级军官到阿比丁宫开紧急会议。他们要求以煽动叛乱罪逮捕欧拉比和另两名军官，并同意组建特别军事法庭来审判他们。第二天，欧拉比和他的同僚们被召唤到军事部,当场被要求交出武器投降。在前往设在军事部内的监狱的路上,这些埃及人经过了两排对他们充满敌意的切尔克斯军官。在牢房门口,老穆星胡斯鲁帕夏奚落了他们。欧拉比愤恨地回忆道:"他站在牢房外奚落我们,说我们是'[只适合]以摘果子为业的农民'。"[17]

欧拉比和他同僚被捕,在埃及军中引发兵变。1881 年 2 月,赫迪威卫队的两支小队袭击了军事部。军事大臣和其他切尔克斯人逃离了大楼。士兵们将欧拉比和他的军官们从牢房中释放出来,带着他们回到阿比丁宫,在那里他们喧闹地示威,向赫迪威陶菲克效忠。士兵们一直待在阿比丁广场,直到那位不得人心的军事大臣奥斯曼·里夫奇被解职,由一个他们选择的人接替。赫迪威还下令修改军事条例,以满足士兵们在薪酬和服役期限方面的要求。

示威随后结束,部队返回军营。虽然重归平静,但这次事件已经改变了埃及政治。欧拉比逐渐成为一名广受欢迎的领袖,而军队迫使赫迪威和他的政府接受了他们的要求。

被解散的代议议会中的大地主和城市精英们极其关注军队的成功。他们认识到,若想让不情不愿的赫迪威接受他们的自由主义宪政改革,同军队合作,成功的机会更大。1881 年 2—9 月,埃及军官、大地主、议会议员、记者和宗教学者组成了一个不同背景的联盟,自称"祖国党"。正如伊斯兰改革家谢赫穆罕默德·阿布笃(Shaykh Muhammad Abduh)向一位英国观察家解释的那样,这是"长达数月的遍及所有阶层的重大政治活动。[欧拉比的]行动为他赢得了很大的声望,让他得以同祖国党的文职党员建立联系……正是我们提出了重新要求制宪的想法"。[18]

这个联盟的成员都有各自的目标和不满。把他们团结在一起的是一个共同的信念：埃及人应该在自己的国家得到更好的待遇。他们以"埃及为埃及人"为口号，相互支持，更好地促进彼此的事业。对欧拉比和他的同僚们来说，宪法代表着对赫迪威及其政府的约束，保护他们免受随意的报复；宪法还强化了他们作为埃及人民利益捍卫者的角色，而不仅仅是狭隘的军人利益捍卫者。

在当时的欧洲观察者看来，这个不断壮大的改革联盟看上去像一场民族主义运动，但事实并非如此。欧拉比和改革者们完全认可埃及作为奥斯曼帝国自治行省的地位。欧拉比经常向赫迪威和奥斯曼素丹宣誓效忠，素丹阿卜杜·哈米德二世也曾授予他勋章。改革者们反对欧洲大臣和顾问控制埃及政治与经济，反对突厥-切尔克斯人统治军队和内阁。当示威者走上街头高喊"埃及为埃及人"时，这是呼吁摆脱欧洲人和切尔克斯人的干涉，而不是要求民族独立。

然而，欧洲人没有认识到这一区别，他们将埃及军队的行动解释为一场民族主义运动的开端，认为这场运动将威胁到他们的战略和经济利益。英国和法国开始讨论应对欧拉比威胁的最佳方式。

赫迪威关注着反对运动的兴起，对此越来越担忧。欧洲列强已经削减了他的权力，将欧洲官员强行安排进他的政府，并控制了埃及一半的预算。现在，他自己的臣民试图通过颁布宪法和重开议会来进一步钳制他。陶菲克被孤立了。他只能依靠突厥-切尔克斯精英的支持。1881年7月，陶菲克解散了改革派内阁，并任命他的妹夫、切尔克斯人达乌德·耶根帕夏（Dawud Pasha Yegen）为军事大臣，欧拉比称他是一个"无知、愚蠢、邪恶的人"。

作为回应，军官们在赫迪威宫殿外的阿比丁广场又组织起示威。1881年9月9日上午，欧拉比通知赫迪威："我们将把所有在开罗的士兵带到阿比丁广场，在当天下午4点向赫迪威殿下提出我们的要求。"[19] 陶菲克帕夏担心发生新一轮兵变,便同首相以及美国参谋长斯通帕夏(Stone Pasha)一起,尝试鼓动阿比丁军营与城堡中仍忠于他的驻军起来反抗欧拉比,但没有成功。欧拉比比赫迪威赢得了更多埃及军人的忠诚。

陶菲克被迫在阿比丁宫前接见欧拉比,身后只有侍从和外国领事。军官们向赫迪威提出了他们的要求:组建由立宪改革者谢里夫帕夏(Sharif Pasha)领导的新内阁,重新召开议会,将部队编制扩大到1.8万人。陶菲克别无选择,只能同意。军方和他们的文官支持者们掌控了局面。

赫迪威屈服于改革派的压力,重新召开了议会。1882年1月,议员们提交了一份宪法草案,供赫迪威审议。宪法于2月颁布,改革派内阁成立,艾哈迈德·欧拉比任军事大臣。1863年以来一直没有获得晋升的欧拉比上校最终推翻了突厥-切尔克斯人的等级制度,掌控了埃及军队。

毫无疑问,埃及军官利用这个机会与马木鲁克人清算旧账。前军事大臣奥斯曼·里夫奇帕夏被指控密谋刺杀欧拉比,他手下50名军官都被判犯有阴谋罪,他们全都是突厥-切尔克斯人。许多被关押者受到酷刑,欧拉比对此是知情的。他后来透露说:"我从来没有去监狱看过他们遭受酷刑或虐待,我从来没有接近过他们。"[20]

陶菲克在开罗日益被孤立,这让巴黎和伦敦政府忧心忡忡。赫迪威对改革运动的每一次让步都削弱了他的权威和列强对埃及经济的影响。英国和法国担心赫迪威的让步会引发埃及的政治混乱。欧拉比进入政府丝毫无助于缓解欧洲的担忧。欧拉比迫使新首相马哈穆德·萨米·巴鲁迪(Mahmud Sami al-Barudi)解除政府中欧洲官员的职务。对于保守的欧洲大国来说,这些变化太大、太快,难以接受。欧拉比运动看起来像一场革命，英国和法国于是采取行动来支持摇摇欲坠的赫迪威政权。具有讽刺意味的是，他们的每一次行动都加剧了陶菲克的孤立，并提高了欧拉比的地位。

1882年1月，英国和法国政府起草了一份联合公报，被称为《甘必大照会》（Gambetta Note），以求恢复赫迪威的权威。对于这两个以外交技巧为傲的国家，人们可能会抱有更多的期待。英法两国希望，通过保证"共同努力"来应对对埃及秩序的一切内部和外部的威胁，这样可能会"避免赫迪威政府可能面临的危险，以及那种肯定会使英法两国联合起来应对的危险"。没有什么能比这个旨在保护陶菲克帕夏不受自己人民伤害的遮遮掩掩的恐吓，更能削弱这位赫迪威的地位了。

发布《甘必大照会》后，欧洲要求将欧拉比逐出内阁。不受欢迎的欧洲列强试图推翻欧拉比，这反而大大增强了他在国内的地位。相比之下，陶菲克变得更加孤立。欧拉比指责陶菲克帕夏代表欧洲利益行事，背叛了自己的国家。首相和大多数内阁成员都辞职了。在这种情况下，没有人愿意组建新政府。欧拉比仍然在职，这意味着政府实际上在这位最受欢迎和最有权力的大臣的控制之下。在试图罢免欧拉比的过程中，欧洲列强无意中让他控制了埃及政府。

局势升级让英法两国求诸炮舰外交。1882年5月，英法两国派出一支联合海军中队前往埃及。这种武力展示让陶菲克帕夏的位置岌岌可危。5月31日，他离开开罗前往亚历山大的拉斯埃丁宫，这样可以离英法舰船的保护更近一些。至此，埃及实际上由两人统治：得到合法认可的国家元首赫迪威陶菲克，他被限制在亚历山大的宫殿里；人民领袖艾哈迈德·欧拉比，他是开罗代理政府的首脑。

欧洲军舰沿着埃及海岸巡航，1882年6月11日，埃及人和欧洲人之间的紧张局势升级，亚历山大爆发暴力冲突。一个英国人和一个埃及马夫间的街头斗殴演变成了针对外国人的骚乱，夺去了50多人的生命。此外，还有数百人受伤，数千人因房屋和工作场所被毁而穷困潦倒。欧洲媒体大肆渲染亚历山大骚乱是对基督徒和欧洲人的屠杀，并向英、法施压，要求对埃及秩序的崩溃做出强硬回应。

欧拉比知道，反欧骚乱很可能会招致英国和法国的干涉。他甚至怀疑赫迪威陶菲克煽动暴乱以促成外国干预，但没有证据支持这一指控。欧拉比向亚历山大派了1.2万名士兵去恢复秩序，同时加强该城的防御，以应对欧洲可能的回应。欧拉比让埃及进入战备状态，并向支持他的大地主们求助，要求从农民中征募士兵来加强武装部队。欧拉比的政府还征收紧急税来获取抵御欧洲攻击的财政资源。

果不其然，英国舰队司令比彻姆·西摩爵士（Sir Beauchamp Seymour）发布了一系列措辞不断升级的最后通牒，威胁说，若亚历山大的海上防御不拆除，就轰炸该城。埃及军队毫不畏惧地着手加强亚历山大港的防御工事，扩建了沿海的堡垒，建造了火枪发射台，以应对欧洲舰船的威胁。欧洲人和埃及人都不愿让步，武装冲突一触即发。

这次军事威胁出现了一个不曾预见的状况：在英法付出几个月协调一致的努力后，法国舰队撤出了。法国政府受其宪法的约束，在与任何国家发生战争之前必须取得议会批准。法国在1870年惨败于德国，又花了很大代价在1871年征服阿尔及利亚、在1881年占领突尼斯，尚在恢复中。法国国库消耗过度，议会不愿卷入任何新的外国纠纷。7月5日，法国政府向英国解释了自己的立场，并从亚历山大撤走了舰船。

现在，英国面临一个重大决定：要么退让，要么继续。英国不想占领埃及。一个统治者声名狼藉、军队叛变造反的破产国家对任何帝国来说都不具吸引力。此外，英国在埃及的存在将打破白厅①长期以来致力于维护的欧洲势力均衡。更成问题的是退出的策略：英国军队一旦进入埃及，什么时候才能有机会撤出？考虑到英国的目标是确保苏伊士运河的安全和让埃及偿还欠英国债权人的债务，军事行动的风险似乎大于收益。

然而，退让从来就不是一个真正的选择。维多利亚时代的大英帝国如果向次发达国家的叛逆军官退让，那就不会自认为"大"了。西摩上将得到了政府的批准，7月11日，他向亚历山大的防御工事和城市开火。到日落时，亚历山大已陷入火海，埃及军队正在撤退。7月14日，一支英军占领了亚历山大。这不仅仅开启了一场战争，也开启了英国对埃及长达近四分之三世纪的占领。

1882年6—9月，艾哈迈德·欧拉比既是起义政府的首脑，也是埃及抗击英国的总司令。欧拉比因勇敢抵抗外国入侵者而获得了城市与乡村的广泛支持。赫迪威在亚历山大的宫殿内闭门不出，许多王室的王子、侍从和妇女都支持欧拉比，为战备贡献金钱、粮食和马匹。[21]他继续得到土地精英、城市商人和宗教机构的全力支持。欧拉比的支持者们竭尽全力支持即将到来的战争，但专业部队的规模和信心不足以与英国抗衡，农民志愿军缺乏纪律和训练，无法在炮火下坚守自己的阵地。尽管欧拉比的手下人数激增，但胜利的机会依然渺茫。

英国人对欧拉比非正规军的顽强抵抗感到惊讶。加内特·沃尔斯利爵士（Sir Garnet Wolseley）率领一支2万人的作战部队在盛夏

---

① 白厅是英国伦敦市内的一条街，连接议会大厦和唐宁街。在这条街及其附近设有国防部、外交部、内政部等一些英国政府机关。因此，人们常用白厅作为英国行政部门的代称。——编者注

抵达亚历山大。他率军从亚历山大出发去攻占开罗,但却遭遇了欧拉比的埃及守军的抵抗,被拖延了5周之久,迫使英国放弃了这一计划。沃尔斯利回到亚历山大,将他的部下运送到苏伊士运河地区。1882年9月初,英国依靠强大的海军力量占领了该地区。在运河地区,沃尔斯利得到了来自英属印度的增援,之后他准备向西朝开罗进军。在英军离开之前,欧拉比成功发动突袭,造成入侵者大量伤亡,并在敌军人数占优的情况下撤离。埃军撤到东部沙漠中的泰勒凯比尔——位于运河和三角洲正中间,保护开罗不受入侵。还没等埃及人建起合适的防御工事,沃尔斯利的军队就发动了进攻。9月13日黎明时分,英军行进到距埃及防线不到300码(274米)处,在日出时对守军发动了刺刀突袭。战斗在1小时内结束,精疲力竭的埃及军队最终败给了英国军队。入侵部队通往开罗的道路已经没有障碍。

艾哈迈德·欧拉比的起义政府同泰勒凯比尔的防御工事一起垮塌了。两天后,欧拉比在开罗被捕。他和他的同僚们以叛国罪受审,被判有罪。他们的死刑判罚被减为终身流放,流放地是英国殖民地锡兰(今斯里兰卡)。赫迪威陶菲克恢复了王位,但再没完全恢复统治权。由于英国军队占领了这个国家,英国的顾问被派往各级政府。埃及的真正统治者是英国常驻代表伊夫林·巴林爵士(Sir Evelyn Baring),他后来获得了伯爵爵位,被封为克罗默伯爵(Lord Cromer)。

对欧拉比的评价褒贬不一。他的运动失败后,许多人批评他挑起了英国对埃及的占领。然而,不可否认的是,他在为本土埃及人的权利挺身而出时得到了广泛支持。他最有力的支持者中有王室女性。欧拉比的律师A. M. 布罗德利(A. M. Broadley)记录了与一位公主的谈话,她充满热情地说,她们都"从一开始就偷偷支持欧拉比，因为我们知道他一心只为埃及人谋福祉……在我们看来，欧拉比是一个拯救者，我们对他充满了热情"。[22] 穆罕默德·阿里的孙女纳兹莉公主（Princess Nazli）的视野更宽广，她这样分析欧拉比的诉求：

> 欧拉比是第一位让欧洲人服从他的埃及大臣。在他的时代里，至少穆斯林是高昂着头的，而希腊人和意大利人不敢违反律令……现在，没有人能维持法纪了。警察只管埃及人，欧洲人随心所欲。[23]

欧拉比被流放了18年，直到1901年，陶菲克的继承人赫迪威阿巴斯二世（Khedive Abbas II，1892—1914年在位）准许他返回故土。埃及政府正式豁免了他，他向赫迪威宣誓效忠，放弃一切政治活动。新一代年轻的民族主义者希望他支持他们对英国占领的反抗，但欧拉比信守诺言，远离政治。他已经老了，只想在他心爱的埃及度过余生。他的眼睛牢牢地盯着过去，而不是未来。生命中的最后10年，他读了所有描述欧拉比起义的书籍和报纸，将自己从各项罪行指控中开脱出来。[24] 他写了许多自传文章，广泛传送给埃及国内外的作家。

他在1911年离世，尽管他百般努力，但有两项指控在他死后几十年内依然玷污着他的名声：应对挑起英国占领埃及负责，背叛埃及合法统治者穆罕默德·阿里王朝。只有当新一代的年轻埃及上校们在1952年革命中，推翻了穆罕默德·阿里王朝的最后一任统治者之后，欧拉比才得以恢复名誉，并被迎入埃及民族英雄的"万神殿"。

*

英国的占领所引发的动荡超出了埃及的边界。看到他们的对手英国在埃及开启了长久的帝国统治，法国的不安变成了敌意。拿破仑时代以来，埃及一直是法国的一个重要附庸国。埃及人聘用法国的军事顾问，派最大的教育代表团去巴黎，并引进法国的工业技术；

此外，苏伊士运河本身就由一家法国公司控制着。法国拒绝接受失去埃及的事实，想尽一切办法与"背信弃义的阿尔比恩"算账。法国人复仇的方式是谋取非洲的战略领土，这一方面是为了重振他们的帝国荣耀，另一方面是为了对英国的海外利益施压。"争夺非洲"的行动随即展开，英国和法国当先，葡萄牙、德国和意大利紧随其后，在非洲的版图上染上各自帝国的颜色。

1882—1904年，英法之间的殖民竞争引发两国严重对抗。这场竞争最糟糕的时刻在1898年，当时两个帝国为了争夺苏丹境内一段孤立的尼罗河水域，几乎爆发战争。双方都不愿对抗升级从而导致公开冲突。唯一的解决办法是将一块土地让与法国，以补偿英国对埃及的控制，这样才能恢复地中海地区的帝国势力均衡。鉴于法国已拥有突尼斯和阿尔及利亚，摩洛哥成为显而易见的选择。[25]

问题是法国并不是在摩洛哥有利益的唯一的欧洲大国。西班牙在地中海沿岸拥有殖民地，英国人享有重大的贸易利益，德国对于维护自身利益也愈发强硬。还有一个问题是，摩洛哥享有独立的国家地位已有数个世纪，既不对外扩张，也不招来入侵。1902年，法国外交部长泰奥菲勒·德尔卡塞（Théopile Delcassé）阐述了他的战略：他有意"区分国际问题与法国-摩洛哥之间的问题，致力于依次同各国解决前一类问题来获得解决［摩洛哥问题］的充分自由"。[26]此后10年里，法国依次与各个欧洲大国谈判，为统治摩洛哥做准备。

在摩洛哥利益最少的是意大利，因此德尔卡塞首先与罗马谈判，并于1902年达成协议，承认意大利在利比亚的利益，以换取意大利支持法国对摩洛哥的野心。

同英国的谈判是一个更大的挑战。英国希望维护在摩洛哥的商业利益，不愿任何海上力量挑战皇家海军对直布罗陀海峡的统治。但英国也真心诚意地希望解决与法国的殖民分歧。1904年4月，英法达成《挚诚协定》（Entente Cordiale），成为两国外交关系的新起点。根据协定条款，法国承认英国在埃及的地位，不会要求"确定英国占领埃及的时限"。英国则承认法国作为"大片领土与摩洛哥接壤的大国"这一战略地位，并承诺不妨碍法国采取行动"维护摩洛哥的秩序，并为该国提供一切行政、经济、财政和军事改革所需的协助"。[27]

随后，法国迅速让西班牙同意其未来对摩洛哥的占领。法国将摩洛哥的地中海沿岸划入西班牙的势力范围，消除了英国和西班牙的忧虑。以此为基础，法国和西班牙于1904年10月达成协议。

法国人已基本上解决了"国际问题"，为殖民摩洛哥铺平了道路。现在，除了德国，其他欧洲大国都已首肯。德尔卡塞曾希望在摩洛哥问题上绕过德国，毕竟，德意志帝国从未扩张到地中海。此外，德尔卡塞知道德国会要求法国承认其对1870—1871年普法战争期间占领的阿尔萨斯-洛林的吞并，以换取德国承认法国对摩洛哥的野心，但这超出了法国为得到德国同意而愿意付出的代价。然而，德皇威廉二世（Kaiser Wilhelm Ⅱ）政府拒绝被绕过。德国正凭借自身的实力成为一个帝国，在非洲和南太平洋拥有领地，摩洛哥将成为德法之间的竞争点。

德国人开始公开宣称他们在摩洛哥的利益诉求，迫使法国坐到谈判桌前。1905年3月，德国外相伯恩哈德·冯·比洛亲王（Prince Bernhard von Bülow）安排德皇威廉二世去丹吉尔拜会摩洛哥素丹穆莱阿卜杜·拉赫曼。访问期间，德皇表示，尊重摩洛哥主权和德国在摩洛哥素丹治下领土上的利益。这给法国实现对摩洛哥的野心设置了第一个障碍。德国的这一外交手段迫使法国与其谈判，1906年1月，阿尔赫西拉斯会议召开，重新讨论"摩洛哥问题"。

这次有11个国家参加的会议表面上是为了帮助摩洛哥素丹，为他的政府制订一个改革计划。而实际上，法国希望利用这次会议赢得欧洲各国更广泛的支持，并向德国施压，使其放弃反对法国对摩洛哥的野心。尽管德国尽最大努力使与会者反对法国，但3个与会国——意大利、英国和西班牙已经同意法国对摩洛哥的领土要求，德国政府被迫让步。1909年，德国终于承认法国在维护摩洛哥安全上发挥着特殊作用。

法国在欧洲列强同意其殖民摩洛哥后，将注意力转移到法摩关系上。自1511年以来，摩洛哥的谢里夫们一直独立于奥斯曼帝国和欧洲国家统治，未曾中断过。然而，1860年起，欧洲列强越来越多地干涉这个古老的素丹国。在穆莱哈桑（Moulay Hasan，1873—1894年在位）统治时期，摩洛哥也经历了一系列国家主导的改革。改革的动机我们现在已经很熟悉了，即通过采用欧洲的技术和思想来阻止欧洲的渗透。改革的结果可想而知，即欧洲的渗透更进一步，国库因高昂的军事和基础设施建设支出而空虚。

继承改革派素丹穆莱哈桑的是14岁的穆莱阿卜杜·阿齐兹（Moulay Abd al-Aziz，1894—1908年在位），后者尚不成熟，缺乏经验，无力带领摩洛哥与欧洲列强的野心周旋，以维护摩洛哥的主权和独立。法国正在积极利用阿尔及利亚和摩洛哥之间模糊的边界，以阻止部落袭击为借口，派兵进入摩洛哥领土。在侵蚀摩洛哥领土的同时，法国还让素丹的政府深陷公共借贷。1904年，法国通过谈判，促成了一笔巴黎多家银行提供的6250万法郎（合1250万美元）的贷款，进一步加深了法国对摩洛哥的经济渗透。

摩洛哥人对法国不断扩大在摩势力感到不满，他们开始攻击外国商店企业。而法国采取的报复行为是占领摩洛哥的城镇。最臭名昭著的是，1907年在卡萨布兰卡的一家法国工厂遭到暴力袭击后，法国从海上炮轰了该城，并用5000人的兵力占领了它。随着法国进一步侵蚀摩洛哥，民众开始对他们的素丹失去信心。他的兄长穆莱阿卜杜·哈菲兹（Moulay Abd al-Hafiz）发动叛变，迫使素丹于1908年退位并寻求法国的保护。

叛变成功后，穆莱阿卜杜·哈菲兹（1907—1912年在位）①继承王位。然而，与他的兄弟相比，阿卜杜·哈菲兹也未能更有效地阻止欧洲的入侵。这位素丹在欧洲的最后一个盟友是德国，德国于1911年7月派一艘炮艇前往摩洛哥港口阿加迪尔，为阻止法国在摩洛哥扩张做最后努力。阿加迪尔危机最终以摩洛哥付出代价而告终。法国同意将法属刚果内的领土割让给德国，作为回报，德皇（威廉二世）政府默许了法国对摩洛哥的野心。

1912年3月，法国完成了对摩洛哥的占领，穆莱阿卜杜·哈菲兹签署了《非斯条约》，摩洛哥成为法国的被保护国。尽管谢里夫们仍在王位上（事实上，现任国王穆罕默德六世是他们的直系后裔），但在接下来的44年里，对摩洛哥的正式控制权移交给了法兰西帝国。法国终于可以原谅英国占领埃及了。

*

利比亚是北非最后一块仍由奥斯曼帝国直接统治的领土，到法国将摩洛哥纳为被保护国时，意大利已经与奥斯曼帝国开战，争夺对利比亚的控制权。的黎波里塔尼亚和昔兰尼加这两个利比亚行省，尽管名义上从16世纪起就是奥斯曼帝国的组成部分，但直到19世纪40年代才被帝国直接控制。奥斯曼中央政府对利比亚的统治只是点到为止。的黎波里和班加西这两个省会都是驻防城镇，奥斯曼帝国的势力仅限于维持和平所需的少数官员和士兵。

---

① 1907年9月，摩洛哥的马拉喀什地区宣誓向穆莱阿卜杜·哈菲兹效忠，因此作者标注1907年为其统治开端，但穆莱阿卜杜·阿齐兹直至1908年8月21日才被迫宣布退位。——译者注

然而，在法国占领突尼斯和英国占领埃及之后，奥斯曼帝国越来越重视利比亚行省的战略价值。1908年土耳其青年党革命后，新的一批民族主义者执掌奥斯曼帝国，伊斯坦布尔的政府开始采取积极措施，限制意大利侵蚀利比亚，阻止意大利人在的黎波里塔尼亚和昔兰尼加购买土地或拥有工厂。奥斯曼人想尽一切办法避免他们在北非的最后一块地盘，在面对欧洲的帝国主义野心时失守。

几十年来，其他欧洲大国一直许诺把利比亚让与意大利，正如英国、德国和法国分别在1878年、1888年和1902年所做的那样。现在，这些欧洲国家希望意大利能找到一个和平的方式将利比亚纳入其领土。相反，意大利人选择用枪炮打开利比亚的大门。1911年9月29日，意大利以本国臣民在利比亚行省内遭虐待为借口，向奥斯曼帝国宣战。在利比亚的奥斯曼人对入侵者展开了顽强抵抗，因此意大利人决定将战火引向奥斯曼帝国的腹地。1912年2月，意大利军舰炮轰贝鲁特，4月攻击了达达尼尔海峡的奥斯曼阵地，并在四五月间占领了罗得岛和多德卡尼斯群岛的其他岛屿，严重破坏了东地中海地区的战略平衡。

其他欧洲大国迅速采取外交行动遏制战略平衡的破坏，担心意大利人可能在动荡的巴尔干地区引发战争（事实上，意大利人一直在给反抗奥斯曼帝国的阿尔巴尼亚民族主义运动煽风点火）。意大利非常希望通过欧洲的会议体系来解决利比亚问题。意大利军队受困于来自小规模土耳其驻军和利比亚本地民众的强烈抵抗，未能将控制范围从沿海扩展到内陆。

以奥斯曼帝国最后的北非领土为代价，和平得以恢复。欧洲国家充当了奥斯曼帝国和意大利之间的调停者，双方于1912年10月缔结正式和平条约，利比亚被纳入意大利的帝国统治。然而，即使在奥斯曼军队撤离后，意大利人仍面临着来自利比亚人的持续抵抗。

利比亚人坚持反抗外国统治，反抗斗争在 20 世纪 30 年代依然持续。

*

到 1912 年底，从直布罗陀海峡到苏伊士运河，整个北非海岸都处于欧洲的殖民统治之下。其中阿尔及利亚和利比亚这两个国家被直接殖民统治。突尼斯、埃及和摩洛哥是被保护国，英法通过当地的世袭王朝间接统治。欧洲的规则取代了奥斯曼帝国的规则，这给北非社会带来了重大影响。大量的帝国历史是从高层政治和国际外交的角度书写的。然而，对于北非人民来说，帝国主义让他们的生活发生了重大改变。有一个人的经历可以揭示这些变化对他所处的社会来说意味着什么。

艾哈迈德·艾敏（Ahmad Amin，1886—1954）是一位知识分子，他在英国占领埃及 4 年后出生于开罗，在英国撤离 2 年后去世。他只了解殖民时期的埃及。在爱资哈尔接受教育和在职业生涯早期担任学校教师的过程中，他接触了许多他那个时代的杰出知识分子。他见到了一些当时最有影响力的伊斯兰改革者，目睹了埃及民族主义运动的兴起和政党的出现。他见证了埃及的妇女从面纱和闺阁的隔离中走出来，进入公共生活。他在自传中对这些纷乱的变化进行了反思，这本自传写于他成功的大学教授和文人生涯的尾声。[28]

青年艾哈迈德成长在一个瞬息万变的世界里，他同他的伊斯兰学者父亲间的代沟令人震惊。他的父亲经历了爱资哈尔的学术训练，达到了在伊玛目沙斐仪清真寺带领礼拜的要求，是一个生活在伊斯兰时代的人。艾哈迈德一代深受新思想和新事物的影响，譬如报纸，记者在其中发挥了塑造公众舆论的关键作用。

艾哈迈德·艾敏在青年时期担任学校老师时开始阅读报纸，他经常光顾一家为顾客提供报纸的咖啡馆。正如艾敏所说，每份报纸都有公开的政治倾向。艾敏通常选择一份保守的、以伊斯兰为导向的报纸，这符合他个人的价值观，尽管他对他那个时代的民族主义和亲帝国主义的报纸也都很熟悉。

印刷机于19世纪20年代被引入埃及，是最早进口到中东的工业产品之一。穆罕默德·阿里最早派出的技术代表团中，有一个被派往意大利米兰学习印刷机的知识和技术。不久之后，埃及政府开始出版官方邸报，这是第一份用阿拉伯语出版的刊物。邸报的主要目标是"改进尊贵的省长们及其他负责管理［公共］事务和利益的杰出官员们的工作"。[29] 1842—1850年，里法阿·塔赫塔维，也即那本著名的巴黎研究著作的作者，担任这份官方报纸的主编，该报的阿拉伯语名是《埃及时事》。

又过了几十年，私人企业家才开始创办报纸，尽管许多这样的报纸都受到政府的间接管控。因为印刷量太小，如果没有政府的支持，报纸是无法生存的。最早的阿拉伯语报纸之一《新闻》（al-Jawa'ib）从1861年起由私人在伊斯坦布尔出版，但几个月后就陷入财政困境。素丹阿卜杜·阿齐兹接管了这份新生的报纸。出版方告知读者说："法令已经颁布，从现在起，《新闻》的支出由［奥斯曼帝国］财政部承担并由帝国出版社印刷。在这种情况下，我们必须宣誓效忠于我们的主人——伟大的素丹。"[30] 尽管新闻自由受到限制，但《新闻》还是极具影响力，所覆盖的阿拉伯语读者群从摩洛哥一直到东非和印度洋地区。其他报纸很快也就陆续面世。

贝鲁特和开罗开始成为阿拉伯世界主要的新闻和出版中心，而且至今仍然如此。19世纪中叶的黎巴嫩正处于一场重大的文学复兴之中，在阿拉伯语中被称为"纳达"（nahda），即"复兴"。穆斯林和基督教知识分子，在（通常是传教士所有的）印刷机的力量的鼓舞下，积极投身字典和百科全书编撰，并出版各种版本的阿拉伯文学和思想的伟大经典之作。

"纳达"是一个令人兴奋的时期，是重新发现知识和重新定义文化的时期。奥斯曼帝国的阿拉伯人开始与他们在奥斯曼帝国之前的辉煌过去建立联系。这场运动包容了所有讲阿拉伯语的民族，不分教派与地区，并播下了一颗思想的种子，这一思想将对阿拉伯政治产生巨大影响：阿拉伯人是一个由共同的语言、文化和历史决定的民族。在1860年黎巴嫩山和大马士革发生暴力冲突之后，这一积极的新观点对弥合教派间的深刻分歧尤为重要。对这类思想的传播，报纸发挥了关键作用。"纳达"的一位杰出领导者布特鲁斯·布斯塔尼（Butrus al-Bustani）在1859年宣称，报纸是"教育公众最重要的工具之一"。[31]到19世纪70年代末，贝鲁特因拥有至少25种报纸和时事期刊而自豪。

然而，此时奥斯曼政府开始对报刊施加新的控制，并在素丹阿卜杜·哈米德二世统治期间（1876—1909）发展为严格的审查制度。许多新闻记者和知识分子从叙利亚与黎巴嫩迁到埃及，在那里赫迪威对报刊施加的限制要少得多。这一迁徙标志着埃及和亚历山大私人报刊业的开始。19世纪最后25年，有160多种阿拉伯语报纸和期刊在埃及创办。[32]如今阿拉伯世界最著名的报纸之一《金字塔报》，是由19世纪70年代初从贝鲁特迁到亚历山大的塞利姆·塔格拉和比沙拉·塔格拉兄弟创办的。与许多同时期刊登文化和科学主题文章的报纸不同，《金字塔报》从1876年8月5日的第一期起就是一份真正的新闻报纸。塔格拉兄弟利用亚历山大的电报局订阅了路透社的新闻电报服务。当用不上电报、仍需依靠邮寄的贝鲁特报刊滞后数月报道国外新闻时，《金字塔报》的国内外新闻报道已实现事件发生后几天甚至几小时的报道时效。

埃及报刊的影响力越来越大，赫迪威们试图加大国家对这个新兴媒体的控制力度。埃及政府关闭了那些被认为持"过分"政治立场的报纸。1876年，埃及破产，欧洲干涉埃及的政治事务，记者们活跃于支持艾哈迈德·欧拉比上校的改革派联盟。1881年，政府做出回应，实施一项严格的新闻法，开创了限制新闻自由的危险先例。

英国占领期间，新闻限制放宽了，到19世纪90年代中期，克罗默伯爵不再援引1881年的新闻法。他持续资助那些支持英国对埃及立场的报纸，如英语报纸《埃及公报》（*Egyptian Gazette*）和阿拉伯语报纸《穆格塔姆》（*Al-Muqattam*），但也没有对公开批评他政府的报纸采取任何行动。克罗默认识到，报纸只在很小的文化精英圈子中传播，新闻自由是一个有效的压力阀，可以让新兴的民族主义运动发泄怒气。

这就是艾哈迈德·艾敏在20世纪初所遇到的报刊出版的世界。这是一个阿拉伯的媒体，由欧洲的技术发展而来，以最大的跨度表达多种多样的观点，从虔诚主义到民族主义和反帝国主义。

艾哈迈德·艾敏时代的报纸所表达的民族主义是一个相对较新的现象。把"民族"作为一个政治单位，一个基于特定领土、拥有自治愿望的社群，这个想法是欧洲启蒙运动思想的产物。同世界其他地区一样，经过19世纪，这个想法在中东扎下了根。19世纪初，许多阿拉伯世界的人还都不赞成民族主义，因为它与巴尔干地区寻求脱离奥斯曼帝国（通常在欧洲支持下）的基督教社群联系在一起。埃及和北非的士兵响应素丹的号召，参加了从19世纪20年代到70年代反对巴尔干民族主义运动的战争。

然而，随着北非从奥斯曼世界的版图中被抹去和欧洲殖民统治的到来，民族主义便成为外国统治之外的另一种选择。确实，帝国主义为北非民族主义的兴起贡献了两个重要因素：一是边界，界定了需要被解放的国家领土；二是共同的敌人，以他们为斗争对象来团结民众开展共同的解放斗争。

仅仅抵抗外国占领而缺乏明确的意识形态基础并不构成民族主义。无论是阿卜杜·卡迪尔在阿尔及利亚的战争，还是欧拉比在埃及的反抗，都不能被视为民族主义运动。没有民族主义意识形态在背后支撑，一旦军队被击败，领袖被流放，就不会有任何政治运动来继续推动从外国统治下获得独立。

直到欧洲人占领北非，民族的自我定义进程才真正开始。成为埃及人、利比亚人、突尼斯人、阿尔及利亚人或摩洛哥人意味着什么？对大部分阿拉伯世界的人来说，这些民族标签并不对应任何有意义的身份。如果被问到他们是谁，或者他们来自哪里，人们或者会用本地的身份来自称，如某个城镇（亚历山大人）或某个部落，至多是某个地区（卡比利亚山区），或者把自己看作一个更大的社群比如穆斯林"乌玛"即"社团"的一员。

在第一次世界大战之前的几年内，只有埃及经历了严重的民族主义躁动。为解决穆斯林被欧洲基督徒统治这一矛盾，改革派穆斯林宗教人士开始策划伊斯兰对帝国主义的回应。与此同时，另一批受伊斯兰现代主义者影响的改革者也制定了世俗民族主义的纲领。伊斯兰现代主义者和世俗民族主义者都对阿拉伯思想产生了影响，并激起了后来勃兴于伊斯兰世界各地的民族主义运动。

有两个人决定了 19 世纪末关于伊斯兰教和现代性辩论的走向：赛义德哲马鲁丁·阿富汗尼（al-Sayyid Jamal al-Din al-Afghani，1839—1897）和谢赫穆罕默德·阿布笃（Shaykh Muhammad Abduh，1849—1905）。两人合作提出了一项伊斯兰改革方案，该方案直到 20 世纪还影响着伊斯兰世界和民族主义发展的走向。

阿富汗尼是一位不知停歇的思想家，他周游伊斯兰世界和欧洲，激励着他所之处的追随者并警醒当地统治者。1871—1879 年，他在埃及度过了 8 年，在影响深远的爱资哈尔清真寺学府讲学。他是受过专业训练的宗教学者，但本性上他是政治鼓动者。他在印度、阿富汗和伊斯坦布尔游历时，欧洲对伊斯兰世界的威胁之大和伊斯兰国家首脑应对这一威胁之无能让他刻骨铭心。阿富汗尼的政治哲学，其核心关切并不是埃及、突尼斯和奥斯曼帝国的坦齐马特改革者所关注的如何使伊斯兰国家在政治上变得强大和成功。相反，他认为，如果现代穆斯林遵照他们的宗教原则生活，他们的国家将恢复以前的实力，并成功应对来自欧洲的外部威胁。[33]

尽管阿富汗尼确信伊斯兰教与现代世界是完全兼容的，但他依然认为穆斯林需要革新他们的宗教以面对当今的问题。同所有虔诚的穆斯林一样，他相信《古兰经》的教义是永恒的，在任何时代都同样有效。过时的是对《古兰经》的解释，这是一门在 11 世纪被伊斯兰学者蓄意冻结的学科，目的是防止异见和分裂。19 世纪的伊斯兰学者修习神学所用的书籍同 12 世纪的学者一样。显然，需要对《古兰经》进行新的解释，让伊斯兰教的规定与时俱进，以应对 19 世纪的挑战——这些挑战是中世纪的神学家未曾预见过的。阿富汗尼希望基于革新后的伊斯兰原则制定宪法，用宪法约束穆斯林统治者，明确限制他们的权力，推动全球穆斯林社团以泛伊斯兰的形式团结行动。这些激进的新思想在爱资哈尔感染了才华横溢的一代年轻学者，其中包括民族主义者艾哈迈德·卢特菲·赛义德（Ahmad Lutfi al-Sayyid）和萨阿德·扎格卢勒（Saad Zaghlul）以及伟大的伊斯兰现代主义者谢赫穆罕默德·阿布笃。

出生在尼罗河三角洲一个村庄的阿布笃，是他那个时代最伟大的思想家之一。他是伊斯兰学者，做过记者和法官，最终以埃及大穆夫提的身份结束职业生涯，这是埃及最高级别的宗教官员。他为著名的《金字塔报》撰稿，同塔赫塔维一样，也做过埃及政府邸报的编辑。1882年，他是艾哈迈德·欧拉比的支持者之一，为此费尽心力，并因此被英国人流放到贝鲁特。

流亡期间，阿布笃前往西欧，在巴黎与阿富汗尼会面，与他一起创办了一份改革派期刊，呼吁以伊斯兰的方式回应西方帝国主义。基于阿富汗尼提出的原则，阿布笃在19世纪80年代后期返回埃及后发布了一份更为严格的行动纲领。

阿布笃呼唤一个更进步的伊斯兰教，但与之矛盾的是，他认为这样一个伊斯兰教应以最早的穆斯林社团，也即先知穆罕默德和他的追随者们为榜样。这个社团在阿拉伯语中被称为"萨拉菲"（*salaf*），意为"先辈"。阿布笃因此成为后来被称为萨拉菲主义的新改革主义思想的奠基人。如今，萨拉菲主义这个词与乌萨马·本·拉登和反西方的穆斯林激进主义中最激进的派别联系在一起。而在阿布笃的时代，情况并非如此。通过唤起伊斯兰教的先辈，阿布笃回溯历史去倾听那个黄金时代。那时，穆斯林"正确地"信奉他们的宗教，并因此成为主导世界的力量。在伊斯兰教兴起后，穆斯林统治整个地中海并深入南亚长达四个世纪。此后，他认为，伊斯兰思想僵化了。神秘主义悄然渗入，理性主义逐渐衰落，整个伊斯兰社团都陷入对法律的盲目尊崇之中。只有剥除这些附着在伊斯兰教之上的积淀，乌玛才能回归先辈们纯粹而理性的行为方式，才能恢复曾使伊斯兰世界主导世界文明的活力。

艾哈迈德·艾敏在爱资哈尔求学期间，必须得克服羞怯才能去上伟大的穆罕默德·阿布笃的课。他对阿布笃教学的回忆生动展现了这位伊斯兰改革者施于他的学生们的影响。"我上了两堂课，听到了他那美妙的声音，看到了他那令人尊敬的样貌，从他那里认识到了我从我的爱资哈尔谢赫们那里所认识不到的东西。"穆罕默德·阿布笃经常在他的教学中提及他的改革主张。艾敏回忆道:"他时不时地岔开话题去讨论穆斯林的状况、他们不诚实的行径以及纠正之方。"[34]

随着埃及进入民族主义时代,阿富汗尼和穆罕默德·阿布笃将伊斯兰教作为民族身份的组成部分。阿布笃和他的追随者们关心穆斯林社会的状况,他们开始围绕民族斗争和社会改革展开讨论。

在关于"穆斯林的状况"的讨论中,穆罕默德·阿布笃的追随者开始主张改变穆斯林社会中妇女的地位。自拿破仑入侵时第一次与欧洲人接触以来,埃及知识分子面对着一种截然不同的两性关系模式,但他们并不赞同。埃及编年史家哲拜尔提对法国男性施于埃及妇女的影响感到震惊。他满心不赞成地记录道:"法国的地方行政人员同穿着如法国妇女的穆斯林妻子走上街头,对地方事务和现行法规表示出浓厚的兴趣。女人们给指示、下禁令。"[35]这对于哲拜尔提的认知中男人给指示、下禁令的世界来说,简直是自然秩序的颠倒。

30年后,塔赫塔维在巴黎观察两性关系时,也抱怨这种"自然秩序"的颠倒。他写道:"这里的男人是女人的奴隶,无论女人漂亮与否,男人都听从女人的指挥。"[36]哲拜尔提和塔赫塔维来自这样一个社会,那里体面的女性都被限制在家中单独的区域,在层层衣服和面纱的遮掩下轻快地穿过公共场所,不留下任何身份的印记。在艾哈迈德·艾敏的童年时期,开罗的情形仍然如此。艾敏形容他的母亲和姐妹们"蒙着面纱,从来只隔着面纱看别人和被别人看"。[37]

19世纪90年代,埃及改革者开始主张改变妇女的角色,其中最为激烈的莫过于律师卡西姆·艾敏(Qasim Amin, 1863—1908),他认为为民族独立斗争做准备须从提高妇女的社会地位开始。

卡西姆·艾敏（与艾哈迈德·艾敏并无亲属关系）生于特权阶层家庭。他的父亲是土耳其人，在迁居埃及前，曾任奥斯曼帝国总督，并获得帕夏头衔。卡西姆上了埃及最好的私立学校，又继续在开罗和蒙彼利埃学习法律。1885年，他回到埃及，很快就进入了以穆罕默德·阿布笃为中心的改革派圈子。

当卡西姆·艾敏的同伴们就伊斯兰教和英国占领对埃及民族复兴的作用展开辩论时，他把关注重心放到了妇女地位上。1899年，他写下了他的开创性著作《解放妇女》。在这本穆斯林改革者写给穆斯林读者的书中，卡西姆·艾敏将自己的论点同谋求从帝国主义中得到解放的世俗民族主义纲领联系在一起。

埃及妇女没有受教育的机会，更不用说工作了。1900年，埃及只有1‰的女性有读写能力。[38]卡西姆·艾敏认为，未能赋予妇女权利削弱了整个阿拉伯世界。如今，《阿拉伯人类发展报告》的作者依然秉持这一观点。用卡西姆·艾敏的话说："妇女至少占世界总人口的一半。延续一个国家妇女的无知状态让该国一半人口无法为国效力，后果显然是负面的。"[39]他用古典阿拉伯语尖刻地批评道：

> 我们的妇女世世代代一直屈从于强权统治，受制于强大的男性专制。另一方面，男人们只愿意接受：妇女只适合为男人服务并遵循男人的意愿。男人们当着妇女的面把她们关在机会的大门外，阻止她们自力更生。这样一来，妇女唯一的选择就是做妻子或妓女。[40]

卡西姆·艾敏将欧美妇女权利的进步和妇女对西方文明的贡献同埃及和伊斯兰世界的相对不发达进行了对比。他认为："穆斯林妇女的弱势地位是阻碍我们向有利于我们的方向前进的最大障碍。"[41]然后,他把妇女地位与民族斗争联系在一起:"为了改善国家的状况,我们必须改善妇女的状况。"[42]

《解放妇女》在改革者、保守派、民族主义者和知识分子中引发了激烈的争论。保守派和民族主义者谴责艾敏的书颠覆了社会结构,而宗教学者则指责他破坏了真主的秩序。次年,卡西姆·艾敏出版了续篇《新女性》回应对他的批评。在续篇中,他没再使用宗教论调,而是从进化论、自然权利和进步的角度来支持妇女权利。

卡西姆·艾敏的作品并没有达到现代女权主义思想的期望。这是男人之间的争论,争论的是该给女性哪些好处。艾敏呼吁改善埃及社会中妇女的教育状况和总体地位,但他的不足之处在于,他没有要求男女完全平等。然而,对于他所处的时代和地区而言,他对妇女权益的推动达到了前所未有的程度。他的作品所激起的争论引发了变革。他的动议将在此后 20 年内被埃及精英妇女接受,她们加入民族主义运动并开始要求她们自己的权利。

19 世纪末,在关于民族认同、伊斯兰改革和如性别平等等社会问题的大辩论的影响下,一种独特的埃及民族主义开始兴起。决定早期埃及民族主义走向的两个最有影响力的人物是艾哈迈德·卢特菲·赛义德和穆斯塔法·卡米勒(Mustafa Kamil)。

艾哈迈德·卢特菲·赛义德(1872—1963)是一位乡村名流之子,他上了一所现代中学,并于 1889 年进入法学院。尽管他被公认是穆罕默德·阿布笃的弟子,但他并没有优先将宗教作为民族复兴的基础。他政治理念的核心是将埃及视作民族。从这个意义上说,他是阿拉伯世界第一批民族国家的民族主义者之一。他与那些将阿拉伯人、奥斯曼人或泛伊斯兰的理想作为首要拥护对象的人不同。他是穆罕默德·阿布笃的圈子所创建的人民党的创始成员,他也在他编辑的《报纸》(al-Jarida)上写文章,依托前一种身份,通过后一个平台,他宣扬一种理想,即拥有自然自治权的埃及民族。

卢特菲·赛义德反对英国人和赫迪威的两种专制统治,认为他们剥夺了埃及人民建立合法政府的机会。但他也承认英国统治带来的健全管理和财政规范是有益的。他还认为,在当前情况下,谋求从英国独立出来是不现实的,因为英国在埃及有既得利益,也有充足的军力来维护这些利益。相反,卢特菲·赛义德认为,埃及人民应该利用英国来改变埃及政府,迫使赫迪威接受宪法,并建立本国人的统治机构——立法委员会和省议会。

艾哈迈德·艾敏是卢特菲·赛义德《报纸》编辑部的常客,埃及民族主义者会聚在那里讨论当时的热点话题。艾哈迈德·艾敏在那里接受了社会和政治教育,"感谢我们的卢特菲[·赛义德]教授和其他人的讲座,感谢让我有机会接触一群精心挑选出来的最优秀的知识分子"。[43]

卢特菲·赛义德代表了埃及民族主义运动的温和派,愿意与帝国主义合作,使埃及达到能够实现独立的标准。埃及民族主义还有一个更激进的派别,代表人物是穆斯塔法·卡米勒(1874—1908)。同卢特菲·赛义德一样,他也接受了现代法学教育,是在埃及和法国完成的。他是祖国党的创始成员。在法国期间,卡米勒与一些法国民族主义思想家保持联系,他们对英帝国主义的敌视丝毫不亚于这个埃及青年。卡米勒在19世纪90年代中期回到他的祖国,鼓动终结英国的占领。1900年,他创办了《旗帜报》(al-Liwa'),为新生的民族主义运动提供了一个颇有影响力的声音。

卡米勒是一位才华横溢的演说家,也是一个富有魅力的年轻人。他在学生间和街头上动员,为民族主义运动争取到了广泛支持。有一段时间,他还得到了赫迪威阿巴斯·希勒米二世(Abbas II Hilmi,

1892—1914年在位）的秘密支持，赫迪威希望利用民族主义运动对英国施加压力。然而，年轻的宗教学者艾哈迈德·艾敏起初并没有被卡米勒的激进民族主义所打动，他认为这种民族主义情绪化、不理性。[44]

从某种意义上说，20世纪初埃及民族主义者面临的巨大挑战是，英国人几乎没做什么能激起埃及人民反抗的事情。尽管埃及人民对外国统治这个理念感到不满，但英国人带来了规范治理、社会稳定和低税收。很少有埃及人接触过英国占领者，后者是一群冷漠而独立的人，不习惯与埃及的普通民众交往。因此，尽管埃及人不喜欢被英国统治，但英国也没有做出什么举动来激起他们谋求脱离已经安然接受的殖民统治。

直到发生丁沙威事件（Dinshaway Incident）。

1906年，一支英国狩猎队进入尼罗河三角洲丁沙威村打鸽子。愤怒的村民包围了英国人，阻止他们射杀他们养来作食物的鸽子。在随后的争执中，一名英国军官受伤并在寻求救援时死亡。当时克罗默伯爵不在埃及，他的临时代理们做出了过度反应。英国士兵逮捕了村里52名男子并召集了一个特别法庭，埃及公众通过报纸密切关注事态发展。

丁沙威事件后，艾哈迈德·艾敏的政治倾向和阅读习惯发生了巨大变化。他准确地记得那一天是1906年6月27日，他和他的朋友们在亚历山大的一个屋顶露台上用晚餐。"报纸送来了，我们读到丁沙威有4人被判处死刑，2人被判终身劳役，1人被判15年监禁，6人被判7年监禁，5人被判鞭笞50下。我们［悲痛不已］，宴会变成了葬礼，我们中大多数人都哭了。"[45]艾敏称，此后他在当地的咖啡店里只读穆斯塔法·卡米勒的激进民族主义报纸。

像艾敏这样转投民族主义的情况,埃及各地比比皆是。报纸把悲剧传递给城里人,民间诗人创作的控诉丁沙威悲剧和英国统治不公的歌谣,在乡间传唱。

埃及最终恢复了平静,但丁沙威没有被遗忘,英国人也没有被原谅。1906年,民族主义运动的基础已经夯实。然而,埃及的民族主义者发现,他们面对的大英帝国正寻求继续扩大在阿拉伯世界的势力范围,并不打算撤退。事实上,埃及和中东其他地区的英国时间才刚刚开始。

第六章　分而治之：第一次世界大战及战后解决方案

20世纪初期，民族主义开始在奥斯曼帝国诸阿拉伯行省兴起。奥斯曼人治下近四个世纪之后，帝国内的阿拉伯民众起初甚至难以想象自身可以组建一个独立的国家。究竟何为一个阿拉伯国家？早期的民族主义者为一些彼此冲突的概念而争论不休：一些人构想一个以阿拉伯半岛为中心的王国；另一些人则渴望在阿拉伯世界不同地区，如大叙利亚或伊拉克建立自己的国家。作为时代的先行者，这些民族主义者在社会中处于边缘位置，还面临着奥斯曼当局为警示效尤者而采取的压制措施。那些决意追求政治理想的人也因而被迫流亡海外：一些人寓居巴黎，其思想受到欧洲民族主义者的滋养；其他人则流亡开罗，在那里受到伊斯兰改革者以及鼓动反英活动的世俗民族主义者的影响。

1908年青年土耳其党革命后，阿拉伯人对奥斯曼统治的幻灭感变得更加普遍。青年土耳其党人是一群狂热的民族主义者，他们为迫使奥斯曼素丹恢复1876年宪法并重新召开议会而煽动革命。青年土耳其党人采取的措施起初受到了帝国内阿拉伯臣民的广泛支持，他们相信青年土耳其党人将推动奥斯曼统治的自由化。然而，他们很快就意识到，伊斯坦布尔新政府决心通过更加严格地执行奥斯曼统治来强化对诸阿拉伯行省的控制。

青年土耳其党人引入了一系列他们自视为中央集权化、但被许多阿拉伯人视为压制性的措施。特别是，他们在阿拉伯行省的学校和公共行政部门推广使用土耳其语作为帝国的官方语言，而非阿拉伯语。这一措施疏远了阿拉伯民族主义理论家，对后者而言，阿拉伯语构成了其民族认同不可缺失的一部分。青年土耳其党人强加的这些政策本来旨在强化阿拉伯人对帝国的忠诚，然而适得其反，反而刺激了新兴的阿拉伯民族主义运动。至20世纪10年代，阿拉伯知识分子和军官团体开始组建秘密的民族主义社团，寻求阿拉伯人脱离奥斯曼统治而实现独立。一些民族主义者开始通过欧洲各国的地方领事馆与欧洲列强建立通信联系，希望确保实现其目标所需的外部支持。

早期阿拉伯民族主义者面临着几乎无法跨越的困难。奥斯曼国家无处不在，对非法政治活动采取了无情的镇压。那些寻求阿拉伯地区独立的人缺乏实现其目标的手段。过去，诸如穆罕默德·阿里这样的阿拉伯行省地方强人尚能起兵击败奥斯曼军队，但这样的日子早已一去不复返。如果说19世纪奥斯曼帝国改革取得了些许成就，那就是强化了中央政府，使得阿拉伯行省更加顺从于伊斯坦布尔的统治。要想动摇奥斯曼人对阿拉伯世界的掌控显然需要某种巨变。

事实证明，第一次世界大战将提供这样一场巨变。

*

1914年11月，奥斯曼帝国与德国结盟卷入第一次世界大战。这是一场奥斯曼人本希望避免的战争。在经历了1911年与意大利人争夺利比亚、爱琴海岛屿的战争，以及1912年、1913年与巴尔干诸国间两场毁灭性的战争后，奥斯曼帝国已然疲于应对战事。1914年夏，当又一场欧洲大战阴云笼罩之际，奥斯曼政府希望能够置身事外，与英国或法国达成一项防御性的盟约。然而，无论是英国还是法国，都不愿许下任何威胁到其协约国盟友俄国利益的有约束力的承诺,而后者的领土野心则是奥斯曼帝国的心头大患。

青年土耳其党政府的领导人之一恩维尔帕夏(Enver Pasha)是德国的狂热崇拜者。他相信德国作为唯一对中东地区不怀领土野心的欧洲国家,是值得信赖的。俄、法、英三国过去就曾以奥斯曼人的利益为代价扩张其帝国,如今可能还会试图这样做。恩维尔深为德国的军事技术所折服,因而强烈鼓吹只有德国有能力为奥斯曼人提供保护,以抵抗欧洲对奥斯曼领土进一步的侵蚀。恩维尔本人领导了与德国政府间的秘密谈判,并于1914年8月2日,即欧战爆发后不久与德国缔结了一项联盟条约。该条约许诺德国向奥斯曼帝国提供军事顾问、战争物资以及财政援助,作为回报,奥斯曼政府将站在同盟国一方正式宣战。

德国人希望利用奥斯曼素丹作为哈里发(即全球穆斯林社群的领袖)名义上的影响力,来煽动反对英、法的"圣战"。考虑到英、法在南亚和北非殖民地数以百万计的穆斯林,德国的战争策划者坚信这样一场"圣战"运动将对敌方的战备工作产生毁灭性的影响。1914年11月11日奥斯曼政府最终向协约国宣战之时,素丹即号召全球的穆斯林加入针对英、俄、法三国的"圣战"。对于关注日常生活诉求远多于欧洲战场局势的全球穆斯林信众而言,素丹的"圣战"呼吁收效甚微,然而这一口号引发了巴黎和伦敦的深切关注。战争爆发一段时间后,英国和法国战略家开始积极寻求高层穆斯林官员对其战备工作的支持,以便制衡素丹-哈里发"圣战"口号的威胁。

再次卷入战争后,奥斯曼当局开始严厉打压任何疑似怀有分离主义倾向的人士,阿拉伯民族主义者尤其受到压制。青年土耳其党政府 3 位首脑之一的哲马勒帕夏（Cemal Pasha）亲自接管了大叙利亚地区，领导了对当地阿拉伯民族主义者的镇压。依据从法国领事馆没收的涉及贝鲁特和大马士革一些最著名的阿拉伯民族主义者的文件，哲马勒指控数十名叙利亚、黎巴嫩人犯有叛国罪。1915 年，他在黎巴嫩山建立军事法庭，该法庭当年即判处数十人在贝鲁特和大马士革执行绞刑，数百人长期监禁，数千人流放。这些残酷的惩罚措施为哲马勒帕夏赢得了"赛法哈"即屠夫的绰号，也说服了更多的阿拉伯人脱离奥斯曼帝国而寻求独立。

然而，战争年月的苦难影响到了阿拉伯行省的每个人，而绝非仅限于那些卷入非法政治活动的异议人士。成千上万的年轻人被奥斯曼军队征召入伍，几年里很多人负伤、死于疾病或在战场上被杀。农民们失去了他们的粮食和牲畜，作为对此的补偿，政府征购军官则向他们支付新印制的毫无价值的纸币。雨水的匮乏和蝗灾更令农民们雪上加霜，最终导致了一场严重的饥荒。其间，黎巴嫩山和叙利亚沿海地区近 50 万人死于非命。

但令欧洲列强意想不到的是，奥斯曼人表现为一个顽强的盟友：战争之初，奥斯曼军队向英国在苏伊士运河区的阵地发动过攻势；1915 年，他们在加里波利战役中击败了法国、英国和英联邦的部队；1916 年，他们在美索不达米亚成功俘获了印度远征军；1916—1918 年，他们在希贾兹铁路沿线遏制住了一场阿拉伯起义；直至 1918 年秋，他们都能迫使英国人为巴勒斯坦的每一寸土地而奋战。

在那之后，奥斯曼帝国的战备工作彻底崩溃。英国部队完成了对美索不达米亚、巴勒斯坦以及叙利亚的征服，而对叙利亚的征服是在其阿拉伯大起义盟友的支持下完成的。奥斯曼人撤退至安纳托利亚地区，自此未再踏入阿拉伯人的土地。1918 年 10 月，最后一支土耳其部队从阿勒颇以北的边境地区撤出，这一地点正接近于 402 年前"冷酷者"塞利姆一世开始其对阿拉伯世界征服的起点。奥斯曼人对阿拉伯领土长达4个世纪的统治戛然而止。

当战败的奥斯曼人撤出其阿拉伯行省之际,很少有人哀叹他们的离去。随着奥斯曼统治的结束,阿拉伯世界的民众进入了一个政治活动密集期。他们将奥斯曼的统治视为4个世纪的压迫与停滞,对阿拉伯世界重新崛起为一个独立、统一的国家并屹立于世界民族之林的愿景而兴奋不已。同时,他们又意识到欧洲殖民主义所构成的威胁。在通过报纸了解到法国统治下的北非以及英国统治下的埃及的困苦境遇后,其他地区的阿拉伯人决心不惜一切代价避免外国控制。在1918年10月至1920年7月这一短暂而令人兴奋的时期内,阿拉伯世界的独立似乎已近在咫尺,而他们所面临的最大障碍正是获胜的协约国成员的领土野心。

*

奥斯曼人刚一决定站在德国一边卷入世界大战,协约国就开始筹划战后帝国领土的分割。1915年3月,俄国人首先提出要求,通知其协约国盟友,他们计划战后吞并伊斯坦布尔以及连接俄国黑海沿岸与地中海的海峡地区。法国接受了俄国的要求,同时制订了本国吞并奇里乞亚(土耳其东南海岸,包括亚历山大勒塔、阿达纳等城市)和大叙利亚地区(大致相当于现代黎巴嫩、叙利亚、巴勒斯坦和约旦)的计划,后者包括位于巴勒斯坦的圣地。

考虑到盟友的要求,英国被迫权衡本国在奥斯曼领土内的战略利益。1915年4月8日,英国首相赫伯特·阿斯奎斯召集一个委员会专门研究奥斯曼帝国战败后可能的情形。这个跨部门的委员会以其主席莫里斯·德·本森爵士(Sir Maurice de Bunsen)的名字命名,旨在"通过调整土耳其亚洲部分的现状以及相应增加帝国投入,来确保英帝国在未来的格局中占据有利地位"。1915年6月底,德·本森委员会递交了其研究结果。根据这份报告，在奥斯曼帝国最终解体的情况下，英国应寻求保持波斯湾从科威特到停战诸国（即现代阿拉伯联合酋长国）的区域作为帝国排他性势力范围的地位；此外，英国应寻求控制整个美索不达米亚，包括巴士拉、巴格达和摩苏尔，并以铁路线的形式在美索不达米亚与地中海港口海法之间建立起一座路桥，以确保帝国通信。[1] 令人震惊的是，最终的战后解决方案与德·本森委员会的建议高度吻合——尤其是考虑到英国与其战时盟友随后达成的一系列错综复杂的许诺。

1915—1917年，英国人就战后奥斯曼阿拉伯领土的分割问题共达成了三项相互独立的协议：与麦加谢里夫的协议许诺建立一个独立的阿拉伯王国，一份欧洲条约旨在在英、法之间分割叙利亚和美索不达米亚，与犹太复国主义运动的协议则许诺后者在巴勒斯坦建立一个犹太民族家园。战后英国外交所面临的一大挑战即调和上述在很多方面相互矛盾的承诺。

第一项许诺涉及范围最广。德·本森报告发布后不久，英国战争大臣基钦纳勋爵（Lord Kitchener）责成驻开罗的英国官员，与麦加的谢里夫——奥斯曼政府任命的伊斯兰圣城中的最高宗教权威商谈结盟事宜。当时尚值战争初期，英国人担心奥斯曼素丹的"圣战"呼声真的会产生德国人所希望的影响，即一场可能导致英国殖民地瘫痪的伊斯兰世界大起义。英国人希望通过一项由阿拉伯世界最高宗教官员发起的"圣战"宣言反制奥斯曼人，本质上即挑动新兴的阿拉伯民族主义运动对抗奥斯曼人。这样一场阿拉伯起义将开辟一条打击德国东部盟友的内部战线。

1915年夏，英国和英联邦部队受到奥斯曼、德国联军在加里波利顽强抵抗的钳制而亟须援助。同年7月，麦加谢里夫侯赛因·本·阿里（Sharif Husayn ibn 'Ali）开始与英国驻埃及高级专员亨利·麦克马洪爵士（Sir Henry McMahon）取得联系，并一直持续至 1916 年 3 月。在长达 8 个月的通信中，麦克马洪许诺英国将承认一个谢里夫侯赛因及其哈希姆家族统治下独立的阿拉伯王国，作为交换，哈希姆人将领导阿拉伯人起义反抗奥斯曼统治。英国许诺向阿拉伯起义提供资金、枪支和粮食的支持。

侯赛因和麦克马洪的大多数谈判都聚焦于假定中的阿拉伯王国的边界问题。谢里夫侯赛因在领土方面要求十分明确：全部叙利亚，即从位于西奈的埃及边境直至土耳其境内的奇里乞亚和陶鲁斯山脉；全部美索不达米亚，直至波斯边境地区；以及除英国在亚丁殖民地外的全部阿拉伯半岛。

在 1915 年 10 月 24 日的著名信件中，麦克马洪爵士确认了谢里夫侯赛因提出的边界要求，除去两点例外：第一，他排除了奇里乞亚以及"位于大马士革、霍姆斯、哈马、阿勒颇地区以西的叙利亚领土"，因为法国对上述领土提出利益要求；第二，他坚持英国对巴格达、巴士拉两省的要求，一个英国-阿拉伯联合行政机构将负责该地区的管理。麦克马洪向侯赛因保证说："在这些修正的基础上，英国已做好承认麦加谢里夫要求范围内所有地区阿拉伯人独立的准备。"侯赛因则勉强接受了上述修订，但警告说："战争结束后，一旦时机成熟，我们将向你要求……现在我们在贝鲁特及其沿岸留给法国的地区。"[2]

基于与英国达成的这些共识，谢里夫侯赛因于 1916 年 6 月 5 日正式号召发动反对奥斯曼人统治的阿拉伯起义。阿拉伯大起义始于对希贾兹地区奥斯曼政府机构的攻击。6 月 12 日，麦加被哈希姆军队控制。4 天后，红海港口城市吉达宣布投降。位于麦地那的较大的奥斯曼军营最初抵抗住了阿拉伯叛军的攻击，并通过希贾兹铁路重新完成补给。为迫使麦地那投降进而完全控制希贾兹地区，哈希姆人决心切断这条通向大马士革的关键通信线路。他们北上破坏了叙利亚荒漠中较易受攻击地区长达 1300 千米（810 英里）的铁路。正是在这次行动中，T. E. 劳伦斯（T. E. Lawrence）声名鹊起，他在涵洞和栈桥布置炸药来破坏驶往麦地那的火车。

1917 年 7 月，阿拉伯军队在谢里夫侯赛因之子埃米尔费萨尔（Amir Faysal）的领导下占领位于亚喀巴港（在今约旦）的奥斯曼堡垒。费萨尔在亚喀巴建立指挥部，以此为中心遥控其部队对马安、塔菲拉等地奥斯曼要塞的骚扰，同时继续对希贾兹铁路发动持续攻击。然而，阿拉伯军队始终未能打破奥斯曼人的防御进而占领马安镇。此外，他们还遭遇到与奥斯曼人结盟的阿拉伯部落和城镇居民的抵抗。

在附近的卡拉克镇，部落民众和城镇居民组建了一支约 500 人的民兵组织，于 1917 年 7 月 17 日开始"狂热地开枪射击以对抗费萨尔和他的部队"。卡拉克的志愿军与哈希姆人领导的部队奋战 3 小时，在杀害 9 名阿拉伯军队成员、俘获两匹战马后最终取得胜利。这一小插曲也揭示了阿拉伯大起义在奥斯曼人和哈希姆人的支持者之间所引发的对本地忠诚的分裂。1917 年 8 月，英国和法国情报部门一致承认外约旦诸部落仍牢牢忠实于奥斯曼阵营。[3] 可见，谢里夫侯赛因的反向"圣战"并未赢得阿拉伯人整体的支持。

哈希姆人在马安同样遭遇了奥斯曼人的顽强抵抗。面对着在一块不时怀有敌意的土地上作战的风险，哈希姆人于 1918 年 8 月迅速向北行进至绿洲城镇艾兹赖格。阿拉伯军队以这个新基地为起点，扩充至约 8000 人，并开始与位于巴勒斯坦的埃德蒙·艾伦比（Edmund Allenby）将军的军队合作，向大马士革发动钳形攻势。随着 1918 年 10 月 2 日大马士革的陷落，阿拉伯大起义取得了迄今为止最伟大的成就。谢里夫侯赛因也期待着英国兑现其承诺。

英国为处置奥斯曼领土而缔结的第二项战时协议也是最复杂的一项。尽管三个战时盟友尚未达成一项正式协议，但英国已意识到法国和俄国对于奥斯曼帝国的领土野心。因此，在麦克马洪仍在与谢里夫侯赛因谈判的同时，英、法两国政府即派遣代表就战后奥斯曼领土分割的事宜达成了一项正式协议。法国方面的代表是前驻贝鲁特总领事查尔斯·弗朗索瓦·乔治-皮科（Charles François Georges-Picot），英国方面代表是基钦纳勋爵中东事务顾问马克·赛克斯爵士（Sir Mark Sykes）。双方于1916年初达成协议，后俄国同意在此协议签字，条件是其领土要求得到英、法的认可。

最终的协定，即后来众所周知的《赛克斯-皮科协定》，于1916年10月正式签署。这一协定以红、蓝两色阴影重画了中东地区的地图：红色区域代表巴格达和巴士拉，在该地区英国有权"按照其意愿建立直接或间接的管理或控制"；蓝色部分包括奇里乞亚和叙利亚沿海地区，在该地区法国享有同样的特权；以棕色阴影标注的巴勒斯坦是一个例外，作为一个"国际共管"的区域处理，其最终地位仍有待确认。此外，英国还宣称对从伊拉克北部的基尔库克横跨阿拉比亚北部直至加沙的区域享有非正式控制权，法国的非正式控制区则覆盖从摩苏尔到阿勒颇再到大马士革的广阔三角区域。[4] 该协议还确认了俄国对安纳托利亚东部所要求领土的边界。

《赛克斯-皮科协定》制造的问题比它解决的还要多。英国稍后即后悔给予法国对摩苏尔和美索不达米亚北部的托管权，且对整个巴勒斯坦地区国际化的设想也有所改变。此外，《赛克斯-皮科协定》完全没有尊重侯赛因-麦克马洪沟通的精神抑或文本。用一位巴勒斯坦观察家的话来说，这一协定是"一种令人震惊的两面三刀行为"。[5]

在英国政府所有的战时承诺中，第三项承诺经证明是最持久的。在欧洲和俄国数个世纪的反犹主义运动后，一群欧洲犹太思想家就在巴勒斯坦建立一个民族家园的梦想达成共识。1882年起，一波又一波的犹太移民为逃避俄国反犹主义的迫害而移民，其中很小的一个少数群体定居巴勒斯坦，总共两三万人。1882—1903年，第一波移民中的绝大多数都定居在巴勒斯坦城市地区，仅有约3000人定居在沿海平原和北部卡梅尔山地区的一系列农业殖民地中，这一群体受到摩西·蒙蒂菲奥里、埃德蒙·德·罗斯柴尔德男爵等欧洲犹太慈善家的支持。

1896年，这一运动因西奥多·赫茨尔（Theodore Herzl）里程碑式的著作《犹太国》(*The Jewish State*)一书的出版而加速发展。赫茨尔是一位来自维也纳的记者，他大力倡导一种新的犹太民族主义运动的传播，即后来的犹太复国主义。1897年夏，赫茨尔召开了第一届犹太复国主义大会，会议期间正式建立"世界犹太复国主义组织"，并确定宗旨，即"在巴勒斯坦为犹太人民创建一个公法治理下的家园"。[6]

世界犹太复国主义组织需要为其计划争取国际支持。随着一战的爆发，该组织总部由柏林迁至伦敦。该组织的领袖哈伊姆·魏茨曼（Chaim Weizmann）是一位化学教授，其研究成果对战备的贡献（他的一项发现可直接应用于炮弹弹壳的制造）使得他有机会接触到英国政府最高层。魏茨曼正是利用其个人关系寻求英国政府对犹太复国主义运动的正式支持。[7]两年多后，经过对首相大卫·劳合·乔治、外交大臣亚瑟·贝尔福的积极游说，魏茨曼终于取得了他所寻求的担保。在一封日期显示为1917年11月2日的信件中，贝尔福向魏茨曼报告说：

> 英王陛下政府支持在巴勒斯坦建立一个犹太人民的民族家

园,并将尽全力为这一目标的实现提供便利。但要明确说明的是,不得伤害巴勒斯坦现存非犹太民族的民事和宗教权利,或犹太人在其他任何国家已享有的各项权利和政治地位。[8]

这样一项笼统的声明显然已深入考虑到英国的利益:贝尔福曾对战争内阁表示,通过对犹太复国主义运动在巴勒斯坦诉求的支持,"我们将有能力在俄国和美国发动极为有效的宣传攻势",在这两个国家"绝大多数犹太人都支持犹太复国主义"。此外,《贝尔福宣言》发布后,犹太复国主义者投桃报李,开始为将巴勒斯坦置于英国统治之下而开展游说,从而解决了英国对于《赛克斯-皮科协议》的一大疑虑,因为原协议将巴勒斯坦置于界定不明的国际共管之下。

真相大白的时刻终于在1917年12月到来,这一刻英国被迫面对其相互冲突的许诺。《贝尔福宣言》是一则公开声明,在英国政府中可公开讨论;《赛克斯-皮科协定》则不同,乃是由协约国三方秘密签订的。1917年10月俄国革命后,为揭示沙皇政府秘密外交的罪行,布尔什维克党人开始公开俄外交部的机密文件,其中便包括构成《赛克斯-皮科协定》的通信记录。关于肢解奥斯曼帝国秘密协定的消息首先传到伊斯坦布尔,随后才传至阿拉伯世界。奥斯曼人和德国人一致将之视为一个离间哈希姆家族与英国人之间关系的良机。

在巴勒斯坦正遭受英军围困的奥斯曼人,迅速抓住英国人背信弃义的契机向哈希姆家族做出和解的姿态。1917年12月4日,奥斯曼指挥官哲马勒帕夏在贝鲁特发表的一次讲话中,就英国人出卖阿拉伯人做了详尽阐述:

假使英国人许诺谢里夫侯赛因的解放并非完全是幻影或妄想,假使他的独立梦想无论多么遥远都有些许实现的可能,我都愿承认希贾兹起义有一丝一毫的合理性。然而，英国人的真实意图现在暴露了，这些意图并未隐匿多久便大白于天下。谢里夫侯赛因也将……自取其辱，这一耻辱正是他以伊斯兰哈里发（即奥斯曼素丹）授予他的尊严换取屈服于英国人的奴役状态的恶果。[9]

哲马勒帕夏向哈希姆家族提出慷慨的条件，希望后者能放弃与英国的盟友关系，重回奥斯曼帝国的怀抱。面对这样一个艰难的抉择，谢里夫侯赛因和他的儿子们仍选择维持与英国的盟友关系，以寄希望于脱离奥斯曼人实现独立。但阿拉伯人对英国许诺的信任却遭到了动摇，而他们的怀疑确实有理有据：从侯赛因-麦克马洪通信到《赛克斯-皮科协定》再到《贝尔福宣言》，英国政府已经将大叙利亚和美索不达米亚绝大部分地区许诺给了至少两方，将巴勒斯坦至少许诺给了三方。

为了向阿拉伯盟友再次确认其善意，英、法于1918年11月，即奥斯曼人最终撤出阿拉伯领土之后，发布了一则缓和性的声明。在这份联合声明中，两国将其在阿拉伯领土上的战争目标设定为"长久以来受土耳其人压迫的各民族完全、明确的解放，建立民族政府和行政机构，后者的权威来源于本地居民的主动倡议和自由选择"。[10] 英国人和法国人为让阿拉伯人确信他们的行为别无他求而煞费苦心。这类言不由衷的声明在短期内平复了阿拉伯公众的不满，但对隐藏在肢解协定之下的英、法帝国利益却影响甚微。

随着大战的结束，胜利的协约国开始着手于一项艰难的任务，即在一个为战争所困扰的世界恢复秩序——当然是协约国眼中的秩序。在亟待解决的战后事务的冗长清单中，缺乏耐心的阿拉伯领导人们被告知要耐心等待。调解者将首先处理他们关切的问题，在适当的时候才会转向英国战时许诺所造成的利益冲突。

*

1919年1—6月，获胜的协约国领导人在巴黎举行了超过100次会议，以向他们击败的敌国——德国、奥匈帝国和奥斯曼帝国强加自己的条款。历史上首次有一位在任的美国总统为了在世界外交舞台上扮演一定的角色而离开美国。英国总理大卫·劳合·乔治和法国总理乔治·克莱蒙梭主导了会议日程的制定。英、法、美与意大利一起构成四国委员会，将主导巴黎和会大部分决议的制定。经过这场长达4年的"结束所有战争的战争"，英、法两国决心利用巴黎和会来确定德国不会再次崛起并对欧洲安全构成威胁；他们将利用这次会议重新划定欧、亚、非三洲的地图，包括阿拉伯国家在内；他们将以战败国的领土和殖民地财产来褒奖自身在战场上的努力。

作为1919年巴黎和会的调解人之一，美国总统伍德罗·威尔逊在讲话中所体现出的理想主义精神，令全世界处于外国统治之下的人民都欢欣鼓舞。1918年1月8日，在大会一次联席会议的讲话中，威尔逊阐明了指导美国战后政策的著名的"十四点原则"。他宣称要结束"征服与扩张的时代"，肯定了在殖民地事务中本地人口的利益应与帝国诉求享有同等的重要性。威尔逊在其第十二点原则中论及阿拉伯人的愿望，保证后者将享有"绝对不受干涉的自主发展的机会"。对于阿拉伯世界很多人来说，这是他们与美国这一崛起中的超级大国的首次遭遇，后者在20世纪剩余的岁月中都将主导国际事务。当整个世界都齐聚巴黎商讨和平的条款之时，阿拉伯人则将伍德罗·威尔逊视为他们诉求的旗手。

出席巴黎和会的阿拉伯代表成员中就包括阿拉伯大起义的领导人埃米尔费萨尔。费萨尔（1883—1933）出生于阿拉伯半岛的塔伊夫高原地区，是麦加谢里夫侯赛因·本·阿里（1908—1917 年在任）的第三子。费萨尔的大部分童年时光在伊斯坦布尔度过，在那里他接受了奥斯曼式的教育。1913 年，作为希贾兹港口城市吉达的代表当选为奥斯曼议会议员。1916 年，费萨尔首次访问大马士革，并为哲马勒帕夏对阿拉伯民族主义者的镇压措施所震惊。在大马士革期间，费萨尔会见了阿拉伯民族主义秘密社团的多名成员，后来则在 1916—1918 年阿拉伯大起义的地面指挥中扮演了领导角色。

1918 年奥斯曼军队撤出阿拉伯行省后，埃米尔费萨尔在大马士革建立了一个阿拉伯政府，其目标即兑现英国人支持建立一个阿拉伯王国的承诺。凡尔赛和会期间，费萨尔试图巩固自己在叙利亚的地位，并迫使英国人在兑现其他战时承诺之前，履行对其父亲在 1915—1916 年侯赛因-麦克马洪通信中所做出的承诺。他与《贝尔福宣言》达成了妥协，甚至在 1919 年 1 月与犹太复国主义领袖哈伊姆·魏茨曼签署一项协议，同意在盟军满足关于阿拉伯王国剩余要求的条件下，将巴勒斯坦割让给犹太复国主义运动。但如果哈希姆家族关于阿拉伯王国的要求"哪怕出现最微小的修改或偏离"，费萨尔都声称，"我将完全不受当前协议任何条款的束缚",[11] 这是他在与魏茨曼签署协议的末尾写明的。费萨尔有充分的理由怀疑他是否有义务遵守与魏茨曼的协议。

1919 年 1 月，费萨尔向巴黎和会最高委员会递交了一份详述阿拉伯人诉求的备忘录。他情愿面对现实，甚至降低了他的父亲 3 年前在与麦克马洪通信中提出的很多原始要求。在这份备忘录中，费萨尔提出，"阿拉伯民族主义运动的目标……是最终将所有阿拉伯人联合为一个民族国家"。他提出这一要求是基于阿拉伯人的种族和语言统一性，基于战前叙利亚和美索不达米亚的阿拉伯民族主义政党所宣称的诉求，以及阿拉伯人对盟军战时工作的贡献。他承认不同的阿拉伯地区之间"在经济和社会层面差异巨大",不可能立刻将这些地区整合为一个国家。因此,他只寻求大叙利亚地区(包括黎巴嫩、叙利亚和外约旦)和阿拉伯半岛西部省份希贾兹立即且完全的独立;为调解犹太人和阿拉伯人之间的矛盾,接受外国介入巴勒斯坦问题,并为保证英国在油田的利益,接受外国介入美索不达米亚;宣布也门以及阿拉伯半岛中部省份纳季德(其统治者沙特家族已经与英国达成一项正式协议)不在阿拉伯王国的范围之内。但他仍坚持着"最终将这些地区统一在一个主权政府之下"的承诺。在结论部分,费萨尔表示:"如果我们的独立获得认可,本地人的能力得以确立,种族、语言和利益的天然影响很快就会将我们结合为一个民族。"[12]

一个统一阿拉伯国家的图景显然是盟军最不愿看到的。费萨尔在巴黎的出现使得英国人和法国人同时陷入窘境,他要求前者信守诺言,同时又妨碍后者实现其帝国野心。美国为英、法、哈希姆人三方摆脱这一尴尬境遇提供了一条出路:威尔逊提议组建一个多国调查委员会以亲自查明叙利亚民众的真实意愿。对威尔逊而言,这一委员会将为民族自决提供一个先例,将其"十四点原则"诉诸实践;对英、法而言,真相调查委员会可将对哈希姆家族要求的讨论推迟至几个月之后,其间两国将可以随心所欲地处置阿拉伯领土。费萨尔对这一提议信以为真,感谢威尔逊给予阿拉伯人表达"他们对自己民族未来的愿望和理想"的机会。[13]

事后看来,美国主导的"金-克瑞恩调查委员会"不过是骗人的把戏。英、法两国政府拒绝派遣官员参与这次调查,导致实际上只有美国参与,因而也削弱了该委员会作为一个多国代表团的有效性。英、法两国无意受委员会调查结果的限制,因而也不愿让本国外交官参与这一程序。然而,《金-克瑞恩报告》却是一份独一无二的文件，用其作者的话来说，"对当前叙利亚国内政治观点（提供了）一份相当准确的分析"，为洞见从奥斯曼帝国向欧洲统治更替的这一短暂时期内叙利亚乡村和城镇社群的希冀与忧惧，提供了难得的资料。[14]

1919年3月，威尔逊总统任命奥伯林学院院长亨利·丘吉尔·金（Henry Churchill King）和芝加哥商人查尔斯·R. 克瑞恩（Charles R. Crane）为调查委员会负责人。两人都对中东有着广泛的了解：金是一位圣经历史学家，克瑞恩则自1878年以来在奥斯曼帝国境内到处旅行。带着会见叙利亚、伊拉克、巴勒斯坦当地代表和报告阿拉伯民众诉求的任务，美国人于1919年5月正式启程前往叙利亚。事实证明，金-克瑞恩代表团的影响远远超出一个真相调查小组，两人在大叙利亚地区的停留在当地触发了激烈的民族主义运动，所波及的叙利亚人口范围超出了历史上任何一次政治运动。

埃米尔费萨尔两手空空地回到叙利亚。面对追随者，他将即将到来的金-克瑞恩调查委员会向其追随者描绘为实现叙利亚民族诉求的一项有利的进展和重要一步。他向大叙利亚各地的显贵人士发表了一次讲话，简要介绍了自己（在巴黎和会上）的经历。他当然不能告诉他们全部事实：关于他是如何被迫等待，如何被巴黎和会上的调解人羞辱，后者似乎决心为维护本国在大叙利亚的帝国利益而拒绝他的要求。现在既然已回到阿拉伯领土之上，用自己的母语向支持者讲话，他便反过头来蔑视欧洲人。"我前往……在巴黎举行的和会以阐明我们应得的权利，"他解释道，"但我很快就意识到西方人对于阿拉伯人所知甚少，其信息全部来源于《一千零一夜》的传说。"从很多方面来讲，费萨尔所言不虚。除少数专家以外，英国和法国的普通政治家对阿拉伯世界的了解极其有限。"很自然，他们的这种无知让我花费了大量的时间来解释一些简单的事实。"费萨尔解释说。

俯视着支持者的面容,费萨尔不能承认自己的失败,这些支持者不停地打断他的讲话来宣誓忠诚。但当他宣称盟国已然在原则上承认阿拉伯民族的独立时,他确实言过其实了。他尝试将金-克瑞恩代表团描述为大国对阿拉伯人诉求认可的某种延伸,表示:"国际委员会将要求你们以自愿的方式表达自己的诉求,因为当前各民族只有在获得其他民族认可的情况下才愿统治他人。"[15]

受到费萨尔讲话的鼓舞,叙利亚民族主义者开始全力将叙利亚民众团结在一个统一的行动纲领之下:阿拉伯政府发放布祷词,以便周五聚礼时在叙利亚全国各地清真寺宣读;各种政治、文化协会被广泛征召,以准备提交给金-克瑞恩委员会的请愿书;村庄和城镇街区的头领则被动员起来,鼓励普通民众热情回应委员会的调查。短时间内印制了大量传单,在叙城镇和村庄中发放,对于不熟悉民族主义政治的民众而言,这些传单以口号的形式提供了最直接的思想资源。例如,一份传单用粗体的阿拉伯语和英语写道,"我们要求绝对的独立";另一份则用括号标注出较长文本中的民族主义口号,鼓励全体叙利亚人保卫他们的自由:

> 别让任何人误导你们出卖你们祖辈的土地,否则你们的子子孙孙都会诅咒你们。自由地生活吧,从压迫的枷锁下解放自己!寻求你们自己的利益,按如下原则阐明你们的要求:
>
> 第一,要求不附加任何限制、条件、保护或托管的(完全的政治独立);
>
> 第二,不接受对你们父辈的土地和祖国的任何分裂,换句话说(叙利亚整体是统一而不可分割的);
>
> 第三,要求划清你们国家的边界,即北起陶鲁斯山脉,南至西奈荒漠,西至地中海;

第四，寻求其他被解放阿拉伯领土的独立和（与叙利亚的）统一；

第五，如有必要，在保证不损害我们国家完全的政治独立的前提下，表示愿意接受美国的财政和技术支持；

第六，抗议《国联（盟约）》第二十二条关于规定对寻求独立的民族实行托管必要性的条款；

第七，彻底拒绝任何国家对我们的土地提出任何历史性的或优先性的权利要求。

（签字）一位了解情况的阿拉伯民族主义者[16]

即便在阿拉伯语原文中，这份声明的语言都显生涩，但其传达的信息却是毫不含糊的。在当地社群准备会见金-克瑞恩代表团期间，这些要求在他们提交的请愿书、高喊的口号以及在标牌和条幅上书写的标语中反复出现。

在充分调动叙利亚公众舆论之后，费萨尔和他的顾问们召开了一次临时会议，以便向国际调查委员会传达叙利亚民众的观点。哈希姆人足够了解欧洲的治国之术，意识到根据其规则，一国民众需通过一个民选议会来表达其合法诉求。他们依据奥斯曼人的选举程序从叙利亚内陆城镇中选举代表。在黎巴嫩和巴勒斯坦，鉴于英、法的占领，当局禁止一切政治活动，他们被迫诉诸其他办法。[17]巴勒斯坦和黎巴嫩显贵家族与部落的重要成员被邀请前往大马士革参加叙利亚全国议会。近100名代表被选举或受邀参加这次议会，但只有69名成员准时到达大马士革并参与大会议程。他们争分夺秒地工作，目标就是在金-克瑞恩委员会到达大马士革之前达成一项民族诉求声明。

1919年6月10日，金-克瑞恩代表团到达雅法，在随后6周的时间内走访了巴勒斯坦、叙利亚、外约旦和黎巴嫩的城镇与村庄。委员会成员对他们行程中的方方面面都做了记录。他们在超过40个城镇和乡村市集举行了会谈，会见了来自社会各行各业的442名代表，包括市政和行政委员会成员、村庄首领、部落谢赫等；他们会见了农民、商人以及来自10多个基督教派别、逊尼派和什叶派穆斯林、犹太人、德鲁兹人和其他少数群体的代表；他们还会见了8个不同的女性代表团，惊叹于"女性在东方的民族主义运动所扮演的全新角色"。走访期间，他们共收集了1863份请愿书、91079个签名——代表了大叙利亚地区总人口（据他们估计，约有320万人）的近3%。在打探大叙利亚地区舆情方面，代表团已经做得非常彻底了。

6月25日，金和克瑞恩到达大马士革。埃米尔费萨尔政府的一名大臣优素福·哈基姆（Yusif al-Hakim）回忆道：

> 他们对王宫和政府首脑进行了正式访问，然后回到住地，在那里新闻界人士成为迎接他们的第一批人员。他们简要地向记者表示他们此行的目的只是评估（大叙利亚）人民对他们未来政治的意愿，以及依据威尔逊总统之前的声明，他们愿选择哪个国家作为一定时期内的托管国，以提供技术和经济支持。[18]

7月2日，叙利亚议会向代表团递交了一份包含十点内容的决议，并强调这份决议代表了叙利亚人民和埃米尔费萨尔政府两方的观点。[19]决议显示出起草者对国际事务惊人的熟悉程度：文本中充满了对威尔逊总统的言论以及《国联盟约》的引用，同时又大量援引英国战时外交中相互冲突的承诺以及犹太复国主义的目标。金和克瑞恩表示该决议是他们行程中获得的最重要的文件。

在这份决议中，叙利亚议会成员要求叙利亚在其地理边界内的完全政治独立，这一边界保证其国家与土耳其、伊拉克、纳季德、希贾兹、埃及相分离；他们要求以埃米尔费萨尔为国王，在国内建立君主立宪制政体；并完全拒绝《国联盟约》第二十二条所规定的委任统治条款。他们声称阿拉伯人在天赋方面并不逊色于保加利亚、塞尔维亚、希腊、罗马尼亚等民族，后者在脱离奥斯曼帝国后全部获得了完全独立，并无类似的欧洲托管。叙利亚代表表示完全愿意接受一个仅限于提供技术和经济援助的托管方，且最信任由美国来履行这一角色，"相信美利坚民族离任何殖民化的想法距离最远，且对我们的国家不抱有政治野心"。如果美国拒绝承担这一责任，叙利亚人民愿意接受英国的委任统治，但拒绝法国扮演任何角色。决议同时也呼吁当时处于英国占领之下的伊拉克的独立。

叙利亚议会强烈反对战时秘密外交。在一段对《赛克斯-皮科协定》和《贝尔福宣言》的尖锐抨击中，决议写道："威尔逊总统制定的谴责秘密协议的基本原则，迫使我们最严正地抗议任何意图分裂我们叙利亚祖国的协议，反对任何旨在帮助犹太复国主义势力在叙利亚南部地区立足的私人交易；有鉴于此，我们要求完全废除这些公约和协定。"他们排除了任何将黎巴嫩或巴勒斯坦分裂出叙利亚王国的企图，坚决拒绝与其国家利益相抵触的犹太复国主义方案："我们反对犹太复国主义者在叙利亚南部地区即巴勒斯坦建立一个犹太人共同体的主张，反对犹太复国主义者向我们国家任何地区移民，因为我们不承认他们的所有权。从民族、经济、政治角度来看，我们认为他们对我们的人民是一个巨大威胁。"

叙利亚议会的这份决议有一种道义上的愤慨。事实上，叙利亚临时政府中的很多成员都曾在阿拉伯大起义期间与埃米尔费萨尔并肩战斗；他们坚信作为英、法的战时盟友，他们曾为奥斯曼战线的胜利做出重要贡献。1918年10月2日，费萨尔和他的阿拉伯军进入大马士革，将后者从奥斯曼人的统治下解放出来。他们坚信基于战场上赢得的权利,叙利亚人民有权决定自己的政治未来。叙利亚议会仅期待其战时盟友践行基本的公正,"以便我们的政治权利有所增益而不是减少,因为我们为自由、独立的事业已付出了如此多的鲜血"。

在叙利亚停留6周后,1919年8月金和克瑞恩转往伊斯坦布尔,开始起草报告。委员会成员对他们所收集的所有材料进行了深入的分析。在提交给巴黎和会的建议中,两人总体上认可了叙利亚议会的决议。他们呼吁建立一个单一、完整的叙利亚国,一个以埃米尔费萨尔为国王的君主立宪制政体;建议将叙利亚作为一个整体,在有限的时期内置于一个托管国的统治之下,托管国优先考虑美国(英国可作为第二选择),由后者向前者提供支持;敦促对犹太复国主义方案进行重要调整,限制犹太移民的规模。两人论辩说《贝尔福宣言》的两项承诺,即在巴勒斯坦建立一个犹太民族家园和同时又尊重"巴勒斯坦既有非犹太社群的民事和宗教权利",根本无法调和。《金-克瑞恩报告》指出:"委员会与犹太代表的会谈反复显示,犹太复国主义者实际上寄希望于通过不同的购买手段,完全占有当前巴勒斯坦非犹太居民的不动产。"[20] 毫不令人惊奇,委员会发现巴勒斯坦非犹太人口中90%都"强烈反对整个犹太复国主义方案",委员会接收到的全部请愿书中72%都旨在抗议犹太复国主义。

1919年8月底,委员会将这份报告提交给巴黎的美国代表团。尽管不了解报告的内情,埃米尔费萨尔已然无法要求更多了。然而,对欧洲人而言,《金-克瑞恩报告》是一份令人为难的文件。这份报告在被递交给巴黎和会秘书处之后就被束之高阁,短期内无人问津,3年后才被公之于众。而到那时,英、法两国已经按当时看来更符合本国利益的方式完成了对阿拉伯世界的瓜分。

英国宣布将于 1919 年 11 月 1 日从叙利亚、黎巴嫩撤军，将当地的统治权移交给法国军方。面对迫在眉睫的法国占领，叙利亚议会决定先发制人：基于递交给金-克瑞恩委员会的决议，议会成员拟定了一份独立宣言，并于 1920 年 3 月 8 日在大马士革市政厅正式宣读。费萨尔被宣布为包括巴勒斯坦和黎巴嫩在内的叙利亚国国王。

英、法两国政府拒绝承认叙利亚独立宣言。当法国人着手准备占领大马士革，推翻其战时盟友而如今已是国王的埃米尔费萨尔之际，英国人则视若无睹。由于未能兑现其独立承诺，费萨尔在国内也日益孤立，因而仅能聚集一小支部队来对抗由黎巴嫩向叙利亚进发的法军。显然，大马士革人并不认为费萨尔的事业值得为之牺牲。

1920 年 7 月 24 日黎明，一队约 2000 人组成的阿拉伯志愿军聚集在一个名为汗·麦赛伦的废弃驿站，该地位于贝鲁特-大马士革公路上的一个险要的隘口。他们面对的则是一支由身穿法军制服的殖民士兵组成的奇怪纵队——阿尔及利亚、摩洛哥、塞内加尔士兵在法国军官的指挥下被派来确保法国在叙利亚的统治。来自北非殖民地的穆斯林士兵为效忠其殖民者主人而甘愿在叙利亚对抗阿拉伯穆斯林非正规军，这样一个事实也反映出法兰西帝国的力量。身为叙利亚临时政府成员，同时又是一位坚定的阿拉伯民族主义者的赛提阿·侯斯里（Sati al-Husri）当时在大马士革关注着形势的发展，他如此记录对"麦赛伦之日"的回忆：

> 战斗的细节开始缓慢传回。尽管我基于对我们军队和法军装备的了解，对胜利不抱任何希望，但为了军队的荣誉，还是幻想战斗的结果能尽可能晚一分揭晓。然而，10 点钟时我们接到消息，说军队已经被击败，战线也已经溃败。[军事大臣、军队总指挥]优素福·阿兹迈（Yusuf al-Azmah）据称力战身亡。我说，不，他是在麦赛伦自杀殉国的，是一位真正的烈士！[21]

法军在横扫麦赛伦的抵抗者后进入大马士革，也开启了一段长达26年的悲惨的殖民占领。然而，麦赛伦战役的象征意义远远超出了叙利亚的疆域。对阿拉伯人而言，这场不大的战役不仅标志着英国对其战时承诺的背叛和美国总统伍德罗·威尔逊所倡导的民族自决理念的破产，也表明英、法殖民利益最终压倒了几百万阿拉伯人的希冀和愿望。当欧洲人试图在中东强加其民族国家体系，将一个渴望统一的民族分割肢解并违背其意愿地置于外国统治之下的时候，麦赛伦就等同为原罪。战后解决方案所制造的全新阿拉伯国家及其边界体系表现出惊人的持久性，其一手制造的问题也同样如此。

*

埃及的民族主义政治家同样相信他们在巴黎和会上能够从英国治下获得独立。受到威尔逊"十四点原则"误导，埃及政界误以为巴黎和会将开启一个新的世界秩序，帝国的时代将被一个通过践行民族自决原则而产生的民族国家共同体所取代。同时，与英国的盟友哈希姆家族类似，埃及人相信他们在战争中为英国人而遭受的苦难足以为他们赢得独立的地位。

但第一次世界大战反而进一步巩固了英国在埃及已维持了36年的帝国统治。1914年12月，英国以"勾结国王的敌人"为由废黜赫迪威阿巴斯二世（当时身处伊斯坦布尔），单方面宣布埃及为被保护国。自此，埃及不再是一个奥斯曼帝国的属国，其统治者也不再是奥斯曼总督。被废黜的赫迪威被他的叔叔，即穆罕默德·阿里家族最年长的成员侯赛因·卡米勒（Husayn Kamil）取代，后者则开始使用素丹这一新的称号。通过支持这位埃及素丹，英国人意在削弱奥斯曼素丹的影响力，正如他们希望通过谢里夫侯赛因反对奥斯曼人的起义来削弱奥斯曼素丹反抗英法的"圣战"呼声。这一策略对埃及穆斯林乃至更广阔的穆斯林群体影响甚微，穆斯林民众继续尊崇奥斯曼素丹作为哈里发即全球伊斯兰社群领袖的地位。

战争打响后，埃及支持英国战备的负担主要落在埃及劳动人民的身上：粮食以战备的名义被强行征收；农民被征召进入劳工队伍，以便为西部战线提供后勤支持。通货膨胀和物资短缺降低了所有人的生活水平，很多埃及人陷入贫困。开罗和亚历山大充斥着英国和英联邦的士兵，这些士兵在埃及集合并受训，随后再被派往加里波利和巴勒斯坦的前线参战。外国士兵的涌入引发了他们与本地人口间的紧张关系，在埃及人看来，更多英国人的到来不可避免地意味着更少的自由。

随着战争临近尾声，伍德罗·威尔逊提出的民族自决口号在尼罗河谷地区迅速传播。埃及人坚信，基于他们对这场与己无关的战争的重大贡献，他们已然赢得了自决的权利。1918年11月13日，即一战结束的停火协议签署后仅两天，一个由埃及重要政治人物组成的代表团便拜访了英国驻埃及高级专员雷金纳德·温盖特爵士（Sir Reginald Wingate），要求实现他们国家的完全独立。代表团由萨阿德·扎格卢勒领导，他受训于爱资哈尔，是穆罕默德·阿布笃的追随者，当时担任埃及教育部部长、立法议会副主席。作为战前人民党的一名成员，扎格卢勒已成为反对英国在埃及存在的民族主义运动的领袖。陪伴他的还有另外两位民族主义者，阿卜杜·阿齐兹·法赫米（Abd al-Aziz Fahmi）和阿里·沙拉维（Ali Sha'rawi）。

温盖特接见了代表团，但在听取其要求后当即就表示拒绝。他不仅禁止埃及人向巴黎和会派遣代表团以陈述其要求，还拒绝承认扎格卢勒作为埃及民族诉求代言人的角色。毕竟，并没有人选举扎格卢勒作为埃及的代言人。

埃及代表团并没有被温盖特的严词拒绝所吓倒。扎格卢勒和他的同事们告别高级专员后，即开始为确保自身作为埃及民族诉求代言人的权限而奔波。他们起草了一份请愿书，要求允许扎格卢勒及其代表团前往巴黎，并在巴黎和会上陈述埃及的情况，正如埃米尔费萨尔代表叙利亚一样。政治活动家寻访埃及各地以争取民众签名支持。尽管受到英国官员阻挠，部分已签名的请愿书被没收，但民族主义者仍然成功地为扎格卢勒的运动寻求到可观的民众支持。大量的请愿书复印件被送往地方民选机构、省委员会以及其他的地方显贵，短时间内成千上万的签名涌入发起者手中。[22]

埃及各地的民众一致支持萨阿德·扎格卢勒的事业，迫不及待地希望在巴黎和会上确保埃及脱离英国而独立。随着该运动声势日涨，英国人曾尝试通过将埃及问题与巴黎和会脱钩的方式来终止民族主义者的煽动活动。温盖特宣布，关于埃及地位的任何变动都被英王政府视为"一个帝国内部的而非国际性质的问题"。换句话说，作为一个帝国内部问题，扎格卢勒及其同事必须在白厅与英国政府讨论其诉求，而非在巴黎向全世界陈诉埃及的情况。英国当局向扎格卢勒发出直接警告，要求他停止煽动活动，但后者对英国人的警告置若罔闻。1919年3月8日，扎格卢勒及其主要同事最终被捕，随后被流放至马耳他岛。这一举措在埃及激起了全国性暴动，也标志着1919年埃及革命的开端。

萨阿德·扎格卢勒及其同事的被捕在埃及民众中引发了迅速而激烈的反应。整个国家陷入骚乱，自发和有组织的叛乱由城镇中心传播至农村地区，牵动了埃及社会的各个阶层。示威活动于3月9日正式开始，当时一群学生发动骚乱，大肆破坏铁路、电车、路灯杆等在他们看来与英国统治相关的基础设施。反英示威活动和英国部队的镇压给双方都造成多人死伤。

古老的爱资哈尔清真寺学院成为起义的一个中心。英国军队于3

月 13 日逮捕了爱资哈尔的部分师生，随后，英国驻埃及安全主管约瑟夫·麦克弗森（Joseph McPherson）走访了这座清真寺以便观察政治煽动的情况。尽管为伪装自己而头戴一顶土耳其毡帽，麦克弗森还是感受到了身边埃及人不友善的目光。清真寺前的人群是如此拥挤，以至于他根本无法通过清真寺的正门。但即便在视野受限的位置，他仍能看到一位宗教长老"站在一堆石头上面，对数百名听众长篇大论，告诫听众为了摧毁暴虐者、打破其枷锁，他们必须视死如归，同时许诺那些为这一神圣事业而牺牲的'烈士'将进入天堂"。麦克弗森亲眼看到中央革命委员会为在农村地区发动叛乱而筹集善款。[23]

农村社群同样攻击被他们视为与英国统治有联系的事物，战时用于储存与运输所征收粮食的仓库和铁路设施、保证行政人员间有效通信的电报线路遭到破坏。在城市中，工人阶级发动劳工行动，埃及国家铁路和开罗电车工人相继罢工。英国驻埃及安全主管麦克弗森对从中小学生到街头清洁工等暴动参与者进行了分类，并对此表示鄙视："街头咆哮的疯子、暂时摆脱束缚发表拗口演讲的妇女、顽童和各种地痞流氓都高喊着粗俗的打油诗，以表达对倒台暴君的蔑视。"

埃及人对 1919 年的记忆则完全不同。对很多人来说，那是他们第一次参与自己国家的政治生活，他们因同一个信念而团结在一起——埃及人应当在不受外国干涉的情况下统治自己的国家。这也是阿拉伯历史中第一次真正的民族主义运动，其间民族主义领袖得到了从农村到城市的广大民众的全力支持。

同样是在 1919 年，埃及妇女首次登上民族政治的舞台，其领袖是一位名叫胡达·沙拉维（Huda Sha'rawi，1879—1947）的女性。胡达是一位切尔克斯母亲和一位年长的埃及显贵的女儿，出生在一个享有特权但又封闭的家庭环境之中。她生长在一个开罗精英家族的女眷居室之中,从小身边便簇拥着女人、孩子和阉人。在其回忆录中,她写到了两位母亲:一位是他父亲的第一任妻子,被她称为"大娘";另一位是她的生母。她爱自己的两位母亲,但对大娘尤其感到亲近,因为"当人们仅仅因为我弟弟是一个男孩而偏爱他时,(她能)理解我的感受"。[24]

孩童年代,胡达就不满自己接受的教育少于弟弟的现实。作为一名勤奋的学生,她甚至强迫她的家庭教师给她带来语法书籍,以便学习如何正确地诵读《古兰经》。"带走你的书吧,"负责照看孩子们的阉人一次对家庭教师说,"小姐不需要语法,因为她不会成为一名法官!"胡达当时很沮丧,"我开始变得郁郁寡欢,荒废自己的学业。我讨厌自己是一个女孩,因为这使我无法获得我所追求的教育。后来,女性的身份成为横亘在我本人与所有渴求的自由之间的一道障碍"。[25]

还是一个少女的时候,胡达就沮丧地得知自己将成为一位年长的堂兄阿里·沙拉维帕夏的第二任妻子。"我被要嫁给堂兄的想法深深困扰,因为我一直把他当作一位值得敬畏的父亲或长兄。一想到他的妻子和3个比我还要年长的女儿,我就更加心烦意乱。他的女儿们曾经打趣我说:'日安,继母大人!'"[26]她像"一名被判了刑的罪犯接受处决"那样走上了自己的婚床。毫不奇怪,她的婚姻生活并不幸福,婚后不久两人便分居。这样的分居生活持续了7年,这段时间也使胡达有机会走向成熟并发展自己的兴趣。之后,她回到了丈夫的身边,开始扮演其作为一位有影响的名人妻子的新角色。

与丈夫分居的几年成为胡达·沙拉维实现政治发展的重要时期。她开始为妇女组织各种公共活动,例如,邀请法国女权主义者玛格丽特·克莱芒(Marguerite Clement)在埃及大学举行讲座,后者在讲座中比较了东方和西方女性的生活，还探讨了戴面纱等社会习俗。胡达将这第一次讲座发展为一个常规的系列讲座，这使得埃及女性开始有机会抒发心声。后期演讲人中包括埃及女权主义者麦莱克·赫夫尼·纳绶夫（Malak Hifni Nasif，1886—1918），埃及第一位公开呼吁妇女解放的女性。[27] 1914 年 4 月，胡达召开会议，筹备建立埃及妇女知识协会。这一文学社团吸引了阿拉伯世界女性文学的部分先驱，包括黎巴嫩作家梅伊·齐雅黛（Mai Ziyada）以及阿拉伯世界最早的女性刊物之一的创始人莱比白·哈希姆（Labiba Hashim）。

这些活动也标志着埃及独特的妇女运动的开端，而胡达的后半生都将致力于这一事业。各类讲座、妇女会议拓宽了精英阶层妇女对开罗文化活动的参与范围，为妇女在不寻求丈夫首肯的情况下聚会并探讨自己感兴趣的话题提供了重要的平台。如此有限的成就本身具有重要的意义，但规定两性不同角色的社会习俗几乎没有受到影响。要挑战像男女隔离这样在阿拉伯和奥斯曼社会中根深蒂固的习俗，显然需要一场革命。

事实证明，1919 年起义既是一场政治革命，也是一场社会革命。1919 年春，当时严格的社会鸿沟遭到挑战，并被短暂地弥合。民族主义斗争为妇女在埃及成为政治人物提供了机会，开创了一个持久的女权主义运动，并成为一种遗产。在更加个人化的层面，上述事件帮助阿里·沙拉维帕夏与其妻子胡达实现了和解，将他们的婚姻转变为一个因民族主义事业而凝聚在一起的政治同盟。

阿里·沙拉维帕夏对民族主义运动的参与可追溯至 1918 年萨阿德·扎格卢勒与英国高级专员雷金纳德·温盖特的决定性会晤，沙拉维帕夏也是参与者之一。与扎格卢勒一道，沙拉维帕夏是后来被称为华夫脱党（即"代表团"）的民族主义政党的创始人之一。该政党寻求在巴黎和会期间代表埃及的诉求。扎格卢勒被流放后，沙拉维帕夏继任为该党领导人。革命期间，阿里·沙拉维帕夏与其妻子胡达的关系经历了戏剧性转变：他坚持向胡达通报政局发展的各个方面，以便在他被捕的情况下，后者可填补他留下的政治真空；此外，他们意识到妇女的某些行为可享有豁免权，因为为避免引发众怒，英国当局尚不敢逮捕妇女或向妇女开火。

华夫脱党迅速利用上述优势，动员妇女参与民族主义事业。第一次妇女游行发生在3月16日，即革命爆发后一周。写有白色阿拉伯语和法语口号的黑色标语牌已然备好，黑与白都是哀悼的颜色。随后示威者聚集在开罗市中心，准备向美国公使馆行进，似乎要声明伍德罗·威尔逊在其"十四点原则"中所许诺的民族自决权。在到达目的地之前，英国部队挡住了女性示威者的道路。"他们用机关枪封锁了街道，"胡达·沙拉维写道，"迫使我们以及在两旁组成纵队的学生停了下来。我已经下定决心，游行必须继续下去。我继续向前走，一个英国士兵用枪指着我，但我仍从他身边走过。当时一位妇女试图把我拉回来，我就大声喊道：'让我死吧，这样埃及就有了她自己的伊迪丝·卡维尔〔一位英国护士，第一次世界大战期间被德国人射杀，立即成为烈士〕！'"经过3小时的对峙，游行队伍和平解散。后续很多示威活动接踵而至。

埃及妇女直面英国统治者的象征性力量鼓舞着全国的民族主义者。一旦走出了深闺，埃及妇女便开始以更大的能量和热情投身于公共生活：她们为穷人筹集资金，去医院慰问伤员，经常冒着极大风险参与集会和抗议活动。同时，妇女们开始跨越阶级的界限，精英阶层的妇女与劳动阶层的妇女分享着共同的事业。胡达特别指出，民族主义运动期间6位劳工阶层妇女的死亡成为"全国沉痛哀悼活动的焦点"。妇女们尽其所能鼓励公务人员罢工，经常守候在政府机关之外，鼓励工人们以罢工的形式反抗英国人。当1919年底英国政府派遣以米尔纳勋爵（Lord Milner）为首的调查委员会赴埃之际，埃及妇女组织了新一轮示威活动，并起草了一份决议以示抗议。她们开始举行民众集会，来自各个阶层的几百名妇女参与其中。

1919年底，胡达·沙拉维和她的同事们通过组建华夫脱党妇女中央委员会，巩固了已取得的女性主义成就。该组织也是阿拉伯世界首个女性政治机构，胡达则当选为主席。1923年，胡达与同伴共同创办了埃及女权主义联盟。同年，当她和同伴们从罗马一次女权主义者会议归来时，她们在开罗火车站公开揭掉了面纱，打破了女性禁闭的习俗。埃及女权主义运动的生命力远远超过了1919年的革命时刻。

华夫脱党争取埃及独立的斗争仅取得了部分的胜利。尽管扎格卢勒及其同僚最终迫使英国允许他们代表埃及出席巴黎和会，但当他们到达巴黎时却得知美国代表团刚刚发布了一项声明，承认英国对埃及的保护地位。威尔逊总统慷慨陈词所带来的希望现在已烟消云散。埃及人被迫在伦敦和英国人直接展开谈判，而不是作为战后解决方案的一部分在巴黎确保自身独立。

1919—1922年，英国人和华夫脱党之间的谈判时断时续，不时被民众骚乱打断。最后，埃及民族主义者所能获得的最大成就仅是名义上的独立。基于维护埃及国内秩序的考虑，1922年2月28日英国单方面宣布保护国地位的结束，承认埃及为一个独立的主权国家，但四个"对英帝国利益至关重要的"核心领域仍受制于英国：帝国通信安全，保护埃及免遭外部侵略，保护外国利益和少数群体权利，以及苏丹。通过以上条文，双方实际上都承认了独立的有限性：英国仍可保留其军事基地，控制苏伊士运河，其干涉埃及内政的频率几乎与保护国时期一样高。在之后的32年中，埃及和英国仍将为限定这种殖民关系而陷入常规的谈判之中，前者寻求其主权完整，后者则竭力维护帝国秩序。

*

埃及的事态进展在整个阿拉伯世界都受到密切的关注，在伊拉克尤其如此。一战期间，巴士拉、巴格达、摩苏尔三个原奥斯曼帝国行省被英国占领。尽管英国人曾多次向伊拉克人民保证他们将享受自治，但他们拒绝埃及人独立地位的做法确实为伊拉克人的忧虑提供了充足的理由。

一战爆发后，驻印度的英国军队占领了伊拉克南部城市巴士拉，并确保了对整个省份的控制。英国人决心要保护其通往帝国在印度领地的波斯湾门户免受奥斯曼人的德国盟友的染指。占领巴士拉后，英军向北推进以对抗奥斯曼第六集团军。1915 年 11 月，英军已推进至距巴格达不足 50 英里的区域，在那里遭遇了兵力占优的奥斯曼军队。英国人被逼退至库特，在那里遭受奥斯曼人长达 4 个月的围困，最终于 1916 年 4 月向土耳其人投降。至此，奥斯曼人已经取得了两次针对英国入侵军队的重大胜利——一次在加里波利，一次在美索不达米亚。然而，英国人重启美索不达米亚战役，最终于 1917 年 3 月攻占巴格达，又于 1918 年夏末在基尔库克击败奥斯曼第六集团军。1918 年 11 月，英军又占领了摩苏尔省，尽管根据停火协议条款，后者并不在划归英国占领的领土范围之内。至此，英国已完成了 1915 年《德·本森报告》中首次提出的对美索不达米亚的控制计划。

事实证明，相比在该地区建立一个政治秩序，军事征服美索不达米亚要简单得多——1918 年即是，2003 年也是如此。三个行省的居民，包括库尔德人、逊尼派阿拉伯人、什叶派穆斯林，在目标和意愿方面分歧严重。在要求三省合并为一个称为伊拉克的独立国家并置于君主立宪政体之下等方面,美索不达米亚的不同社群基本能达成一致,但关于英国在这个新国家中应扮演何种角色,各方则观点不一。一些大地主和富商更看重稳定和经济增长而非完全独立,因而公开支持英国统治;一些之前曾在阿拉伯大起义中追随埃米尔费萨尔的伊拉克军官,则将英国视为逊尼派政治主导地位的保证;但大多数伊拉克人都拒绝外国干涉其内部事务。

占领美索不达米亚之初,英国人曾再次向伊拉克人民确保其善意。1918 年 11 月,英法联合宣言在伊拉克当地媒体中得到了广泛报道,该宣言承诺联军支持通过自决程序在阿拉伯地区"建立民族政府和行政机构"。这一宣言也使很多伊拉克人确信欧洲人无意向他们强加一套殖民主义解决方案。总部位于纳杰夫的《独立报》(*al-Istiqlal*)写道:"英、法两国关于帮助我们实现完全独立与自由的声明令人感到振奋。"[28]

然而几个月过去了,关于伊拉克自治的承诺并未取得任何明显进展,伊拉克人的疑虑开始增加。英国人似乎忙于在当地建立自己的行政机构,而不是帮助伊拉克人建立政府。1919 年 2 月,一群伊拉克人要求英国当局允许派遣一个代表团前往巴黎,以确保其民族独立要求获得承认,但英国当局断然拒绝。当伊拉克人要求英国人详细阐述其对伊拉克政治未来的方案时,又无法获得一个直截了当的答案。

事实上,英国人对于如何最有效地统治伊拉克有两派观点。一派以统领英国驻伊拉克当局的民事专员阿诺德·威尔逊爵士(Sir Arnold Wilson)为代表,主张效仿英属印度的模式,寻求在伊拉克建立直接殖民统治。他甚至鼓励从印度向美索不达米亚稳定地输入移民,作为在后者建立殖民行政机构的现成劳动力。另一派以驻巴格达的东方事务秘书格特鲁德·贝尔(Gertrude Bell)为代表,认为与伊拉克的阿拉伯民族主义者合作最符合英国的利益。贝尔认为一个伊拉克的哈希姆王国将为非正式的帝国统治提供理想的构架，对英国政府而言成本低得多，与新生的阿拉伯民族主义运动发生冲突的风险也低得多。伊拉克人不知道该相信谁——是貌似支持他们愿望的贝尔，还是她的上司、坚持英国对伊拉克统治的阿诺德·威尔逊爵士？[29]

至1920年，伊拉克人已确信英国人蓄意将其国家纳入殖民统治之下。他们从远方见证了1919年埃及革命；他们越来越担忧地看到英国人抛弃了大马士革的费萨尔政府，从叙利亚、黎巴嫩撤军，从而为法国殖民占领铺平了道路。看上去英、法两国蓄意拒绝阿拉伯世界的独立并在两国间瓜分其领土，当然他们确实这么做了。

1920年4月，国际联盟将伊拉克作为正式托管地委托给英国，伊拉克人的怀疑最终得到证实。伊拉克人始终将托管地作为帝国主义一种改头换面的说法而加以反对，他们开始动员起来全力阻挠英国的计划。反对派由一个新的组织——伊拉克独立卫士领导，该组织1919年首先出现在什叶派社群之中。"卫士"要求伊拉克完全独立以及英国完全撤军，因而吸引了大量逊尼派支持者。为了避免英国当局干预，他们轮流在什叶派和逊尼派清真寺中举行会谈。伊拉克不同穆斯林社群间的这次合作是史无前例的，也为一个超越宗教边界的伊拉克民族共同体奠定了基础。

伊拉克第一波反对英国委任统治的示威活动采取和平的形式。1920年5月，部分什叶派宗教人士、部落长老以及民族主义组织成员在巴格达举行大规模示威活动，英国政府当即对一切和平示威活动采取镇压的策略，逮捕了那些涉嫌煽动反英活动的领导人。在英国镇压下，伊拉克民族主义者被逐出巴格达，被迫在外省城镇和村庄中继续其反抗活动。

1920年6月底，在纳杰夫和卡尔巴拉两圣城什叶派宗教人士的支持下，伊拉克大起义正式爆发。英国人犯了一个错误，即逮捕了最重要的什叶派宗教学者阿亚图拉设拉齐（Ayatollah al-Shirazi）的儿子。作为回应，设拉齐发布了一则"法特瓦"（fatwa），即法律意见，鼓励反抗外国占领的反叛。因担心危机进一步激化，巴格达的英国当局逮捕了多名他们认定参与鼓动骚乱的什叶派活动人士和部落首领。可想而知，这样的镇压手段很快将起初的和平反抗转变为暴力对抗。

伊拉克的抵抗运动具有高度组织化、纪律化的特点。运动领导层为一般行动制定了指导方针，并通过本地印刷机构印制发放。一份1920年7月在巴格达印制的传单规定了对抗的原则："每位部落首领必须确保全体部落成员理解本次起义的目标，即要求伊拉克的完全独立。"[30] 起义的部落民众被教导以"独立"作为自己的战斗口号；他们要确保本方控制之下所有城镇和村庄的正常行政运转；妥善看管英国和印度战俘；最重要的，他们要保留从英军缴获的所有武器、弹药和装备，因为这些补给"都属于取得胜利的最重要手段"。

最初，起义在3个省份同时爆发，尽管冲突的主要区域集中于巴格达与巴士拉之间的幼发拉底河中游地区，纳杰夫和卡尔巴拉成为运动的中心。在这些地区，英国人被迫撤军，起义军则控制了城镇和村庄，建立起地方政府，成功收取税收并维持秩序。尽管英国人成功确保首都内未发生重要的起义，但巴格达周边地区都迅速被起义军控制。1920年8月，巴格达东北部多个部落发动大规模反叛，在一个月的时间内控制了巴古拜和迪亚拉河以北的其他城镇。另一次主要的起义发生在巴格达以西的费卢杰。[31] 英国人紧急调动其他部队来增援守军，随后发动报复性的反击。

面对着这样一场全国性的起义，英国人别无他法，只得强化他们在伊拉克过于分散的兵力，以便重新夺回对这块新托管地的控制权。来自印度的新增部队将驻伊英军总数由 1920 年 7 月的 6 万增至同年 10 月的超过 10 万。9—10 月，英国人借助压倒性的兵力，动用重型火炮和飞机轰炸等手段，完成了对伊拉克的再征服：9 月初，他们重新攻克费卢杰，对当地部落采取了严厉的惩罚措施；9 月底，他们又转向迪亚拉河谷地区的部落，进而向幼发拉底河中游地区推进。纳杰夫的一位记者描绘了英军的猛烈攻势："他们攻击并烧毁部落谢赫的房屋，房屋连同一切财产都付之一炬。他们杀害了大量民众，屠戮马匹和牲畜。"英国人冷酷无情地追捕起义者，拒绝一切形式的谈判。"（英国）军官只想将我们赶尽杀绝，或者送上法庭，"这位记者继续写道，"我们同意他们的停战请求，他们却违背协定；我们从他们手中攻陷一片地区后允许他们全副武装地撤退，他们却背信弃义地攻击我们。近些天来，很多人口密集的城镇遭到严重破坏，血流成河；神圣的宗教崇拜场所遭到侵犯，让人痛心不已。"[32]

10 月底，随着纳杰夫和卡尔巴拉的投降，大起义最终告一段落。起义造成了巨大的生命财产损失：据英国政府估计，英国和印度士兵死伤超过 2200 人，伊拉克方面则高达约 8450 人。[33]对伊拉克人民的财产损失则缺乏相关的估算。

1920 年大起义在伊拉克被称为"1920 年革命"，它在伊拉克现代国家民族主义神话谱系中具有特殊地位，堪比 1776 年美国革命对美国历史的影响。二者与其说是社会革命，不如说是反抗外国占领者的民众起义；二者都标志着两国民族主义运动的开端。尽管绝大多数的西方人对 1920 年伊拉克起义缺乏了解，但一代又一代的伊拉克学童正是听着民族主义英雄如何在费卢杰、巴古拜、纳杰夫等城镇对抗外国军队和帝国主义的事迹长大的，这些故事相当于列克星敦和康科德的伊拉克版本。

＊

第一次世界大战及战后解决方案构成了阿拉伯现代历史中诸多最重要的阶段之一。1918 年 10 月，奥斯曼帝国在整个阿拉伯世界长达四个世纪的统治最终落下帷幕。同时代的阿拉伯人中很少有人能想象一个没有奥斯曼人的世界。通过更加精巧的官僚机构以及铁路、电报等基础设施，通过向更多的阿拉伯臣民提供在扩大的学校系统中获得奥斯曼教育的机会，19 世纪的奥斯曼改革实际上扩大了伊斯坦布尔中央政府对阿拉伯行省的控制。至 20 世纪初期，阿拉伯人可能会感到与奥斯曼世界的联系比以往任何一个时期都更加紧密。

1908 年以来，在青年土耳其党人治下，阿拉伯人与奥斯曼人之间的联系进一步强化。当时奥斯曼人已经失去了巴尔干地区几乎所有的欧洲省份。青年土耳其党人继承的是一个土耳其-阿拉伯帝国，因而竭尽全力强化伊斯坦布尔对阿拉伯省份的控制。青年土耳其党人的政策可能疏远了一部分阿拉伯民族主义者，但他们却成功地使得阿拉伯独立看起来成为一个更加遥不可及的目标。

奥斯曼帝国崩溃后，受独立统治愿望的驱动，阿拉伯民族主义者进入了一个热情高涨的活动期。在 1918—1920 年间一个短暂、兴奋的时期，埃及、叙利亚、伊拉克、希贾兹的政治领袖相信他们即将步入一个独立的新时代。他们求助于巴黎和会以及伍德罗·威尔逊所承诺的全新世界秩序，以便确认自己的雄心。然而无一例外，他们都将感到失望。

阿拉伯人面临的新时代实际上将由欧洲殖民主义而非阿拉伯独立所形塑。欧洲列强确立了他们的战略需求，并通过战后和平进程解决了他们内部的所有分歧。法国将叙利亚、黎巴嫩并入了其在北非的阿拉伯属地，英国则成为埃及、巴勒斯坦、外约旦及伊拉克的主人。尽管对特定的边界还会做少量修正，但欧洲列强大体上划定了我们今天所知的现代中东国家的边界（巴勒斯坦是一个重要的例外）。阿拉伯人从未认同这一根本性的不公，在两次大战之间的剩余岁月中，他们将为追求长期企盼的独立地位而与其殖民主展开斗争。

第七章　大英帝国在中东

战后解决方案授予英国对伊拉克、外约旦、巴勒斯坦的委任统治权之时，英帝国已经在阿拉伯世界活动了一个世纪之久。19世纪初，英属东印度公司为打击现属阿拉伯联合酋长国的沙迦和哈伊马角的海上部落对商船运输日益严重的威胁，被迫卷入凶险的波斯湾水域。波斯湾是连接东地中海与印度的关键陆海纽带，因此英国人决心终止该地区的海盗行为。正是在征服被他们称为"海盗海岸"地区的过程中，英国人将波斯湾转变成了一个英国内湖。

关于英国对沙迦和哈伊马角地区卡西米部落联盟不满的记录可追溯至1797年。当时，东印度公司将针对英国、奥斯曼、阿拉伯船队的一系列袭击归咎于卡西米人。1809年9月，东印度公司向"海盗海岸"派遣了一支由16艘船舰组成的惩戒性远征军，舰队按照指示袭击了哈伊马角的城镇，焚毁了卡西米劫掠者的船只和店铺。1809年11月至1810年1月，英国舰队严重破坏了哈伊马角和另外4个卡西米港口，共焚毁60艘较大的船只和43艘较小的船只，追缴据称被窃的财物约2万英镑，随后才启程返航。但由于未能和卡西米人达成一项正式协议，英国人在波斯湾的运输船只仍将继续面临后者的袭击。[1]

英国第一次远征后的5年内，卡西米人已经重建了他们的舰队，重新开始海上劫掠活动。为压制卡西米人，第二支英国远征军于1819年从孟买启航。借助两倍于前且集中于哈伊马角的兵力，第二次远征不仅成功捕获并烧毁了卡西米人的大多数船只，且实现了第一次远征未能实现的目标，即达成政治解决方案。1820年1月8日，阿布扎比、迪拜、阿治曼、乌姆盖万、巴林以及控制着沙迦和哈伊马角的卡西米家族与英国签署了一项总体协议，保证完全、永久性地停止对英国船只的一切袭击行为，并接受一套通用的海事规则；作为回报，他们将获许在波斯湾及印度洋的所有英国港口从事贸易。通过赋予这些海上酋长国使用英国控制下港口的权利，这一协议为相关各方维护在公海和沿岸海域和平提供了经济刺激。1853年，上述条款在《永久协议》中再次得到确认，此协议将海湾各国之间的海上敌对行为列为非法。"海盗海岸"的微型国家也因其与英国以及彼此之间达成的协议，而被称为停战诸国。

该协议也标志着19世纪"英治和平"（Pax Britannicus）的开端，整个波斯湾正是在这一时期发展为一个不折不扣的英国保护领地。通过与独立酋长国统治者达成的一系列双边协议，英国人深化了对波斯湾的控制。1880年，巴林谢赫与英国达成了一项协议，保证"在未经英国政府同意的情况下，避免与英国之外的任何国家或政府开展谈判或签署任何性质的协议"，从而将本国的对外关系实质上置于英国的控制之下。随后英国又与其他波斯湾酋长国达成了类似的协议。[2] 19世纪90年代，英国人甚至更进一步从海湾统治者那里获得"不让渡契约"，即后者保证"除英国政府外，不向第三方割让、出售、抵押或允许占领其领土的任何部分"。[3] 自19世纪70年代起，奥斯曼帝国就寻求拓展对波斯湾地区的主权控制。英国采取上述措施，正是为了确保英国对这一通往其印度殖民帝国的战略性海路的主导权，免受奥斯曼帝国或任何欧洲对手的威胁。1899年和

1916年，科威特和卡塔尔为抵制奥斯曼扩张主义又分别寻求英国保护，从而加入了英国在海湾的"受保护领地"。

20世纪，英国对石油日益增长的依赖进一步提升了波斯湾的重要性。随着1907年皇家海军由燃煤转向燃油，波斯湾的阿拉伯酋长国在英帝国的布局中又获得了一个新的战略角色。1913年，当时担任英国第一海军大臣的温斯顿·丘吉尔要求下议院正视英国对石油的全新依赖局面。他解释道："1907年，完全依赖石油的第一支远洋驱逐舰船队正式建立；自那之后的每一年，都有一支新的'仅限石油'的驱逐舰船队建造完毕。"他指出，至1913年皇家海军中已有约100艘石油动力的新型船舰。[4] 这使得英国在波斯湾的首要关切由贸易和与印度间的通信，拓展至对新的石油战略利益的考虑。

1908年5月，波斯湾地区的首个重要储油区在伊朗中部被发现。地质学家有充分的理由相信，在海湾阿拉伯国家也能发掘出体量可供出口的石油储藏。英国开始与海湾酋长国缔结一系列涉及独家石油开发权的协议。1913年10月，科威特统治者给予英国特许权，保证只允许英王政府批准的个人或公司在其境内勘探石油。1914年5月14日，英国与巴林统治者达成一项类似的协议。至一战前夕，石油勘探以及商业和帝国通信等因素，已使波斯湾成为对大英帝国具有特殊战略意义的区域。1915年英国政府的一份报告就将"我们在波斯湾的特殊和首要地位"界定为"我国在东方政策的一条核心原则"。[5]

1913年，一个新的阿拉伯国家突然在"英治和平"下的波斯湾地区崛起。沙特家族（其18世纪的联盟曾在自伊拉克至麦加、麦地那两圣城的广大区域对奥斯曼统治构成挑战，直至1818年被穆罕默德·阿里的军队击败）重建了与穆罕默德·本·阿卜杜·瓦哈卜后人的盟友关系，从而建立起一个新的沙特-瓦哈比联盟。联盟首领是一位名叫阿卜杜·阿齐兹·本·阿卜杜·拉赫曼·费萨尔·阿勒·沙特（Abd al-Aziz ibn Abd al-Rahman al-Faysal Al Sa'ud，1880—1953）的富有个人魅力的年轻领袖，在西方更多以伊本·沙特（Ibn Saud）的名字闻名。

1902年，伊本·沙特的势力开始崛起，当时他率领其追随者战胜了多年的宿敌拉希迪（Rashidi）部族，从而控制了阿拉比亚中部的绿洲城市利雅德。他的战斗部队以伊赫万（阿拉伯语意为"兄弟"）之名闻名，是一群寻求将瓦哈比主义对伊斯兰的严厉阐释强加给整个阿拉伯半岛的狂热信徒。每当他们征服一个拒绝其宗教信仰的城镇，他们还可通过宗教层面许可的劫掠行为赢得回报。信仰与物质回报的刺激相结合，使得伊赫万成为半岛上最强大的战斗力量。伊本·沙特宣布利雅德为其首都。在之后的11年内，通过对伊赫万的有效部署，伊本·沙特将其控制下的领土由阿拉比亚内陆拓展至波斯湾地区。

1913年，伊本·沙特从奥斯曼帝国手中征服了阿拉比亚东部的哈萨地区。1871年，奥斯曼政府曾试图将这一孤立的阿拉比亚地区（即今天沙特阿拉伯的东部省）纳入帝国版图，以便拓展其对波斯湾的影响，这一设想显然受到英国人的坚决抵制。至1913年，奥斯曼人几乎已完全放弃了对这一地区的行政管理，沙特人不费一兵一卒便占领了该地区主要城镇胡富夫，进而成为阿拉伯海湾诸国中新的主导性力量。

面对这一新崛起的、强大的海湾统治者，1915年底英国与伊本·沙特签订了一项协议。该协议承认了伊本·沙特的领导权，并将其控制下的阿拉比亚中部和东部纳入英国的保护范围；作为回报，沙特家族承诺在未经英国许可的情况下，不与其他外部势力签订条约或向其出售领土，并避免针对其他海湾国家的一切侵略行动。该协议在本质上将伊本·沙特的领土变成了又一个休战国家。签订该协议后，英国向伊本·沙特支付了 2 万英镑，并给予 5000 英镑的月俸和大量的步枪与机关枪，这批武器被设想用来对付一战中站在德国一方反对英国的奥斯曼人及其阿拉伯盟友。

然而，伊本·沙特无意在阿拉比亚对抗奥斯曼人，相反他利用英国人的资金和武器追求自己的目标，而这些目标越来越指向伊斯兰教两圣城麦加和麦地那所在的红海省份希贾兹。在这一地区，沙特人的野心与英国人的另一个盟友——麦加的谢里夫侯赛因发生了冲突，后者在 1915 年秋已与英国人达成了战时盟友关系。与伊本·沙特相似，谢里夫侯赛因也希望统治整个阿拉比亚；通过在 1916 年 6 月发动反对奥斯曼统治的阿拉伯大起义，后者希望在英国人的帮助下在阿拉比亚、叙利亚和伊拉克实现其野心。然而，由于在与奥斯曼人的战斗中战线拉得过长——其部队分布在一条长达 1300 千米（810 英里）的荒漠地带，谢里夫侯赛因的家乡希贾兹省反而容易受到伊本·沙特部队的攻击。广阔的阿拉伯半岛也难以容下两位统治者的雄心，1916—1918 年，平衡开始向有利于伊本·沙特的方向倾斜。

随着阿拉伯大起义的爆发，当谢里夫侯赛因于 1916 年 10 月宣布自己为"阿拉伯诸国的国王"之时，沙特人与哈希姆人之间的冲突已变得不可避免。即便是曾许诺他建立一个"阿拉伯王国"的英国盟友，在麦加谢里夫之外也只愿承认他为"希贾兹的国王"。伊本·沙特不太可能认可这位自封的侯赛因国王之主张的有效性。

整个一战期间，英国一直尝试在两个阿拉伯盟友之间维持和平，将他们的精力集中到同奥斯曼人作战上。然而，就在奥斯曼人战败前几个月，沙特人-哈希姆人围绕支配权的争斗最终爆发为公开冲突。两位沙漠君主间一批引人注目的未公开的通信反映了这种竞争关系，两人的火气也随着1918年夏日的热气而上涨。

当哈希姆人的部队在希贾兹铁路沿线全力与奥斯曼人作战之际，侯赛因国王越来越关注于一些报告，这些报告称沙特统治者正向那些最近宣誓效忠瓦哈比事业的部落发放武器。毫无疑问，这些正是英国人之前提供给伊本·沙特的武器，哈希姆统治者则越来越担心这些英国武器会被用来对付自己的部队。1918年2月，侯赛因致信责难伊本·沙特，在信中写道："难道［瓦哈比］部落民众相信真主会认为他们对伊斯兰民众的敌意行为是无辜的？伊斯兰民众只信任真主来保护他们的生命和财产。"侯赛因警告他的对手，武装穆斯林来对抗穆斯林同胞是一种违背真主的宗教的做法。[6]

伊本·沙特被侯赛因的信激怒了。毕竟，纳季德发生的一切与麦加的谢里夫毫无关系。而伊本·沙特的回应在1918年5月再次引发了谢里夫侯赛因的激烈反应。如果伊本·沙特的行为还仅限于阿拉比亚中部的纳季德省，哈希姆人可能也不会如此担忧。但沙特统治者近期却赢得了侯赛因国王的一位总督的忠诚，这人名叫哈立德·本·鲁瓦伊（Khalid ibn Luway），掌管着纳季德-希贾兹边境的绿洲城镇胡尔迈。对此，老国王抱怨道："没有必要欺骗哈立德·本·鲁瓦伊，或对他使用花招和伎俩。"[7]

绿洲城市胡尔迈位于两位阿拉伯敌对统治者领土之间，战略位置十分重要，人口约5000人，本身也是一个重要定居点。尽管曾身为麦加谢里夫的臣属，胡尔迈的统治者哈立德却在1918年宣布接受瓦哈比派的教义，将其城镇置于伊本·沙特的统治之下，同时将该地区的税款由麦加转向沙特人的国库。侯赛因国王之子埃米尔阿卜杜拉（Amir Abdullah）在其回忆录中写道，哈立德"滥杀无辜，甚至将自己的兄弟处死，仅因后者不接受他的宗教信条。他长期迫害任何不追随瓦哈比运动的亲哈希姆部落"。[8]侯赛因国王试图劝说这位任性的地方长官浪子回头,但无济于事。

胡尔迈争议引发了哈希姆人和沙特人之间的第一次武装冲突。1918年6月侯赛因国王派遣了一支超过2600人的步兵和骑兵部队,希望重新夺回胡尔迈,但却发现该城镇得到伊本·沙特麾下伊赫万战士的增援。[9]哈希姆部队在两场独立的战役中惨遭沙特人的杀戮。英国人担心其阿拉伯盟友在奥斯曼人被击败前就忙于自相残杀,急忙向伊本·沙特施压,要求后者与侯赛因国王和解。

受到其战士在胡尔迈胜利的鼓舞,1918年8月伊本·沙特向侯赛因发出了一封居高临下的信件。沙特领导人利用头衔称谓来确认地理上的势力范围:在自称"纳季德、哈萨、卡提夫及其属地的埃米尔"的同时,伊本·沙特仅承认谢里夫侯赛因为"麦加的埃米尔",既不是像谢里夫侯赛因自己所希望的那样,称其为"阿拉伯土地的国王",甚至也不是英国所承认的"希贾兹的国王"。他在信中有意完全避免提及希贾兹,仿佛这一广阔的红海省份的主权归属尚有待确认。

伊本·沙特承认收到了侯赛因国王5月7日的来信,但对信件内容有所保留,因为"您的信件中所表达的某些内容并不合适"。他同样承认英国人施压让他们弥合分歧,对此他解释说,反抗奥斯曼人的战役正达到一个关键阶段,因而"争端对所有人都是有害的"。但他不可能对哈希姆人之前的挑衅行为无动于衷。为此,他写道:"毫无疑问,阁下将怀疑我在胡尔迈人的事务中扮演了某种角色。"但他坚称哈希姆人自己应为胡尔迈长官的叛变以及该地居民追寻瓦哈比派事业而负责。"我一直对他们保持约束,"他继续写道,"直到你的军队两次前来讨伐他们。"这是指哈希姆人在胡尔迈的两次战斗。"而后真主所先定的就发生了",他得意地暗指沙特人击败哈希姆军队的事实。[10]

展望未来，伊本·沙特提议基于现状与哈希姆人达成休战：胡尔迈将仍由沙特人控制；侯赛因国王将致信该绿洲城镇的长官，向他确认哈希姆人与沙特人之间并无分歧；伊本·沙特和侯赛因国王将在其追随者之间维护和平，保证纳季德和希贾兹的部落遵守这一休战。事后来看，这已经是侯赛因能从沙特人那里取得的最佳条件了，即在相互承认领土和边境的前提下，哈希姆人则仍可维持对希贾兹的控制。

侯赛因国王甚至没有考虑伊本·沙特开出的条件：他将信件原封不动地送回，告诉信使："伊本·沙特无权向我们提出任何要求，我们也无权向他提出任何要求。"与寻求休战相反，1918年8月侯赛因国王又派遣了一支部队前往胡尔迈，试图恢复对该绿洲的主权。他指派自己最信任的指挥官之一谢里夫沙基尔·本·宰德（Sharif Shakir bin Zayd）来指挥这次远征，并向后者担保他已经调动了足够多的骆驼和补给，"以便你能大展身手"。[11]然而，沙基尔的远征军甚至还没有到达双方争议的绿洲就被沙特人的军队轻松击退了。

屡次败给伊本·沙特的军队让侯赛因国王恼羞成怒，他命自己的儿子埃米尔阿卜杜拉再次领军讨伐胡尔迈。阿卜杜拉本人并不赞成这样一场战争。在1919年1月守城将领最终投降之前，阿卜杜拉和他的士兵一直在围困奥斯曼人在麦地那的驻防部队。经过多年与奥斯曼人的战斗，他的部队已经身心俱疲。此外，他也认识到瓦哈比士兵是一群狂热的武士。他曾写道："瓦哈比派的战士急切地想进入天堂。根据他的信仰，如果他（在战场上）被杀，他就能永居其中。"[12]但阿卜杜拉又不能违背父亲的意愿。1919年5月，他接受了任务，率部出发与瓦哈比人作战。

在与沙特人的最后这场战役中，哈希姆军队最初取得了部分胜利。在向胡尔迈进发的途中，阿卜杜拉于1919年5月占领了之前已宣誓效忠伊本·沙特的绿洲城镇图拉巴。阿卜杜拉非但没有寻求绿洲内3000名居民的善意，反而允许其部下洗劫这座反叛的城镇。毫无疑问，他意图拿图拉巴作为例子，警告其他边境绿洲不要倒向沙特人。然而，阿卜杜拉部下的行为反而强化了图拉巴居民对伊本·沙特的忠诚。当埃米尔阿卜杜拉还在图拉巴之时，城中某些居民已经发出消息向伊本·沙特求援。阿卜杜拉则从图拉巴致信沙特领导人，希望能够借对这座绿洲的征服，确保以更有利于哈希姆人的方式与伊本·沙特达成一项和平协议。

沙特的战士们却无意与哈希姆人达成和解。鉴于之前已经击败了遭遇的每一支哈希姆部队，他们相信自己可以逆转埃米尔阿卜杜拉的军队。约4000名伊赫万战士从三面包围了图拉巴，他们在黎明时刻向阿卜杜拉的阵地发起攻击，几乎完全歼灭了后者的部队。根据阿卜杜拉的叙述，整支部队1350名战士中仅有153人保全了性命。"我本人能幸免于难也是一个奇迹。"他后来回忆道。阿卜杜拉和他的堂弟谢里夫沙基尔·本·宰德从帐篷的后面逃离了战场，但都负了伤。[13]

这场战役的影响远远超出了绿洲内的血腥屠杀。图拉巴战役表明瓦哈比人才是阿拉伯半岛上主导性的力量，而哈希姆人在希贾兹的日子已经不多了。埃米尔阿卜杜拉回忆道："那场战役后，进入了一个不安和焦虑的时期，焦虑的对象包括我们的运动、我们的国家乃至国王本人的命运。"事实上，他的父亲侯赛因国王似乎经历了一次精神崩溃。"回到总部后，我发现父亲身体欠佳且精神紧张，"阿卜杜拉写道，"他现在脾气很差，健忘而且多疑。他已经失去了他敏锐的反应速度和健全的判断力。"[14]

英国人也对战役的结果感到吃惊，很多英国人之前低估了伊本·沙特军队的战斗力。他们不希望看到自己的沙特盟友压倒哈希姆盟友，从而打破他们在阿拉比亚精心布置的力量平衡。英国驻吉达的常驻代表（英属印度行政当局管理之下的首席殖民行政官）于1918年7月致信伊本·沙特，要求他立即撤离两绿洲城镇，在双方就边界纠纷达成一致前确保图拉巴、胡尔迈为中立区域。"如果你在收到来信后拒不撤退，"常驻代表警告道，"英王政府将默认之前与你达成的协议无效，并采取一切必要的手段制止你的敌对行为。"[15]伊本·沙特遵循了英国人的要求，命令其部队撤回利雅德。

为恢复阿拉比亚的力量平衡，英国人同样需要与希贾兹的哈希姆人达成一项正式协议。当年谢里夫侯赛因与亨利·麦克马洪爵士之间的通信曾建立某种战时盟友关系，但这并不构成某种形式的协议，如英国与海湾统治者包括伊本·沙特签署的那种。在缺少正式协议的情况下，英国没有理由保护其哈希姆盟友免遭沙特人的侵犯。在阿拉比亚，英国人情愿看到很多国家彼此制衡，而不是一个单一的、横跨红海和波斯湾的主导性力量的崛起。因此，将哈希姆人作为防范势力日长的沙特国家的缓冲力量，对维护大英帝国利益而言是一条便宜之计。

随着一战趋于尾声，英国政府急切地希望与侯赛因国王及其哈希姆家族达成一项正式的联盟条约。为此，他们专门派遣 T. E. 劳伦斯上校，即著名的"阿拉伯的劳伦斯"，与侯赛因展开会谈，劳伦斯在阿拉伯大起义期间曾充当英国与哈希姆家族之间的联络人。

1921年7—9月，劳伦斯劝说侯赛因国王签署一项协议，承认战后解决方案的新现实，但徒劳无获。侯赛因拒绝接受战后中东解决方案的几乎所有要点，认为这是英国对他本人承诺的背叛：他拒绝将其王国限定在希贾兹；反对将他的儿子费萨尔国王逐出大马士革，反对在叙利亚建立法国委任统治；拒绝英国对伊拉克和巴勒斯坦

（当时包括外约旦）的委任统治；反对在巴勒斯坦建立犹太民族家园的政策。1923年，英国人为达成协议做出最后一次努力，但愤愤不平的老国王仍然拒绝签字。结果，他恰恰在伊本·沙特开始对希贾兹的军事征服前失去了英国的保护。

1924年7月，伊本·沙特在利雅德召集部下指挥官，开始计划对希贾兹的征服。他们首先向靠近麦加的山城塔伊夫（Taif）发起攻击，以便试探英国的反应。9月，伊赫万占领塔伊夫，并洗劫该城达3天之久。塔伊夫的城镇居民抵抗了瓦哈比人的进攻，后者则十分残暴地加以回应：据估计约400人在战斗中被杀，很多人逃离该城。塔伊夫的陷落在整个希贾兹地区引发了一波震动。全省的显贵代表在吉达举行集会，要求侯赛因国王退位。他们认为伊本·沙特袭击希贾兹是出于对侯赛因国王的敌意，因而更换君主可能会使沙特改变策略。10月6日，老迈的国王顺从了人民的意愿，宣布他的儿子阿里继任为国王，随后流亡海外。然而，这些措施并没有让伊本·沙特停下前进的脚步。

1924年10月中旬，伊赫万占领了圣城麦加。他们未受到任何抵抗，也避免了对城内居民采取任何暴力措施。伊本·沙特派使者试探英国对其占领塔伊夫、麦加的反应，在确认后者在冲突中保持中立后，才继续进发以完成对希贾兹的征服。1925年1月，他包围了吉达港和圣城麦地那，哈希姆人坚守了近一整年。1925年12月22日，阿里国王将其王国移交给伊本·沙特，随后跟随其父亲开始流亡生涯。

征服希贾兹后，伊本·沙特被拥护为"纳季德素丹兼希贾兹国王"，其控制下的广阔领土使伊本·沙特不同于停战诸国的其他海湾统治者。英国承认了其地位的变化，于1927年与阿卜杜·阿齐兹国王签署了一项新的协议，承认其完全的独立与主权，且不含有休战诸国所接受的关于对外关系的任何限制。伊本·沙特继续扩张其治下的领土，并于1932年将其王国更名为沙特阿拉伯。

伊本·沙特不仅在阿拉伯半岛绝大多数领土上建立了王权，而且在不受英帝国任何形式干涉的情况下维持了独立地位。在这一方面，他也受益于英国人的一个重大误判：他们不相信在沙特阿拉伯领土内有任何石油。

*

流亡国外的希贾兹国王侯赛因有理由认为自己被英国人背叛了：英国人非但没有履行亨利·麦克马洪爵士对哈希姆家族的书面承诺，当法国人1920年将他的儿子费萨尔国王逐出叙利亚，沙特人1925年将他的长子阿里国王逐出希贾兹时，也同样袖手旁观。

对英国而言，他们对自己履行对战时盟友承诺的情况也并不完全满意，因而也在寻找某种方式来部分地补偿他们的许诺，尽管做不到完全补偿。正如时任殖民地大臣的温斯顿·丘吉尔1921年6月向下议院所解释的，"我们在美索不达米亚和外约旦都强烈倾向于推行我所称的'谢里夫方案'，埃米尔费萨尔目前正前往前一地区，而后一地区已在埃米尔阿卜杜拉的控制之下"。[16] 通过将侯赛因的儿子扶上英国托管地的王位，丘吉尔希望在某种程度上补偿英国对哈希姆家族未竟承诺的同时，为英国在其阿拉伯领地提供忠诚可靠的统治者。

英国在中东的所有帝国领地中，外约旦被证明是最容易统治的。然而，外约旦这一新国家的开端却并不顺利。外约旦领土面积大致相当于印第安纳州或匈牙利，但人口仅约为35万人，主要由城镇居民、居住在俯瞰约旦河谷的高地上的农村居民以及迁徙于沙漠与荒漠之间的游牧部落民构成。该地区自给自足的经济是以农业和畜牧业产品为基础的，这些产品仅能为一个非常小的国家提供适度的税基。外约旦的政治也相当原始：整个国家分为不同的地区，每一地区有本地的领袖集团，其政治视野是非常地域化的。每年仅 15 万英镑的英国津贴在这一地区就大有作用。

鉴于其自身条件，英国人起初并未将外约旦视为一个独立的国家。这块领土最初是作为巴勒斯坦托管地的一部分被授予英国的，而将外约旦从巴勒斯坦中分离出来的决定成型于 1923 年，主要基于两点考虑：一方面，英国希望将《贝尔福宣言》所承诺的一个犹太民族家园限定在约旦河西岸的土地上；另一方面，英国希望将埃米尔阿卜杜拉的领土野心限定在可控的范围之内。

1920 年 11 月，埃米尔阿卜杜拉不请自来地首次进入外约旦地区。他身边围绕着一群阿拉伯民族主义者，都是来自他兄弟费萨尔在大马士革那个已不复存在的阿拉伯王国的政治难民。阿卜杜拉宣称他将率领阿拉伯志愿军从法国人手中解放叙利亚，恢复其兄弟费萨尔在大马士革的合法王位（阿卜杜拉则觊觎伊拉克的王位）。英国政府最不希望看到的，就是外约旦成为针对法国在叙利亚委任统治的敌对活动的基地。英国官员急于在事态完全失控之前处理这一情况。

1921 年 3 月，温斯顿·丘吉尔和 T. E. 劳伦斯邀请埃米尔阿卜杜拉在耶路撒冷举行会谈，从这一刻起他们提升了后者在大英帝国整个中东地区方案中的地位。费萨尔永远不会再返回大马士革，后者已牢牢地被法国人控制；相反，他将成为伊拉克的国王。他们能向阿卜杜拉提供的，最多就是扶植他成为一个全新的外约旦国的首脑。作为一个内陆国（当时外约旦领土尚不包括红海港口亚喀巴），外约旦显然无法满足阿卜杜拉的野心，但丘吉尔提议说如果阿卜杜拉能够在外约旦维持和平，并与法国人建立良好关系，后者在未来的某天可能会邀请他代他们统治大马士革。[17] 尽管成功的希望不大，但阿卜杜拉还是同意了上述提议，"谢里夫方案"在外约旦变为英帝国的现实。

当1921年埃米尔阿卜杜拉在外约旦建立首任政府之时，他大量依赖那些曾在大马士革为其胞弟费萨尔效力的阿拉伯民族主义者。英国人和外约旦本地居民同样都厌恶阿卜杜拉的这批随从：英国人将之视为煽动叛乱、惹是生非的破坏分子，他们针对驻叙法国人的袭击让人头疼不已；对外约旦人来说，这些后来组建新政党独立（Istiqlal）党的阿拉伯民族主义者代表着一群外来精英，这些人以本地居民的利益为代价垄断了政府和官僚机构。

独立党人在外约旦最直言不讳的反对者是一位名叫奥代·古苏斯（Awda al-Qusus，1877—1943）的本地法官。奥代是一名来自外约旦南部城镇卡拉克的基督徒，一战前曾在奥斯曼司法系统中任职。他能说一口熟练的土耳其语，又从卫理公会传教士那里学会了少量英语，曾在奥斯曼帝国境内到处旅行，与高级政府官员合作。奥代坚信埃米尔阿卜杜拉在组建政府时应当选用像他本人那样真正关心这个新国家福祉的外约旦本地人，他对独立党人最大的反对意见在于后者只关心解放大马士革。古苏斯嘲讽地评论说，独立党宪章第一条就是"为改善叙利亚的状况牺牲外约旦及其人民"。[18] 当然，他在独立党手中所遭受的迫害只会进一步强化这个观点。

古苏斯在其为本地报纸撰写的文章中公开批评独立党人。他指控政府的大臣们腐败，在阿卜杜拉不知情的情况下，擅自挪用国库资金。当地的外约旦民众拒绝向一个被视为挥霍本国有限资金的"外来"政府纳税，以此回应法官的批评。1921年6月，外约旦北部村庄的居民宣布罢税，并迅速升级为一场严重的叛乱。英国人被迫动用皇家空军的飞机进行轰炸，以便平息叛乱。

1921 年抗税反叛后，埃米尔阿卜杜拉政府和外约旦本地人之间的关系进一步恶化。古苏斯定期与一群从事专业技术职业的城镇居民举行会面，谴责阿卜杜拉政府中的裙带关系和腐败现象。这些外约旦的异议人士就政府管理不善的情况交换意见，公开讨论改革的必要性。当 1923 年夏阿卜杜拉面临一次大规模的部落叛乱之时，独立党人指控古苏斯和城镇异议人士煽动了叛乱，并催促阿卜杜拉镇压他们的国内反对者。1923 年 9 月 6 日夜里，警察撞开了奥代·古苏斯法官的家门，将他带走。

之后的 7 个月里，古苏斯都没能再回家。埃米尔下令剥夺了他的公职，并将其流放至邻近的希贾兹王国（当时还在哈希姆家族的统治之下）。和他一起被流放的还有 4 位外约旦本地居民：一位军官、一个切尔克斯人、一位穆斯林宗教人士，还有一位名叫穆斯塔法·瓦合比·泰勒（Mustafa Wahbi al-Tall）的农村显贵，泰勒未来将被公认为外约旦的民族诗人。5 人被指控组建了一个旨在推翻埃米尔阿卜杜拉的政府并以外约旦本地人取而代之的"秘密社团"。他们还被诬告与阿德旺（Adwan）部落的头领结盟，鼓励后者发动部落叛乱以服务于他们的政变。最终的罪名是叛国罪，这项罪名的严重性也体现在古苏斯及其同伴所遭受的残酷待遇之中。

当这 5 个人到达安曼火车站、搭上流亡的火车之时，他们还斗志昂扬。诗人穆斯塔法·瓦合比唱着民族主义的歌曲，挑动民众的反抗情绪。"在真主和历史之前，归来！"他大喊道。这几位还没有意识到他们将面临的严峻考验。他们到达马安之后，被送进了古堡地下室的一间阴臭潮湿的牢房。马安现为约旦的一座城市，当时只是希贾兹边境地区的一个小镇。此情此景之下，古苏斯也不禁抓住他的警卫大吼道："你们不怕神的报应吗？这种地方牲口都没法住，何况是人！"

警卫及其长官也感到窘迫，他们知道这些囚犯是一些体面的人，所有的社会和文化规范都要求他们善待委托给他们照料的人。但他们又是军人，不得不服从命令。结果，他们对犯人的态度在显著的善意和极大的残酷之间剧烈摇摆：好的时候，可以为他们寻找干净的床铺，提供茶和伴侣；坏的时候，为让他们在政府编造的罪状上画押不惜动用酷刑。那些下令刑讯逼供的官员当然来自埃米尔阿卜杜拉的外国随从。古苏斯和他的同伴在缺席的情况下，被正式起诉"密谋反对埃米尔阁下的政府，意图通过武装叛变推翻政府"。[19]随后他们被送进了希贾兹的监狱，先是在亚喀巴，随后是在吉达。

1924年3月，侯赛因国王自称哈里发而宣布大赦，这些流放者才被允许返回祖国。作为根除奥斯曼素丹影响的最后举措，新任土耳其总统穆斯塔法·凯末尔·阿塔图尔克不久前刚刚宣布废除哈里发制度，已经从希贾兹流亡海外的侯赛因国王迅速为哈希姆家族夺取了这一尊贵的头衔。作为国家重要场合的惯例，释放囚犯也是庆祝活动的一部分。

牢狱的考验终于告一段落，5名犯人作为头等舱贵宾被送上一艘由吉达开往埃及港口苏伊士的汽轮，随后启程前往外约旦。古苏斯向侯赛因国王发了一封电报致谢，并祝贺后者（最终还是未能成功）启用哈里发的称谓。他迅速收到这位流亡君主的回电，后者祝福古苏斯平安、迅速地返回祖国，因为他"正需要像您这样对祖国怀有热爱和忠诚、真正忠于伟大的哈希姆家族的人士"。老国王究竟是语含讥讽，还是温和地劝勉这些政治犯捐弃前嫌，以便在未来表现得更加忠诚呢？事实真相是，古苏斯之前从未对埃米尔阿卜杜拉表示不忠，他反对的仅仅是被埃米尔置于外约旦本地人之上、把持着政府要职的独立党人。

奥代·古苏斯可能不知道，英国殖民当局和他怀有同样的忧虑。

古苏斯从希贾兹返回约旦后不久，英国驻安曼常驻代表查尔斯·考克斯（Charles Cox）中校就邀请他来访。考克斯让这位法官解释了自己被捕入狱的原因，表示认同他对埃米尔阿卜杜拉政府的观点。考克斯对他们的会谈做了详细记录，向古苏斯致谢，并亲自将他送出官邸。

1924年8月，考克斯向埃米尔阿卜杜拉转交了一份来自英国驻巴勒斯坦执行高级专员吉尔伯特·克莱顿爵士（Sir Gilbert Clayton）的最后通牒。在这封信中，克莱顿警告阿卜杜拉，英国政府对约旦当局"在财政方面的违规操作、毫无节制的挥霍"以及允许外约旦成为其邻国叙利亚动荡焦点的做法"深感不满"；要求阿卜杜拉以书面的形式承诺对其政府进行改革的6项举措，其中第一项就是在5天之内驱逐独立党的领导人物。[20]阿卜杜拉根本不敢拒绝，因为为支撑这一最后通牒，英国人已经向安曼派遣了400名骑兵，向北部城镇伊尔比德（Irbid）派遣了300名士兵。担心英国人会像扶植自己上台那样迅速赶自己下台，埃米尔阿卜杜拉签署了这份最后通牒。

在这次对抗之后，埃米尔阿卜杜拉驱逐了"不想要的"独立党人，改革了政府财政，吸收外约旦本地人进入其行政机构。奥代·古苏斯重新进入外约旦司法机构中任职，1931年升至总检察长的职位。一旦决定与外约旦的精英共命运，埃米尔阿卜杜拉很快便取得了民众的支持和忠诚。直到1946年独立，外约旦一直是保持和平、稳定的殖民地典范，对英国纳税人的负担也极其轻微。

*

尽管外约旦是英国中东领地中最易管理的国家，但在一段时期内伊拉克才被视为最成功的托管地。1921年费萨尔国王被扶植上台，1924年选举产生了制宪会议，一份调控英、伊两国关系的条约也在同年晚些时候得到批准。至1930年，英国在伊拉克已建立起一个稳定的立宪制君主政体，其作为托管国的工作也告一段落。两国重新商谈了一项新协议，也为伊拉克在1932年的独立铺平了道路。国联承认了伊拉克的独立，并批准这一新国家加入其行列，伊拉克也成为在国联26年历史中转变为正式成员国的唯一一个被托管国。至此，伊拉克成为英法统治下所有其他阿拉伯国家羡慕的对象，其成就也成为整个阿拉伯世界民族主义者奋斗的目标：独立地位以及国联成员国身份。

在英国引领年轻的伊拉克王国成为一个独立国家这一成功的表象之后，隐藏着一番截然不同的现实。很多伊拉克人从未接受英国在他们国家的地位，他们的反抗并未随1920年起义失败而结束，而是继续困扰着英国在伊拉克的计划，直至委任统治结束。尽管费萨尔在很多方面是一位受欢迎的国王，但对英国人的依赖削弱了他本人在国内的地位。伊拉克民族主义者越来越多地将费萨尔视为英国影响的延伸，在谴责其殖民主义主人的同时，也对国王提出严厉的批评。

1921年6月费萨尔抵达伊拉克后，英国人开始全力将他们的候选人扶植上王位。一些本地竞争者也想加入竞选，但都遭遇了英国人的强硬抵制。一位觊觎王位的巴士拉名流赛义德塔里卜·纳基卜（Sayyid Talib al-Naqib）仅仅与英国高级专员的妻子考克斯女士共进了一杯茶，在回家的路上就遭到逮捕，随后被流放至锡兰。高级专员珀西·考克斯爵士（Sir Percy Cox）及其属下为费萨尔组织了一次声势浩大的巡游，以便后者能在关于伊拉克王位候选人的全国公投之前，走访伊拉克全国的城镇和部落。据各方面的记述，费萨尔很成功地扮演了自己的角色，遍访全国各地，会见国内各社群代表并赢取了他们的忠诚。即便没有英国的干预，也许他也能赢得大多数伊拉克人的支持进而成为他们的国王，但英国人却做得滴水不漏。英国驻巴格达的东方事务秘书格特鲁德·贝尔曾说过一句著名的话：她"再也不会参与创立国王的事情了，因为这种事实在费心劳神"。[21]

1921年8月23日，费萨尔被加冕为伊拉克国王。考虑到巴格达夏日惊人的酷热，加冕仪式被订在一大清早最凉爽的时间举行。超过1500名客人受邀参加加冕典礼。一位来自摩苏尔的显贵苏莱曼·法伊迪（Sulayman al-Faydi）描绘了加冕典礼的"巨大排场……上千名客人参加观礼，通往大典的路上挤满了成千上万的民众"。[22]费萨尔站在礼台中央，两侧围绕着英国高级专员和伊拉克内阁成员。内阁秘书起身宣读了高级专员珀西爵士关于公投结果的声明，费萨尔以96%的得票率当选国王。在场的嘉宾以及显要人物一齐起身向费萨尔国王致敬，同时伴随着《天佑女王》的旋律，伊拉克国旗被缓缓升起。当时，伊拉克人尚未谱写好自己的国歌。[23]英国国歌的旋律也仅能强化费萨尔是英国人选择的国王这样一种信念，而他确实也是如此。

费萨尔和他属下臣民的蜜月期是短暂的。大多数伊拉克人相信费萨尔是一位民族主义者，期待着他领导国家摆脱英国统治。但他们很快就失望了。费萨尔加冕之际，还是巴格达一座什叶派神学院学生的穆罕默德·马赫迪·古拜（Muhammad Mahdi Kubba），在其回忆录中捕捉到了当时民众的心情。他解释说，英国人"收买了埃米尔费萨尔，将他扶植为伊拉克国王，然后责成他来执行他们的政策。最初，伊拉克人欢迎费萨尔的登基并对他寄予厚望，希望他作为政府首脑能为国家独立和主权开辟一个新的时代"。的确，一些重要显贵是以费萨尔维护伊拉克的主权和独立为条件，才向后者宣誓效忠的。一位有影响力的宗教学者、同时身兼古拜所在的巴格达神学院院长的阿亚图拉马赫迪·赫里希（Mahdi al-Khalisi），正是这样一位心存疑虑者。在学校为欢迎费萨尔国王而举行的集会上，古拜亲眼见证了赫里希对国王的效忠承诺："赫里希为国王祷告……然后拉住他的手说道：'我们效忠于您，伊拉克的国王，只要您公正地进行统治、政府保持宪政议会制度，并且不将伊拉克卷入任何外国承诺。'"[24]费萨尔国王承诺说将尽力而为，表示他来到伊拉克就是为了服务于伊拉克人民。费萨尔完全清楚他不可能在独立于英国的情况下统治伊拉克：正如国联所规定的那样，他必须在英国的监护下进行统治，直至后者认为时机成熟从而承认伊拉克独立。此外，作为一名外来者，他在伊拉克的盟友仅限于在阿拉伯大起义以及短命的叙利亚王国期间一直追随于他的少数几名军官。因此，在成功巩固自己的位置之前，为了能生存下去，费萨尔尚需要英国的支持。对费萨尔而言，问题的关键在于对英国的依赖削弱了伊拉克民族主义者对他的支持；反讽的是，这种依赖也削弱了他赢取本国人民忠诚的能力，直到1933年他去世为止。

费萨尔的困境在1922年开始显露出来。当时英国起草了一份协议来限定其在伊拉克的地位。这份《英伊同盟条约》丝毫不掩饰英国在经济、外交、法律领域对（伊拉克）哈希姆王国的主导地位。协议规定："伊拉克国王同意在本协议规定的期限内，接受英王政府通过其高级专员在一切涉及国际问题、财政义务及英王政府利益的重要议题方面所提出的建议。"[25]最能揭示英国人意图的是协议的期限——20年，在那之后将回顾协议的履行情况，根据"签订协议各方"的观点决定协议是否延长或终止。这套方案显然旨在寻求英国的长期殖民统治，而非伊拉克独立。

协议草案在伊拉克国内遭到广泛谴责。甚至费萨尔国王本人也谨慎地鼓励人们反对该协议，一方面是因为协议对他作为国王的权力的限制，另一方面也是为了确保他本人远离英国的帝国政策。一些政府大臣则辞职以示抗议。内阁不愿为这样一份有争议的文件承担责任，坚持要求召开一次立宪会议来批准该协议。英国人同意举行选举，但同样希望保证选举产生的议会能顺利批准他们的协议。民族主义政治家认识到立宪会议只能成为批准这项维持英国长期控制的协议的橡皮图章，因而既反对协议，又反对选举。

费萨尔的公信力因协议危机而不可避免地受到损害。在另一次神学院学生和教师的集会上，阿亚图拉赫里希（Ayatollah al-Khalisi）表示："我们对费萨尔当选伊拉克国王宣誓效忠是有条件的。"阿亚图拉拖长了声音强调："但他并没有满足这些条件，因此，我们或者伊拉克人民也不再对他负有忠诚的义务。"赫里希与民族主义反对派站在了一起，开始发布"法特瓦"（伊斯兰司法判例），宣布协议无效，并禁止所有人参与立宪议会选举，声称参与选举"等同于一种反宗教的行为，是协助不信道者统治穆斯林的一个步骤"。[26]宗教人士与世俗的民族主义者联合起来，共同组织了一场针对即将到来的议会选举的抵制运动。

最终，英国人被迫诉诸武力来强加他们的协议：英国当局宣布禁止一切示威活动，赫里希及其反对派领袖遭到逮捕和流放，政府出动皇家空军轰炸了幼发拉底河中游举行抗议活动的部落民起义者。反对派得到压制后，英国当局继续举行选举。尽管有法特瓦和民族主义者的抵制，选举仍然顺利进行。1924年3月，立宪会议正式召开以讨论批准协议的议题。

1924年3—10月，立宪会议多次举行，并就协议条款展开热烈的讨论。最终，协议以微弱的优势得到批准。尽管在伊拉克民众中仍然非常不得人心，但这一协议确实推动了一系列重要的进展：议会批准通过了一部新宪法和一部选举法,从而为国内的君主立宪制和多党制民主奠定了基础。然而,英国人确保协议通过的方式,使得立宪议会制政府的机构蒙上了与帝国主子共谋的污点,最终将削弱伊拉克的民主。在伊拉克民族主义者看来,新国家并非一个"民有、民治、民享"的政府,而是一个将伊拉克人置于英国统治之下的制度工具。

假如英国人认为《英伊同盟条约》通过后一切就会运转顺利,他们就要大失所望了。实际上,2003 年英、美两国的战争策划者本来可以从 20 世纪 20 年代英国人的经验中吸取很多相关教训的。

在这个由三个差异巨大的奥斯曼行省合并而成的全新伊拉克国家中,不同地区和社群间的裂痕很快浮现出来。问题立即反映在组建作为独立主权国家核心机构之一的国民军队的过程中。费萨尔国王身边围绕的是一些自阿拉伯大起义时期就在他身边效力的军人,这些人热切地期望在伊拉克建立一支军队,通过国民军役服务将库尔德人、逊尼派、什叶派团结在一起。然而,面对什叶派和库尔德社群的积极反对,这个计划很快便告搁浅。这两个社群反对强制兵役制,正如他们反对在其看来给予阿拉伯逊尼派少数群体超出其人口比例权力的任何政府倡议。

尤其是库尔德人,他们对伊拉克国家的领土完整和国家认同构成一个特殊挑战。与(阿拉伯)逊尼派和什叶派不同,库尔德人在族裔层面并非阿拉伯人,他们不满于政府将伊拉克塑造为一个阿拉伯国家的努力,认为这一做法否认了库尔德人的独立族裔认同。一些库尔德人并不抵制政府所声称的阿拉伯属性,但同时将此作为要求在库尔德人占绝对多数的伊拉克北部地区实现更大自治权的一个借口。

某些时候，唯一能将伊拉克民众团结在一起的就是他们对英国人存在的反对。费萨尔国王已经对其臣民感到绝望。1933 年去世前，这位伊拉克首任国王在一封绝密备忘录中评论道："我要满怀悲痛地承认，至今为止还没有什么伊拉克人民，只有无法想象的人群的集合；这些人没有任何爱国理想，却被灌输了宗教传统和荒谬的观念；没有任何共同的联系纽带，听信谗言，倾向混乱，随时准备起来反抗一切形式的政府。"[27]

对英国人来说，维护伊拉克国内秩序的代价很快就超过了维持英国委任统治的利益。1930 年，英国重估了他们在伊拉克的地位：通过 1928 年《红线协议》，他们已然确保了在美索不达米亚的石油利益，该协议赋予英国在土耳其（伊拉克）石油公司 47.5％ 的股份，而法、美两国分别只获得 23.75％；他们已在伊拉克建立起一个友好而软弱的政府，在一位"可靠的"国王领导之下，来保护英国的利益。驻伊英国官员越来越确信通过协议而非继续直接统治，他们能更好地确保其战略利益。

1930 年 6 月，英、伊政府签署了一项新协议以取代争议重重的 1922 年《英伊同盟条约》。这一新协议规定：英国大使将在外国驻伊代表中享有首要地位；皇家空军将保留在伊拉克的两个空军基地；英国部队也将保留在伊拉克的过境权；伊拉克军方在训练和武器弹药补给方面，则将继续依赖英国。尽管仍然不是完全的独立，但该协议已经足以确保伊拉克加入国联。新协议同样满足了伊拉克民族主义者的一个主要要求，后者希望将协议作为实现独立的第一步。

1930 年《特惠同盟协议》批准后，英国人和伊拉克人一致同意终止委任统治状态。1932 年 10 月 3 日，伊拉克加入国联，被认可为一个独立主权国家。然而，这仍是一种模糊的独立状态，因为英国文职和军事官员继续享有的广泛影响，与真正意义上的主权独立并不相容。英国的这种非正式控制也将削弱哈希姆王朝的合法性，直至该王朝在1958年被最终推翻。

*

埃及民族主义者满怀艳羡地关注着伊拉克人取得的成就。尽管1930年《英伊同盟条约》与1922年《英埃协议》（承认了埃及名义上的独立地位）并无本质差异，但伊拉克人已经确保英国提名其加入国联，那一仅对独立国家开放的俱乐部。这一成就成为其他阿拉伯国家民族主义者衡量自身成功的标准。作为拥有最悠久民族主义运动传统的阿拉伯国家，埃及本应该成为领导（阿拉伯世界）摆脱欧洲殖民统治、实现独立的领路人，或者说，至少埃及政治精英是这样认为的。整个20世纪30年代，埃及最重要的民族主义政党华夫脱党面临着摆脱英国统治、实现独立这一来自民众不断增长的压力。

两次大战之间，埃及达到了阿拉伯世界现代历史上多党制民主所能达到的最完善的程度：1923年宪法将政治多元主义、两院制立法机构的定期选举、男性普选权、新闻自由等制度引入了埃及，多个新政党出现在政治舞台上，选举吸引了大量民众参与投票，记者在工作中享有相当的自由。

然而，人们记住这个自由的时代更多的是因为其分裂的派系主义，而不是作为埃及政治的黄金时代。三个独立的权力集团在埃及争夺主导地位：英国人、国王以及通过议会行事的华夫脱党。三方之间的对抗与争夺对埃及政治造成了破坏性的影响：为保护其王权免遭议会的监督，福阿德国王（King Fuad，1917—1936年在位）对民族主义的华夫脱党的敌意甚至超过了对英国人；华夫脱党则在反对英国人以争取独立与提升议会权力以制衡国王之间摇摆不定；英国人在华夫脱党当政时就联合国王削弱华夫脱党，在华夫脱党失势时则联合议会削弱国王。埃及政治精英则是一个暴躁易怒的群体，其内部争斗常常被国王和英国人所利用。在这种情况下，埃及在脱离英国赢得独立方面始终进展缓慢就不足为奇了。

1924年，埃及人历史上第一次参加投票。1919年民族主义运动的英雄萨阿德·扎格卢勒（1859—1927）所领导的华夫脱党取得压倒性的胜利，赢得了众议院所有席位中的90%。福阿德国王提名扎格卢勒为首相并邀请他组阁，后者于1924年3月正式就职。受到选举结果中所体现的民众支持的鼓舞，扎格卢勒立即与英国人就埃及的完全独立展开谈判，而完全独立地位仅受1922年协议中四个"保留要点"的限制：英国对苏伊士运河的控制；英国在埃及驻军的权利；保留外国司法特权，即所谓治外法权；以及英国在苏丹的主导地位。

苏丹是一个特别棘手的问题。19世纪20年代穆罕默德·阿里统治时期，埃及人首次征服苏丹。被马赫迪起义（1881—1885）驱逐出苏丹领土后，埃及人联合英国人在19世纪90年代末再次征服苏丹。1899年，克罗默伯爵（Lord Cromer）设计了一种被称为"共治"的殖民主义新形式，从而允许英国在埃及人的协助下将苏丹纳入其殖民帝国。自那时起，英国和埃及就宣称苏丹事实上为自己所有。埃及民族主义者拒绝英国人在1922年协议中宣称的对苏丹的绝对决定权，要求维护"尼罗河谷的统一"。与四个"保留要点"中的其他议题相比，苏丹议题在埃及人和英国人之间引发了最严重的紧张关系。

这种紧张关系最终在1924年11月19日酿成暴力行为：在英-埃联属苏丹总督李·斯塔克爵士（Sir Lee Stack）开车经过开罗市区时，一伙埃及民族主义者射杀了他。震惊之余，英国政府将这一暗杀事件作为确保其在苏丹目标的借口：英国驻埃及高级专员艾伦比子爵（Lord Allenby）向埃及首相扎格卢勒递交了一份惩罚性的七点通牒，其中就包括对苏丹现状的调整。但扎格卢勒拒绝接受英国对苏丹的要求（撤出所有埃及士兵，允许尼罗河水用于一个英国农业项目的灌溉），艾伦比便命令苏丹政府无视埃及首相的反对而强制执行英国的要求。扎格卢勒已无法维持其在国内的地位，最终于11月24日递交了辞呈。福阿德国王任命一位保皇党人组阁，解散议会，从而有效地将华夫脱党中的民族主义者边缘化。看着英国人和国王以华夫脱党为牺牲品各自提升其权力，扎格卢勒曾做出如下的著名评论："那几发射出的子弹瞄准的不是李·斯塔克爵士的胸膛，而是我的。"[28]事实上，扎格卢勒之后再未掌权，最终于1927年8月23日去世，享年68岁。扎格卢勒将被一些次要人物取代，他们的派系斗争和内斗也将削弱公众对其政治领袖的信心。

如果说华夫脱党的萨阿德·扎格卢勒是埃及自由时代的英雄，那么伊斯玛仪·西德基（Ismail Sidqi）就是同一时代的大反派。西德基是1919年赴巴黎和会的华夫脱代表团成员之一，返回埃及后却与扎格卢勒吵翻，最终被开除出党。他是授予埃及有限独立地位的1922年协议的主要起草者之一，扎格卢勒则一直坚决反对这一协议。西德基越是失去扎格卢勒的恩宠，就越是受到福阿德国王的尊敬。1930年，西德基和国王因一个共同目标而联合起来，即摧毁新领袖穆斯塔法·纳哈斯（Mustafa al-Nahhas）领导下的华夫脱党。

在1929年一场摧枯拉朽式的选举胜利后，华夫脱党于1930年1月再次执政，在前一年的选举中，这个民族主义政党赢得了全部235个议席中的212个。国王邀请纳哈斯组阁，基于在选举中被授予的权力，纳哈斯开始与英国外交大臣亚瑟·亨德森（Arthur Henderson）就埃及独立的遥远梦想展开新一轮谈判。3月31日至5月8日，埃、英双方进行了广泛会谈，但双方在苏丹问题上陷入死结：英国坚持将关于埃及独立的讨论与苏丹的未来分离，埃及人则拒绝放弃苏丹版图的独立。英、埃谈判的失败为华夫脱党的政敌——国王和敌对政党呼吁重新组阁提供了一个机会。1930 年 6 月，纳哈斯政府递交了辞呈。

1930 年夏，国王和英国人达成了一致：政府必须置于"一双安全的手"的管理之下。西德基就是那位明显的候选人。

国王的侍从在西德基位于开罗的绅士俱乐部拜访了他，以试探他是否有意愿组建一个少数内阁。"我为国王陛下对我的信任感到万分荣幸，"西德基回答说，"但如果他真的要在这个关键时刻任命我，我希望告知国王陛下，我的政策将从零开始，我将根据我对宪法以及政府稳定需要的理解来重组议会生活。"[29]

西德基的答复进一步加深了国王对他的欣赏。西德基已然公开表达过对自由民主的敌意，谴责"1923 年宪法所赋予的议会独裁，尤其表现为多数人对少数人的暴政"。他希望将政府从宪法的束缚中解放出来，进而与国王合作通过法令进行统治。国王派他的侍从通知西德基，说"对他的政策非常满意"，愿意邀请他组阁。

1930 年 6 月，西德基首次执掌政府，就借助独揽 3 个大臣职位的方式巩固其对政府的控制——除了首相一职，他还控制了财政部和内政部。福阿德国王和西德基共同合作，最终解散了议会，推迟了选举，并起草了一份授予国王更大权力的新宪法。在之后的 3 年内，埃及的议会民主被推翻，国家受皇家敕令的统治。

西德基丝毫不掩饰其强人政治倾向以及他对民主程序的蔑视。他在回忆录中透露道，1930 年 6 月底，"我必然会解散议会，以便启动我所计划的重组进程"。当纳哈斯及其同事为抗议议会被暂停而号召民众示威时，西德基毫不犹豫地镇压了这场运动，并在采取行动前解释说："我不会等到反对派的运动发展为一场内战。"他派遣军队驱散了示威队伍，暴力冲突接踵而至——在皇家敕令宣布终止议会活动后的 3 天内，仅在亚历山大就有 25 名示威者被杀，近 400 人受伤。西德基带着杂耍剧中留着弯翘胡子的反派人物的派头，继续说道："不幸的是，在开罗、亚历山大和一些农村城镇发生了令人心痛的事件。政府别无选择不得不维护秩序，阻止闹事者扰乱公共秩序、违反法律。"[30] 英国人同时警告了首相西德基和民族主义领袖纳哈斯，但由于这次冲突可将埃及人的注意力从在英国治下追求更大自由的斗争中转移出来，英国人并没有更多介入。

西德基论证其政治哲学合法性的理由是，在经济困难时期领导人不可能仅通过和平与命令就能实现繁荣进步。1929 年经济崩溃触发了一次全球性的经济大萧条，对埃及经济已然造成冲击。面对经济破坏，西德基将华夫脱党及其倡导的大众政治视为对公共秩序的巨大威胁。1930 年 10 月，西德基引入一部新宪法，在削弱华夫脱党的同时强化了国王的权力：新宪法将议席数量由 235 个减少至 150 个；将国王提名的参议员比例由 40％ 提升至 60％，仅留少数席位由公众选举产生，从而加强了国王对上议院的控制；新宪法还限制了普选权，用一个更复杂的两阶段选举程序代替了之前的直选制，其中提高了第一轮选举投票人的年龄要求，对第二轮选举投票人的财产资格和教育水平又做出了限制。这些措施显然旨在削弱普通民众在投票中的影响力（华夫脱党依赖的主要支持来源），将选举权威集中在有产精英手中。鉴于议会会期由 6 个月缩短至 5 个月，立法机构的权力遭到削弱，国王推迟法案的权力则得到拓展。

新宪法带有如此明显的强人统治色彩，以至于遭到各个政治派别的政治家以及普通民众的一致反对。媒体对西德基和 1930 年宪法提出批评时，西德基则干脆取缔了这些报纸，逮捕了相关记者，甚至那些最初支持西德基的人也发现其报纸遭到查封。记者们则以印刷地下传单的方式予以还击，这些传单对西德基的威权政府及其威权宪法进行了猛烈攻击。

1931年，随着新宪法条文所规定的议会选举的临近，西德基也建立了自己的政党。尽管这位政治独行侠过去一直规避政党隶属身份，但西德基深知他需要一个政党的支撑来确保议会多数。他将新政党命名为人民党——这种颠倒黑白的命名方式简直可以媲美乔治·奥威尔的《1984》了！西德基从自由宪政党以及王室自身的团结党中吸收了一些有野心的叛逃者，他们都来自精英，而不是人民。该党的纲领许诺"支持宪政秩序""维护人民的主权"，并拥护"国王的权力"（福阿德国王确实慧眼独具），为反对派媒体中的讽刺作家提供了丰富的素材。[31] 由于华夫脱党和自由宪政党都宣布抵制1931年5月的议会选举，西德基的人民党取得了绝对多数席位。他的威权改革距离成功似乎已近在咫尺。

但西德基最终还是失败了。他的威权改革激起了真正的"人民党"——华夫脱党以及其他主要政党的反对。媒体也拒绝保持沉默，持续发动猛烈攻击，挑动民众反对西德基政府。随着民众对西德基政府的批评声音日益尖锐，埃及国内安全局势也开始恶化。过去，西德基一直以保证法律和秩序来论证其威权统治的合法性。面对逐渐失控的局势，英国人开始向国王施压迫使他组建新政府，以便恢复民众的信任、遏制政治暴力。西德基的革命已然熄火，现在就要彻底失败了。1933年9月，国王解除了西德基的首相职务。后者虽然下台但并没有出局，直至1950年去世前一直都是埃及国内最有影响的政治家之一。

福阿德国王曾短暂地尝试进行直接统治：他废除了西德基的1930年宪法，但却没有恢复更早的1923年宪法，而是代之以国王敕令；解散了1931年民选议会，却没有举行新的选举。国王在一个未明确说明的过渡期内总揽了埃及国内一切权力。无须说明，这些措施在恢复民众对埃及政府信任方面也不会更加成功，不久福阿德国王就面临英国人和华夫脱党要求恢复1923年宪法、筹备新选举的压力。1935年12月12日，福阿德国王最终妥协，宣布恢复1923年宪法。

1936年，英国人、王室、华夫脱党之间的僵局最终被打破。同年4月，福阿德国王去世，他英俊的儿子法鲁克（Faruq）继位。5月，议会选举如期举行，华夫脱党再次赢得了议会多数。华夫脱党重新掌权和法鲁克国王的加冕这两个最新的事态发展，在民众中激起了强烈的乐观情绪，仿佛一场"开罗之春"。与之相应的是，英国人对重启两国关系的谈判又重新持开放态度：法西斯主义在欧洲的崛起，以及1935年墨索里尼对埃塞俄比亚的入侵，使得确保埃及对英国地位的认可再次成为一个迫切的议题；德国和意大利反对英国殖民主义的宣传，在埃及引起了一些人的关注；青年埃及党等极端民族主义政党甚至公开拥护法西斯主义意识形态。

为对抗上述威胁，1936年3月英国高级专员迈尔斯·兰普森爵士（Sir Miles Lampson）在开罗开启了新一轮谈判。最终，一个囊括埃及所有政党的代表团与英国政府达成一项新协议，并于1936年8月正式签署生效。这项新的《特惠同盟协议》扩展了埃及的主权和独立范围，尽管与伊拉克的协议类似，该文件也保证了英国享有其他国家所不具备的特殊地位，且有权保留其军事基地。协议同样将苏丹置于英国控制之下。但这些收获已足以确保埃及于1937年，即伊拉克加入5年之后，加入国联，进而成为其他阿拉伯国家中唯一加入这一国际组织的国家。然而，协议中的种种妥协以及长达20年的期限，实际上也将埃及人实现完全独立的梦想排除在政治视野之外。

20世纪30年代的经历，使得很多埃及人对自由民主体制下的政党政治彻底感到幻灭。尽管埃及人拒绝了西德基的威权统治，但他们对华夫脱党取得的成果也从未感到满意。1922年扎格卢勒就曾承诺使埃及摆脱英国人的统治，1936年纳哈斯又做出了同样的许诺，但这一遥遥无期的独立承诺却还要等一代人的时间才最终得以实现。

*

英国在巴勒斯坦的委任统治从一开始就注定要失败。为正式确立英国在巴勒斯坦的地位，国联发布了一份委托文件，将《贝尔福宣言》的条款写入了其序言部分。与战后其他的托管地不同，英国人在巴勒斯坦既要在本地居民中建立一个切实可行的国家，同时又要为全世界的犹太人建立一个民族家园；而对其他托管地而言，相关大国仅被责成在一个新兴国家中建立自治的机制。

《贝尔福宣言》是一个导向社群冲突的方案。鉴于巴勒斯坦极为有限的资源，在那里建立一个犹太人的民族家园，同时又不损害本地非犹居民的民事和宗教权利，这样的想法根本就不切实际。委任统治不可避免地催生了两种相互竞争的民族主义之间的冲突：一边是高度组织化的犹太复国主义运动，另一边则是在英国帝国主义和犹太复国殖民主义双重威胁下新生的巴勒斯坦民族主义。巴勒斯坦将成为英帝国在中东最惨痛的失败，而这一失败也将使整个中东地区陷入冲突与暴力，直至今日。

巴勒斯坦是古老土地上的一个新国家，由几个奥斯曼行省的土地拼凑而成，仅仅是为了帝国的方便。起初设计的巴勒斯坦托管国横跨约旦河，由地中海经由不适于人类居住的广阔荒漠地区，直至伊拉克边界。1923年，约旦河以东的地区被正式从巴勒斯坦托管国中分离出来，在埃米尔阿卜杜拉的统治下构成了独立的外约旦国。同年，英国人还将戈兰高地的一部分割让给了法国委任统治下的叙利亚。至此，巴勒斯坦已经缩小为一个领土面积不及比利时、大体与马里兰州相当的国家。

1923年时,巴勒斯坦的人口构成已经相当多元。巴勒斯坦是基督徒、穆斯林、犹太教徒的共同圣地,数个世纪以来吸引着世界各地的朝圣者。1882年起,一波新的来访者开始到来,但他们并非朝圣者,而是定居者。受迫于亚历山大三世统治之下沙皇俄国针对犹太人的大屠杀,同时受到一种新的强大意识形态——犹太复国主义的吸引,数千名来自东欧和俄国的犹太人来到巴勒斯坦寻求避难。他们进入的这个社会中,穆斯林是占总人口85%的多数群体,而基督徒是约占总人口9%的少数群体。此外,还有一个本地犹太社群:1882年,原住的"伊休夫"(Yishuv,巴勒斯坦犹太社群的称谓)不超过本地人口的3%,居住在4个犹太教教育的中心城镇,即耶路撒冷、希伯伦、太巴列和萨法德。[32]

一战前,犹太定居者在两波不同的移民潮期间到达巴勒斯坦。第一次阿利亚,即犹太移民潮,在1882—1903年期间进入巴勒斯坦,使得本地伊休夫的规模翻倍,由2.4万人增至5万人。第二次阿利亚期间(1904—1914),犹太社群扩大的速度进一步加快,至1914年巴勒斯坦犹太人总数据估计已达8.5万。[33]

1882年后,巴勒斯坦阿拉伯人日益关切地注视着犹太移民的增长。19世纪90年代,阿拉伯媒体开始谴责犹太复国主义;20世纪最初几年,重要的阿拉伯知识分子则公开批评这一运动。1909年,一项旨在停止犹太人在巴勒斯坦定居的法案起草完毕。1911年,奥斯曼议会两次讨论关于犹太复国主义活动的议题,但最终未能通过任何法案。[34]

1917年《贝尔福宣言》发布后,支持犹太复国主义成为英国的官方政策,阿拉伯人的这种担忧也进一步加剧。金-克瑞恩委员会在1919年6月深入走访巴勒斯坦各地期间,迅速被反对犹太复国主义的请愿书淹没。"反对犹太复国主义者的情绪在巴勒斯坦尤其强烈，"代表团成员在其报告中写道，"全部260封请愿书中有222封（85.3%）都宣称反对犹太复国主义计划。这是该地区就一个议题的表态所达到的最高比例。"

来自巴勒斯坦的信号是明确的：本地的阿拉伯居民多年来一直反对犹太复国主义移民运动，也绝不接受英国人在其土地上建立一个犹太民族家园的承诺。然而，英国和国际社会对这一信号却置若罔闻，仍然在未咨询或考虑民众意愿的情况下就决定了巴勒斯坦的未来。和平手段既已失败，绝望的民众很快转向暴力。

自委任统治伊始，犹太移民和土地收购行为就在巴勒斯坦激起了越来越严重的紧张局势。阿拉伯民众既反对英国统治，又反对在他们中间建立一个犹太民族家园的设想，因而将犹太社群的扩张视为对其政治诉求的直接威胁。此外，犹太人的土地收购行为不可避免地导致阿拉伯农民被赶出其作为佃农世代耕种的土地。

1919—1921年，犹太人向巴勒斯坦移民陡然增速，其间超过1.85万名犹太复国主义移民涌入巴勒斯坦。1920年在耶路撒冷、1921年在雅法，相继爆发大规模骚乱，造成95名犹太人、64名阿拉伯人死亡，数百人受伤。1922—1929年，大约7万名犹太复国主义移民抵达巴勒斯坦。同一时期，犹太民族基金会在巴勒斯坦北部的耶斯列谷地（Jezreel Valley）购买了24万公顷土地。大规模的移民加上土地收购成为下一轮暴力的导火索：1929年，耶路撒冷、希伯伦、萨法德、雅法等地区再次爆发大规模暴力冲突，造成133名犹太人、116名阿拉伯人死亡。[35]

每次暴力事件之后，英国当局的调查都会出台旨在缓解巴勒斯坦多数人口恐慌情绪的新政策。1922年7月即第一波骚乱之后，温斯顿·丘吉尔发布了一份白皮书，试图安抚阿拉伯人的担忧，即巴勒斯坦将变成"犹太人的,一如英格兰是英格兰人的"。他强调《贝尔福宣言》的条款并未"考虑将巴勒斯坦整体转变为一个犹太人的民族家园,而是认为这样一个民族家园应当建在巴勒斯坦"。[36] 与之相似,1929年严重的骚乱也导致了一批新的报告和建议:1930年《肖报告》(Shaw Report)将犹太移民和土地收购视为巴勒斯坦局势动荡的首要原因,呼吁限制犹太移民以避免类似问题再次发生;随后于1930年10月发布的《帕斯菲尔德白皮书》同样呼吁限制犹太人移民和土地购买。

每当英国政府发布一份对巴勒斯坦阿拉伯人诉求持同情立场的白皮书,世界犹太复国主义组织和巴勒斯坦犹太代办处就开始对伦敦与耶路撒冷的权力部门进行游说,以便推翻这些对其目标不利的政策。通过向英国首相拉姆齐·麦克唐纳(Ramsay MacDonald)的少数派政府施压,犹太复国主义者成功地迫使前者否认了《帕斯菲尔德白皮书》。哈伊姆·魏茨曼及其顾问几乎为麦克唐纳起草了这封签署于1931年2月13日的信函。在这封信函中,麦克唐纳肯定英国政府"不会制定或考虑任何暂停或禁止犹太人移民的政策",也不会阻止犹太人在巴勒斯坦获得土地。麦克唐纳的信函彻底打破了阿拉伯人改善其现状的愿望,因而也被阿拉伯人称为"黑色信函"(与白皮书相对)。

此时,一个恶性循环已将巴勒斯坦拖入持续暴力的泥潭:不断增加的犹太复国主义移民和土地收购激起了社群冲突,迫使英国尝试对犹太民族家园加以限制,随后犹太复国主义者又通过政治手段推翻这些限制。只要这一进程持续如故,在巴勒斯坦建立自治政府机构就不可能取得任何进展:巴勒斯坦人不希望将英国委任统治及其建立犹太民族家园的承诺合法化;英国人不愿将比例代表权授予敌视其委任统治的巴勒斯坦多数人口,更不用说自治权;犹太复国主义者则全力迎合委任统治中能够推进其民族目标的每一个方面。每一轮暴力之后，困难都进一步加剧。

领导权的分裂进一步加深了巴勒斯坦阿拉伯社群所面临的困境。耶路撒冷的两大领袖家族——侯赛尼家族和纳沙什比家族，围绕巴勒斯坦阿拉伯政治的主导权展开激烈争夺。英国人从一开始就充分利用两大家族之间的裂痕。1920年，巴勒斯坦的显贵代表建立了由穆萨·卡齐姆·侯赛尼（Musa Kazim al-Husayni）领导的"阿拉伯执行机构"，以便向英国当局呈递其要求；第二个代表机构"最高穆斯林委员会"则在耶路撒冷大穆夫提哈吉艾敏·侯赛尼（Hajj Amin al-Husayni）的领导之下。纳沙什比家族则坚决抵制上述侯赛尼家族主导的机构，尝试与英国人进行直接接触。鉴于领导权分裂的局面，巴勒斯坦人在与英国人和犹太复国主义者的关系中一开始就处于不利地位。

至1929年，巴勒斯坦民族主义领导层的缺陷鼓励一批新的角色登上民族政治的舞台。与1919年的埃及相似，民族主义为（巴勒斯坦）妇女首次参与公共生活开启了一扇窗口。精英阶层妇女受到胡达·沙拉维和华夫脱党妇女中央委员会的启发，为回应当年发生的大规模骚乱，于1929年10月在耶路撒冷召开了第一次阿拉伯妇女大会。来自巴勒斯坦穆斯林和基督徒社群的200名妇女参加了大会，并在会议期间通过了三项决议：第一，呼吁废除《贝尔福宣言》；第二，强调巴勒斯坦人组建民族政府的权利，所有社群根据人口比例获得代表权；第三，发展巴勒斯坦民族工业。"大会呼吁每个阿拉伯人在与犹太人的经济来往中，除土地外一概不买，除土地外无所不卖。"[37]

随后，与会代表开始与传统决裂。巴勒斯坦社会不赞成妇女在公共场所同男性来往，而她们则反其道而行之，决定拜访英国高级专员约翰·钱瑟勒爵士（Sir John Chancellor），以便递交上述决议。

钱瑟勒接见了代表团，承诺将她们的意见传达给伦敦，以便供政府负责巴勒斯坦问题的调查委员会参考。与钱瑟勒的会谈结束后，代表团返回仍在进行的大会现场，并举行了一次示威游行，进一步偏离了妇女端庄得体的公认标准。示威活动转变为120辆车的游行，车队从大马士革门出发，途经耶路撒冷的主要街道，向城中的外国领事馆散发她们的决议。

大会结束后，代表们创立了具有女权主义和民族主义双重目标的阿拉伯妇女协会，致力于"支持阿拉伯妇女改善其地位的努力，帮助贫困人口，鼓励并推动阿拉伯民族事业"。协会专门募集资金，帮助那些在反英和反犹太复国主义袭击中遭逮捕或处决的巴勒斯坦人的家庭。她们不断向高级专员发出请愿书和备忘录，要求宽大处理政治犯，抗议犹太人购买武器的行为，谴责英国当局迟迟无法与"阿拉伯执行机构"的领导层达成政治协议，她们与后者之间常有着密切的婚姻和家庭纽带联系。

阿拉伯妇女协会成为巴勒斯坦民族主义政治与英国乡绅中上层女性文化的一种奇妙混合体。协会成员以她们丈夫的名字相互称呼，如卡齐姆·侯赛尼帕夏夫人、奥尼·阿卜杜·哈迪夫人等。她们通常在下午茶的时间会面并商讨大计。与1919年的埃及相似，妇女参与民族运动同样具有重要的象征意义。这些受过良好教育、口才雄辩的女性为新生的巴勒斯坦民族主义运动增添了一种有力的呼声。在1933年该协会的第二次公开示威活动中，奥尼·阿卜杜·哈迪夫人就曾这样斥责艾伦比子爵："阿拉伯女性在过去15年内已经见识了英国人是如何违背对她们的诺言，分裂她们的国家，并向巴勒斯坦人民强加一项政策。通过允许来自全世界的犹太人移民巴勒斯坦，该政策最终将导致阿拉伯人的覆灭，并被犹太人取代。"[38]她的信息是明确的：整个巴勒斯坦民族，不只是男性，都认定英国应为其委任统治政策负责。

巴勒斯坦的阿拉伯精英确实以能言善辩著称,但夸夸其谈却解决不了问题。尽管他们发表了激烈的民族主义言论,并与英国当局多次谈判,但犹太复国主义移民仍在飞速进行,英国人也未表现出给予巴勒斯坦阿拉伯人独立地位的任何迹象。《帕斯菲尔德白皮书》颁布后,犹太复国主义移民的速度在 1929—1931 年间减缓至每年 5000—6000 人。然而,随着 1931 年麦克唐纳信函对英国政府政策的反转,以及纳粹在德国的上台,一波新的大规模犹太移民开始涌入巴勒斯坦:1932 年,约 1 万名犹太移民进入巴勒斯坦;1933 年超过了 3 万人;1934 年超过了 4.2 万人;移民高潮出现在 1935 年,当年近 6.2 万名犹太人进入巴勒斯坦。

1922—1935 年间,犹太人占巴勒斯坦总人口的比重由 9% 猛增至 27%。[39] 犹太人的土地收购已然使得大量巴勒斯坦农民被迫离开土地,早在几年之前,《帕斯菲尔德白皮书》就已指出了这一问题,而当时巴勒斯坦的犹太人口仅为 1935 年规模的一半。完全由城市精英所垄断的巴勒斯坦(阿拉伯)领导层的失败恶果,却直接落在了农村贫困人口的头上。

1935 年,有一个人决定将巴勒斯坦农民群体的愤怒导向武装反叛。在这一过程中,他提供了点燃巴勒斯坦这个火药桶的最初火花。

伊兹丁·卡萨姆(Izz al-Din al-Qassam)出生在叙利亚,20 世纪 20 年代为逃避法国委任统治来到巴勒斯坦寻求避难。卡萨姆是一位穆斯林宗教学者,后来成为海法港北部面向普通大众的独立清真寺的一名布道者。同时,他还担任一个民族主义、反犹太复国主义组织"青年穆斯林协会"的领导人。谢赫卡萨姆利用讲经台鼓动对英国人和犹太复国主义的反抗,其人气也因此在那些受犹太移民影响最直接的巴勒斯坦贫苦人群之中迅速飙升，他们将卡萨姆而非分裂且低效的城市显贵集团视为其领导人。

1931年麦克唐纳"黑色信函"之后，卡萨姆开始鼓动针对英国人和犹太复国主义者的武装反抗。他的这一呼吁在其清真寺的聚众中得到了热烈回应，一些人志愿加入战斗，另一些人则愿为购买枪支弹药提供资金。然后，在毫无预兆的情况下，卡萨姆在1935年秋天突然失踪。他的支持者开始陷入惶恐，一些人担心他已经遭遇不幸，另一些人则怀疑他带着他们的钱逃之夭夭了。1935年，一个名叫艾克拉姆·祖阿提尔（Akram Zuaytir）的记者和一位与谢赫卡萨姆交好的石匠聊起了卡萨姆神秘失踪的话题。祖阿提尔表示人们对卡萨姆提出这样的指控是可耻的。"我同意，兄弟，"那位匠人答道，"但他为什么要这样躲藏起来呢？"[40]

这时，一个男子冲进来打断了他们的谈话，告诉他们说一个阿拉伯武装团队和英国部队在杰宁上方山区发生了激烈冲突，反叛者及其杀害的警察的遗体正在被运往英军在杰宁的要塞。年轻的祖阿提尔意识到这是一条独家新闻，于是打电话通知了耶路撒冷的阿拉伯新闻社的社长。后者闻讯后立即动身前往杰宁，让祖阿提尔照看办公室的一切，并通知巴勒斯坦各大报纸一个重大事件正在酝酿之中。

3小时后，震惊的新闻社社长从杰宁返回，他的话短得像新闻标题一样。"重大事件，"他气喘吁吁地说道，"非常紧急的新闻。谢赫伊兹丁·卡萨姆和武装团队中的4个兄弟牺牲了。"在杰宁警察局，这位社长采访到卡萨姆团队一位幸存的受伤者。尽管后者当时极为痛苦，但还是简略地描述了卡萨姆运动的情况。

那位伤员解释说，卡萨姆1933年就建立了他的武装团体。他只招募那些愿为自己的祖国献身的虔诚穆斯林。他们筹集资金购买步枪和弹药,开始为一场武装斗争做准备,"为的就是杀死英国人和犹太人,因为这些人正在占领我们的国家"。1935年10月,卡萨姆和他的追随者秘密离开海法,引发了当天早些时候祖阿提尔和石匠所讨论的那些传闻。

卡萨姆的武装团体在拜散(Baysan)① 平原遭遇了一支警察巡逻队,冲突中杀害了一名犹太中士。英国人搜索了整个山区,在从纳布卢斯通往杰宁的道路上伏击了卡萨姆的一名追随者。双方交火中,这位阿拉伯起义者被击毙。"我们听到了他牺牲的消息,"那位卡萨姆团队的幸存者解释说,"就决定在第二天清晨袭击警察。"起义者发现英军和警察的联合部队人数远远超过自己,便逃至靠近杰宁的亚巴德村附近的山洞里躲避。在皇家空军一架飞机的掩护下,英军向阿拉伯人发起攻击。枪战持续了两个半小时,结果伊兹丁·卡萨姆和另外三名同伴当场被杀,四名幸存者被俘;英国方面一名士兵被杀,两人受伤。

尽管对这些事件感到震惊,祖阿提尔首先想到的却是葬礼。根据伊斯兰文化传统,卡萨姆和他的同伴通常应当在日落前被安葬,但现在"烈士"的遗体还在警察的扣押之下。祖阿提尔请求海法的一位同事与英国人商谈,将死者的遗体移交给其家属,以便后者为葬礼做必要的安排。英国人同意合作,但有两个条件:第一,葬礼必须在第二天早上10点钟举行;第二,葬礼的队伍必须从卡萨姆的家直接向东进入陵园,而不得进入海法市中心。英国人实在太了解事态的敏感性了,因而尽可能避免暴力事件的发生。祖阿提尔则恰恰相反,想方设法要确保葬礼变为一个激励巴勒斯坦人反抗英国委任统治的政治事件。他赶在这一天结束前,在一份伊斯兰报纸《伊

---

① 从阿拉伯名,译作"拜散";从希伯来名,译作"贝特谢安"(Beit She'an)。——译者注

斯兰社团》(al-Jami'a al-Islamiyya)上发表了一篇文章,呼吁所有的巴勒斯坦人都齐聚海法,参加葬礼游行;他还向民族主义运动的领导层直接发起挑战,追问道:"巴勒斯坦的领袖们会和巴勒斯坦的年轻人一起,在信士的陪伴下,加入一个伟大的宗教学者葬礼队伍吗?"[41]

第二天一早醒来,祖阿提尔就开始查看阿拉伯媒体的报道情况,并准备动身前往海法。"当我读到报纸上关于那场战斗的描述,读到我呼吁参加葬礼游行的号召,就想到今天将成为海法历史上具有重大历史意义的一天,"他写道,"这是烈士之日。"他的判断很准确。数千名民众涌入海法,来参与这次全国性的哀悼。与英国人的想法正好相反,葬礼在海法市中心的清真寺举行,而葬礼队伍恰恰经过了市中心。"经过巨大的努力,烈士们的遗体从清真寺内穿过人群被抬向外面的广场。在这里,笔端已无力描绘这一场景:烈士遗体被抬到肩膀的高度,数千民众伴随着葬礼队伍行进,高喊着'真主至大,真主至大';妇女们则在屋顶和窗前啼哭。"哀悼者高唱着抵抗的歌曲。"然后,当遗体被举起时,一个声音高喊道:'报仇!报仇!'数千民众也用惊雷似的声音回应道:'报仇!报仇!'"

愤怒的民众袭击了海法市警察局,向建筑物投掷石块,并捣毁了停在外面的警车。他们还袭击了沿途遇到的每一名英军士兵和警察,尽管英国人为避免双方伤亡已提前撤离。此外,作为受痛恨的英国统治的另一标志,火车站也遭到了袭击。

整个葬礼行进持续了三个半小时,之后卡萨姆和他的同伴被正式安葬。祖阿提尔回忆说:"想象一下,这些身穿染着'圣战'鲜血外衣的英雄烈士最终被埋葬,此情此景之下民众们会是什么感受。"此外,他还特别指出巴勒斯坦北部地区所有市镇——阿卡、杰宁、拜散、图勒凯尔姆、纳布卢斯、海法都有代表参与了葬礼游行,"但我并没有看到(民族主义)政党的领袖们,为此他们应当受到斥责"。[42]

谢赫伊兹丁·卡萨姆的短暂起义永久地改变了巴勒斯坦政治。之前领导民族主义运动的城市显贵阶层很大程度上失去了民众的信任。他们已经与英国人进行了15年谈判,却一无所获。巴勒斯坦人距离独立或自治仍遥遥无期,英国人仍牢牢地控制着一切,犹太人口按照其增长速率将很快与阿拉伯人口持平。巴勒斯坦人民需要能与英国人和犹太复国主义者进行直接对抗的行动者。其结果就是为期3年的巴勒斯坦大起义,而这次起义对巴勒斯坦城镇和乡村都造成了毁灭性的影响。

卡萨姆反叛事件后,巴勒斯坦各政党领袖们开始尝试重新确立对民族主义运动的领导权。1936年4月,巴勒斯坦各主要政党联合为一个新的组织,即阿拉伯最高委员会。委员会号召全体阿拉伯工人和政府官员举行一次大罢工,同时抵制与伊休夫之间的一切经济往来。伴随大罢工,还发生了针对英国部队和犹太定居者的暴力袭击事件。

民族主义领袖们的这一策略取得了适得其反的严重后果。巴勒斯坦阿拉伯社群受经济抵制的负面影响要远远超过伊休夫。英国为镇压反叛又新调入了2万人的部队,还呼吁其在阿拉伯邻国的盟友劝说巴勒斯坦领导层终止大罢工。1936年10月9日,沙特、伊拉克国王与约旦、也门统治者一道发布了一项联合声明,呼吁"我们在巴勒斯坦的阿拉伯子民们为避免进一步的流血冲突而下决心争取和平"。"为了做到这一点,"这些君主令人难以置信地表示,"我们相信你们的朋友英国的善意,后者已然表示将秉持公正。"[43]

当阿拉伯最高委员会回应国王们的上述声明并呼吁停止罢工时,巴勒斯坦人感到被自己的领导人以及阿拉伯同胞同时背叛了。巴勒斯坦民族主义诗人艾布·萨勒曼（Abu Salman）很敏锐地捕捉到这一点，以其辛辣的诗句控诉了巴勒斯坦领导人和英国人支持下的阿拉伯君主对[巴勒斯坦]阿拉伯人运动的出卖。

> 那些珍视祖国的人们啊，
> 快起来反抗这赤裸裸的压迫！
> 将祖国从暴君手中解放，
> 从傀儡手中解脱！
> 我想我们并不缺少国王，可以把人们团结在他身后。[44]

当艾布·萨勒曼强调巴勒斯坦的解放将由它的人民而不是他们的领袖来领导时，他确实说出了失望的巴勒斯坦民众的心声。

大罢工结束后，作为回应，英国又一次派遣了一个调查委员会。1937年7月7日发布的皮尔委员会的报告在整个巴勒斯坦引发了震动。在这份报告中，英国人首次承认巴勒斯坦问题的根源在于两个相互冲突、无法协调的民族主义运动间的矛盾。"在这个小国狭小的边界内，两个民族之间爆发了不可避免的冲突，"报告承认道，"约100万名阿拉伯人和40万名犹太人或公开或隐蔽地陷入了竞争，他们之间毫无共同语言。"

皮尔委员会所建议的解决方案是分治：犹太人将在巴勒斯坦20％的土地上建立自己的国家，包括大部分沿海地区和位于耶斯列谷地和加利利的一些最肥沃的农业用地；分给阿拉伯人的则是最贫瘠的土地——包括内盖夫沙漠和阿拉瓦谷地，以及约旦河西岸的丘陵地区和加沙地带。

巴勒斯坦的人口分布与分治方案的地理划分并不一致。尤其成问题的是，多数阿拉伯城镇都被划入提议中的犹太国家。为消除这种反常现象，皮尔委员会提出"人口交换"——在20世纪后半叶将被称为种族清洗——的可能性,以便移除分配给犹太人领土中的阿拉伯人口。英国人强制迁徙的提议赢得了犹太代办处主席大卫·本-古里安(David Ben-Gurion,1886—1973)对整个分治方案的支持。他热情洋溢地说道,"这将给予我们一些我们之前从未有过的东西——即便是在我们维持独立权威的古典时代",即一个由高度同质化的人口构成的"真正的犹太"国家。[45]

令阿拉伯人更加不满的是,分治方案并未设想建立一个独立的巴勒斯坦国,而是呼吁将阿拉伯领土并入埃米尔阿卜杜拉统治下的外约旦。巴勒斯坦人民对阿卜杜拉怀有极深的不信任感,将后者视为一个觊觎他们土地的英国代理人。对巴勒斯坦人而言,皮尔委员会的提议代表着他们民族斗争的最坏结果,即不但未能确保自身的自治权,而且其人口将被驱散并受到不友好的外来者——犹太复国主义者和埃米尔阿卜杜拉的统治。

结果就是,犹太人接受了分治方案的条款,埃米尔阿卜杜拉与皮尔委员会达成了一致,巴勒斯坦人却与英国人和伊休夫走向了武力对抗。

巴勒斯坦阿拉伯大起义的第二阶段持续了两年,从1937年秋直至1939年。1937年9月26日,巴勒斯坦极端分子杀害了英国在加利利的地区专员L. Y. 安德鲁斯(L. Y. Andrews)。作为回应,英国当局逮捕了200名巴勒斯坦民族主义领导人,将很多人流放至塞舌尔,并宣布阿拉伯最高委员会为非法组织。在缺乏中央领导的情况下,起义迅速退化为一场缺乏协调的暴动而席卷了巴勒斯坦农村地区。起义者袭击英国警察、军事巡逻队和犹太定居者,刺杀英国和犹太官员,杀害了那些疑似与英国当局合作的巴勒斯坦人。他们破坏铁路、通信以及贯穿巴勒斯坦的输油管道。村民们发现自己进退维谷:起义者要求他们的支持,而英国人则惩罚一切疑似援助起义者的平民。大起义对巴勒斯坦人的影响是毁灭性的。

每次阿拉伯人针对英国人和伊休夫的袭击都招致了激烈的报复行为。英国人决心要通过军事手段镇压起义，因而再次向巴勒斯坦增派了2.5万名士兵和警察——这一数字也成为一战结束以来英军在海外最大规模的部署。他们建立军事法庭，这些法庭所执行的紧急管理章程实际上为英国委任统治政府的军事独裁提供了合法的外衣。基于紧急管理章程的合法权威，英国人摧毁了所有参与袭击事件者以及所有确认或涉嫌帮助起义者的房屋。据估计，1936—1940年巴勒斯坦约2000间房屋被毁。战斗人员和无辜的平民一并被关进集中营，至1939年已有超过9000名巴勒斯坦人被关押在过度拥挤的设施内。嫌犯受到暴力审讯，由羞辱到酷刑拷打不等。7—16岁之间的少年犯遭到鞭打。1938—1939年，超过100名阿拉伯人被判处死刑，其中超过30人被执行死刑。为防止起义者在英军经过的道路上铺设地雷，巴勒斯坦人被用作人肉盾牌。[46]

英国人对武力和集体惩罚的过度使用，最终演变为滥用暴力和残酷的罪行，也使得委任统治在巴勒斯坦人的记忆中蒙上了永恒的污点。最可耻的罪行发生在对起义者杀害英国士兵的报复中。在一个有详细档案记录的案例中，为了给在1938年9月一次触雷事件中被杀的同事报仇，英军将来自白萨村的20多名男子装入一辆汽车，用枪逼着他们驶入英国人在村庄岔路中部埋设的一大片雷区。结果所有的乘客当场被炸死，死者残缺不全的遗体被一名英国军人拍摄下来，随后村民们又被强迫将其亲属遗体埋藏在一座集体坟墓中。[47]

巴勒斯坦的阿拉伯人被彻底击败了，至1939年他们中间反抗的火种已彻底熄灭。约5000人在大起义中被杀，1万人受伤；超过10%的巴勒斯坦成年男性人口不是被杀、受伤，就是遭到囚禁或流放。然而，英国人也很难说取得了胜利：他们无法长期负担镇压起义的消耗,也无力将他们的政策强加给阿拉伯人。随着欧洲战事的临近,白厅已无法承担动用如此庞大的部队来镇压一场殖民地起义。为了在麻烦不断的巴勒斯坦托管地恢复和平,英国人将1937年皮尔委员会的分治方案束之高阁,并再次召开了一次皇家委员会会议来重新审视巴勒斯坦局势。委员会再次发布了一份白皮书,试图回应巴勒斯坦阿拉伯人的诉求。

1939年白皮书是英国自始至今向巴勒斯坦阿拉伯人提供的最好方案。根据该文件中提出的新政策,未来5年内犹太移民的规模将被限定在每年不超过1.5万人,或总数不超过7.5万人。这将使伊休夫占整个巴勒斯坦人口的比重提升至35%,即成为一个规模足以照顾自身但又无力控制整个国家的少数群体。在这以后犹太移民将停止,除非得到阿拉伯人口多数的同意,但各方都承认这不太现实。根据区域的不同,犹太人土地收购将被禁止或受到严格限制。最后,10年后巴勒斯坦将在一个阿拉伯-犹太人联合政府的领导下,"以一种能够确保各个社群根本利益得到维护的方式"实现独立。[48]

无论对巴勒斯坦阿拉伯人还是犹太人而言,1939年白皮书都无法令人满意。阿拉伯人拒绝上述条款,既是因为它允许犹太移民的继续流入——即使速度有所减缓,同样也因为它维护了巴勒斯坦的政治现状,并将独立又延后了10年。伊休夫拒绝了这些条件,因其在纳粹反犹暴行逐渐升级之际,宣布巴勒斯坦向犹太移民关闭了大门(1938年11月,纳粹分子在"碎玻璃之夜"中恫吓了德国犹太公民,这是欧洲迄今为止最恶劣的大屠杀事件)。此外,白皮书排除了在巴勒斯坦建立一个犹太民族国家的可能性,而是将伊休夫设计为未来巴勒斯坦阿拉伯国家中的一个少数群体。

1939年,伊休夫领导层因对1939年白皮书的立场而发生分裂。大卫·本-古里安从一开始就明确反对白皮书,但他将纳粹德国视为对犹太人民福祉最大的威胁,并发誓站在英国一边反对纳粹,就像白皮书根本不存在一样。而作为对白皮书的回应,犹太复国主义运动中的极端分子——伊尔贡(Irgun)和斯特恩团伙(Stern Gang)则公开宣称英国为敌人。他们反抗英国在巴勒斯坦的存在,将之视为一个否认犹太人民独立地位的不合法的帝国主义国家。为了在巴勒斯坦建立一个犹太民族国家,他们不惜采取恐怖手段。第二次世界大战结束、纳粹主义被根除之后,英国将发现自身面对一场犹太反叛,其声势远远大于阿拉伯人曾向英国统治发起的挑战。

*

第一次世界大战结束时,英国对中东的控制是不可撼动的。英国部队占领了从埃及到伊拉克的阿拉伯领土,其对波斯湾的控制更是牢不可破。尽管阿拉伯世界很少有人希望受英国人的统治,但无论多不情愿,多数人都满怀敬意地看待自己的殖民领主:英国人高效、神秘、有序、技术先进、军事强大。英国确实伟大,像一座高耸于其殖民领地顶端的巨像。

20年的殖民统治却揭示了这座巨像是一座泥足巨人。在整个中东地区,英国面对着多种多样的反对声音,从温和的民族主义政治到激进的武装起义不一而足。在伊拉克、巴勒斯坦和埃及,英国被迫就其不受欢迎的存在条件反复进行谈判。英国人向阿拉伯反对派做出的每一次妥协、每一次政策反转,都揭示了帝国权力的脆弱性。

然而,真正将英国在中东的领地转变为大英帝国脆弱软肋的,是法西斯主义在欧洲威胁的升级。有些时候,上述阿拉伯殖民地似乎已经要脱离英国的控制。二战期间英国在伊拉克和埃及的所作所为,显示了其地位的脆弱性,也预兆了英国在中东主导地位的结束。

在伊拉克,英国在1941年4月1日遭遇了一场亲轴心国的政变。

当时，伊拉克在一位不受欢迎的摄政王阿卜杜·伊拉亲王（Prince Abd al-Ilah，1939—1953 年在位）的统治之下，他代表年幼的费萨尔二世（King Faysal II，1953—1958 年在位）进行统治。英国人以亲纳粹倾向为由，要求广受民众拥戴的首相拉希德·阿里·凯拉尼（Rashid Ali al-Kaylani）辞职，这一要求得到摄政王阿卜杜·伊拉的支持；一些重要的伊拉克军官则支持首相。这些高层军官相信德国和意大利将赢得战争，因此与轴心国建立良好关系有利于伊拉克的利益。摄政王担心发生军事政变，便由伊拉克逃往约旦，使得拉希德·阿里和军官们掌控了政权。

拉希德·阿里在摄政王缺位的情况下继续行使政治权力，在英国政府看来已然构成政变。尽管前者竭尽全力向英国人表明伊国内并未发生根本性的变化，但其新政府（包括巴勒斯坦领袖大穆夫提哈吉艾敏·侯赛尼，侯赛尼因其极端民族主义观点遭到流放，后成为拉希德·阿里的亲密顾问）的民族主义语调却强化了英国人的恐惧。英国人援引 1930 年《英伊同盟条约》的条款，要求向伊拉克增派地面部队，拉希德·阿里和民族主义军官则怀疑英国人的意图因而表示反对。英国人无视反对意见，在未经伊政府官方批准的情况下就开始向伊拉克增兵。伊拉克人威胁向未经授权的英国飞机开火，英国则警告说开火将导致战争。在这种情况下，双方都骑虎难下。

1941 年 5 月，英伊两国间爆发战争。战斗从英国在哈巴尼耶的基地外打响，持续了数日之久；随后，伊拉克军队撤退至费卢杰重新集结，以便保卫巴格达。新增的英国部队则从印度和外约旦赶来。拉希德·阿里紧急向德国和意大利求援，轴心国派来了 30 架飞机和一些小型武器，但受制于时间限制而未能更直接地干预。英军逼近巴格达之际，拉希德·阿里和他的政治盟友包括哈吉艾敏·侯赛尼被迫逃离伊拉克。他们责成巴格达市市长与英国人就停火进行谈判，整个国家陷入混乱状态。

1941年拉希德·阿里政府倒台后，巴格达的犹太社群成为混乱局势的首要受害者。反英情绪、对犹太复国主义在巴勒斯坦计划的敌意同德国的反犹主义观念相叠加，酿成了阿拉伯历史上前所未有的大屠杀，在阿拉伯语中被称为"法尔胡德"（Farhud）。巴格达的犹太社群规模庞大，且已高度融入伊拉克社会各阶层：从精英到市场再到音乐厅——多数伊拉克著名的演奏家都是犹太人。但在长达两天的社群暴力和流血冲突中，所有这一切都被抛诸脑后：在英国当局决定进入巴格达并恢复秩序之前，冲突已造成近200人死亡，大量犹太店铺和房屋被劫掠、毁坏。

拉希德·阿里政府倒台后，哈希姆家族重新恢复了其在伊拉克的王位。在其前殖民领主的支持下，摄政王阿卜杜·伊拉以及那些最亲英的伊拉克政客重新掌权。伊拉克民族主义者被激怒了，他们声称拉希德·阿里在伊拉克民众中享有广泛支持，但显然英国人只会允许伊拉克人拥有一个经伦敦认可的领导层。在伊拉克人赢得其名义上的独立地位仅9年后，这次（军事）干预就使得英国和哈希姆王朝在伊拉克人民眼中彻底失去了信誉。

然而，英国才是伊拉克土地上最终的失败者。曾几何时，英国在伊拉克的委任统治被传为佳话，而现在却只剩下一个摇摇欲坠的君主，一支危险的军队，一群如此仇视英国在中东的角色以至于不惜与其轴心国敌人并肩作战的民众。

轴心国在埃及也不乏支持者。埃及民族主义者不满足于1936年《英埃协议》所达成的部分独立。英国仍对埃及内部事务施加着超出其合理范围的影响，并完全控制着苏丹。随着第二次世界大战的爆发，埃及境内涌入大量英国部队，自"独立"以来埃及政府似乎比以往任何时期都更加从属于英国。这种状况对于新一代埃及民族主义者而言已不可忍受，对英国的敌意使得他们对英国的轴心国敌人抱有好感。

意大利人和德国人在埃及则利用本地的民族主义情感来孤立英国人。意大利人开设了一个强大的新广播电台，以便在埃及和东地中海地区推进其宣传攻势。巴里电台（Radio Bari）大肆鼓吹贝尼托·墨索里尼的法西斯政府所取得的成就。与英国在埃及所强加的多党制民主的小打小闹相比，这种极端民族主义、强硬领导与法西斯军事强力的结合，对埃及民族主义者明显更有吸引力。随着德、意两国与英国开战，很多埃及人开始盼望轴心国能击败英国，从而一劳永逸地将后者逐出埃及。

1940 年，随着北非战役的打响，部分埃及民族主义者相信解脱的时刻已近在咫尺。意大利军队跨越利比亚攻击英军在埃及的阵地；在陆军元帅埃尔温·隆美尔的指挥下，经过特殊训练的德军北非军团加入了意大利人在北非的战事。至 1942 年冬，轴心国军队已对英国在埃及的阵地构成真正的威胁。一些埃及政治领袖，甚至包括法鲁克国王本人，似乎很愿意接受德国将英国人逐出埃及的想法。

英国不信任具有法西斯主义倾向的埃及首相阿里·马希尔（Ali Mahir），因此在 1940 年 6 月要求后者辞职。这一干预行为揭示了英国对埃及主权与独立的完全无视，也使得英、埃两国关系进一步恶化。随着德国和意大利军队在北非战场取得主动权，英国开始试图镇压埃及国内政界轴心国势力的支持者。具有讽刺意味的是，埃及国内唯一具有可靠的反法西斯资历的政党就是民族主义的华夫脱党。1942 年 2 月 4 日，英国高级专员米尔斯·兰普森爵士向法鲁克国王递交了一份最后通牒，要求他提名穆斯塔法·纳哈斯组建一个完全由华夫脱党人组成的政府，或者选择退位。为支持其通牒，兰普森甚至将英军坦克部署至法鲁克国王位于开罗市中心的阿比丁宫。

"阿比丁宫通牒"彻底打碎了运行达 20 年之久的英-埃政治系统,同时损害了该系统的三大支柱——国王、华夫脱党和英国人自己。法鲁克国王屈从于英国人的威胁,允许外部势力强加给自己一个政府,等同于出卖了自己的国家。很多民族主义者认为他们的国王本应不惜以生命为代价与英国人抗争到底。至于华夫脱党,他们曾经在反抗殖民主义的斗争中赢得埃及人民的支持,这次却同意在英国人刺刀的庇护下上台执政。然而,最后通牒背后的歇斯底里,暴露了英国人面对轴心国军队在西部沙漠的进攻时是多么的脆弱和不安。英国人在面对轴心国和埃及民族主义者时同时处于守势,也暴露出了其不可靠性。英国、王朝、华夫脱党三方争夺权力的格局在 1942 年 2 月彻底崩溃,在 10 年后即 20 世纪 50 年代的革命骚动时期,这三方也将被扫除出历史舞台。

英国人进入中东之时,意在将阿拉伯世界纳入一个在他们看来将持续千秋万代的不朽帝国。但从一开始,他们在埃及、伊拉克,特别是巴勒斯坦就遭遇了顽强的抵抗。随着民族主义反对派的兴起以及直接统治成本的上升,英国政府尝试通过承认名义上的独立、以协议确保其战略利益的方式来调整帝国与托管地之间的关系。然而,即便对民族主义反对派的这些让步,也未能赢得阿拉伯人对英国在中东地位的认可。二战时期,英国国内的反对活动使得其在阿拉伯领地内举步维艰。意大利和德国很快就抓住英国的弱点,利用阿拉伯民族诉求来谋取轴心国的利益。随着阿拉伯世界逐渐脱离英国人的掌控,英国在中东的帝国越来越成为一个负担,而不是优势。

对英国人而言,可能唯一的安慰就是:他们的帝国竞争对手法国,在其阿拉伯领土上似乎也并不比自己成功多少。

第八章　法兰西帝国在中东

长久以来，法国为了其在阿拉伯世界的帝国觊觎大叙利亚地区——大概包含今天的叙利亚、黎巴嫩、巴勒斯坦、以色列、约旦等国领土。1799年拿破仑从埃及入侵叙利亚，但其军队因在阿卡遭遇奥斯曼守军的顽强抵抗而停滞不前，最终被迫撤退。19世纪30年代，法国支持穆罕默德·阿里入侵叙利亚，希望通过埃及盟友将法国的影响力拓展至这一地区。1840年埃及撤出叙利亚之后，法国人加强了与叙利亚本地各天主教派，特别是黎巴嫩山地区马龙派间的联系。1860年黎巴嫩山爆发德鲁兹人屠杀马龙派基督徒事件后，法国派遣了一支由6000人组成的远征军，明目张胆地对叙利亚沿海地区提出权利要求。但随着奥斯曼政府在接下来半个世纪中重新确立对阿拉伯行省的控制，法国人的诉求也再次受挫。

第一次世界大战最终为法国提供了一个确保其对叙利亚权利要求的机会。基于与奥斯曼帝国的战争状态，法国及其协约国盟友终于能够公开讨论战争胜利后奥斯曼领土的分割问题。通过马克·赛克斯爵士与弗朗索瓦·乔治-皮科在1915—1916年间进行的密集谈判——其最终结果即《赛克斯-皮科协定》，法国终于赢得了英国对其野心的支持。在相继将阿尔及利亚、突尼斯、摩洛哥殖民化之后，法国政府相信自己拥有足够的知识和经验来成功统治阿拉伯人。法国人坚信，在摩洛哥运转良好的模式，对叙利亚同样适用。此外，几十年来法国已经赢得了黎巴嫩山地区马龙派基督徒社群的忠诚和支持。事实上，一战结束时，黎巴嫩可能是世界上唯一有大量选民为法国委任统治而积极游说的国家。

奥斯曼帝国后期的黎巴嫩是一块以奇怪的方式被截取出来的土地。1860年屠杀基督徒事件后，奥斯曼人和欧洲列强举行会议，商讨在西俯地中海、东瞰贝卡谷地的高地上建立一个特殊的黎巴嫩山省。奥斯曼人则维持了对具有战略意义的沿海地区——包括提尔、西顿、贝鲁特、的黎波里等城市的直接行政控制。1888年，叙利亚沿海地区被重新划定为贝鲁特省。结果，黎巴嫩山的绝大部分地区与海岸线相隔离，贝鲁特省的很多地区宽度则只有几英里。

黎巴嫩山自治省的一个主要缺陷就是其地理条件限制。该省的领土过于狭窄贫瘠，无法维持大量的人口，因此在奥斯曼人统治的最后时期，很多黎巴嫩人为了寻找更好的经济机遇而被迫远离故土。据估计，1900—1914年约10万名黎巴嫩人（可能高达其总人口的四分之一）离开黎巴嫩山前往埃及、西非和美洲。[1] 这也是统治黎巴嫩山的12人行政理事会越来越担心的一个原因，该理事会成员按比例从该地区不同社群中选出。随着一战临近尾声，行政理事会的成员开始渴望建立一个更大的国家，并寻求其长期庇护者法国的帮助来实现这一宏愿。

1918年12月9日，黎巴嫩山行政理事会举行会议，就其希望向巴黎和会陈述的内容达成一致。理事会寻求在法国监护下黎巴嫩在其"自然边界"内的完全独立。"自然边界"意味着理事会成员设想扩大黎巴嫩山的版图，将的黎波里、贝鲁特、西顿、提尔等沿海城市以及贝卡谷地东部直至东黎巴嫩山西麓的领土都纳入其中。一个在其"自然边界"之内的黎巴嫩在南北方向将以不同河流、东部以山脉、西部以地中海作为其地理框架。

黎巴嫩山的民众深知法国自19世纪60年代起就倡导建立这样一个"大黎巴嫩",因此他们希望通过法国托管的方式来获取这块至关重要的领土。因此,黎巴嫩山行政理事会是受法国政府的正式邀请,在巴黎和会上陈述其方案。这与埃及、叙利亚等这些不合时宜的阿拉伯国家不同,后者的民族主义诉求与参会帝国的野心直接冲突,因而受到冷落和排斥。

行政理事会派遣了一支以马龙派政治领袖达伍德·阿蒙(Daoud Ammoun)为首的五人代表团前往巴黎参会。[2] 1919年2月15日,阿蒙在其向巴黎和会委员会的发言中陈述了黎巴嫩山的诉求:

> 我们想要一个摆脱一切奴役状态的黎巴嫩,一个能够自由追求其民族目标的黎巴嫩,一个在其自然边界内得以重建的黎巴嫩。为了能自由地生活、在和平中实现繁荣,这些条件都不可或缺。
>
> 但我们深知,由于缺少在现代生活和西方文明方面训练有素的技术人员,我们只有在一个西方大国支持下才能发展我们的经济、重组我们的自由。在过去的岁月中,法国一直向我们提供保护、支持、指引和教导,为此我们对她也怀有持久的情谊。我们希望获得法国的支持,以便完成内部重组,并保证我们的独立。[3]

显然,黎巴嫩代表团寻求的并非法国在黎巴嫩的殖民统治,而是在实现最终独立目标过程中后者的支持。然而,法国人似乎仅仅听到了他们想听的那一部分,也很乐意把黎巴嫩代表团作为论证其对黎巴嫩权利要求合法性的工具。

然而,行政理事会的发言并不能代表所有黎巴嫩人。在非洲、欧洲、美洲生活着超过 10 万名黎巴嫩移民，他们热切地关注着祖国的政治命运。很多黎巴嫩海外移民社团将自己视为更为广阔的叙利亚人民的成员，后一概念同样涵盖了来自巴勒斯坦、叙利亚内陆地区以及外约旦的移民。这些"叙利亚人"中包括了一些黎巴嫩最著名的文人，如神秘主义杰作《先知》的作者赫里勒·纪伯伦（Khalil Gibran）。他们将黎巴嫩视为大叙利亚独立但又不可分割的一部分，呼吁叙利亚作为一个整体在法国的监护下实现独立。考虑到其对法国统治的支持，这些黎巴嫩的大叙利亚支持者同样受邀在巴黎和会上陈述其观点。

舒克里·加尼姆（Shukri Ghanim）是黎巴嫩海外侨民最杰出的代表人物之一，他还是叙利亚中央委员会的主席，该委员会是一个分支机构遍布巴西、美国和埃及的民族主义组织。1919 年 2 月，加尼姆向（巴黎和会）"十人委员会"进行了陈述，呼吁建立一个在法国托管下的叙利亚国家联邦："叙利亚必须被分为三个部分。如果算上巴勒斯坦，那就是四个部分。大黎巴嫩或腓尼基、大马士革地区和阿勒颇地区应被构建为独立、民主的国家。"但他并不相信所有叙利亚人生而平等，且带着不祥的口气预言道："法国在那里的任务是引导、建议和平衡一切事物，还有——我们不介意对我们的同胞这样讲，他们都是明白是非的人——根据我们不同的道德健康的状况给予我们不同程度的自由。"[4] 我们可能只能猜测加尼姆所谓"道德健康"所指何为，但他显然相信黎巴嫩相比叙利亚其他地区要远为先进，与大马士革、阿勒颇等地相比更适合在法国的保护下享有完全独立。相比达伍德·阿蒙代表黎巴嫩山行政理事会所作的陈述，加尼姆的呼吁在很多方面，与法国人的想法更加一致。

然而，黎巴嫩政治中还有完全敌视法国在黎凡特地区地位的第三种趋势。的黎波里、贝鲁特、西顿、提尔等沿海城市的逊尼派穆斯林和希腊东正教徒并不希望从叙利亚政治社会主流中被分离出去，继而在一个基督徒主导的黎巴嫩国家中被弱化为一个少数群体。这是黎巴嫩山省的亲法国政治与沿海贝鲁特省的阿拉伯民族主义之间的明显分歧。几个世纪的奥斯曼统治之后，贝鲁特的阿拉伯民族主义者希望成为一个更广阔的阿拉伯帝国的一部分，因而全力支持大马士革的埃米尔费萨尔政府。在1919年2月面向巴黎和会"十人委员会"的发言中，费萨尔代表沿海平原的黎巴嫩人表达了政治诉求，他在1916—1918年间领导了从希贾兹到大马士革的反奥斯曼统治的阿拉伯大起义。在发言中，他强调黎巴嫩是英国高级专员亨利·麦克马洪爵士之前许诺给他父亲谢里夫侯赛因的阿拉伯王国不可分割的一部分，因此应当受自己在大马士革的阿拉伯政府的领导，而非任何委任统治的管辖。

埃米尔费萨尔在巴黎和会上对西方列强的陈述，受到了贝鲁特阿拉伯民族主义者的广泛支持。穆罕默德·哲米勒·贝胡姆（Muhammad Jamil Bayhum）是一位年轻的知识分子，后成为费萨尔狂热的支持者。1919年7月在金-克瑞恩代表团到来之前，贝胡姆代表贝鲁特当选为在大马士革召开的叙利亚国民议会成员。"法国当局竭尽全力阻止选举的举行，同时向选举人和候选人施压，"贝胡姆回忆道，"但他们这些劝说或强制的手段最终都是徒劳的。"[5] 黎巴嫩在叙利亚国民议会中获得了广泛的代表，来自全国各地的22名代表当选。

贝胡姆满怀激动地参加了1919年6月6日正式开幕的叙利亚国民议会。代表们坚信他们召开会议的目的，就是将叙利亚人民的政治意愿通过金-克瑞恩委员会传达给巴黎和会上的西方大国。他们企盼在整个大叙利亚地区建立一个在费萨尔统治下、以大马士革为中心的阿拉伯国家，尽可能减少或完全避免外部干预。贝胡姆笔下的大马士革充满了乐观主义和高度理想化的政治氛围，甚至将之与1789年法国大革命时的巴黎相媲美："我们和来自巴勒斯坦、约旦、安条克、亚历山大勒塔、大马士革的代表一起出席了大会，所有人都希望协约国能听从我们的呼声，履行之前向我们做出的自由、独立的承诺。"[6]

贝胡姆留在大马士革参与了叙利亚国民议会的所有会议，即便在1919年7月金-克瑞恩代表团到来又离去后也没有立即离去。他不安地关注着英国1919年10月撤离叙利亚、法国军队取而代之等进展。1919—1920年的冬季，法国开始向被孤立的埃米尔费萨尔强加愈加严苛的条款，其意图明显是分裂大叙利亚、剥夺费萨尔政府的独立地位。1920年3月，叙利亚国民议会宣布大叙利亚独立，将这一既成事实摆在欧洲列强面前，作为避免委任统治的最后一搏。叙利亚国民议会仍坚称黎巴嫩是叙利亚不可缺少的一部分，在其独立宣言中强调："我们将考虑黎巴嫩人民的所有爱国要求，在战前边界的范围内尊重其国家的自治地位，但条件是黎巴嫩远离一切外部势力的影响。"

黎巴嫩山行政理事会很快便对叙利亚国民议会的宣言提出抗议，坚称费萨尔政府无权"代表黎巴嫩发言，划定其边界，限定其独立或禁止其请求法国的合作"。[7]但黎巴嫩山的政治家也越来越担心法国的意图。1920年4月，英、法两国在圣雷莫（San Remo）会议上最终确定了奥斯曼阿拉伯行省的分割方案：黎巴嫩和叙利亚划归法国所有，巴勒斯坦和伊拉克则归英国人统治。尽管很多马龙派基督徒过去曾请求法国人的技术援助和政治支持，但他们期望法国人这样做是出于利他主义的原则，而非帝国利益的考虑。随着法国开始准备在黎巴嫩建立委任统治，法国军方管理人员也开始向黎巴嫩山行政理事会强加其政策。相应地，黎巴嫩山的政治家们则开始置疑在国家建设中寻求法国帮助的合理性。

1920年7月，11位行政理事会成员中的7位做了个惊人的180度转弯——寻求与费萨尔国王的大马士革政府达成和解。他们起草了一份备忘录，呼吁叙利亚和黎巴嫩为实现完全独立而采取联合行动，通过谈判方式解决双方的领土纠纷和经济分歧。这些持不同政见的黎巴嫩议员呼吁建立一个叙-黎联合代表团，向仍在巴黎会谈的欧洲大国陈述自己的要求。然而，法国人听到这一倡议的消息后，逮捕了去往大马士革路上的这7位议员。

部分最受尊敬的黎巴嫩政治家遭逮捕的消息在整个黎巴嫩山地区引发了震动。比沙拉·扈里（1890—1964）是一位年轻的马龙派律师，曾与法国军事管理人员保持密切合作（他后来将成为黎巴嫩独立后的首任总统）。1920年7月10日深夜，法国高级专员亨利·古罗将军（General Henri Gouraud）邀请扈里来他的住所商讨一个紧急事件。到达后，扈里发现古罗正在他的军官中间焦急地踱步。这位高级专员通知扈里，法国当局刚刚逮捕了7位持不同政见的理事会成员。

"他们是叛徒，企图和埃米尔费萨尔联手，将黎巴嫩并入叙利亚，"古罗解释说，"行政理事会已经遭到解散。"

扈里震惊了，问道："您采取这样暴力手段的依据又是什么呢？"

古罗回答说已从这些人身上发现一封描绘其详细目标的备忘录。"在一切的一切之前，你首先是一名黎巴嫩人，"法国人对扈里说道，"您赞同他们的这种行为吗？"

由于尚未见到理事会成员备忘录的文本，扈里便谨慎地回答道："我赞同所有追求独立的人，但我不会求助于黎巴嫩以外的任何人。""我们的想法是一致的。"一位法国军官回答说。古罗告知扈里，这7名理事会成员将在一个军事法庭上受审。

对这些持异议的理事会成员的审判，疏远了法国在黎巴嫩一些最强有力的支持者。作为一名训练有素的律师，扈里惊骇于这样一个重要的案件在两天内即审理完毕，并将庭审过程描绘为发生在"某种恐怖的氛围中"。让他感到愤怒的是，作为证词的一部分，黎巴嫩证人被强制要求宣誓"他们对法国的热爱"。被告人最终被处以罚款，禁止在黎巴嫩工作，并被流放至科西嘉岛。更糟糕的是，当扈里最后读到几名理事会成员备忘录的文本时，发现自己对他们的大多数目标都怀有同情之心。[8]事实上，由于这些高压的手段，法国人正在严重削弱他们在黎巴嫩的支持基础。

尽管如此，法国对这个新黎巴嫩国家的方案仍在按部就班地推进。1920年8月31日，黎巴嫩山的疆域被拓展至黎巴嫩民族主义者所要求的"自然边界"；次日，在法国的协助下，"独立的"大黎巴嫩国正式成立。但法国的协助越多，黎巴嫩享有的独立就越少。已经名存实亡的行政理事会被一个新的行政委员会所取代，委员会受一位法国长官的领导，后者则直接向法国高级专员负责。

在向黎巴嫩强加了一套全新的行政框架之后，法国政府开始根据自身对黎巴嫩社会的理解来重塑这一新国家中的政治文化。法国人将黎巴嫩视为一个由多个宗教社群组成的脆弱混合体，而非一个独立的民族共同体，进而根据这一观念来塑造黎巴嫩的政治机构。依据一种被称为教派主义的体制，新成立的行政委员会的席位被分配给各个宗教社群（法语为 *confessions*）。这就意味着从理论上来说，政治职务依据人口比例分配给黎巴嫩不同的宗教团体。作为黎巴嫩天主教徒的长期庇护人，法国决心确保黎巴嫩作为一个基督教国家的属性。

法国面临的挑战主要是，在扩大黎巴嫩领土边界的同时，又要避免将基督徒弱化为他们国家中的一个少数群体。尽管在黎巴嫩山地区基督徒占总人口的76％，但在新并入的沿海城市以及东部的贝卡和东黎巴嫩山等地区，基督徒又明显是少数群体。因而基督徒仅占大黎巴嫩人口总数的58％，考虑到不同教派出生率的差异，这一比例仍在下降。[9] 法国人却无视黎巴嫩新的人口情况，继续优待受他们庇护的基督徒，在执政的行政委员会中赋予他们超出其人口比重的比例——10位基督徒代表，对应4位逊尼派、2位什叶派、1位德鲁兹派代表。

尽管法国专家们相信这一陈旧的政府体制最符合黎巴嫩的政治文化，但很多黎巴嫩知识分子却对教派主义越来越感到不安，渴望寻求一种民族身份认同。一位记者在《觉醒报》（Le Réveil）上写道："我们是否想成为一个真正、完全意义上的民族？还是继续作为一个可笑的宗教团体的大杂烩，像敌对的部落一样始终相互隔离？我们必须为自己提供一个独一无二的统一的象征——一个国籍（nationality）。那枝花朵只能在一面国旗下绽放，而绝不会在教堂尖塔或宣礼塔下生长。"[10] 然而，法国让独立的黎巴嫩升起的第一面国旗却是一面中间绘有一棵雪杉树的法国三色旗。从那一刻起，法国就开始在黎巴嫩显露自己的真面目。

1922年3月，古罗宣布将解散行政委员会，并以一个选举产生的代表理事会取而代之。这一举动激怒了黎巴嫩政治家，一方面是因为法国单方面做出了这一决定，另一方面也是因为新成立的代表理事会所拥有的权限，甚至还不如之前的行政委员会。代表理事会与真正的民选立法机构相差甚远，不但被禁止讨论政治事务，且一年中召开会议时间不得超过3个月。法令给予法国高级专员以立法权，后者可随意中止或解散代表理事会。即便是法国在黎巴嫩国内最狂热的支持者也感到愤怒，一位失望的亲法派移民写道："这一奴役的法令现在给法国留下了一个将协议与友谊弃掷在士兵军靴之下的强权征服者的形象。"[11]

法国人完全不顾黎巴嫩人不断增长的反对之声,继续推动代表理事会的选举工作,并在这一过程中不遗余力地确保其支持者成功当选,同时排除反对派人士。

穆罕默德·哲米勒·贝胡姆是参加1919年叙利亚国民会议的贝鲁特代表,他从原则上反对法国委任统治,并直言不讳地批评法国在黎巴嫩的行政措施。尽管他本人从未考虑参与竞选,他的密友们却说服他加入了一个反对派的竞选名单。贝胡姆会见了一名负责选举组织工作的法国官员,想试探一下当局是否反对其参与竞选。这位高提耶(Gauthier)先生向他保证,选举将是自由公正的,法国当局完全不会干预选举程序。受到高提耶这一答复的鼓舞,贝胡姆宣布加入一个强大的民族主义者竞选名单,该名单很快就在投票统计中遥遥领先。

尽管高提耶之前曾担保过,但法国当局很快就发现必须对选举程序加以干预。法国人意识到民族主义者名单的选举号召力后,马上便着手削弱相关候选人的影响力。在第一次会面数周后,高提耶就在办公室中召见了贝胡姆,以"最高当局的命令"之名明确要求后者退出竞选。贝胡姆被激怒了,当时他已经为竞选活动艰辛奋斗了一个月。高提耶却非常直接:"我们会在选举中阻止你。如果你当选了,我们也会将你强制逐出理事会。"贝胡姆拒绝让步,但很快就发现自己在法庭上面临着选举舞弊的指控。在听证会上,法官传讯了作为证人之一的高提耶。

"尊敬的先生,您是否指控贝胡姆先生向次级选民行贿,以收买选票呢?"法官问道。

"是的,是的。"高提耶回答说。

法官又转向贝胡姆,指着一个卷宗说道:"我有一大卷文件都是关于你的，全部是指控你收买选票，而这是法律所禁止的。"

贝胡姆只能徒劳地为自己辩护。关于选举舞弊的指控就这样持续困扰着贝胡姆，只是为了迫使他退出代表理事会的竞选。

听证会之后，贝胡姆与民族主义者竞选名单上的其他成员商讨应对的策略。他的一位朋友是高提耶的私人医生，这位朋友提出愿意拜访这位法国官员，尝试说服后者撤销对贝胡姆的指控。让贝胡姆和他的朋友意想不到的是，这位医生在拜访高提耶之后笑着回来。原来高提耶驳回了医生为贝胡姆说情的请求，回答说："我的朋友，你对政治一无所知。我想说是贝胡姆先生本人迫使我们将他排除在议会的大门之外。我们想要的是这样：如果我们把一个杯子放在窗台上，它就要原封不动，一根头发丝的距离都不能动。"

医生一下完全理解了高提耶的意思：法国人不会容忍对他们所建立的政治机构的任何挑战，像贝胡姆这样的人则有可能将法国殖民统治的"玻璃杯"打下黎巴嫩的窗台。贝胡姆回忆道："我们所有人和这位医生一起，都为委任统治当局强加给我们国家的这条荒谬的政策而感到好笑。这就是曾许诺帮助我们实现独立的那同一个国家。"贝胡姆随后宣布放弃其候选人资格，不再参与理事会竞选。[12]

这次选举也证明法国意图将黎巴嫩作为一块殖民地来进行统治，而非帮助后者实现独立。这些举措也说服了一些曾经最有力的法国支持者，转而加入反对法国统治的黎巴嫩民族主义斗争。而这也成为两次大战之间法兰西帝国在中东地区的一个不祥开端：如果法国在黎巴嫩都不能确保诸事顺利的话，那它在其他阿拉伯领土上又将如何做到呢？

*

法国殖民当局在黎巴嫩面临选举斗争的同期，在摩洛哥则面对着一次大规模武装起义。1921—1926 年，里夫战争同时以西班牙和法国统治为打击对象，成为阿拉伯世界到那时为止对欧洲殖民主义构成的最重大挑战。

1912年，欧洲列强默许法国将摩洛哥纳入其在北非的领地之内。同年3月，摩洛哥素丹穆莱阿卜杜·哈菲兹（1907—1912年在位）同法国签订《非斯协议》，保留其家族在摩洛哥的统治权的同时，将绝大部分的国家主权以一种被称为"受保护领地"的殖民方式割让给了法国。原则上这意味着法国将保护摩洛哥政府不受外部威胁，实际上法国却通过素丹及其臣属实行绝对统治，即便是以间接的方式。

法国人的第一个失败就是未能维护摩洛哥的领土完整。西班牙在摩洛哥的帝国利益可追溯至16世纪，其沿海要塞长久以来就已发展为殖民飞地（作为一个昔日帝国的遗存，休达和梅利利亚至今仍在西班牙的统治之下）。法国不得不与西班牙商谈一项协议，以便划定两国在摩洛哥各自的"权利范围"。1912年11月，随着《马德里条约》的签订，这一程序最终完成。根据该协议条款，西班牙在摩洛哥北部和南部边缘地区拥有一个被保护国，其中北部区域包括约2万平方千米（8000平方英里）的大西洋、地中海海岸线和内陆地区，南部区域包括后来被称为西班牙撒哈拉或西撒哈拉的约2.3万平方千米（9200平方英里）的沙漠地区。此外，位于直布罗陀海峡的丹吉尔港被置于国际共管之下。可以说，1912年以后摩洛哥素丹所统治的已是一个残缺不堪的国家。

尽管在沦为被保护国之前曾享受过数个世纪的独立政治地位，但摩洛哥的统治者从未成功地将其权威延伸至全国所有领土之上。长期以来，素丹对全国领土的控制都是在城市地区最有力，而在农村地区最薄弱。随着摩洛哥被纳入欧洲帝国统治之下，这种情况进一步加剧，士兵们发生哗变，很多人返回他们的部落，煽动农村反叛。当第一位法国总督于 1912 年 5 月到达摩洛哥履职之时，摩洛哥农村地区正陷入一片混乱。

赫伯特·利奥泰元帅（Marshal Hubert Lyautey，1854—1934）在其执掌摩洛哥的 13 年间，将成为帝国治理方面最伟大的革新者之一。他到达非斯第二天，叛变的士兵及其部落支持者就对该城发动了一次大规模袭击。法国外交官在确保欧洲对本国在摩洛哥统治的支持方面显然成果有限，利奥泰对此有了切身体会。

尽管受训为一名军人，但利奥泰不希望法国重蹈在阿尔及利亚的覆辙。在武力"平定"阿尔及利亚的几十年时间里，数以万计的阿尔及利亚人和法国人死于非命。利奥泰不愿强加欧洲式的行政管理方式，而是希望通过保留本地机构、与本地领袖合作来赢得摩洛哥人的支持，合作从素丹本人开始。

法国人主要通过素丹政府中被称为"迈赫赞"（Makhzan，字面意思为国库的土地）的机构来寻求对摩洛哥各城市的控制。为此，利奥泰对标志着素丹主权的象征符号表现出高度的尊重，在官方场合演奏摩洛哥国歌，在公共机构悬挂摩洛哥国旗。但这种对素丹职位的尊重并不总能延伸至职位所有者身上：利奥泰上台以来的最初措施之一就是迫使执政的素丹穆莱阿卜杜·哈菲兹退位，用一位更加顺从的统治者穆莱优素福（Moulay Youssef，1912—1927 年在位）来取代这位在他看来不可靠的素丹。

利奥泰对摩洛哥农村地区的控制则依靠三个本土支柱：大首领，即部落领袖；诸苏非教团，即伊斯兰神秘主义兄弟会，其地方分支网络遍布全国；以及本地的柏柏尔人。这些大首领掌控着其部落追随者的忠诚，随时有能力动员起数百名武装人员。由于在到达后不久就目睹了部落民对非斯的袭击，利奥泰深深认识到确保部落民支持对于法国统治的重要性。苏非教团代表着一种超越部落纽带之上的信仰网络，其地方分支过去就曾成为庇护异议分子、动员宗教反对派以驱逐非穆斯林侵略者的工具。利奥泰深知阿尔及利亚的苏非教团在19世纪30—40年代阿卜杜·卡迪尔对法国占领的抵抗运动中曾扮演重要角色，因而决心吸纳这些团体以支持其政府。柏柏尔人是一个不同于阿拉伯人、具有独立语言文化的少数群体。法国人采用一种经典的分而治之策略，试图挑动北非的柏柏尔人反对其阿拉伯邻居：1914年颁布的一则法令规定自此之后摩洛哥的柏柏尔人将在法国的监管下，依据其自身法律和习俗而接受统治，从而成为一个被保护国中的被保护国。

利奥泰的治理体系并未因保留了本地机构就缺少了帝国特征。法国行政官员控制着所有的"现代"政府机构——财政、公共工程、卫生、教育、司法等，而宗教事务、宗教基金、伊斯兰法庭等机构则受摩洛哥人的管理。但利奥泰体系为本地领袖提供了一些诱导因素，来吸引他们协助而非颠覆法国殖民当局。摩洛哥的显贵们越是牵连进法国统治之中，利奥泰就越不需要在战场上寻求"平定"。利奥泰被尊为一位伟大的革新者，他对保护本地传统习俗的关注被其同时代人视为一种温情的殖民主义。

然而，即便在利奥泰体系之下，仍有很大一部分摩洛哥领土有待征服。为减少对法国军队兵源的占用，利奥泰招募并训练了一支甘愿将自己的国家交给法国人统治的摩洛哥军队。尽管也渴望完全的征服，但利奥泰更多聚焦于摩洛哥的经济中心地区——被他戏称为"有用的摩洛哥"（*le Maroc utile*），包括那些农业、矿产和水力资源充裕的地区。

由于来自农村地区的持续抵抗，对"有用的摩洛哥"的征服进展缓慢。从1912年建立被保护国到1914年一战爆发，法国在摩洛哥的控制范围由非斯延伸至马拉喀什，包括拉巴特、卡萨布兰卡等沿海城市以及新建的盖尼特拉港——后来被重新命名为利奥泰港。一战期间,摩洛哥的本地事务暂时被搁置,当时约 3.4 万名摩洛哥士兵应召参加了法国对德国的战争,为他们的帝国领主付出了惨痛的伤亡代价;利奥泰也在 1916—1917 年被召回,担任法国战争大臣。即便如此,利奥泰体系依旧如故,大首领被证实为法国在摩洛哥最重要的支持者。1914 年 8 月,摩洛哥农村显贵在马拉喀什举行集会,承认他们对法国的依赖。一位重要显贵表示:"我们是法国的朋友,直到最后一刻我们都会与法国休戚与共。"[13]

一战及巴黎和会结束之后,利奥泰重启对摩洛哥的征服,并遭遇了前所未有的强硬抵抗。1923 年,超过 2.1 万名法国士兵与约 7000 名摩洛哥反叛者展开激战。然而,利奥泰最大的挑战将来自法属保护国领土之外,来自北部西班牙属地里夫山区的柏柏尔人。他的死敌是一位地方小镇上的法官,名叫穆罕默德·本·阿卜杜·卡里姆·赫塔比(Muhammad ibn Abd al-Karim al-Khattabi),更多以阿卜杜·克里姆(Abd el-Krim)的名字闻名。阿卜杜·克里姆在 1921—1926 年间,从他的家乡、俯瞰地中海海岸线的里夫山区,掀起了一场长达 5 年的大反叛,其间成千上万的西班牙士兵被杀。这场战争也被称为 20 世纪殖民军队在非洲所经历的最惨痛的失败。[14]

1921 年夏,里夫民众(被称为里非)与西班牙人之间的冲突正式爆发。受到伊斯兰社会、宗教改革讨论的启发,阿卜杜·克里姆同时拒绝法国和西班牙统治,希望在里夫建立一个独立于西班牙王国的国家。"我想让里夫成为一个像法国、西班牙一样的独立国家,希望建立一个拥有完整主权和独立的自由国家,"他解释说,"这种独立能确保我们自决和管理自身事务的完全自由,我还希望能按照我们认为合适的方式缔结这样的协议和联盟。"[15]

作为一名拥有强大个人魅力的领袖，阿卜杜·克里姆很快招募了数千名里夫人，组建了一支纪律严明、目标明确的部队。里夫人在战斗中占据着双重优势：一方面，他们是为保卫自己的家乡、亲属免遭外国入侵者伤害而战斗；另一方面，他们在战斗中可利用家乡崎岖多变的山区地形。1921 年 7—8 月，阿卜杜·克里姆的军队重创了西班牙守军，杀害约 1 万名士兵并俘虏了数百人。西班牙迅速派兵增援，并于 1922 年重新收复了阿卜杜·克里姆部队所占领的地区。然而，里夫人在与西班牙军队的对抗中继续捷报频传，成功缴获了超过 2 万支步枪、400 支山地枪以及 125 架加农炮。这些武器很快就分发给了战斗人员。

这位里夫领袖通过赎金换俘虏的方式，迫使西班牙人为他的战备工作买单。1923 年 1 月，作为释放战争开始以来里夫人俘获俘虏的条件，西班牙政府向阿卜杜·克里姆支付了超过 400 万比塞塔。这笔巨款资助了阿卜杜·克里姆雄心勃勃的计划，即通过反叛来建立一个独立国家。

1923 年 2 月，阿卜杜·克里姆为在里夫建立一个独立国家奠定了基础：他接受了里夫各部落的效忠承诺，启用了里夫山区埃米尔（指挥官或统治者）这一政治头衔。作为回应，西班牙发动了又一轮攻势，企图重新夺回里夫地区。1923—1924 年，里夫人连胜西班牙人，这一系列胜利在 1924 年秋攻克山城沙万的战斗中达到顶点。西班牙人在战场上又损失了 1 万名士兵。这些胜利给予了阿卜杜·克里姆和他的里夫军团更多自信而非审慎：如果击败西班牙人这么容易，击败法国人又有何不可能呢？

里夫战争在法国国内引发了深深的忧虑。在 1924 年 6 月对北部边境地区的一次巡查中，利奥泰警惕地发现西班牙军队的战败使得法国阵地很容易受到里夫人的袭击。里夫是一个贫穷的山区,在粮食进口方面严重依赖于法属区内的肥沃谷地。为了防止里夫人为保证食物需求而主动入侵,利奥泰需要强化非斯与西班牙属区之间的军事防卫。

1924年8月,利奥泰返回巴黎,向爱德华·赫里欧(Edouard Herriot)及其政府简要汇报了阿卜杜·克里姆的反叛对法属区造成的威胁。但占领莱茵兰及在叙利亚与黎巴嫩建立行政机构已将法国的战线拉得过长,因此,法国无力提供在利奥泰看来保存法国在摩洛哥地位所需的最少人力和物力。利奥泰要求立即增派四个步兵营,但法国政府仅集结了两个。作为一个天生的保守派,利奥泰感觉他并没有得到赫里欧激进党政府的支持。当时他已年届七旬,且身体状况不佳,回到摩洛哥后已不具备必要的身体条件或者政治力量来遏制里夫人。

1925年4月,阿卜杜·克里姆挥师南下侵入法属区。他们寻求占据着里夫南部农业用地的本地部落的支持。他的指挥官会见了部落领袖,向后者解释了他们对当时情况的认识:"以复兴的伊斯兰之伟大荣耀的名义,阿卜杜·克里姆——摩洛哥真正的素丹已经发起了'圣战',目标就是驱逐异教徒,特别是法国人。"他们继续解释说,阿卜杜·克里姆的部队占领整个摩洛哥"不过是几天之内的事情"。[16]阿卜杜·克里姆本人则越来越将此运动视为一场反抗非穆斯林侵略者占领穆斯林土地的宗教战争,并公然对整个摩洛哥素丹国而不仅仅是更小的里夫共和国提出了领土要求。

就像利奥泰所担心的那样,里夫人很快便席卷了防御严重不足的北部农业地区;在伤亡惨重的情况下,法国人被迫疏散了所有的欧洲公民,并让部队从农村地区退守至非斯城。仅仅两个月的时间内,法国人在对抗里夫人的军事行动中就失去了43个军事哨所,遭受了1500人死亡、4700人受伤的巨大损失。

6月，阿卜杜·克里姆的部队已经停驻在距离非斯城仅40千米（约25英里）的地方，这时他写信给城内著名的卡鲁因（Qarawiyyin）清真寺学府的伊斯兰学者们，试图赢得他们对自己事业的支持。他在信中写道："你们和你们的同事都具有高贵的信仰，与伪善者和异教徒并无瓜葛。我要提请你们注意，不团结的摩洛哥所深陷其中的奴役状态。"他进而指控当政的素丹穆莱优素福已经将自己的国家出卖给了法国人，且与腐败的官员为伍。他要求得到非斯城宗教领袖的支持，强调这是一种宗教义务。[17]

这封信论证有力，采用了合理的神学术语，并辅以《古兰经》节文的支持，来论证"圣战"的必要性。然而，非斯城的阿拉伯学者并未因此就站到里夫的柏柏尔人一方。阿卜杜·克里姆的军队到达非斯市郊时，遭遇由利奥泰体系创造、处于法国牢固控制之下的"有用的摩洛哥"。面对这一两难选择——一方是来自里夫地区、胸怀抱负的民族解放运动，另一方则是法国帝国统治所牢固建立的制度和工具，非斯的穆斯林宗教学者们显然认为利奥泰体系更为强大。

1925年6月，阿卜杜·克里姆的运动在非斯城停滞不前。如果说法国在摩洛哥农村地区统治的三大支柱是穆斯林神秘主义兄弟会、重要部落首领以及柏柏尔人，那么当时利奥泰已经确保了其中两者的支持。"我的运动失败的最大原因，"阿卜杜·克里姆后来反省道，"正是宗教狂热。"考虑到他本人也曾将伊斯兰作为争取对反帝"圣战"运动支持的工具，他的这一说法显然前后并不一致。但实际上这位里夫领袖所指的是穆斯林神秘主义兄弟会，他坚信"苏非教团的谢赫们是我最大的敌人，也是我的国家前进道路上的敌人"。此外，他在对付大首领时也没有取得更多的成功。"起初，我想通过说服和论证的方式来赢得民众对我观点的支持，"阿卜杜·克里姆写道,"但我遭到了拥有强大影响力的重要家族的激烈反对。"除去一个例外,他解释说:"其他家族都是我的敌人。"[18]通过反对阿卜杜·克里姆,大首领和兄弟会的谢赫如利奥泰所设想的那样,支撑起了法国在摩洛哥的统治。至于柏柏尔人,阿卜杜·克里姆和他的里夫战士们本身就是柏柏尔人,他们强化了利奥泰的柏柏尔分离主义政策,甚至比利奥泰本来设想的还要更进一步。毫无疑问,里夫人的柏柏尔人身份在劝阻摩洛哥阿拉伯人加入其反法斗争方面起到了一定的作用。

尽管利奥泰的殖民政府体系仍屹立不倒,但其本人却因里夫的挑战而一蹶不振。对他在巴黎的批评者而言,里夫战争波及法国的保护国,本身就意味着利奥泰寻求摩洛哥完全臣服的努力失败了。1925年7月,随着大规模援军由法国涌入摩洛哥,因数月战事和健康状况不佳而心力交瘁的利奥泰,请求另一位指挥官来协助他工作。法国政府派了一战中凡尔登战役的英雄菲利浦·贝当元帅前来协助。8月,贝当接管了法军在摩洛哥的军事行动指挥权。次月,利奥泰提出辞职,并于10月永久地离开了摩洛哥。

利奥泰离开后,阿卜杜·克里姆也没有坚持很久。法国、西班牙两国军队开始合力镇压里夫反叛。里夫军队撤退至位于摩洛哥北部家乡的山区后,1925年9月开始面对法、西大规模军队的两面围困。10月,欧洲军队已经彻底包围并全面封锁了里夫山区,试图迫使后者投降。阿卜杜·克里姆提出议和,但遭到法、西的粗暴拒绝。1926年5月,一支由约12.3万名士兵组成的欧洲联军攻陷了里夫山区,里夫抵抗运动最终失败,阿卜杜·克里姆于5月26日向法国投降。随后他被流放至印度洋上的留尼汪岛,直至1947年。

里夫战争失败后,法国和西班牙恢复了在摩洛哥的殖民统治,再也没有受到新的本地抵抗运动的困扰。尽管里夫战争并未引发对法国或西班牙在摩洛哥统治的持续反抗,但阿卜杜·克里姆及其抵抗运动却激发了整个阿拉伯世界民族主义者的想象力:里夫人被视为阿拉伯人的一支(而非柏柏尔人),他们领导了一场反对欧洲统治的英雄般的抵抗运动,为保卫自己的土地和信仰而多次击败了欧洲人的现代军队。里夫人反抗西、法的5年反叛(1921—1926),也激励了部分叙利亚民族主义者,后者在1925年发动了自己的反法斗争。

*

在叙利亚中部城镇哈马,一位年轻的军官从报纸报道中热切地关注着里夫战争局势的进展。法乌齐·盖伍格吉(Fawzi al-Qawuqji)曾与法国人作战。盖伍格吉的出生地的黎波里,当时已成为大黎巴嫩的一部分。作为费萨尔国王事业的支持者,他曾加入那支于1920年7月在汗·麦赛伦反抗法国殖民占领军的非正规部队。那次惨痛的失败使得盖伍格吉确信,叙利亚人在当时不可能将法国人赶走。

麦赛伦战役后仅数周,盖伍格吉就放弃理想主义而选择现实主义,进入一支法国人新建立的叙利亚部队服役,该部队叫作特别部队(Troupes Spéciales),或称叙利亚军团。尽管与一个外来帝国合作来管理自己的国家,但盖伍格吉对自己身穿法国军服并不感到舒服。正是在哈马军营之中,他和同伴中的民族主义者受到报纸上关于里夫战争报道的启发,将阿卜杜·克里姆作为自己的榜样。"我们在他们的斗争中所看到的英雄主义,使我们相信阿拉伯人的这种独特的个性并没有彻底消失,"盖伍格吉在其回忆录中写道,"一种对牺牲的向往在我们中间传播。我着了魔似的关注着摩洛哥的事态发展,甚至找来了冲突地区的地图。"[19]

如果说里夫战争启发了叙利亚的民族主义者,那么叙利亚的帝国行政人员则从利奥泰在摩洛哥的治理策略中汲取了灵感。被指派来管理叙利亚的法国官员中,很大一部分都是利奥泰"学派"的毕业生：法国首任驻叙利亚高级专员亨利·古罗将军，曾是利奥泰在摩洛哥的助手；其他被指派到叙利亚的重要殖民官员，也曾在利奥泰手下供职，其中就包括古罗派驻大马士革的代表卡图上校（Colonel Catroux），驻阿勒颇代表德·拉莫特将军（General de Lamothe），以及派驻在阿拉维地区的两位上校。很多低级别官员也是从摩洛哥来到叙利亚任职。因此可以预料的是，他们试图在叙利亚复制一个经过调整的利奥泰体系。[20]

自占领叙利亚伊始，法国就同时在城镇和农村地区面临民族主义者的抵抗。1919年，叙利亚西部的阿拉维山区爆发了反法起义，经过两年的时间才得到镇压。阿拉维派（Alawites），一个可追溯至伊斯兰教什叶派的宗教社群，仅仅希望保留其自治地位，并不妄称为民族独立而战斗。法国人通过建立一个微型国家，成功地满足了阿拉维派维持地区自治的愿望。这一微型国家以港口城市拉塔基亚及阿拉维山区为基础，由地方显贵与法国行政长官合作进行统治。

1919年，一次更危险的民族主义反叛在北部城市阿勒颇附近爆发。反叛领导人易卜拉欣·哈纳努（Ibrahim Hananu）是一位拥有土地的地方显贵，一战前曾在奥斯曼官僚机构中任职，后因对奥斯曼战时镇压政策感到失望，在1916—1918年阿拉伯大起义期间志愿加入埃米尔费萨尔的军队，并参加了1919年叙利亚国民议会。在哈纳努这位实干家看来，叙利亚国民议会不过是只说不做的清谈，因此他北上回到阿勒颇，开始组织一支游击队伍以便对法国人构成实际的震慑。他发起了一场抵抗法国殖民统治的农村暴动，1920年法国占领阿勒颇后，这一运动很快发展为一场民族主义起义。1920年夏秋之间，起义军规模迅速由800人扩大至近5000名志愿军。[21]叙利亚民族主义者从邻国的土耳其人那里获得武器和资金援助，后者正在安纳托利亚南部沿海地区武装反抗法国人对该地区的短暂占领。为防止哈纳努起义在叙利亚引发一场全国规模的民族主义大起义,法国人迅速部署了军队,强化了对阿勒颇的控制。1921年秋,哈纳努逃亡至约旦,随后被英国当局逮捕并移交给法国司法部门。法国人对哈纳努进行了审判,但很明智地宣判其无罪,避免使其成为一名烈士。当时法乌齐·盖伍格吉已经加入了叙利亚军团,对他而言,哈纳努起义的失败也印证了他的这一观点:叙利亚人目前尚无实力对抗法国人。

事实上,法国人比法乌齐·盖伍格吉设想的要更担心民族主义煽动可能带来的挑战。为应对一个统一的民族主义运动的威胁,法国人采取了分而治之的策略,将叙利亚分割为四个微型国家:阿勒颇和大马士革被设置为两个独立政府的首都,以防止叙利亚主要城市的民族主义者为共同事业而实现联手;法国人还为叙利亚地区两个拥有悠久的地区自治传统的宗教团体——叙西部的阿拉维派和南部的德鲁兹派设计了两个独立国家。法国人希望能通过利奥泰柏柏尔政策的模式,在委任统治框架内赋予阿拉维派、德鲁兹派某种既得利益,从而确保他们与城市民族主义相隔绝。法国高级专员古罗依据其在利奥泰元帅"学院"中所学得的信条,将叙利亚划分为自治区,又任命本地精英担任叙利亚各个独立地区的总督。[22]

在全力确保叙利亚德鲁兹派、阿拉维派社群善意的同时,法国当局对大马士革的民族主义领袖却毫不妥协。20世纪20年代初期,叙利亚最有影响的民族主义者是阿卜杜·拉赫曼·沙哈班达尔(Abd al-Rahman Shahbandar,1882—1940)。沙哈班达尔是一名医生,受训于贝鲁特美国大学,由于医学训练而精通英语。1919年,他曾充当金-克瑞恩代表团的导游和翻译,并与查尔斯·克瑞恩结下了私人友谊。1920年5月,他曾在费萨尔国王最后一任内阁中短期担任外交大臣,同年7月费萨尔政府倒台后流亡埃及。1921年夏法国委任统治当局宣布大赦后，他才回到大马士革。

在回归叙利亚途中，沙哈班达尔博士重启民族主义运动，并建立了一个名为"铁拳协会"（Iron Hand Society）的秘密组织。"铁拳"集结了奥斯曼时期阿拉伯民族主义秘密团体的资深成员，以及费萨尔在大马士革的阿拉伯政府的支持者，其共同目标是将法国人逐出叙利亚。"铁拳"的行动受到法国当局的严密监控。1922年4月7日，法国人以涉嫌煽动反叛为由，逮捕了沙哈班达尔以及该运动的另外4名领导人。

法国当局的局部行为进一步加剧了叙利亚异议人士的愤怒。次日，一群民族主义者利用市中心伍麦叶清真寺周五聚礼的机会，鼓动8000名聚众发起了一场大规模示威活动。当时，"铁拳"成员率领着由宗教领袖、街区强人、商人、学生等组成的复杂队伍，穿越大马士革的中央市场向城堡行进，在那里被法国安全部队强行驱散。安全部队逮捕了46名大马士革人，并造成数十人受伤。

然而，法国人的镇压措施并未能遏制抗议活动，更多的大马士革人开始响应民族主义者的号召。4月11日，以沙哈班达尔的妻子为首的40名妇女领导了一场大规模示威活动，法国当局向示威群众开枪，造成3人死亡、多人受伤，其中包括多名妇女。民族主义者发起大罢工，在法国当局审判沙哈班达尔及其他反对派领袖期间，大马士革店主们进行了长达两周的罢市。最终，法国当局通过了针对被告人的多项指控，沙哈班达尔被判处20年徒刑，其他人量刑也在5—15年之间。"铁拳"最终被击破，民族主义者的声音遭到压制，国内舆论一片死寂。但这样的情况仅持续了3年。

经过3年相对稳定的时期之后，法国自1925年开始重新审视其在叙利亚的政治安排。同时运转多个微型国家被证明过于昂贵。鉴于高级专员古罗已完成其任期,他的继任者们便宣布将阿勒颇与大马士革合并为一个国家,并为将于 1925 年 10 月举行的新的代表大会的选举制定了日程。

经过 3 年的政治平稳时期,法国人放松了对叙利亚政治的严密掌控。新任高级专员莫里斯·萨拉伊(Maurice Sarrail)将军赦免了政治犯,并允许大马士革的民族主义者在代表大会选举之前组建一个政党。在狱中度过两年之后,沙哈班达尔因大赦而被释放,并于 1925 年 6 月建立了一个新的民族主义机构即人民党。沙哈班达尔的政党吸引了一些最重要的大马士革精英。作为回应,法国当局也扶植了一个亲法的党派——叙利亚联盟党(Syrian Union Party)。叙利亚人担心法国会操纵选举的结果,正如后者在黎巴嫩所做的那样。然而,打乱这一政治进程的插曲却来自德鲁兹山,而非高级专员的办公室。

1921 年起,法国人与德鲁兹人之间的矛盾就开始发酵。1921 年,利奥泰"学派"的另一位代表乔治·卡图(Georges Catroux)将军依据法国在摩洛哥柏柏尔政策的模式,起草了法国人与德鲁兹人之间的协议。根据该协议,德鲁兹山将构成一个独立于大马士革的特别行政单元,拥有一位选举产生的本地长官和代表会议。换言之,山区的行政管理表面上将处于德鲁兹人的控制之下。作为交换,德鲁兹人将接受法国委任统治的条款,同意在山区派驻法国顾问并建立一个法国军营。很多德鲁兹人对协议的条款深怀疑虑,担心法国人借协议过多干涉其内部事务;绝大多数德鲁兹人则持观望立场,希望通过实际行动来判断法国人的意图。然而,随后几年的经历却没能使他们安心。

首先,法国人犯了一个重大错误,即疏远了最强大的德鲁兹领袖苏尔坦·艾特赖什帕夏(Sultan Pasha al-Atrash)。1921 年,法国当局为削弱这位山区最强大领袖的权威，提名苏尔坦帕夏的一位次要的亲戚赛里木·艾特赖什（Salim al-Atrash）担任德鲁兹山区长官。这也为法国人与苏尔坦帕夏之间的冲突埋下了伏笔。1922年7月，苏尔坦帕夏的属下释放了一名法国人捕获的俘虏，作为回应，帝国政府派遣部队和战机摧毁了苏尔坦帕夏的住宅。苏尔坦帕夏不为所动，领导了一场针对法国在山区据点的游击战，战斗持续了9个月之久，直至1923年4月这位德鲁兹军阀被迫投降。法国人与这位德鲁兹领袖达成了休战，从而避免了将如此重要的一位地方领袖送上法庭的危险。但德鲁兹山名义上的长官赛里木·艾特赖什已经提交了辞呈，而在苏尔坦帕夏的反对下，没有任何一位德鲁兹领袖愿意接受山区长官这杯"毒酒"。

在缺少合适的德鲁兹派候选人的情况下，法国人打破了利奥泰体系的一条核心原则以及他们自己与德鲁兹人达成协议的条款——1923年法国当局任命一位法国军官担任山区长官。更糟糕的是，他们所任命的长官人选加布里埃勒·卡比耶（Gabriel Carbillet）上尉是一位狂热的改革派人士，他将摧毁德鲁兹山地区他所谓的"古老的封建体制"视为自己的使命，这一体制在他看来是"倒退的"。德鲁兹人对卡比耶的不满与日俱增。沙哈班达尔就不无讽刺地指出，他的很多民族主义同僚认为这位法国军官将德鲁兹人逼迫到反叛的边缘，从而推动了叙利亚民族主义的发展。[23]

德鲁兹领袖们无法接受法国人对其1921年协议的公然违背，决定直接向委任统治当局进行申诉。1925年春，山区领袖组成一支代表团前往贝鲁特，试图会见高级专员并对卡比耶提出申诉。高级专员萨拉伊非但没有抓住这个机会来安抚心怀不满的德鲁兹人，反而拒绝接见代表团，进而公开羞辱了这些山区重要人物。德鲁兹领袖们怒火冲天地回到山区，已然决心发动反法起义，并开始寻找合作伙伴。他们转向了城市民族主义者，将其视为自己的天然盟友。

1925年，民族主义运动在叙利亚全国城镇进展迅速。在大马士革，沙哈班达尔将最重要的民族主义者聚集在他的人民党之下。在哈马，法乌齐·盖伍格吉已建立了一个带有明显宗教色彩的政党，即真主党。在这一意义上，盖伍格吉成为最早意识到伊斯兰用以动员民众反抗外来统治的政治力量的先驱之一。盖伍格吉蓄须明志，每夜拜访哈马城内不同的清真寺，为发动起义而争取支持。他和城内的穆斯林布道者们建立了良好关系，鼓励后者在周五聚礼的布道中增添《古兰经》中号召"圣战"的段落。此外，他还从哈马部分富有的地主家庭获得了财政上的支持。1925年初，盖伍格吉派遣使者前往大马士革会见沙哈班达尔，提议在后者的人民党与哈马的真主党之间达成更好的协调。沙哈班达尔则劝阻这些来自哈马的使者，提醒说"在当前的情形下发动起义具有明显的风险，将伤害到民族的利益"。[24] 同年5月，随着德鲁兹人加入民族主义事业，沙哈班达尔认为这场运动已经达到了一个可期成功的关键体量。

5月，德鲁兹领袖集团与沙哈班达尔以及大马士革的民族主义者取得接触。最初在一位资深记者家中会面，双方对话主要围绕发动起义的方式而展开。沙哈班达尔向德鲁兹人简要介绍了法乌齐·盖伍格吉在哈马的活动情况，提议在一场全国性的叙利亚大起义中开辟多条反法战线。后续一系列会议都在沙哈班达尔家中举行，参与者包括艾特赖什氏族的重要成员。所有参会者秘密宣誓并签署协定，宣誓为实现民族统一和独立而全力合作。[25] 当然，这是一种对双方都有利的盟友关系：沙哈班达尔和他的同僚当然乐见德鲁兹人在其山区发动武装起义，因为相比大马士革的民族主义者，德鲁兹人在其山区内享有更高的机动性且武装更加充分；作为回报，德鲁兹人也不会单独面对法国人的军事压力——大马士革的民族主义者许诺将起义传播至全国各地，同时给予德鲁兹人率先发难所需的支持。

7月，德鲁兹人发动反法起义。苏尔坦·艾特赖什率领数千名战士向驻扎在山区第二大城镇萨勒赫德的法军发动了袭击，并于7月20日占领了该镇。次日，他的部队包围了德鲁兹山地区行政首府苏伟达（Suwayda'），使得很大一批法国行政人员和士兵陷入围困。

由于事发突然，法国人尚缺乏足够的兵力和策略来遏制德鲁兹人起义。之后的几周内，由8000至1万名志愿者组成的德鲁兹起义军击败了一支又一支被派来镇压起义的法国军队。为了防止全国性大起义这一噩梦的发生，法国高级专员萨拉伊决心在起义初期就予以镇压。他从叙利亚北部和中部调动法军与叙利亚军团的兵力，来镇压南部德鲁兹山地区的起义。8月，法国当局对大马士革所有一般的民族主义嫌犯采取打压措施，大肆逮捕，未经审判就流放了大量相关人士。沙哈班达尔和他最亲密的合作者逃离大马士革，前往德鲁兹山地区的艾特赖什家族寻求避难。尽管法国人做出最大努力，起义仍开始蔓延至其他地区。下一轮的爆发在哈马。

法乌齐·盖伍格吉已经为在哈马发动起义做好了准备，仅在等待最佳时机。在见证了以往各次反法斗争的潮起潮落后，盖伍格吉深信1925年的情况已有所不同。法国统治的各支反对力量——德鲁兹人、大马士革人以及盖伍格吉的哈马派之间的协调达到了一个新的高度。德鲁兹人的反叛已经对法国人造成了毁灭性的影响。此外，盖伍格吉还关注着摩洛哥里夫战争的进展，了解到法国人在那里的情况也在恶化："法国军队已经卷入与阿卜杜·克里姆领导下里夫地区部落的战斗而无法自拔。后者胜利的消息不断向我们传来。我们还收到消息称法国增援部队已被派往马拉喀什。"盖伍格吉意识到法国人一旦向摩洛哥增派部队，就无力再向驻叙法军增派援军。"我的准备工作已经很充分了,"他总结道,"剩下的就是执行了。"[26]

1925年9月,盖伍格吉向德鲁兹山的苏尔坦·艾特赖什帕夏派遣使者,提议德鲁兹人进一步升级其攻势,从而将法军全部吸引至南部地区。随后,他将于10月初在哈马发动进攻。为了确保在哈马开辟第二条反法战线,苏尔坦帕夏愿意让他的战士面对法军的激烈战斗,因而就同意了盖伍格吉的方案。

10月4日,盖伍格吉在周边贝都因部落战士和哈马城市人口的支持下,领导叙利亚军团发动兵变。他们俘虏了多名法国士兵,并将该市的行政人员围困在政府大楼内。至当日午夜,哈马市已落入起义者的控制之下。

法国人很快做出回应。尽管正如盖伍格吉料想的那样,绝大多数法国军队都在德鲁兹山作战,但法国人还有空军力量。法国人开始了一场针对城市居民区的轰炸,将哈马市中心市场的一部分夷为平地,造成约400名平民死亡,其中很多是妇女和儿童。尽管最初承诺支持盖伍格吉的运动,但哈马的显贵们也是最早脱离反抗队伍、并与法国人就停止反叛和轰炸达成一致的人。起义后仅3天,盖伍格吉及其追随者就被迫撤离至农村地区,任由法国人重新占领哈马。

未受哈马失利的影响,盖伍格吉和他的部下继续将反叛传播至叙利亚其他城镇地区。"叙利亚土地上反叛的大门已经在我们面前敞开。通过这些演习,"盖伍格吉自诩道,"法国人的智慧和机智在阿拉伯人的智慧机智面前已然落败。"[27]

几天的时间内,起义已传播至大马士革周边的村庄。法国人试图通过展示极端暴力来遏制这场运动:大批的村庄在炮兵和飞机的轰炸下被摧毁;大马士革内陆地区近100名村民被处决,死者尸体作为可怕的战利品被运回大马士革,以便对其他起义的支持者形成震慑。可以预见的是,暴力行为引发了更多的暴力:作为对与殖民当局勾结的警告,12 名为法国人服役的本地士兵残缺不全的尸体也被暴露在大马士革城门之外。

至 10 月 18 日,起义已传播至叙利亚首都,大马士革的居民不分男女大量加入抵抗运动。加入战斗的男人们依靠他们的妻子与姐妹将食品和武器偷运至其藏身之处:在一位法国士兵的注视之下,一位大马士革战士的妻子就成功地将食品和武器送到她的丈夫及其起义战友的手中。大马士革记者希菡·特季曼(Siham Tergeman)在其回忆录中写道:"[法国哨兵]从未想到妇女们正在帮助叛军从屋顶逃跑,或者在罩袍或食盒掩盖之下向他们运送武器,从而为革命贡献自己的力量。"[28]

对大马士革的民族主义领袖而言,起义已经成为一场"圣战",战斗人员也就成了"圣战者"。近 400 名志愿军进入大马士革,成功确保了对沙古尔和米坦街区的控制,迫使法国行政官员进入城堡避难。起义军的一支分遣队甚至攻入阿兹姆宫,试图抓捕法国高级专员莫里斯·萨拉伊将军。这座宫殿本是艾斯阿德·阿兹姆帕夏(As'ad Pasha al-'Azm)在 18 世纪建立的一个奢华的建筑,在法国人接管后则被改造为长官府邸。尽管萨拉伊实际上已撤离了相关街区,但一场激烈的枪战仍使这座古老的宫殿陷入火海。但这还只是故事的开始。

为了挫败大马士革的起义,法国人不惜动用蛮力。他们从城堡上用火炮对大马士革各个街区进行狂轰滥炸。大马士革民族主义领袖沙哈班达尔博士写道:"在指定的时间,这些令人憎恶的装备张开大口,将炮灰喷射向这座城市最美的街区。在随后的 24 小时内,毁灭性的炮弹和大火吞噬了 600 多座最美的房屋。"紧随其后的是长达数日的飞机轰炸。"轰炸从周日中午一直持续到周二傍晚,我们也许永远不会知道死于碎石瓦砾之下的死者的准确数量。"沙哈班达尔在他的回忆录中记录道。[29] 据后来的估算,3 天暴力期间死者人数高达 1500 人。

对平民人口的巨大影响迫使起义者停止了在大马士革市区内的行动。"当起义者们看到针对街区的连续轰炸使妇女儿童感到恐怖,看到空中盘旋的飞机对市内房屋不加区别地倾泻炸弹时,他们便离开了大马士革市区。"沙哈班达尔后来回忆说。尽管被逐出了哈马和大马士革,这些起义者已成功缓解了德鲁兹山的局势,3 个月以来德鲁兹山一直是法军镇压首当其冲的区域。但如果法国人幻想通过在哈马和大马士革滥用暴力来遏制起义的传播,那他们肯定将感到失望。1925—1926 年的冬季,随着起义传播至全国各地,法国当局已被迫将军队派送至叙利亚全国各个角落。

法国人成功镇压了叙利亚北部和中部的反叛之后,才有能力返回德鲁兹山地区。在那里,苏尔坦·艾特赖什帕夏仍领导着一场活跃的抵抗运动。1926 年 4 月,法国人重新占领了德鲁兹地区首府苏伟达。同年 5 月阿卜杜·克里姆在摩洛哥最终投降之后,法国人终于得以将大量兵力调往叙利亚。根据盖伍格吉的说法,驻叙法军增至 9.5 万人。叙利亚抵抗力量被法国人彻底压倒,其主要领袖流亡海外。1926 年 10 月 1 日,苏尔坦·艾特赖什帕夏和阿卜杜·拉赫曼·沙哈班达尔博士跨越边境进入邻国外约旦。

在其他民族主义领袖放弃抵抗之后很久,法乌齐·盖伍格吉仍尝试继续武装斗争。1926 年 10 月至 1927 年 3 月,他仍不知疲倦地呼吁重新起义。但叙利亚人民已经失去了战斗的动力,他们在面对法国人野蛮报复行为时变得谨慎起来。在 1927 年 3 月的最后一场战役中,盖伍格吉成功招募了一支由 74 名战士组成的队伍,但其中仅

27 人拥有马匹。他们绕开大马士革，隐藏至荒漠地区，最终被之前支持其运动的沙漠部落所出卖。凭借机智和骗局，他们才成功逃脱，撤退至外约旦，但也使自己的国家牢牢控制在法国人手中。[30]

叙利亚大起义未能从法国统治下实现独立。之后，民族主义运动领导权落入一个新的城市精英领导层手中，后者回避武装斗争，试图通过谈判和非暴力抗议的政治程序来实现自己的目标。直至1936 年，叙利亚民族主义者的种种努力都收效甚微。

*

尽管从摩洛哥到叙利亚，法国殖民当局在 20 世纪 20 年代大部分时间里都在忙于镇压叛乱，但他们至少在阿尔及利亚还有一个盛大的聚会值得期许。

此时，距 1827 年阿尔及利亚德伊暴怒挥动蝇拂从而决定了他国家的命运已有一个世纪。自从 1830 年 6 月法国军队首次在西迪·法鲁什登陆起，法国人已先后驱逐了奥斯曼人，击败了埃米尔阿卜杜·卡迪尔，镇压了多次大规模起义，最后一次起义发生在 1871—1872 年。至 20 世纪初，他们已经完成了从地中海到撒哈拉的征服。

至 20 世纪 20 年代，已有超过 80 万名定居者从法国移居阿尔及利亚。阿尔及利亚的法国人不再是生活在一块外国土地之上。[31] 自 1848 年起，阿尔及利亚就被宣布为法国领土，奥兰、阿尔及尔、君士坦丁三个省份则被转变为法国的海外省，在巴黎的法国议会中拥有民选代表。"阿尔及利亚"代表们——更准确地说，是法裔阿尔及利亚人代表，因为本土阿尔及利亚人既无权投票，也不得参选国民职务——在议会中享受着远超其人口比例的影响力，作为一个集团致力于保护定居者的利益。

随着 1930 年百年纪念的临近，法裔阿尔及利亚人开始抓住这一机会，向法国本土的法国人以及本土阿尔及利亚人展示法国在阿尔及利亚存在的胜利和持久性。关于庆典的规划几年前就已开始。1923年12月，阿尔及利亚总督采取了第一步，下令建立一个"筹备庆祝1830年法国占领阿尔及利亚百年纪念项目"的委员会。法国议会批准了一项4000万法郎的预算，并授权成立一个负责组织庆典工作的委员会。最终，庆祝活动耗费超过了1亿法郎。

为了这一年，整个阿尔及利亚的面貌都发生了变化。为点缀城市和乡村，艺术家们受委托创作了众多纪念法属阿尔及利亚历史中重大里程碑事件的纪念碑；众多博物馆在阿尔及尔、君士坦丁、奥兰等大城市中先后落成；公共工程在全国范围内得到兴建，其中包括学校、医院、孤儿院、贫民院、农业学院、专业学校，以及一个能确保百年庆典新闻传播至阿尔及利亚全国各地的世界上最大的广播站；一个大型博览会在西部港口城市奥兰举行，其空前盛况可媲美一次世界博览会；超过50次国际会议和大会在阿尔及利亚召开，其涵盖的主题林林总总；各类体育项目、穿越撒哈拉的汽车拉力赛、帆船比赛同样被列入了日程；各城市在夜间灯火通明，重要建筑物的轮廓被电灯和精致的烟火表演所点亮。

百年庆典的象征意义最集中地体现在受委托而创作的众多纪念碑之中。在距阿尔及尔南部仅几英里的布法利克，竖立着一座宽45米、高达9米（宽约148英尺、高约30英尺）的巨型雕像，以庆祝"法国殖民天才们的不朽荣光"。雕塑家亨利·布沙尔（Henri Bouchard，位于日内瓦的宗教改革纪念碑的设计者）将一小撮法国"文明的开路先锋"置于整个纪念碑的中心，为首的便是19世纪30—40年代为击败埃米尔阿卜杜·卡迪尔而不惜将阿尔及利亚烧为焦土的两位军事指挥官比若将军和德·拉莫里西耶将军（General de Lamoricière）；在军人背后骄傲地站立着一群法国显贵、市长以及"模范定居者"；在雕像后部俯视上述身着制服和套装的法国人的位置，雕塑家增加了少数身着民族服饰的阿拉伯人，他们代表着"最早一批驯顺的本地居民，其积极的忠诚使得［法国殖民］任务成为可能"。[32]

法国人甚至成功地将一种带有同情色彩的阿尔及利亚元素巧妙地纳入了1830年的军事记忆。旨在纪念1830年6月14日法军在西迪·法鲁什登陆的纪念碑是否会"引发本土居民的不快"？围绕这一点，法国媒体已经展开热烈讨论。百年庆典的官方历史学家梅西耶（Mercier）写道："所有了解阿尔及利亚以及与其阿拉伯-柏柏尔人保持日常接触的人，在这方面都不会有任何担心。"梅西耶强调，所有本土阿尔及利亚人的真实感情充分体现在部落领袖布阿齐兹·本·加纳（Bouaziz Ben Gana）的评论之中。加纳曾表示："假如本土居民在1830年就认识法国人，他们本可以在步枪上装上鲜花，而非子弹，去迎接他们。"在这座高达10米①的雕像的铭文中，描绘了头戴三色帽的玛丽安向下凝视着一个恭顺的阿拉伯儿子的双眼这一场景，也表达了这样一种情感："100年后，法兰西共和国已赋予这个国家繁荣、文明和公正，一个心怀感恩的阿尔及利亚则向祖国致以永垂不朽的敬意。"法国人似乎希望将阿尔及利亚人刻画为其家殖民化进程支持者的角色。[33]

1930年6月14日，百年庆典活动在西迪·法鲁什达到顶点。在这里，活动组织者再次试图将殖民地阿尔及利亚描绘为一个法国-阿拉伯联合成果，活动官方称其为"对法国人口与本土人口联合的庆祝"。大量民众聚集在新的西迪·法鲁什纪念碑周围，观看阅兵式并聆听讲话。阿尔及利亚总督率领着一支由殖民官员组成的方阵。空军战机飞过上空，并向纪念碑周围的聚众抛撒花瓣。火炬传递手仿

---

① 上文介绍此雕像高9米（约30英尺），故此处也应为9米。——编者注

照奥运会的方式，从纪念碑出发跑向东部约 30 千米（19 英里）外的阿尔及尔。

法国人的讲话不出意外地充满胜利者的口吻，而更让人震惊的是登上讲台的阿尔及利亚高层官员所做的评论。一位代表清真寺学校教职人员的宗教学者哈吉哈姆（Hadj Hamou），对他在不受干涉的情况下讲授伊斯兰教的自由表示感谢。他宣称所有清真寺的聚众在对"神圣的世俗法兰西共和国的共同的爱"方面，都追随其伊马目们的引导，这是多么奇妙的自相矛盾的表述。代表穆斯林知识分子发言的 M. 贝勒哈吉（M. Belhadj）在当天的庆典中，则强调"法国人与本地人民的深度融合"，他们已然转变为"和平与和谐地生活在同一旗帜下，同样热爱祖国母亲的单一、独特的民族"。一位重要的阿拉伯显贵 M. 欧拉白（M. Ourabah）则恳求道："教导我们，让我们上升得更高，升到你们的高度吧！让我们同心同德，一起呐喊：法国万岁，永远伟大！阿尔及利亚万岁，永远属于法国！"[34]

在一个阿拉伯民族主义蓬勃发展的时代，阿尔及利亚似乎正在拥抱帝国主义。然而，阿尔及利亚人并不满足于自己的命运。很多受过教育的阿尔及利亚精英认识到他们无法击败法国人，因此他们试图加入后者，即享有法国公民身份的充分权利——这些权利直至 1930 年对他们而言仍遥不可及。在接受法国统治不可避免的前提下，这些阿尔及利亚人选择了一场公民权利运动，而非民族主义。其代表人物是阿尔及尔大学一名药理学学生——法尔哈特·阿巴斯（Ferhat Abbas）。

法尔哈特·阿巴斯（1899—1985）出生在阿尔及利亚东部某小镇的一个外省行政官员和地主家庭。他在法国学校接受教育，最终认同了法国的价值观念。他最渴望的就是享有任何法国人都拥有的完整权利，但法国法律却对阿尔及利亚穆斯林的司法、政治权利施加了诸多严重限制。这些法律从地理层面将阿尔及利亚一分为三：欧洲人口相对较多的地区，施行法国普通法；欧洲人占少数的农村社群，施行军事和民事混合统治；阿拉伯领土则完全处于军事管理之下。

相关法律还在阿尔及利亚的欧洲人与穆斯林之间做出明确区分。1865年法国参议院颁布法令，规定所有的阿尔及利亚穆斯林为法国臣民。他们可以在军事和民事部门任职，但并非实际上的法国公民。作为被考虑授予法国公民权的条件，本土阿尔及利亚人不得不放弃其穆斯林民事地位，同意遵从法国个人身份法。考虑到婚姻、家庭、遗产分配等问题在伊斯兰法中都有详细的规定，这一条件无异于要求穆斯林放弃其信仰。因而毫不奇怪的是，在该法律施行的80年时间里，只有约2000名阿尔及利亚人申请获取法国公民权。

阿尔及利亚穆斯林不但不受法国法律的保护，还受制于一套被称为《本土居民法典》的歧视性法规。与美国南北战争后通过的旨在维持非裔美国人隔离、从属地位的《吉姆·克劳法》相似，上述法典起草于1871年最后一次重要的阿尔及利亚反法起义之后，规定本土阿尔及利亚人可因部分欧洲人有权合法从事的行为而受到起诉，如批评法兰西共和国及其官员。法典中设定的绝大多数罪行都十分细碎，惩罚措施也很轻微，不超过5天的监禁或15法郎的罚款。但正因为其结果是如此微不足道，法典的内容越是能按部就班地执行。此外，该法典比其他任何司法区分都更加直接地提醒阿尔及利亚人，他们是自己土地上的二等公民。对于法尔哈特·阿巴斯这样深受法国共和思想熏陶的人而言，这种侮辱显然难以忍受。

阿巴斯以一篇用法语写成的尖锐的批评文章作为对百年庆典的回应。这篇文章也典型地反映出法国统治一个世纪后一位阿尔及利亚青年的幻灭情绪，题为《青年阿尔及利亚人：从殖民地到行省》。

阿巴斯的这篇力作不啻为一篇要求以法国共和主义的开明侧面取代当前法国在阿尔及利亚实行的殖民主义的雄辩的请愿书。

> 已经逝去的这个世纪是一个泪水与鲜血的世纪,而在哭泣和流血的主要是我们这些本土人民……百年庆典活动只不过是对一段痛苦过去的笨拙提醒,是某些人的富有在另一些人的贫穷面前的一种炫耀……如果新的世纪不能将这个国家的不同组成元素一视同仁、给予弱者提升其地位的手段的话,种族间的相互理解就仍将是空谈。[35]

在阿巴斯的文字中,我们听到了在西迪·法鲁什百年庆典中发言的阿尔及利亚显贵们呼声的回响——"让我们上升得更高,升到你们的高度吧!"不过阿巴斯在提出要求方面更加明确自信。

阿巴斯指出,阿尔及利亚人凭借其战时军事服务已经赢得了他们的公民权。自从1913年将强制兵役引入阿尔及利亚以来,法国就给本土阿尔及利亚人带来了沉重的负担。第一次世界大战期间,超过20万名阿尔及利亚穆斯林应征入伍,其中很多人再也未能返乡。关于战争中阵亡的阿尔及利亚人的数量,估计在2.5万至8万之间,伤者更远多于这一数字。[36]

即便在一战结束后,阿尔及利亚人仍被征召进入法国军队。阿巴斯宣称凭借1922年他在军队中的服役经历,他已经赢得了他本人的公民权。他指出,法国并不按种族、宗教区分服兵役的士兵,在法律方面也不应有这种区分。"我们是穆斯林,同时我们也是法国人,"他继续写道,"我们是本土居民,我们也是法国人。在阿尔及利亚有欧洲人和本土民族,但都是法国人。"[37]然而,在殖民主义社会及其法律之下,本土阿尔及利亚人在自己的国家却被降格为次等公民。"对于本土居民在他自己的土地上、街道上、咖啡馆里、日常生活最细小的交易中每日所遭受的侮辱，我们还能说些什么呢？理发师拒绝为他服务，旅馆拒绝为他提供住宿。"[38]

阿巴斯尤其批评了要求穆斯林放弃其个人身份的法国入籍法律。"一个阿尔及利亚人为何要寻求入籍？成为法国人？鉴于他的国家被宣布为法国领土，他已经是了。"写到阿尔及利亚的法国统治者时，他反问道："他们是希望把这个国家提升到一个更高的层次，还是想分而治之？"对阿巴斯来说，答案是不言自明的。"如果我们真的希望引导穆斯林阿尔及利亚走向一个更高的文明阶段，最需要的就是将同样的法律应用于所有的人。"[39] 即便如此，在其作为法国公民的各项权利不受歧视的前提下，他仍坚持阿尔及利亚人保留自身宗教并使用本民族语言阿拉伯语接受教育的文化权利。

阿巴斯并非是第一个提出完整公民权诉求的人，自 20 世纪初青年阿尔及利亚运动就已开始推进类似的改革。他也无法为所有阿尔及利亚人代言。以阿卜杜·哈米德·本·巴迪斯（Abd al-Hamid Ben Badis，1889—1940）为首的伊斯兰改革运动就断然拒绝了阿巴斯的同化思想。阿巴斯和伊本·巴迪斯之间的分歧，鲜明地体现在 1936 年二人在一系列社论的交锋之中。当时，法尔哈特·阿巴斯大胆提出并没有什么阿尔及利亚民族："作为一个祖国的阿尔及利亚是一个神话。我并没有发现它。我询问了历史，询问了逝者和今人，访问了墓地，但没有人对我谈起过它。"他指出，阿尔及利亚就是法国，阿尔及利亚人就是法国人。事实上，受到自己慷慨陈词的裹挟，他甚至豪言他本人就是法国（La France, c'est moi）。[40] "不，先生们！"伊本·巴迪斯反驳说：

> 我们仔细检查了历史的记载和当前的局势。我们发现了阿尔及利亚民族……这个共同体有它自己的历史，充满了壮举伟

业；它有自己宗教和语言的统一性；它有自己的文化、风俗和习惯，其中有好也有坏，像其他民族一样。此外，这个阿尔及利亚和穆斯林民族并不是法国；它不会知道如何成为法国；它不想成为法国；即使想的话，它也不可能成为法国。

但在呼吁阿尔及利亚独立方面，伊本·巴迪斯并没有比阿巴斯走得更远。阿巴斯寻求与法国人的平等，伊本·巴迪斯则希望阿尔及利亚穆斯林与法国人"分离但平等"。他要求法国人给予本土阿尔及利亚人自由、公正和平等，同时尊重他们独特的文化、阿拉伯语言和穆斯林信仰。在其文章的末尾处，伊本·巴迪斯坚称："这个阿尔及利亚穆斯林的祖国将是法国的忠实朋友。"[41]世俗同化主义者与伊斯兰改革者之间的分歧绝非不可跨越。

反讽的是，唯一一群要求阿尔及利亚完全独立的积极分子，却来自法国的侨民工人社群。在这支多达10万人的阿尔及利亚劳工队伍中，一小撮政治活跃人士通过共产党接触到了民族主义。其领袖麦萨利·哈吉（Messali Hadj，1898—1974）于1926年在工人中建立了民族主义协会"北非之星"（L'Étoile Nord-Africaine）。1927年2月，麦萨利将这一新组织的章程提交给在布鲁塞尔召开的反殖民压迫联盟大会，章程中提出的要点包括：阿尔及利亚独立；法国占领军撤出阿尔及利亚；建立一支国民军队；没收定居者种植园，将农业用地重新分配给本地农民；在独立的阿尔及利亚开展一系列社会经济改革。[42]该协会的要求在当时可谓公正，但又同样地脱离现实，因而在国内外的阿尔及利亚群体中仅得到了少数支持。

在20世纪30年代阿尔及利亚所有的政治活动家之中，法尔哈特·阿巴斯的影响力最大。受教育的阿尔及利亚人以及法国政策制定者都广泛阅读他的著作。"我非常有兴趣地读了您的著作，"阿尔及利亚前总督莫里斯·维奥莱特（Maurice Viollette）在其1931年写给阿巴斯的信中写道，"换成是我，我可能会用不同的方式写作它。我对其中某些页面深表遗憾，但也遇到了一些真正的挑衅段落……我承认对你而言控制自己的情绪是非常困难的，对此我也深表理解。"这种语调是居高临下的，但阿巴斯显然并不介意（他将这段引文作为颂词置于其著作的书皮上）。他明白，通过维奥莱特，他的观点将可以在法国行政当局高层中得到讨论。

莫里斯·维奥莱特作为阿尔及利亚总督的任期结束并返回巴黎后，他的影响力反而进一步扩大。他被提名为法国参议院议员，1935年他提出一项议程，提议在吸取法国文化和价值观念的基础上，授予一小部分阿尔及利亚人以公民权。这部分人在法语中被称为"进化者"（évolués），意思是"进化程度更高者"，这是纯粹的社会达尔文主义，意味着阿尔及利亚人在弃绝阿拉伯文化、拥抱更"高级"的法国价值观的过程中，由一个更低的文明状态进化到一个更高的文明状态。这种"文明化使命"正是法国人论证其帝国事业合法性的主要原则之一。在执行"文明化使命"的同时，维奥莱特在参议院辩论说，进步的穆斯林阿尔及利亚人的解放也将遏制民族主义，并推进同化。

然而，法国殖民主义游说（包括定居者代表及其在巴黎的支持者）太过强大，最终挫败了维奥莱特1935年的动议。他们担心给予有限的一小群阿尔及利亚人完整公民权将导致更大规模的解放，最终将削弱欧洲人在阿尔及利亚的主导地位。

1936年，维奥莱特在莱昂·布鲁姆（Léon Blum）所领导的人民阵线政府中被授予一个内阁职位，其争议观点也获得了一个更有同情倾向的听众群体。人民阵线提出要在法国和其殖民地之间建立一种全新的关系，阿尔及利亚政治精英们则很清楚维奥莱特是他们事业上的盟友。伊本·巴迪斯所领导的伊斯兰改革者决定与法尔哈特·阿巴斯的同化主义者联合起来。1936年6月，他们在阿尔及尔召开了首届阿尔及利亚穆斯林大会，宣布在不要求放弃其穆斯林民事身份的前提下，支持莫里斯·维奥莱特关于授予有限数量的亲法阿尔及利亚人以完全公民权的提议。随后，大会派遣一支代表团前往巴黎，向法国政府提交其政治要求。代表团成员受到布鲁姆和维奥莱特的接见，两人许诺将满足阿尔及利亚人的多项要求。

1936年12月底，布鲁姆和维奥莱特已经起草了一份关于阿尔及利亚的法案，并提交给法国议会。他们坚信《布鲁姆-维奥莱特法案》是一项进步的立法，通过该国政治、经济精英间的合作，可一劳永逸地稳固法国在阿尔及利亚的位置。两人在该法案的前言部分写道："在多届政府做出如此多庄严的承诺之后，特别是在（1930年）百年庆典之际，我们不可能不意识到这样一项必要的同化工作的急迫性，这一工作将在最大程度上影响到阿尔及利亚的道德健康。"[43]

法案限定了有资格申请法国公民权的阿尔及利亚本地穆斯林的类别。九个不同的群体得到界定，首先就是曾在法军中服役的阿尔及利亚军官、职业军士长或受勋的士兵。那些曾在法国或穆斯林学术机构中获得高等教育文凭的阿尔及利亚人，以及通过竞争性考试招募的政府文职人员，同样有资格申请。当选进入商会、农业协会或财政、市政、地方理事会行政职位的本地精英，以及阿迦（agha）、头领等控制着传统职位的显贵，同样榜上有名。最后，任何被授予荣誉军团勋章、劳动奖章等法国荣誉的阿尔及利亚人，也将有资格获得完全的解放。总之，根据《布鲁姆-维奥莱特法案》的条款，在阿尔及利亚全部450万人口之中仅有不超过2.5万人有资格申请公民权。

考虑到该法案极为有限的目标，以及法案起草者维持法国在阿尔及利亚长期统治的明确意图，布鲁姆-维奥莱特改革仍遭遇到如此巨大的阻力着实令人惊奇。殖民游说集团再次采取行动，确保了法案根本未得到讨论，毋庸说投票表决。殖民地媒体猛烈攻击该法案为法国的伊斯兰化以及法属阿尔及利亚的终结打开了洪水闸门。

法国议会中的辩论在阿尔及利亚街头的法案支持者和反对者中间引发了骚动。本土阿尔及利亚人走上街头举行大规模的抗议示威，以主张对公民权利的要求。阿尔及利亚的动荡则仅仅强化了保守派和殖民游说集团的论断，即问题都是由布鲁姆政府灾难性的政策导致的。法案由一个议会委员会转到另一个，却从未得到切实讨论，而阿尔及利亚的法国市长以及民选的阿尔及利亚政治家纷纷罢工表示抗议。最终，殖民游说集团取得了胜利：《布鲁姆-维奥莱特法案》于1938年最终被放弃，之前甚至从未在国民议会大厅中得到讨论的机会。

百年庆典也告一段落。尽管之前做出过众多庄严承诺，但法国政府却无法容忍同化的紧急任务。我们甚至很难估量阿尔及利亚精英幻灭之深，这些人的期望值曾被推升到新的高度，最终却因布鲁姆政府无力实现其承诺而彻底破灭。自此以后，民族主义者将成为阿尔及利亚反对派运动中的主流；法国也不会再获得另一个百年庆典的机会——16年后两个国家将兵戎相见。

*

莱昂·布鲁姆的人民阵线政府曾经也希望能解决法国与其在叙利亚、黎巴嫩托管国间的分歧。多年的反对夹杂着徒劳无益的谈判之后，贝鲁特和大马士革的民族主义者开始以一种新的乐观立场来回应法国政府的变动。1936年似乎预示着一个更广阔的阿拉伯独立以及更有限的帝国控制的新时代：继1930年赋予伊拉克独立地位之后，1936年英国已接近与埃及达成一个相似的协议。叙利亚和黎巴嫩的民族主义者有充分的理由相信，在帝国问题上持进步观点的人民阵线政府将紧随英国的步伐,与叙、黎两国达成协议,使两国能够继伊拉克、埃及之后以名义上主权国家的身份加入国际联盟。

1925—1927年的大起义之后,叙利亚的民族主义者诉诸所谓"光荣合作"的政策,开始以非暴力和谈判的方式追求民族解放的政治目标。在所有致力于实现叙利亚独立这一共同目标的政党和派系中,以富有的城市显贵为首的"民族集团"(National Bloc)成为主导性的党派联盟。1930年伊拉克获得名义上的独立地位之后,该联盟也加大了其政治活动的力度。然而,面对着保守的法国殖民游说集团的持续反对,民族集团的合作策略并未取得任何成果。法国人于1933年11月提出的第一份协议远远不能满足叙利亚的独立要求,因而遭到叙利亚议会的否决。"光荣合作"开始让位于系统性的抵抗,最终在1936年初叙利亚民族主义者发起的一次长达50天的大罢工中达到顶点。

莱昂·布鲁姆的人民阵线政府似乎对叙利亚民族主义者的要求抱有同情,同时又十分重视恢复托管国国内的和平与稳定。1936年6月上台伊始,布鲁姆政府就与叙利亚民族集团展开新的谈判。由于法国谈判者对民族主义者的很多要求做出让步,双方谈判取得飞速进展。同年9月,法国和叙利亚谈判者已经达成一项《特惠同盟协议》草案,并分别提交本国议会批准。叙利亚相信自己距离独立已近在咫尺。

鉴于叙利亚(谈判)的成功,黎巴嫩人也开始敦促法国政府起草一份类似的协议,给予黎巴嫩独立地位。1936年10月,双方正式开启谈判。遵照叙利亚文件的模式,双方在短短25天内就达成了一项《法黎协议》草案,并分别提交巴黎和贝鲁特的议会等待批准。

叙利亚和黎巴嫩的民族主义者对两国政府与法国达成协议的条款非常满意,大马士革和贝鲁特顺利的审批过程也说明了这一点。

黎巴嫩议会、叙利亚议会分别于 1936 年 11 月和 12 月底以全票通过的结果批准了协议。然而，与《布鲁姆-维奥莱特法案》的情形类似，法国国内的殖民游说集团在国民议会中成功阻止了任何关于 1936 年《法叙协议》（即《特惠同盟协议》）《法黎协议》的讨论或投票。这种情况一直持续至 1937 年 6 月布鲁姆政府倒台，叙利亚、黎巴嫩的独立希望也随之破灭。

1939 年，随着欧洲大战再次迫近，法国议会正式拒绝批准上述协议。雪上加霜的是，法国殖民当局为确保土耳其在迫在眉睫的欧洲战争中保持中立，正式将叙利亚西北部领土亚历山大勒塔割让给土耳其。长期以来，土耳其就以占总人口 38% 的土耳其少数群体的名义对该地区提出领土要求。被激怒的叙利亚民族主义者组织了大规模的集会和示威活动，进而引发法国当局的镇压，后者借机宣布搁置叙利亚宪法、解散议会。

1940 年 5 月纳粹德国占领法国并推翻其政府后，法国几乎与其在黎凡特地区的两个托管国爆发重大冲突。一个通敌的法国政府——维希政权在菲利普·贝当元帅的领导下建立起来，而后者正是里夫战争关键时期取代利奥泰在摩洛哥职位的那位"凡尔登英雄"。在新政权之下，叙、黎两国将受一位维希高级专员亨利·邓茨（Henri Dentz）将军的统治。

英国人已然受困于埃及、伊拉克、巴勒斯坦阿拉伯民族主义者的亲轴心国倾向，此时则更加将叙利亚、黎巴嫩的维希政府视为一个敌对政权。1941 年 5 月，当高级专员邓茨允许德国人使用叙利亚的空军基地之时，英国迅速做出干预。联合夏尔·戴高乐将军所领导的反维希的自由法国部队，英国人于 1941 年 6—7 月占领了叙利亚和黎巴嫩。

英国人占领叙利亚后，自由法国政府许诺给予叙、黎两国完全的独立地位。在英、法入侵后迅速发布的一份公告中,乔治·卡图将军代表戴高乐将军宣布:"我到来的目的是为了结束委任统治机制,宣告你们的自由与独立。"[44]法国宣布叙利亚、黎巴嫩独立的宣言则受到大英帝国政府的担保。但事实证明,叙、黎两国民族主义者的庆祝活动还来得太早——自由法国政府还没有放弃在战后维持其帝国的希望。面对法国的执意反对,叙利亚、黎巴嫩两国为确保自身的独立地位都还要面临一场艰苦的战斗。

自由法国政府刚一宣布委任统治结束,黎巴嫩人就开始着手为独立做准备。1943年,黎不同宗教派别的民族主义领袖就权力分享安排达成一项口头协议,即《民族宪章》(National Pact)。在所有相关教派政治领袖的见证之下,黎巴嫩人自然全力支持该宪章,甚至未觉得有必要在一份官方文件中记录下其条款。根据宪章的条款,自此以后黎巴嫩的总统、总理和议长将分别由马龙派基督徒、逊尼派穆斯林和什叶派穆斯林担任;其他重要的内阁职位则将在德鲁兹派、希腊东正教基督徒和其他宗教社群间分配;议会席位将以6名基督徒对应5名穆斯林(为此,逊尼派、什叶派和德鲁兹派都被视为穆斯林)的比例进行分配。

《民族宪章》似乎解决了黎巴嫩不同教派间的紧张关系,促使它们在国家政治体制中都拥有一定的既得利益。然而,宪章实际上将法国人所推行的同一个"社群主义"原则神圣化,僵化地在各宗教社群之间分配权力职位,削弱黎巴嫩政治,妨碍国家实现真正的融合。在这一意义上,法国人在黎巴嫩留下了分裂的遗产,其为害时间之长远远超过了法国人统治的历史。

在解决了内部政治分歧之后,黎巴嫩的显贵们开始号召在1943年举行新一届议会选举。根据黎巴嫩宪法,新当选的55名议会成员又召开会议选举共和国总统。1943年9月21日，他们选举民族主义律师比沙拉·扈里担任独立后黎巴嫩的第一任总统。

扈里正是曾担任（首任高级专员）古罗将军顾问、作为法国在黎巴嫩委任统治早期的批评者的那同一位律师。1934年，扈里与一群思路相近的政治家一起组建了"宪政集团"（Constitutional Bloc），致力于以一项《法黎协议》取代法国委任统治，他也因此在黎全国政治舞台上崭露头角。自那时起，他就一直致力于结束法国在黎巴嫩的统治。当扈里最终被提名为总统时，代表们爆发出热烈的掌声，议会内放起了白鸽。"当最终结果被宣布时，"扈里回忆说，"我走上讲台准备发表演说。我几乎听不到自己的声音，完全被外面的喊声和枪声淹没。尽管如此，我还是成功地让自己的声音被听到，谈到我们应如何与阿拉伯国家合作、结束黎巴嫩的孤立状态。"[45]

黎巴嫩人认为自己已经获得完全的独立，并没有预料到会面对来自法国人的任何抵制行动。自由法国政府已承诺结束委任统治，维希政权则被英国人武力逐出黎凡特地区。黎巴嫩议会开始修改宪法，剥夺法国的一切特权地位或干涉黎巴嫩事务的权利，以便进一步确认自身的独立地位。然而当自由法国政府了解到1943年11月9日黎巴嫩议会的议程时，他们立即要求会见黎巴嫩总统扈里，并警告后者，戴高乐将军将不会容忍任何调整法-黎关系的单方面措施。会谈现场气氛紧张，结束时双方并未就分歧取得解决方案。

黎巴嫩人并未特别在意法国人的警告。自由法国是一个流亡中的四分五裂的政府，黎巴嫩人相信这一政府无力阻碍他们对独立的合法诉求，且英国已为黎巴嫩的独立作担保。黎巴嫩议员们如期举行了会议，修改了宪法第一条关于将黎巴嫩边界界定为"法兰西共和国政府官方承认的（界限）"的内容，从而确认了他们在本国现有公认边界内的"完全主权"，上述边界在修订内容中有详细描述。

他们将阿拉伯语确立为唯一的官方民族语言，将法语降至从属性的地位。此外，议员们还授权黎巴嫩总统，在议会通过的情况下缔结一切外交协议，而非法国政府。原来由国联授权给法国的一切权力和特权都从宪法中被正式删除。最后，议员们通过投票修改了宪法第五条关于国旗的设计：红、白、红的横条纹取代了法国三色旗，而雪杉树这一民族的象征仍然被装饰在国旗的中央。无论从法理上还是象征意义上，黎巴嫩都已确立了其主权地位，剩下的工作只是确保法国认可这一新秩序。

法国当局迅速果断地对黎巴嫩宪法的修订做出了回应。11月11日凌晨时分，总统扈里被破门而入的法国海军陆战队士兵惊醒。他的第一反应是这些人可能是前来刺杀他的叛徒，便大喊着要求邻居报警，但没有人回应。他的房门被一位法国上尉撞开，后者手持手枪，还抓着扈里的儿子。"我不想伤害你，"这个法国人说道，"我只是执行高级专员指派的任务来逮捕你。"

"我是一个独立共和国的总统，"扈里回答说，"高级专员无权向我发号施令。"

"我会向你宣读逮捕令。"上尉回答说，随后便宣读了一份机打的声明，指控扈里阴谋颠覆委任统治政权。这位军官拒绝将逮捕令交给扈里，仅给他10分钟时间收拾行装。扈里则被一群"全副武装"的士兵包围着，让他心情沉重的是这些士兵都是黎巴嫩人。法国人用汽车将扈里押解到南部城镇拉什亚的城堡之中，在路上他们与另外几辆汽车会合，车上则押解着总理里亚德·苏勒哈（Riyad al-Solh）以及内阁的主要成员。当天下午，黎巴嫩政府的6名成员已被囚禁至拉什亚。

逮捕的消息传开后，立即在贝鲁特引发了激烈的示威活动。扈里的妻子加入了示威人群，以声援那些抗议其丈夫和黎巴嫩政府所遭遇不公的示威者。黎巴嫩人向英国人提出申诉，后者正是 1941 年 7 月自由法国政府宣布黎巴嫩独立时的担保人。英国政府迅速介入，迫使法国人释放了胡里总统及其他黎巴嫩政治家。黎巴嫩宪法的变动得到了保留，但法国通过对安全部队的控制仍执意维持其在黎凡特的托管国。为了确保对其军队和警察部队的控制，在之后 3 年的时间内黎巴嫩政府仍将与法国人展开一场持久的战役。[46]

1941 年 7 月自由法国政府的宣言发布后，叙利亚人对实现独立前景的估计并没有黎巴嫩人那样乐观。大马士革的自由法国当局已向叙利亚政治领导层明确表示，在保证法国在叙、黎两国利益的一系列条约达成前，法国无意承认叙利亚或黎巴嫩的独立地位。叙利亚民族集团还需要动员一次与法国人的重大对抗，以便实现其独立诉求。

民族集团领导人舒克里·古瓦特里（Shukri al-Quwwatli）出生于大马士革一个富裕的地主显贵家族。1927 年古瓦特里因参与民族主义活动而被法国当局流放，1942 年才返回叙利亚并担任民族集团的领导职位。1943 年叙利亚举行议会选举，古瓦特里的竞选名单作为明显多数脱颖而出，他本人则当选为总统。民族集团政府对法国采取一种和解性的政策，希望说服自由法国政府放弃增加其权威，以便确保叙利亚的独立地位。但和黎巴嫩相似，叙利亚人发现法国人不愿在国家安全部队方面做出让步，包括国民军即所谓叙利亚军团，以及国内安全部队（Sureté Générale）。

叙利亚的古瓦特里政府与黎巴嫩的胡里政府密切合作，为其反法立场寻求国际支持。1944 年冬至 1945 年春，大规模的反法示威游行在两国举行。当法国宣布在叙利亚政府签订协议之前不会放弃对叙国民军的控制时，叙、黎两国政府拒绝进一步谈判。

1945年5月，法国人的固执在叙利亚全国引发了广泛的示威和反法抗议活动。作为首都和全国政治的中心，大马士革成为反对派的中心。鉴于法国当局不具备足够的武装部队来维持秩序，随着局势的快速恶化和失控，法国人开始诉诸致命的武力，试图通过斩首和轰炸迫使叙利亚政府及其公民屈服。

法国人攻击的首要目标是叙利亚政府本身。哈立德·阿兹姆（Khalid al-Azm）是民族集团成员，1943年当选为叙议会议员并被任命为财政部部长。1945年5月29日晚6点，他正在大马士革市中心的政府大楼内与一群议员谈论当前的危机，突然听到了第一轮炮火的声音。[47]阿兹姆和他的同事们对法国推动危机升级并诉诸猛烈炮击的做法感到震惊。他们试图求救，但发现政府办公室内的所有电话线都已被掐断。阿兹姆通过信使收到消息说议会大楼已经遭到攻击并被法国部队占领，后者还杀害了那里的所有叙利亚安保人员。占领议会大楼后不久，法国士兵就在政府大厦周围安置了岗哨。他们向政府大厦开火，炸碎了玻璃。

法国人已切断了对大马士革的电力供应，夜色很快降临在这座黑暗的城市之上。政府大厦内的叙利亚政治家和他们的警卫人员用桌椅堵住了建筑物的入口，奢望以此阻止法国人进入。午夜之前，阿兹姆和他的同事们听到风声说法国人计划占领该建筑后，他们才及时从一扇后窗溜出。他们绕开法国部队，穿过大马士革的偏僻小巷，最终躲藏在阿兹姆位于大马士革老城中心的宽敞住宅之中。很快，他那宽大的庭院就挤满了超过100名避难者，包括政府部长、议会议员和警卫人员。总理哲米勒·麦尔达姆（Jamil Mardam）却愚蠢地试图使用阿兹姆的电话——电话已在法国人的监控之下，致使法国人发现了他们的藏身之处。法国人将炮火转向阿兹姆的街区，开始了一场无情的狂轰滥炸。部长和议员们逃到最安全的房屋内。炮火和飞机轰炸震动着他们脚下的土地，将砖石和灰泥倾泻在这些避难者身上。伴随着城市毁灭的声音，他们在恐惧和犹疑中度过了这个夜晚。

第二天，法国人为迫使叙利亚政府屈服而加大了暴力的力度。总统古瓦特里已在位于山坡上的萨利西耶（Salihiyya）郊区建立了办公室，大多数政府部长也都加入了他的队伍。阿兹姆选择与家人留守大马士革，决心与这座城市同命运。法国人的攻击愈加猛烈。他们开始向城市的住宅区发射燃烧弹，其引燃的火势迅速失控。"居民们陷入一片恐慌，他们担心整个街区都会被大火吞噬。"阿兹姆回忆说，"炮弹继续降落，消防队却不愿或无力灭火，因为法国士兵不会允许他们履行职责。"在经历了又一天的炮火轰炸后，阿兹姆决定放弃自己的家，携家人逃往总统舒克里·古瓦特里和其他政府成员所在的相对安全的郊区。

总统古瓦特里从位于萨利西耶的安全藏身处，呼吁英国官员进行干预。援引1941年叙利亚独立的保证，他正式请求英国人与法国人进行斡旋，以便后者停止对大马士革的轰炸。叙利亚总统的请求使英国获得了介入法国帝国事务的合法依据，他们成功说服了其战时盟友解除了攻势。当法国人停止进攻时，已有超过400名叙利亚人丧生，数百座私人住宅被毁，在凶猛的炮火下叙利亚议会所在的建筑被夷为平地。法国孤注一掷地试图保存其在黎凡特地区帝国的版图，但最终以失败告终，任何理由都无法说服愤怒的叙利亚人放弃其对完全独立的长期诉求。

1945年7月，法国最终承认自己的失败，同意将军事和安全部队的控制权移交给独立的叙利亚和黎巴嫩政府。法国向两国强加一份协议的问题也不复存在。当1945年10月24日两国以创始成员国这个与法国平等的身份加入联合国之时，国际社会便承认了叙利亚和黎巴嫩的独立。所剩的工作只是法国从黎凡特地区撤出其部队。1946年春法国军队撤离叙利亚，同年8月从贝鲁特登船回国。

大马士革一位年轻女记者希菡·特季曼记录下了1946年4月最后一名法国士兵撤出叙利亚首都的那晚大马士革举行的庆祝场景。她描述了一个欢欣鼓舞的城市，庆祝它真正独立后的第一个夜晚，这是一场"自由的婚礼"，而大马士革本身就是那位"快乐而充满魅力的新娘"。"客人们乘着大大小小的汽车或马车赶来，火把照亮了城市的所有屋顶、旅店、过道、电线杆、麦尔季（Marje）的花园、希贾兹铁路边的信号灯杆、巴拉达河的栅栏以及所有的大街小巷。"特季曼和她的家人整夜庆祝，歌唱家和音乐家们在中央麦尔季广场为聚集的民众放声高歌。她后来回忆道："叙利亚的独立婚礼一直持续至拂晓时分。"[48]

委任统治结束之际，叙利亚人的欢乐正好与法国人的愤恨形成鲜明对照。尽管仍控制着北非的阿拉伯领地，法国还是为失去在东地中海的影响力而悔恨万分。经过在贝鲁特、大马士革26年的统治，法国人却一无所成。更糟糕的是，法国人怀疑英国——其战时盟友和帝国对手，向叙利亚和黎巴嫩施以援手，乃是为了将这些黎凡特国家纳入其自身的影响范围。即便如此，1946年英国在中东的帝国同样备受压力且处于衰退之中。事实上，与英国1946年在巴勒斯坦所面临的危机相比，法国在叙利亚、黎巴嫩的困境似乎还不算棘手。

第九章　巴勒斯坦灾难及其后果

1944年1月，巴勒斯坦的犹太极端分子向英国宣战。"在以色列土地（Eretz Israel）上，犹太人民与把我们的兄弟出卖给希特勒的英国行政当局之间不再存在任何停火协议，"这一地下抵抗运动宣称，"我们的人民与这个政权处于战争状态，并将战斗到底。"[1]

犹太定居者与英国政府兵戎相见似乎令人难以置信，因为正是后者将犹太复国主义在巴勒斯坦建立一个犹太民族家园的梦想变为现实。然而，第二次世界大战期间，英国越来越多地受到巴勒斯坦犹太社群的攻击。对犹太移民施加严格限制、呼吁在1949年实现（阿拉伯）多数统治下巴勒斯坦独立的《1939年白皮书》，已然彻底激怒了犹太复国主义领导层。

随着英国与纳粹德国间战争的临近，大卫·本-古里安曾承诺将帮助英军与法西斯主义作战，就像没有白皮书一样；同时又将反对白皮书的条款，就好像没有战争一样。巴勒斯坦大多数犹太复国主义者都与本-古里安的政策保持一致，在对抗德国纳粹政权的战争中勉强支持英国一方。然而，其他更加激进的犹太复国主义政党则将英国视为更大的威胁。他们发动了一场武装起义，公开以将英国人驱逐出巴勒斯坦作为目标。

两个犹太激进组织——伊尔贡和斯特恩团伙应为最恶劣的暴力

事件负责。伊尔贡（Irgun Zvai Leumi 的简称，意为"国家军事组织"）成立于 1937 年，建立的初衷是保护犹太定居点在 1936—1939 年巴勒斯坦阿拉伯大起义期间免遭袭击。1939 年 5 月英国议会批准白皮书后，伊尔贡成员开始将英国视为真正的敌人。1940 年 6 月双方敌对活动暂停之前，该组织针对英国政府在巴勒斯坦的办公室、警察站等发动了一系列炸弹袭击。英国向德国宣战后，伊尔贡领导层决定遵从本-古里安的政策，即与英国合作对抗纳粹。

伊尔贡中的一个派系却持不同意见，继续针对英国人的袭击。这个分裂团体在希伯来语中简称为"莱希"（Lehi，全称 Lohamei Herut Yisrael，意为"以色列自由战士"），在西方则主要以"斯特恩团伙"的名字而著称。该派系因其领导人亚伯拉罕·斯特恩（Abraham Stern）的名字而得名，斯特恩及其追随者坚信犹太民族对以色列土地有着不可剥夺的权利，而他们有责任赎回这块土地，甚至在必要的时候使用武力。对斯特恩而言，《1939 年白皮书》将英国定格在一个非法占领者的角色。为此，斯特恩非但没有站在英国一边反对纳粹德国，反而积极地接近纳粹，与之联合起来对抗英国人。与一些阿拉伯民族主义者类似，斯特恩希望与德国人合作将巴勒斯坦从英国人统治下解放出来，尽管纳粹的反犹主义恶名在外。在斯特恩看来，纳粹德国只不过是犹太民族的一个迫害者，英国则是一个否认犹太人在巴勒斯坦国家地位的敌人。

1940 年底，斯特恩派遣一位代表前往贝鲁特与德国官员进行会面，寻求"德国人所阐释的欧洲'新秩序'的目标与犹太民族真正的民族愿望之间"利益的协调一致。通过他的信使，斯特恩提议动员犹太人的力量将英国逐出巴勒斯坦，以此换取犹太人由德国向巴勒斯坦不受限制的移民以及德国对犹太国家的承认。他指出这一联盟在解决欧洲的犹太人问题、满足犹太人民族诉求的同时，还能在东地中海给他们的共同敌人英国以致命一击。[2]

斯特恩未曾收到第三帝国的回复。他显然错误估计了纳粹反犹主义的种族灭绝本质。由于向德国人示好，斯特恩遭到了伊尔贡和犹太代办处的严厉谴责，后者向英国人提供情报信息，协助英国人实施对莱希组织的镇压。英国委任统治当局当时正为巴勒斯坦境内的一系列袭击和抢劫银行案件而全力追捕斯特恩团伙。1942年2月，英国军官在对特拉维夫一座公寓的突袭中击毙了斯特恩。之后随着其领导层陷入混乱，莱希组织也停止了活动。1942—1944年，随着二战激战正酣，伊休夫与英国当局也达成了一项脆弱的停战协议。

1943年，伊尔贡开始重组，并主导了一场反英抵抗运动。该运动由一位精力充沛的新领导人梅纳赫姆·贝京（Menachem Begin，1913—1992）领导。贝京出生于波兰，早年曾加入犹太复国主义青年运动。1939年德国入侵波兰时逃离祖国，后自愿加入一支驻苏联的波兰军队。1942年，他所在的波兰军队被派往巴勒斯坦，在那里他被招募加入伊尔贡。他迅速升至该组织的领导层，并与包括伊扎克·沙米尔（Yitzhak Shamir）在内的莱希组织新领导层建立了联系。两人在晚年都成为以色列总理，尽管他们早年在巴勒斯坦都是以恐怖分子的身份开始其政治生涯的。对犹太人向巴勒斯坦移民的持续限制，以及对纳粹死亡集中营和大屠杀内幕了解的增多，加剧了激进犹太复国主义运动与巴勒斯坦英国当局间的紧张关系。至1944年，伊尔贡和莱希已不愿再受制于整体休战协议，便重启了针对巴勒斯坦的英国目标的袭击。

在反抗英国人的同一斗争中，伊尔贡和莱希采用了极为不同的策略。贝京的伊尔贡主要针对英国委任统治在巴勒斯坦的办公室和通信基础设施开展袭击；相比之下，沙米尔的莱希则主要从事针对英国官员的定点暗杀袭击。1944年11月6日，莱希的两名成员在莫因勋爵（Lord Moyne）位于开罗的住宅外，暗杀了这位英国驻中东地区常驻公使，该组织也因此臭名昭著。莫因是中东地区最高级别的英国官员，且一直支持《1939年白皮书》对犹太人向巴勒斯坦移民的限制。暗杀者被埃及警方抓获，随即被处以绞刑。由于担心英国人的报复，犹太代办处及其准军事分支哈加纳（Haganah）一直有意与莱希及其所作所为保持距离。

直到二战结束后，伊尔贡、莱希、哈加纳才开始联合力量对抗巴勒斯坦的英国人。纳粹死亡集中营被解放后，大屠杀骇人听闻的罪行逐渐浮出水面。伊休夫的领导人决心将种族灭绝中的犹太幸存者由欧洲的难民营迁至巴勒斯坦。他们拒绝遵守《1939年白皮书》对犹太移民的限制，宣布发动一场反对英国委任统治的起义。1945—1946年间的一个短暂时期，哈加纳与莱希和伊尔贡秘密协调行动，试图通过暴力强迫英国人改变政策。

10个月以来，哈加纳与伊尔贡、莱希合作开展了一系列抢劫银行、袭击基础设施、绑架英国人员的行动。本-古里安领导的犹太代办处则坚决否认与上述事件有任何牵连，并对哈加纳的参与讳莫如深。但英国人却怀疑伊休夫作为一个整体合谋参与了暴力活动，因而以大规模的镇压作为回应。1946年6月29日至7月1日，超过2700名伊休夫成员被捕，其中包括多名犹太代办处领导人。英国当局还查获了犹太代办处的大批文件，将其带回当时位于大卫王酒店侧翼的英国委任统治秘书处。

对犹太代办处而言，英国查获这批文件不仅意味着一个行政问题，因为部分文件内容证明代办处和哈加纳已卷入针对英国人的袭击。[3] 一旦英国委任统治当局发现哈加纳和犹太代办处卷入恐怖活动的证据，他们只会更加坚定决心限制犹太人向巴勒斯坦移民，并对巴勒斯坦阿拉伯人的要求做出让步。从这批涉罪文件被带往委任统治秘书处那一刻起，大卫王酒店的命运就已盖棺定论。伊尔贡早已为袭击西耶路撒冷的这座高层酒店——这个巴勒斯坦民事和军事行政机构总部制订了周密的计划，但哈加纳在之前一直限制伊尔贡的行动，强调这样一种暴行将"引发英国人的极端愤怒"。7月1日英国人缴获犹太代办处文件之后，哈加纳第一时间就向伊尔贡发出命令，要求后者尽快执行针对大卫王酒店的行动。

大卫王酒店爆炸袭击的准备活动持续了3周时间。7月22日，一群伊尔贡行动人员将一批装有500磅烈性炸药的牛奶罐头安放在酒店的地下室。"送奶工"受到两名英国士兵的伏击，一场枪战随之而来。但恐怖分子已然成功设置了遥控装置，该装置将在30分钟后引爆炸药。

"每一分钟都漫长得像一天，"梅纳赫姆·贝京后来写道，"12点31分，32分。发动进攻的时刻逐渐临近，半小时的时间马上就耗尽了。12点37分……突然，整个市区似乎都在震动。"[4]

英国当局宣称他们事先未收到任何关于袭击的预警，伊尔贡则坚称他们已经对酒店和其他机构发出了电话警告。无论哪一方的说法属实，爆炸前并没有任何撤离大卫王酒店的尝试。爆炸物于午餐高峰时间在一个咖啡馆下面被引爆，将酒店的一侧完全炸毁，随后六层酒店轰然崩塌。爆炸共造成91人死亡、100多人受伤，死伤者中既包括英国人、阿拉伯人，也包括犹太人。

这次暴行震惊了整个世界，犹太代办处则将其称为"一群暴徒所犯下的懦弱罪行"。但英国政府非常清楚哈加纳卷入了这场恐怖袭击，并将这一点写入了大卫王酒店爆炸案仅两天之后发表的一份关于巴勒斯坦恐怖主义的白皮书。

英国人意识到与他们战斗的不仅仅是一小撮激进分子。在策略和方法方面，犹太代办处和哈加纳可能与伊尔贡和莱希有所不同，但所有这些组织都有同一个目标，即驱逐英国人以便在巴勒斯坦建立犹太国家。

二战之后，英国既没有资源也没有意愿继续留在巴勒斯坦。巴勒斯坦犹太人与阿拉伯人之间的分歧不可调和：如果英国人向犹太人让步，他们担心阿拉伯人又会发起一场与1936—1939年起义相似的大起义；如果他们向阿拉伯人做出让步，现在已经很清楚犹太人会做些什么。英国人试图撮合阿拉伯和犹太领袖1946年9月在伦敦举行会谈，但因双方都拒绝参会而以失败告终。考虑到阿拉伯人和犹太人相互矛盾的建国要求，1947年2月在伦敦举行的一系列双边会谈也都无果而终。

英国人陷入了绝境，而《贝尔福宣言》的悖谬现在也体现得清晰无比：英国人不可能在实现一个"犹太人的民族家园"的同时，不损害"巴勒斯坦既有非犹太社群的利益"。英国政府无计可施，对巴勒斯坦争端中的双方也都无力施加影响。有鉴于此，1947年2月25日，英国外交大臣欧内斯特·贝文（Ernest Bevin）将巴勒斯坦问题提交给新成立的联合国，寄希望于国际社会能更妥善地解决这一问题。

联合国召集一个由11个国家组成的"联合国巴勒斯坦特别委员会"（Special Committee on Palestine，UNSCOP）。这11个国家为：澳大利亚、加拿大、捷克斯洛伐克、危地马拉、印度、伊朗、荷兰、秘鲁、瑞典、乌拉圭和南斯拉夫。除伊朗外，特别委员会各成员国在中东事务中并不掺杂任何特殊利益。1947年6—7月，委员会成员在巴勒斯坦度过了5周时间。其间，阿拉伯政治领袖拒绝会见特别委员会代表，犹太代办处则借此机会向国际社会提出最有说服力的理由，争取后者对在巴勒斯坦建立一个犹太国家的支持。

特别委员会代表团还在巴勒斯坦期间，一波又一波的非法犹太移民在犹太代办处的协助下，继续乘坐废弃的汽轮由欧洲涌入巴勒斯坦。英国当局则尽全力阻止这些难民进入，其中多数难民是大屠杀的幸存者。这些船只中最著名的是"出埃及号"（*Exodus*）。该船的 4500 名乘客于 1947 年 7 月 18 日抵达海法港，但由于英国当局拒绝他们进入巴勒斯坦，被迫于第二天乘船返回法国，随后则被关押进德国集中营。英国也因其对犹太难民危机的处理，特别是"出埃及号"事件而受到国际社会的广泛谴责。

特别委员会代表团调查期间，英国与犹太社群间的暴力仍不断升级。1947 年 7 月，英国当局以恐怖罪为名判处 3 名伊尔贡成员死刑。7 月 12 日，伊尔贡抓获了两名英军中士克里夫·马丁（Cliff Martin）和马文·佩斯（Marvyn Paice），并将两人扣为人质，以防止英国当局绞死被俘的伊尔贡成员。英国人坚持执行了处决之后，伊尔贡也于 7 月 29 日将马丁和佩斯执行绞刑以作为报复。刽子手们在死者尸身上粘贴了一份指控清单，以令人毛骨悚然的方式模仿英国的法律术语：马丁和佩斯被定性为"英国间谍"，犯有"非法进入犹太人家园""加入一支被称为占领军的英国恐怖主义犯罪组织"等"反犹太犯罪行为"。[5] 更有甚者，两人身上被装上了饵雷，会在割断绳索时爆炸。这一行为旨在激起英国人最大的愤怒，从而削弱英国人继续在巴勒斯坦战斗的意志。

两名中士被绞死的新闻在整个英国都登上了头版头条。通俗小报通过"被绞死的英国人：震惊世界的图片"等大字标题激起了反犹情绪。一波反犹示威游行很快转化为骚乱，在 8 月的第一周席卷了整个英格兰和苏格兰。最严重的暴力活动发生在利物浦市，在 5 天的时间里超过 300 名犹太人的财产遭到破坏，88 名城镇居民被警察逮捕。《犹太编年报》（*Jewish Chronicle*）还报道了伦敦、格拉斯哥、普利茅斯等地针对犹太会堂的攻击,以及其他市镇对犹太圣殿的威胁。纳粹死亡集中营解放后仅两年,万字章和"吊死犹太人""希特勒是对的"等标语就重新出现在英国各城市。[6]

1947年8月为联合国起草调查结果之际,特别委员会成员已非常清楚巴勒斯坦局势的复杂性。代表团成员一致呼吁结束英国委任统治,以8∶3的明显多数提议将巴勒斯坦分割为一个犹太国家和一个阿拉伯国家。仅印度、伊朗、南斯拉夫三国反对分治设想,倾向于在巴勒斯坦建立一个统一的联邦国家。

英国人甚至来不及等待联合国正式讨论特别委员会的提议。"出埃及号"丑闻、英国中士被绞死、随后的反犹骚乱、特别委员会报告,这一系列前后相连的事件已完全动摇了英国继续留在巴勒斯坦的决心。1947年9月26日,英国政府宣布将单方面从巴勒斯坦撤军,并将自身的托管责任委托给联合国。英国撤军的日期被设定在1948年5月14日。

激进分子们已经实现了其第一个目标,即迫使英国人撤离巴勒斯坦。尽管其手段受到犹太代办处的公开谴责,但伊尔贡和莱希在移除建立犹太国家进程中的一个主要障碍方面仍扮演了关键角色。然而,为实现政治目标而诉诸恐怖策略,他们也在中东历史上开了一个危险的先例,这一丑陋传统也将传播至整个中东地区,直至今日。

1947年11月,特别委员会报告被提交联合国大会进行讨论。讨论的议题主要围绕委员会多数成员的提议,即将巴勒斯坦分割为一个犹太国家和一个阿拉伯国家而展开。分治决议将巴勒斯坦分为一个由六部分组成的棋盘格,其中犹太区、阿拉伯区各三个,耶路撒冷处于国际共管之下。该计划将巴勒斯坦55%的领土划分给了犹太国家，包括全部加利利狭长地带直至东北部的领土、从海法到雅法的具有战略意义的地中海沿岸地区，以及直至亚喀巴湾的亚拉巴荒漠。

犹太复国主义活动分子积极游说联合国成员，争取获得三分之二多数票，以便执行分治决议和建立犹太国家的承诺。美国犹太复国主义者在争取杜鲁门政府对决议支持方面发挥了关键作用。哈里·杜鲁门在其回忆录中称自己"在白宫从未经历过像这次这样巨大的压力和宣传攻势"。[7] 在最后一刻，美国政府推翻了之前的不干涉立场，积极向其他（联合国）成员施压支持分治方案。1947 年 11 月 29 日，分治方案以 33 票赞成、13 票反对、10 票弃权的结果最终获得通过。

在至少部分巴勒斯坦领土上建立一个犹太国家的国际授权得到确保后，犹太复国主义者已经朝其建国目标又迈出了重要的一步。然而，阿拉伯世界整体，特别是巴勒斯坦阿拉伯人仍执拗地反对分治方案以及在巴勒斯坦建立犹太国家的计划。

巴勒斯坦阿拉伯人的立场并不难理解。至 1947 年，人口超过 120 万的巴勒斯坦阿拉伯人仍占巴勒斯坦总人口的三分之二多数，而犹太人口仅约 60 万。很多巴勒斯坦阿拉伯人占人口多数的城镇——如麦法（Maifa）等都被划入了犹太国家；雅法名义上是阿拉伯国的一部分，实际上却是一块被犹太国家包围的飞地。此外，阿拉伯人拥有巴勒斯坦全部土地面积的 94%，以及全国全部可耕地面积的约 80%。[8] 基于这些事实，巴勒斯坦阿拉伯人拒不承认联合国分裂其国家并将其中一半拱手送人的权利。

在对 1947 年联合国巴勒斯坦特别委员会提案的回应中，耶路撒冷显贵哲马勒·侯赛尼（Jamal al-Husayni）抓住了巴勒斯坦人的挫败感。"巴勒斯坦阿拉伯人的案例基于国际公正的原则；是天命和历史将他们置于这块土地上,他们想要的仅是作为土地的所有者,不受干扰地继续生活下去。巴勒斯坦阿拉伯人无法理解的是,为何他们自由和平地生活、依据传统发展自己国家的权利,要不断受到质疑并面对调查。"侯赛尼正是在面对联合国巴勒斯坦问题委员会时发表了这番评论。他继续说道:"有一件事是毫无疑义的:保卫他们的祖国免遭一切侵略是巴勒斯坦阿拉伯人的神圣权利。"[9]

没有人幻想分治决议的执行会不经历任何波折。巴勒斯坦的犹太人将不得不为联合国分治决议划分给他们的土地而战斗,更不用提那些划分给阿拉伯国家而又被他们所觊觎的领土。对阿拉伯人而言,为阻止犹太人夺取巴勒斯坦的任何一块领土,他们就必须击败犹太人。

从分治决议宣布后的那个清晨起,巴勒斯坦的阿拉伯人和犹太人就开始为一场不可避免的战争而做准备——一场巴勒斯坦主权争夺者间的内战。

在6个月的时间里,阿拉伯人和犹太人为他们对巴勒斯坦针锋相对的权利要求而兵戎相见。巴勒斯坦的犹太社群已经为战斗做好了充分准备。哈加纳在二战期间积累了广泛的训练和实战经验,此外他们也储备了大量的武器弹药。巴勒斯坦阿拉伯人并未做好类似的准备,他们相信自己事业的正义性以及阿拉伯邻国的支持。

当时巴勒斯坦阿拉伯社群有争议的领袖是流亡中的耶路撒冷大穆夫提哈吉艾敏·侯赛尼。哈吉艾敏是一个有争议的人物,无论是在巴勒斯坦国内还是国外都引发了部分人的反对。二战期间,他因叛逃纳粹德国而遭到英国和其他西方国家的痛斥,同时也在不同程度上受到阿拉伯领导人的猜疑。在巴勒斯坦,哈吉艾敏的领导权受到多名巴勒斯坦显贵的觊觎,导致巴勒斯坦阿拉伯社群在面对最大挑战时四分五裂。另一方面，由于试图在流亡埃及期间领导巴勒斯坦人的运动，哈吉艾敏又破坏了在巴勒斯坦阿拉伯人内部以及巴勒斯坦人与其他阿拉伯国家之间采取真正意义上一致行动的前景。

阿拉伯国家中很多也是刚刚从欧洲殖民统治下获得独立，内部同样分裂严重且士气不振。这些国家刚刚经历了独立后第一次外交失败，尽管激烈反对但并未能阻止联合国分治决议的通过。面对这一分割巴勒斯坦的决议，阿拉伯内部竞争也浮出水面。

自1937年首次提出以来，唯一对分治理念持支持立场的阿拉伯国家就是外约旦。阿卜杜拉国王（前埃米尔在1946年5月被加冕为国王）欢迎将巴勒斯坦的阿拉伯领土并入其几乎被内陆包围的王国，他对分治方案的支持也激起了巴勒斯坦政治精英的极大不满以及穆夫提哈吉艾敏的公开仇恨。在阿拉伯世界内部，阿卜杜拉几乎完全被孤立，仅能得到在伊拉克执政的哈希姆亲族极为有限的支持。他受到叙利亚政府的明确猜忌，后者担心阿卜杜拉对其国家的领土野心，这一野心最早可追溯至20世纪20年代初期；他在阿拉比亚面对着哈希姆家族的对手沙特家族的长期敌意；在埃及则面临埃及国王的疑忌，后者不接受对埃及在阿拉伯事务中自封的主导地位的任何挑战。

与彼此协调行动并派遣正规军相比，邻近的阿拉伯国家更倾向于动员非正规的志愿军，即那些决心保卫阿拉伯巴勒斯坦的阿拉伯民族主义者和穆兄会成员。正如西班牙内战期间美国人和欧洲人对反法西斯呼声的回应一样，这些阿拉伯的"林肯旅"来到巴勒斯坦与犹太复国主义作战。他们被称为阿拉伯解放军，其最著名的将领即法乌齐·盖伍格吉。

法乌齐·盖伍格吉从未放过任何一个在阿拉伯世界与欧洲帝国

主义作斗争的机会。他参与的每一场战役都以光荣的失败告终。1920年，法国人击败费萨尔国王的阿拉伯王国的当天，他就身处从麦赛伦撤退的阿拉伯军队之列；他在叙利亚城市哈马领导了反法起义，在1925—1927年叙利亚大起义中扮演了重要角色；他是1936—1939年巴勒斯坦阿拉伯大起义中的一名老兵；在1941年拉希德·阿里反英政变中，还曾与伊拉克军队并肩作战。当拉希德·阿里的运动被镇压后，盖伍格吉逃往纳粹德国，在那里娶了他的德国太太，并在等待中度过了剩余的战争岁月。

盖伍格吉迫不及待地渴望从欧洲回归阿拉伯政治的舞台。德国战败后，他逃至法国。1947年2月，他和妻子使用假的身份和护照，搭上了一班飞往开罗的飞机。同年11月他抵达大马士革，在那里受到叙利亚政府的款待，每月领取一份津贴。

对叙利亚政府而言，盖伍格吉绝对是天赐之缘。叙利亚人不愿让自己弱小的正规军卷入巴勒斯坦战争，因此全力支持阿拉伯解放军，而盖伍格吉正是指挥这支军队的理想人选。他在整个阿拉伯世界享有英雄般的声誉，拥有丰富的游击战经验。很快，这位头发灰白的57岁指挥官就在大马士革建立营地，为这支非正规部队开始了紧张的招募工作。

1948年2月，一位名叫萨米尔·苏基（Samir Souqi）的黎巴嫩记者发表了一篇对盖伍格吉的专访，这篇访谈也生动地捕捉到战争前夕位于大马士革的总部内的氛围：

> 这位阿拉伯领导人执意将他的家改造成一个军事指挥部，身着美军制服的非正规士兵守卫在周围。每天中的任何一个小时，都有身穿现代服饰的贝都因人、农民、年轻人站在他的台阶上，要求作为志愿军加入阿拉伯解放军。他还有一个位于盖塔纳的总部，志愿者在那里接受军事训练，等待被派往巴勒

斯坦。[10]

在阿拉伯联盟这一全新的区域性国际组织框架内，阿拉伯国家希望在不派遣正规军的情况下，依靠阿拉伯解放军来打败巴勒斯坦的犹太军事力量。他们任命伊拉克将军伊斯玛仪·萨弗瓦特（Ismail Safwat）担任阿拉伯解放军总司令，责成他调动这支非正规的志愿军来执行一套协调一致的作战方案。为协调军事行动，萨弗瓦特根据总作战方案将巴勒斯坦分为三条主要战线：他任命盖伍格吉负责北部战线和地中海沿海；南部战线将由埃及统领；中部战线又称耶路撒冷战线，将在哈吉艾敏的统帅之下，后者则任命富有个人魅力的阿卜杜·卡迪尔·侯赛尼（Abd al-Qadir al-Husayni）来统领其部队。

虽然也是穆夫提所属的侯赛尼家族的成员，但阿卜杜·卡迪尔却能够超越家族派系纷争，因而深受各行各业巴勒斯坦人的尊敬。阿卜杜·卡迪尔在开罗美国大学接受教育，曾参与巴勒斯坦阿拉伯大起义并两度受伤，其间也赢得了作战勇敢且富有领导才能的声望。与盖伍格吉类似，1941年他又参加了伊拉克的反英斗争。

巴勒斯坦以及阿拉伯邻国的军事指挥官所面临的最大挑战都是武器弹药的缺乏。哈加纳中的犹太士兵曾在英军中训练超过10年，且二战期间在随英军的战斗中积累了实战经验；巴勒斯坦阿拉伯人则完全不同，他们从未有机会组建一支本土的民兵。此外，犹太代办处长期走私武器弹药进入巴勒斯坦，巴勒斯坦阿拉伯人则缺乏获得武器的独立渠道。由于缺乏再补给的来源，巴勒斯坦战士们很快就会耗尽他们持有的有限弹药储备。

然而，后勤保障的缺陷并没有限制巴勒斯坦战士们的行动。针对犹太定居点的零星攻击开始于1947年11月30日，很快便从城市传播至农村地区。阿拉伯部队试图切断通往定居点的道路，从而孤立犹太村庄。1948年冬的大多数月份里，哈加纳则致力于挖好壕沟巩固阵地，力争在5月中旬英国人撤军之前确保分治方案划分给犹太国家的领土。

1948年3月下旬，犹太部队开始发起攻势。他们的第一个目标是特拉维夫-耶路撒冷公路。耶路撒冷的犹太社区正处于阿拉伯部队的围困之中，哈加纳决心开辟一条补给线，以缓解耶路撒冷犹太阵地的压力。

耶路撒冷阿拉伯人的局势远比犹太指挥官设想的要脆弱。阿卜杜·卡迪尔·侯赛尼领导下的巴勒斯坦战士并不具备坚守阵地的武器装备。阿拉伯人控制着战略重镇盖斯塔勒，该镇掌控着特拉维夫-耶路撒冷公路的制高点。犹太部队向盖斯塔勒进发的同时，侯赛尼为确保其部下获得坚守阵地所需的武器于4月初紧急访问大马士革。

从一开始，侯赛尼大马士革之行的前景就因阿拉伯内部争端而暗淡无光。叙利亚政府对穆夫提哈吉艾敏·侯赛尼怀有敌意，因而拒绝向穆夫提的表兄弟阿卜杜·卡迪尔提供任何支持。叙利亚支持的阿拉伯解放军与阿卜杜·卡迪尔·侯赛尼所领导的巴勒斯坦本地部队之间发生激烈竞争，也进一步分裂了阿拉伯队伍。在大马士革与叙利亚及阿盟领导会见期间，侯赛尼发现他本人深深卷入阿拉伯内部政治斗争而无法自拔。

在大马士革的阿拉伯领导和将领为小事而争吵不休之时，盖斯塔勒已于4月3日被哈纳加精锐部队"帕尔马赫"（Palmach）攻克。阿拉伯人尝试重新夺取该镇而失败，犹太部队则巩固了其防御工事。盖斯塔勒成为第一个被犹太部队攻克的阿拉伯城镇，这一消息令大马士革会谈中的所有人感到震惊。从这一战略要地，哈加纳对耶路撒冷构成了真正的威胁。但阿拉伯联盟的指挥官仍无法采取任何有意义的行动，仿佛仍生活在一个幻想世界之中。

这时，阿拉伯解放军总司令、伊拉克裔的伊斯玛仪·萨弗瓦特将军转身对阿卜杜·卡迪尔·侯赛尼说:"盖斯塔勒已经陷落了。你的工作就是把它夺回来,阿卜杜·卡迪尔。如果你做不到这一点就告诉我们,我们会派盖伍格吉去完成这项工作。"

侯赛尼被激怒了。"给我们我刚才要求的武器,我就能夺回这个镇子。现在形势已经开始恶化,犹太人有炮兵、飞机和步兵。在没有炮兵的情况下,我不可能夺回盖斯塔勒。给我我要求的一切,我向你保证会取胜。"

"这是什么话,阿卜杜·卡迪尔,你没有大炮吗?"伊斯玛仪·萨弗瓦特反驳说。他勉强向这位巴勒斯坦指挥官保证提供大马士革所剩的枪支弹药——105 杆老式步枪、21 架机关枪、数量有限的弹药以及少量地雷,但要晚些时候才能交付。实际上,他们是把侯赛尼两手空空地送回了家。

侯赛尼暴怒不已,气冲冲地离开大厅并说道:"你们是叛徒。你们是罪人。历史将会铭记是你们丢了巴勒斯坦。我会夺回盖斯塔勒,我会死在我的兄弟们——'圣战者'身边。"[11]

4月6日当晚,阿卜杜·卡迪尔·侯赛尼就离开大马士革,在 50 名阿拉伯解放军志愿者的陪同下,于次日凌晨抵达耶路撒冷。经过短暂的休息后,他便率领一支由约 300 名巴勒斯坦战士组成的队伍向盖斯塔勒进发,还有 4 名英国士兵加入阿拉伯人的部队与之并肩作战。[12]

阿拉伯人对盖斯塔勒的反攻开始于 4 月 7 日午夜 11 点。阿拉伯军队分成了分遣队,从三个方向向这个城镇发起了攻击。其中一个阿拉伯分遣队人员伤亡惨重,几乎用完了所有的弹药。其受伤的首领撤退后,侯赛尼率领一支小分遣队取代了他们的位置,试图在犹太军队的防线下埋设炸药。但侯赛尼和他的下属被犹太防御者的猛烈火力完全压制，很快就发现自己被来自附近定居点的犹太增援部队包围。

随着4月8日黎明时分的到来，侯赛尼及其部下被敌军包围的消息像野火一般在阿拉伯战士中传播开来；盖斯塔勒战役看起来必然以失败告终。然而，阿拉伯增援部队响应号召，约500名阿拉伯战士加入了围困盖斯塔勒的部队。经过一整日的鏖战，他们终于在下午晚些时候重新夺取了该镇。当阿拉伯战士在盖斯塔勒镇东部边缘地带发现阿卜杜·卡迪尔·侯赛尼的遗体时，重夺阵地的喜悦马上烟消云散。作为泄愤的方式，巴勒斯坦战士杀死了被俘的50名犹太俘虏。无论就哪一方而言，巴勒斯坦内战都将成为一场充满暴行的战争。

阿卜杜·卡迪尔·侯赛尼的遗体于第二天被埋葬。上万名哀悼者在耶路撒冷的阿克萨清真寺参加了他的葬礼。"人民为他而哭泣，"一位耶路撒冷本地人、专门研究1948年大灾难的历史学家阿里夫·阿里夫（Arif al-Arif）回忆道，"人们将他称为盖斯塔勒英雄。"[13]巴勒斯坦人从未从失去阿卜杜·卡迪尔·侯赛尼的损失中完全恢复过来，再没有一位本地领袖能够调动一场反抗巴勒斯坦犹太军队的全国性抵抗运动，因而侯赛尼之死构成了对公众士气的巨大打击。更糟糕的是，结果证明他的死亡也是徒然：士气不振的阿拉伯部队仅留下40名防御者来守卫盖斯塔勒，结果在不到48小时的时间内，犹太军队就重新夺取了该镇——这次是永久性的。

阿卜杜·卡迪尔·侯赛尼之死以及盖斯塔勒陷落的震动，很快就被4月9日针对代尔亚辛村巴勒斯坦村民的大屠杀所掩盖。这次屠杀发生在侯赛尼葬礼的同一天，在整个巴勒斯坦引发了恐惧的洪流。从那天起，巴勒斯坦人已然失去了战斗的意志。

代尔亚辛是一座平静的阿拉伯村庄，坐落于耶路撒冷以西，约有750名居民，其中既有农民、石匠，也有商人。村中有两座清真寺、一所男童学校、一所女童学校及一个体育俱乐部。该村居民已经与耶路撒冷的犹太指挥官达成一项互不侵犯协定，因而代尔亚辛是巴勒斯坦最不可能遭到犹太人袭击的村庄。伊尔贡和莱希对于其针对代尔亚辛村无缘无故的袭击并未做出任何说明；巴勒斯坦历史学家阿里夫·阿里夫则认为这些犹太恐怖组织之所以袭击该村，"是为了给本民族增加信心，在阿拉伯人心中制造恐慌"。[14]

针对代尔亚辛村的袭击开始于1948年4月9日黎明之前。当时该村只有85名武装人员，面对的却是一支拥有装甲车和飞机支持的犹太部队，因而恐慌迅速在村民中传播。战斗爆发之时，一位农民妇女正在给她的婴儿喂奶。"我听到了坦克和步枪的声音，闻到了烟的味道。我看着他们跑过来，每个人都对邻居大喊：'你要是知道怎么跑就赶紧跑！'有叔伯的人就试着去叫叔伯，有妻子的人就试着去叫妻子。"她就这样怀抱着自己的儿子逃命，一直逃到邻近的艾因·卡拉姆村。[15]

尽管在艾因·卡拉姆村驻有阿拉伯解放军的部队，附近还有英国警察，却没有一个人来营救代尔亚辛村的村民。目击者称犹太袭击者将所有的阿拉伯武装抵抗者聚集在一起，然后开枪射杀。代尔亚辛事件后，巴勒斯坦编年史家阿里夫·阿里夫采访了几位该事件的幸存者，并对当天的恐怖行为进行了记载，详细记录了死者的姓名和死亡的情况。他详细讲述道：

> 在当天犯下的暴行中，他们杀害了哈吉贾比尔·穆斯塔法——一位90岁的老人，并将他的遗体从他家的阳台扔到街上。他们对哈吉伊斯玛仪·阿提耶——一位95岁的老人做了同样的事情，还杀死了他80岁的妻子以及他们的孙子（女）。他们杀害

了一位盲人青年穆罕默德·阿里·赫里勒·穆斯塔法、前来保护他的妻子以及他们18个月大的孩子。他们还谋杀了一位正在照顾伤员的教师。[16]

当天，在代尔亚辛共有超过110名村民遇害。

根据阿里夫的叙述，如果不是一位年老的犹太指挥官下令停止的话，代尔亚辛村的屠杀还会继续升级。随后，屠杀幸存者又被强迫步行至耶路撒冷的犹太街区，"在犹太民众面前受到公开羞辱"，就好像他们是罪犯一般，最后才在哈伊·米斯马拉附近的意大利医院周围被释放。[17]残酷地屠杀无辜村民、野蛮地羞辱幸存者，代尔亚辛事件引起了全世界范围内的普遍谴责。犹太代办处也谴责这一暴行，将哈加纳部队与伊尔贡、莱希的极端分子划清界限。

代尔亚辛大屠杀事件引发了巴勒斯坦阿拉伯人口的大规模逃亡，这一人口流动一直持续至5月15日英国撤军。阿里夫解释说，随着屠杀消息的传开，巴勒斯坦地区民众"开始逃离他们的家园，带着各种让人不寒而栗的关于犹太罪行的传闻"。巴勒斯坦政治领导层在阿拉伯媒体中公布了代尔亚辛和其他犹太人暴行的数据，却进一步加剧了恐慌。巴勒斯坦领导人显然希望利用人道主义危机来迫使阿拉伯国家干预，但他们的报道仅仅加剧了恐慌，促使村民逃离他们的家园。[18]同时代的文字记载屡屡提到巴勒斯坦地区的城镇和村庄居民扶老携幼、抛家弃产地逃离家园，仅仅出于对代尔亚辛大屠杀再次上演的恐惧。

1948年春，巴勒斯坦人已经开始逃离他们的领土。1948年2—3月，在耶路撒冷、雅法、海法等战斗最激烈的城镇，约有7.5万名阿拉伯人逃离家园，前往相对较安全的约旦河西岸地区或邻近阿拉伯国家。[19]同年4月即代尔亚辛事件之后，难民数量开始如洪流般激增。

一些巴勒斯坦人则选择以暴制暴。4月13日，即代尔亚辛大屠杀4天后，巴勒斯坦战士伏击了一支前往耶路撒冷郊区斯科普斯山的犹太医疗队。两辆救护车很清晰地标记有红十字，乘客实际上都是来自哈达萨医院的医生和护士以及希伯来大学的职员。车队中共有112名乘客，仅36人幸免。

这次伏击的残忍程度体现在袭击者以胜利的姿态站在遇害者身旁所拍摄的一系列骇人听闻的照片之中。这些野蛮的照片在耶路撒冷的商业场所公然出售，似乎是为了向巴勒斯坦的阿拉伯人显示他们有能力摧毁犹太人的威胁。然而，这些暴行的照片却无法驱散1948年4月弥漫在巴勒斯坦城镇和乡村之间的失败氛围。

巴勒斯坦人的士气已然被摧毁，斯科普斯山屠杀犹太平民的事件仅仅加剧了对犹太人报复和后续暴行的恐惧。哈加纳已察觉到巴勒斯坦民众士气的崩溃，于是依据一项被称为"D计划"的军事方案加紧了行动进程。该方案旨在毁灭或减少巴勒斯坦城镇和农村地区人口，以便为建立一个可生存下去的犹太国家创造先决条件。

4月21—23日，犹太军队攻陷海法，从而在整个巴勒斯坦掀起又一波震动。受益于港口和炼油厂，海法一直是巴勒斯坦的经济中心，阿拉伯总人口超过7万人。此外，海法还是巴勒斯坦北部的行政中心。

由于海法被联合国分治决议划入了犹太国家，数月来犹太部队一直在计划夺取这座城市。1947年12月中旬，犹太部队首次向海法发动袭击。"袭击在城内触发了一波可怕的外迁洪流，"海法的一位市政领导人拉希德·哈吉·易卜拉欣（Rashid al-Hajj Ibrahim）写道，"一大部分人口预见到了他们所面临的危险，因为犹太人的有备而来已揭示出阿拉伯人在自卫方面的准备是何等匮乏，从而也迫使后者逃离家园。"[20] 作为海法全国委员会主席，哈吉·易卜拉欣与其在市政厅的同事一道致力于恢复秩序，限制本地和外来非正规军——很多是阿拉伯解放军志愿者的袭击活动。但他们的努力却徒劳无益：从当年冬季直至次年春季，阿拉伯非正规军与哈加纳战士一直在猛烈交火。至4月初，已有2万至3万居民逃离海法。

最后的猛攻始于4月21日。当英国部队撤离他们在海法的阵地时，哈加纳开始为夺取该市而发动大规模进攻。在之后的48小时之内，犹太军队以源源不断的炮火向海法的阿拉伯街区发起无情的狂轰。4月23日周五清晨，犹太战机袭击了该市，"在妇女儿童中间引发了恐慌，"哈吉·易卜拉欣写道，"这一群体受到了代尔亚辛恐怖景象的极大影响。"[21] 他们如潮水般涌向海滨，那里有船只等待着将惊魂未定的平民撤离海法。

哈吉·易卜拉欣详细描述了他在海法海滨所目睹的惨象。"几千名妇女、儿童和男人，在一种阿拉伯民族历史上史无前例的混乱、恐怖状态下，奔向港口区。他们赤足裸体地从他们的房屋逃向海边，等待轮到自己前往黎巴嫩。他们丢下了自己的祖国、房屋、财产、金钱、福利和买卖，出卖了自己的尊严与心灵。"[22] 至5月初，在原来超过7万人的人口中，仅有3000—4000名阿拉伯人留在海法，继续生活在犹太人的统治之下。

一旦控制了海法，犹太军队就开始集中精力于联合国划分给犹太国家的其余沿海地区。区别于哈加纳，独立行动的伊尔贡最早发动了针对另一主要阿拉伯港口城市雅法的进攻。雅法市靠近犹太城市特拉维夫。攻势始于4月25日黎明；至4月27日，装备有3门迫击炮、20吨炸药的伊尔贡已经控制了雅法北部的曼什叶街区。在随后的3天内，伊尔贡从这一新阵地向雅法市中心区域发动了无情的轰炸。

这波进攻摧毁了雅法城镇居民的士气和抵抗的意志。仅仅是伊尔贡在发动进攻这个事实,就唤起了很多人对代尔亚辛大屠杀再度上演的恐惧。几天前海法的陷落,使得雅法剩余 5 万名居民中的绝大多数(至当年 4 月,已有约 2 万名居民逃至雅法市外避难)都对抵抗敌人的袭击不抱太大希望。随着居民的大规模外逃,整座城市已陷入一片恐慌。市政领导人一方面寻找船只将城镇居民撤离至黎巴嫩,另一方面又为其他人从雅法经犹太人的防线撤退至加沙地带展开谈判。至 5 月 13 日,雅法城内仅剩下的 4000—5000 名阿拉伯人将他们的城市拱手让给犹太军队。

随着英国人最终完成撤军时间的迫近,犹太军队开始将其攻势聚焦于分治决议分配给犹太国家的东北部领土。5 月 11 日,哈加纳精锐部队"帕尔马赫"攻陷萨法德,一座拥有 1.2 万名阿拉伯人和 1500 名犹太人的城镇;5 月 12 日,拥有 6000 名居民的城镇贝桑被攻陷,该镇居民则被驱逐至拿撒勒和外约旦。同一时期,哈加纳的军事行动还导致加利利、沿海平原、特拉维夫-耶路撒冷公路地区村民的大规模撤离和被逐。巴勒斯坦的公路上满是无家可归的难民,他们为逃避战争的恐怖而仅携带了少量可移动的财产。一位阿拉伯目击者描述了难民的悲惨境遇:"人们失魂落魄、毫无方向地逃离他们的祖国。他们既没有家,也没有钱财,在从一个地方到另一个地方的游荡中病倒、死去。他们缺衣少食,经常衣不遮体、食不果腹。山区的天气日趋寒冷,却没有任何人来关心他们的冷暖。"[23]

战争结束之时,巴勒斯坦的犹太人已经确保了对沿海主要城镇和加利利狭长地带的控制。在这一过程中,他们将 20 万至 30 万巴勒斯坦人驱逐出家园。这些巴勒斯坦难民原本意图在恢复和平后重返家园,但却从未被允许返回。正如 1948 年 6 月本-古里安对他的内阁所说的:"我们必须不惜一切代价阻止他们回归。"[24]

英国委任统治的最后一天，巴勒斯坦内战也告一段落。1948年5月14日，巴勒斯坦犹太人宣布建国，自此以后他们将被称为以色列人。战败的阿拉伯人没有国家来尊崇他们的巴勒斯坦身份，他们将所有的信任寄托在阿拉伯邻国身上。后者正在巴勒斯坦边境集结军队，等待英国人最后撤离。

正如之前承诺的那样，英国人于5月14日站完了"最后一班岗"，降下国旗登船离去，将他们在巴勒斯坦制造的一切悲剧都抛在了身后。

*

英国从巴勒斯坦撤军后的第二天，周边阿拉伯国家的军队便入侵巴勒斯坦。1948年5月15日，巴勒斯坦阿拉伯人和犹太人之间的内战结束，第一次阿以战争正式开始。埃及、外约旦、伊拉克、叙利亚、黎巴嫩五国政府都派出正规军部队，表面目的显然是要保卫巴勒斯坦、击败以色列。然而，阿拉伯联盟实际上仅仅是在英国从巴勒斯坦撤军前两天即1948年5月12日，才决定出动阿拉伯各国的政府军。在军事干预之前，这些国家哪怕有最起码的相互协调和提前规划、具备丝毫的互信和共同目标，阿拉伯军队在战场上都可能占据上风。但恰恰相反，阿拉伯人进入巴勒斯坦与其说是与犹太国家作战，更多的是彼此为敌。

阿拉伯国家在第一次阿以战争前夕已然完全陷入混乱。巴勒斯坦冲突的结果比任何人预料的都要糟糕：尽管气焰嚣张，法乌齐·盖伍格吉在战场上却一败涂地，他那支训练不足、纪律涣散的部队在与哈加纳的战斗中屡战屡败；从各方面来看，阿拉伯解放军对被围困的巴勒斯坦人而言都是一个负担，而非救星，依靠阿拉伯志愿军的策略被证明是彻底的失败。随着英国撤军日期的临近，周边阿拉伯国家开始意识到为了阻止犹太部队占领整个巴勒斯坦，他们必须派出正规军参与作战。

所有的阿拉伯国家都面临一个严肃的两难选择。一方面，他们将巴勒斯坦发生的冲突视为阿拉伯人共同的事业，感觉有道德义务进行干预，并保护巴勒斯坦的阿拉伯同胞；所有阿拉伯国家在阿拉伯国家联盟的框架内协调行动这一事实，更强化了这一点。另一方面，每一个独立的阿拉伯国家都有自己的国家利益，他们是以埃及人、约旦人、叙利亚人而非阿拉伯人的身份参战。他们将阿拉伯国家的内部竞争也带到了战场之上。

1947年秋至1948年冬，阿拉伯国家联盟为讨论巴勒斯坦危机而召开了一系列会议。不同新兴阿拉伯国家之间的利益冲突也越来越趋于明显。每个阿拉伯国家都有自身的利益关切，没有一个阿拉伯国家真正信任其他国家。在阿拉伯兄弟间引发最大怀疑的是外约旦国王阿卜杜拉，后者对分治方案的支持揭示了其吞并巴勒斯坦阿拉伯领土以扩大自身国土的野心。这一野心也使阿卜杜拉深受巴勒斯坦领袖哈吉艾敏·侯赛尼的仇视、埃及法鲁克国王的敌意以及叙利亚人的猜忌。在叙利亚，总统舒克里·古瓦特里正全力遏制部分军官中"亲君主国运动"的威胁，该运动支持外约旦国王阿卜杜拉及其建立"大叙利亚"的呼声，即将叙利亚和外约旦并入哈希姆家族的统治之下。叙利亚在随后这场战争中的所作所为绝大部分都是为了遏制外约旦。阿拉伯国家最终参战与其说是为了拯救阿拉伯巴勒斯坦，不如说是为了防止改变阿拉伯世界现有的势力均衡。

阿拉伯民众并没有意识到其领导人的这种犬儒主义，相反他们热情地支持本国政府军事介入，保卫阿拉伯巴勒斯坦免受犹太复国主义的威胁。阿拉伯公众以及阿拉伯军队中的战士们深受官方辞令的鼓舞，坚信自身事业的正义性。而战败后阿拉伯公众对国内政客的幻灭，也将在"丢失"巴勒斯坦的阿拉伯世界内部引发巨大波动。

1948年5月，阿拉伯国家的军队还没有为战争做好准备，很大程度上是因为这些国家中多数刚刚摆脱殖民统治而获得独立。直至1946年，法国在叙利亚和黎巴嫩仍维持着对武装部队的控制，即便在不情愿的撤军之后，在武器弹药方面也只留下了很少的遗产。英国则垄断着埃及、外约旦、伊拉克军队的武器供应，英国人小心地控制着这些半独立盟国的武器流入，以确保这些国家的政府军不会对英国在中东地区的部队构成威胁。

此外，当时阿拉伯各国军队的规模也非常有限。整个黎巴嫩军队可能只有不超过3500名士兵，其武器装备也极为陈旧；叙利亚军队有不超过6000名士兵，且对总统古瓦特里而言，这支军队更多是一个威胁而非财富——在1947年的叙利亚，几乎每个月都有一场预谋中的军事政变的谣传。最终，叙利亚人派遣了其全部军事力量的一小半——约2500人参与了巴勒斯坦的战斗。伊拉克军队贡献了3000人。外约旦的阿拉伯军团是整个地区训练最有素、纪律最严明的军队，但战争之初，该军团也只能派出全部6000人中的4500人参加战斗。埃及拥有整个地区规模最大的军队，派遣了一支1万人的部队进入巴勒斯坦。尽管有上述种种限制，阿拉伯战争规划者却预测在11天之内就可快速战胜犹太军队。如果这个说法是真诚的话，这一数字只能证明阿拉伯方面对摆在面前的这场冲突的严肃性的估计是何等的不足。

在所有的阿拉伯国家中，只有外约旦对巴勒斯坦冲突有着明确的政策和利益目标。阿卜杜拉国王从未满足于1921年英国人指定给他的领土。他渴望恢复其家族对大马士革的统治（因此才有建立"大叙利亚"的呼声）。自1937年起，他就开始支持巴勒斯坦分治的想法，其中阿拉伯领土将被并入其沙漠王国（因此才有穆夫提侯赛尼与阿卜杜拉国王之间的敌意)。

早在20世纪20年代,阿卜杜拉国王就与犹太代办处建立起广泛的联系。联合国讨论巴勒斯坦分治方案期间,这些联系发展为一系列秘密谈判。1947年11月,阿卜杜拉国王与果尔达·梅耶森(Golda Meyerson,后改名为梅厄,并成为以色列总理)举行会谈,并在联合国通过分治决议之前两周就初步达成了一项初步的互不侵犯协定。(根据这一协定)阿卜杜拉将不会反对在联合国授权的领土上建立一个犹太国家;作为交换,外约旦将吞并与其毗邻的巴勒斯坦阿拉伯领土,主要是约旦河西岸地区。[25]

为执行其吞并巴勒斯坦阿拉伯部分的计划,外约旦还需要英国的同意。1948年2月,阿卜杜拉派遣其总理陶菲克·艾布·胡达(Tawfiq Abu al-Huda)前往伦敦,以争取英国人对该计划的认可;同行的还有阿拉伯军团的英国指挥官约翰·巴戈特·格拉布(John Bagot Glubb)将军(以格拉布帕夏而著称)。2月7日,总理艾布·胡达向英国外交大臣欧内斯特·贝文陈述了外约旦的计划:英国在巴勒斯坦委任统治结束之时,外约旦政府将派遣阿拉伯军团跨越边境,占领与外约旦边境相邻的巴勒斯坦阿拉伯领土。

"这是显而易见该做的事情,"贝文回答说,"但不要侵入分配给犹太人的区域。"

"即使我们有意向,我们也没有足够的军队这样做。"艾布·胡达回答说。贝文感谢外约旦总理,并对其关于巴勒斯坦的计划表示完全同意,实际上这为阿卜杜拉国王入侵并合并约旦河西岸地区开了绿灯。[26]

正因如此,在所有阿拉伯国家中,外约旦是唯一确切地知道自己为何加入巴勒斯坦冲突的乱局、又有何利益诉求的一个。问题是其他的阿拉伯国家都太清楚阿卜杜拉国王的野心,因而将更多的精力用于遏制外约旦而非保卫巴勒斯坦之上。为遏制外约旦的野心，叙利亚、埃及、沙特组建了一个未公开的集团，他们的行动明显妨碍了战斗的有效进行。尽管阿盟任命阿卜杜拉国王为阿拉伯军队总司令，但其他独立阿拉伯军队的指挥官却拒绝与他会面，更不用说接受他的任何命令了。阿卜杜拉本人就曾质疑阿盟的意图，在战争前夕向一位埃及军事代表问道："阿盟指认我来担任阿拉伯军队的总指挥。但这项荣誉难道不应被授予埃及这个最大的阿拉伯国家吗？抑或这项任命背后的真正意图乃是在万一失败的情况下，将责任和指责全部推到我们身上？"[27]

如果说阿拉伯国家对阿卜杜拉的意图都怀有戒心的话，那么鉴于它们对巴勒斯坦领导人哈吉艾敏·侯赛尼的敌意，这些国家也不会更多地同情巴勒斯坦人：伊拉克人因哈吉艾敏支持1941年拉希德·阿里·凯拉尼反哈希姆王室的军事政变而怀恨在心；阿卜杜拉国王和哈吉艾敏则为争夺对阿拉伯巴勒斯坦的统治权而长期不和；埃及和叙利亚仅仅给予哈吉艾敏不温不火的支持，1948年4—5月巴勒斯坦抵抗崩溃之后更是如此。

因此，阿拉伯联军参加巴勒斯坦战争的目的基本上是消极的：防止在他们中间建立起一个外来的犹太国家，防止外约旦扩张至巴勒斯坦，同时防止穆夫提侯赛尼成立一个独立自主的巴勒斯坦国家。基于这样的战争目标，阿拉伯军队被决意要建立自己国家的犹太军队完全打垮也就不足为奇了。

相比于人员、火力等因素，犹太人在战场上的优势更多是意志力的因素。犹太大卫被敌对的阿拉伯的歌利亚所包围的景象，并没有反映在阿拉伯和犹太部队的相对规模上。5月15日，黎巴嫩、叙利亚、伊拉克、外约旦、埃及等5个阿拉伯国家全部参战，阿拉伯军队总兵力还不超过 2.5 万人，而当时犹太国防军（这一新兴国家军队的新称呼）总数已达到 3.5 万人。在战争期间，阿拉伯人和以色列人都派遣了增援部队，但阿拉伯人军队的规模从未赶上犹太部队，后者在 7 月中旬达到 6.5 万人，至 1948 年 12 月则达到其峰值 9.6 万人。[28]

以色列人需要这种数量优势。在战争的第一阶段——由 5 月 15 日持续至 6 月 11 日停火，以色列人为了生存而不得不在多条战线上同时作战。外约旦军队即阿拉伯军团，于 5 月 15 日凌晨跨越边境进入西岸地区。考虑到耶路撒冷在联合国分治决议中被宣布为国际共管区，阿拉伯军团起初并不愿进入耶路撒冷，但为防止以色列人占领整座城市，他们于 5 月 19 日迅速占领了耶路撒冷的阿拉伯街区。同时，伊拉克军队于 5 月 22 日控制了约旦河西岸北部一半领土以及纳布卢斯和杰宁的阵地，但也未向以色列军队发动攻势。埃及部队从西奈迅速推进至加沙地带和内盖夫沙漠，并挥师北上，准备与阿拉伯军团会合。叙利亚、黎巴嫩军队则侵入巴勒斯坦北部。在冲突的第一阶段，参战各方都损失惨重，但以色列的阵地也许是最脆弱的，因为他们不得不同时与多支部队作战。

以色列与阿拉伯国家间的战争爆发后，联合国迅速召开会议以便恢复地区和平。5 月 29 日，联合国呼吁各方停火，6 月 11 日正式开始生效。瑞典外交官福尔克·贝纳多特伯爵（Count Folke Bernadotte）被正式任命为阿以冲突的调解人，受委托在巴勒斯坦恢复和平。第一份停战协定为期 28 天，规定对整个地区实行完全的武器禁运。阿拉伯国家试图为其消耗殆尽的军队寻找武器来源，但却发现英、法、美等国都严格遵守禁运条款。相比之下，以色列人则通过捷克斯洛伐克确保了关键的武器运输线路，并将军队规模增至超过 6 万人。当 7 月 9 日停火结束之际，以色列比它的对手做了更充分的重启战事的准备。

战争的第二阶段，以色列人利用兵力和弹药上的优势在各条战线上都扭转了对阿拉伯军队的战局。他们在加利利地区痛击叙利亚军队，将黎巴嫩人赶回到其边境以内。他们从阿拉伯军团手中夺取了吕大和拉马拉，并将兵力主要集中于南部的埃及阵地。联合国为巴勒斯坦的人道主义危机深表忧虑——已有成千上万的难民逃离战场，因而重新开始了紧密的外交活动，以便达成一项新的停火协议。联合国外交官发现阿拉伯国家迫不及待地支持停战，其中几个国家几乎已耗尽了弹药储备。第二轮停火于7月19日正式生效，一直持续到10月14日。

无论5月15日前阿拉伯国家可能怀有怎样的共同理念，但两个月灾难般的战争已将这些理念打得粉碎。战争开始前阿拉伯国家间的分裂已十分严重，而各国军队在前两轮战争中所遭受的损失更大大加剧了已有的分歧。阿拉伯国家非但没能像阿盟策划者所乐观估计的那样取得速战速决，反而发现本国军队被卷入了一场愈发取胜无望的战争之中而无法自拔。也没有任何一个阿拉伯国家发现可行的脱身的策略，阿拉伯公众正在震惊而难以置信地观望着他们的正规部队是如何被一支他们蔑称为"犹太团伙"的敌人所制服的。

阿拉伯国家拒不接受对其战备不足、缺乏协调的批评，开始相互指责。埃及人和叙利亚人开始攻击外约旦人：阿卜杜拉国王难道没有秘密会见犹太人吗？不正是他的英国指挥官格拉布帕夏履行了英国在巴勒斯坦建立一个犹太国家的承诺吗？在以色列人的坚决反攻下，阿拉伯军团仍控制了西岸和阿拉伯东耶路撒冷这一事实，已然被视为约旦人背叛盟友、勾结犹太复国主义者，而非其骁勇善战的证据。这种相互指责对阿拉伯人的战备工作造成了严重的消极影响。阿拉伯国家之间越是离心离德、单打独斗，犹太军队就越容易将其军队各个击破、逐一消灭。

在 3 个月的停火期内,贝纳多特伯爵领导着联合国寻求阿以冲突危机解决方案的工作。9 月 16 日,贝纳多特提出一项经过修订的巴勒斯坦分治方案。根据这一方案,阿拉伯领土将被并入外约旦,其中便包括已被以色列人占领的拉马拉和吕大,以及根据最初联合国分治决议被划分给犹太国家的内盖夫沙漠;以色列国则将包括加利利和沿海平原地带;耶路撒冷仍将处于国际共管之下。阿拉伯人和以色列人都迅速拒绝了贝纳多特的新方案,而他本人的外交努力也以残酷的方式戛然而止——9 月 17 日,来自莱希团伙的恐怖分子暗杀了这位瑞典外交官。鉴于外交解决无望,10 月 14 日停火结束后战争又重新打响。

战争的第三阶段由 1948 年 10 月 15 日持续至 11 月 5 日。其间,以色列人完全征服了加利利地区,将叙利亚人、黎巴嫩人和阿拉伯解放军全部驱逐至叙、黎领土,随后则集中全部精力打击埃及部队。以色列军队包围了被孤立的埃及部队,其空军在 3 周的时间内针对埃及阵地目标狂轰滥炸。

埃及在巴勒斯坦的失利将在国内产生深刻的政治影响。埃及军队中一支较大的分遣队在巴勒斯坦南部、加沙东北部约 20 英里的费卢杰村遭到围困。在数周的时间内,既无法脱身又未得到任何援兵的救援,埃及士兵感到自己被彻底出卖了。之前他们正是在训练和武器弹药都严重不足的情况下被派往前线的。更具政治头脑的军官们有大量的机会来思考政治上推翻埃及王室和政府的问题。在费卢杰被围困的军官中就包括贾马勒·阿卜杜·纳赛尔、扎卡里亚·穆希丁(Zakaria Mohi El Din)和萨拉赫·塞利姆(Salah Salem),3 位后来密谋推翻埃及君主制的自由军官。纳赛尔写道:"我们身在巴勒斯坦作战，但我们的梦想却在埃及。"[29] 由于他们在阿以战争中的经历，这些自由军官将最终把在巴勒斯坦的失败转变为在埃及的胜利，推翻那个曾经背叛他们的政府。

阿拉伯国家继续徒劳无益地举行会谈，尝试采取一致行动来扭转败局。10月23日，阿拉伯国家首脑在约旦首都安曼举行集会，谈论缓解埃及军队压力的方案，但叙利亚、外约旦、伊拉克之间的相互猜忌使得会谈未达成任何有意义的合作。埃及人则不愿向其阿拉伯兄弟承认自己的败局，拒绝与各方协调军事行动——即便这样做本可缓解自己被围困的部队。

阿拉伯人的分裂显然对以色列人有利。12月，以色列人不仅成功地迫使埃及人全部撤出巴勒斯坦——被围困在费卢杰的埃及部队除外，实际上还侵入了埃及在西奈的领土。法鲁克王政府别无选择，不得不援引1936年《英埃协议》——这项因延续了英国在埃及影响力而饱受民族主义者鄙视的协议，请求英国介入以迫使以色列从西奈撤军。1949年1月7日，埃及与以色列达成休战协议。以色列人在内盖夫沙漠发起了最后一波攻势，夺取了南至亚喀巴湾沿海乌姆·拉什拉什的领土，后来则将在这一地区建立了埃拉特港。

在完成对内盖夫的征服后，全新的以色列国家最终成型，占据了原巴勒斯坦托管国全部领土的78%。外约旦仍控制着西岸地区，埃及控制着加沙地带。这两个地区也成为保留在阿拉伯人手中的最后的巴勒斯坦领土。在击败埃及、叙利亚、黎巴嫩军队，成功遏制阿拉伯军团和伊拉克军队之后，以色列人在1948年取得了一场全面胜利，也获得了向阿拉伯国家强加其条款的资本。联合国提出了一项新的停火协议，并在地中海的罗得岛上开启了以色列与其阿拉伯邻国间的停战谈判。以色列与埃及（2月）、黎巴嫩（3月）、外约旦（4月）和叙利亚（7月）分别达成双边停战协定。第一次阿以战争正式结束。

对巴勒斯坦人而言，1948 年将以"奈克白"（al-Nakba，灾难）的名字被永久铭记。在巴勒斯坦内战和第一次阿以战争期间，约 75 万名巴勒斯坦人沦为难民。他们涌入了黎巴嫩、叙利亚、外约旦、埃及等国以及巴勒斯坦剩余的阿拉伯领土。仅有加沙地带和约旦河西岸——包括东耶路撒冷，还保留在阿拉伯人手中。加沙地带名义上是一块自治领土，但实际上处于埃及的托管之下；约旦河西岸地区则被并入外约旦，后者现今已横跨约旦河两岸，因而更名为约旦。

第一次阿以战争结束后，巴勒斯坦这个地区在地图上已不复存在，所剩的只有流离失所的巴勒斯坦人民，或生活在外国占领之下，或处于流散之中。在之后的历史中，他们将为自身民族权利获得认可而斗争。

*

整个阿拉伯世界都为巴勒斯坦灾难的深重性所震惊。在这个危机的时刻，阿拉伯知识分子对于失去巴勒斯坦的原因和后果都还保持着清醒的判断。

第一次阿以战争刚刚结束，两部奠定阿拉伯人自我批判与改革基调的重要著作就已问世。第一部作品的作者康斯坦丁·祖雷克（Constantine Zurayk）于 1909 年生于大马士革，是 20 世纪最伟大的阿拉伯知识分子之一。祖雷克在贝鲁特美国大学完成本科教育，在年仅 21 岁时就分别在芝加哥大学和普林斯顿大学完成硕士和博士学业。他一生都任职于黎巴嫩和叙利亚的学术与公共服务机构，就阿拉伯民族主义撰写了一系列影响深远的著作。正是在其 1948 年 8 月即战争最激烈的阶段发表于贝鲁特的著名短论《灾难的意义》（Ma'nat al-Nakba）之中，祖雷克首次将 1948 年战争命名为"奈克白"，即阿拉伯语中的灾难。[30]

第二部里程碑式著作的作者穆萨·阿莱米（Musa Alami）是一位巴勒斯坦显贵。阿莱米的父亲曾担任耶路撒冷市长，他本人在剑桥大学学习法律，随后进入英国在巴勒斯坦委任统治政府任职。1937 年巴勒斯坦阿拉伯大起义高潮期间，阿莱米毅然辞职，之前他已升至英国高级专员阿拉伯秘书及检察官的职位。辞职后，他开始私人执业，积极支持阿拉伯民族主义运动。阿莱米曾带着巴勒斯坦人的诉求参与 1939 年和 1946—1947 年在伦敦举行的多次会议，此外他还是阿盟成立大会上的巴勒斯坦代表。在其发表于 1949 年 3 月的文章《巴勒斯坦的教训》（'*Ibrat Filastin*）中，阿莱米反思了阿拉伯人整体失败的原因，并指出了通往民族复兴之路。[31]

两位作者都承认巴勒斯坦的丢失和以色列的建立，开启了阿拉伯历史中一个危险的新篇章。"阿拉伯人在巴勒斯坦的失败，"祖雷克警告说，"绝不是简单的挫败或者暂时的、无关痛痒的灾祸。它是一场不折不扣的灾难，是阿拉伯人在其漫长历史中所经受的最严酷的考验和苦难之一，是一段以无数磨难和苦难为标志的历史。"[32] 阿拉伯人应对这一新威胁的失败，将使他们在未来陷入分而治之的不幸境地，这一境遇与他们刚刚从中摆脱进而获得独立的殖民时期不无相似之处。

考虑到两人对阿拉伯人病症诊断的相似性，阿莱米和祖雷克开出相似的治疗手段也就不足为奇了。阿拉伯分裂的场景使两人都深刻意识到阿拉伯统一的必要性。一战后的解决方案以及英、法对阿拉伯世界的瓜分，导致阿拉伯民族积贫积弱、四分五裂。他们都强调，阿拉伯人只有通过阿拉伯的团结来挽救帝国秩序下四分五裂的局面，才能实现其作为一个民族的潜力。他们也认识到狭隘的民族国家的民族主义（比如埃及人或叙利亚人独立的民族主义）与他们所渴求的更广阔的阿拉伯民族间的矛盾。祖雷克承认正式的统一在短期内尚不现实，尤其考虑到新独立的各阿拉伯国家内部根深蒂固的国家利益。因此，在实现阿拉伯统一的长期目标之前，祖雷克首先呼吁在现有的阿拉伯国家内实现"广泛而全面的变革"。[33]阿莱米则寄希望于一个能通过武力实现统一目标的"阿拉伯普鲁士"。[34]随着巴勒斯坦灾难后军人为登上政治舞台做好了准备，"阿拉伯普鲁士"的理想也将启发阿拉伯军队上层中的一批民族主义者。

在对巴勒斯坦灾难的回应中，阿莱米和祖雷克的呼声几乎等同于将一场阿拉伯复兴作为实现阿拉伯统一的序曲，作为在一个现代世界中赎回巴勒斯坦、实现阿拉伯人尊严的自我救赎的先决条件。他们的著作之所以在读者中产生广泛而巨大的影响，正是因为他们的分析反映了时代精神。阿拉伯民众越来越对他们的统治者感到幻灭。老一代政治精英过去曾领导争取民族独立的斗争，但他们在与其帝国主人的联系中也受到了污染。他们在欧洲大学接受教育，讲欧洲人的语言，穿西方服饰，在殖民主义强加的机构内工作——总之，他们散发着勾结外敌的气息。他们为小得小失而争论不休，其狭隘的世界观仅局限在帝国主义者强加给他们的国家边界之内。

阿拉伯世界的政客们完全忽视了那个仍启发着如此众多民众的更广大的阿拉伯民族。阿拉伯人在巴勒斯坦（战争中）灾难性的表现已然揭示了他们政治的破产。也正因如此，阿莱米和祖雷克提出的补救方案，即一个由被解放的公民所组成、以统一的力量来面对现代世界诸多挑战的更广阔的阿拉伯民族，才会打动许多的阿拉伯人，成为他们解决积弱现状的主要方案。巴勒斯坦的教训表明，在分裂的状况下阿拉伯人必将衰落，只有团结起来才有希望承受现代世界的挑战。

时代在变化之中。阿拉伯统治者们因其在巴勒斯坦的失败而受到了严重削弱。新的一代正伴随着阿拉伯民族主义的呼声而崛起，并将本国政府作为自己的首要攻击目标。

*

阿拉伯人在以色列的惨败和以色列国的建立,彻底动摇了新独立的阿拉伯国家的稳定性。在紧接着巴勒斯坦灾难之后的数月内,埃及、叙利亚、黎巴嫩、约旦等国都被政治暗杀和政变的阴影所笼罩。

巴勒斯坦灾难之后,埃及国内陷入政治混乱。对一个新兴的宗教政党而言,在丢失的穆斯林领土上建立一个犹太国家无异于对伊斯兰教的背叛。埃及穆斯林兄弟会成立于1928年3月,其创始人哈桑·班纳(Hasan al-Banna)是一位来自苏伊士运河城市伊斯梅利亚的小学教师。班纳是一位致力于与西方影响作斗争而又富有个人魅力的改革家,他坚信西方影响正在削弱埃及的伊斯兰价值观念,强调埃及人民徘徊于欧洲启发的改革与英帝国主义之间,已然"偏离了他们信仰的目标"。[35]一场起初旨在埃及社会中复兴伊斯兰信仰的社会运动迅速发展为一支强大的政治力量。至20世纪40年代末期,穆兄会的势力已足以比肩埃及国内的主要政党乃至华夫脱党。

穆兄会宣称巴勒斯坦战争为一场"圣战",派遣了大批的志愿者营队赶赴巴勒斯坦以阻止犹太国家的建立。与阿拉伯解放军中的其他阿拉伯志愿者相似,穆兄会成员低估了犹太人的力量和组织性。备战不足的同时,他们同样没有为失败做好准备。他们将阿拉伯人在巴勒斯坦的失败视为对伊斯兰教的背叛,并将责任归咎于阿拉伯政府,特别是埃及政府。回到埃及后,他们开始组织示威游行,指责政府,认为政府应对巴勒斯坦的失利负责。

埃及政府迅速采取行动镇压穆兄会。在1948年的最后几个月内,穆兄会被指控煽动骚乱、阴谋推翻埃及政府。总理马哈穆德·法赫米·努格拉希(Mahmud Fahmi al-Nuqrashi)宣布实行戒严法,并于

1948年12月8日颁布政令宣布取缔穆兄会。该组织的资产遭到冻结，文件被查封，很多领导人也被捕入狱。

穆兄会领导人哈桑·班纳仍保持着行动自由。他试图调解自己组织中的极端分子与埃及政府间的矛盾，但种种努力都因双方固执己见而以失败告终。总理努格拉希拒绝会见班纳或对穆兄会做出任何让步。极端分子最终诉诸暴力。12月28日，这位埃及总理在进入内政部的途中遭到近距离枪杀，行凶者是一位1944年加入穆兄会的兽医学专业学生。努格拉希也成为紧接着巴勒斯坦灾难后第一位倒下的阿拉伯领导人。

埃及政府并未因努格拉希暗杀事件而逮捕哈桑·班纳。但这位穆兄会领导人并未因自己的自由而感到宽慰：他深知只要还保持着行动自由，自己就随时有遭到报复性暗杀的危险。班纳尝试与努格拉希的继任者进行谈判，但却发现所有的政府大门都向他紧闭着。他反复申明穆兄会与试图推翻现有政治系统的一切尝试都无关，但却无济于事。

1949年2月12日，哈桑·班纳在青年穆斯林协会总部外遭枪击身亡。人们普遍认为暗杀行动是受到埃及政府的指使，且背后有王室的支持。6周之内的两起政治谋杀案将埃及国内的政治局势提升到一个前所未有的紧张程度。

在叙利亚，巴勒斯坦灾难引发了一次军事政变。长期以来，总统舒克里·古瓦特里就担心军队会推翻自己的统治。1949年3月30日，他的担忧终于转变为现实——军队总参谋长侯斯尼·宰伊姆上校（Colonel Husni al-Za'im）领导了一场不流血的政变，这次政变也被叙利亚资深政治家阿迪勒·艾尔斯兰（Adil Arslan）描述为"叙利亚近期历史中最重要也最奇怪的事件"。艾尔斯兰在其日记中进一步解释道："普通公众欢欣鼓舞，大多数学生抓住机会上街举行示威游行，但政治精英却陷入沉默，对国家的命运走向深感焦虑。"[36]叙利亚政治精英们急切地想维护这个年轻的叙利亚共和国的民主体制，担心叙利亚滑向军人独裁。他们的担心是有道理的：尽管宰伊姆政府仅持续了不到150天，但这次政变却标志着军人开始登上叙利亚的政治舞台。除去几次短暂的间断时期，叙利亚在20世纪剩余的时间内一直处于军人的控制之下。

根据叙利亚外交部部长阿迪勒·艾尔斯兰的说法，宰伊姆统治最奇怪的一个方面就是他在叙利亚战败后极短的时间内，就愿意与以色列达成和解。1949年7月20日，侯斯尼·宰伊姆政府与以色列签订了停战协议。但在幕后，宰伊姆却希望比停战协议走得更远，即寻求与以色列达成一项全面的和平协议。在美国政府的全力支持下，宰伊姆通过叙利亚停战谈判团队向以色列总理大卫·本-古里安传达了一系列提议。宰伊姆提出叙利亚与以色列关系全面正常化，包括互换大使、开放边境以及与以色列的全面经济关系。

宰伊姆关于在叙利亚安置30万名巴勒斯坦难民的提议，引起了美国和联合国官员的重视。难民问题即将成为最大的人道主义问题，同时也是解决阿以冲突中的一个关键症结，这一点已确然无疑。宰伊姆请求美国帮助开发位于幼发拉底河北部的哲齐赖地区，因而提议在这一地区安置巴勒斯坦难民。他相信巴勒斯坦劳动力和美国资金的注入将推动其国家的现代化与经济的发展。[37]

以色列总理对宰伊姆的提议却不感兴趣。尽管受到杜鲁门政府、联合国调解人拉尔夫·邦奇博士（Dr. Ralph Bunche）以及以色列外交部部长摩西·夏里特（Moshe Sharett）的大力推动，本-古里安仍拒绝会见宰伊姆或讨论后者的提议。本-古里安坚持要求叙利亚人首先签署一份停战协议。他深知宰伊姆意在调整叙利亚的边界，在叙、以两国间分割太巴列湖，对此本-古里安断然拒绝。这位以色列总理并不急于与其阿拉伯邻居达成和平协议，当然更不希望设立以土地换和平的先例。如果说本-古里安有什么担心的，那就是反映在与阿拉伯邻国停战协议中的以色列边界，无法满足这个犹太国家的需求。

由于本-古里安拒绝会见宰伊姆，美国政府便提议叙利亚、以色列两国外交部部长举行一次会谈。美国驻叙利亚大使詹姆斯·基利（James Keeley）私下向宰伊姆的外交部部长阿迪勒·艾尔斯兰提出会谈的设想。艾尔斯兰是一个拥有埃米尔称号的德鲁兹显贵家族中的标志性人物。他虽然加入了宰伊姆政府，但心中却怀有一些疑虑。在他日记的描述中，这位上校既是一位朋友，也是一个疯子。然而，他在1949年6月6日的日记中记载的基利的提议，却使他确信宰伊姆已经迷失了方向。

"为什么你想让我同意与〔以色列外交部部长摩西·〕谢尔托克①举行一次会谈，"艾尔斯兰向这位美国大使问道，"既然你知道我从未被犹太人的虚张声势所哄骗，也决不会向他们做出任何让步。"

"你的问题迫使我必须给你一个坦率的答复，"基利回答说，"尽管我不能随便讨论这件事，因为它还是个秘密。但我知道您是一位高贵的人，所以我也请求您守口如瓶。"

艾尔斯兰承诺保密。基利便继续说道："是宰伊姆提出要会见本-古里安……但后者拒绝了他。所以我们（即美国政府）认为可以在叙、以两国外交部部长之间举行一次会谈。夏里特同意了，便提出了这项你刚刚拒绝的提议。"

当基利透露宰伊姆与以色列人间的秘密外交之时，震惊的艾尔斯兰竭力掩饰自己的感情，并将这一主动示好行为解读为叙利亚总

---

① 摩西·谢尔托克是摩西·夏里特的曾用名，此处引文中用的是曾用名。——编者注

统所采取的一种外交策略。美国人并没有强加自己的观点,而是起身告辞,让艾尔斯兰自己去考虑下一步该怎么做。[38]

那一夜,艾尔斯兰在他的办公室里待到很晚。他召见了一位叙利亚停战协议谈判代表团的成员,后者则确信宰伊姆有意会见谢尔托克本人。他曾考虑提出辞职,但最终决定坚守岗位,以便阻止以色列人实现其通过单独的和平协议离间叙利亚与其他阿拉伯国家关系的目标。他开始联络其他阿拉伯国家政府,警告说"一个大危险"已迫在眉睫,但又小心翼翼地避免透露事实真相。

艾尔斯兰的反应足以说明宰伊姆与叙利亚民众及政治精英的观点已然脱节到何种程度。刚刚经历一场惨痛的失败,叙利亚人绝对没有心情与以色列和解,军队尤其如此。假使宰伊姆公开他的和平计划,他在国内必将遭遇难以逾越的阻力。即便如此,今日我们也很难断然否定宰伊姆计划的价值,毕竟如此多重要的国际人物,包括美国国务卿迪恩·艾奇逊(Dean Acheson)、联合国调解人拉尔夫·邦奇以及很多以色列政治和情报人士,当时都为这一方案的种种优点所折服。事实上,这一故事告诉我们,正是本-古里安否决了第一次阿拉伯和平倡议。面对一个曾受到美国和联合国支持的和平方案,本-古里安却说了不。

宰伊姆在叙利亚执政的时间过于短暂,不足以将和平转化为现实。他的改革(面向以色列的和平姿态只代表其中很小一部分)疏远了原本支持他夺取权力的不同社会群体,使得他孤立无援。部分曾支持宰伊姆政变的军官现在开始预谋反对他。1949 年 8 月 14 日,他们重演了 3 月政变中采取的措施,逮捕了政府重要领导人,控制了广播电台。6 辆装甲车包围了宰伊姆的住宅,经过短暂的交火后,逮捕了这位已被废黜的总统。宰伊姆和他的总理被带到一个看守所,随后立即被处决。

逮捕并处决宰伊姆的是安东·萨阿代（Antun Sa'ada）的一名追随者。萨阿代（1904—1949）是一名基督徒知识分子，也是阿拉伯世界最具影响力的民族主义领袖之一。1932年，萨阿代从巴西返回他的出生地黎巴嫩，并创立了叙利亚民族社会党。作为贝鲁特美国大学的一名讲师，他公开反对法国委任统治及其分裂大叙利亚的企图，呼吁大叙利亚地区不同国家的合并。他的政治观点为泛阿拉伯的民族主义提供了另一种选择。他呼吁将宗教与政治分离，因此吸引了一大批对逊尼派穆斯林主导下的泛阿拉伯国家心怀疑惧的少数族裔群体。

1949年7月，安东·萨阿代发动了一场旨在推翻黎巴嫩政府的游击战，但其反叛为时甚短。发起战役后仅几天内，他就被叙利亚人抓获并移交给黎巴嫩政府，后者立即对萨阿代进行了审判，并于7月8日处决了这位革命未竟者。

萨阿代狂热的追随者们迅速开始谋划复仇。1951年7月16日，一名萨阿代的支持者在黎巴嫩前总理里亚德·苏勒哈（Riyad al-Sulh，他的政府处决了萨阿代）出访约旦首都安曼期间刺杀了他。

随着政变、处决、暗杀在阿拉伯国家领导层更迭中成为家常便饭，阿拉伯政治也变得越来越暴力。里亚德·苏勒哈被暗杀后仅4天，外约旦国王阿卜杜拉就遇刺身亡。当时他正准备进入耶路撒冷的阿克萨清真寺参加周五聚礼，而当他遇刺时，他15岁的孙子亦即约旦未来的侯赛因国王就在他身边。"这么多年之后再回顾，"侯赛因在其回忆录中写道，"我现在怀疑祖父是否对即将到来的悲剧有某种内在的直觉。"侯赛因还记得阿卜杜拉国王在遇刺当天早晨与他的一段对话。老国王的话是"如此的充满预言性，要不是今天很多健在的人都听到过这些话，我再提起它们时都会犹豫再三"。侯赛因在自传中这样记录道："'如果哪天我要死了，我宁可被一个无名之辈一枪射在头上，'他说，'这才是最简单的死去的方式。我宁愿这样死去，也不愿变老，成为一个负担。'"老国王将发现这一愿望实现的时间比他自己设想的还要快。

阿卜杜拉国王很清楚自己的人身安全处于危险之中。在最新纳入其王国版图的巴勒斯坦领土上，他被敌人包围着。很多巴勒斯坦人指控阿卜杜拉为扩张自己的版图而与犹太人进行交易，哈吉艾敏·侯赛尼则指责他出卖了巴勒斯坦。然而，谁也没有意料到阿拉伯政治暴力的新文化竟然触及了穆斯林最神圣的礼拜场所之一。

枪杀阿卜杜拉国王的这位"无名之辈"是一名来自耶路撒冷的裁缝学徒，名叫穆斯塔法·埃舒（Mustafa 'Ashu）。埃舒本人更多是作为一名受雇的枪手，而非拥有政治动机的党徒，当下即被国王的警卫击毙。一系列抓捕行动随即展开，10人被指控合谋参与了暗杀行动，尽管审判并未能揭示出幕后指使者的身份。这10人当中，4人被宣判无罪，2人在缺席情况下（都已叛逃至埃及）被判处死刑，另外4人因参与暗杀而被处以绞刑。被处决的4人中，3人都是身有犯罪记录的普通商人——一名牲畜代理人，一名屠夫，还有一名咖啡店主；第四位，穆萨·侯赛尼（Musa al-Husayni），则是穆夫提艾敏·侯赛尼的一位远房亲戚。[39]穆夫提艾敏以及埃及国王法鲁克都被怀疑资助了这次暗杀行动，但时至今日事实真相肯定已经石沉大海。最终，阿卜杜拉国王也成为巴勒斯坦灾难的另一个牺牲品。

*

在一战后对中东的分割之后，巴勒斯坦灾难成为20世纪阿拉伯历史上最重要的转折点。我们至今仍生活在其阴影之下。

1948年战争最持久的遗产之一就是今天仍在持续中的阿以冲突。一方面，阿拉伯人拒绝接受失去巴勒斯坦的现实；另一方面，以色列人则渴望得到更多的领土。后续的阿以战争也因而变得不可避免，在过去 60 年内以致命的频率反复上演。

这场冲突造成的人员损失是灾难性的。巴勒斯坦难民问题至今悬而未决。作为 1967 年进一步的领土流失以及过去 60 年内人口自然增长的结果，在联合国登记在册的巴勒斯坦难民数量已由原来的 75 万增至现在的 430 万以上。在其间的几十年内，巴勒斯坦人为实现建国目标已建立了多个代表性机构，但为了追求自身目标也不惜诉诸武装斗争——从针对以色列的边境袭击，到针对以色列海外利益的恐怖袭击，从被占领的加沙地带和约旦河西岸地区上的民众暴动与抵抗，到针对以色列的恐怖袭击。尽管采取了上述策略——有人会说，正是因为采取了上述策略，巴勒斯坦人的民族诉求至今尚未实现。

巴勒斯坦灾难对阿拉伯政治产生了严重的负面影响。1948 年的失败，给新独立的阿拉伯国家的希冀和渴望蒙上了一层阴影。巴勒斯坦战败后，阿拉伯世界经历了剧烈的政治波动，与巴勒斯坦托管国接壤的四个国家深受政治暗杀、政变、革命的困扰。旧政治精英被年轻一代军人推翻，也标志着一场重大的社会革命的到来。与两次大战之间那些接受外国教育的政治精英相比，这些军人很多来自农村，与大众政治保持着更为密切的接触。元老派政治家们在本国既有的边界内为实现民族独立而奋斗，自由军官煽动家们则是促进泛阿拉伯统一的阿拉伯民族主义者。旧政权说欧洲语言，新的先锋队则说普通民众的语言。

在非常真实的意义上，巴勒斯坦灾难标志着欧洲在阿拉伯世界影响力的终结。巴勒斯坦问题是欧洲制造的，欧洲解决这一问题之无力反映出二战结束后欧洲自身的衰落。二战结束后，英、法沦为二等强国：经过多年的战争，英国经济已疲弱不堪，法国的士气在德国占领的几年内受到致命打击。两国在国内所需的重建资金是如此庞大，以至于根本无暇外顾。帝国已处于衰退之中，新的势力主导了整个国际秩序。

分别于1949年、1952年、1958年在叙利亚、埃及和伊拉克上台的年轻军官们与英国或法国并没有联系，相反他们转向了新的世界强权——美国及其超级大国对手苏联。这是帝国时代的结束，也是冷战新时代的开端。阿拉伯人不得不适应一套新的游戏规则。

第十章　阿拉伯民族主义的兴起

阿拉伯世界在革命的骚动中进入了冷战的新时代。两次大战之间萌芽的反帝思潮，在二战末期重新获得了活力。巴勒斯坦战争后，阿拉伯世界对英国和法国的敌对情绪非常普遍，这也使得英国在埃及、约旦和伊拉克的情况更加复杂多变。在这些国家里，英国和它扶植建立的君主国仍保持着特惠盟友关系。

由于未能与英帝国统治划清界限，老一代民族主义政治家和他们效忠的君主们已然声名扫地。从伊斯兰主义的穆斯林兄弟会到共产主义者，一批新兴的激进党派竞相争夺新一代民族主义者的忠诚。军队中的年轻军官同样难免受到当时政治动荡的影响。年轻一代质疑阿拉伯王室和英国人所建立的多党议会制的合法性，反而对革命共和主义表现出更大的热情。

阿拉伯民族主义成为这一时代超凡的意识形态。至20世纪40年代，摆脱殖民统治成为所有阿拉伯人的共同愿望，但他们还有更高的政治理想。阿拉伯世界的大多数人相信，他们由共同的语言、历史和基于伊斯兰过往的文化联系在一起，这一文化为穆斯林和非穆斯林所共享。他们想打破帝国强权为分裂阿拉伯人而划定的边界，同时基于维系阿拉伯人的深厚历史和文化纽带，建立一个新的共同体。他们相信只有通过统一才能恢复阿拉伯人在世界事务中的崇高地

地图

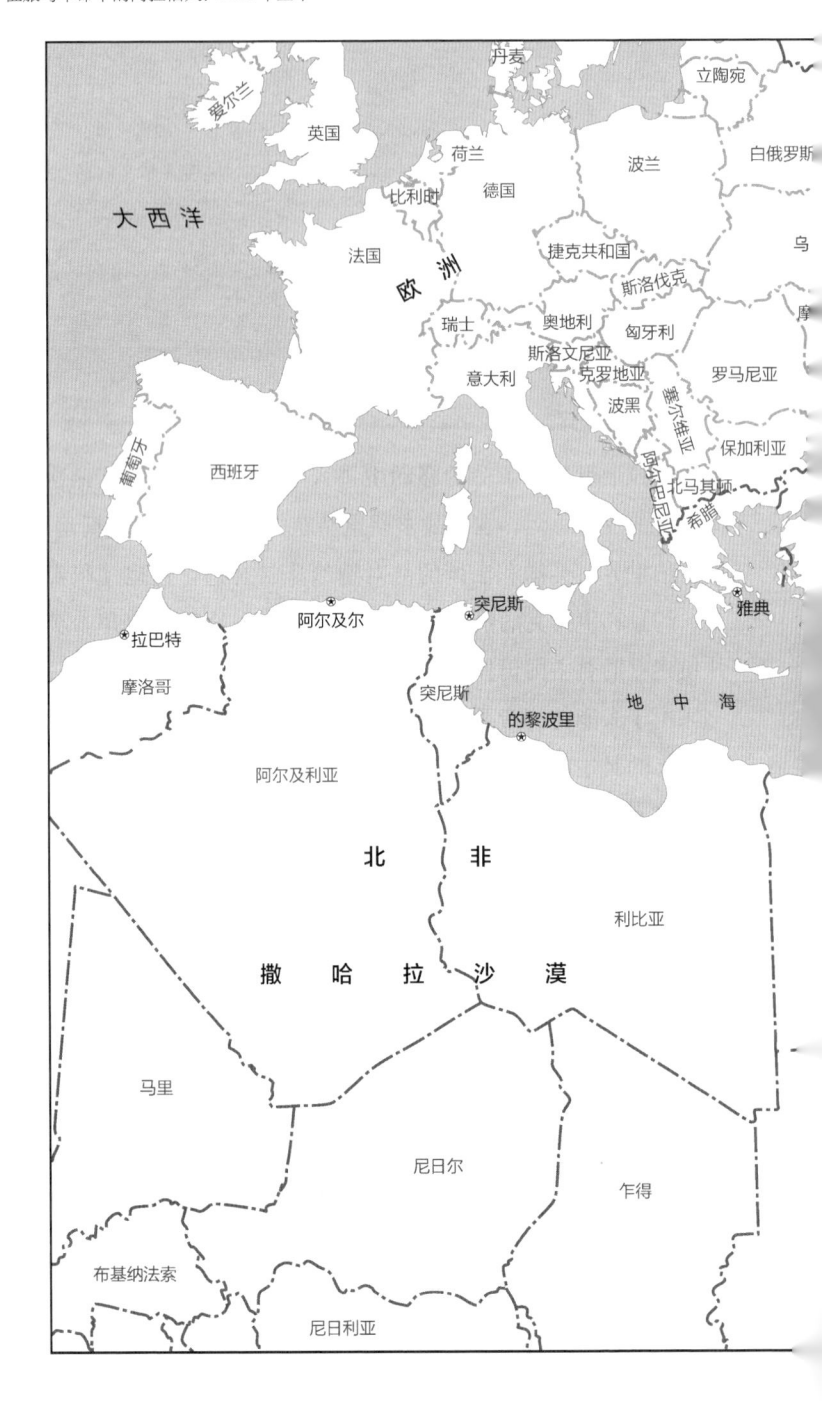

（地图内容，地名标注）：

欧洲部分：
爱尔兰、英国、丹麦、荷兰、比利时、德国、波兰、立陶宛、白俄罗斯、乌、摩、捷克共和国、斯洛伐克、法国、瑞士、奥地利、匈牙利、斯洛文尼亚、克罗地亚、波黑、塞尔维亚、罗马尼亚、保加利亚、阿尔巴尼亚、北马其顿、希腊、意大利、葡萄牙、西班牙

海洋：
大西洋、地中海

北非：
摩洛哥、阿尔及利亚、突尼斯、利比亚、撒哈拉沙漠

城市：
拉巴特、阿尔及尔、突尼斯、的黎波里、雅典

非洲其他：
马里、尼日尔、乍得、布基纳法索、尼日利亚

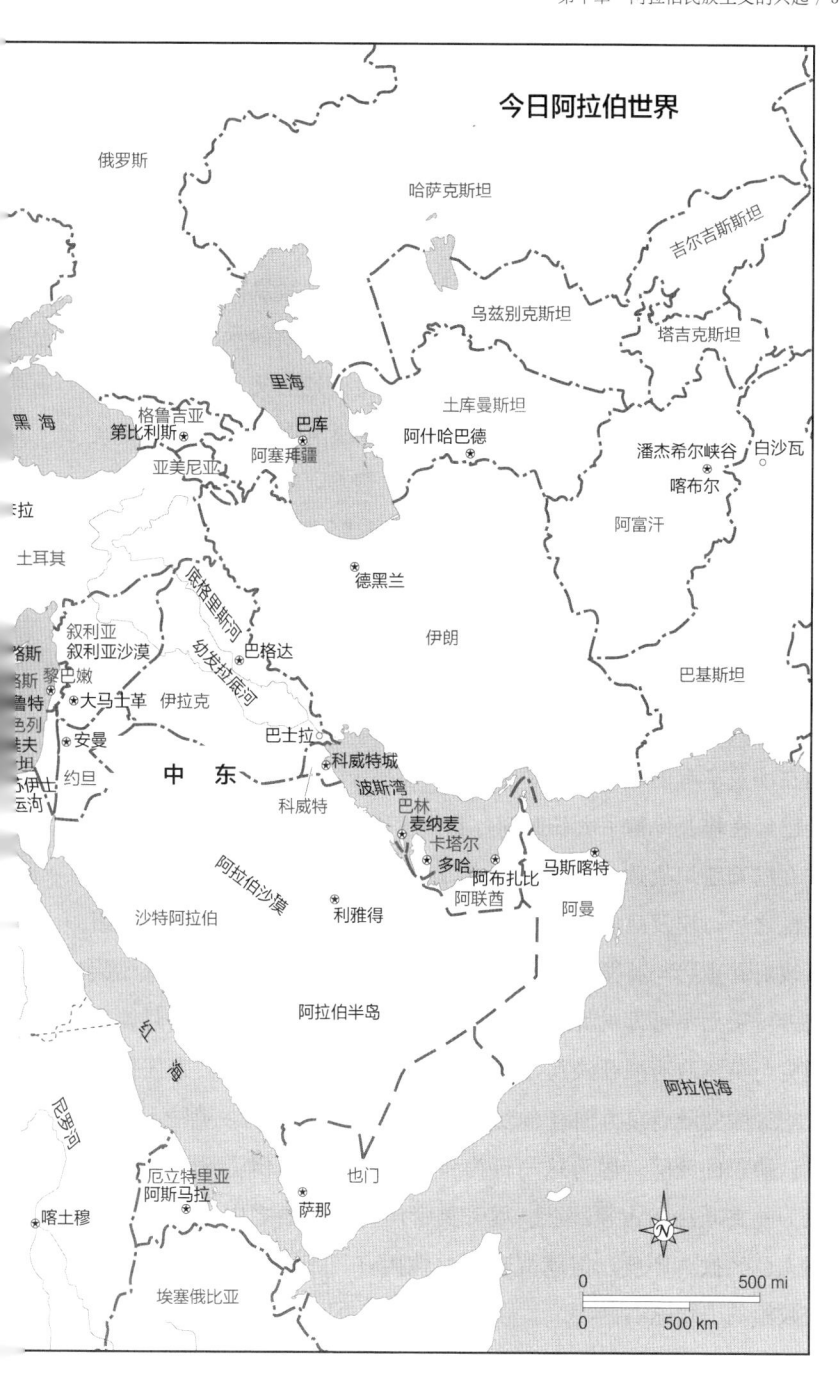

第十章 阿拉伯民族主义的兴起 / 367

今日阿拉伯世界

俄罗斯
哈萨克斯坦
吉尔吉斯斯坦
乌兹别克斯坦
塔吉克斯坦
黑海
里海
土库曼斯坦
格鲁吉亚
巴库
第比利斯
阿什哈巴德
潘杰希尔峡谷
白沙瓦
亚美尼亚
阿塞拜疆
喀布尔
土耳其
阿富汗
德黑兰
叙利亚
底格里斯河
巴格达
伊朗
巴基斯坦
叙利亚沙漠
幼发拉底河
黎巴嫩
大马士革
伊拉克
巴士拉
安曼
科威特城
约旦
波斯湾
巴林
科威特
麦纳麦
卡塔尔
中 东
多哈
马斯喀特
阿布扎比
阿拉伯沙漠
阿联酋
阿曼
沙特阿拉伯
利雅得
红 海
阿拉伯半岛
尼罗河
阿拉伯海
厄立特里亚
阿斯马拉
也门
喀土穆
萨那
埃塞俄比亚

N

0　　　　500 mi
0　　　　500 km

位。正是出于这些信念,成千上万的阿拉伯人走上街头,抗议帝国主义,批评本国政府的失败并要求阿拉伯统一。

在很多方面,埃及都处在这些发展的风口浪尖之上。埃及医生、女权主义知识分子纳瓦勒·萨阿达维(Nawal El Saadawi)1948年进入开罗医学院学习,当时校园里充斥着紧张的政治氛围。她在自传中回忆道:"在那些日子里,大学几乎成了持续不断的示威活动的舞台。"萨阿达维本人对民族主义政治并不陌生。她的父亲和她一起阅读报纸,谴责国王、军队阶层的腐败以及英国对埃及的占领。父亲会告诉女儿说:"这是一种积习难改的三重苦难,除了推翻政权之外别无解决的办法,人民必须觉醒,必须反叛。"[1] 年少的萨阿达维牢牢记住了父亲的话。当她还是一名高中生时,就已经开始参与20世纪40年代末让整个开罗陷入瘫痪的民众示威活动。

示威活动反映了埃及人民对于变革的迫切心境。巴勒斯坦灾难后,埃及人对国内政党和法鲁克国王感到幻灭,也越来越无法容忍英国在埃及享有的特殊地位。战后时代是一个去殖民化的时代,英国人已经在埃及停留了太长时间,惹人生厌。

在巴勒斯坦战败,以及1948年12月总理努格拉希遭暗杀所造成的混乱之后,埃及政府于1950年举行选举。华夫脱党获得胜利,组建新政府并重启与英国人的谈判,目标便是自1919年以来埃及民族主义者可望而不可即的完全独立。1950年3月至1951年10月,华夫脱党与英国政府展开谈判,然而19个月的谈判却未能带来任何结果。华夫脱党政府单方面宣布废除1936年《英埃协议》,英国人则拒绝承认协议的废除,因为这一行为将使得他们在苏伊士运河区的驻军变为一支非法的占领部队。尽管英帝国处于收缩之中——1947年英国人已经撤离印度,但就战略重要性而言,苏伊士运河仍是英国外交政策的一块基石。

鉴于无法通过谈判达成目标,华夫脱党开始通过其他方式向英国人施压。在华夫脱政府的默许下,埃及青年开始自愿组建被称为"菲达因"(fida'iyin,字面意思为"准备自我牺牲的战士")的游击组织,其中大多数是穆兄会成员、学生、农民和工人。1951年10月,游击队开始袭击运河区的英国部队和设施。英国人对这些袭击则采取了武力回击。纳瓦勒·萨阿达维的一位同学就离开医学院加入了菲达因游击队,后在反英行动中牺牲。

运河区的武装斗争在开罗激起了激烈的政治争论。萨阿达维还记得她在1951年11月参与的一场大学内的学生集会。她越来越不耐烦地听着那些学生政治家——华夫脱党人、共产主义者、穆兄会成员——故作声势、浮夸空洞的演说,这时一位名叫艾哈迈德·希勒米(Ahmed Helmi)的菲达因成员被叫上讲台。希勒米是一位自由战士,曾参加针对运河区英国占领部队的袭击。他用平静的声音向争吵不休的同学们发出呼吁。他解释说:"同志们,运河区的自由战士急需弹药和粮食补给,必须稳固补给线来保护他们。现在没有党派斗争的时间和空间了,我们需要人民的团结。"[2] 萨阿达维被这位热情的青年牢牢吸引住了,后来嫁给了他。

至1952年1月,英国人已经决定动用军事力量来维护其对苏伊士运河区的控制。为防止埃及警察向菲达因提供支持,英国部队开始占领运河区内的埃及警察局。1月24日,英国人不费一枪一炮就迫使运河区内一城镇警察站的160名警察投降。眼见英国人如此轻易地占领了这座警察站,埃及政府大为尴尬,于是命令运河区内的埃及警察全力抵抗英国人的占领,"直到(打完)最后一颗子弹"。埃及人次日就得到了机会。那天,1500名英国军人包围了伊斯梅利亚政府所在地并要求政府投降,250名负责守卫政府机关的警察拒绝投降。在随后的9小时内,英国人动用坦克和炮兵连续轰击埃及人阵地，埃及守军则奋起反抗，直至耗尽了所有的弹药。在遭受了46死、72伤的重大损失后，埃及人最终投降。

英国人发动猛攻的消息在埃及全国范围内激起了公愤。第二天，即1952年1月26日周六，埃及全国各行业宣布举行总罢工，成千上万的工人和学生集聚开罗。为了抗议英国的行为，这座城市已准备好迎接一天的民众示威，但突如其来的"黑色星期六"却令埃及政府或人民始料未及。

"黑色星期六"当天，黑暗势力在开罗兴风作浪。刚开始的一系列愤怒的示威游行迅速发展为暴力活动，其间超过50名埃及人和17名外国人（包括9名英国人）被暴民杀害。在示威活动的掩护之下，煽动者和纵火者最大限度地制造混乱。埃及共产主义知识分子安瓦尔·阿卜杜·马立克（Anouar Abdel Malek）目睹了"黑色星期六"当天的事件，描述了示威者是如何津津有味地看着纵火犯将开罗市中心最富庶的街区付之一炬的。"他们看着这些人纵火却袖手旁观，因为这座华丽的都市并不属于他们，而是属于那些有钱人。看着后者的财产被烈火吞噬，他们自然乐见其成。"[3] 在一天之内，被暴民烧毁的资产包括1家英国俱乐部、1所犹太学校、1间穆兄会办公室、4座宾馆（包括著名的牧羊人宾馆）、4所夜总会、7家零售店以及70家其他的商业机构——包括银行、汽车展厅、机票售卖点等。[4]

1952年1月25—26日的恶劣事件也标志着埃及政治秩序的崩溃。所有人都很清楚，这些在埃及史无前例的纵火事件显然是经过预谋的。在开罗，各种谣传和阴谋论也开始甚嚣尘上。共产党人指责社会党人和穆兄会成员；一些人认为这是一场旨在削弱法鲁克国王（开罗大火当晚，国王正在举行一场晚宴庆祝儿子的生日）地位的阴谋；其他人则宣称大火是由国王和英国人一手策划的，目的是推翻华夫脱党政府，任命一个对国王意愿更加顺从的过渡政府。

无论在"黑色星期六"事件中的真实角色如何，法鲁克国王确于 1 月 27 日解散了穆斯塔法·纳哈斯领导的华夫脱党政府，任命了一系列由忠于王室的政客领衔的内阁成员。议会也于 3 月 24 日被解散，新议会的选举被无限期地推后。似乎法鲁克正追随其父亲的步伐，试图重演 1930 年宫廷独裁的剧本。埃及民众对于政府的信任急转直下。

归根结底，究竟何人指使了埃及纵火案（对于这一问题从未有过定论）其实并不重要。各种谣传和阴谋理论已然揭示了王室和政府所面临的信任危机，而这一危机则预示了埃及革命的到来。

1952 年，尽管在埃及很多人都在谈论革命，但只有一小撮军官真正在积极预谋推翻政府。这些人自称为"自由军官"，其领袖是一位名叫贾马勒·阿卜杜·纳赛尔的年轻上校。埃及王室和政府的一系列行为令举国上下大失所望，而正是这种失望情绪和满腔的热情让自由军官们团结在一起。纳赛尔和他的同僚们对自己在巴勒斯坦战争中的经历感到震惊，当时他们在缺乏充足武器的情况下就被派往战场，在数月之内遭到以色列人围困而最终战败。起初，自由军官团结在一起是为了反对英国在埃及的帝国主义行径。但很快，他们就将埃及政治体制视为完全脱离英国实现独立的主要障碍。

巴勒斯坦战争后，纳赛尔招募部分最亲信的同僚加入了一个由军人组成的秘密基层政治组织。基于为其行动争取最广泛的支持的考虑，纳赛尔招募的成员中既包括阿卜杜·哈基姆·阿米尔（Abd al-Hakim Amer）、萨拉赫·萨利姆等巴勒斯坦战争的亲历者，也包括像安瓦尔·萨达特这样与穆兄会有联系的军官，还包括像哈立德·穆希丁（Khaled Mohi El Din）这样的共产主义者。1949 年秋，这些人在纳赛尔家的客厅内举行了首次会议。随着自由军官组织的扩大，新的基层组织也不断成立，但出于反侦查的考虑都彼此保持独立。每个基层组织的成员从埃及军队的不同分支中招募志同道合的军官。[5] 1950 年秋，自由军官组织发布了其首份传单，以便在军官群体中争取对其反帝事业的支持。[6]

"黑色星期六"事件推动了自由军官运动的转型。直至 1952 年 1 月，自由军官还只是聚焦于反帝斗争，并将对埃及政府的批评限定在官员腐败、与英国人勾结等议题。但从 1952 年 1 月起，自由军官开始公开讨论推翻法鲁克国王及其任命的保王派政府。他们将 1952 年 11 月定为政变的预定日期，并开始加快对反对派军官的招募和动员。

1951 年 12 月，在看似无伤大雅的埃及军官俱乐部管理委员会的选举中，国王和自由军官之间的对抗到达了一触即发的关头。对法鲁克国王而言，军官俱乐部是反映军官对国王忠诚的晴雨表；自由军官则决定将这次选举作为对抗国王及其支持者的工具。纳赛尔及其同僚成功地说服了广受支持的穆罕默德·纳吉布（Muhammad Naguib）将军领衔一个参选董事会的反对派名单，竞选军官俱乐部主席一职。纳吉布和反对派在选举中大获全胜，之后法鲁克国王就千方百计地试图推翻选举结果。最终，法鲁克国王于 1952 年 7 月亲自介入，撤销纳吉布的职务，并解散了军官俱乐部董事会。自由军官们深知，如果不能立即对国王的挑衅做出回应，他们将失去所有的信誉。正如纳赛尔最亲密的战友之一阿卜杜·哈基姆·阿米尔警告其他自由军官时所说的，"国王已经给了我们一记重拳；如果我们不还以颜色的话，我们的组织就会失去在军官中的信誉，没有人会再愿意加入我们"。[7]

自由军官们达成共识：如果无法采取快速并具有决定性的行动，他们所有人都要锒铛入狱。纳赛尔与自由军官中的高层政治家纳吉布将军进行了会面,策划立即发动反王室政变。"我们一致同意,埃及革命的时机现在已完全成熟。"纳吉布在其回忆录中写道。当时,国王及其内阁正在亚历山大的夏日驻地,将开罗留给军人管理。纳吉布分析道:"天气是如此湿热,以至于除了我们之外没有人能想象一场革命即将到来,因此这正是我们采取行动的理想时机。"他们决心在国王有时间任命一个新内阁之前,"在他的间谍们有时间发现我们是谁、我们做何打算之前"就采取行动。[8]

自由军官们已经到达了无路可退的境地:密谋推翻政权的风险极大,他们深知一旦失败,自己将面临叛国罪的指控。因此,他们极为仔细地检查自己的计划:同时占领广播电台和军事指挥部;动员忠于政变策划者的部队;采取措施确保公共安全,防止外国介入。在1952年7月23日政变日到来之前,还有很多细节需要确保万无一失。

政变策划者受到政府的严密监控,这也使得政变前的最后几天压力陡增。政变前夕,一位下属军官警告纳吉布将军,称后者即将因涉嫌领导一场反对政府的阴谋而被捕。纳吉布在其回忆录中承认道:"我极力掩饰自己的惊恐。"他决定在政变进行的当晚待在家里,宣称自己受到了监视,担心可能使自由军官们的计划陷入危险。[9] 安瓦尔·萨达特当晚则偕同妻子去了电影院,在那里与另一位观众发生了一场热闹的争端,随后还去警察局报了案准备起诉——对一位政变策划者而言,这显然是政变失败情况下再理想不过的不在场证据了。[10] 即便是贾马勒·阿卜杜·纳赛尔和阿卜杜·哈基姆·阿米尔,他们出现在政变现场时也是身着便衣(后来他们换上了军装),这让支持者们感到惊讶不已。[11]

尽管疑虑重重,自由军官们还是成功地发动了一场几乎不流血的政变。叛变的军事部队包围了埃及政府军总部，在击退轻微的抵抗后，于7月23日凌晨2点占领了该机构。军队总部被占领后，支持政变的军队马上获许占领开罗的各战略性机构，而当时整座城市还在沉睡中。军队占领这些机构后，安瓦尔·萨达特来到国家广播电台，以武装部队总司令穆罕默德·纳吉布将军的名义宣布了政变的成功，从而为一场经典的政变画上了一个完满的句号。

7月23日，纳瓦勒·萨阿达维正在位于开罗市中心的凯斯尔·艾因尼医院工作。她描述了萨达特发布声明后医院内的狂喜场景。"在病房里，病人们一直在听收音机。突然，音乐被一则重要的消息打断了，该消息称军队已经接管了国家，而法鲁克已不再是国王。"病人们自发的反应让她感到震惊。"我们正站在那里，突然之间病人们高喊着'革命万岁'冲出了病房。我可以看到他们嘴张得浑圆，在空中挥舞着手臂，破旧的衬衫在身前飘动。就好像解剖室的尸体突然间起死回生，高喊着'革命万岁'！"事实上，甚至死者的运送也被叫停，萨阿达维就亲眼看见一支正离开医院的送葬队伍在听到这则消息后暂时停了下来。"扛着灵柩的男人将灵柩放在过道上，高喊着'革命万岁'加入了群众的行列；前一刻还在为逝者哀号的妇女们则开始［为庆祝而］发出欢乐的尖叫。"[12]

7月23日，法鲁克国王和他的政府彻底倒台，但自由军官对于运动成功后该如何进行下一步还毫无头绪。萨达特在其回忆录中写道："很显然，我们在发动革命时，对于接管政府职位还没有做好准备，我们没有成为政府部长的雄心壮志，也从没有想过这些，甚至尚未制订一个明确的政府计划。"[13]他们决定邀请资深政客阿里·马希尔（Ali Maher）组建新政府。同样，自由军官们也不知道该如何处理法鲁克本人：是逮捕他，还是将他处决？纳赛尔做了明智的决定：

确保法鲁克退位并允许他流亡海外，从而避免让新政府卷入一场可能导致分裂的司法程序，或是因草率的处决而把一位不受欢迎的国王升格为殉难者。法鲁克逊位给他尚在襁褓中的幼子艾哈迈德·福阿德二世（Ahmed Fuad Ⅱ），后者将受到一位摄政王的辅佐。7月26日，在21声礼炮的欢送下，他本人被纳吉布将军送上了停泊在亚历山大港的"麦哈鲁赛号"（Mahroussa）皇家游艇。

"我向他敬礼，他也向我回敬，"纳吉布在回忆录中写道：

> 接下来是一段漫长而又尴尬的沉默。我们谁也不知道该说什么。
>
> "是您，我的陛下，迫使我们做了我们所做的一切。"
>
> 法鲁克的回答将让我困惑一生。
>
> 他回答说："我知道，你们做了我自己一直想做的事情。"
>
> 我是如此吃惊，以至于想不出还有什么可说的。我向他敬礼，其他人也如是。法鲁克向我们回敬，和我们所有人都握了手。
>
> 他说："我希望你能好好管理军队，你知道，我的祖父一手打造了这支军队。"
>
> 我回答说："埃及军队受到了很好的照顾。"
>
> "你的任务将会很艰难。你知道，统治埃及并非易事。"[14]

事实上，纳吉布将军并未获得多少机会来统治埃及。事实很快将表明，埃及的实际统治者是纳赛尔。

自由军官革命代表着新兴的年轻一代在埃及政治中的崛起。该运动成员的平均年龄仅34岁，51岁的纳吉布在其中已经是一位老人。所有人都是本地出生、具有农村背景的埃及人，通过军队晋升至要职——这些特点与19世纪80年代艾哈迈德·欧拉比上校身边的支持者极为相似。

与欧拉比相似，自由军官们对埃及王室身边那些土耳其-切尔克斯精英的特权和做作而感到愤愤不平。夺取权力后，他们最早出台的法令之一就是废除贝伊、帕夏等一切土耳其头衔。在他们看来，这些头衔是由"一位不正常的国王……（赏赐给）一些根本不配拥有它们的人"。[15]

被剥夺了头衔之后，埃及贵族接着又被剥夺了土地。自由军官们开启了一项重大的土地改革，出台法律将个人持有地产的上限限定在200英亩。政府没收了王室的巨大种植园，征收了约1700个大土地所有者的地产并以30年期债券偿还。合计起来，新政府从埃及土地精英手中没收了约36.5万英亩土地，随后这些土地被分配给小土地所有者，每份地产面积不超过5英亩。尽管遭到了总理阿里·马希尔的激烈反对——马希尔代表着财富源自地产的平民精英，但土地改革方案还是得到了通过。显然，与有产贵族的意愿相比，自由军官们更看重民众的支持。1952年9月，他们成功迫使马希尔辞职。

土地改革措施为自由军官们赢得了切实可见的政治回报。尽管埃及农业人口中只有很小一部分——共约14.6万个家庭，而当时埃及人口达到约2150万——真正受益于1952年土地改革的措施，但土改措施却在埃及民众中赢得了广泛的好感。[16]在埃及民众的支持下，军人更有胆量执掌政权，在政治中扮演更直接的角色。

一旦登上政治舞台，自由军官们将证明自己是坚决果断的。1952年9月，纳吉布将军同意组建以文官为主的新政府。纳赛尔创建了一个由军人组成的委员会——革命指导委员会来监督革命的工作，表面上与政府合作，实际上与纳吉布的竞争关系不断加剧。

1953年1月，作为对华夫脱党和穆兄会压力的回应，革命指导委员会宣布取缔所有的政党，并将各党资产全部收归国有。作为幕后的操盘手，纳赛尔引入了一个国家扶持的全新政党，即解放联盟，宣称两次大战之间埃及国内政治的分裂很大程度上要归咎于党派主义。他显然希望解放联盟能有助于动员民众支持新政权。1953年6月18日，革命指导委员会宣布废除君主制，纳赛尔也完成了与旧秩序的彻底决裂；埃及被宣布为共和国，穆罕默德·纳吉布则被任命为首任总统。法老时期以来，埃及首次由本土出生的埃及人统治。用纳瓦勒·萨阿达维的话来说，纳吉布是"古埃及国王美尼斯以来第一位统治埃及的埃及人"。[17]

埃及共和国现在成为一个人民政府，享受着埃及广大人民群众的全力支持。萨阿达维回忆说："国内的氛围发生了变化，过去，人们走路时都满脸阴沉、缄默不语。现在大街上已经发生了变化。人们……聊天、微笑，与完全陌生的人握手、互道早安，询问彼此的健康情况和近期的事件，为政权更迭而相互祝贺，讨论并试图展望未来的发展，每天都期待着变化的发生。"

对极度渴望变化的民众而言，如何满足他们的高预期是新政府所面临的重大挑战。这并不简单，埃及新政府继承了一系列棘手的经济问题：整个国家过度依赖农业，而农业产出又受到埃及沙漠环境的限制；在缺少开发荒漠所需水资源的情况下，根本无法扩大耕种面积。埃及工业整体上仍处于欠发展状态，1953年农业对埃及国内生产总值的贡献率为35%，而工业仅为13%（剩余52%的份额全部来自服务业）。[18]工业化步伐的缓慢很大程度上要归咎于低水平的公共和私人投资。整体人口增长率远远超出了创造就业的增速，这也意味着能够获得稳定工作并显著提升生活水平的埃及人越来越少。

对于他们面临的所有问题，革命指导委员会的军官们有一个激进的解决方案——在尼罗河上修建一座水电大坝。工程师们将上埃及地区阿斯旺镇附近锁定为修建水坝的理想地点。这座新的阿斯旺水坝将能够储蓄足够多的水量，将全国耕作土地面积由 600 万英亩增加到 800 万—950 万英亩，此外还将产生足够的电量来支持埃及的工业化，向全国提供可负担得起的生活用电。[19] 但这样一个工程将耗资数亿美元，远远超出埃及自身资源的供给限度。

为了资助阿斯旺水坝、确保埃及的经济独立，执政的军官们将不得不与国际社会打交道。然而，埃及极其珍惜自己的独立地位，决定不惜一切代价，在不损害主权的前提下实现其目标。自由军官们很快就会发现，想要与世界其他国家打交道而不做出妥协是多么困难。

*

在国际舞台，埃及新政府的首要关切是确保英国完全撤军。这也是半个世纪以来埃及民族主义运动未竟的事业。

为确保英国从埃及完全撤军，1953 年 4 月纳赛尔及其属下在美国的斡旋下与英国人展开谈判。对双方而言，这场谈判的风险都非常之高。纳赛尔深信谈判失败将意味着自由军官的倒台；在一个日益步入后殖民时代的世界中，英国则对其国际地位十分敏感。谈判不断地破裂随后又重启，整个进程拖延了 16 个月之久。最终，英国人与埃及人达成一项妥协方案：英国将在 24 个月之内从埃及撤走所有的军事人员，只在运河区内留下约 1200 名民事专家，其停留期限为 7 年的一个过渡期。显然，英国人并非无条件地完全撤离，政府对撤军延期 2 年、英国民事存在长达 7 年的让步，都成为部分埃及民族主义者指摘的对象。但这一妥协方案的独立性已足以让纳赛尔在 1954 年 7 月获得革命指导委员会的批准。1954 年 10 月 19 日，英、埃两国政府签署了解决方案。1956 年 6 月 19 日，最后一名英国士兵离开了埃及。

与英国的新协议在埃及国内也面临着批评的声音。总统穆罕默德·纳吉布就抓住协议中的种种缺陷向其年轻的竞争对手贾马勒·阿卜杜·纳赛尔发起了猛烈的攻击。纳吉布显然不再满足于傀儡的角色,而是寻求其作为总统理应享有的一切权力。纳赛尔则通过对革命指导委员会的控制不断蚕食总统的权力。至1954年初,纳赛尔和纳吉布的关系已经恶化到某些同时代的人所描绘的"仇恨"的地步。纳吉布公开批评英国撤军协议之后,纳赛尔开始动员其忠实的追随者丑化纳吉布,煽动民意反对一位至今仍受人尊敬的领导人。

穆兄会同样抓住英国撤军不彻底的时机批评自由军官政权。这个伊斯兰主义组织与其他政党一道于1953年被取缔,因而对新兴的军人政权已然心怀不满。1954年初纳赛尔对穆兄会的镇压,也使得他成为一个伊斯兰主义分裂团体全力刺杀的目标。这些人甚至考虑过派遣一位自杀式炸弹袭击者,在身藏炸药的情况下靠近纳赛尔以便将后者炸死——这也成为中东历史上最早的自杀式炸弹计划之一。但这个策略对于1954年的伊斯兰主义者似乎缺乏吸引力,因为并没有志愿者愿意执行该任务。[20]

1954年10月26日,一位名叫马哈穆德·阿卜杜·拉提夫(Mahmoud Abd al-Latif)的穆兄会成员试图用一种更加传统的方式刺杀纳赛尔。在庆祝英国撤离协议的一次演讲中,阿卜杜·拉提夫向纳赛尔开了8枪。但前者显然是一位非常糟糕的枪手,8发子弹竟无一中的。面对身旁嗖嗖而过的子弹,纳赛尔的表现是英雄式的。他没有在枪弹下退缩,只是在短时间内中断了演讲。当他重新开始演说时,他用满腔热情感染了正在收听电台广播的埃及乃至阿拉伯世界各地的听众。纳赛尔对着麦克风高喊道:"同胞们,我的血正在为你们、为埃及而流淌。我将为你们而活着,也会为你们的自由和荣耀而死去。"听众们咆哮着表示支持。"让他们来杀我吧。我完全不在乎,只要我已将自豪、荣耀和自由注入你们心中。如果贾马勒·阿卜杜·纳赛尔死了,你们每个人都将成为另一个贾马勒·阿卜杜·纳赛尔。"[21]

这一时刻已不能更加戏剧化了,埃及民众将纳赛尔拥戴为他们的领袖。基于新获得的声望,纳赛尔确立了自己对革命的领导地位,同时也可以放开手脚处理总统穆罕默德·纳吉布以及穆兄会这两个与他争夺民众忠诚的主要竞争对手。数千名穆兄会成员被捕;1954年12月,6名成员因参与暗杀行动被处以绞刑。纳吉布因审判也受到牵连,尽管从未被指控有任何犯罪行为,11月15日纳吉布被免去了总统职务,在此后的20年内都处于被软禁的状态。

埃及现在有了一位无可争议的主人。从1954年底到1970年去世,纳赛尔一直担任埃及总统,也是阿拉伯世界的总司令。没有一位阿拉伯领导人在之前或此后能像纳赛尔一样,对阿拉伯世界施加如此大的影响,而他对国际事务的影响也鲜有人可匹敌。埃及即将开始一次非同寻常的历险,一段纯粹的热血沸腾的岁月,其间一切看起来皆有可能。

与英国人达成撤军协议后,埃及政府的下一项议题就是与新建的以色列国之间未了结的恩怨。在脆弱的边界线两边,埃及和这个犹太国家之间的关系开始日趋紧张。以色列总理本-古里安做出一系列尝试,以试探自由军官的意图,然而纳赛尔及其属下有意避免任何与以色列人的直接接触(1953年以色列与埃及外交人员的确在巴黎进行了秘密接触)。本-古里安得出结论,即埃及在其新军人领袖的领导下,可能成为阿拉伯世界的普鲁士,从而对以色列构成明确而现实的威胁。纳赛尔深知，他的国家还远远缺乏必要的军事力量来遏制——更不用说对抗——这一满怀敌意的新邻居。为了对以色列构成切实的威胁，埃及需要从国外获得物资。但纳赛尔很快发现，作为提供武器装备的交换，外国政府势必会提出一定的条件，而这将削弱埃及新获得的独立地位。

纳赛尔首先转向美国人，在1952年11月向美国寻求帮助。作为回应，自由军官受邀派遣一个代表团赴美来陈述其需求——飞机、坦克、火炮和舰艇。美国人在原则上愿意提供支持，但希望埃及在处理任何武器装备订单之前，保证加入一个地区性防御条约。

1953年5月，美国国务卿约翰·福斯特·杜勒斯访问埃及。杜勒斯此行具有双重目的：其一是推动以色列与阿拉伯国家之间达成和平协议，其二是在中东地区孤立美国的超级大国对手——苏联。与埃及政府的讨论很快转向了武器装备的主题。杜勒斯明确表示，美国仍愿意支持埃及，但条件是后者必须加入一个被称为中东防御组织的新的地区性防御条约，这一条约将使埃及与美、英达成反对苏联的正式联盟。

纳赛尔断然拒绝了杜勒斯的建议。中东防御组织为英国延长在埃及的军事存在提供了一个基础，这一点是任何埃及领导人都无法接受的。纳赛尔无法让杜勒斯明白的是，埃及没有理由害怕苏联的威胁，因为对埃及的真正威胁来自以色列。穆罕默德·海卡尔（Mohamed Heikal，生于1923年）是埃及很有影响力的日报《金字塔报》的主编，也是纳赛尔的心腹之一。他记得纳赛尔曾这样问杜勒斯："我怎么能到我的人民那里去，告诉他们说我对一个手握手枪、距苏伊士运河仅60英里的杀人犯视而不见，反而担忧5000英里以外某个手持小刀的陌生人？"[22]

1954年《英埃撤军协议》签订后，埃、以两国关系迅速恶化。

在本-古里安看来，英国在苏伊士运河区的军事存在，在埃及和以色列之间构成了一个缓冲带，而即将到来的英国撤军则意味着灾难。1954年7月，以色列军事情报机构开始在埃及开展秘密行动，在开罗和亚历山大的英、美机构中安装爆炸装置。显然，他们希望在埃及和英、美之间引发一场危机，从而促使英国重新考虑其从苏伊士运河撤军的决定。[23] 然而，令以色列人颇为狼狈的是，一个以色列间谍在安放爆炸装置之前即被抓获，从而导致整个链条都被曝光。在这个臭名昭著的拉冯事件（因当时以色列国防部部长平哈斯·拉冯而得名，后者因这一惨败而遭到指责）中，两人后来被处决，一人在狱中自杀，其他人则被判处多年徒刑。

拉冯事件曝光、以色列特工随后被处决之后，埃、以两国间的紧张关系达到了一个新的高度。本-古里安于1955年2月重新出任总理，之前他已在野一年多，其间以色列政府处于鸽派总理摩西·夏里特的领导之下。1955年2月28日，本-古里安在回归伊始，就对加沙地带的埃及部队发动了一场毁灭性的攻击。

加沙地带是1948年战争后仅存的处于埃及人控制之下的原巴勒斯坦托管国领土，数十万巴勒斯坦难民滞留在那里。被剥夺了财产的巴勒斯坦人经常跨越加沙-以色列边境，一些人是为了从已失去的位于今以色列境内的家园里收回财产，其他人则是为了破坏那个使他们流离失所的犹太国家。1955年2月，两起类似的渗透事件为以色列政府采取大规模报复行动提供了借口。两个以色列伞兵连队跨境进入加沙，摧毁了埃及军队的地方指挥部，打死37名埃及士兵，打伤31人。以色列人已然展现了其军事优势；纳赛尔深知，如果不能为其军队提供对抗以色列人的更先进的武器，他在埃及的日子将不会长久。

埃及在加沙的失利让纳赛尔陷入了可怕的窘境。纳赛尔比以往任何时期都更需要外部军事支持，但又不能为此做出妥协。英国人和美国人则继续向纳赛尔施压，在考虑向埃及提供现代武器前，要求其加入一个地区性联盟。这两个讲英语的大国正敦促纳赛尔在一项北约支持的联盟条约——《巴格达条约》上签字。该条约是1955年2月土耳其和伊拉克就反苏联扩张达成的一项协议，同一年内，英国、巴基斯坦、伊朗也相继加入。纳赛尔极力反对《巴格达条约》，将之视为英国的阴谋，旨在延续其在中东地区的影响、支持其在伊拉克的盟友哈希姆人来打压埃及自由军官。纳赛尔毫不含糊地谴责《巴格达条约》，成功地阻止了任何其他阿拉伯国家在英、美的唆使下加入该条约。

英国首相安东尼·艾登开始将纳赛尔视为英国中东政策每一次挫败的背后推手，下定决心要反对这位埃及领导人。在纳赛尔与艾登两人间敌意不断攀升的背景下，英国向埃及军方提供先进武器已成为不可能。

*

随后，纳赛尔试探法国人能否为埃及提供武器。但由于纳赛尔支持北非民族主义运动，法国人同样对他深怀疑惧。突尼斯、摩洛哥、阿尔及利亚的民族主义者正在动员民众，以确保其国家脱离法国获得完全独立，在这一过程中他们将埃及视为典范和盟友。纳赛尔则同情北非的民族主义者，将后者反对帝国主义的斗争视为阿拉伯世界反抗外国统治的更广阔斗争的一部分。尽管在资金和军事资源方面能提供的支持很有限，但纳赛尔非常愿意为被流放的民族主义者提供庇护，使他们得以自由地在埃及境内为独立斗争开展动员。

只要纳赛尔为北非的民族主义者提供一个自由天堂，法国人就拒绝给他提供军事支持。当面临在阿拉伯人和法国人之间做出选择时，纳赛尔选择了前者。法国正在与阿拉伯民族主义进行一场注定失败的战斗，这一事实也使他们更加嫉恨纳赛尔所选择的立场。

二战伊始被纳粹德国击败后，法国在北非地区的权威遭遇致命打击。亲德的维希政权派遣的士气低落的殖民官员，很难代表这个曾经伟大的帝国。对法国羸弱现状的认识也鼓舞了突尼斯、阿尔及利亚、摩洛哥等国的民族主义运动。

1942年11月，美国部队轻松击败了驻扎在摩洛哥的维希军队。两个月后，美国总统富兰克林·罗斯福在卡萨布兰卡会见英国首相温斯顿·丘吉尔，共同酝酿发动北非战役。两人邀请摩洛哥素丹穆罕默德五世共进晚餐，其间罗斯福公开批评法国帝国主义。素丹之子哈桑，即后来继任摩洛哥王位的哈桑二世国王，也出席了晚宴。根据哈桑二世的转述，罗斯福在晚宴期间曾表示"殖民主义体系已经过时了，注定要灭亡"。作为一个庞大帝国的首相，丘吉尔表示不敢苟同，但罗斯福却越说越来劲。根据哈桑二世的回忆，罗斯福"希望二战不久就能结束，并预见在战后，根据《大西洋宪章》的原则，摩洛哥将自由地获得独立"。罗斯福许诺，在获得独立后，美国将向摩洛哥提供经济援助。[24]

罗斯福这番话的影响远远超出了晚宴的餐桌。在他这次出访后两周，一群民族主义者就起草了一份宣言，并致信美国总统，要求他支持摩洛哥独立。素丹甚至提出向德国、意大利宣战，站在协约国一方加入二战。然而，英国人和美国人都承诺支持戴高乐将军的自由法国军队，而非满足摩洛哥的独立要求。1943年6月，美国将摩洛哥移交给自由法国。摩洛哥人将不得不在缺少外部支持的情况下争取自身的独立，他们也确实做到了。

摩洛哥独立运动的力量源自素丹与民族主义者之间的合作关系。1944年1月，一个自称为独立党的新的民族主义运动发表了一份宣言，要求摩洛哥独立。独立党是公开的保皇派，其宣言提议由素丹代表摩洛哥国家与法国人进行谈判，一个前提条件是，素丹（在获得独立后）建立一个民主政府。

穆罕默德五世全力支持独立党，这也推动他与法国殖民当局走向了对抗。20世纪40年代末期，随着民族主义运动由政治精英的狭窄圈子传播至工会和城市大众，素丹越来越被殖民当局视为那条威胁着法国在北非殖民帝国的民族主义毒蛇的蛇头。

更广阔的阿拉伯世界则给予摩洛哥民族主义者道义上的支持。1947年，流亡海外的摩洛哥激进分子在开罗建立阿拉伯马格里布办公室，因而可以在不受法国干预的情况下策划政治行动，从事政治宣传。马格里布办公室从一艘法国船上解救了20世纪20年代里夫战争中的反西、反法领袖穆罕默德·阿卜杜·卡里姆·赫塔比，即著名的阿卜杜·克里姆，当时他正被从其流放地留尼汪岛押送回巴黎。这件事让该组织登上了头条。阿卜杜·克里姆在开罗受到了英雄般的迎接，并被提名为北非解放委员会主席。

法国人越来越担心阿拉伯民族主义潮流可能横扫其北非属地。穆罕默德五世开始极力强调摩洛哥与阿拉伯世界间的联系。1947年4月，他在丹吉尔港发表演说，谈及摩洛哥的阿拉伯纽带，对法国却未置一词。1951年，一位强硬派的法国公使向穆罕默德五世发出最后通牒，要求后者在取缔独立党和逊位之间做出选择。尽管素丹向法国方面的压力做出了让步，但他仍然保有民族主义者和摩洛哥民众的全力支持，后者则开始动员开展民众示威活动。随着工会鼓动罢工、民族主义示威活动演变为骚乱，摩洛哥国内公共秩序开始陷入瘫痪。

同一时期，民族主义示威活动在突尼斯同样风起云涌。1952年12月，法国人暗杀了一位名叫法尔哈特·哈沙德的突尼斯劳工领袖，这一事件在突尼斯、摩洛哥两国激起大规模民众示威活动。法国当局对摩洛哥主要城市中爆发的骚乱采取了过激的暴力镇压方式，反而在无意中推动了民族主义运动。摩洛哥作家莱拉·艾布·宰德（Leila Abouzeid）在她的自传体小说《象年》（*The Year of Elephant*）中描绘了暴力镇压引发的强烈震动。对小说的叙述者宰哈拉而言，1952年12月的暴力事件，标志着她最终决定加入民族主义地下运动。

> 早在真正加入抵抗运动之前多年，我就已经有了明确的立场。我还非常清楚地记得那一天和当时的场景。那黑暗的一天中卡萨布兰卡发生的屠杀永远都不会被忘记。每当我想到那一天，我的身体就会感到麻痹，似乎又看到他们——来自外国〔法国〕军团的士兵——从我们街区附近的一个兵营中鱼贯而出，用机枪射杀行人。
>
> 枪声在我耳中回荡，妇女儿童倒下的场景不断在我脑海中重演，从何时起这样的状况就困扰着我的生活？之后我还亲眼看到很多尸体像垃圾袋一样躺在路边，但他们从未像那个可怕日子里发生的一切那样深深地震撼我……那一天我失去了对生命的热爱……必须改变这种状况，否则生命就失去了价值。[25]

1952年12月骚乱事件后，独立党和共产党都被法国当局取缔，数百名政治活动人士遭到流放。但素丹仍是摩洛哥民族主义诉求的关键聚焦点，因此法国人也决心逼迫他退位。通过一个由忠于法国、反对穆罕默德五世的摩洛哥显贵组成的小圈子，法国人精心策划了一场反对素丹的国内政变。一群宗教学者和穆斯林神秘主义兄弟会领袖确信,穆罕默德五世的民族主义政治与他们的宗教学说相抵触,进而宣布效忠于一位名为本·阿拉法(Ben Arafa)的皇室成员。法国当局要求素丹退位,后者拒不服从。1953年8月20日,素丹被法国警察逮捕,并在枪口的威胁下被迫飞离摩洛哥。在随后的两年内,穆罕默德五世都被流放在东非的马达加斯加岛。

穆罕默德五世的流放并未能缓和摩洛哥国内的局势。既然自我表达的政治权利遭到剥夺,民族主义者开始转入地下并诉诸暴力。他们尝试暗杀多名法国殖民官员、与法国人合作的本地显贵,甚至试图推翻新素丹本·阿拉法。作为回应,法国定居者建立了名为"法国存在"(Présence Française)的恐怖组织,旨在暗杀民族主义领袖、恫吓其支持者。法国警察则掀起了恐怖统治,逮捕可疑的民族主义者,对政治犯施以酷刑。

正是在这一背景下,莱拉·艾布·宰德自传体小说的主人公宰哈拉加入了抵抗运动。她的首项任务是帮助丈夫所在的秘密组织的一名成员摆脱法国警察的追捕,由卡萨布兰卡逃亡到丹吉尔的国际区。使这项任务更具讽刺意味的是,这位逃亡者乃是一位参加过越南战争的法国老兵,在奠边府战役中失去了一条腿。宰哈拉成功地将这位抵抗运动的战友安全转移至丹吉尔的国际区。

在首次任务成功后,抵抗运动的领导人为宰哈拉指派了更具有挑战性的任务。她领导了针对卡萨布兰卡市中心一位通敌者店铺的纵火袭击。在警察和警犬的密切追踪下,她试图从拥挤的市场中逃命。宰哈拉逃避到一处庭院中,当时这家的妇女们正在做饭。"我是一名游击战士。"她告诉她们,而这些妇女没有问任何问题就向她提供了保护。此刻置身于摩洛哥妇女的保护之下,宰哈拉开始遥想政治风云是如何改变了她本人的命运以及妇女在她祖国内的地位。"如果我的祖母起死回生,看到我向店铺纵火、传送枪支、护送男人偷渡边境,她一定会气得第二次死去。"宰哈拉回想说。[26]

1954年是北非法兰西帝国历史的转折点。20世纪40年代末期以来,摩洛哥和突尼斯的反法抗议活动不断高涨,也迫使法国当局重新考虑其对这两个保护国的立场。这两个国家名义上受本地王朝的统治——在摩洛哥是阿拉维王朝的素丹,在突尼斯是侯赛因王朝的贝伊们。法国人相信通过与民族主义者达成和解、在友好政府的统治下承认两国独立,能够更好地维护法国在这两个国家的利益。然而,法国的帝国政策却因两个事件而陷入了混乱——在奠边府战役(1954年3—5月)决定性的失败后失去印度支那,以及1954年11月2日阿尔及利亚独立战争的爆发。这两个事件也敲响了法兰西帝国灭亡的丧钟。

法国人并未将阿尔及利亚视为一块殖民地。与被作为保护国统治的突尼斯和摩洛哥不同,阿尔及利亚领土已然被并入了法国,并和法国本土其他地区一样被划分为省。多达100万的法国公民生活在阿尔及利亚,其利益受到法国议会中民选代表的密切保护。无论是对法国政府还是法国人民而言,阿尔及利亚都是法国的。因此,当阿尔及利亚民族主义者正式宣战时,法国人迅速并毫无保留地做出回应。他们派遣部队来"保卫"阿尔及利亚免遭民族主义的威胁;已然因越南的失败而满怀怨恨,这些部队决心不再做出任何让步。

由于在阿尔及利亚面临着一场恶战,为减少损失,皮埃尔·孟戴斯-弗朗斯(Pierre Mendès-France)政府采取果断行动,以解决与突尼斯和摩洛哥之间的关系问题。法国总理亲自前往突尼斯,要求当政的贝伊穆罕默德·艾敏八世(Muhammad VIII al-Amin,1943—

1956年在位）任命一个新政府来商谈突尼斯独立事宜。为了使自己的权力压倒民族主义者，这位贝伊试图将国内最受欢迎的民族主义政党——哈比卜·布尔吉巴（Habib Bourguiba）领导的新宪政党排除在新政府之外。然而至1955年3月，贝伊迫于民众要求，不得不邀请布尔吉巴参与谈判。

富有个人魅力的布尔吉巴迅速在突尼斯谈判团队中取得领导地位，并于1955年4月确保达成了自治协议。1956年3月20日，双方签署议定书，法国正式承认突尼斯独立。作为确定主权在民的共和制原则的一个步骤，1957年7月布尔吉巴宣布废除突尼斯君主制，后者由于与法国殖民当局的合作已然遭到削弱。突尼斯共和国选举布尔吉巴为其第一任总统，他担任这一职位将达30年之久。

在摩洛哥，法国试图通过允许穆罕默德五世由马达加斯加返回摩洛哥执政来平息摩国内局势。1955年11月16日，素丹降落在摩洛哥之时受到了热烈的欢迎。两天之后，穆罕默德五世借王位节（Fête du Trône）——摩洛哥的国庆节——之机，从位于拉巴特的皇宫向全国人民发表讲话。宰哈拉，莱拉·艾布·宰德自传体小说中的民族主义自由斗士回忆道："用什么语言来描述那一天呢？整个卡萨布兰卡都沉浸在由舞台、扩音器连接起来的巨大的庆典活动中。歌舞表演与演说混合在一起，过道两旁备好了茶水，茶香随风飘溢。"宰哈拉、她的家人和朋友登上了一辆由卡萨布兰卡开往拉巴特的火车，专门去聆听素丹的讲话。她仍记得当穆罕默德和他的两个儿子出现在阳台上时迎接他们的"难以置信的欢呼声"。"那个11月18日发表的就职演说我不知听了多少次！多么精彩的演说啊！我牢牢记住了演说的内容，时至今日还能背诵出来！"

宰哈拉凭记忆复述着素丹的发言："在这个欢乐的日子，真主给予我们双重的祝福：在漫长而悲伤的离别后再次回到我们最挚爱的祖国的祝福，以及重新与我们如此想念的人民相聚的祝福。对于人民，我们始终忠诚无二，而人民对我们的忠诚也投桃报李。"素丹所传达的信息非常明确：摩洛哥正是因为国王与人民相互支持才取得独立。对宰哈拉而言，11月18日事件所揭示的最重要事实，莫过于法国通过流放来离间摩洛哥君民关系的企图失败了。"[素丹]对我们心灵产生的影响是何等美妙！流亡生涯给他披上一件神圣的外衣，正是为了素丹，摩洛哥人民才加入抵抗运动，好像他已成为一种理想或一个原则。假使法国人没有流放他，他们在摩洛哥的存在将延续更长的时间。我对此确信不疑。"[27]

1956年3月2日，摩洛哥脱离法国实现独立。

摩洛哥与突尼斯取得独立之际，阿尔及利亚已然陷入一场全面战争。事态起初只不过是一个武器装备不足、组织薄弱的小团体（据1954年11月1日的估计，有900—3000名战士）发起的反叛，但后来却发展为一场声势浩大的民众起义。其间，手无寸铁的平民，既包括定居者，也包括本土阿尔及利亚人，常常成为滥杀滥伤的致命暴力的目标。

1955年8月，阿尔及利亚民族解放阵线——以其法语首字母缩写FLN（以下简称"民阵"）而闻名——袭击了定居者村庄菲利普维尔，杀害了123名男人、妇女和儿童。作为报复，法国人采取了超乎寻常的残忍手段，杀害了数千名阿尔及利亚人（法国官方数据承认1273人死亡，民阵则宣称多达1.2万名阿尔及利亚人被杀）。[28]

菲利普维尔大屠杀坚定了民阵的决心。法国针对阿尔及利亚公民的不对等的报复措施使得大量愤怒的志愿者加入民阵，反而强化了这一组织的力量。面对着一支拥有一个工业化国家全部资源支持的法国占领军，这次屠杀也鲜明地暴露了民阵的战略弱点。

民阵在开罗的办公室是该运动开展国际行动的重要基地，纳赛尔时期的埃及政府对阿尔及利亚独立事业公开给予全力支持。正是出于孤立阿尔及利亚民族主义者、迫使埃及放弃支持民阵的考虑，法国才处处设置障碍，拒绝无条件地向纳赛尔治下的埃及出售任何武器装备。一如既往，纳赛尔并不愿接受这些条件。

*

至 1955 年，纳赛尔已经结交了一些有重要影响力的朋友。他得到不结盟运动多位领袖的尊重，包括南斯拉夫总统约瑟普·布罗兹·铁托、印度总理贾瓦哈拉尔·尼赫鲁和中国总理周恩来。考虑到埃及对外部强权的深恶痛绝，不结盟运动是埃及所能采取的一个很自然的选择。与该运动的其他成员国相似，埃及政府希望保留与美国和苏联同时保持友好关系的自由，而不愿在冷战中选边站队。该组织也为亚非国家提供了一个推进去殖民化进程的平台。例如，在奠定不结盟运动基石的印度尼西亚万隆会议上，纳赛尔就提出了一项支持阿尔及利亚独立的决议。令法国伤心的是，这项决议获得了大会的一致通过。

看到他们年轻的总统被承认为世界舞台上的一位领袖，埃及人民欣喜万分。美国人却远没有这么高兴。德怀特·艾森豪威尔总统毫不犹豫地拒绝了不结盟政治，他的政府相信在美国和苏联之间没有什么中间立场，即在最终意义上，一个国家与美国为敌为友只能二选其一。纳赛尔拒绝加入一个反苏地区同盟的决定令美国人怒火中烧，但美国政府中仍有很多人寄希望于说服纳赛尔回心转意。不久他们就会感到失望。

西方拒绝提供纳赛尔所需的武器，这使他最终投入了共产主义阵营。他就确保军队现代武器供应的问题与中国领导人周恩来进行了讨论，后者表示愿代表埃及向苏联提出这一问题。1955 年 5 月，苏联驻开罗大使请求纳赛尔接见,从而开启了两国间持续了一整个夏天的谈判。

即便已转向苏联人寻求军事援助,纳赛尔仍试图维持美国人对他的支持。这位埃及总统向美国人通报了其与苏联人会谈的情况,向美国驻埃大使表示苏联人已明确表示愿意向他提供武器,但他仍然倾向于接受美国的军事援助。在穆罕默德·海卡尔看来,美国国务卿约翰·福斯特·杜勒斯开始还认为纳赛尔在虚张声势。直到有无可辩驳的证据表明纳赛尔即将与苏联人达成一项协议,杜勒斯才派遣使者竭力阻挠协议的达成。

1955年9月,纳赛尔宣布埃及将从苏联的卫星国捷克斯洛伐克获取武器,从而将一个既成事实摆在美国人面前。[29]埃及获得了275辆现代的T-34坦克以及包含有米格-15、米格-17、伊尔-28在内的200架战机,这一武器交易急剧地改变了中东地区的势力均衡。[30]

在倒向共产主义阵营的第一个行动之后,1956年5月,埃及政府与中国正式建交,进一步疏远了艾森豪威尔政府。考虑到埃及已经严重削弱了美国遏制共产主义在中东地区传播的努力,美国决心迫使埃及改变政策。

英国人、法国人和以色列人则野心更大,想一劳永逸地推翻埃及政府。他们将纳赛尔视为一支危险的新生力量——阿拉伯民族主义——的拥护者,深信他可能动员这一力量损害他们在中东的关键利益。本-古里安担心纳赛尔可能召集阿拉伯国家向以色列发起致命一击,英国首相艾登深信纳赛尔将利用阿拉伯民族主义剥夺英国在中东的影响力,法国人则认为纳赛尔正鼓动阿尔及利亚人加紧其反法战争。为了提升本国的利益,上述每一个国家都有充分的动机来寻求推翻纳赛尔政府。

整个1956年,这三个国家都在酝酿向埃及发动战争,即那场被称为"苏伊士运河危机"（在西方）或"三方侵略"（被阿拉伯人）的惨败。

通往苏伊士运河危机之路始于阿斯旺。土地改革计划之外，阿斯旺水坝仍是自由军官的国内发展议程的一个核心组成部分，因为根据预期，水坝一方面将为整个国家提供工业化所需的能源，另一方面也会大大提高灌溉农业的种植面积。

然而，埃及政府无力独立资助水坝的建设。该项目是全球最大的民用工程项目之一，其耗资可谓天文数字——估计达10亿美元，其中4亿美元必须以外汇的形式支付。1955年末，埃及政府与世界银行商谈了一个财务方案，由后者提供2亿美元的贷款，美国和英国则承诺提供剩余的2亿美元。

英、美两国政府希望利用阿斯旺水坝计划，对纳赛尔治下埃及的政治施加一定的控制。根据海卡尔的说法，美国和英国从未考虑给予埃及所需要的全部款项，仅承诺提供所需资金的三分之一。这不足以保证水坝的完工，但恰好足以在工程建设期间对埃及施加影响。海卡尔说，据称，杜勒斯曾于1957年1月向沙特国王沙特表示，"他决定帮助[埃及]建设水坝，因为这是一个长期的项目"。"未来10年内，该计划将把埃及与美国绑定在一起，在此期间，纳赛尔或者已然体会到与苏联合作的危险性，或者已然倒台。"[31]

美国政府还试图将提供贷款与埃及政府承诺不再从苏联购买更多武器一事相关联。美国政府虚伪地论证说，军费开支将削弱埃及支付部分水坝建设费用的能力。纳赛尔无意与苏联决裂，后者是愿意向其提供军事援助而又不预设前提条件的唯一大国。

纳赛尔已经认识到，冷战的规则排除了与苏联和美国同时保持合作的可能性。至1956年4月，他已怀疑美国将撤销对阿斯旺水坝的支持。3个月后的7月19日，艾森豪威尔果然宣布，他将撤销美国对该项目的全部资金支持。

听到美国的声明时，纳赛尔刚结束在南斯拉夫的一次会议，正在返回开罗的途中。他被彻底激怒了。艾森豪威尔径直宣布了撤销对水坝的资金支持，连向埃及提出事先警告的基本礼节都没有，更毋庸说给出解释了。纳赛尔对海卡尔说："这不是一次撤资，这是针对政权发起的一次进攻，是号召埃及人推翻这个政权的一次邀请。"[32]

纳赛尔认为他必须快速地做出果断回应。在24小时之内，他制订了一项计划，但只有6天时间来完成他迄今为止最为雄心勃勃的壮举。

为纪念革命胜利4周年，根据日程安排，纳赛尔将于7月26日在亚历山大发表一次重要演讲。他的主题将是阿斯旺水坝。如果西方列强拒绝帮助埃及人，他计划争辩道，埃及将自己为水坝买单，方式便是将苏伊士运河国有化，并调用运河收入来支付水坝建设的开支。

法理上来说，只要能向苏伊士运河公司的股东们提供公正的补偿，埃及政府就有充分的理由将苏伊士运河国有化。然而，考虑到该公司在法国是一家上市公司，且英国政府是其最大股东，纳赛尔深知运河的国有化将引发一场国际危机。特别是英国决心维护其在中东地区的影响力，因而会将国有化方案解读为埃及政府的又一个敌对措施。纳赛尔估计出现外部干预的概率高达80%。

假设英、法选择发动战争，纳赛尔估算，两国至少需要两个月的时间来集结干预所需要的军事力量。两个月的时间将给予他一个关键的缓冲期，来通过谈判达成一项外交解决方案。整个计划听起来很像一场赌博，但纳赛尔相信，为了维护埃及独立并免遭外部势力控制，他必须孤注一掷。

纳赛尔责成一位年轻的工程师马哈穆德·优努斯上校（Colonel Mahmoud Younes）来完成对苏伊士运河公司办公区的实际接管。7月26日当晚，优努斯将通过广播收听纳赛尔的演讲。如果听到纳赛尔提到行动的代码"费迪南·德·莱塞普"——苏伊士运河的设计者——之时，就立即采取行动。如果纳赛尔在演讲期间没有提到这个名字，优努斯就什么也不要做，等待进一步的命令。

纳赛尔一如既往，参照提纲要点即兴发表演说，开始追溯阿斯旺水坝危机的背景。他回顾了埃及遭受帝国主义势力剥削的历史，援引苏伊士运河作为例子，还多次提到了费迪南·德·莱塞普的名字。海卡尔回忆道："总统先生是如此担心［马哈穆德·优努斯］会听漏了，以至于他不断地重复费迪南的名字。德·莱塞普这般，德·莱塞普又那般，直到他重复了大概有10遍之久。人们也开始感到奇怪总统为何对德·莱塞普这么小题大做，因为埃及人对后者并没有什么好感。"

其实纳赛尔并没有必要担忧，因为专注的优努斯上校在听到这个名字被提起的第一时间，就关闭了收音机并开始行动。他之后曾对纳赛尔坦白说："我很抱歉，我错过了您演讲的剩余部分。"

马哈穆德·优努斯的团队确保了对苏伊士运河公司在开罗、赛德港和苏伊士的分支办公室的控制，他本人则亲自领导了对位于伊斯梅利亚的公司总部的接管。一位陪同优努斯参与行动的同伴后来回忆说："我们大约在晚上7点时进入伊斯梅利亚的办公区，当时办公区内除了夜班工人外并没有职员。我们叫来了高层职员——当然是外国人，因为公司决策层中并没有埃及人……他们都感到意外。"[33] 一支仅仅由30位军官和民用工程师组成的队伍就完成了对公司全部3个办公区的占领。

当纳赛尔的演讲达到高潮时，苏伊士运河已然牢牢地处于埃及人的控制之下。纳赛尔对狂喜的听众说："我们不会允许苏伊士运河成为国中之国，今天苏伊士运河已经是一家埃及的公司。"宣布苏伊士运河国有化之后，纳赛尔又承诺说运河3500万英镑的收入自此以后将用于阿斯旺水坝工程的建设。"人们因激动而陷入了疯狂。"海卡尔回忆说。[34]

苏伊士运河国有化的消息震惊了整个国际社会。本-古里安的第一反应是这一事件为推翻纳赛尔提供了机会。他主动向美国提出倡议，但艾森豪威尔政府却不置可否。本-古里安在其日记中透露道："西方大国都感到愤怒……但恐怕他们不会做出任何回应。法国不敢单独行事，[英国首相]艾登并不是一个实干家，华盛顿将避免做出任何回应。"[35]然而，本-古里安低估了英国人和法国人对纳赛尔上述举措的愤怒程度。

法国人首先做出回应。国有化事件后第二天，法国国防部部长莫里斯·布尔热-莫努里（Maurice Bourgès-Maunoury）就致电时任以色列国防部办公厅主任的西蒙·佩雷斯（Shimon Peres），询问以色列需要多长时间能够占领苏伊士运河以东的西奈半岛。佩雷斯做了一个粗略的猜测：两周。随后法国部长单刀直入地问道：以色列是否愿意加入一场针对埃及的三方攻击，其中以色列的工作是夺取西奈，英、法联军将负责占领苏伊士运河区？佩雷斯本人并无权承诺以色列加入某一战争联盟，但他仍给予了法国人一个积极的答复，从而开启了将最终导致第二次阿以战争的三方共谋。

随后，法国人又向安东尼·艾登爵士提出了这一方案。根据该方案，以色列人在西奈向埃及人发动袭击，为一场旨在运河区"恢复秩序"的英、法联合军事干预提供借口。整个疯狂的方案都建立在纳赛尔政府无力挺过这样一场攻击、以色列将确保对埃以边境的控制、英法将通过这样荒谬的途径重新确立对运河的控制等一系列预设之上,因而最集中地揭示了(三方)集体性的判断失误。

为达成这个看起来不太真实的三方联盟,三国在巴黎市郊的色佛尔举行了一次会议,参会代表包括法国外交部部长克里斯蒂安·皮诺(Christian Pineau)、英国外交大臣塞尔文·劳埃德(Selwyn Lloyd)和以色列总理大卫·本-古里安。这是一场令人不安的会谈,以色列人与英国人之间严重缺乏信任也反映出巴勒斯坦委任统治结束后遗留的仇怨。然而,对纳赛尔的共同仇恨以及彻底毁灭他的决心,却将这些合谋者团结在一起。

经过48小时的激烈谈判,三方终于在1956年10月24日达成一项秘密协议。首先,以色列将入侵埃及并挑起阿以冲突,从而使经由苏伊士运河的海路交通面临瘫痪。英、法会坚决要求停火,这一要求显然不会得到回应。这时英法联盟就会出动部队进行军事干预,占领运河区。以色列外交人员对其英、法同事是如此不信任,以至于坚决要求各方签署一项书面协议,唯恐欧洲人在以色列入侵后打退堂鼓。

英国和法国都有足够的理由重新考虑它们与以色列之间的共谋。由于1948年后向以色列提供武器、拒绝阿尔及利亚的独立要求,法国已然招致了广泛敌视。帝国过往的历史继续困扰着英国与阿拉伯民族主义者之间的关系。这些昔日帝国强权与以色列并肩作战的选择,必然会毒害欧洲国家与阿拉伯世界的关系。而且,想让这样一个阴谋长期维持保密状态,几乎是不可能的。

然而,就是这样一个看起来不太可能的计划却变为了现实。10月29日,以色列向埃及发动进攻,在西奈展开战斗并迅速向苏伊士运河进军。次日,英、法两国向埃及人和以色列人发布了事先议定的最后通牒,要求双方停止敌对行为,并将军队撤出距离苏伊士运河两岸 10 英里的区域。由于对发布声明时间的误判，法国人和英国人暴露了其插手危机的内幕——当英、法要求所有参战人员都撤出运河区之时，以色列人距离运河还有数十英里之遥。正如纳赛尔的密友穆罕默德·海卡尔推理的那样："当以色列人只有一个装备有轻型武器的伞兵营进入西奈且距离运河尚有 40 英里之时，有什么理由要求双方都撤离至距运河 10 英里以外的区域呢？"英、法能够预测以色列人到达运河区的唯一理由，就是他们也参与了袭击的策划。

随着英国与以色列合谋参与袭击的证据不断浮现——英国侦察机被发现出没在西奈上空，埃及人被迫接受了难以置信的事实。海卡尔回忆说："纳赛尔就是无法让自己相信，像艾登这么一个自诩对中东十分了解的人，会通过与以色列一起向一个阿拉伯国家宣战，来危及英国在阿拉伯世界所有盟友的安全，以及英国自身在这一地区的地位。"[36]

眼见着苏伊士运河危机迅速展开，美国同样感到难以置信。当然，美国人并不反对类似的策略：中央情报局本身已经策划了一场推翻叙利亚政府的政变，恰恰在以色列人发动进攻的同一天执行。[37] 叙利亚已接受了苏联的经济援助，而美国希望遏制苏联在中东地区的扩张。在 1956 年，这样一次行动与美国的世界观完全一致。

艾森豪威尔政府之所以感到苏伊士冲突难以理解，是因为在冷战的高峰期，英、法却还像帝国强权一样行事。对美国人来说，遏制苏联扩张是唯一重要的地缘战略博弈，就像在世界其他关键地区一样，在中东也是如此。他们无法想象自己的北约盟友英国和法国，会为了一条通向他们在南亚和东南亚的业已解体的帝国、曾经具有战略意义的航道而发动战争。艾森豪威尔同样为他的欧洲盟友在未咨询美国的情况下就发动这样一场重大军事行动而感到愤怒。假如英、法向其咨询，美国人当然会反对发动苏伊士战争。英、法两国政府非常清楚美国人会如何回应，因而选择让华盛顿蒙在鼓里。

从美国的角度来看，苏伊士运河危机是一个彻头彻尾的灾难。当时，虽然美国在叙利亚的秘密行动中断了，但匈牙利正在发生的事件让这一挫败显得无足轻重。10月23日，即以色列对埃及发动进攻前6天，匈牙利爆发革命。学生举行示威活动反对布达佩斯的斯大林主义政权，并演化为全国性的抗议。几天内，受苏联支持的旧政府倒台，改革派的伊姆雷·纳吉（Imre Nagy）领导下的一个新内阁上台，并迅速宣布匈牙利退出《华沙条约》，从而实际上结束了与苏联及其盟友的军事合作。这一事件成为分隔苏联控制下东欧与西方之间铁幕的第一个裂缝，也是冷战开始以来最重要的发展。

正当美国忙于在联合国框架内保护匈牙利的运动免遭苏联报复之际，美国愤怒地发现英国人和法国人已对埃及展开军事行动。英、法干预为苏联提供了一个意想不到的转移视线的绝佳机遇。在10月31日对埃及空军基地实行闪电袭击之后，11月初英、法开始向运河区空降伞兵部队。苏联外交官在抓住了维护纳赛尔的埃及反抗西方侵略的道德制高点的同时，迅速在匈牙利部署部队以恢复其在东欧地区的权威。在西方最需要呈现出一个坚实的阵线来遏制苏联扩张之时，北约内部的团结却遭到削弱。艾森豪威尔将失去匈牙利的责任完全推给了英国和法国。

在埃及，面对3个装备占优的敌人，纳赛尔发现自己正在进行一场取胜无望的战斗。在战斗开始的头几天里，他就命令部队撤出加沙和西奈，以便集中力量保卫运河区；这两个地区很快便被以色列人占领。当时，纳瓦勒·萨阿达维正在尼罗河三角洲地区的一个乡村诊所里行医。她还清楚地记得纳赛尔的讲话："在家里和街道上成千上万的收音机里回响：'我们将继续战斗，直到侵略者离开为止。我们绝不会投降。'"纳赛尔在面对优势兵力突如其来的袭击时表现出的不屈，再一次感染了埃及人民，人们成群结队，志愿为国效力。萨阿达维回忆说："我脱下了白大褂，穿上了军装。"

像很多埃及人一样，萨阿达维准备前往交战区去协助战备工作，然而在随后的混乱时期她并没有得到征召。因此，她只是从位于三角洲的村庄关注着战事的进展。当英、法伞兵部队于11月6日包围赛德港时，她和所有埃及人一样被吓坏了。"成千的火箭和炸弹从飞机上发射和投掷，军舰从海面上炮击着这座城市，坦克在街道上横冲直撞，狙击手被空降到屋顶之上。"萨阿达维写道。埃及平民与他们的军队一道发起了平民的抵抗。"游击战士——大多数还非常年轻——的队伍组建成立，开始用步枪、手榴弹、燃烧弹发起战斗。"[38] 共计1100名平民在运河区的战斗中死亡。

为了迫使英、法停战并撤出其部队，美国向两国施加了巨大的压力。然而，美国在安理会的努力却遭到英、法的阻挠，两国通过行使否决权阻碍任何限制它们苏伊士行动的决议通过。随着苏联及其盟友威胁要站在埃及一方介入冲突，艾森豪威尔政府开始对英、法采取公然的威胁，以迫使二者接受立即停火的要求。两国受到被开除出北约的威胁，且美国财政部警告说，将出售部分美国持有的英镑债券，迫使英国货币贬值，这一做法显然将对英国经济产生灾难性影响。上述威胁产生了效力。11月7日，英国和法国接受了一项联合国停火协议。至1956年12月22日，所有的英、法部队都已撤出埃及。最后的以色列部队则在1957年3月撤离埃及，并被一支联合国维和部队所取代。

对埃及而言，苏伊士运河危机是军事失败转变为政治胜利的经典案例。与他勇敢的言辞和反抗相比，纳赛尔并未取得任何可与之匹配的军事成就。生存下来本身就被视为重大的政治胜利，埃及人以及纳赛尔在整个阿拉伯世界的广大追随者大肆庆祝，就好像纳赛尔确实击败了埃及的敌人们一样。纳赛尔知道苏伊士运河的国有化不再会遭遇任何挑战，埃及已经对其全部领土和资源取得了完全的主权。

对以色列人来说，苏伊士运河战争代表一次出色的军事胜利和一个政治挫败。尽管本-古里安在困窘中被迫撤出了以色列国防军通过武力占领的土地，但他再一次向阿拉伯邻国展示了以色列的军事实力。然而，以色列参与三方侵略这一事实再次强化了一个在阿拉伯世界广为传播的观点，即以色列是帝国主义政策在中东地区的延伸。

以色列与帝国主义间的联系只能使阿拉伯国家更难接受这个犹太国家，更不用说承认其合法性或与其缔结和平协议。相应地，击败以色列不仅关乎解放巴勒斯坦，更关乎中东地区摆脱帝国主义的枷锁。在20世纪50年代，这两个观念成为阻碍任何和平进程的强大意识形态障碍。

法国在苏伊士运河危机中损失惨重，它在阿尔及利亚的地位受到打击，在阿拉伯世界的整体影响力遭到削弱。在20世纪50年代剩余的岁月中，法国放弃了阿拉伯世界，开始全力支持以色列。事实上，苏伊士运河危机结束伊始，法国就开始给以色列人提供武器，并帮助后者建立了核项目。1957年，法国向以色列提供了一座两倍于其原先承诺容量的反应堆。

英国原本希望在阿拉伯世界维持重要的影响力，但无疑却成为苏伊士运河危机中最大的输家。发动战争的决定在英国国内激起了强烈的反对，导致英国政府和外交部多名高层官员辞职。苏伊士运河危机后，安东尼·艾登遭受重大打击，并于1957年1月辞去了首相职务。苏伊士运河危机对英国在中东地区地位的影响更是毁灭性的，正如海卡尔所判断的："苏伊士运河危机之后，阿拉伯领导人都不可能成为英国的朋友、纳赛尔的敌人。苏伊士让英国人丢掉了阿拉伯世界。"[39]

*

纳赛尔一系列令人瞩目的成就把他推上了阿拉伯世界的领导地位。他的反帝资历以及对阿拉伯团结的呼吁,使他成为整个地区阿拉伯民族主义者的领袖。纳赛尔是通过电波向阿拉伯民众传达信息的,20世纪50年代长距离无线电广播技术与廉价的半导体收音机的普及正好相得益彰。在一个成人文盲率较高的时代,纳赛尔通过收音机可接触到相比报纸而言更为广泛的听众群体。

当时,阿拉伯世界听众最广泛、最有影响的电台是总部位于开罗的"阿拉伯人之声"。1953年建立之时,该电台主要是为了推进埃及革命的思想,后来则结合了新闻、政治和娱乐内容。通过一种共同的语言,"阿拉伯人之声"将跨越国境的阿拉伯语母语者连接在一起,推进了泛阿拉伯行动和阿拉伯民族主义思想的发展。整个阿拉伯世界的听众们深受感染,一位同时代的人回忆道:"过去人民的耳朵就像粘在了收音机上,特别是当阿拉伯民族主义的歌曲在广播中响起,号召阿拉伯人抬起头来保卫他们的尊严和土地免遭侵犯之时。"[40]

通过收音机,纳赛尔征服了阿拉伯世界。借助"阿拉伯人之声"电台,他得以向其他阿拉伯统治者施压,以迫使后者遵从他的规则,同时绕过阿拉伯政府首脑们直接向其公民们讲话。在一份关于1957年黎巴嫩国内局势的政治报告中,黎情报机构主管埃米尔法里德·谢哈卜(Amir Farid Chehab)写道:"亲纳赛尔的政治宣传最能占据穆斯林民众的心灵,他们将他视为阿拉伯人的唯一领袖,除了他以外不在乎任何领导人,而这一切都受惠于埃及和叙利亚广播电台的影响以及纳赛尔在埃及取得的成就。"[41]

相比这位埃及总统本人的意图，一些阿拉伯民族主义者开始更多地从字面意义上接受纳赛尔关于阿拉伯统一的口号，在这一点上没有任何国家比叙利亚更加明显。

1949 年侯斯尼·宰伊姆（Husni al-Zaim）推翻总统舒克里·古瓦特里以来，叙利亚政治就陷入长期的脆弱局面。自 1949 年古瓦特里下台直至 1955 年他再次掌权，叙利亚经历了 5 次领导人更迭。至 1957 年夏末，这个国家已在政治全面解体的边缘。在一个革命动荡的年代，被夹在苏联和美国（1956 年美国正策划推翻古瓦特里政府）以及阿拉伯内部争斗之间，这个国家内部也因深刻的政治分歧而发生撕裂。[42]

20 世纪 50 年代末期，叙利亚影响力最大的两个政党是共产党和阿拉伯复兴党——更多以复兴党（Ba'th，字面义为"复兴"）而闻名。作为一个世俗的泛阿拉伯民族主义政党，复兴党于 20 世纪 40 年代初由米歇尔·阿弗莱克和萨拉丁·比塔尔建立，其口号是"同一个阿拉伯民族，肩负同一个永恒使命"。复兴党避而不谈单一国家内范围较小的民族国家式的民族主义，而是支持一种团结了所有阿拉伯民众的大阿拉伯民族主义。复兴党的意识形态理论家认为，阿拉伯人只有通过完全的阿拉伯统一（这是一个乌托邦式的设想，成立一个单一的阿拉伯国家，从 1919 年凡尔赛方案所强加的帝国边界中解放出来），才能摆脱外部统治，从而实现完全独立，并在国内实现社会公正。40 年代末期，该党的分支在叙利亚、黎巴嫩、外约旦、伊拉克等地迅速发展起来。

尽管从 20 世纪 60 年代至今复兴主义将成为一支重要的政治力量，但 50 年代该党在叙利亚力量仍很薄弱。作为一个中产阶级知识分子的政党，复兴党缺乏民众支持基础。1955 年叙利亚议会选举中，该党仅赢得了叙议会不足 15％的席位。因此，复兴党非常需要一个强大的盟友，其成员在埃及的纳赛尔身上看到了希望。他们全心全意地支持纳赛尔，一方面是出于信念上的认同——后者的反帝、泛阿拉伯宣传与他们自身的话语是如此地紧密协调，另一方面也是为了利用纳赛尔在叙利亚的巨大影响力来助力他们自身的事业。

叙利亚共产党并不那么需要纳赛尔，因为其地位随苏联在叙利亚影响力的扩大而提升。叙利亚共产党人也因纳赛尔对埃及共产党的镇压而对后者心怀警觉。但他们同样试图受益于纳赛尔在叙利亚的广泛吸引力。

至1957年，复兴党和共产党都向纳赛尔提出叙、埃合并的提议，两个相互竞争的政党都不惜开出更高的价码来争夺纳赛尔的支持：复兴党提出一种联邦式的合并方案，共产党则加大赌注，提议两国完全合并为一个单一国家——因为后者确信，纳赛尔将拒绝这一请求。这些提议某些程度上都具有游戏的性质，因为无论复兴党人还是共产党人，都没有权力达成与埃及的合并。

然而，当叙利亚军队卷入合并议题后，原来的游戏开始变得严肃起来。军队此前已发动了三次推翻叙利亚政府的政变，其中很多军官都是公开的复兴党人。他们被埃及军人领导下的纳赛尔政府所吸引，相信叙、埃合并将使他们成为叙利亚政治中的主导力量。1958年1月12日，在未事先告知本国政府的情况下，叙利亚总参谋长和其他13位高层军官飞往开罗与纳赛尔商讨合并事宜。在总参谋长一行前往开罗后，一位叙利亚高层军官才拜访了包括财政部部长哈立德·阿兹姆在内的内阁部长们，向他们通报了军队的行动。阿兹姆问这位军官："如果能在前往开罗之前告知政府，并与政府讨论你们的决定，不是更好吗？"

"已经发生的就无法更改了。"军官这样回答，随后便告辞离去。

作为一名出身显贵的民族主义政治家，阿兹姆曾为叙利亚摆脱法国委任统治实现独立而斗争，也经历了1945年法国人对大马士革的疯狂轰炸。他深信军队将把叙利亚带入灾难之中。他在日记中反思："如果阿卜杜·纳赛尔接受了这个提议，叙利亚将会完全消失；如果他拒绝了，军队就会占领国家机关，推翻政府和议会。"[43]

叙利亚政府决定派遣外交部部长萨拉丁·比塔尔——复兴党的两位创始人之一——前往开罗，以试探纳赛尔的想法并向内阁汇报情况。到了开罗之后，比塔尔却被卷入片刻的兴奋之中，以自封的谈判者取代了原本的观察员身份。作为叙利亚政府的官方代表，他与纳赛尔直接进行了讨论。

看到源源不断的叙利亚政客和军人飞来开罗，急于将自己的国家掷于他的脚下，纳赛尔也感到茫然不解。尽管一直提倡阿拉伯统一，但纳赛尔本人将这个词理解为阿拉伯团结，即在宗旨和目标上的统一。他从未奢望与其他阿拉伯国家实现正式的合并，他也承认埃及与阿拉伯世界其他国家相比有一段非常独特的历史——早在革命之前，多数埃及人不会将自身界定为阿拉伯人，而是用这一术语来指代阿拉伯半岛的居民或者沙漠贝都因人。考虑到埃及和叙利亚并无共享的边界，而是被以色列竖起的铜墙铁壁所隔离，这一提案更是显得不太可能实现。

然而，纳赛尔也看到了与叙利亚合并将如何提升他本人的利益。作为两个主要阿拉伯国家合并后的领导人，他可以确保自身作为阿拉伯世界无可争议的领导人的地位。合并将受到埃及和叙利亚之外阿拉伯民众的巨大支持，从而强化他们对纳赛尔而非其本国领导人的忠诚。合并同样有助于向大国——美国、苏联、英国和法国——显示中东地区新的政治秩序正在由埃及塑造。战胜了帝国主义之后，纳赛尔现在正在设法绕开冷战。

纳赛尔接见了叙利亚来客并提出了自己的条件：完全合并，叙利亚受开罗统治，采用与埃及完全相同的统治机构；叙利亚军队将受埃及人的指挥，回归军营并完全退出政治；所有的政党都将被解散，代之以一个名为"民族联盟"（National Union）的单一国家政党，政党多元化将被等同于制造分裂的派系主义。

纳赛尔的条件对叙利亚来客而言是一个不小的打击。复兴党的代表们对解散政党的前景感到惊恐不已，但纳赛尔保证他们将主导民族联盟，而后者将被证明为他们塑造阿拉伯联合共和国——新国家将如此称呼——政治文化的工具。新国家的称呼有意被设计为开放式的，因为叙、埃合并将只是迈向更为广阔的阿拉伯统一——以及复兴党所渴望的阿拉伯复兴——的第一步。尽管纳赛尔设定的条件剥夺了复兴党和军队的政治权利，但这两个群体在结束开罗会谈时却仍都幻想通过与埃及的合并，对叙利亚施加主导性的影响。

经过10天的讨论，比塔尔和军官们从开罗返回叙利亚，就他们与纳赛尔达成的合并计划向叙利亚内阁做了简要介绍。哈立德·阿兹姆毫无保留地表示反对相关提议，但却发现他本人属于少数派。阿兹姆沮丧地看着叙利亚的民选领导们，仅仅出于在他看来的一阵阿拉伯民族主义冲动，就欢天喜地地将其国家来之不易的独立地位拱手送人。他嘲讽总统古瓦特里在其开场白中，用"'阿拉伯性''阿拉伯人''荣耀'等词语来填充一次原本空洞无物的演说"。随后古瓦特里又邀请外交部部长发言。比塔尔告诉他的同事们，他本人和纳赛尔已经同意将叙利亚和埃及完全合并为一个国家，并且提议在两国将这一议题诉诸全民公决——双方都很清楚合并在叙、埃两国都将得到公众的大力支持。

比塔尔讲完后，他的很多内阁同事都确认支持合并。"当他们都发言完毕后，"阿兹姆继续讲述道，"我提出休会，以便给在场与会者详细研究提案的机会。听到这一建议后,他们所有人看起来都很震惊。这次轮到我感到惊奇了。我无法相信,在提交给内阁这样一份几乎关涉叙利亚政治实体存亡的重要提议后,却不给予部长们充分的时间来研究相关事宜,并咨询其政党、议员和国内决策者的意见。"[44] 他仅成功争取到 24 小时的休会时间。

阿兹姆准备了一份全面的答复,提出了一个基于两国联邦体制的妥协性合并计划。他的提案在叙利亚内阁内获得了足够的支持而被提交给开罗,然而纳赛尔并不接受任何妥协:要不就完全合并,要不就干脆作罢。这时叙利亚军队再次介入,备好了一架飞机准备护送内阁成员前往开罗签订协议。总参谋长为犹豫不定的政治家们澄清了这个问题,据说他是这样说的:"你们面前只有两条路,一条通往麦宰〔大马士革城外臭名昭著的政治监狱〕,另一条通往开罗。"[45] 叙利亚政府选择了通往开罗之路,终于在 1958 年 2 月 1 日与埃及签订了合并协议。

这仅仅是一个革命年份的开端。埃及与叙利亚的合并预示着一个阿拉伯统一的新时代,在整个阿拉伯世界激起了强烈的公众支持。纳赛尔的地位也达到新的高度,这一点也引发了其他阿拉伯国家元首的惊恐。

1958 年时地位最不稳固的阿拉伯领导人也许要数年轻的约旦国王侯赛因了,到当年 11 月,他刚刚年满 23 岁。考虑到约旦与英国长期联系的历史,侯赛因一直是纳赛尔主义宣传机器一个特别的目标。"阿拉伯人之声"传播着对侯赛因毁灭性的批评声音,鼓动约旦人民推翻君主政体,加入现代的阿拉伯共和国的进步阵营。

为了回应上述外部压力,侯赛因国王尽其所能地与英国保持距离。他顶住了英国的压力,拒绝加入《巴格达条约》。1956 年 3 月,他宣布将一直负责其军队运转的英国军官免职,其中就包括有重要影响力的指挥官格拉布帕夏。1957年3月,他甚至就终止《英约协议》展开谈判,很可能在实际上终结英国对约旦哈希姆王国的影响。伴随上述措施的还有一系列与埃及和叙利亚和解的姿态,以及展示约旦对阿拉伯民族主义忠诚的努力。

侯赛因所做出的最勇敢的让步,是向纳赛尔主义力量开放他的政府。1956年11月,侯赛因举行了约旦历史上首次自由、公开的选举,从而使得左倾的阿拉伯民族主义者在议会中获得了明显多数。侯赛因甘冒风险,邀请最大政党的领袖苏莱曼·纳布勒希(Sulayman al-Nabulsi)组建了一个忠于王室的反对派政府。但这个实验只持续了不到6个月。

具有改革思想的纳布勒希政府在调和忠诚与反对之间矛盾的过程中处境艰难。此外,相比国王而言,纳布勒希得到了来自约旦军队中的纳赛尔主义"自由军官"更多的忠诚和公开支持。侯赛因开始确信纳布勒希政府执政越久,他的王位就越危险,因而决定采取行动。1957年4月,侯赛因孤注一掷,以政府同情共产主义为由要求纳布勒希辞职。纳布勒希被解职后,侯赛因迅速采取强有力的措施重新确立他对国家和武装部队的控制。至4月中旬,侯赛因国王经过精心策划逮捕或流放了约旦最重要的自由军官,确保部队向他宣誓效忠。

1958年叙、埃合并后,约旦所面临的压力进一步增大。[46]阿拉伯民族主义者提高了他们的呼声,呼吁哈希姆政府下台,要求约旦通过与阿拉伯联合共和国合并加入进步的阿拉伯阵营。但侯赛因本人对阿拉伯民族主义的理解更多是王朝式的,而非意识形态性的。为了缓解约旦脆弱的处境,侯赛因转向了其表兄弟费萨尔二世统治下的伊拉克。两周之内,他便与伊拉克签署了一项称为"阿拉伯联邦"(The

Arab Union)的合并计划,并于 1958 年 2 月 14 日在安曼正式启动。

阿拉伯联邦是一个联邦式的制度框架,这一框架保留了每一成员独立的国家地位,同时呼吁建立联合的军事指挥权和外交政策。这一新国家的首都每 6 个月将在安曼和巴格达之间轮换一次。这两个哈希姆王国由血缘纽带、经历过英国托管的共同历史联系在一起,甚至共享着一段边境线。

然而,阿拉伯联邦无法与阿拉伯联合共和国相比。伊拉克和约旦的合并被视为针对纳赛尔主义威胁的一种防御性策略。考虑到伊拉克是《巴格达条约》的发起国,总理努里·赛义德(Nuri al-Sa'id)被痛斥为当时最亲英的阿拉伯政治家,侯赛因将自身命运与伊拉克相绑定的做法,无疑使其王国面临着来自纳赛尔主义者更大的压力。

黎巴嫩是另一个在叙、埃合并后经历巨大压力的亲西方国家,1943 年《民族宪章》中达成的教派分权格局开始松动。黎巴嫩穆斯林(这一类别中包括了逊尼派、什叶派和德鲁兹派)尤其感到愤愤不平。他们不赞成基督教马龙派总统卡米勒·夏蒙(Camille Chamoun)所奉行的亲西方政策,希望黎巴嫩更明确地向阿拉伯民族主义的政策看齐。1958 年,黎巴嫩穆斯林有理由相信他们的人口数量已经超过基督徒。但自 1932 年以来,黎政府就再未批准过任何新的人口普查,这一事实也证实了穆斯林的疑虑,即基督徒拒绝承认新的人口现实。黎巴嫩穆斯林也开始质疑现有的权力分配格局,因为这一格局赋予他们的政治话语权太少了。在一个更加尊重人口比例的体系中,他们的人口规模将会赋予他们更大的话语权。他们深知,在真正的多数统治下,黎巴嫩所奉行的政策将与主导这一时代的纳赛尔主义政策相一致。

黎巴嫩穆斯林认为纳赛尔是他们所有问题的解决方案，认为他是一位强大的阿拉伯和穆斯林领导人，他将团结阿拉伯世界，结束黎巴嫩穆斯林在这个基督徒主导的国家中的从属地位。但总统夏蒙却认为纳赛尔对黎巴嫩的独立构成了直接威胁，从而为对抗外部颠覆开始寻求外国保障。

苏伊士运河危机后，夏蒙深知他无法依靠法国或英国的支持，因而转向美国。1957年3月，夏蒙宣布接受艾森豪威尔主义。这套信条于1957年1月首次提交给美国国会，后成为冷战在中东地区发展的一个重要里程碑。作为遏制苏联在中东地区扩张的一套新的政策倡议，该信条呼吁美国向中东国家提供发展援助和军事支持，以帮助这些国家维护其民族独立。更重要的是，艾森豪威尔主义授权"部署美国武装部队来确保和保护地区国家的领土完整与政治独立……免遭国际共产主义控制之下任何国家的公然武装侵犯"。

考虑到捷克武器交易和苏伊士运河危机之后苏联与埃及关系的不断深化，在很多人看来，艾森豪威尔主义更像是一项旨在同等地遏制埃及和苏联在阿拉伯世界影响力的政策。与《巴格达条约》一样，埃及再次断然拒绝了美国的这项新政策，将之视为西方大国向阿拉伯世界强加其反苏立场却又无视阿拉伯人针对以色列诉求的又一次尝试。因此，在正式接受艾森豪威尔主义之后，黎巴嫩总统夏蒙也就走上了一条与纳赛尔政府及其在黎巴嫩众多追随者对抗的道路。

1957年夏举行的黎巴嫩议会选举期间，各种事端开始集中爆发。在黎巴嫩，共和国总统由议会选举产生，任期6年。1957年选举产生的议会将在1958年投票选举下一任黎巴嫩总统，因而利益关系重大。

选举前期，夏蒙的反对者成立了一个称为"民族阵线"的竞选集团，穆斯林、德鲁兹人和基督徒都包括在内。该阵线聚集了一批重要的政治家——的黎波里的逊尼派领袖拉希德·卡拉米（Rashid Karami），最强大的德鲁兹政治家卡迈勒·琼布拉特（Kamal Jumblatt），甚至还包括反对卡米勒·夏蒙统治的马龙派基督徒，如比什拉·扈里的宪法集团。民族阵线所代表的黎巴嫩公众的范围，远远广于身处困境的总统夏蒙的支持者。

黎巴嫩成为美国人和纳赛尔主义者争夺的战场，前者试图支持亲西方政权，后者则致力于联合阿拉伯力量反对外部干预。随着议会选举的临近，美国政府担心埃及、叙利亚会支持民族阵线，削弱亲西方的夏蒙的地位。因此，美国人开始插手破坏选举活动。中央情报局提供了巨额资金，以担负夏蒙集团内候选人选举攻势的开销。这一行动则由美国驻黎巴嫩大使本人负责，后者决心要赢得"一个99.9％亲美的议会"。身为中央情报局特工的威尔伯·克瑞恩·埃夫兰（Wilbur Crane Eveland）曾在其与众不同的克莱斯勒·德·索托敞篷车里亲手将这些资金交付给了夏蒙，而他本人对这次行动也深表疑虑："［黎巴嫩］总统和总理使用外国资金［贿选］时太过明目张胆，以至于两位被责成监督投票的亲政府部长在选举中途就宣布辞职。"[47]选举时的紧张局势在黎巴嫩北部引发大规模武斗，在投票期间造成多名平民死伤。

夏蒙最终取得了压倒性的胜利。这一胜利与其说是对艾森豪威尔主义的支持，毋宁说是更大程度上证明了夏蒙政府的腐败。反对派媒体将选举结果视为夏蒙试图在议会中积聚力量以便修改黎巴嫩宪法，从而允许他本人实现总统连任的一个明证。

在议会中被排挤出去之后，部分反对派领袖开始诉诸武力，以防止夏蒙连任。1958年2—5月，爆炸和暗杀事件在首都贝鲁特和农村地区肆虐。叙、埃合并后，随着亲纳赛尔示威让位于暴力，社会秩序开始加速崩溃。

1958年5月8日，一位亲纳赛尔记者纳希卜·麦特尼遭暗杀身亡。反对派将他的死归咎于政府，民族阵线则要求夏蒙政府对这一暗杀事件负责，呼吁举行全国性的大罢工以示抗议。5月10日，的黎波里首先出现武装冲突。5月12日，多支民兵武装在贝鲁特展开激战，黎巴嫩陷入内战。

黎巴嫩政府军总司令福阿德·谢哈卜（Fuad Shihab）将军拒绝部署军队以支持声名扫地的夏蒙政府。随着局势的恶化，亲西方的夏蒙政府似乎有被纳赛尔主义者击败的危险，美国人开始准备介入黎巴嫩。

*

黎巴嫩混战的高潮时期，伊拉克记者优尼斯·白哈里（Yunis Bahri）向妻子提议，离开混乱的贝鲁特，前往相对平静的巴格达。白哈里出生于伊拉克北部城市摩苏尔，一直是对英国在中东地区帝国主义行径直言不讳的批评者，也是为希特勒德国所吸引的众多阿拉伯民族主义者中的一员。二战期间，他以柏林电台阿拉伯频道播音员的身份而在阿拉伯世界闻名。"你们好，阿拉伯同胞们，这里是柏林"是他著名的电台呼号。二战结束后，他往返于贝鲁特与巴格达之间，为重要的阿拉伯报纸撰稿并担任广播播音员。如同宿命一般，1958年他接受了伊拉克总理努里·赛义德的委托，播出了一系列批评纳赛尔的报道。战乱在黎巴嫩爆发后，白哈里在贝鲁特的住宅被民众抵抗力量接管，于是他告诉妻子说，为了逃避（贝鲁特的）轰炸和交火，他们应暂时返回巴格达。

"可夏天这个时候的巴格达热得像燃烧的地狱啊！"他的妻子回答说。

"巴格达的热焰总好过贝鲁特的子弹。"他坚持说。[48]但很多情况他并不了解。

1958年7月13日，白哈里和他的妻子到达巴格达并受到热烈欢迎。当地媒体报道了他们的归来，他们在巴格达的第一晚都忙于为向他们表示敬意而举行的一系列应酬之中。第二天他们醒来，迎来的却是一场革命。

1956年以来，以阿卜杜·卡里姆·卡西姆（Abd al-Karim Qasim）准将和阿卜杜·萨拉姆·阿里夫（Abd al-Salam 'Arif）上校为首的一群军官就密谋策划推翻伊拉克君主政体，建立一个军人领导的共和国。受埃及的纳赛尔及其同僚的启发，他们也自称为"自由军官"。受到阿拉伯民族主义、反殖民主义的激励，伊拉克自由军官谴责哈希姆王室和努里·赛义德政府过于亲英——在苏伊士运河危机后这是一项相当严重的指控。他们试图彻底清除英国人在20世纪20年代建立的旧秩序，创立一个伊拉克人民自己指定的新政府。他们相信只有通过一次革命性的暴力行动才能推翻现有的君主体制。

自由军官终于等到了机会。7月13日至14日的那个晚上，伊拉克政府将部分军队部署到约旦边界地区，以便增援其阿拉伯联盟的伙伴国家免遭叙利亚和埃及的威胁。从军队基地前往约旦边界的路线使得反叛军官有机会经过首都巴格达。密谋者决定当晚即调遣军队绕道前往巴格达市中心并夺取政权。

自由军官下达指令，命令那些忠诚可靠的士兵将车辆从高速公路调往首都，反叛士兵随即占领了巴格达的核心区域。一个分遣队赶往皇宫，去处决费萨尔二世以及当政的哈希姆家族的所有成员，其他人则直取高级政府官员的住宅。士兵们收到命令，可立即处决总理努里·赛义德。阿卜杜·萨拉姆·阿里夫带领一个分遣队去占领广播电台，以便公布革命的消息并确认自由军官对伊拉克的控制。

"这里是巴格达，"1958年7月14日凌晨时分，阿里夫在电波里拖长了声音说道，"伊拉克共和国的广播服务。"对于正在收听的伊拉克民众而言，这是君主政体倒台的第一个信号。激动不安的阿里夫在广播间踱来踱去，焦急地等待着同谋者传来革命成功的消息。大约早上7点钟，一位身着染血的制服的军官冲进了房间，右手还拿着一把冲锋枪，他确认国王和王室已经被处决。阿里夫开始用最大的声音高喊："真主至大！真主至大！"随后他坐在一张桌子前，写下了几行文字，之后走进电台直播间，自言自语地重复道："真主至大，革命取得了胜利！"[49]

优尼斯·白哈里正是通过阿里夫的广播关注着关于革命的最初报道。白哈里回忆说："我们不知道发生了什么，无论是在首都之内还是首都之外，巴格达人蹲在自己家里，被这一系列令人震惊的突发事件弄糊涂了。"随后，阿里夫号召民众走上街头支持革命，追剿革命的敌人。

尽管知道王室成员已经被杀，阿里夫仍然号召伊拉克人向王宫发动袭击，似乎他想让伊拉克人民也卷入弑君的罪行。此外，他还悬赏1万伊拉克第纳尔追捕努里·赛义德，后者在黎明时成功逃脱了袭击者的围捕，待到第二天被捕并被私刑处死时才发现，他化装成了一个女人。白哈里回忆道："当巴格达人听到煽动他们去袭击王宫和努里·赛义德的官邸时，他们怀着杀戮和劫掠的欲望走出了家门。"机会来了，去洗劫传说中巴格达宫殿的惊人财富，去杀死任何挡路的人，城市贫民对此蠢蠢欲动。

白哈里走上街头，目睹了伊拉克革命。迎接他的残杀让他感到震惊："沿着拉希德大街，血水汇成了一股急流。人们看到有人被拖在汽车尾部拖曳至死时都欢呼雀跃。我看到一群暴民在拿阿卜杜·

伊拉以儆效尤。在满足了他们复仇的愿望后,他们拖着他的遗体,将之悬挂在国防部的大门之上。"群氓们拆毁了费萨尔一世以及 1917 年英国人首次占领巴格达时的指挥官莫德将军(General Maude)的雕像,并将英国驻巴格达使馆付诸一炬。

在集体性歇斯底里的氛围之中,任何人都可能被误认为旧政权的一分子并被私刑处死。"任何人只需要用手指一指,说'那是[内阁部长]法迪勒·哲马利(Fadhil al-Jamali)',群氓就会抓住这个人,绑住他的双腿,然后毫不犹豫地、残忍地将其拖曳至死,任凭这个人徒劳地嘶喊,呼求着真主、众先知乃至所有天使和魔鬼的名字来辩解[自己被误解的身份]。"巴格达已然变得让人难以识别,"一片火光冲天、血流成河,受害者的尸首散落在大街小巷"。[50]

巴格达街头暴力横行的同时,阿里夫上校在一整天里继续通过国家广播电台发布各种声明和命令。他下令逮捕前伊拉克内阁的所有成员,以及(伊-约)阿拉伯联盟的所有部长/大臣——无论伊拉克人还是约旦人。随着时间的推移,低级别的官员也遭到指认和逮捕,从巴格达市长到警察局局长。到当天下午,他们开始传唤被怀疑同情王室的记者和播音员。优尼斯·白哈里过去曾协助过努里·赛义德,自然被列为前政府的一名同情者,在第二天也遭到逮捕。他到达国防部时,赛义德血肉模糊的尸体正好被装在一辆吉普车的后备厢里运到。

旧政权的成员像绵羊一样被集结在一起,随后被运往一座新的监狱。这座监狱位于巴格达市郊一个称为艾布·格莱布的地方,由一座旧医院改造而成。后来,艾布·格莱布监狱将作为萨达姆的酷刑室和美军 2003 年入侵伊拉克后的酷刑室而臭名昭著。白哈里在艾布·格莱布被囚禁了 7 个月,随后被无指控释放。1959 年初,他和他的妻子回到贝鲁特,发现一个新政府已然建立,内战也接近尾声。

*

在黎巴嫩，反对派势力因伊拉克王室的倒台而欢欣鼓舞。他们相信哈希姆王室不过是英国人的傀儡，伊拉克自由军官则是纳赛尔式的阿拉伯民族主义者。他们为伊拉克亲西方政府的倒台而深感欣慰，在国内也加强了反对夏蒙政府的活动。正如夏蒙在其回忆录中写道："在反叛的街区，男男女女都走上街头，涌入了咖啡馆和公共场所，发狂式地载歌载舞，以伊拉克领导人的命运来威胁黎巴嫩的合法政府。另一方面，在那些致力于建设一个和平、独立的黎巴嫩的公民中间，一种极大的恐惧正在蔓延。"[51]

黎巴嫩国家的根基已然被内战所动摇，现在则处于崩溃的边缘。在听到伊拉克暴力革命的消息之后仅两个小时，夏蒙就援引艾森豪威尔主义（黎巴嫩是唯一援引该信条的国家）。鉴于美国第六舰队就停驻在东地中海区域，美国海军陆战队第二天就在贝鲁特登陆。

美国介入黎巴嫩是为了防止一个亲西方政府倒向纳赛尔主义势力。美国代表盟友黎巴嫩而展示的武力包括一支1.5万人的登陆部队、数十艘离岸海军舰艇，以及海军舰载飞机多达1.1万架次的飞行任务。这些军机经常在贝鲁特上空进行低空作业，恫吓交战中的黎巴嫩人。美军在贝鲁特仅停留了3个月（最后一支美国部队于10月25日撤离），未开一枪一炮就撤离了黎巴嫩。

短暂的美国占领时期，黎巴嫩恢复了政治稳定。1958年7月31日，黎巴嫩政府军总司令福阿德·谢哈卜将军当选为总统，从而平息了反对派对于夏蒙违宪延长其任期的忧虑。9月22日，夏蒙总统的任期按程序正常结束。10月，谢哈卜总统主持建立了一个囊括忠诚派与反对派成员的联合政府。阿拉伯民族主义者曾希望黎巴嫩能加入阿拉伯联合共和国，从而与埃及、叙利亚相绑定。但随着黎巴嫩新政府在"既无胜者,也无败者"的口号下呼吁民族和解,他们的这一幻想也彻底破灭了。

伊拉克革命使约旦完全陷入孤立,暴露在那些推翻了巴格达那远为强大的君主政体的阿拉伯民族主义者的威胁之下。侯赛因国王的第一反应是派遣军队赴伊拉克镇压革命,恢复其家族在伊拉克的统治。但这只是一时的情感冲动而非理性的考量。即使他那战线过长、武器装备又不足的军队能够压倒更为强大的伊拉克军队,在伊拉克也找不到任何幸存的哈希姆人可以恢复王位〔唯一幸存的哈希姆家族成员宰德亲王时任伊拉克驻英大使,当时与家人居住在伦敦〕。

侯赛因很快就意识到其自身地位的岌岌可危——在失去了伊拉克支持的情况下,他在阿拉伯联合共和国的敌人们现在很容易就能推翻他。在召回自己部队——这些部队已然深入伊拉克境内 150 英里——的同时,他于 7 月 16 日向英、美发出军事援助的请求。与在黎巴嫩的情况相似,外国部队被视为防止外部干预的关键。对侯赛因而言,求助于前帝国强权显然风险巨大,毕竟后者在苏伊士运河危机后已然声名扫地,但孤军作战的风险更大。7 月 17 日,英国伞兵部队和军机开始到达约旦,以遏制伊拉克革命的破坏性影响。

在冷战的高潮期,政治分析家将世界上的所有地区视为随时可能倒下的多米诺骨牌,因而华盛顿、伦敦和莫斯科也都相信伊拉克革命将触发一场阿拉伯民族主义风暴。他们也都深信伊拉克政变是纳赛尔一手策划的,后者执意要将整个新月地带纳入阿拉伯联合共和国的版图。这一想法也部分地解释了为何美、英两国如此迅速地介入黎巴嫩和约旦来支持两国的亲西方政府。

现在所有人的眼睛都转向了埃及和伊拉克,一方面要试探纳赛尔对近期事件的立场,另一方面想弄清阿卜杜·卡里姆·卡西姆准将究竟意欲何为。纳赛尔是否会将伊拉克与叙利亚、埃及合并,建立一个阿拉伯超级大国,以重新调整中东地区的势力平衡?抑或开罗和巴格达之间的传统竞争关系,将延续到共和国时期?

根据纳赛尔的亲信穆罕默德·海卡尔的说法,这位埃及总统从一开始就对伊拉克革命怀有某些疑虑。考虑到1958年时阿拉伯世界的极端不稳定,以及美苏之间的紧张关系,进一步的地区动荡对埃及而言只能是一个包袱。

得知巴格达发生政变时,纳赛尔正在南斯拉夫与铁托举行会谈。7月17日,他直接飞往莫斯科去会见苏联领导人尼基塔·赫鲁晓夫。苏联人确信是纳赛尔精心策划了整个事件,对美国可能做出的反应感到忧虑。赫鲁晓夫温和地责备纳赛尔说:"坦率地讲,我们还没做好冲突的准备,我们还没有为第三次世界大战做好准备。"[52]

纳赛尔试图让苏联盟友相信,他没有插手巴格达的事件,并试图确保苏联保证(帮助埃及)抵御美国的报复。然而,赫鲁晓夫最多愿意提供的也只是联合保加利亚在土耳其边境进行军演,以期劝阻美国向叙利亚和伊拉克部署土耳其部队。"但我要明确地告诉你,不要指望更多的东西了。"赫鲁晓夫警告埃及总统说。纳赛尔则向赫鲁晓夫保证,他无意谋求将伊拉克并入阿拉伯联合共和国。

关于是寻求与纳赛尔合并还是继续维持伊拉克的独立,伊拉克新政府自身也发生了分裂。伊拉克新的领导人阿卜杜·卡里姆·卡西姆准将决心统治一个独立的国家,无意将国家拱手让给纳赛尔统治。他与伊拉克共产党密切合作,寻求与苏联建立更紧密的联系,对于大力镇压埃及共产党的开罗政权态度冷淡。卡西姆的副手阿里夫上校则尽力迎合阿拉伯民族主义者,要求伊拉克追随埃及、叙利亚而加入阿拉伯联合共和国。卡西姆最终逮捕了阿里夫，将他的这位同谋送进了监狱，判处死刑但缓期执行（1963年阿里夫将发动政变，推翻并处决卡西姆）。

之后的5年中，卡西姆将领导伊拉克走上一条与埃及相互竞争而非团结一致的道路，伊拉克与阿拉伯联合共和国的关系在相互指责中不断恶化。对于整个中东地区的阿拉伯民族主义者而言，伊拉克未能加入阿拉伯联合共和国令他们大失所望。在血腥的革命中，他们一度以为自己已经看到了将开罗、大马士革和巴格达这三个阿拉伯民族主义的伟大中心联合起来的希望。

*

在埃及革命的推动下，阿拉伯世界经历了彻底的转型。20世纪50年代，埃及已跃居为该地区最强大的国家，纳赛尔则成为阿拉伯世界无可争议的领袖。

随着1958年埃及和叙利亚合并为阿拉伯联合共和国，纳赛尔的权力也达到顶峰。合并事件在阿拉伯世界引发冲击波，几乎推翻了邻近的黎巴嫩和约旦两国脆弱的政府。阿拉伯民族主义者则翘首期盼着约旦哈希姆王室以及黎巴嫩亲西方的基督徒政府的倒台，期待两国加入阿拉伯联合共和国。1958年伊拉克革命推翻了巴格达的哈希姆王室，似乎预示着一个全新的阿拉伯秩序的到来——将埃及与新月地区联合起来，在一个团结、进步的阿拉伯超级大国中实现阿拉伯民族主义者的愿望。在一个短暂、兴奋的时刻，似乎阿拉伯世界将打破那种作为奥斯曼、殖民帝国和冷战时期标志的外部统治的循环，实现真正意义上的独立。

伊拉克置身于阿拉伯联合共和国之外的决定是一个重要转折点。在缺少伊拉克甚至约旦或黎巴嫩并入阿拉伯联合共和国可能带来的兴奋与动力的情况下，埃及和叙利亚被迫独立面对一项枯燥的工作，即让它们的混合国家运转起来。他们将不会取得成功。阿拉伯民族主义将发生偏转：在20世纪50年代到达成功的顶点后，纳赛尔将经历一系列的挫折和失败，将20世纪60年代转变为挫败的10年。

第十一章　阿拉伯民族主义的衰落

20世纪50年代，贾马勒·阿卜杜·纳赛尔和自由军官领导埃及与阿拉伯世界经历了一连串看似不可能实现的胜利。"纳赛尔主义"已成为阿拉伯民族主义最常用的表达方式。阿拉伯世界的民众相信，这位埃及总统胸怀一个宏大计划，来团结阿拉伯人民并领导他们进入一个独立、强盛的新时代。从叙利亚与埃及的合并中，他们看到自己的愿望已然实现。

至20世纪60年代，纳赛尔非凡的胜利进程却戛然而止。1961年，埃及与叙利亚的合并宣告解体，埃及军队深陷也门内战的泥潭。1967年，纳赛尔率领其国家和阿拉伯盟友步入了一场与以色列的灾难性战争。以色列对巴勒斯坦剩余领土、埃及西奈半岛以及叙利亚戈兰高地的占领，使得解放巴勒斯坦的长久许诺进一步遭遇挫败。1970年纳赛尔去世之际，阿拉伯世界在10年前的种种雄心壮志已然被消磨为一股幻灭与激愤的情绪。

20世纪60年代的经历对阿拉伯世界产生了一种激进化的影响。随着英、法帝国主义迅速成为陈年往事，阿拉伯人也发现自身被卷入冷战政治的漩涡。至60年代，阿拉伯国家已分裂为亲西方和亲苏联两个阵营。冷战对阿以冲突的影响最为显著，苏联和美国为冲突双方提供武器，使该冲突演化为一场苏联和美国之间的代理人战争。

看上去，阿拉伯人将继续经历分而治之的命运。

※

事实将证明，统治阿拉伯联合共和国比纳赛尔预想的更具有挑战性。据传闻，两次遭到废黜的叙利亚总统舒克里·古瓦特里曾告诫纳赛尔，他会发现叙利亚是"一个难以统治的国家"，并解释说："50%的叙利亚人认为自己是民族领袖，25%的人认为自己是先知，10%的人幻想自己是真主。"[1]

叙利亚人在埃及统治下并不开心。叙利亚军官起初曾对叙、埃合并展现出极大的热情，现在却痛恨埃及军官的颐指气使。当埃及土地改革计划被推行至叙利亚时，叙利亚的土地精英也被彻底激怒了。至1959年1月，叙利亚大土地所有者已有超过100万英亩的耕地被没收，以备分配给叙利亚农民。随着政府扩大其在经济规划中的角色，并通过社会主义政令将部分公司的私人所有权移交给国家，叙利亚商人也发现自身地位受到削弱。普通叙利亚民众则因埃及官僚系统臭名昭著的文书手续而痛苦不堪。

埃及人将叙利亚政治精英排除在政府之外，以疏远他们。叙利亚社会是一个高度政治化的社会，叙利亚政治家对于自身政党遭到解散且受制于埃及的单一国家政党深怀不满。纳赛尔任命自己的得力助手、陆军元帅阿卜杜·哈基姆·阿米尔担任叙利亚地区政府的行政长官，将他在复兴党内的支持者安排到次要职位之上。为表示抗议，至1959年底，包括萨拉丁·比塔尔等埃、叙合并设计者在内的复兴党领导人已经从阿拉伯联合共和国内阁中辞职。1961年8月，纳赛尔决定完全抛开叙利亚地区政府，通过一个常驻开罗的扩大化的内阁来统治叙利亚。

1958年2月，叙利亚军队曾领导他们的国家与埃及合并，现在又是他们策划了一次政变来切断这一联系并夺回叙利亚。1961年9

月28日清晨，几支叙利亚政府军分队在黎明前进入大马士革，逮捕了阿米尔元帅并控制了广播电台。叙利亚过渡政府——一个完全的文职内阁——决定驱逐阿米尔，并于9月30日命令叙境内所有埃及人员全部离境，包括约6000名士兵、5000名文职人员以及1万至2万名埃及外来劳工。

纳赛尔对叙利亚分离的行为感到困惑不解。他的第一反应是派遣埃及军队武力镇压叛变，但几个小时之后他就平静下来并召回军队，接受了叙利亚的分离，"以便不流阿拉伯人的血"。记者穆罕默德·海卡尔回忆道："纳赛尔因阿拉伯联合共和国的解体而备受煎熬，这是他阿拉伯统一的梦想在国际上的第一次具体体现，但在他有生之年再没有尝试追求这一梦想。"[2]

叙利亚政变后，纳赛尔最初将阿拉伯联合共和国的解体归咎于其反对者——约旦人、沙特人，特别是美国人。但叙利亚的分离也迫使纳赛尔对他自己的政策导向以及埃及革命的走向等尖锐问题进行思索。他从未意识到阿拉伯联合共和国的明显问题，即之前埃及是以一种准帝国的方式来统治骄傲的叙利亚人。相反，纳赛尔最终认为埃及、叙利亚合并之所以失败，是因为两国未能达到这样一个宏大的阿拉伯统一计划所必要的社会改革程度。作为对阿拉伯联合共和国解体的回应，他将引入一套激进的改革方案，以便清除阿拉伯社会中的"反动"因素，为未来阿拉伯人民的一次"进步的"合并铺平道路。

1962年起，纳赛尔开始将埃及革命导向阿拉伯社会主义的道路——一项融合了阿拉伯民族主义与苏联式的社会主义、雄心勃勃却又不切实际的改革方案。埃及政府加快了1956年苏伊士运河危机后业已启动的私有企业国有化的进程，目标是建立完全由国家主导的经济体。1960年时，阿拉伯联合共和国政府已经出台了第一个苏联式的五年计划（1960—1965），为工农业经济产量的扩大设定了过于宏大的目标。在农村地区，随着新出台的法律将最高土地持有面积由 200 英亩降至 100 英亩，始于 1952 年的土地改革得到进一步深化，被征用的土地被分配给无地或少地农民。埃及产业工人和农民在国家机构被给予了新的重要地位。

埃及新的政策导向被载入了 1962 年的《民族宪章》（National Charter）。这一文件旨在将伊斯兰、阿拉伯民族主义和社会主义整合为一个连贯的政治工程。《民族宪章》不仅为埃及展望了一种全新的政治文化，还为在整体上重塑阿拉伯社会设定了理想。官方的国家政党民族联盟被委以把控国家意识形态导向的重任，该党后来更名为"阿拉伯社会主义联盟"。

在转向阿拉伯社会主义之后，纳赛尔也放弃了颠覆冷战规则的立场，而是将自身命运与苏联相绑定，追随后者的国家主导型经济发展模式。为了给未来的合并方案留有余地，纳赛尔在埃及沿用了"阿拉伯联合共和国"的名字。直到 1971 年，阿拉伯联合共和国才寿终正寝，纳赛尔的继任者重新将埃及命名为阿拉伯埃及共和国。

阿拉伯社会主义将在埃及国内产生重大影响，并导致阿拉伯世界的分裂。埃及的政治语言明显变得更加教条主义。阿联解体后，纳赛尔批评的首要对象是"反动派"，即那些将狭窄的国家私利置于阿拉伯民族利益之上的有产者。广而言之，那些受西方支持的国家如摩洛哥、约旦、沙特等保守君主国，以及突尼斯、黎巴嫩等自由主义共和国，都被划为"反动"国家（在西方被视为"温和"国家）。革命的阿拉伯国家都与莫斯科结盟，追随后者的社会经济模式。这些国家在阿拉伯世界被称为"进步"国家（在西方则被归为"激进"阿拉伯国家）。起初，"进步"国家的名单十分有限——埃及、叙利亚和伊拉克，但随着阿尔及利亚、也门、利比亚革命的胜利，这一阵营也将有所扩大。

埃及在这一轮新的地区分裂中相当孤立，因为它与新兴的"进步"阿拉伯国家特别是伊拉克之间关系恶劣。1962年，埃及才获得了一位重要盟友：在经历了地区历史上最为血腥的反殖民战争之后，阿尔及利亚终于脱离法国实现独立。

*

从1954年11月1日首次起义的爆发，到1962年9月阿尔及利亚民主人民共和国的建立，阿尔及利亚独立战争持续了近8年。冲突波及了阿尔及利亚的所有地区，从城市到农村无一幸免。战争结束时，超过100万的阿尔及利亚人和法国人失去了生命。

当阿尔及利亚人发起争取独立的斗争时，他们完全有理由预料会有大量人员伤亡。1945年，法国人对东部贸易城镇塞蒂夫的温和民族主义者采取的镇压措施引发骚乱（民族主义者希望在庆祝"欧洲胜利日"的游行中，将阿尔及利亚旗帜与法国国旗并排举在一起），造成40名阿尔及利亚人和欧洲人死亡。1945年5月期间，法国人对塞蒂夫示威者的过激反应，在阿尔及利亚引发全国性的抗议活动，法国人则部署了军舰、飞机和约1万名士兵来镇压起义。冲突中约100名欧洲男性、女性和儿童被阿尔及利亚起义者杀害，但死于法国报复性措施的阿尔及利亚人则远远高于这一数字——法国政府承认约1500名阿尔及利亚人死亡，军方将数字提升至6000—8000人，阿尔及利亚人则宣称死亡人数高达4.5万人。法国人试图将塞蒂夫事件作为对未来民族主义活动的一个警告。但可以预见的是，法国人致命的过激反应起到了反作用，反而激励大量阿尔及利亚人接受了民族主义事业。当1954年阿尔及利亚人再次发动反法起义时，对塞蒂夫事件的记忆仍像幽灵般困扰着他们。

1954—1962年阿尔及利亚战争触目惊心的伤亡情况，反映出暴力报复的可怕逻辑。民族解放阵线的阿尔及利亚民族主义者深信，他们必须对法国人施加恐怖行为，才能迫使殖民势力撤离他们的国家，而这一策略必然会引发后者可怕的报复。法国人方面则并不打算撤离这块历史最悠久、幅员最辽阔的北非属地，他们坚称"阿尔及利亚就是法国"，并对此深信不疑。他们相信民族主义者是一支可以被击败的边缘性力量，那些安于现状的阿尔及利亚人中沉默的大多数则将继续法国统治下的生活。结果是，这场充满了难以言说之恐怖的野蛮战争同时撼动了阿尔及利亚和法国的根基。

针对平民的暴行始于1955年8月"民阵"对菲利普维尔法国定居者的袭击，行动中阿尔及利亚战士共杀害了123名定居者（包括儿童）。经过了塞蒂夫的经历之后，"民阵"很清楚法国人为了复仇将发动大规模报复行动，而这些行动将在广大阿尔及利亚民众中激起对法国人的仇恨。他们的预想非常准确：为报复菲利普维尔大屠杀，法国人据称杀害了超过1200名阿尔及利亚平民；"民阵"则宣称法国人杀害了1.2万人。结果，上千名阿尔及利亚人志愿加入"民阵"。就这样至1955年底，"民阵"发起于1954年的一场小规模起义已演化为全面战争。

随着数千名民众志愿加入民族解放斗争，"民阵"通过说服与恫吓相结合的方式，成功地巩固了其对阿尔及利亚政治的控制。法国军方的挑衅性策略，促使多个阿尔及利亚政党和运动与"民阵"联合一致，法尔哈特·阿巴斯等早期民族主义者以及包括共产党在内的左翼政党都在组织层面与"民阵"完成了合流。对于国内反对派，"民阵"则表现得冷酷无情。据估计，在独立战争的前3年内，"民阵"在其行动中杀害的阿尔及利亚人比法国人多6倍。至1956年7月，"民阵"已确保了其在民族解放斗争中无可争议的领导地位，并将这场斗争同时定位为一场独立战争和一场社会革命。

"民阵"的领导层包括6位在5个起义省份即"战区"（wilayas）中组织抵抗运动的国内指挥官，以及3位常驻开罗的外部领导者。1954年民族主义起义爆发以来，法国人利用其广阔的情报网络全力搜捕"民阵"的国内领导层。在行动开始的最初6个月中，法国人成功击毙了第二战区的指挥官，逮捕了第一和第四战区的领导人。在国内领导集团陷入瘫痪的情况下，抵抗运动的主导权转入外部领导集团手中。

在"民阵"的3位外部领导人——艾哈迈德·本·贝拉（Ahmed Ben Bella）、霍辛·艾耶特·艾哈迈德（Hocine Ait Ahmed）以及穆罕默德·黑德尔（Mohamed Khider）之中，本·贝拉声望最高（他后来成为阿尔及利亚独立后的第一位总统）。从各种意义上讲，1918年出生于阿尔及利亚西部一个小村庄的本·贝拉，是法属阿尔及利亚之子。他的母语是法语，1936年曾作为志愿兵在法军中服役，30年代末期甚至曾在一支法国足球队中效力，受到1945年法国对塞蒂夫起义镇压的刺激才转向民族主义政治。1951年本·贝拉曾被法国当局逮捕，但成功地从阿尔及利亚的监狱中逃脱，后逃亡至突尼斯和开罗，并在开罗建立了一个"民阵"办事处。战争爆发后，本·贝拉奔走于阿拉伯各国首都之间，为阿尔及利亚脱离法国而独立的诉求筹集资金和政治支持。

1956年10月，法国人成功地将"民阵"领导层一网打尽。根据可靠的情报，法国空军拦截了一架载有本·贝拉、艾耶特·艾哈迈德、黑德尔以及"民阵"的国内领导集团总协调员穆罕默德·布迪亚夫（Mohamed Boudiaf）的摩洛哥DC-3飞机，并迫使该机降落于阿尔及利亚西部城市奥兰。上述"民阵"领导人全部被逮捕，随后被转移至法国的监狱中，并在那里度过了阿尔及利亚战争的剩余岁月。

法国民众欢庆"民阵"领导人的被捕,仿佛这一事件标志着阿尔及利亚战争的结束。阿尔及利亚柏柏尔裔著名作家穆鲁德·费劳恩愤怒地表示,"民阵"领导人的被捕似乎不会有助于恢复阿尔及利亚人和法国人之间的和平。他在日记中写道:"他们将['民阵'领导人的]被捕描述为一个伟大的胜利,乃至最终胜利的序曲。是什么的最终胜利?反叛的扑灭?叛乱的平息?还是法国与阿尔及利亚的友谊、信心、和平的新生?"[3] 透过字里行间愤怒的反讽语气,费劳恩指出无论法国人希望什么,本·贝拉及其同事的被捕只会预兆着更多而不是更少的暴力。

本·贝拉被捕之时,暴力已然从农村传播至城市地区。1956 年 9 月一个周日的晚上,在阿尔及尔欧洲区被引爆的 3 枚炸弹彻底打碎了首都相对的平静,这一事件也标志着一场被称为阿尔及尔战役的血腥战斗的开端。"民阵"将战事推进到阿尔及尔,其精心策划的目标就是要煽动法国过度反应,从而在国内强化对民族解放阵线的支持,同时在国外引发国际社会的谴责以孤立法国。自 1956 年秋至 1957 年冬,"民阵"组织了一系列致命的恐怖袭击。作为报复,法国人则展开大规模的搜捕并滥施酷刑,以便暴露"民阵"在阿尔及尔的网络。阿尔及尔战役的确吸引了广泛的国际关注,法国人也确实遭遇了谴责的声音,但阿尔及利亚人为这些"成果"付出了惨重的代价。

穆鲁德·费劳恩惊恐地关注着阿尔及尔发生的暴力行为,谴责法国和"民阵"双方杀害无辜者的行为。他在 1956 年 10 月的日记中写道:"城里的袭击越来越多,既愚蠢又残暴。无辜者被撕成了碎片。但是哪些无辜者呢?谁又是无辜者呢?是那数十名在酒吧里喝酒的平和的欧洲人吗?还是在一辆巴士边横尸街头的血肉模糊的数十名阿拉伯人?"他以反讽的苦涩笔调反思道:"恐怖主义,反恐怖主义，绝望的呼喊，剧痛的叫号，极度的痛苦，如此而已，这就是和平。"[4]

"民阵"在阿尔及尔战役中动员了社会的各个阶层，特别是女性在战役中扮演了核心角色。她们搬运炸弹，走私枪支，充当藏匿中的领导人之间的信使，为法国人通缉的活动分子提供庇护所。哲米莱·布希里德（Djamila Bouhired）和其他女性在民族解放运动中的作用，在吉洛·彭特克沃（Gillo Pontecorvo）1965年的电影《阿尔及尔之战》中得到了极为真实地展现。

法提哈·布希里德（Fatiha Bouhired）和她22岁的侄女哲米莱在阿尔及尔战役中扮演了关键角色。法提哈的丈夫是她所在的卡斯巴街区即阿尔及尔老城最早加入独立运动的先驱之一。1957年初，他被法国人逮捕，并在逃脱过程中被杀害。丈夫的死强化了布希里德对民族解放事业的忠诚，她接纳"民阵"成员在其阁楼上面运作一个秘密的炸弹作坊，她的侄女哲米莱则成为炸弹运输员之一，并负责为潜藏在卡斯巴的"民阵"活动分子之间传递信息。在巨压之下，两位女性都表现得极度镇定。一次，法提哈和哲米莱发觉士兵们马上要对她们的房子展开搜查。她们煮上咖啡，在留声机上播放古典音乐，并精心打扮起来。士兵们到达后，即被奉上新鲜的咖啡，受到两位迷人女性接待贵客般的礼遇。

"我最好奇的是，在这些美丽的眼睛背后隐藏着什么。"巡逻队的队长向哲米莱·布希里德暗示般地低语道。

"在我眼睛后面，"她一面回答，一面挑逗式地转过她的头，"是我的头发。"[5]

就这样，军官们没有进一步搜查这间屋子。

不过，警察很快就会发现哲米莱·布希里德的另外一面。1957

年4月9日,哲米莱在逃脱卡斯巴一支法国巡逻队追捕时被射中了肩部,并被发现随身携带着写给萨阿迪·亚瑟夫(Saadi Yacef)和阿里·拉波安特(Ali la Pointe)——两位"民阵"高层领导,也是当时阿尔及尔的头两号通缉犯——的信件。她被带到一家医院处理了弹伤,随后直接从手术台被转移到审讯室。

在随后的17天内她遭受了骇人听闻的酷刑折磨,对此她在向非正规法庭的证词中都做了冷静的描述,该法庭最终却判处她死刑。但她从未屈服。在法庭上她唯一的评论就是"那些折磨我的人没有权利向一个人施加这样的凌辱,对我而言是肉体上的,对他们而言是道德上的"。[6] 她的死刑判决随后被减刑为终身监禁。

侄女被捕后,法提哈·布希里德继续支持"民阵"。她在卡斯巴买了一处新房子,以便为萨阿迪·亚瑟夫和阿里·拉波安特提供一个新的庇护所。他们无法相信其他任何人。"他们在我家里才感到无拘无束,藏在别人身边就不行。"布希里德解释说。法国人通过对拘押者的酷刑折磨获得了合作者和情报人员,随着这些人渗透进"民阵"组织,卡斯巴也被不信任的氛围所撕裂。法提哈·布希里德向一位采访者透露道:"我担心那些叛徒,所以我情愿所有事都自己做:我去买东西,做他们的中间人,帮助他们转移。所有的事我都一人担当,但这样我反而感觉更自在。"

在搜捕阿尔及尔剩余的"民阵"领导人方面,法国人表现得冷酷无情。1957年7月,亚瑟夫的一个姐妹被捕。在酷刑折磨下,她供认了法提哈·布希里德在抵抗运动中的作用,以及后者与萨阿迪·亚瑟夫和一位女性炸弹手哈希拜(Hassiba)之间的联系。法国当局立即逮捕了布希里德。"他们把我带走,整夜地折磨我。"法提哈·布希里德回忆说。"亚瑟夫在哪儿?亚瑟夫在哪儿?"法国人质问她。法提哈却坚称对萨阿迪·亚瑟夫的情况毫不知情,表示哈希拜来她的住处只是代表"民阵"就丈夫的死亡向她提供经济资助。在反复用刑期间，她始终坚持自己的说法，终于说服了法国人。法国人同意在她的家中安置间谍，以便在哈希拜下次来访时抓捕她。

即便法国间谍就在法提哈·布希里德的住处之内，阿里·拉波安特和萨阿迪·亚瑟夫仍然隐藏在老地方。这便造就了一个法国人向"民阵"秘密指挥中心提供安全保证的具有讽刺意味的局面：法国士兵在一层活动之时，阿里·拉波安特就平安地藏在阁楼里。法提哈为楼下的法国间谍准备阿尔及利亚的传统菜肴库斯库斯，但在端给这些不速之客之前，总会让萨阿迪·亚瑟夫分享一部分食物。"这次先端给他们这份库斯库斯，下次我们要给他们奉上一道美味的炸弹大餐。"亚瑟夫暗中咒骂道。[7]

法提哈对于自己所扮演的法国人的假线人这一角色，并不开心，但她演的这出戏却突然落幕。1957年9月，法国人发现了亚瑟夫的藏身之处，当即逮捕了他和法提哈。她在狱中待了几个月，随后被置于软禁状态之下，日后她拒绝谈论在狱中所受的折磨。

随着"民阵"在首都所有高层领导人的牺牲或被捕，阿尔及尔之战也于1957年秋宣告结束。但更大规模的阿尔及利亚战争却仍在持续。

受到挫败阿尔及尔反叛这一来之不易的胜利的鼓舞，法军重新发起在农村地区打破民族解放阵线的攻势。1956年末，法国人启动了一项强迫阿尔及利亚农民由其房产和农场迁徙至拘禁营的政策。阿尔及尔战役后，强制迁居的进程开始加速。成千上万的男女和儿童被聚集起来，被迫在法国人的监控下居住在集中营内，远离他们的农田和生计。因不愿忍受法国人的上述政策，很多农业工人逃亡至城市地区，聚居在贫民窟内，其他人则前往突尼斯或摩洛哥寻求避难。至1962年战争结束，已有约300万阿尔及利亚农村居民被迫迁离故土，很多人未能重返家园。

法国人还在阿尔及利亚与其邻国之间布置电围栏和地雷，关闭边境，进而防止武器、补给和战斗人员由摩洛哥和突尼斯流入阿尔及利亚，以此来孤立"民阵"。

在军事层面，至1958年法国人已经成功遏制并击退了阿尔及利亚的反叛。然而，"民阵"却在独立战争中开辟了新战线，成功地唤起国际社会对其事业的关注。在埃及和其他"不结盟运动"国家的支持下，"民阵"成功地将阿尔及利亚问题纳入1957年联合国大会的议程。次年，"民阵"宣布以其驻开罗办事处为中心成立临时流亡政府，由老一代民族主义领袖法尔哈特·阿巴斯出任总统。1958年12月，阿尔及利亚临时政府受邀向中国派遣一个代表团。尽管在军事层面法国人似乎赢得了战争，但阿尔及利亚民族主义者却赢得了国际关注与支持，从而有助于在政治层面孤立法国。

至1958年，就阿尔及利亚问题，法国内部分裂日益加剧。法国纳税人开始感受到战争的巨额开销：1954年驻阿尔及利亚法军只有6万人，至1956年已增至原来的9倍，达到50万人以上。[8]这样大规模的占领军只有通过征兵和延长服役年限才能得以维持，而这些措施显然不受欢迎。年轻的入伍者发现自己被卷入了一场恐怖难言的战争，很多人返回家乡时已经因其所见所闻而满怀惊恐，因其所作所为而深受创伤：侵犯人权，强制迁徙，摧毁民宅，以及——最丑恶的——针对男女俘虏系统性的酷刑折磨。[9]法国公共舆论也因某些报道而感到震惊，这些报道称法国士兵不惜诉诸二战期间纳粹分子用来镇压法国抵抗运动的残忍手段。在国内，让-保罗·萨特等法国重要知识分子也越来越公开地反对阿尔及利亚战争，而在国际舞台上，法国也因在一个去殖民化时代发动一场暴力的帝国战争而遭受孤立。

阿尔及利亚的军队和定居者社群警惕地发觉，法国对阿尔及利亚殖民地的支持已开始动摇。1958年5月，一群法国定居者发动反叛，公开反对无作为的皮埃尔·普夫里姆林（Pierre Pflimlin）政府，怀疑后者试图与敌人"民阵"达成妥协。他们的口号是"军队掌权"。5月13日，定居者推翻了阿尔及尔的总督办公机构，宣布在一个革命性的"公共安全委员会"的领导下实现事实上的自治，精锐的伞兵部队指挥官雅克·马絮（Jacques Massu）将军担任委员会主席。

驻阿尔及利亚法军对定居者的行动完全抱以同情。5月9日，驻阿法军总司令拉乌尔·萨兰（Raoul Salan）向其远在巴黎的上司发送一封长篇电报，在电文中转达了其部下对于可能导致"放弃阿尔及利亚"的"外交进程"的忧虑之情。他继续写道："如果国家的代表们并未下定决心保留法属阿尔及利亚，那么我们的战士就是在为一场无谓的牺牲而战斗、冒险。驻阿尔及利亚的法国军队对此深感困惑，因为它们对这些战士负有责任。"[10] 萨兰警告说，只有为保留法属阿尔及利亚而采取果断行动才能避免一场军事政变——不仅是在阿尔及利亚，在法国本土也同样如此。阿尔及利亚危机已经威胁到颠覆法兰西共和国本身。

定居者起义轰动了整个阿尔及尔。穆鲁德·费劳恩在5月14日的日记中，描述了这一事件引发的恐惧和不确定性："革命的气氛。民众在家里设置路障。示威者在全市的主要交通要道上踱来踱去，街道两旁店铺紧闭。广播称一个公共安全委员会已经接管了一切，占领总督办公室并控制了广播电台。"阿尔及尔的穆斯林意识到这是一场法国人之间的、与己无关的争斗，费劳恩就对第四共和国能否顶住压力表示质疑："从根本上说，阿尔及利亚战争会被证明是对法国的一个沉重打击，甚至是对（第四）共和国的致命打击。毫无疑问，这次打击将为阿尔及利亚和阿尔及利亚人带来解脱。"[11]

普夫里姆林政府在不久后就宣告倒台，1958年6月，二战期间法国抵抗运动的英雄夏尔·戴高乐将军在民众的欢呼声中重返政坛。上任后不足3个月，戴高乐就将一个新宪法诉诸全民公投，并于1958年9月建立第五共和国。

戴高乐上任后的第一个举措就是飞抵阿尔及尔，面对面地会见反叛的定居者群体。在阿尔及尔发表的一次著名演讲中，戴高乐宣布阿尔及利亚仍将属于法国，以安抚焦躁不安的军队和定居者。"我理解你们！"戴高乐向欣喜若狂的人群再次保证道。他提出了一个雄心勃勃的发展纲领，通过发展工业、土地分配以及创造40万个新就业岗位，发展阿尔及利亚，使其阿拉伯公民融入法国联邦。

戴高乐的倡议显然旨在重新确保阿尔及利亚军队和定居者的支持，结束萨兰将军的公共安全委员会的统治。然而，戴高乐的言论显示了他对"民阵"战争背后的民族主义运动是何等地缺乏理解。针对戴高乐的表态，穆鲁德·费劳恩愤慨地写道："阿尔及利亚民族主义？根本不存在。融合？你们已经做到这一点。"戴高乐似乎有意重拾1930年首先在布鲁姆-维奥莱特方案中提出的同化理想。晚至1945年底，同化可能还有些吸引力；但到了1958年，这一想法已然不切实际。对费劳恩来说，这就好比戴高乐在说："你是法国人，老兄。仅此而已。别再给我们添麻烦。"

面对"民阵"顽强的抵抗，戴高乐被迫与阿尔及利亚人完全独立的要求达成妥协。尽管早些时候曾做出承诺，但戴高乐彻底反转了立场，开始为他的同胞接受阿尔及利亚脱离法国做思想准备。1959年9月，他第一次提及阿尔及利亚自决，次年1月在阿尔及利亚引发定居者一轮暴力示威活动。戴高乐坚持自己的立场，1960年6

月在依云首次与阿尔及利亚临时政府展开直接谈判。

定居者运动中的强硬派及其在军队中的盟友开始将戴高乐视为一名叛徒。他们组建了多个恐怖组织，如法属阿尔及利亚阵线以及臭名昭著的"秘密军组织"——更多时候以其法语首字母缩写 OAS 而著称，积极策划暗杀戴高乐。秘密军还在阿尔及利亚掀起一波暗杀行动，随机地对阿拉伯平民滥施暴力。

依云谈判加之公共秩序的崩溃，在阿尔及利亚定居者及军队中间引发了一场政治危机。1961 年 1 月，法国政府就阿尔及利亚自决举行了一次全民公决，结果高达 75% 的民众投票支持独立。1961 年 4 月，驻扎在阿尔及尔的外籍军团伞兵团发生叛变，抗议法国政府认可阿尔及利亚独立的举措。然而，法国军队仍忠于戴高乐，叛变在军队中并未获得广泛支持，仅 4 天后叛变首领就被迫投降。

1961 年至 1962 年初，随着定居者在阿尔及利亚的地位越发脆弱，秘密军进一步升级了其在阿尔及利亚的恐怖暴力活动。"现在看来，秘密军根本不发出警告，"1962 年 2 月，穆鲁德·费劳恩在他最后几条报刊文字中写道，"他们在汽车、摩托车上，用手榴弹、机关枪、刀子杀人。他们袭击银行出纳员、邮局、公司……在一些懦夫的合谋和串通之下。"[12] 3 月 15 日，即《依云协议》签订前 3 天，秘密军枪杀了费劳恩，终结了他勇敢的理性声音。

暴力继续在阿尔及利亚肆虐的同时，"民阵"和戴高乐政府在依云的谈判中取得了稳步的进展。1962 年 3 月 18 日，双方签订《依云协议》，正式授予阿尔及利亚完全独立地位。7 月 1 日，协议条款在阿尔及利亚被诉诸全民公决，投票中阿尔及利亚人几乎一致赞成独立（590 万人赞成，1.6 万人反对）。7 月 3 日，戴高乐宣布阿尔及利亚独立。为了与 1830 年 7 月 5 日法国占领阿尔及尔的周年纪念相一致，庆祝活动被延后两天举行。132 年后，阿尔及利亚人终于将法国人逐出其领土。

每天发生的恐怖以及未来的不确定性驱使法国人大批迁离阿尔及利亚——仅 1962 年 6 月就有 30 万人迁离，其中很多定居者家庭已经在北非生活了几个世代。这一年年底，仅剩约 3 万名欧洲定居者滞留在阿尔及利亚。

但最具毁灭性的却是在民族解放阵线国内和国外领导层之间迅速爆发的激烈内斗。为了夺取权力，这些人在这个他们为之艰苦斗争、做出巨大牺牲才赢得的国家内部展开了一场殊死搏斗。对于已经厌恶了战争的阿尔及利亚人民而言，这一切显然无法接受。阿尔及尔妇女走上街头，高喊着"7 年，已经足够了"的口号，抗议她们的自由战士之间爆发的内斗。

直到 1962 年 9 月艾哈迈德·本·贝拉和胡阿里·布迈丁（Houari Boumedienne）确保了对阿尔及尔的控制，内战才宣告结束。本·贝拉出任政府首脑；1963 年 9 月在宪法获得批准后，他当选为共和国总统。3 年后，布迈丁在一次不流血的政变中推翻了本·贝拉，这也反映出"民阵"领导层内部派系斗争的继续。

对很多人尤其是阿尔及利亚妇女而言，独立只是一个有名无实的胜利。在展现出巨大勇气和牺牲之后，妇女们惊恐地听到"民阵"领导人穆罕默德·黑德尔坚称妇女们应该"回到她们的库斯库斯那里去"。白雅·侯赛因，一位曾遭受酷刑折磨和多年监禁的阿尔及尔战役老兵，在反思伴随着独立而来的复杂心情时表示：

> 1962 年是一个黑洞。在那之前是一场巨大的冒险，然后……你发现自己孑然一身。我不知道其他姐妹感受如何，但我脑海里并没有下一步的政治目标。1962 年是最重要的慰藉，标志着战争的结束；同时它也是巨大的恐惧。在狱中，我们是如此坚信我们终将……重获自由，我们将建立一个社会主义的

阿尔及利亚。……随后我们看到的是一个实际上没有我们参与……没有任何人想到我们的阿尔及利亚。对我们来说，这比过去还要糟糕，因为我们已经打破了所有的禁锢，再要我们回归这一切太过艰难。1962年，一切禁锢又被重新树立起来，但却是以一种对我们而言可怕的方式。他们被拉回了原位，结果却排除了我们。[13]

阿尔及利亚获得了独立，但代价是高昂的：阿尔及利亚人口遭遇了大规模的伤亡和流离失所，其规模在阿拉伯历史上前所未有；其经济受到战争的摧残以及撤离中定居者蓄意的破坏；其政治领导层为派系斗争所割裂；其社会也因对于男性和女性在独立后的阿尔及利亚建设中所应扮演角色的不同期待而发生分裂。但阿尔及利亚很快开始组建政府，并作为一个脱胎于反帝革命斗争的共和国而跻身于进步阿拉伯国家的行列。

随着阿尔及利亚革命的胜利，纳赛尔在对抗阿拉伯"反动派"的斗争中又有了一个新的盟友。埃及——在叙利亚分离后仍保持着阿拉伯联合共和国的称呼——立志于将阿拉伯世界内的系统性改革作为实现阿拉伯统一的铺垫。革命的阿尔及利亚因对反帝、阿拉伯认同政治、社会主义改革的强调，成为埃及的天然盟友。1964年6月，纳赛尔新的执政党阿拉伯社会主义联盟与"民阵"起草了一份联合声明，确定了两国在推进阿拉伯社会主义方面的统一立场。[14]

纳赛尔因对阿尔及利亚革命自始至终的支持而受到赞扬。他也开始远离其早期作为阿拉伯民族主义旗手的身份，而是寻求将自身塑造为进步革命价值观的拥护者。受到自身话语的迷惑，纳赛尔本人开始向任何地区发生的阿拉伯革命运动提供无条件的支持。因此，当一群军官推翻也门王室后，纳赛尔立即表示支持。用他的话来说：

"我们必须支持也门革命,即使我们不知道谁是这场革命的策划者。"[15]

*

长期以来,也门一直在奥斯曼帝国内部保持自治,1918 年则确保了其作为一个独立王国的地位。独立后也门的第一位统治者是伊玛目叶海亚(Imam Yahya,1869—1948),作为一个仅存于也门的什叶派小支派宰德派的首领,叶海亚在这个国家同时扮演着宗教和政治领袖的角色。20 世纪 20—30 年代,叶海亚通过对居民主要为逊尼派穆斯林的也门北部部落领地的征服,扩大了其统治范围。

叶海亚在其统治期间,同时面临着来自沙特和英国人的压力:在北部,沙特夺取了叶海亚心目中"历史的也门"中的阿西尔和纳吉兰;在南部,港口城市亚丁及其内陆地区自 19 世纪 30 年代起就沦为英国的殖民地。尽管如此,叶海亚进行的征服却在这个地域、部落和教派严重分裂的社会中制造了统一的假象。在其统治之下,也门与外部世界极少交流,长期聚焦于维持其国家孤立地位的政策。

1948 年,叶海亚被一位部落谢赫暗杀,其子伊玛目艾哈迈德(Imam Ahmad,1948—1962 年在位)继位,也门的孤立地位也被打破。艾哈迈德素以冷酷无情著称,因在掌权过程中将其竞争对手囚禁或处决而恶名更著。为了寻求发展支持和军事援助,艾哈迈德抛弃了其父亲的仇外立场,与苏联和中国建立了外交关系。

但艾哈迈德的王位并不巩固。1955 年的一次未遂政变更加深了他对国内对手以及外部威胁的不信任,尤其是纳赛尔及其推翻"封建"政权的执着口号。总部设于埃及的"阿拉伯人之声"覆盖范围远达也门,传播着阿拉伯民族主义、反帝国主义的动人口号。[16] 与阿拉伯世界其他地区相似,纳赛尔通过广播对民众的直接讲话使伊玛目艾哈迈德在也门饱受压力,这也成为也门、埃及两国关系紧张的一个来源。

但纳赛尔并非一直对也门人怀有敌意。1956年,也门、埃及和沙特曾在吉达达成了一项反英协议。1958年,伊玛目艾哈迈德又对埃及和叙利亚的合并表示全力支持,并协同阿拉伯联合共和国一起加入了一个名为"阿拉伯联合国家"的联邦方案。然而,艾哈迈德反对纳赛尔的阿拉伯社会主义理念,包括国家主导下的经济以及私营公司国有化的主张。他在诗句中谴责"以禁止的方式夺取财产",称之为"违背伊斯兰法的罪行"。[17]

艾哈迈德上述关于伊斯兰法的讲话刚好发表于1961年叙利亚退出阿拉伯联合共和国之后,因此激怒了纳赛尔。埃及宣布与也门断交,"阿拉伯人之声"加大了宣传的力度,鼓动也门人民推翻他们的"反动"君主。

第二年机会终于到来。1962年9月,伊玛目艾哈迈德在睡梦中去世,王国转由他的儿子伊玛目白德尔继任统治。仅一周后,白德尔就被一次军官政变推翻,阿拉伯也门共和国宣告成立。

在邻国沙特的支持下,也门王室的支持者向政变者发起挑战。埃及则全力支持新生的共和国及其军人统治者,在纳赛尔看来这也是阿拉伯世界进步势力与反动派之间更大斗争的一部分。

也门革命很快演变为一场也门内战,一场埃及人和沙特人之间的阿拉伯内斗,也是"进步的"共和秩序和"保守的"君主国为争夺阿拉伯世界未来而进行的一场战斗。对埃及人来说,他们的利益并未受到威胁,仅仅是混淆了政治口号和现实政治。这是纳赛尔主动选择的第一场战争,也将成为他的"越南"。

1962年9月政变后,埃及军队开始涌入也门。在未来的3年内,埃及部署在也门的总兵力由1963年底的3万人增至1965年巅峰时期的7万人，即埃及总兵力的近一半。

从一开始，埃及在也门的战争就毫无胜算。埃及人面对的是在其熟悉的地形上活动的部落游击队，超过1万名埃及士兵在5年的战争中被杀。考虑到埃及人始终无法将阵线推进到首都萨那以外较远的区域，惨重的死伤和胜利的渺茫开始严重削弱军队的士气。沙特人向保王派提供资金支持，英国人则提供隐蔽的支持，相比之下埃及人缺乏财政盈余来支持一场海外战争的巨额花销。但这些现实考虑并未左右纳赛尔的判断，他已经被其在阿拉伯世界推动革命性改革的使命所蒙蔽。他对在也门的长官说："撤退完全不可能，那将意味着也门革命的崩溃。"[18]

纳赛尔乐于承认，他将也门战争视为"更大意义上的一次政治行动，而非军事行动"。他没有意识到的是，也门战争将影响埃及为对抗更迫切的以色列威胁所采取的军事准备工作。

*

苏伊士运河战争之后的10年内，以色列及其阿拉伯邻国就开始为不可避免的下一轮战争而进行军备竞赛。美国开始取代法国成为以色列军事装备的首要来源国，英国向约旦人提供武器，苏联人则武装了叙利亚和埃及。在这块对两个超级大国都具有战略意义的地区，苏联人不惜利用他们在埃及和叙利亚的地位来向其对手美国施压。

以色列和周边阿拉伯国家都不满于现状，且不愿在现状基础上考虑和平，因而战争是不可避免的。阿拉伯人是如此不甘于与以色列人和解，以至于拒绝用名字来指代这个国家，而是称之为"犹太复国主义实体"。1948年和1956年两次在战场上输给以色列军队后，阿拉伯人决心要一雪前耻。黎巴嫩、叙利亚、约旦和加沙地带的巴勒斯坦难民每天都在提醒人们，阿拉伯人未能履行其解放巴勒斯坦的承诺。

以色列人同样决意要开战。他们担心本国在海岸线和约旦河西岸之间狭窄的腰部——在某些地区宽度仅 7.5 英里（12 千米）——会使以色列暴露在将本国拦腰截断的敌对行动之下。其次，以色列人无法接近哭墙和耶路撒冷老城的犹太社区，这些地区仍在约旦人的控制之下。叙利亚人则控制着俯瞰加利利地区、具有战略意义的戈兰高地。此外，以色列人还相信随着苏联向埃及人和叙利亚人提供装备有最新技术的武器系统，他们的战略优势——相比其阿拉伯邻国拥有更多、更高质量的武器——将大打折扣。以色列人需要一场出色的战役来确立可防御的边界，并彻底击败阿拉伯人，以便在能保证以色列生存的前提下实现和平。

1967 年春，以色列人开始抱怨巴勒斯坦潜伏者由叙利亚跨境袭击以色列，两国间紧张关系迅速升级。以色列人和叙利亚人都将本国军队调整到戒备状态。总理列维·艾希科尔（Levi Eshkol）威胁说如果叙利亚不停止挑衅行为，以色列将发动进攻。4 月，口头威胁升级为敌对冲突，以色列战机与叙利亚空军在叙领空展开缠斗，以空军击落了 6 架叙利亚米格战机，其中两架在大马士革郊区坠毁。埃及记者穆罕默德·海卡尔回忆道："叙利亚和以色列间的局势变得非常危险。"[19] 双方敌对行为的突然升级，将整个地区拉到了战争的边缘。

在这一高度紧张的时刻，苏联却选择向埃及当局泄露一条虚假情报，声称以色列部队正在叙利亚边境集结。以色列人和他们的法国幻影战斗机轻而易举地击落了苏联提供给叙利亚空军的最先进的米格-21 战斗机，这无疑令苏联感到痛心。埃及与叙利亚签署了共同防御条约，这也就意味着如果以色列人向叙利亚开战，埃及人将被迫参战。或许苏联人想通过虚假情报来动员埃及人，以两线作战的前景来遏制以色列人。

尽管纳赛尔有准确的情报——包括航拍图片——显示事实上以色列人并未在叙利亚边境上集结兵力,但在公开场合他却表现得好像战争的威胁已经迫在眉睫。也许纳赛尔希望不开一枪一炮就能宣称对以色列取得了胜利:首先散布关于叙利亚受到以色列威胁的苏联情报,然后将部队部署到以色列边境以构成震慑,最后宣布以色列部队已远离叙利亚边境,从而证明以色列人是在埃及压力下完成撤退的。无论他是如何推理的,纳赛尔继续在苏联虚假情报的基础上采取行动,命令其军队在5月16日跨越苏伊士运河,在靠近以色列边境的西奈半岛一侧集结。这一误判将被证实为导向战争的第一步。

纳赛尔所面临的第一个挑战是如何对以色列人构成切实可信的威胁。考虑到手下5万人的精锐部队仍受也门战争的牵制,为集结必要的兵力,纳赛尔被迫征召了全部的预备役军人。他还需要包装自己的士兵,使他们看起来比实际情况更加强大。这一方面是为了激发埃及民众的爱国热情,另一方面也是对以色列人展现出真实的威胁。为此,纳赛尔在军队部署中安排了戏剧性的一幕:他要求自己的士兵和坦克在检阅期间横穿开罗市中心,以便享受民众的欢呼以及国际媒体的关注。"我们的部队在通往西奈的途中故意穿越开罗街头,"阿卜杜·加尼·盖迈西(Abd al-Ghani al-Gamasy)将军抱怨说,"一览无遗且所有人都看得见——无论是本国公民还是外国人。媒体报道了这些行动,而这与所有的安全原则和措施都背道而驰。"[20]

川流不息赶赴前线的士兵队伍,激起了公众对于一场迫在眉睫的战争的期待,而这场战争可能挽回阿拉伯人的尊严并解放巴勒斯坦。在纳赛尔数百万的支持者中,没有任何人对于埃及军队将带领其阿拉伯盟友战胜以色列有片刻的怀疑。然而,被派往西奈时,埃及军队却并没有明确的军事目标,似乎其庞大的规模就足以对以色列人构成恫吓。同时，正如盖迈西后来反思的，"以色列已经在最佳环境下不动声色地为战争做好准备"。以色列战略家对埃及军事部署的规模和装备了如指掌——他们不仅在之前数月的时间内搜集了详细的情报，而且在电视上也看得一清二楚。

埃及军队到达西奈后，开始与联合国紧急部队面对面地相遇。该部队是在 1956 年苏伊士运河战争后被部署到西奈半岛的，目的即维护埃及和以色列之间的和平。该部队共包括驻扎在 41 个观察站的 4500 名国际战士，这些观察站位于沿埃以边境的加沙地区以及西奈半岛南部的沙姆沙伊赫。

夹在埃及部队和以色列边境之间的联合国部队现在成了一个障碍：如果两军之间存在一个缓冲区，埃及军队如何对以色列人构成可信的威胁呢？于是埃及总参谋长致信联合国紧急部队长官，要求联合国部队撤出埃以的东部边境。联合国部队长官将这一请求转达联合国秘书长吴丹（U Thant），后者回复说基于主权埃及有权利要求联合国部队撤出其领土，但他仅接受联合国部队的完全撤离。吴丹表示，联合国紧急部队是一个有机的整体，撤出该部队位于东部边境的部分同时又保留位于加沙地带和蒂朗海峡的维和部队将毫无意义。经过对联合国秘书长答复的慎重考虑，5 月 18 日埃及政府最终要求联合国部队完全撤出西奈半岛。最后一支联合国部队于 5 月 31 日完成了撤离。突然之间，埃及人和以色列人之间不再有任何缓冲地带，两国间紧张关系达到白热化的程度。这是纳赛尔的第二个误判，也让他离战争更近了一步。

联合国部队的撤离为纳赛尔制造了一个未曾预见的外交难题。1957 年以来，联合国部队维持蒂朗海峡向所有船只开放，无论这些船只的国旗或目的地如何。这促成以色列在这 10 年之内可由其港口埃拉特向红海自由航行。联合国部队撤出后，蒂朗海峡主权重归埃及人手中，其阿拉伯邻国开始向埃及施加巨大的压力，要求其禁止所有以色列船只或驶往埃拉特的船只通过蒂朗海峡。正如安瓦尔·萨达特回忆的，"很多阿拉伯兄弟开始批评埃及向国际特别是以色列航线开放……蒂朗海峡"。

在1967年5月激烈的气氛中，纳赛尔最终屈服于压力。他召开了一次最高执行委员会会议，与会者包括武装部队总司令阿卜杜·哈基姆·阿米尔元帅、总理西德基·苏莱曼（Sidqi Sulayman）、议长安瓦尔·萨达特以及其他自由军官领导人。"现在我们集结在西奈半岛，"纳赛尔表示，"战争的概率是五五开。如果我们关闭［蒂朗］海峡，战争肯定100%要爆发。"纳赛尔转向他的武装部队总司令，问道："阿卜杜·哈基姆，军队做好准备了吗？"阿米尔的回答是肯定的："是的，领袖！我以项上人头保证！一切都完美无缺了。"[21]

5月22日，埃及宣布禁止一切以色列船只以及驶往埃拉特的油船通过蒂朗海峡。纳赛尔对于冲突爆发的可能性判断非常准确：对以色列而言，对其海路航线的威胁已然构成战争的理由。

至5月底，阿拉伯世界已经放弃了任何避免战争的努力。对于1948年、1956年两次失败的战争以及一系列小规模的袭击，阿拉伯公众仍感到愤恨心痛，因而迫不及待地盼望看到以色列受到致命一击。官方电视台对埃及部队动员情况的详尽报道，也提升了公众的预期，似乎清算的时刻已近在眼前。阿拉伯国家间开展合作，意味着以色列将同时面对三条战线的进攻。叙利亚和埃及已签署了一项共同防御条约；5月30日，约旦国王侯赛因也飞往开罗，将其命运与纳赛尔绑定在一起。现代化的武器、统一的意图、强有力的领导人，似乎阿拉伯人已经拥有了彻底击败以色列人所需的一切。然而在这一切虚张声势的背后，阿拉伯人比以往任何一次战争都缺乏准备。

埃及和其他阿拉伯国家并未吸取1948年阿以战争的教训,他们并未采取任何真正意义上的作战计划。尽管相互间签署了共同防御条约,但埃、叙、约三国间并不存在军事协调,更别说击败如以色列这样一个顽强的敌人所需的战略。更糟糕的是,埃及已将其财政与军事资源浪费在也门的一场不可能取胜的战争之上:1967年5月,埃及武装部队仍有三分之一的兵力被牵制在也门,这就好比埃及在投入一场战争时自缚一臂。

与以色列的战争肯定是纳赛尔在1967年时最不愿看到的情况,但他已经被自己的成功所绑架。埃及人民乃至整个阿拉伯世界都响应他的动员,信任他的领导。他们极为相信他的领导才能,坚信他将成为拯救者。因此,纳赛尔的公信力及其在阿拉伯世界的领导地位都处于胜败的关头。由于他的每一次误判使得他更接近战争,他本人可用于避免战争的回旋余地已越来越小。

埃及的战争动员在以色列激发了深沉的危机感。由于越来越担心阿拉伯敌人的包围,以色列公众指望着政府的承诺,也变得更加焦虑。以色列总理列维·艾希科尔希望在爆发全面战争之前尝试所有的外交手段。以总参谋长伊扎克·拉宾(Yitzhak Rabin)为首的将军们则持不同的观点:他们相信如果他们行动足够迅速,在敌军建立起巩固的阵地并协调好进攻计划之前,以军有能力击败每一支阿拉伯军队。内阁会议中分歧愈发严重:艾希科尔担心在三条战线上与埃及、叙利亚、约旦同时开战;即使是已退休的鹰派前总理大卫·本-古里安,也对拉宾的战争动员表达了保留意见。"你已将国家引入了一种非常严峻的处境,"他温和地批评拉宾,"我们绝不能开战。我们被孤立了,你要负全责。"[22]

在关闭蒂朗海峡与战争爆发之间的两周是一段极为紧张的时期,

在以色列被称为"等待期"。以色列公众担心他们国家的根本生存，对他们的总理缺乏信心，因为后者看起来过于优柔寡断。

5月底成为事态的转折点。由于在联合政府中受到孤立，艾希科尔被迫任命强硬的退役将军摩西·达扬（Moshe Dayan）进入其内阁担任国防部部长。达扬进入政府使得内阁的天秤倾向了主战派。在得到美国在战争爆发时将支持以色列的保证后，以色列内阁于6月4日举行会议，决定发动战争。将军们立即采取行动。

1967年6月5日早8点，约旦阿杰隆的一部预警雷达监测到了由以色列空军基地出发、驶往西南方向的多批战机。约旦操作人员立即向位于开罗的埃及空军防御中心以及埃及国防部传达警报信号。但他的警告却没有被听到：主接收中心值班的士兵将其收音机调到了错误的频道，国防部值班的军官则未能向部长传达这一消息。以色列在完全出其不意的优势下发动了战争。

在多批以色列战机驶向埃及领空的同时，埃军总指挥阿米尔元帅正和几名高层军官搭乘一架运输机，前往西奈检阅空军和步兵阵地。西奈的高级指挥中心负责人阿卜杜·穆哈辛·穆尔太吉（Abd al-Muhsin Murtagi）将军正在泰马达空军基地地面上等待迎接埃及军队的最高首领。他回忆说："8点45分，以色列战机袭击了机场，摧毁了所有的埃及战机，还对跑道进行了轰炸，使之无法继续使用。"由于无法着陆，阿米尔的飞机被迫飞回了开罗，而西奈所有的空军基地都同时受到了攻击。[23]

恰恰在同一时间，埃及副总统侯赛因·沙斐伊（Husayn al-Shaf'i）正陪同伊拉克总理塔希尔·叶海亚（Tahir Yahya）参观苏伊士运河区。他们于8点45分降落在法伊德机场，正赶上第一波以色列战机发动袭击。沙斐伊写道：

> 我们的飞机刚一成功着陆，两枚炸弹就在附近爆炸。我们

狼狈不堪地走下飞机,在地面上躲避了起来,目睹了事态一分钟一分钟地发展。敌机以3—4架为一组,每隔10—15分钟会发动一次袭击,袭击目标主要是那些停在地面上一动不动的埃及战机。这些飞机的机翼相互连接在一起,仿佛是特别准备好,为了在最短的时间内不费吹灰之力地被摧毁一样。敌军每出动一架次,都会有一两架埃及飞机爆炸起火。[24]

代表团乘汽车返回开罗途中,每经过一处空军基地都会看见成排的烟柱滚滚升起。

在不到3小时的时间内,以色列空军取得了对埃及空军的绝对优势,歼灭了后者所有的轰炸机和85%的战斗机。雷达系统和飞机跑道也遭受重创,以至于其他战机也无法继续使用埃及领空。事实上,纳赛尔曾向阿尔及利亚政府请求借用其米格战机,之后才意识到埃及空军基地所受重创已使其无法部署这些飞机。

埃及空军完全瘫痪后,以色列继续将矛头转向约旦和叙利亚。根据6天前与纳赛尔达成的防御协议,侯赛因国王已将其军队置于埃及人的指挥之下。埃及指挥官命令约旦炮兵和空军向以色列空军基地发动进攻。规模有限的约旦空军出动了头一批架次,随后返回基地加油,但刚刚午后便遭遇了以色列战机的袭击。仅用了两个批次,以色列人便歼灭了整个约旦空军,包括飞机、跑道和基地。他们随即向叙利亚人发动袭击,在一个下午的时间内消灭了叙空军三分之二的有生力量。

一旦取得制空权之后,以色列人很快便派出几波地面部队,试图歼灭其阿拉伯敌人——埃及、约旦、叙利亚部队,以避免同时面临多线作战的风险。他们先从西奈动手,派遣了约7万名步兵以及700辆坦克来迎战该地区约10万兵力的埃及部队。经过6月5日的激烈战斗,以色列人占领了加沙地带的大部分地区,突破了地中海沿岸的埃及防线,在黄昏时已控制了西奈东部的战略要冲艾布·欧维格莱。

埃及人进行了反击。次日清晨,埃及指挥官命令一个装甲旅尝试夺回艾布·欧维格莱。盖迈西将军是一位见证者。"我目睹了一个装甲旅遭到攻击。那场面真是令人心碎。以色列飞机在空中享有完全的自由,埃及坦克在白昼之下穿越空旷的沙漠,在缺乏有效防御手段的情况下成为轻松的射击目标。"[25] 到下午时,埃及人已放弃了进攻。在未咨询战场指挥官的情况下,陆军元帅阿米尔贸然下令从西奈全面撤退,以便在苏伊士运河西岸重整部队。由于完全缺乏组织与协调,这次撤退将埃及人的败局转变为溃败。盖迈西回忆自己目睹了部队"在敌方不间断的空袭之下……以最悲惨的方式进行着撤退,米特拉山口变成了一个巨大的墓地,到处散布着尸体、起火的设备和爆炸的弹药"。[26]

既然埃及军队已经被彻底打败,以色列人便转向约旦战线。在6月5日空袭成功后,以色列人轰炸了固守约旦河西岸的约旦装甲部队,他们利用其空中优势取得了良好的效果。6月5日夜间,以色列继续对耶路撒冷和杰宁的约旦阵地进行联合攻击,直至黎明时分空军再次发动空袭为止。至6月6日,约旦地面部队已被围困在耶路撒冷老城之内,在杰宁的守军则准备撤离。侯赛因国王亲自赶往前线来判断战场的局势。他回忆道:"我永远也无法忘记那幻影般的失败景象。路上塞满了卡车、吉普车和其他各类车辆,有的扭曲变形,有的开膛破肚,有的凹痕累累,同时还冒着烟。这座大坟墓里都是人,2—30人一组不等,一个个遍体鳞伤、筋疲力尽,绝望地试图从以色列空军的致命打击下开辟一条逃生路线。当日艳阳高照,万里无云,以色列的幻影战机群就在他们头顶上盘旋轰鸣。"[27]

侯赛因国王继续坚持抵抗,一方面是为了避免因脱离阵线而受到阿拉伯同胞的指责,另一方面也寄希望于一项联合国停火协议,从而有可能保全其在耶路撒冷和约旦河西岸地区的地位。但停火对约旦而言来得太迟了：6月7日清晨耶路撒冷老城陷落，而在以色列人同意与约旦达成停火之前，西岸其他地区的约旦阵地也已经土崩瓦解。6月8日，叙利亚和埃及同意与以色列达成停火协议，但以色列却利用有利形势向叙利亚发起进攻，占领了戈兰高地。1967年6月10日，"六日战争"正式宣告结束。

埃及的指挥官们对他们的损失感到震惊，便诉诸幻想来争取时间。在战斗打响的第一天，开罗官方报道称击落了161架以色列战机。[28]叙利亚人如法炮制，宣称在战斗打响的最初几个小时内击落了61架以色列战机。一场协调一致的虚假宣传就此开始，假消息通过无线电传播，随后由政府控制的报纸转载，这让阿拉伯世界民众相信，以色列已接近于完全战败。一位埃及情报官员回忆道："我们从广播中收听有关战争的消息，整个世界都以为我们的部队已经推进到特拉维夫郊区。"[29]

至于那些阿拉伯领导人愿意承认的挫败，他们将之归咎于美国人与以色列人共谋。在战争的第一天，"阿拉伯人之声"便开始广播对美国的指控："美国是敌人。美国是以色列背后的敌对势力。阿拉伯人啊，美国是全世界人民的敌人，是生命的杀手，是嗜血的恶魔，正是美国妨碍你们消灭以色列。"[30]事实上，纳赛尔专门联系了约旦国王侯赛因——后者在阿拉伯进步阵营中因其与英、美两国的密切联系而臭名昭著，以便在声明中协调一致，将以色列人在战场上的收益归因于英、美的共谋。在一次被以色列人破译的轻率的电话交谈中，纳赛尔为侯赛因国王的默许而欢欣鼓舞。"我会发表一份声明，"纳赛尔解释说，"你也要发表一份声明，我们会确保让叙利亚人也发表一份声明，在声明中指责美国和英国战机从其航空母舰上参与了对我们的空袭。我们会强调这一点。"[31] 1956年英、法曾伙同以色列发动对埃及侵略这一事实，也增加了阴谋论谣言的可信度。

阿拉伯领导人所推动的虚假宣传攻势仅仅延缓了可怕的清算之日，在那一天，他们将不得不向本国公民揭示其失败的惨重程度：埃及、约旦、叙利亚三国军队和空军的完全失败，广阔阿拉伯领土——包括埃及整个西奈半岛，巴勒斯坦加沙地带，阿拉伯东耶路撒，叙利亚戈兰高地——被占领的事实。

然而，在6月的第一周，被蒙骗的阿拉伯民众仍在庆祝胜利。在整个阿拉伯世界，欢腾的人群在组织胜利庆典，从未怀疑他们的领导人在向他们撒谎。安瓦尔·萨达特回忆了当他看到自发的游行队伍"庆祝我们的媒体每小时推出的关于莫须有的胜利的报道"时的那种绝望感："他们在庆祝一场想象的胜利——庆祝一场实质上的失败——这一事实，使我对他们感到歉意和同情，同时对那些欺骗了他们和整个埃及的人感到深深的厌恶。"萨达特甚至不敢想象那个不可避免的真相大白的时刻，那一刻埃及人民"意识到他们被兜售的那场胜利实际上是一场可怕的灾难"。[32]

那一刻终于在6月9日来临。当日，纳赛尔发表广播讲话，宣布对这次"逆转"承担全部责任，并递交了辞呈。他称这场战争为"大挫折"。他坚持指控英、美与以色列人合谋，宣称这场战争只不过是帝国主义试图主导埃及和阿拉伯世界的漫长历史中的最新篇章，而现在美国成为急先锋。根据萨达特的回忆，纳赛尔表示美国"希望独自控制全世界并且'统治'埃及。由于纳赛尔不允许这一愿望的实现，他别无选择，只有下台并交出权力"。[33]

就在广播之后，开罗的大街小巷迅速挤满了示威者。萨达特在其回忆录中回忆道："来自社会各个阶层和行业的男人、女人与儿童，被一种危机感团结为一个坚强的整体，他们协调一致，共同发声，呼吁纳赛尔留任。"接受战败的震惊对埃及人民而言已然足够困难了，他们不想在没有纳赛尔的情况下承担这一切。对埃及人而言，维护他们的领袖正是抵抗失败和外部控制的一部分——"这一次是美国而非英国"。萨达特称，连续 17 个小时人们拒绝离开街道，直到纳赛尔最终宣布撤销了辞呈。[34] 尽管同意继续留任，纳赛尔自此再也没有从这次"大挫折"中恢复过来。

1967 年战争的失利为阿拉伯政治开启了一个激进的新时代。失败的惨烈程度加之对阿拉伯民众的故意欺骗，触发了一场对阿拉伯政治领袖的信任危机。即便是拥有民众拥护的纳赛尔也未能逃脱公众的鄙夷。萨达特对其前任并不总是表现得宽宏大量，他就曾回忆，1967 年战败后，"各地的民众如何嘲讽〔纳赛尔〕，将他视为一个笑柄"。阿拉伯巨人纳赛尔跌下神坛，这给了其他阿拉伯国家领导人片刻的喘息。过去一旦与埃及的政策有所出入，他们就要面临纳赛尔宣传机器通过"阿拉伯人之声"广播而散布的激烈攻击，现在他们终于不用再提心吊胆。但这一时刻并未延续多久，在"大挫折"之后，针对阿拉伯领导人的内部威胁迅速增长。

正如 1948 年战争后所发生的，民众幻想的破灭在整个阿拉伯世界触发了一波反对现任政府的政变和革命的浪潮：1968 年，伊拉克总统阿卜杜·拉赫曼·阿里夫（Abd al-Rahman 'Arif）被复兴党领导的政变推翻；1969 年，利比亚伊德里斯国王（King Idris）被以穆阿迈尔·卡扎菲上校为首的自由军官推翻；1969 年，加法尔·尼迈里（Ja'far al-Numayri）从苏丹总统手中夺取了权力；1970 年，叙利亚总统努尔丁·阿塔西（Nur al-Din Atassi）被一场军事政变推翻，哈菲兹·阿萨德夺取政权。上述新政府无一例外地采纳激进的阿拉伯民族主义纲领作为其合法性的依据，号召摧毁以色列，解放巴勒斯坦，并战胜以美国为代表的帝国主义。

1967年战争彻底改变了美国在中东的地位。从那时起，美国和以色列之间的特殊关系就开始了，这一关系有多好，阿拉伯人对美国的敌意就有多深。双方之间的分歧必然会出现，因为彼此的地缘战略优先关切不同：美国人无法说服阿拉伯人站在自己一边对抗苏联威胁，阿拉伯人也无法让美国人认同他们关于犹太复国主义威胁的看法。

1967年战争期间，美国总统林登·约翰逊领导的政府放弃了在阿以冲突中的中立地位，转而支持以色列。他们相信纳赛尔和他的阿拉伯社会主义正把阿拉伯世界带入苏维埃阵营，他们很高兴看到他在失败中名誉扫地。而纳赛尔则开始相信自己的虚假信息，即声称美国站在以色列这边，参与了战争。最初，这只是为了转移国内批评的烟幕，但现在却逐渐演变成一种信念，即美国在新一轮帝国主义浪潮中，利用以色列来加强对该地区的控制。阿拉伯世界各处都用以色列和美国之间所谓的勾结来解释那场没有人能想象到的失败。因为美国在1967年战争中所扮演的角色，除突尼斯、黎巴嫩、科威特和沙特外，其他所有阿拉伯国家都断绝了与美国的关系。

事后来看，我们知道纳赛尔关于美国站在以色列一方参与战争的说法是毫无根据的。实际的情况恰恰相反。战争爆发后第四天，以色列空军和海军袭击了一艘美国侦查船"自由号"，造成34名美国军人死亡、171人受伤。以色列人从未公开解释过这次袭击，尽管很明显，他们希望通过攻击，使美国人无法监控他们在战场上的通信信号。不过，这样一次无缘无故且造成美军如此重大伤亡的袭击行为，竟然能够如此轻易地得到宽恕，这一事实已然反映出美、以两国间全新的特殊关系的本质。

"六日战争"后，阿拉伯人对以色列的立场同样明显趋于强硬。

自1948年这个犹太国家成立以来,阿拉伯国家曾几次主动示好,阿拉伯和以色列领导人之间也曾有过几次秘密外交。1954年,纳赛尔曾与以色列人进行了秘密接触;1963年,侯赛因国王则与这个犹太国家建立了直接的联系渠道。[35] 1967年阿拉伯战败后,所有与以色列人的秘密谈判都戛然而止。在这场战争中损失最大的纳赛尔和侯赛因都希望通过协商,与以色列达成一项战后解决方案,以收复阿拉伯领土。然而,1967年8月底至9月初在苏丹首都喀土穆召开的阿拉伯国家首脑峰会所采取的强硬路线,却将二人彻底边缘化。喀土穆峰会因划定了阿拉伯外交中"三不原则"而闻名于世,即不承认犹太国家、不与以色列官员进行谈判、阿拉伯国家和以色列之间不缔结和约。自此以后,阿拉伯政治的道义制高点将通过对此次峰会决议的遵循程度来衡量。

国际社会仍希望将以色列和阿拉伯人聚在一起,以便达成一项公正而持久的和平。当联合国于1967年11月就这一议题展开辩论时,发现阿拉伯世界就外交解决的可能性问题产生了分裂。联合国安理会于1967年11月22日一致通过的第242号决议,为基于土地换和平原则解决阿以冲突提供了法律框架。该决议呼吁"以色列军队撤出在当前冲突中占领的领土",从而换取"对该地区内所有国家的主权、领土完整、政治独立以及他们在安全、公认的边境内和平生活权利的尊重和认可"。联合国第242号决议仍是后续关于阿以冲突的一系列"土地换和平"倡议的基础。

该决议获得了埃及和约旦的支持,但却未能赢得叙利亚及其他阿拉伯国家的支持。对这些国家来说,喀土穆峰会所制定的"三不原则"排除了第242号决议所隐含的外交解决方案的可能性。这是一种顽固的不妥协立场,但在1948年、1956年和1967年连续输掉三场对以色列的战争之后,大多数阿拉伯领导人只愿接受从一个强势的立场来与犹太国家展开谈判。1967年之后，这些领导人坚信阿拉伯人在目前的处境下无力展开谈判。

在第三次中东战争的战后外交中，巴勒斯坦人失去的东西最多。自从被驱赶出其家园以来，巴勒斯坦人在过去的20年内从未被国际社会承认为一个拥有民族权利的独特民族。自委任统治时代以来，他们就一直被称呼为巴勒斯坦的阿拉伯人，而非巴勒斯坦人。1948年，巴勒斯坦犹太人采纳了以色列人作为民族身份，而巴勒斯坦阿拉伯人却依旧仅仅是"阿拉伯人"，或者是"以色列阿拉伯人"，即那些在以色列国建立时选择留守其家园的人口少数，或者是"阿拉伯难民"，即那些为躲避战乱而逃亡至邻近阿拉伯国家的难民。对西方公共舆论而言，这些流离失所的巴勒斯坦阿拉伯人与黎巴嫩、叙利亚、约旦或埃及的阿拉伯人并没有什么不同，在适当的时候将被他们的接收国吸收。

1948—1967年间，作为一个政治群体的巴勒斯坦人完全消失。当以色列总理果尔达·梅厄宣称不存在什么巴勒斯坦人之时，国际社会中很少有人会质疑她这一明显出于自利考虑的说法。巴勒斯坦人这种缺乏民族诉求的现状也反映在1967年秋的联合国辩论之中。尽管现在我们听起来很合理，第242号决议在当时却意味着全部巴勒斯坦民族诉求的终结。"土地换和平"原则在将阿拉伯巴勒斯坦剩余狭小领土归还于埃及或约旦的监管之下的同时，将承认以色列在民族国家集团中的永久地位；之前被称为巴勒斯坦的那个国家将在地图上永远消失，而所有在1948年、1967年两次战争中作为难民被逐出家园的巴勒斯坦人将不再有国家。拒绝第242号决议对巴勒斯坦人来说还不够，他们必须通过一切可能的方式使国际社会关注到其事业的公正性。

20年以来，巴勒斯坦人始终将他们的事业托付给阿拉伯兄弟，寄希望于通过阿拉伯人的联合行动来实现被占家园的解放。1967年阿拉伯人的集体失败，最终说服巴勒斯坦的民族主义者去把握主导权。受第三世界革命者的启发，巴勒斯坦民族主义团体发起了自己的武装斗争，其斗争对象不仅是以色列，还包括那些阻碍他们的阿拉伯国家。

*

20世纪50年代初，巴勒斯坦武装抵抗运动的创始人在开罗首次会面。1952年，一位名叫亚西尔·阿拉法特（1929—2004）的工程学学生，同时也是1948年战争的亲历者，当选为开罗巴勒斯坦学生联盟主席。他正是利用这一职位激励了一代巴勒斯坦青年为祖国的解放事业献身。

萨拉赫·赫莱夫（Salah Khalaf）是阿拉法特最亲密的合作者之一，后来以其化名艾布·伊亚德（Abu Iyad）闻名于世。1948年阿以战争期间，15岁的赫莱夫被迫从家乡雅法迁居至加沙地区。随后他又前往开罗的师范学院学习，在1951年秋巴勒斯坦学生会的一次会议上遇见了阿拉法特。"他比我年长4岁，"赫莱夫回忆说，"我立即就被他的精力、热情和事业心所吸引。"1948年灾难后，两人意见相投，都不信任阿拉伯政权。赫莱夫回忆，在纳赛尔和自由军官上台后，"一切看起来皆有可能，甚至解放巴勒斯坦也不例外"。[36]

事实证明，革命时代的埃及对巴勒斯坦政治而言是一个艰难的环境。尽管许诺恢复巴勒斯坦人的民族权利，但纳赛尔政府对巴勒斯坦民族主义活动施加着严密的控制。在随后的几年内，巴勒斯坦学生在整个阿拉伯世界散布开来，在多个国家建立了稳固的落脚点，而这些落脚点最终发展为组织化的基层团体。1957年，阿拉法特迁居至科威特，两年后赫莱夫也前往科威特与其会合。其他人，如现任巴勒斯坦权力机构主席马哈穆德·阿巴斯，则在卡塔尔找到了工作。受过良好教育的巴勒斯坦人在新工作中取得了巨大的成功,并将他们的资源导向了民族事业,即巴勒斯坦的解放。

直至20世纪50年代末,巴勒斯坦人才开始创建独立的政治组织。1959年10月,阿拉法特、赫莱夫与另外20名巴勒斯坦活动人士在科威特举行了一系列会谈,旨在建立法塔赫。该组织的名称具有双重的重要性:一方面,它是"巴勒斯坦解放运动"(Harakat Tahrir Filastin)首字母缩写的倒置形式;另一方面,它又与阿拉伯语"征服"一词具有相同的拼写形式。该运动提倡通过武装斗争超越派系主义,实现巴勒斯坦人的民族权利。在随后的5年内,该组织在新成员招募和组织方面也将取得飞速的进展。法塔赫开始出版一份名为《我们的巴勒斯坦》(Filastinuna)的刊物来传播其观点,这份刊物的编辑哈利勒·瓦齐尔(Khalil al-Wazir,化名为艾布·吉哈德)也将成为法塔赫的官方发言人。

阿拉伯国家决定建立一个官方机构来代表巴勒斯坦人的诉求。1964年首届阿拉伯国家首脑峰会在开罗举行,峰会呼吁建立一个新组织,以便使巴勒斯坦人民能够"在他们祖国的解放、命运的自决方面扮演自身的角色"。阿拉法特及其同僚对这个被称为"巴勒斯坦解放组织"的新机构怀有强烈疑虑。在建立巴勒斯坦人自己的解放组织的过程中,却没有征求巴勒斯坦人的意见。不仅如此,纳赛尔还指派律师艾哈迈德·舒盖里(Ahmad Shuqayri)来领导巴解组织,而后者在巴勒斯坦人中的威望最多也只能说有限。舒盖里出生于黎巴嫩一个混合了埃及、希贾兹、土耳其多种血统的家庭,截至1963年一直担任沙特驻联合国代表。阿拉法特和其他法塔赫积极分子深信,阿拉伯各政权建立巴解组织乃是为了控制巴勒斯坦人,而非帮助他们投身于祖国解放的事业。

起初,法塔赫试图与巴解组织合作。阿拉法特和赫莱夫在舒盖里访问科威特期间同他举行了会面,并派遣代表参加了1964年5月在耶路撒冷举行的第一届巴勒斯坦国民大会。巴解组织在耶路撒冷大会上正式宣告成立。受邀参会的422名代表——绝大多数来自精英家庭——重组为巴勒斯坦国民大会,扮演着某种流亡议会的功能。大会通过了一整套目标,这些目标在《巴勒斯坦民族宪章》(Palestinian National Charter)中被奉为金科玉律。该新组织甚至呼吁建立一支巴勒斯坦民族军队,这支军队后来被称为巴勒斯坦解放军。法塔赫在大会上彻底被边缘化,在离开耶路撒冷时已决心要抢这个新巴勒斯坦官方机构的风头。为了抢占先机,法塔赫决定对以色列发动一次武装袭击。

法塔赫的第一次反以行动在军事层面是一次失败,但在宣传层面却大获成功。按计划,三支突击队将于1964年12月31日分别从加沙、约旦和黎巴嫩对以色列发动袭击。然而,埃及、约旦和黎巴嫩政府都有意避免巴勒斯坦人激怒以色列人,深知任何敌对行动都将使他们自己的领土面临严厉的报复。埃及政府在行动开始前一周拘捕了加沙的法塔赫敢死队;黎巴嫩安全部队在第二组人马抵达黎以边境前实施逮捕;第三支队伍于1965年1月3日由约旦河西岸进入以色列境内,并在一个灌溉水泵站内安放了爆炸装置,但在爆炸前,以色列人便发现并排除了爆炸物。返回约旦境内后,这些巴勒斯坦突击队员随即被捕,一名游击队员在拒捕中被杀。法塔赫有了自己的第一位烈士,尽管值得注意的是,他是被自己的阿拉伯同胞所杀。

与法塔赫的实际军事目标相比,这些最终未成功的袭击的象征意义远为重要。1965年元旦当天,法塔赫假托"风暴"(al-Asifa)组织之名发布了一条军事声明,宣称:"我们的革命先锋队破土而出,坚信武装革命才是回归和自由的途径,同时也是为了向殖民主义者及其走狗、世界犹太复国主义及其资助者强调，巴勒斯坦人民仍然在战场上，他们并没有死去，而且永远也不会死去。"[37]

全世界的巴勒斯坦人都因这则消息而振奋不已。"1965 年 1 月 1 日，法塔赫为现代巴勒斯坦历史开辟了一个新的纪元。"武装斗争战士莱拉·哈立德（Leila Khaled）写道，他全家在 1948 年被逐出海法。对莱拉而言，上述行动象征着巴勒斯坦革命的开端，也是迈向其祖国解放的第一步。"巴勒斯坦人民在流亡中度过了 17 年，生活在阿拉伯领导人编织的幻想之中。1965 年，他们决定必须自己解放自己，而非等待真主的佑助。"[38]

在最初的 18 个月中，巴勒斯坦武装斗争仍是一支边缘化的力量，很容易受到以色列及其阿拉伯邻国的遏制。萨拉赫·赫莱夫称，在 1965 年 1 月至 1967 年 6 月期间法塔赫共开展了"约 200 次突袭行动"，但他也承认这些袭击"在规模上很有限，并无法对以色列国家安全或稳定造成威胁"。

具有讽刺意味的是，阿拉伯人在 1967 年的失败对巴勒斯坦武装斗争而言却成为解放的时刻。考虑到加沙和约旦河西岸现处于以色列人的占领之下，而非埃及或约旦的统治之下，巴勒斯坦抵抗运动首次有机会以被占领土地上巴勒斯坦人代表的身份发声，正如 1948—1967 年期间那样。此外，巴勒斯坦抵抗运动从被击败的阿拉伯国家手中获得了自由。过去，纳赛尔和其他阿拉伯领导人对法塔赫和其他巴勒斯坦派别施加着严格的限制。"六日战争"后，心怀愧疚的纳赛尔不再阻碍巴勒斯坦抵抗运动的行动自由，而是利用其已被削弱的威信向其他与以色列接壤的阿拉伯国家施压，要求后者允许巴勒斯坦人从他们的领土上向以色列发动袭击。

"六日战争"结束伊始，约旦成为巴勒斯坦军事行动的首要中心。在其武装部队遭遇毁灭性打击并失去约旦河西岸地区之后，侯赛因国王开始默许法塔赫的反以行动。巴勒斯坦各武装派别在约旦河谷的卡拉迈村建立了指挥部。以色列人开始留意法塔赫的准备工作。1968年3月,法塔赫接到约旦当局警告,称以色列人即将对其位于卡拉迈的基地发动突袭。面对实力占优的以色列军队,巴勒斯坦人决定坚守阵地、抵抗敌军,而不是提前撤退。约旦人则同意从俯瞰约旦河谷的高地上提供炮火支持。

3月21日,一支具有相当规模的以色列分遣队跨越约旦河,试图摧毁法塔赫的指挥部。约1.5万名以色列步兵和装甲部队向卡拉迈村和法塔赫训练营同时发起了攻击。马哈穆德·伊萨,一位在1948年被迫迁离阿卡的难民,当时就在现场。伊萨回忆说:"我们收到命令,不要介入行动的第一阶段,艾布·阿马尔〔亚西尔·阿拉法特的化名〕亲自过来解释说,在这样绝望的局势下,只有通过计谋,我们才有可能生存下来。他毫不费力地说服了我们。在物力方面,我们无力保卫卡拉迈。"事实上,据现在估计,当时在卡拉迈只有250名法塔赫游击队员和行政人员,以及当时以卡拉迈为基地的约80名巴勒斯坦解放军成员。伊萨继续写道:"我们唯一的选择,是伏击以色列人,并且要选择正确的时机。"[39]

伊萨和他的同伴在训练营外布置好阵地,以便在日落时分发起反击。伊萨在他的回忆录中写道:"白昼慢慢地逝去,卡拉迈完全消失在暮色中,只剩下废墟。很多女人、男人和儿童被俘,还有很多人死去。"以色列人在约旦猛烈炮火的攻击下完成任务后开始撤退。这正是伊萨和他的同伴等待的时刻。

当(以色列)坦克从我们阵地边驶过的时刻,我们收到发起进攻的信号。无论对我还是我的同志们而言,这都是个如释重负的时刻,就好像我们已经憋气憋了太长时间。我们径直向前冲锋,但还嫌跑得不够快。我们可以想象以色列人的吃惊程度，他们眼见那些本以为已经埋藏在碎石瓦砾之下的突击队员现在突然向他们冲来。灯光熄灭了。跨越约旦河的桥梁被炸毁了。坦克的履带也停止了转动。在［约旦］炮火的掩护下，一场新的战斗打响了。

在以色列人完全撤出约旦领土之前，巴勒斯坦人凭借枪榴弹和轻型武器摧毁了多辆以色列军车，并对以军造成了一定数量的伤亡。

对巴勒斯坦人而言，卡拉迈之战是为求生存、反抗强大敌军而取得的一场胜利；而当以色列人在炮火下被迫撤退之时，卡拉迈之战也成为捍卫巴勒斯坦人尊严的时刻（值得一提的是，"卡拉迈"一词在阿拉伯语中意为尊严或尊重）。然而，尊严的代价是高昂的。尽管阿拉伯媒体报告了一些夸大的数据，但至少28名以色列人、61名约旦人和116名巴勒斯坦人在这次行动中丧生。[40]但在整个阿拉伯世界，卡拉迈之战却被奉为巴勒斯坦人的一场彻底的胜利。自1948年以来，首次有一支阿拉伯军队在战场上直面以色列人，同时证明其敌人并不是不可战胜的。

法塔赫成为这次战役的首要受益者。莱拉·哈立德带着某种冷静的批评口吻回忆道："阿拉伯新闻媒体夸大了这一事件，结果看来似乎离完成解放巴勒斯坦的大业都只有一步之遥了。数千名志愿者蜂拥而入，金钱和武器更是堆积如山。法塔赫——一个由几百名半正规的游击队员组成的组织——在阿拉伯人眼中似乎可以与1949年10月前后的中国人民解放军相提并论了。甚至连侯赛因国王也宣称他是一名突击队员！"[41]法塔赫的创立者之一萨拉赫·赫莱夫也表示他们的办公室已然被成群的志愿者淹没，志愿加入突击队的人数在战役后头两天就达到了约5000人。相应地，法塔赫反以军事行动的次数也迅速增长：从1968年的55次行动猛增至1969年的199次，在1970年的最初8个月中更是达到了顶点——279次。[42]

民众对巴勒斯坦武装抵抗运动尤其是法塔赫的支持，掩盖了巴勒斯坦民族运动内部分裂的宗派主义和深刻的政治分歧。意识形态方面的分歧催生了不同的斗争策略，也导致巴勒斯坦武装抵抗由游击战争走向了激进主义。

1967年战争后，巴解组织经历了一次重大转型。艾哈迈德·舒盖里从未对广义上的巴勒斯坦运动建立起有效的领导权，最终于1967年12月辞去了巴解组织主席的职务。尽管阿拉法特的法塔赫运动处于接管巴解组织的优势地位，但法塔赫的追随者还是决定维持现状，保留巴解组织作为巴勒斯坦所有派系的门面，而法塔赫则成为巴解组织伞状结构下的主导性政党。1969年2月，亚西尔·阿拉法特当选为巴解主席，在2004年去世前他将一直保留这一职位。

并非所有的巴勒斯坦团体都接受法塔赫的领导地位。医生出身的乔治·哈巴什（George Habash，1926—2008）领导下的"解放巴勒斯坦人民阵线"（以下简称"人阵"），与法塔赫有着深刻的意识形态分歧。"人阵"认为基于中国和越南模式，只有在一场社会革命之后争取民族解放的武装斗争才可能取得胜利；相比而言，法塔赫将争取民族解放的斗争置于首位。这位"人阵"的领导人对法塔赫不屑一顾，认为法塔赫是一个在意识形态上破产的敌对组织，并被他眼中腐败的阿拉伯国家政府所玷污。

法塔赫控制了巴解组织之后，"人阵"领导层决定坚持他们自己通向巴勒斯坦革命的道路，唤起国际社会对巴勒斯坦议题的关注。他们脱离法塔赫，以便通过在以色列境内的游击行动来寻求武装斗争；而考虑到巴勒斯坦人所遭受的高伤亡率（根据以色列数据，至1969年底已有1350名游击队员被杀，2800人被俘），这一策略看起来越来越不切实际。[43]为实现唤起对巴勒斯坦问题国际关注的既定目标,"人阵"转而采取针对境外以色列和美国目标的高调行动。

"人阵"是参与空中劫持行为的首个巴勒斯坦组织。1968年7月,3名"人阵"突击队员劫持了一架以色列国家航空公司的民航飞机,并命令飞行员在阿尔及尔降落。与劫持人质相比,劫机者更愿意举办一个记者招待会,因而毫发无损地释放了所有乘客。1968年12月,卡拉迈战役的亲历者马哈穆德·伊萨在雅典清空并破坏了另一架以色列航空的飞机。他收到上级的指示要向希腊政府投降,希望对他的审判能激起媒体的广泛关注,从而成为向全球听众展示巴勒斯坦议题的一个平台。伊萨原原本本地执行了他的任务,劫持并清空了飞机,随后在空荡荡的机舱内引爆手雷,并向迷惑不解的希腊政府自首。

作为对巴勒斯坦袭击其客机的回应,以色列人轰炸了贝鲁特国际机场,炸毁了黎巴嫩国家航空公司中东航空的13架波音飞机。"我们感谢以色列人争得了黎巴嫩人对[巴勒斯坦]革命的支持,"莱拉·哈立德不无嘲讽地评论道,"我们也非常赞赏他们如此大胆地炸毁了那些70%—80%的股权为美国人持有的飞机!"[44]

"人阵"认为其策略正在取得成果,坚信他们已然使国际社会聚焦于巴勒斯坦议题。"整个世界最终被迫关注巴勒斯坦人的行动。阿拉伯媒体无法忽视他们,犹太复国主义者也无法掩饰这些行动。"哈立德总结道。[45]然而在国际媒体中,巴勒斯坦人正在赢得的声誉却是"恐怖主义",这一标签将削弱他们的运动在西方公共舆论中的合法性。

正如在阿尔及利亚战争中一样,女性在巴勒斯坦武装斗争中也扮演了重要角色。艾米娜·宰哈布尔(Amina Dhahbour)是第一位参与劫机行动的巴勒斯坦女性,1969年2月她在苏黎世强行控制了一架以色列航空的客机。宰哈布尔的行动鼓舞了其他投身巴勒斯坦运动的女性。莱拉·哈立德在英国广播公司国际新闻频道听到这则消息后，便立即转告了她的女性同胞。"几分钟之内，我们集体庆祝巴勒斯坦的解放，庆祝女性的解放。"她回忆道。[46]

哈立德当时刚刚加入"人阵"不久。她志愿提出加入特别行动小组，随后被派往安曼接受训练。1969年8月，哈立德接到了她的第一次任务。"莱拉，"她的上司们对她说，"你要去劫持一架环球航空公司的飞机。"她因这项任务而兴奋不已，将之视为一次反抗美帝国主义的使命。[47]她坚定地认为劫持以色列和美国飞机的策略推动了解放巴勒斯坦运动的战略目标的实现。哈立德写道："总体而言，我们行动的目标并非要重创敌人——因为我们缺乏做到这一点的能力，而是为了传播革命话语、恫吓敌人、动员我方群众、将巴勒斯坦议题国际化、团结进步力量，并在西方公共舆论面前凸显我们的不满，因为西方舆论在犹太复国主义者的引导下（对巴勒斯坦人的不满）始终无动于衷。"[48]劫持这架客机的日期将与美国总统理查德·尼克松在加利福尼亚州洛杉矶市举办的美国犹太复国主义组织年会上发表讲话的日期一致，即1969年8月29日。

考虑到今天机场内所采取的严密安保措施，莱拉·哈立德及其同伴在罗马菲乌米奇诺机场竟能如此轻易地将手枪和手榴弹偷运上环球840航班，似乎让人难以置信。起飞后不久，她的同谋者强行进入驾驶舱，并宣布飞机处于一位"新机长"的指挥之下，随后莱拉便接管了飞机的指挥权。"为了展现我的可信度，我立即把手榴弹的拉火环作为纪念品送给了〔飞行员〕卡特机长。他礼貌地拒绝了我的礼物。我把它扔在他的脚下，开始了我的演说：'如果你服从我的命令，一切都会平安；如果你拒不合作，你要为乘客和飞机的安全负责。'"[49]

确保了对飞机的控制之后，哈立德开始充分享受她的指挥权。

她命令飞行员飞往以色列；在途中直接与空中交通管制员进行对话；还强迫以色列当局以"人民阵线，自由的阿拉伯的巴勒斯坦"取代"TWA840"，作为对该航班的称呼。在3架以色列战斗机的影随之下，她迫使飞行员在她的出生地海法上空盘旋，这也是自1948年以来她首次看到这座城市。最后，她命令飞行员在大马士革降落，最终所有的乘客都被安全释放。莱拉及其同伙被叙利亚政府软禁长达45天，随后才被允许返回黎巴嫩。他们的任务取得了完满的成功，且全身而退。

20世纪60年代末是巴勒斯坦突击行动的全盛时期。法塔赫在以色列境内的活动以及人民阵线的劫机行动，引发了全世界对巴勒斯坦问题的关注，也使全球范围内流亡的巴勒斯坦人心生希望。然而，巴勒斯坦革命与其客居的阿拉伯国家之间的关系却迅速恶化。这种紧张关系最集中地体现在黎巴嫩和约旦。

巴勒斯坦游击队员在黎巴嫩享有相当高的公众支持率，那些不满于马龙派主导下保守政治秩序的左翼和穆斯林群体尤其如此。但黎巴嫩政府却将巴勒斯坦运动视为对国家主权和安全的一个直接威胁。1968年以色列突击队员突袭贝鲁特机场之后，黎巴嫩政府试图对巴勒斯坦人采取严厉措施。1969年，黎巴嫩安全部队与巴勒斯坦游击队之间爆发冲突。埃及总统纳赛尔介入，最终在黎巴嫩政府与巴勒斯坦各派系之间达成一个和解方案。1969年11月的《开罗协议》为巴勒斯坦人在黎巴嫩领土内开展行动设定了基本规则，允许巴勒斯坦游击队在黎巴嫩领土内开展活动，并承认了巴各派系对生活在黎巴嫩境内难民营的超过30万巴勒斯坦人具有完全的控制权。《开罗协议》仅在黎巴嫩政府和巴勒斯坦抵抗运动之间提供了一个非常脆弱的停战协议，在未来的6年内，该协议将逐渐趋近于崩溃的临界点。

巴勒斯坦与约旦王国的关系甚至更加不稳定。一些巴勒斯坦派系公开呼吁推翻"反动的"哈希姆王室,以便通过社会革命来动员巴勒斯坦和阿拉伯民众。在他们看来,这样一场社会革命是解放巴勒斯坦必要的第一步。萨拉赫·赫莱夫承认游击队员应部分地为双方关系的崩溃而负责。"的确我们自己的行为并非完全一致,"他写道,"出于对自身力量和冒险行为的自豪,突击队员(fedayeen)常常表现出一种优越感,有时甚至是傲慢,同时并没有考虑到约旦本地人的感受和利益。更严重的是他们对约旦军队的立场。他们对待后者好像对待敌人,而非潜在的盟友。"[50]巴勒斯坦各派系都深信,侯赛因国王对他们阳奉阴违,在反对巴勒斯坦事业方面与美国人甚至以色列人站在了同一边。

至1970年,约旦人与巴勒斯坦人已经走上了对抗的道路。6月,"人阵"将美国驻约旦使馆第一秘书劫为人质,还劫持了安曼市内两个最大的酒店——洲际酒店和费城酒店,绑架了80多名房客。作为回应,侯赛因国王命令军队袭击了安曼多个难民营内的巴勒斯坦阵地。激烈的战斗持续了一周之久,直至双方达成休战,所有人质才被释放。莱拉·哈立德很后悔"人阵"没有坚持继续战斗,她在日后的回忆中表示:"我们错过了推翻侯赛因的机会,当时我们既享有民众的信任,也具备实力击败他那支四分五裂的部队。"[51]

1970年7月,"人阵"再次发难,劫持了另一架飞往雅典的飞机,并要求释放马哈穆德·伊萨。1968年袭击以色列国家航空公司民航客机的事件之后,伊萨就被关押在雅典的一间肮脏的牢房之内,完全被世人遗忘。他曾幻想的旨在让国际社会聚焦于巴勒斯坦问题的公审,在希腊从未变为现实。由于这一大胆且成功的劫持行动,"人阵"登上媒体头条,并成功迫使希腊政府释放了伊萨。

伊萨回到约旦时受到了英雄般的欢迎。不到两个月，他就接到了另一项任务——他将为"人阵"的一项重大行动准备一条飞机起落跑道，这一行动计划同时劫持3架以色列和西方飞机，并将这些飞机停落在约旦荒漠地区。"人阵"希望通过上述方式占据世界媒体的头版头条，同时确立巴勒斯坦革命对约旦的权威。这是一次有意的挑衅，也是对侯赛因国王及其军队的公然挑战。伊萨开始在约旦首都安曼以东的一条被称为道森机场的废弃跑道上开展工作，该机场也因这一行动而被重新命名为"革命机场"。

1970年9月6日，"人阵"突击队员登上了美国环球航空一架由法兰克福飞往纽约的客机，以及瑞士航空一架由苏黎世飞往纽约的客机，迫使两架飞机在约旦降落。

同一天，"人阵"还指派了4名突击队员去劫持一架以色列客机，但以色列国家航空的地勤人员拒绝让两名准劫机者登机。后者转而选择劫持一家美国泛美航空公司的客机。泛美航空的飞行员以跑道长度不足以容纳体型庞大的波音747客机为由，拒绝在道森机场降落。他驾驶飞机飞往了贝鲁特，在那里"人阵"爆破小组在该机头等舱上安装了爆炸引线，随后命飞机继续飞往开罗。劫机者向乘客和机组人员声称在飞机着陆后，他们只有8分钟时间用于撤离飞机。事实上炸药在飞机着陆仅3分钟后随即引爆。值得庆幸的是，机上全部175名乘客和机组人员在飞机爆炸前全部安全撤离。

另外两名"人阵"任务执行者成功地登上了以色列航空一架由阿姆斯特丹飞往纽约的航班，为首者正是环球840客机的劫机者莱拉·哈立德。鉴于自1968年起受到一系列攻击，以色列航空强化了安全措施——驾驶舱门得到加固，且每架航班都配备了空中警察。起飞后不久，莱拉和她的同伴试图控制飞机，但遭遇了空中警察和机组人员的顽强抵抗。双方共发射了14发子弹，造成一名以色列机组人员重伤、劫机者帕特里克·阿奎罗死亡（莱拉·哈立德称后者在飞机上被当场处决）。哈立德最终被制伏并解除了武装。为了运送受伤的机组人员，飞行员在伦敦紧急迫降。英国政府将阿奎罗的尸体运下飞机，并逮捕了莱拉·哈立德。"人阵"迅速做出回应，于9月9日在巴林劫持了一架英国海外航空公司的客机，随后该客机在约旦"革命机场"与瑞士航空和美国环球航空两架客机完成会合。

这一连环劫机案，加之在开罗被炸毁的泛美航空客机，吸引了国际媒体的目光。在空中劫持方面，1970年9月连环劫机事件直至2001年9月才被超越。考虑到约旦境内3架飞机在其掌控之下，"人阵"开始提出自己的要求：释放莱拉·哈立德、被拘押在联邦德国的3名游击队员、在瑞士遭到扣押的另外3名游击队员，以及被以色列囚禁的数量不明的巴勒斯坦人。如果其要求在3天内未得到满足，被劫持的客机——机上共载有310名乘客和机组人员——将全部被摧毁。事实上，由于不愿因杀害人质而疏远国际公众舆论，"人阵"不久就开始释放妇女和儿童。人质亲身经历的描述垄断了世界各大媒体的头版。9月12日，剩余的乘客被"人阵"武装人员带下飞机，作为人质被扣押在"人阵"控制下的一所位于安曼市中心的酒店。空飞机上被安置了炸药，在一系列巨大的爆炸声中化为乌有，而这一切都被全世界媒体的电视镜头捕捉下来。

5天后，随着约旦军队向巴勒斯坦革命正式宣战，一场更大的爆炸也接踵而至。对侯赛因国王和他的军队而言，巴勒斯坦各派系的所作所为已经超出了东道国的容忍范围。卡拉迈的兴奋已经让位于"黑九月"（这场将巴勒斯坦革命逐出约旦领土的战争后来被这样称呼）。"人阵"毫不掩饰其推翻约旦王室、将约旦转变为解放巴勒斯坦的基地的意愿，而在约旦领土上发动劫机暴行的决定则成为压死骆驼的最后一根稻草。法塔赫谴责"人阵"的所作所为，但约旦人已不再区别对待不同的巴勒斯坦派系。在约旦已没有巴勒斯坦革命与哈希姆王室共存的空间。

"人阵"在约旦领土上开展激进暴力活动的大胆行为，彻底激怒了侯赛因国王和他的军队。约旦军队中有些部门试图介入道森机场的劫机事件，但巴勒斯坦游击队员却以杀害人质相威胁。约旦士兵被迫撤退并避免开火，等待人质危机解决后再采取行动。这种面对巴勒斯坦人威胁而毫无作为的表现让约旦士兵雄风扫地，几乎逼得他们发动一场反对国王的哗变。当时一则广为流传的趣闻称，在国王检阅装甲部队时，士兵们将女性内衣挂在坦克和装甲车的天线上以示抗议。"现在是我们成为女人了。"一位坦克指挥官对国王说道。[52]

9月17日，侯赛因命令他的部队采取行动。"黑九月"是一场完全意义上的战争，在10天的时间里，巴勒斯坦游击队与约旦军队激烈交火，双方冲突险些扩大为一场地区战争。作为四分五裂的中东地区一个保守君主国的首脑，侯赛因受到"进步"阿拉伯邻国的威胁，这些邻国希望站在巴勒斯坦一方介入冲突。侯赛因面对着来自伊拉克部队的严重威胁，这些军队自"六日战争"起就被部署到约旦，他的北部省份还遭到了打着巴勒斯坦解放军旗号的叙利亚坦克的实际入侵。

现在，侯赛因的军队面临两线作战的困境，要同时对抗巴勒斯坦人和入侵的叙利亚军队。考虑到军队战线拉得过长，侯赛因用上了他与美国和英国的友谊，甚至寻求以色列人的援助，以保护约旦领空免遭外部袭击。但西方军事介入又可能引发苏联的回应来保护其地区盟友。纳赛尔呼吁其他阿拉伯国家，在冲突彻底失控之前，协调出一个解决方案。

最后是纳赛尔凭借其威信才于9月28日将阿拉法特和侯赛因国

王聚集在开罗，来解决两人之间的分歧。基于阿拉伯国家首脑协商而达成的一份协议，约旦人和巴勒斯坦人同意完全停火。劫机戏码中剩余的西方人质被从酒店和"人阵"控制下的不同扣留场所释放。英国政府悄悄释放了莱拉·哈立德和多名巴勒斯坦游击队员。但已造成的损失已然无法弥补——即便贾马勒·阿卜杜·纳赛尔也无力回天。在"黑九月"战争中，约3000名巴勒斯坦战士和平民被杀，约旦方面也遭遇了数百人的伤亡。安曼市在10天的战斗之后满目疮痍，市内的巴勒斯坦难民营则被夷为平地。

连续多日紧张的谈判让埃及总统付出了代价。1970年9月28日，在送别了侯赛因和阿拉法特之后，纳赛尔回到家中，突发严重心脏病，于当天下午5点去世。

当夜，开罗广播中断了常规节目的播放，诵读了一段庄严的《古兰经》经文。在适当的停顿之后，副总统安瓦尔·萨达特宣布了贾马勒·阿卜杜·纳赛尔的死讯。穆罕默德·海卡尔回忆说：

> （这一消息）瞬间引发极大的反应。人们在深夜涌出家门，走向尼罗河岸边的广播站，只是为了探清他们刚刚听到的消息是否属实。……开始街上只能看到小股的人群，随后几百人、几千人、几万人涌上街头，再后来整个街道都挤满了黑压压的人群，没有人能挪动哪怕一步。广播站外一群妇女在尖叫，她们哭喊着说："狮子死了！狮子死了！"这声哭喊在整个开罗激起了回响，随后又传遍千村万落，直到传遍整个埃及。在那一夜和随后的几天里，人们哀悼他的离世，悲痛欲绝。很快，人们开始从埃及的各个角落涌入开罗，直到整座城市人口达到1000万。政府暂时停运了火车，因为开罗已没有供人住宿的空间，食物供给也趋于短缺。但人们还是从四方赶来，无论是驾

车、骑驴，还是徒步。

悲伤的情绪溢出了埃及的边境，传播至整个阿拉伯世界。阿拉伯世界主要城市内爆发了大规模的民众游行。纳赛尔身上寄托着整个中东地区阿拉伯民族主义者的希望和诉求，这一点超出了其生前或身后的任何领导人。然而在纳赛尔去世之前，阿拉伯民族主义已然寿终正寝：叙利亚脱离阿拉伯联合共和国、也门发生的阿拉伯国家内战、1967年战争的惨败以及整个巴勒斯坦土地的沦陷，对泛阿拉伯主义的诉求构成了接二连三的打击，最终使之一蹶不振。"黑九月"事件尖锐地反映出阿拉伯国家之间的深刻分歧。沿着冷战的阵营分野，阿拉伯国家逐渐分裂为美国盟友和苏联支持者两大阵营，似乎只有纳赛尔能超越这些国家之间不断加深的分歧。

至1970年，阿拉伯世界彻底分裂为众多维护自身利益的独立国家。1970年之后，阿拉伯国家之间还会有一些高调的统一方案，但没有一个方案对所涉国家的完整性构成挑战，而且没有一个持续下来。20世纪70年代和80年代的阿拉伯统一方案，仅是一些旨在赋予阿拉伯政府合法性的公共关系活动，因为这些政府深知阿拉伯民族主义仍对公民保有强烈的吸引力。各国政府继续对抗击犹太复国主义敌人、解放巴勒斯坦等阿拉伯共同议题施以口头支持，但却无不聚焦于自身利益。而随着该地区的石油资源开始变成巨大的财富，并给予阿拉伯人影响世界经济的能力，一股新的力量正逐渐控制中东。

第十二章　石油时代

在20世纪70年代这个多事之秋，阿拉伯世界受到石油力量的形塑。

大自然并没有在阿拉伯国家之间均匀地分配石油资源。在伊拉克，浩瀚的底格里斯河和幼发拉底河几千年来养育着庞大的农业人口。但除伊拉克以外，阿拉伯世界绝大部分石油储量都分布于人口最稀少的国家：沙特、科威特、其他海湾国家，以及北非的利比亚和阿尔及利亚。在埃及、叙利亚、约旦却只有象征性的发现，尚不足以满足本国能源需求。

石油在阿拉伯世界首次被发现，要追溯至20世纪20年代末30年代初。在随后的40年内，西方石油公司牢牢控制着阿拉伯碳氢产品的生产和销售。阿拉伯产油国的统治者们逐渐富有起来，在20世纪50—60年代启动了一系列发展计划，以便使国内贫困人口分享到石油财富的利益。

但直至20世纪70年代，诸多因素结合在一起才将石油转变为阿拉伯世界权力的来源。全球范围内对石油依赖的增长，美国石油产量的下降，以及威胁到中东向工业世界出口石油的政治危机，这一系列因素共同造就了70年代史无前例的高油价。在这10年的进程中，阿拉伯国家逐渐从西方石油公司手中夺回了对其国内石油以及伴随而生的权力的控制权。

在现代历史中，石油在阿拉伯人的财富与权力的界定方面超出了任何其他商品的影响力。但石油也象征着某种虚假的权力：石油产出的巨大财富使一个国家更容易遭受外部威胁；石油财富既可用于发展，又可通过军备竞赛和地区冲突而被用于毁灭。石油的作用好坏参半，但最终，在动荡的20世纪70年代，石油没有给阿拉伯国家带来多少安定，甚至反而让整个地区动荡不宁。

20世纪初起，中东地区的石油勘探方兴未艾。当时，石油公司与产油国之间的关系受到政府向公司发放的特许权-许可证的制约；根据这类经营许可，石油公司将向政府支付一定的费用，以换取勘探开发石油资源的特权。有商业利润可图的石油储量先后在伊朗（1908）和伊拉克（1927）被发现；1931年起，西方石油业人士开始将目光投向波斯湾的阿拉伯海岸。最开始，急需现金的本地统治者将开发权出售给英国和美国公司，后者则需担负石油勘探的全部风险和费用。

对于波斯湾的石油业先驱而言，风险是真实存在的。有一些公司钻探了多年，却没有一丝半点的发现。然而在20世纪30年代，石油从业者不断在阿拉伯半岛取得重大发现：1932年，加利福尼亚标准石油公司在巴林发现油田；1938年，加德士公司在科威特勘探到巨大的石油储量；同样是在1938年，经过6年令人失望的勘探之后，加利福尼亚标准石油公司在沙特东部省份终于收获了第一个重要发现。

在确实勘探到石油以后，这些公司会向其所在国支付油区土地使用费，然后将剩余的利润据为己有。阿拉伯统治者也没有怨言，因为他们并没有为石油收入付出任何劳动。石油收入很快就超过了

(这些国家)国民收入中所有其他来源的收入,而西方石油公司则担负着为全球市场运输并精炼阿拉伯石油的巨额费用。在阿拉伯半岛提炼石油是一项耗费巨大的工程,在早年尤其如此:一方面要铺设输油管道,委托油轮来运输石油;另一方面还要建立新的炼油厂,将阿拉伯半岛的原油转化为市场上有销路的产品。在这些石油公司看来,由于是他们独自承担巨大的风险和成本,并耗费了大量的精力来开采这一资源,由他们完全控制其生产(开采多少石油)和销售(在一个竞争日益激烈的市场中制定价格)是完全合理的。

然而到 1950 年,产油国开始越来越不满于最初特许经营权的条款。一旦石油开采、运输、精炼的基础设施到位后,石油公司就可从其投资中获得巨额利润。1949 年,对沙特石油享有排他性特权的阿美石油公司——一个由 4 家美国公司(埃克森、美孚、雪佛龙和德士古)组成的财团——收获的利润相当于沙特政府的 3 倍。更糟糕的是,阿美石油向美国联邦政府缴纳的税款也要比沙特的税款收入额高出约 400 万美元,也就是说,美国政府从沙特石油上赚的钱比沙特人还要多。[1]

海湾阿拉伯国家要求获得更多的石油利润份额,这一方面是为了支持其越来越宏大的发展计划,一方面也是为石油资源耗尽的那一天未雨绸缪。他们的请求有先例可循:南美洲的委内瑞拉在 1943 年成功地实现了与特许权拥有者对石油收益的平分。因而在石油收入的分配方面,阿拉伯国家决心达成同样的份额。1950 年 12 月,沙特与阿美财团通过谈判达成了一项平分石油收益的协议,其他阿拉伯产油国很快也都如法炮制。对石油收入的这种整齐划一的分配比例,也反映出双方都可接受的一种平等合作关系。但西方石油公司对任何试图打破五五分成的尝试都采取了抵制立场,担心产油国会在双方关系中占据上风。

受益于其巨大的石油储量，阿拉伯产油国将获得越来越多的权力。在整个20世纪50—60年代，波斯湾超过美国成为世界上最重要的产油区。1948—1972年，中东石油日产量由110万桶猛增至1820万桶。[2] 尽管产油国当时在石油收益方面与外国石油公司享有平等的份额，但后者仍控制着有关生产与定价的一切事宜。在石油开采的早期岁月，西方石油商人尚可合理地宣称，相比于阿拉伯谈判方，他们对与石油相关的地质、化学、经济学方面拥有更深入的理解。但到60年代，情况不再如此。阿拉伯产油国正派遣他们最优秀的学生前往西方顶尖大学学习地质学、石油工程和管理学。拥有高级学历的新一代阿拉伯技术官员回到他们的政府工作岗位，对于外国石油公司对其国家自然资源和国民经济所施加的权力表示强烈不满。

阿卜杜拉·图雷基（Abdullah al-Turayqi）属于最早的一批阿拉伯石油专家。图雷基于1920年出生于沙特，纳赛尔统治时期在埃及学习长达12年，在那里接受了阿拉伯民族主义的教育。随后，他赴奥斯汀大学学习化学和地质学，最终于1948年返回沙特。1955年，他被任命为沙特石油与矿产事务管理局局长，从而成为沙特石油工业中级别最高的沙特官员。凭借这一职务，图雷基有机会接触到其他产油国的政策制定者。他敦促阿拉伯石油商人通过集体行动来保护自己的利益。[3]

其他阿拉伯石油部长/大臣中的大多数都不愿破坏现状。由于20世纪50年代苏联石油开始大量涌入市场，他们面临着石油过剩的局面。如果阿拉伯国家向外国石油公司提出过多的要求，后者可能会径直选择去其他地方开采石油。毕竟，主要的石油公司都是一些全球性的巨头，在美洲、非洲和中东都握有丰富的储量。考虑到不久前刚刚从外国石油公司手中取得了石油利润的五五分成，大多数阿拉伯产油国对于继续索求更大的份额持谨慎立场。

1959年时，英国石油公司做出了将石油标价下调10%的致命决定，阿拉伯产油国从对现状的自满中惊醒。苏联石油的过剩对国际石油价格产生了真实的压力，因而英国石油公司的这一决定仅仅反映了市场现实。但这一看似理性的决策，其问题在于，英国石油公司并未向产油国预先通知其决定。由于石油公司和产油国双方的收入都基于石油标价，这一单方面的决定就意味着石油公司在未与产油国协商或取得其同意的情况下，强行削减了其政府收入，亦即其国家预算。在不经意之间，英国石油公司揭示了石油公司和产油国之间的合作关系实际上是多么地不平等。

阿拉伯产油国感到无比愤怒。在油价下调事件之后，图雷基发现其他石油部长/大臣对集体行动的想法持更加开放的立场。1959年4月，在首届阿拉伯石油大会会议间歇期间，图雷基在位于开罗市郊麦阿迪区的一个帆船俱乐部，秘密会见了来自科威特、伊朗、伊拉克的政府代表。这些阿拉伯石油从业者达成了一项"君子协议"，决定成立一个专门的委员会来维护油价并创立国有石油公司。他们的目标是打破五五分成的门槛，最终与西方石油公司达成一个六四分成的收益分配方案，从而确立对石油资源的国家主权原则。

1960年8月阿拉伯产油国进一步坚定了意志。当时，新泽西标准石油公司犯了与英国石油公司相同的错误，单方面将石油标价下调了7%。这一举措在产油国中激起了极大愤怒，甚至让最谨慎的人士也确信，只有在确立对本国石油资源控制权的情况下，阿拉伯人才能摆脱西方石油公司的控制。图雷基又出访伊拉克，提议与委内瑞拉联合起来对抗西方石油公司。访问期间，这位沙特石油大臣提议建立一个全球性的卡特尔组织，以避免产油国受制于西方石油公司的独断行为。时任伊拉克财政部部长穆罕默德·哈迪德（Muhammad Hadid）在回忆图雷基的这次访问时表示："伊拉克政府对这一提议表示欢迎，并在巴格达召开了一次产油国会议，其间各国代表就建立该组织达成一致。"1960年9月14日，伊朗、伊拉克、科威特、沙特和委内瑞拉宣布成立石油输出国组织，以欧佩克（OPEC）而闻名。[4]

至1960年，在北非又出现了两个新的阿拉伯产油国：1956年和1959年，阿尔及利亚和利比亚分别发现了可用于商业交易的石油储备。晚进入的优势就在于北非国家可以吸取海湾阿拉伯同胞的经验教训，确保在石油产品的开发与出口方面获得最佳的条款。

石油被首次发现时，利比亚还是一个贫穷的欠发达王国。截至1943年，利比亚领土一直处于意大利的殖民统治之下。盟军占领意大利后，控制权又转移至英、法两国手中。的黎波里塔尼亚、昔兰尼加和费赞三块领土被联合为利比亚王国，并于1951年获得独立。鉴于战争期间在反对轴心国势力方面提供的服务，英国把利比亚王位奖赏给了强大的赛努西教团的首领赛义德穆罕默德·伊德里斯·赛努西（Sayyid Muhammad Idris al-Sanussi，1889—1983）。1951—1969年，赛义德穆罕默德以伊德里斯一世国王的身份统治着利比亚，并见证了其国家如何通过发现石油，由贫穷走向富有。

早在石油发现前的勘探阶段，利比亚人就急于最大限度地利用其石油资源。与那些将广袤领土的特许开发权出售给国际石油巨头的阿拉伯国家不同，伊德里斯国王的政府决定，一方面将目标勘探区分割为众多较小的特许开发区，另一方面有意倾向于独立的石油公司。利比亚人的理由是独立公司可用于供油的替代性来源相对较少，因而与那些在全世界作业的石油巨头相比，将有更多的动力开发利比亚原油并将之带入国际市场。他们的策略是成功的：至1965年即发现石油后仅6年，利比亚已经一跃成为非苏联世界的第六大石油出口国，占该地区全部石油出口量的10%；1969年，利比亚的石油出口量已经与沙特持平。[5]

尽管统治着一个新兴的繁荣国家,伊德里斯国王在国内却被批评为一个亲西方的保守君主。利比亚军队中一群年轻的阿拉伯民族主义军官将国王视为一名英国间谍,其首领是一位名叫穆阿迈尔·卡扎菲的年轻上尉(1942年出生)。这些军官认为,为了使利比亚摆脱外国控制、实现完全独立,必须推翻伊德里斯国王。1969年9月1日凌晨,他们在一场不流血的政变中推翻了利比亚王室,当时年迈的国王正在国外接受治疗。

当天早晨6点30分,在通过广播向利比亚人民发布的第一份公报中,卡扎菲正式宣布了王室的倒台以及利比亚阿拉伯共和国的建立,他的话里满是历史性的暗示:"利比亚人民!你们的武装部队已经推翻了这个臭名昭著的腐朽政权,一下子就点亮了漫长的黑夜。漫漫长夜中,先是意大利取代了土耳其人的统治,接着就是这个反动、腐朽的政权,这个政权不过是一张滋生勒索、分裂与阴谋的温床。"他向利比亚人民许诺一个新的时代的到来,"在这个新时代中,所有人都将是自由的,都将成为兄弟;在真主的佑助下,繁荣和平等将眷顾我们所有人"。[6]

利比亚的新领导人是纳赛尔的狂热崇拜者。夺取政权伊始,卡扎菲就晋升至上校军衔(1952年埃及革命时纳赛尔的军衔),并且仿照埃及模式建立了一个"革命指导委员会"来监督新的利比亚共和国政府。"告诉纳赛尔总统,我们是为了他才发动了这场革命。"政变刚一结束卡扎菲曾这样对穆罕默德·海卡尔说道。[7]

1970年9月纳赛尔去世后,卡扎菲自封为纳赛尔的意识形态继承人。自此以后,反殖民主义和阿拉伯统一将成为利比亚外交政策的特征。利比亚新政府开始推广阿拉伯语(外语的街道名称被阿拉伯化)、强加伊斯兰教的种种限制(禁止酒精,关闭教堂),以利比亚人民的名义没收外国人所有的财产,从而推进国家经济的"利比亚化"。英国、美国军事基地被关闭,所有外国部队都被驱逐出境。正是在这一精神的指导下,利比亚新政权接管了西方石油公司,深信后者对石油生产和销售的控制代表着对利比亚国家主权和独立的最大威胁。

石油政策方面,卡扎菲上校转向了阿拉伯民族主义石油专家阿卜杜拉·图雷基(1962 年费萨尔国王即位后,一位名叫艾哈迈德·宰基·也门尼的年轻技术官员取代图雷基,出任沙特石油大臣)。1967 年,图雷基曾表示:"只有那些将石油作为其主要收入来源的产油国,才有权为其主要自然资源设定公平的价格。"卡扎菲有决心打破西方石油公司对阿拉伯产油国的控制,在这方面两人可谓志同道合。[8] 1970 年,卡扎菲出台了一系列旨在确立利比亚对其石油资源完整主权的政策,西方石油公司则成为主要的利益受损者。

1970 年 1 月,卡扎菲召集在利比亚作业的全部 21 家石油公司的负责人举行会议,以重新商定双方合同的条款。西方石油商人不安地坐在他们的椅子上。他们正在努力适应利比亚新的军人统治者。公司主管们宣布抵制对其在利比亚经营方式的任何改动,这时卡扎菲突然对这些石油商人大发雷霆,表明他宁愿完全中断利比亚的石油生产,也不愿让其国家遭受西方资本的剥削。他警告说:"人民在没有石油的情况下生活了 5000 年,为了争取其合法权利,他们有能力再次在缺少石油的情况下生活几年。"在卡扎菲严厉目光的注视之下,西方石油商人坐立不安。[9]

卡扎菲强迫西方石油公司立即做出决定,并将他的价格强加给这些公司。当年 4 月,利比亚政府以前所未有的幅度要求每桶石油价格上调 20%(0.43 美元),而当时的交易价仅为每桶 2.20 美元。作为答复,石油巨头埃索(埃克森公司在欧洲的隶属企业)提出每桶石油仅涨价 5 美分，且坚持自己的方案。考虑到其可替代的石油来源，埃索和埃克森并不受卡扎菲威胁的影响。

作为回应，利比亚人有意挤压那些稍小的独立石油公司。正如利比亚石油专家阿里·阿提嘉（Ali Attiga）所回忆的，"利比亚政府学会了利用独立公司来提高油价，而且利用得很好"。利比亚人在选择他们的目标时是非常仔细的。美国西方石油公司之前完全默默无闻；依靠在利比亚沙漠中的发现，该公司竟一跃成为西方最大的石油公司之一。美国西方石油公司最大的问题就在于缺少利比亚之外的其他石油来源，因而完全依赖利比亚石油来履行合同。在这一背景下，利比亚政府强令该石油公司大规模减产。随着政府强加的减产开始生效，美国西方石油公司开始匆忙地寻找其他石油来源，以便履行其对欧洲消费者的承诺。但鉴于其日产量被利比亚政府由 84.5 万桶骤减至 46.5 万桶，西方石油巨头无一愿向这家脆弱的独立公司施以援手。其他石油公司同样被勒令减产，但没有一家所受的负面影响像美国西方石油公司那么严重。阿提嘉宣称："现在，减产促成了两件事：一方面迫使独立公司接受涨价，因为这些公司并没有履行其合同所需的其他供应来源；另一方面则推动开启了一个石油供应短缺时期。"供应短缺则将向上拉动油价。[10]

利比亚的政策取得了完全的成功，年轻的卡扎菲政权也战胜了各石油公司。最后，在 1970 年 9 月签订的一份标志性的协议中，美国西方石油公司主席阿曼德·哈默（Armand Hammer）被迫接受了利比亚政府的条款，同意将利比亚石油的标价史无前例地提高 30 美分，达到每桶 2.53 美元。更重要的是，美国西方石油公司同意将石油利润中的多数让给利比亚政府，在产油国和石油公司之间引入了一个 55% 对 45% 的全新利润分配比率，从而打破了在过去 20 年内得到普遍奉行的五五分成协议。在石油（开发）历史上，首次有一个产油国获得了其石油收入的多数。

美国西方石油公司的先例很快被施加到在利比亚作业的所有石油公司身上,而利比亚的先例很快被伊朗和阿拉伯产油国模仿。1971年2月,伊朗、伊拉克、沙特签订了《德黑兰协议》(Tehran Agreement),规定产油国收益的最低比率为55%,并将石油标价进一步提高了0.35美元/桶。《德黑兰协议》之后不久,利比亚和阿尔及利亚又于1971年4月进一步将地中海市场中的油价提升了0.9美元/桶。这些协议开启了两个趋势:一是产油国有规律地提高石油标价,二是石油公司所享受利润份额有规律地减少。这既标志着西方石油大亨时代的终结,也象征着阿拉伯石油酋长时代的开端。

1971年,最后一批海湾国家脱离英国保护,实现完全独立。在去殖民化和阿拉伯民族主义风云激荡的整个时期,停战诸国仍与英国保持着特殊的协约关系。巴林、卡塔尔的独立以及阿拉伯联合酋长国的成立,标志着大英帝国在中东地区的终结。1820年,英国在波斯湾开始其在中东的帝国扩张,一个半世纪后,这一帝国也在同一地区寿终正寝。

严格来说,海湾诸酋长国并非英国殖民地,而是通过19世纪签订的一系列协议而与英国保持着特殊关系的独立微型国家。这些酋长国长期将外交关系置于英国的控制之下,作为交换,英国保护其免受外部势力尤其是奥斯曼帝国的威胁。19世纪末期,奥斯曼帝国开始寻求拓展其对海湾阿拉伯国家的影响力。

1968年时仍有9个海湾国家处于英国的保护之下,即自1946年起就作为英国驻海湾政治代理处驻地的巴林,以及卡塔尔、阿布扎比、迪拜、沙迦、哈伊马角、乌姆盖万、富查伊拉和阿治曼。英国长期利用其在海湾的特殊地位来确保英国公司取得带来丰厚利润的石油特许权,特别是在阿布扎比和迪拜,且试图继续对该地区施加超出其不断下滑的国际地位的影响力。海湾国家统治者则完全满足于现状,因为这一安排能够保护这些微型国家的生存,使其免遭沙特、伊朗等觊觎其富含石油领土的强大邻国的威胁。

有鉴于此,实际上是英国人而非停战诸国当政的酋长们开启了海湾地区去殖民化的进程。1968年1月,哈罗德·威尔逊(Harold Wilson)政府突然宣布将于1971年底之前放弃对苏伊士运河以东地区承诺的义务,这一表态让海湾统治者完全措手不及。英国撤出波斯湾的决定是由其国内经济困境促成的。1967年11月,为扭转贸易和国际收支逆差,威尔逊被迫将英镑贬值。在类似紧缩措施的背景下,英国政府无法再为维持其在波斯湾军事基地的开支辩护。此外,执政的工党遵照其政党文化,公开反对在撤出印度20年后仍然维持帝国的运转,这更凸显了上述经济问题。

酋长们的第一反应是拒绝放走英国人——准确地说,是拒绝英国人背离协议中对保护其地区免遭外部侵略的承诺。他们的担心是有理由的:沙特宣布对盛产石油的阿布扎比的绝大部分领土拥有主权,伊朗则宣布对岛国巴林以及横跨几个重要近海油田的较小岛屿拥有主权。在之后的3年中,巴林将所有的外交智慧都投入到海湾领土所有权分歧的解决之中,并大力鼓动停战诸国合并,认为这一尝试将赋予这些国家足够的体量以应付波斯湾凶险的政治风浪。

1970年,伊朗国王放弃了对巴林的领土要求。巴林的统治者谢赫伊萨·本·萨勒曼('Isa bin Salman)也便退出了与其他休战国家的合并谈判,并于1971年8月14日宣布其国家独立。巴林的邻国、同时也是长期对手的半岛国家卡塔尔,很快于1971年9月3日宣布独立。剩余7个国家间分歧依旧显著,但却并非是不可跨越的。随着英国撤离截止日期的临近,其中6个国家达成一致,于1971年11月

25日建立阿拉伯酋长国联盟（后来改称为阿拉伯联合酋长国）。

比较特立独行的一个国家是哈伊马角，该国为抗议伊朗对其两个岛屿——大小通布岛的领土要求而拒绝加入联盟。哈伊马角认定自己对争议岛屿拥有主权，认为英国有责任维护这块主权领土。英国人则认为伊朗的善意对于保全海湾国家的领土完整而言是不可或缺的，因而为维护联盟整体的独立，情愿牺牲哈伊马角两个较小的岛屿。在英国人的协调下，沙迦和伊朗就另一个争议岛屿艾布·穆萨岛的领土划分问题达成了一项协议。在英国人看来，类似的让步是为避免伊朗国王兴风作浪而做出的必要妥协。最终，哈伊马角也加入阿拉伯联合酋长国，后者在1971年12月6日被承认为阿盟成员，3天后成为联合国正式成员。

具有讽刺意味的是，英国撤出海湾地区的做法，却使其与两个最热衷于阿拉伯民族主义、反帝主义理想的国家之间的关系趋紧。伊拉克宣布与英国断交，以抗议后者包庇伊朗占领阿拉伯领土——艾布·穆萨岛和大小通布岛。利比亚则更进一步，于12月7日宣布将英国在利比亚的石油利益国有化，作为英国将阿拉伯领土拱手送给伊朗的惩罚。对阿拉伯石油依赖的增长使得西方很容易受到此类惩罚措施的影响，阿拉伯人也开始将石油视为达成政治目标的武器。很快，阿拉伯世界就开始考虑如何在与以色列及其西方盟友的斗争中运用石油武器。

*

卡扎菲上校的石油顾问阿卜杜拉·图雷基，很早就预见到石油可能成为重塑地缘政治的有力工具。1967年6月战争后几个月，他在位于贝鲁特的巴解组织研究中心发表了一篇文章，在文章中他将阿拉伯石油形容为"战场上的武器"。在给出战略性地运用石油对抗以色列盟友的合理依据后，图雷基论证说："每个国家都有权动用一切可能的手段来向敌人施压，这是一个公认的事实。阿拉伯国家则拥有可用来对抗敌人的最强大经济武器之一。"他指出，阿拉伯人拥有全球已探明石油储量的58.5％以上，工业化世界在能源供应方面对阿拉伯国家的依赖不断加深。在美、英、德、意、荷支持对手以色列的情况下，阿拉伯人为何还要继续向西方供油呢？图雷基在结论中写道："阿拉伯人民呼吁动用石油武器，每一个阿拉伯政府都有责任满足人民的意愿。"[11]

运用石油武器说起来容易做起来难。图雷基比绝大多数人都清楚在1967年6月战争中石油武器的效果是多么地微弱。6月6日即战争爆发第二天，阿拉伯石油部长/大臣举行会议，一致同意禁止向支持以色列的美、英及联邦德国三国供油。在48小时之内，沙特和利比亚完全中止了石油生产。阿拉伯石油产量锐减60％，从而向西方市场施加了巨大的压力。

然而，工业化世界经受住了对石油武器的第一次使用。一旦进入国际市场后，追踪石油的目的地几乎是不可能的，这也就使得被禁运的国家能够通过从不受禁运影响的中间商购油，绕开对直接购买的禁令。美国和其他非阿拉伯产油国扩大了产油量来弥补短缺，日本人则动用了新的"超级油轮"舰队来向全球市场运送石油。1个月之内，各工业国完全恢复了石油供应，也表明阿拉伯产油国这一姿态无效，而同时，禁运措施却使这些国家失去了关键的收入来源。至1967年8月底，战败的阿拉伯国家——埃及、叙利亚和约旦呼吁其产油兄弟国恢复生产，以便帮助他们担负战后重建的重担。

石油武器不仅在1967年战争中被证明是无效的，而且在战争结束后还长期损害了阿拉伯经济。阿拉伯石油重返国际市场使得市场供过于求，导致油价下跌，这样石油武器取得了适得其反的效果，对阿拉伯国家的伤害远甚于对以色列及其西方支持者。然而在1967

年战败后，阿拉伯军队的士气是如此低迷，以至于很多政策制定者仍相信阿拉伯世界更有可能通过经济手段，而非军事手段，来实现其反抗以色列的目标。

1967年战争的创伤带来的痼疾，对埃及的影响比对任何其他阿拉伯国家都要严重。埃及军队的惨败以及整个西奈半岛的丢失，又与战争对经济的影响混合在一起。埃及面临一张庞大的战后重建账单，这一点又因苏伊士运河的关闭、旅游业的崩溃而雪上加霜，而后两者是埃及最重要的两大外汇来源。

1967年战争后，和平解决阿以冲突的前景比以色列建国以来的任何时刻都要渺茫。国际社会在埃、以两国间协调一个解决方案的努力，因双方敌对的立场而搁浅。以色列方面希望保留全部西奈半岛，将之作为迫使埃及签订一项完全的和平协议的谈判筹码。埃及政府则将收回西奈半岛作为任何和谈的先决条件。

对埃及而言，以色列在西奈半岛停留的时间越久，国际社会承认以色列对埃及领土占领的可能性就越大。纳赛尔总统决心要防止以色列人将苏伊士运河转变为埃、以两国间的实际边境线，因此在1969年3月至1970年8月之间对以色列展开了一场未正式公布的消耗战。埃及人通过突击行动、密集炮火打击、空袭等方式，试图摧毁以色列人在苏伊士运河沿岸的阵地。作为回应，以色列人在运河沿岸修建了一系列防御工事，即巴列夫防线——以时任以军总参谋长哈伊姆·巴列夫（Chaim Bar-Lev）将军的名字命名，并发起了一系列深入埃及国土的空袭。

在消耗战几个月的时间里，以色列人继续证明着他们对埃及人的军事优势。埃及人缺乏有效的防空系统，使得以色列人得以自由地攻击开罗市郊以及尼罗河三角洲的城市。阿卜杜·加尼·盖迈西

（Abd al-Ghani El-Gamasy）将军分析道："（敌人的）目标是迫使埃及人民承受沉重的心理压力，从表面上凸显政治领导层的弱势，最终迫使后者停止消耗战。这些空袭隐藏的信息是，既然埃及军队始终无法认识到战斗是徒劳无益的，就用空袭向埃及人民直接揭示这一点。"[12]

尽管以色列空袭并未推动埃及民众反对其政府，但消耗战对埃及的伤害要远大于以色列。纳赛尔逐渐对美国的调解表现出开放立场。1970年8月，作为由美国国务卿威廉·罗杰斯（William Rogers）推动但最终夭折的和平计划的一部分，纳赛尔同意与以色列人实现停火。但纳赛尔在次月就与世长辞，这也使得埃、以在解决分歧方面依旧前路漫漫。

纳赛尔的继任者是他的副总统安瓦尔·萨达特。尽管同样身为自由军官运动的创始人之一，参与了1952年革命，而且是革命指导委员会最初的成员之一，但萨达特在埃及国内外始终默默无闻。他不具备纳赛尔的个人魅力或公众吸引力，因此为了保住权力就必须证明自己。

上任伊始，萨达特所面临的国际环境并不乐观。尼克松政府正在谋求与埃及的盟友苏联缓和关系。而随着超级大国间紧张关系的趋缓，诸如阿以冲突之类的地区争端在莫斯科和华盛顿议程上的紧迫性便有所下降。为此，在冲突双方为解决分歧而展现出更务实的态度之前，苏联人和美国人情愿维持现状，即阿以之间"不战不和"的政策。萨达特深知维持现状对以色列人有利。每过一年，国际社会就更加接受以色列对1967年占领的阿拉伯领土的控制。

为打破这一僵局，萨达特必须采取主动。他需要迫使美国人重新介入阿以冲突，敦促苏联人向埃及军队提供高科技武器，同时向以色列人发出收复西奈的真实威胁。为了实现上述目标，他不得不走向战争，但仅仅是一场为实现特定政治目标而发起的有限战争。

作为走向战争的第一步，1972年7月，萨达特将埃及国内全部2.1万名苏联军事顾问驱逐出境。这是一个违背常理的举动，但目的是迫使美、苏两国重新介入阿以冲突。美国人开始质疑埃及与苏联之间的关系，考虑将最强大的阿拉伯国家策反至亲西方阵营的可能性。正是这一威胁刺激了苏联人，改变他们对庇护国埃及的懈怠。萨达特之前曾催促苏联领导人重新武装在"六日战争"和消耗战的几年内遭受重创的埃及军队，莫斯科却一直推诿搪塞，推迟交付武器的时间，同时拒绝提供尖端苏联武器，那是对抗美国提供给以色列的高科技武器所必需的。尽管驱逐了苏联军事顾问，萨达特却有意避免切断与苏联的关系。相反，他保留了埃及与苏联的友好协议，延续了苏联部队在埃及基地的特权，从而展现了其盟友立场。事实证明，萨达特的策略极为成功。苏联在1972年12月至1973年6月期间向埃及出口的先进武器，比之前两年的总量还要多。

萨达特的下一个目标是敦促军队备战。1972年10月24日，他召集埃及武装部队的将领们在他家中开会，向他们通报了他准备向以色列发动战争的决定。他警告这些埃军最高将领说："这件事没有商量的余地。"

将军们惊骇万分，因为他们相信，以色列对战争的准备情况比阿拉伯国家要好得多，且埃及完全依赖苏联来获得先进武器，而在向阿以冲突中的盟友提供武器方面，苏联完全落后于美国。对这些将军而言，现在完全不是谈论战争的时候。盖迈西将军也参与了这次会议，根据他的描述，随着萨达特对将军们的抗辩越来越恼怒，会议的气氛也变得"超乎寻常地激烈和不安"。"显然，会议最后，萨达特总统对于发生的一切——递交的报告、表达的观点或预测的结果都深感不快。"[13]但他也没有改变自己的想法。这次会议后,萨达特重组了其军队领导层,解除了持怀疑态度者的领导职务。盖迈西被任命为作战负责人,负责制订作战计划。

盖迈西将军决心要避免重蹈"六日战争"的覆辙。基于一手经验,他深知1967年埃及军队对战争的准备是多么地不足,而阿拉伯军队在战事中的协调工作又是多么地匮乏。埃及战争策划者的首要任务是与叙利亚人达成协议,从两条战线向以色列人发动进攻。与埃及人在西奈的情况一样,叙利亚人决心要夺回其在戈兰高地失去的领土。为此,1973年1月他们与埃及人达成了一项绝密协议,以统一两国军队的指挥权。

接下来,战争策划者必须要确定一个发动袭击的理想日期,以便保证最大程度上的突然性。为了寻找理想的月色和潮汐条件来横渡苏伊士运河,盖迈西和他的同僚们翻遍了历书。他们考虑过犹太宗教节日以及政治日程,试图寻找一个以色列军人和公众可能有所松懈的时机。"我们发现赎罪日正好是周六;更重要的是,作为这一节日的宗教传统和惯例,赎罪日是整个一年里广播、电视停止播放节目的唯一一天。换句话说,无法通过公共渠道快速召回预备役部队。"[14]综合上述所有因素,盖迈西和他的军官们提议在1973年10月6日周六开始行动。

在盖迈西将军督促埃及军队备战的同时,萨达特访问了利雅得,试图说服沙特人动用一种完全不同的武器——石油。萨达特于1973年8月底秘密访问沙特,向费萨尔国王简要介绍了其秘密战争计划,寻求沙特的支持与合作。萨达特必须有足够的说服力,因为自1967年灾难性的经历以来,沙特人一直拒绝阿拉伯人动用石油武器的请求。

对萨达特而言,幸运的是,1973年整个世界对阿拉伯石油的依赖程度要远远高于 1967 年。美国石油产量在 1970 年达到峰值，其后每年都在递减。沙特则取代得克萨斯成为全球石油生产的调节者，通过简单的增产就可弥补石油供应的亏空。因此，美国和其他工业大国比以往任何时候都更易受到石油武器的冲击。据阿拉伯分析家估计，1973 年时美国、日本和欧洲从阿拉伯世界进口的石油占其石油进口总量的比重分别高达约 28％、44％ 和 70％—75％。[15] 作为一位坚定的阿拉伯民族主义者，沙特国王费萨尔相信其国家可以有效地运用石油资源，许诺在埃及向以色列发动战争的情况下支持萨达特。据称费萨尔对萨达特这样说道："但要给我们时间，我们不想在一场只有两三天的战斗中把我们的石油当作武器，然后就不了了之，我们想看到的是一场时间长到足够动员起世界舆论的战争。"[16] 在战争结束后再动用石油武器是毫无意义的，这是沙特人在 1967 年学到的。沙特国王希望确保下一场战争能够持续足够长的时间，以便石油武器发挥效力。

1973 年 10 月 6 日周六下午 2 点，随着叙利亚和埃及军队同时从北部和南部向以色列发动进攻，赎罪日战争正式爆发。尽管埃及人为保密已采取防御措施，以色列情报机构还是确信一场进攻已迫在眉睫。但他们误以为这会是一场规模有限的攻势，且将发生在日落前后。对以色列军方而言，一场全面的、两条战线的战争还只是第一个意外。

盖迈西称，在战争打响后的最初几分钟内，埃及发射了超过 1 万枚炮弹。在猛烈炮火的掩护下，埃及突击队高喊着"真主至大"，乘小艇横渡苏伊士运河，向沙土筑成的巴列夫防线发起了猛攻。在攻克一度被视为坚不可摧的以色列阵地的过程中，埃及军队的伤亡极其微小。记者穆罕默德·海卡尔回忆道："两点零五分，关于战况的第一波消息已经传回了十号中心［中央指挥部］，萨达特总统和［总司令］艾哈迈德·伊斯玛仪（Ahmad Ismail）吃惊地听着，仿佛他们正在观看一场军事演习：'任务完成……任务完成。'一切都顺利得让人难以置信。"[17]

当以色列的指挥官们听到巴列夫工事内的士兵拉响警报，宣称面对兵力占优的敌军其阵地即将失守的时候，他们同样难以置信。在赎罪日斋戒期间，这些士兵普遍放松了警惕。同时，叙利亚坦克攻克了以色列阵地，深入戈兰高地腹地。埃及和叙利亚空军也都深入以色列领空，对以境内重要军事目标发动了袭击。

以色列人紧急调动空军，但其战机刚一到达边境地区就遭到苏制萨姆-6导弹的拦截，以军在1967年战争中的空中霸权已一去不复返。在战争打响的最初几个小时里，以色列仅在埃及边境就损失了27架飞机，被迫将其战机控制在运河区以外15英里的区域。被派往巴列夫防线救援本方部队的以色列坦克也遭遇了类似的打击，装备有苏制有线制导反坦克导弹的埃及步兵击毁了多辆以色列战车。

在以色列陆、空两军都受到抑制的情况下，埃及军事工程师架起了高压水泵，在真正意义上冲毁了沙筑的巴列夫防线，从而为埃及军队突破以色列防线进入西奈半岛铺平了道路。很快，运河水面上便搭建起浮桥，以便埃及部队和战车跨越运河进入苏伊士运河东岸及西奈半岛。

战斗第一天结束时，已有约8万名埃及士兵跨越了巴列夫防线，在西奈半岛内4千米（约2.5英里）的范围内挖建了阵地。在北方战线，叙利亚军队突破了以色列人在戈兰高地的防线，在一波向太巴列湖推进的协调一致的攻势中重创了以色列坦克和战机。受益于攻其不备的效果，在战争最初的几个小时内，埃及和叙利亚几乎完全掌握了战场的主动权，以色列人则在慌乱中应对这个犹太国家建立以来所面临的最严重威胁。

以色列军队重整旗鼓，开始发动反攻。在 48 小时之内，以色列召唤和部署了预备役，一方面防卫位于西奈的阵地，另一方面则集中兵力在戈兰高地发动攻势，希望在集中军力对付规模更大的埃及军队前，首先击败叙利亚军队。作为回应，伊拉克、沙特和约旦步兵与装甲部队被派往叙利亚，以抵御以色列人在戈兰高地的反攻。以色列和阿拉伯人都遭遇了重大伤亡，在阿以冲突迄今为止最激烈的战斗中，双方几乎耗尽了武器和弹药储备。

战争第一周接近尾声时，阿以双方都急需补给。[18]10 月 10 日，苏联人开始向叙利亚和埃及空运武器。10 月 14 日，美国人也开始秘密向以色列人空运武器弹药。在装备了全新的美国坦克和火炮之后，以色列人开启了一波成功的反攻，至 10 月 16 日在叙利亚战线已占据了压倒性优势，在苏伊士运河西岸则包围了埃及军队。随着以色列人不断巩固对阿拉伯敌军的优势，战事开始陷入僵局。

正是在这一时刻，阿拉伯国家决定动用石油武器。10 月 16 日，阿拉伯石油部长/大臣在科威特举行集会。鉴于埃及人和叙利亚人在战争最初几天的收获，他们有了一种新的自信和自尊感。工业世界对其能源供给的依赖同样令阿拉伯供油国的领导人感到振奋，因为这意味着一旦阿拉伯人提高油价，他们就可以对那些支持以色列的工业国施加立竿见影的惩罚。

在科威特会议的第一天，阿拉伯石油部长/大臣们宣布将油价提高 17%，他们甚至没有打个电话通知那些无助的西方石油公司。沙特石油大臣谢赫艾哈迈德·宰基·也门尼对一位与会代表说道："这一刻我已经等待了太久，现在这一时刻终于来临，我们是自己商品的主人了。"[19] 这一举措对国际石油市场产生了立竿见影的影响，也激起了广泛的恐慌。当日结束时，石油商人已将每桶石油的标价提升至5.11美元，相比1973年6月的交易价格（2.90美元）足足上涨了70%以上。

油价飙升还只是为赢得全世界注目而打响的第一枪。次日，阿拉伯石油部长/大臣们发表了一份联合公报，概述了一系列减产和禁运的计划，以迫使工业大国修正其对阿以冲突的政策。公报写道："所有的阿拉伯石油出口国即刻起将分别削减其石油产量，削减比例不得低于其9月份产量的5%，在之后的每个月将维持相同的减产比例，直至以色列军队完全撤出其在1967年6月战争中占领的所有阿拉伯领土，且巴勒斯坦人民的合法权利得到恢复。"[20]

石油部长/大臣们还向友好国家确认他们将不会受到上述措施的影响。他们解释说，只有"那些向敌人以色列提供道义与物质支持的国家，会面临严厉、渐进的阿拉伯石油供应削减，直至最终完全停止供应"。考虑到美国、荷兰与以色列之间的传统友好关系，两国被威胁将面临完全的禁运，"直到诸如美国、荷兰或其他任何积极支持以色列侵略者的国家改弦易辙，接受国际社会关于结束以色列对阿拉伯领土占领、完全恢复巴勒斯坦人民的合法权利所达成的共识"。

在战场和石油市场中展现其实力之后，阿拉伯国家开辟了一条外交战线。阿拉伯产油国公布上述联合公报的当天，沙特、科威特、摩洛哥、阿尔及利亚四国外交部部长/大臣就在白宫与尼克松总统及其国务卿亨利·基辛格举行了会谈。阿拉伯部长/大臣们发现，美国政府似乎愿意执行联合国安理会第242号决议——该决议呼吁以色列撤出1967年6月战争中占领的阿拉伯领土，以换取以色列与阿拉伯国家间的完全和平。阿尔及利亚外交部部长质问，为何第242号决议之前从未得到过执行。"基辛格非常坦诚地回答说，原因在于以色列在军事层面的绝对优势。他表示弱者没有资本进行谈判。过去阿拉伯人是弱势的一方，现在他们变得强大了。阿拉伯人取得了超出任何人——包括他们自己在内——认为有可能取得的成就。"[21]对阿拉伯人来说，似乎美国人只讲实力。

尼克松政府发现自身的处境异乎寻常地困难：既想安抚阿拉伯世界，又不想以以色列的安全为代价，但这一做法已然违背了美国人对这个犹太国家的承诺。从冷战的角度来看，美国人决心，要保证配备有美国武器的以色列压倒配备苏联武器的阿拉伯人。当以色列向美国提出紧急要求，补充即将耗尽的军火时，尼克松政府于10月18日批准法案，向这个犹太国家提供价值22亿美元的武器装备。

美国对以色列战备工作的公然支持彻底激怒了阿拉伯世界。阿拉伯产油国一个接一个地对美国实行完全禁运。阿拉伯国家石油产量下调了25%，油价突然飙升，最终于1973年12月达到每桶11.65美元的峰值。在6个月的时间内，油价涨至原来的4倍，严重扰乱了西方经济，伤害了消费者的利益。随着石油储备的减少，司机们开始在加油站排起长队，被迫接受对稀缺汽油资源的配给。

西方政府面临越来越大的来自国内民众的压力，要求结束石油禁运，而解决石油危机的唯一途径就是设法解决阿以冲突。萨达特已经达成了其战略目标，迫使美国重新介入（中东）地区外交。考虑到埃及军队仍在苏伊士运河东岸固守阵地，国际社会将运河视为埃、以两国实际边界的可能性已不复存在。埃及领导人现在开始寻找合适的时机结束战争，并巩固自己的收益。

战事拖得越长，萨达特的军事处境就越不利。到了10月的第三周，以色列已发起了攻势，以军部队深入到距开罗60英里、距大马士革仅20英里的阿拉伯领土。但以色列人也为这些收获付出了巨大的代价。超过2800名以色列人在战斗中死亡、超过8800人受伤——伤亡数占以色列人口的比重远高于敌对的阿拉伯国家，后者在战争中付出了8500名士兵死亡、约2万人受伤的代价。[22]

以色列的反击引发了超级大国间的新一轮紧张。随着以色列人威胁要包围苏伊士运河西岸的埃及第三军，苏联最高领导人列昂尼德·勃列日涅夫致信美国总统理查德·尼克松，呼吁双方采取联合外交行动。否则，勃列日涅夫警告说，苏联将可能被迫单方面介入，以便保护埃及军队。面对处于警戒状态的苏联红军和海军，美国情报机构担心苏联人可能会将核威慑引入冲突地区。作为回应，美国安全官员在古巴导弹危机之后首次将其军队置于高度核戒备状态。经过几个小时的剑拔弩张，两个超级大国同意，合力寻求通过外交途径来结束十月战争。

埃及人和以色列人同样迫切地期待早日结束这场毁灭性的武装冲突。经过16天的激烈战斗之后，双方现在都准备放下武器。10月22日，联合国安理会开始协调停火事宜。当天，安理会通过了第338号决议，该决议重申了更早的第242号决议的内容，呼吁召开和谈，通过土地换和平的方式解决阿以分歧。同年12月，联合国在日内瓦召开国际会议，将处理1967年以色列占阿拉伯领土问题作为公正、持久地解决阿以冲突的第一步。

1973年12月21日，时任联合国秘书长库尔特·瓦尔德海姆（Kurt Waldheim）主持召开了这次会议。在美、苏两国的联合支持下，来自以色列、埃及和约旦的代表出席了此次会议。由于未能获得归还阿拉伯国家所有被占领土的保证，叙利亚总统哈菲兹·阿萨德拒绝出席会议。与会者中并没有巴勒斯坦代表，以色列人坚决不同意巴解组织参会，约旦人也不乐意有一个竞争对手来代表约旦河西岸被占领土上的巴勒斯坦人。

日内瓦会议并未取得任何最终的定论。阿拉伯代表在会前并未协调一致，其发言揭示了阿拉伯阵营内部的深刻分歧。埃及人用巴勒斯坦领土来指代约旦河西岸地区，从而削弱了约旦在谈判中的地位，约旦人则感觉埃及人是在惩罚他们未参与1973年战争。约旦外交大臣萨米尔·里法伊（Samir al-Rifaʿi）要求以色列从包括东耶路撒冷在内的所有被占阿拉伯领土完全撤军。以色列外交部部长阿巴·埃班（Abba Eban）则坚持以色列绝不会退回到1967年边境线之内，并宣称耶路撒冷为以色列不可分割的首都。这次会议唯一重要的成果即建立了一个埃、以联合军事工作组，以便就埃、以军队在西奈实现脱离接触而进行谈判。

在这次失败的会议之后，美国国务卿亨利·基辛格为确保以色列与其阿拉伯邻国达成脱离接触协议而开启了多轮密集的穿梭外交。1974年1月18日以及同年5月，埃、以双方及叙、以双方先后达成协议。通过这些协议，埃及重新获得了整个苏伊士运河东岸，在西奈的埃以边界之间则设置了一个联合国控制之下的缓冲区。叙利亚人则同样收回了1967年失去的戈兰高地领土的一小部分，在戈兰高地的叙以边界之间同样有一支联合国缓冲部队。鉴于战争已结束而外交努力正如火如荼地展开，阿拉伯产油国宣布其目标已经实现，并于1974年3月18日结束了石油禁运。

然而，并非所有的阿拉伯分析家都将1973年的一系列事件视为完美无缺的胜利，穆罕默德·海卡尔就认为埃及和阿拉伯产油国让步得太多且太早。阿拉伯人在施加石油禁运时有着明确的目标，即以色列撤出1967年6月占领的所有阿拉伯领土，但他们却在未实现任何一项目标的情况下就结束了禁运。海卡尔总结道："从积极的方面来看，值得一提的只有：全世界终于看到阿拉伯人协调行动了一次，且石油——即便是笨拙地——被用作了政治武器。"[23]

尽管如此，阿拉伯世界在1973年依然取得了重要收获。阿拉伯人所展现的纪律性和目标的一致性令国际社会印象深刻，也迫使超级大国更严肃地看待阿拉伯世界。在经济层面上，1973年诸多事件使阿拉伯人完全独立于西方石油公司。用谢赫也门尼的话来说，阿拉伯产油国确立了对自己商品的控制权，在石油危机结束后迅速走向暴富——1973年危机之前油价还不到每桶3美元，而危机后的整个70年代都稳定在每桶11—13美元。西方漫画家将阿拉伯石油长老丑化为长着鹰钩鼻子、向全世界勒索钱财的贪婪形象，但西方商人们却迅速涌入了这个看似有无限资源的新兴市场。受益于油价的飙升，西方石油公司因其巨大的石油库存也从危机中牟取了巨额利润。但1973年10月的事件对规制西方石油公司与阿拉伯产油国之间关系的石油特许经营权给予了最后一击。继伊拉克和利比亚之后，科威特和沙特也收购了其国内西方石油公司的全部资产，以用于发展本国的石油工业。1976年，西方对阿拉伯石油施加影响的时代最终落下了帷幕。

十月战争同样是一场外交胜利。萨达特通过战争成功地打破了与以色列之间的僵局，阿拉伯人协调一致的军事行动对以色列构成了真正的威胁，战争还加剧了美、苏之间危险的紧张关系。现在，国际社会开始高度重视在联合国安理会第242、第338号决议的基础上，通过外交途径解决阿以冲突。

通过1973年大胆的积极行动，萨达特确保了埃及的利益，却也使得巴勒斯坦人的民族诉求濒临绝境。尽管联合国决议支持中东地区所有国家的领土完整，但这些决议在提及失去家园的巴勒斯坦人时仅仅是保证"公正地解决难民问题"。作为巴勒斯坦人民实际的流亡政府，巴解组织面临一个严峻的选择——或者参与新的外交方案，或者眼睁睁地看着约旦和埃及通过一个全面和平协议收回约旦河西岸和加沙地区。这样一个协议也将意味着巴勒斯坦人独立建国愿望的彻底终结。

*

一架直升机迅速地划过黎明前的夜空，沿纽约东河飞向位于曼哈顿的联合国总部。1974年11月13日凌晨4点，这架直升机成功着陆，随后紧张的安保人员迅速将巴解组织主席亚西尔·阿拉法特拥入联合国大楼内的一个安全套间。由于是趁着夜色悄无声息地到来，阿拉法特也就免除了被示威者人群围堵的烦恼。而就在同一天清晨稍晚些时候，上千名示威者聚集在联合国大厦门前，高举着写有"巴解组织是国际暗杀组织""联合国成了恐怖主义论坛"等标语的横幅，抗议阿拉法特的出现。当然，这样做也使他免受暗杀者的袭击。

阿拉法特的联合国之行是巴勒斯坦政治史上这个非同寻常的年份的高潮。苏联、东方阵营、不结盟运动国家、阿拉伯世界合力确保了巴解组织主席获邀为联合国关于"巴勒斯坦问题"的辩论发表开幕词。对他而言，这是一个向世界各国陈述巴勒斯坦人诉求的重要机会。

在联合国的亮相，同样标志着阿拉法特从游击队首领向政治家的转型，对于后一角色他的准备尚不充分。"你为什么不去？"他曾这样问作为巴勒斯坦流亡议会的巴勒斯坦全国委员会外事委员会主席哈立德·哈桑（Khalid al-Hasan），后者则直截了当地拒绝了这一提议，坚称只有阿拉法特能够代表巴勒斯坦人的诉求发声。"你是我们的主席，是我们的象征。你是巴勒斯坦先生（Mr. Palestine）。要么你去，要么就干脆不去。"[24]

这场大戏在1974年一年中经历了戏剧性的变化。

十月战争之后，这位游击队领袖做出了一个战略性的决定——放弃武装斗争以及与之相关的激进策略，围绕旨在解决巴以冲突的两国方案举行谈判。在过去的25年中，巴勒斯坦民族运动在寻求解放历史上完整的巴勒斯坦领土、摧毁以色列国家等立场上几乎始终保持一致。十月战争后，阿拉法特意识到，这个已经成立25年的犹太国家不仅是中东地区的军事超级大国，而且享有美国的全力支持以及几乎整个国际社会的承认。以色列将继续在中东存在下去。

在十月战争后的外交中，阿拉法特很正确地预见到其阿拉伯邻国将最终接受这一现实，并基于第242号决议，在美、苏的支持下与以色列展开和平协议的谈判，巴勒斯坦人则将被边缘化。阿拉法特曾在20世纪80年代这样问一位英国记者："第242号决议为巴勒斯坦人提供了什么？对难民的些许补偿，以及可能——我只是说可能——有少数一部分难民回归巴勒斯坦的家园。但除此之外呢？什么也没有。我们将彻底完蛋。我们巴勒斯坦人重新成为一个国家——哪怕是在我们祖国小部分的领土上——的机会将彻底失去，彻底完蛋。不再有什么巴勒斯坦民族。故事结束了。"[25]

阿拉法特的方案是勉强接受一个以加沙地带和约旦河西岸为基础的微型国家。然而，在能够期待为巴勒斯坦人实现这样一个微型国家之前，阿拉法特还有众多的障碍需要克服。

首要一个障碍就是巴勒斯坦公众的意见。阿拉法特也承认，他需要说服巴勒斯坦民众放弃他们对1948年失去的78%的巴勒斯坦国土的要求。阿拉法特解释说："当一个民族要求收回其全部土地时，领导人很难说：'不，你们只能收回30%。'"[26]

即便是阿拉法特对巴勒斯坦30%领土的要求，也并未得到普遍的承认。从1948年到1967年被以色列占领，加沙地带一直处于埃及政府的控制之下；约旦河西岸则在1950年被正式并入了约旦哈希姆王国的版图。尽管埃及人对于吞并加沙地带并没有兴趣，约旦的侯赛因国王却决心要恢复约旦对约旦河西岸以及伊斯兰教第三大圣城耶路撒冷东部阿拉伯区的统治。阿拉法特需要从侯赛因国王手中夺回约旦河西岸的控制权。

巴解组织内部的强硬派系同样不愿承认以色列，这也意味着阿拉法特将不得不克服他们对两国方案的反对。解放巴勒斯坦民主阵线和人民阵线仍然致力于以解放全巴勒斯坦为目标的武装斗争，而正是后一组织臭名昭著的劫机事件触发了 1970 年约旦的"黑九月"战争。如果当初阿拉法特公开承认他愿意做出妥协，以实现巴勒斯坦人有限的国家地位，那些更为激进的巴勒斯坦派别早就向他发出死亡威胁了。

最后，阿拉法特还不得不克服国际社会对于作为团体的巴解组织以及他本人作为该组织领导人的厌恶。那种炸毁飞机但安全释放人质的"仁慈"激进主义的时代早已一去不复返，至 1974 年，巴解组织早已与一系列针对欧洲和以色列平民的滔天罪行联系在一起：1969 年 11 月一次针对以色列航空公司职员的袭击，造成 1 名儿童死亡、31 人受伤；1970 年 2 月，一枚空中炸弹摧毁了一架瑞士航空的客机，机上 47 人全部遇难；当然还有 1972 年慕尼黑奥运会期间臭名昭著的袭击事件，造成 11 名以色列运动员死亡。以色列及其西方支持者将巴解视为一个"恐怖组织"，拒绝与其领导人会面。阿拉法特需要说服西方政策制定者，为实现巴勒斯坦民族自决，巴解组织可以放弃暴力，遵循外交途径。

阿拉法特为自己在 1974 年设定了很高的目标：确保巴勒斯坦民众对两国方案的支持，限制巴解组织内部的强硬派，挫败侯赛因国王对约旦河西岸的领土要求，赢得国际认可。要想在一年之内完成上述所有目标显然绝非易事。

考虑到种种限制，阿拉法特不得不缓慢推进，确保为其政策变化争取到支持者。他不可能一开始就公开宣扬两国方案的构想，因为这牵涉到结束在巴勒斯坦民众中受到广泛支持的武装斗争。就两国方案举行谈判将意味着在某种程度上承认以色列，而这是大多数巴勒斯坦人无法接受的。相反，阿拉法特在1974年2月发布的一份工作报告中，首次以"在能够从犹太复国主义者占领下夺回的任何土地上"建立一个"民族权力机构"的措辞，曲折地表达了其新政策。

接下来，他还必须获得作为流亡议会的巴勒斯坦全国委员会对其新政策的支持。1974年6月在开罗举行的巴勒斯坦全国委员会大会上，阿拉法特提交了一份旨在将巴解组织限定在"民族权力机构"框架内的十点方案。然而，为了确保不受巴解内部强硬派的阻挠，该方案又重新确认了武装斗争的作用以及民族自决的权利，同时排除了对以色列任何形式的承认。大会采纳了阿拉法特的纲领，但巴勒斯坦人很清楚变化正在酝酿之中；但对其他国家而言，巴解组织看起来依然是一个致力于武装斗争的游击队组织。

若想作为流亡政府而获得承认，巴解组织显然需要以一个新的面孔出现在国际社会面前。1973年，阿拉法特任命赛义德·哈马米（Said Hammami）担任巴解驻伦敦代表。哈马米出生于港口城市雅法，1948年随家人一起被逐出巴勒斯坦，后在叙利亚长大，并在大马士革大学获得英国文学学位。作为一名坚定的巴勒斯坦民族主义者和政治温和派，哈马米很快便与英国的新闻工作者和政策制定者建立了良好关系。

1973年11月，哈马米在伦敦《泰晤士报》发表了一篇文章，呼吁以两国方案解决巴以冲突。他写道："很多巴勒斯坦人相信，一个位于加沙地带和约旦河西岸的巴勒斯坦国……在任何一揽子和平计划中，都是必要的一部分。"他也成为首位提出这一方案的巴勒斯坦代表。"对于一个像我们这样遭受不公正待遇的民族而言，迈出走向和解的第一步绝非小事,而其最终目标是实现满足各方诉求的公正和平"——这里的各方显然暗示包括以色列。该报编辑特别为这篇文章添加了一个注释,强调哈马米"与巴解组织主席亚西尔·阿拉法特先生关系非常密切",而哈马米公开发表上述观点的决定"具有相当重要的意义"。[27] 阿拉法特通过其驻伦敦代表,已成功地开启了一条通向西方甚至以色列的渠道。

一位名叫尤里·阿弗纳瑞(Uri Avnery)的以色列记者与和平活动家在读到哈马米的文章后感到极为振奋。阿弗纳瑞在委任统治时期移民到巴勒斯坦,20世纪30年代末期,当他还是一个青年时,曾加入伊尔贡。后来,当有人指责他和巴勒斯坦"恐怖分子"进行联络时,他就会用这样的话让后者闭嘴:"你没有资格和我谈论恐怖主义,我曾经是一名恐怖分子。"阿弗纳瑞曾在1948年战争中负伤,随后作为独立人士三次入选以色列议会。尽管是一名坚定的犹太复国主义者,阿弗纳瑞却一直倡导两国方案,远早于阿拉伯世界任何支持这一设想的人。梅纳赫姆·贝京曾在议会辩论中这样嘲笑他说:"阿拉伯的阿弗纳瑞们在哪儿呢?"[28] 读过哈马米的文章之后,尤里·阿弗纳瑞马上意识到他找到了自己的巴勒斯坦战友。

1973年12月,哈马米为《泰晤士报》撰写了第二篇专栏文章,这一次公开呼吁以色列和巴勒斯坦之间实现相互承认。"以色列犹太人和巴勒斯坦阿拉伯人应承认彼此为两个民族,享有一个民族所应享有的一切权利。紧随这一承认之后的应是一个巴勒斯坦国、一个独立而完整的联合国成员国……的建立。"[29] 基于第二篇文章,阿弗纳瑞断定哈马米的观点肯定反映了巴解组织内部某种有意识的政策调整。一位外交官可能会发表一次轻率言论但却保全了职务,但屡犯者几乎肯定会遭到解职。只有在亚西尔·阿拉法特的支持下,哈马米才有可能提出以色列人和巴勒斯坦人相互承认对方地位之类的提议。

阿弗纳瑞决心要与赛义德·哈马米取得联系。1973年12月参加日内瓦和平会议期间，阿弗纳瑞会见了一位《泰晤士报》记者，请求后者安排一次与巴解组织代表的会面。会面对双方而言都具有巨大的风险：在20世纪70年代激进主义暴力肆虐的大气候下，无论是巴勒斯坦派系还是以色列特工机构摩萨德，都在积极地针对敌人开展暗杀活动。但哈马米和阿弗纳瑞都愿意承担会面的风险，因为两人都确信两国方案中承载着和平解决阿以冲突的唯一希望。

1974年1月27日，两人在阿弗纳瑞位于伦敦的酒店中举行了第一次会面。会面中哈马米陈述了他的观点，阿弗纳瑞将其总结如下：

> 两个民族，即巴勒斯坦民族和以色列民族，都存在。
>
> 他不喜欢新的以色列国在巴勒斯坦建立的方式。他拒绝犹太复国主义。但他接受以色列国家存在的事实。
>
> 既然以色列国存在，它就拥有民族自决的权利，正如巴勒斯坦人拥有这一权利一样。当前，唯一现实的解决方案是让两国人民都拥有一个自己的国家。
>
> 他不喜欢伊扎克·拉宾，也理解以色列人没有必要喜欢亚西尔·阿拉法特。每个民族必须接受另一方选择的领导人。
>
> 我们必须在不受超级大国中任何一方干预的情况下达成和平。和平必须源于这一地区本身的人民。[30]

阿弗纳瑞则向哈马米强调以色列是其犹太公民拥有的民主政体，要想改变以色列政府的政策，他们就必须改变以色列公众的意见。日后，他回忆自己是这样同哈马米说的："一个人是无法通过文字、声明、外交准则来改变公众意见的，一个人是通过那些可以直接向每个人内心发出呼声的戏剧性事件来改变公众意见的，人们可以亲自在电视上看到、在广播中听到、在报纸标题上读到这些事件。"[31]

在当时的条件下,除了在西方媒体上呼吁两国方案之外,无论是阿拉法特还是哈马米,都并没有其他办法来进一步赢取以色列公众的支持。然而在时代的大背景下,这一表态实际上象征着巴解组织政策一次重要的转向,其激进程度要比巴解组织领导层敢于公开表达的大得多。尽管阿弗纳瑞与巴解组织驻伦敦代表之间的会面继续被维持在最高机密状态,但在阿拉法特受邀在联合国大会发言一事上,哈马米的温和信号无疑发挥了重要作用。通过在《泰晤士报》上发表的一系列文章,哈马米向西方世界展示巴解组织已经做好了与以色列人谈判以达成和解的准备。阿拉法特的联大讲话则提供了阿弗纳瑞认为的推动以色列政策转变所必需的某种"戏剧性事件"。

对阿拉法特而言,1974年的另一项重大突破发生在阿拉伯国家之间的关系上。在拉巴特阿拉伯首脑峰会上,阿拉法特击败了其老对手约旦国王侯赛因,确保了阿拉伯世界对于巴解组织作为巴勒斯坦人民唯一合法代表身份的认可。1974年10月29日,阿拉伯国家首脑会议对巴解组织给予了一致支持,并确认了巴勒斯坦人民在巴解组织领导下,在"任何被解放的巴勒斯坦领土上"建立一个"民族权力机构"的权利。这一决议,对侯赛因国王声称代表巴勒斯坦人以及约旦对约旦河西岸地区领土主权的要求,构成了沉重打击。阿拉法特离开拉巴特时,巴解组织作为巴勒斯坦人流亡政府的地位得到了极大的巩固。

在拉巴特大获全胜15天之后,阿拉法特为确保国际社会对巴勒斯坦民族自决权利的支持而空降联合国。拥有一半巴勒斯坦血统的丽娜·塔巴拉(Lina Tabbara)是阿拉法特的随行人员之一,负责协助将他的讲话翻译为英语和法语。塔巴拉完全被这一激动人心的时刻震慑了，她回忆说："我就紧随在亚西尔·阿拉法特后，进入了这幢玻璃建筑物的正门。除了少数礼仪上的细节之外，阿拉法特受到了国家元首级别的接待。这是［巴勒斯坦］抵抗运动的顶峰、一个被剥夺了合法权利者的胜利时刻，也是我一生中最美好的时刻之一。"亲眼看到阿拉法特登上联大讲台，接受来自联合国大会代表长时间的起立鼓掌，这一场景激发了塔巴拉内心深处"对于拥有巴勒斯坦血统的自豪感"。[32]

阿拉法特发表了一次很长的演讲，总共 101 分钟。哈立德·哈桑日后回忆说："这是一次真正的团体合作——草稿，草稿，然后是更多的草稿。在确定我们已经做到万无一失之后，我们又邀请我们最著名的诗人之一对发言稿进行了最后的审阅。"[33]这是一份激动人心的演讲，一次对正义的呼声，最终意义上也是一次面向巴勒斯坦听众以及那些巴勒斯坦革命斗争支持者的演讲。演讲的宗旨并非要引导巴勒斯坦公众，或推动以色列政府改变其政策。阿拉法特在其运动内部并不享有足够的支持来暗示任何对以色列的妥协，以色列人也没有在听——为抗议巴解组织主席的出席，以色列代表抵制了阿拉法特的演讲。

在演讲中，阿拉法特并没有进一步深化哈马米关于两国方案的呼声，而是回归了其长期的"革命理想"，即在全部巴勒斯坦领土上建立"一个基督徒、犹太人、穆斯林能够公正、平等、友爱、进步地生活在一起的民主国家"。对以色列人及其美国支持者来说，这听起来与要求毁灭犹太国家的传统呼声大同小异。更糟糕的是，阿拉法特并没有利用联合国讲台向以色列人伸出和平之手，而是以一个夸张的威胁结束了他的讲话："今天，我来到这里，一手拿着橄榄枝，一手拿着自由战士的枪，不要让橄榄枝从我手中滑落。我再说一遍：不要让橄榄枝从我手中滑落。"[34]

阿拉法特在离开大厅时又接受了一次长时间的起立鼓掌。巴解组织要求给予巴勒斯坦人民公正与国家的呼声得到了国际社会的广泛支持。然而，阿拉法特更需要的是支持者，而非勇敢的姿态。仅仅两年后，当丽娜·塔巴拉再次见到阿拉法特时，这位巴解组织主席将在黎巴嫩内战中为自己的政治生存而战。

1974年，巴勒斯坦运动取得了如此巨大的成就。巴勒斯坦全国委员会外事委员会主席哈立德·哈桑宣称，1974年是"如此重要的一年"，当时巴解组织领导层正"致力于与以色列达成某种和解"。然而，在阿拉法特的联合国演说之后，巴以谈判却未能取得进展。哈马米和阿弗纳瑞继续在伦敦举行秘密会谈，两人会定期地在报告或会面中向其领导人阿拉法特和伊扎克·拉宾汇报双方谈话的内容。哈立德·哈桑坚持说："无论怎样夸大哈马米工作的重要性也不过分，如果伊扎克·拉宾领导下的以色列政府对我们发出的信号做出回应，我们可能在几年的时间内就能实现公正的和平。"[35]但阿拉法特不敢向以色列人做出任何让步，而拉宾也不可能推动建立一个他本人坚决反对的巴勒斯坦国。

1974年后，随着巴以双方各自强化其立场，哈马米和阿弗纳瑞也开始面临其社会内部极端分子越来越大的威胁。1975年12月，一个疯狂的以色列人在阿弗纳瑞位于特拉维夫的住宅附近持刀袭击了他，导致他严重受伤。1978年1月，哈马米因与以色列人的会面在其伦敦办公室内被枪杀，背后指使者是巴勒斯坦拒绝派的艾布·尼达勒组织（Abu Nidal Group）。杀手只在哈马米头上开了一枪，向他吐了一口唾沫，大声咒骂他为叛徒，随后就溜入伦敦的街道中逍遥法外。[36]

巴以和平的机遇期现在已经结束。1975年4月13日，基督徒民兵在贝鲁特市郊的艾因·鲁曼尼伏击了一辆满载着巴勒斯坦人的大巴，车上 28 人全部罹难。该事件也成为一场长达 15 年的内战的开端，这场内战将使黎巴嫩化为一片废墟，也将巴勒斯坦运动逼到了生死存亡的边缘。

*

黎巴嫩的政治稳定随着国内人口平衡的变化而面临越来越大的压力。当初，法国人从其叙利亚托管国中划出了一个尽可能大的国家，以便使受其保护的基督徒能在其中构成人口多数。然而，黎巴嫩的穆斯林群体（包括逊尼派、什叶派和德鲁兹派）的人口增长率更高，至 20 世纪 50 年代在绝对数量上已经超过了基督徒（包括占主导地位的马龙派，以及希腊东正教派、亚美尼亚人、新教徒和一些更小的教派）。1932 年人口普查显示，基督徒人口略多于穆斯林，而这也成为黎巴嫩最后一次官方人口统计——直至今日，黎巴嫩国内仍缺乏关于其人口构成的准确数据。

1943 年黎巴嫩独立时，穆斯林人口愿意将政治主导权让给基督徒，以换取基督徒将黎巴嫩融入阿拉伯世界、远离其前殖民宗主和保护国法国的承诺。双方于 1943 年达成的权力分配方案是一种"社群性"或教派性的体制，其中政府最高职位被分配给黎巴嫩各个社群，如马龙派的总统、逊尼派的总理、什叶派的议长。议会席位在基督徒与穆斯林之间以 6∶5 的比例进行分配，稍有利于基督徒。

这一权力分配方案在 1958 年内战中首次受到挑战。美国的干预以及 1958 年 9 月改革派总统福阿德·谢哈卜（Fuad Chehab）的当选恢复了黎巴嫩的现状，使得这一教派政治体制又维持了 10 年。60 年代末期巴勒斯坦革命在黎巴嫩的兴起，催化了对教派体制的又一轮攻击。

巴勒斯坦人以特殊的方式打破了黎巴嫩的政治和人口平衡。1950—1975 年，黎巴嫩国内登记在册的巴勒斯坦难民已由 12.76 万人增至19.7万人,然而1975年黎境内巴勒斯坦实际人口已接近35万人。[37]绝大多数巴勒斯坦难民是穆斯林。尽管他们从未被正式计入黎巴嫩人口或被给予公民权,但其在黎巴嫩境内的存在仍然意味着穆斯林人口的显著增长。1969年之前,黎巴嫩境内巴勒斯坦人长期处于政治沉寂状态。1969年,埃及总统纳赛尔代表巴勒斯坦游击队与黎巴嫩政府达成协议,允许巴勒斯坦游击队从黎境内向以色列北部发动袭击。"黑九月"事件后,巴勒斯坦民兵被驱逐出约旦领土,黎巴嫩自此成为巴解组织活动的总部。巴勒斯坦难民营变得越来越军事化,政治上则趋于激进化。巴勒斯坦人对黎巴嫩政府的主权构成了如此大的挑战,以至于有人指责巴勒斯坦革命在黎巴嫩制造了一个国中之国。

在黎巴嫩,有很多人将1975年内战爆发的原因完全归结到巴勒斯坦人的身上。前总统卡米勒·夏蒙在20世纪70年代中期仍是最具影响力的马龙派领袖之一,在他看来,这场冲突从来就不是一场内战,"从开始到现在它都是一场黎巴嫩人和巴勒斯坦人之间的战争",而且被黎巴嫩穆斯林加以利用,以帮助他们"夺取对整个国家的最高统治权"。[38]夏蒙略去了好多事实——实际上,黎巴嫩人之间的分歧已经变得非常严重,巴勒斯坦人不过是一场旨在重新界定黎巴嫩政治的冲突中的催化剂。

20世纪70年代初期,黎巴嫩穆斯林、德鲁兹人、泛阿拉伯主义者及包括一些基督徒在内的左翼组织联合组建了一个名为"民族运动"的政治联盟,其目标即推翻黎巴嫩陈旧的教派政体,以一人一票的世俗民主政体取而代之。该联盟的首领是黎巴嫩德鲁兹领袖卡迈勒·琼布拉特。琼布拉特1917年出生于其家族的势力中心穆赫塔拉村,早年曾在巴黎和贝鲁特耶稣会大学学习法律与哲学,1946年在其 29 岁时第一次进入黎巴嫩议会。他曾这样表示："只有一个世俗的、进步的、摆脱了教派主义的黎巴嫩才有希望存在下去。"[39] 在他的批评者看来，琼布拉特呼吁建立一个世俗的黎巴嫩，无非是为了争取穆斯林占多数的统治（据估计，至 20 世纪 70 年代中期，黎巴嫩的穆斯林、基督徒人口比例已达到 55∶45），并终结黎巴嫩作为中东地区一个基督教国家的属性。

对琼布拉特而言，巴勒斯坦人只是一场本质上发生在黎巴嫩人之间的战争的一个推动因素。他分析道："如果黎巴嫩人并没有为爆发做好准备，那就不会有任何爆发。"关于黎巴嫩的属性，夏蒙和琼布拉特的分歧难以逾越。马龙派领袖夏蒙执意于要维护《民族宪章》中的权力分配方案，亦即基督徒在黎巴嫩的特权地位。琼布拉特和民族运动则要求建立一套基于平等公民权的全新秩序，而这一新秩序将有利于占黎巴嫩人口多数的穆斯林。从根本上来说，这是一场围绕黎巴嫩的统治权而展开的权力斗争，争夺双方都自称占据了道义制高点。一位同时代的作者将夏蒙和琼布拉特描述为"其支持者眼中的完人、反对者眼中的恶魔""彼此之间深恶痛绝、不屑一顾，且都深深扎根于自己的官邸和执念之中"。[40]

1975 年春，现状的维护者与社会革命的支持者之间的冲突达到高潮。1975 年 3 月，黎巴嫩南部城市赛达的穆斯林渔民举行罢工，抗议一项在他们看来可能毁掉生计的新渔业垄断。获得垄断特权的财团恰好是在卡米勒·夏蒙和其他几位马龙派商人运作之下，从而使得这个本质上来说属于企业行为的事件转变为一个教派议题。渔民发动示威游行，由马龙派主导的黎巴嫩军队奉命来镇压，民族运动则将军队的介入谴责为一支"马龙派军队"对马龙派大资本利益的保护。3 月 6 日，军队向示威者开枪，打死了一个左翼纳赛尔主义政党的逊尼派领袖马阿鲁夫·萨阿德（Ma'ruf Sa'd）。萨阿德之死在赛达引发了民众暴动，巴勒斯坦突击队员和黎巴嫩左翼民兵成员联手，与黎巴嫩政府军发生激烈冲突。

冲突很快便由赛达蔓延到了贝鲁特。4月13日周日，一车武装人员突然袭击了马龙派领袖皮埃尔·杰马耶勒（Pierre Gemayel），当时后者正准备离开教堂。杰马耶勒是黎巴嫩最大的民兵组织、右翼的马龙派长枪党的创始人，据估计该组织拥有约1.5万名武装人员。枪手当场打死三人，包括杰马耶勒的一位保镖。一心要复仇、愤怒的长枪党成员当天便伏击了一辆满载着巴勒斯坦人的巴士，当时这辆车正好路过市郊艾因·鲁曼尼的基督徒区，车上28名乘客全部被杀害。大屠杀的消息一传开，黎巴嫩人立刻就意识到暴力的突然升级预示着战争。第二天，没有一个人去上班，学校停课，街上也空无一人，贝鲁特人都躲在家里急切地关注着事态的进展，或者读报，或者听收音机，或者在间断的枪声中电话交流本地的消息。

内战爆发时，丽娜·塔巴拉正在贝鲁特工作。1974年，她曾协助亚西尔·阿拉法特翻译其讲话。在完成了联合国的任务后，塔巴拉回到黎巴嫩，继续在黎巴嫩外交部工作。在很多方面，她代表了富有而国际化的黎巴嫩人：受过良好的教育，能说流利的英语、法语和阿拉伯语，住在贝鲁特市中心最优雅的街区之一。内战爆发之际，她只有34岁，是2个女儿的母亲，一个2岁，另一个4岁。

长着一头红褐色的头发和一双蓝色的眼睛，塔巴拉很可能被误认为是一名基督徒，实际上她是一位有着巴勒斯坦和黎巴嫩混合血统的穆斯林。她为自己的混血身份感到自豪，在内战刚开始的几个月中拒绝选边站队。这一立场并不好维持。从一开始，黎巴嫩内战就伴随着教派谋杀和野蛮的复仇杀戮。

5月31日，经过民兵组织间7周的战斗后，贝鲁特见证了其第一次教派大屠杀，手无寸铁的平民仅因宗教身份的原因就遭到杀害。

一个朋友打电话给丽娜·塔巴拉，称穆斯林正在贝鲁特西区的巴舒拉街区围捕基督徒。塔巴拉的朋友称："有一个路障和一个身份检查站，基督徒必须下车，然后直接被拖进墓地。"当天有 10 位基督徒在贝鲁特被杀害，新闻媒体称这一天为"黑色星期五"，但更糟糕的还在后面。[41]

整个 1975 年夏天，随着居民们适应了战争强加的种种限制，贝鲁特的生活呈现出一种不自然的常态。一档最受欢迎的广播节目定期向听众提供安全和危险路线的实时更新。节目中，听上去可靠的播音员会宣布："亲爱的听众朋友，我们建议您绕开这个区域，选择另一条路线。"随着 1975 年夏秋之交冲突的加剧，主持人的语调也变得更加急切："女士们先生们，晚上好。今天是 10 月 20 日星期日，你们都度过了愉快的一天，不是吗？现在你们必须赶快回家，赶快！"[42]广播警报标志着贝鲁特市中心一场新的战役的开始，敌对的民兵把该区域内两座最高的建筑物作为观测和轰炸敌人的平台：一座名为穆尔塔的未完成的摩天大厦俯视着贝鲁特的商业中心，这座建筑也成为逊尼派左翼民兵组织穆拉比吞（Murabitun）的大本营；而位于贝鲁特酒店区中心的高层建筑假日酒店则处于马龙派长枪党民兵的控制之下。

在整夜的战斗中，敌对双方从两座高楼上互射导弹和枪弹，对周边地区造成了极大破坏。1975 年 10 月，民族运动武装——塔巴拉称之为"伊斯兰进步分子"——包围了酒店区并成功围困了马龙派军事力量。基督徒民兵最后得到了卡米勒·夏蒙的救援，后者利用其作为内政部部长的权限，在酒店区四周部署了 2000 人的黎巴嫩政府军，作为敌对双方之间的缓冲带。双方在 11 月又达成了一项停火协议，但没有人对战争就此结束存在幻想。

12月，路障重新归位，对无辜者的无谓杀戮也再度重启：4名长枪党成员遭到绑架，之后发现被杀；作为报复，长枪党民兵杀害了300—400名平民，身份证显示受害者全部为穆斯林；穆斯林民兵则以牙还牙，杀害了数百名基督徒。这一天后来被称为"黑色星期六"。对丽娜·塔巴拉来说，她正是在这一天最终选择了自己的立场。"无视基督徒与穆斯林之间横亘的鸿沟已经不再可能；在'黑色星期六'之后，一切都走得太远了。"自此，丽娜开始认同于穆斯林的事业。"我感觉仇恨的种子和复仇的欲望已经在我内心深处扎根。在那一瞬间，我真的希望穆拉比吞或者其他任何人双倍地报复长枪党人。"[43]

到1976年初，外部势力开始在黎巴嫩人的战争中扮演积极的角色。数月的激烈交火消耗了大量的枪支弹药、吉普车、制服、火箭弹和炮弹，而所有这一切都相当昂贵。为此，黎巴嫩各民兵组织从武器泛滥的邻国获取武器。石油繁荣的结果之一即中东地区军售的快速增长；诸邻国正是抓住黎巴嫩内战升级的时机，通过武装不同的民兵组织向黎巴嫩施加影响。

长期以来，苏联人和美国人一直向其地区盟友提供武器系统，很快，其他国家也进入了这一利润丰厚的市场，欧洲制造商与美国人展开竞争，向亲西方的"温和"阿拉伯国家出售重型武器。举例来说，1968—1978年沙特的国防开支由1.71亿美元猛增至超过130亿美元。[44]随着地区大国试图影响黎巴嫩国内局势的发展，过剩的武器开始被用来补给交战中的黎巴嫩各民兵组织。丽娜·塔巴拉报道了关于沙特支持基督徒民兵组织的传闻，"因为利雅德政权出于对假想的共产党人夺权的恐惧，宁可支持伊斯兰的敌人"。[45]马龙派基督徒还从以色列人手中获取了武器弹药，以便帮助后者打击巴勒斯坦民兵组织。左倾的民族运动从苏联或伊拉克、利比亚等苏联附庸国获取武器。黎巴嫩人间的内部冲突被拖入了冷战、阿以冲突以及阿拉伯世界革命与保守政权之间对抗的泥潭。

1976年,黎巴嫩内战退化为一场种族灭绝性质的冲突,每一场屠杀都会招致报复性的残杀。1976年1月,基督徒武装占领了穆斯林棚户区卡兰提那,杀害了数百人,并用推土机将这一贫民区从地面上永久地抹去。作为报复,民族运动和巴勒斯坦武装包围了夏蒙的重要据点、贝鲁特南部沿海的基督徒城镇达穆尔。1月20日巴勒斯坦和穆斯林民兵攻陷达穆尔后,500名马龙派基督徒被杀。5个月后,马龙派武装包围了坐落于多个基督徒社区之间、遭到孤立的巴勒斯坦台勒·扎塔尔难民营。该难民营的3万名居民在经历了53天无情暴力后最终投降,其间没有任何医疗救援、饮用水,食品供应也不断减少。关于这次围攻缺乏可靠的伤亡数字,据估计约3000人死于台勒·扎塔尔。[46] 总体而言,从1975年4月战争爆发到1976年10月全面敌对行动停止为止,约3万人在内战中被杀、近7万人受伤。对一个总人口只有325万的国家来说,这无疑是一个巨大的伤亡数字。[47]

黎巴嫩内战的第一阶段于1976年10月结束,其结束乃是源于一次政治危机。1976年3月,黎巴嫩议会通过了一次针对共和国总统苏莱曼·弗朗吉亚(Suleiman Franjieh)的不信任投票,并要求后者辞职。弗朗吉亚表示拒绝后,卡迈勒·琼布拉特威胁发动全面战争,军队中的异见分子开始炮轰位于贝鲁特郊区的总统府。为了保护弗朗吉亚并促成停火,叙利亚总统哈菲兹·阿萨德派部队进入黎巴嫩。

在叙利亚军队的保护之下,黎巴嫩议会再次举行会议,同意为解决当前政治僵局而提前举行选举。一直以来,黎巴嫩总统都是由议会成员选举产生。1976年5月,黎议员举行集会投票选举新总统。当时有两位候选人:伊利亚斯·萨尔基斯(Elias Sarkis),受到保守的基督徒和马龙派民兵组织的支持；雷蒙德·埃迪（Raymond Eddé），改革派和民族运动倾向的人选。大大出乎黎巴嫩国内穆斯林力量意料的是，叙利亚总统阿萨德全力支持伊利亚斯·萨尔基斯，并确保后者战胜了埃迪。这是一个关键的转折点，因为叙利亚开始直接介入黎巴嫩政治，并通过在贝鲁特以及黎巴嫩全国战略要地部署军队来确保对该国的影响力。

通过对伊利亚斯·萨尔基斯的支持，叙利亚人实际上站在了巴勒斯坦人以及琼布拉特的民族运动的对立面。这一立场的反转着实让人感到震惊：叙利亚人一贯标榜对泛阿拉伯主义和巴勒斯坦事业的支持，而在黎巴嫩他们却维护亲西方、反阿拉伯民族主义的马龙派基督徒。对丽娜·塔巴拉来说，当她看到叙利亚军队在贝鲁特机场，"使用在苏联帮助下购买的苏制'冰雹'地对地导弹，炮击巴勒斯坦难民营以及［穆斯林］进步力量控制下的贝鲁特区域"之时，事实真相已经再清楚不过了。[48] 丽娜很快就认识到叙利亚人并不是为了支持马龙派基督徒而支持他们，而更多地是想利用他们来加大对黎巴嫩的控制。

叙利亚介入黎巴嫩引发了其他阿拉伯国家的关切，这些国家并不希望看到大马士革利用黎巴嫩国内冲突来吞并其一度繁荣的邻国。沙特国王哈立德（King Khalid，1975—1982年在位）在利雅德召开了阿拉伯国家首脑小型峰会，参会者包括黎巴嫩总统萨尔基斯、巴解组织主席亚西尔·阿拉法特以及来自科威特、埃及、叙利亚的代表。

1976年10月18日，阿拉伯首脑们公布了黎巴嫩危机解决方案，呼吁黎巴嫩国内所有武装力量完全脱离接触，并在10天的时间内实现永久停火。阿拉伯国家将建立一支由3万人组成的维和部队，由黎巴嫩总统直接指挥。维和部队士兵将有权解除所有违反停火协议的战斗人员的武装，并没收其武器。利雅德峰会还呼吁巴解组织尊重黎巴嫩主权，撤回到1969年《开罗协议》中划归巴勒斯坦战士活动的区域。在结尾处，峰会决议呼吁黎巴嫩所有党派为实现民族和解而举行政治对话。

尽管对叙利亚的意图怀有疑虑，但利雅德峰会决议却几乎没有削弱叙利亚对黎巴嫩的掌控。考虑到其他阿拉伯国家不愿在黎巴嫩驻扎相当数量的部队，叙利亚军队就构成了阿拉伯多国部队的主体——在派往黎巴嫩维和的3万名阿拉伯士兵中，叙利亚人占据约2.65万个名额；甚至那些来自沙特、苏丹、利比亚等国的象征性小分队也并未在黎巴嫩停留多长时间，很快就把任务完全委托给了叙利亚人。11月中，约6000名叙利亚军人在200辆坦克的支持下占领了贝鲁特。就这样，利雅德峰会决议仅仅为叙利亚对黎巴嫩的占领提供了一件合法化的外衣。

尽管萨尔基斯总统号召黎巴嫩人"带着友爱与同胞情谊"来迎接叙利亚兄弟，但黎巴嫩穆斯林和进步党派却怀有深深的疑虑。卡迈勒·琼布拉特在其回忆录中记录了他与哈菲兹·阿萨德的一段对话："我请求您撤出派往黎巴嫩的部队，继续执行您的政治介入、您的调停、您的仲裁吧……但我一定要规劝您放弃军事手段，我们不想成为一个卫星国。"[49]丽娜·塔巴拉惊恐地看着叙利亚军队布满了贝鲁特的大街小巷，但最让她恼火的却是"几乎每个人表面上看起来都满意于这种状况"。

利雅德峰会后，内战爆发以来的第56次停火正式生效。如果黎巴嫩人民希望叙利亚人的占领，将在近两年的战争之后为他们带来和平，那么他们很快就会感到失望。叙利亚进驻贝鲁特之后不久，塔巴拉就目睹了最早的汽车炸弹袭击之一，这类袭击也将成为黎巴嫩国内暴力的一个标志。她在形容眼前的惨状时写道："身后传来响亮的哭喊声和尖叫声。有人喊着：'小心！这是一辆装了饵雷的汽车，可能还有一辆！'在过去的几天内，这类袭击越来越多，但没有人知道幕后黑手是谁，很多受伤严重的伤员就躺在路边。"塔巴拉回忆道，当她看到"黎巴嫩人在叙利亚和平笼罩下那种胜利的平静烟消云散"之时，感到了某种残忍的满足。[50] 她和家人已经见证了足够多的鲜血和毁灭。他们将贝鲁特留给了叙利亚人，加入了成千上万的黎巴嫩海外流亡者的行列。

就国际社会而言，黎巴嫩冲突已经得到了至少是暂时性的解决。全球媒体的注意力已经从满目疮痍的黎巴嫩转向了耶路撒冷。1977年11月20日周日，埃及总统安瓦尔·萨达特将在这里向以色列议会发表讲话，提议结束阿以冲突。

*

1977年1月，萨达特正在其位于尼罗河上游城市阿斯旺的假日官邸内接受一位黎巴嫩记者的采访，记者突然停止了提问。当时，一股浓烟正从市中心升起。她说道："总统先生，一些奇怪的事情正在您身后发生。"萨达特转过身来，看见阿斯旺市内的火光，一群暴民正跨过尼罗河大桥向他的官邸走来。不久之前，萨达特刚刚命令深陷财政危机的埃及政府取消了对大饼和其他一些生活必需品的关键补贴，埃及的穷人们认为他们的生计受到了严重威胁，于是发起了全国性的大饼骚乱。骚乱共造成171人死亡，数百人受伤。政府恢复补贴之后，骚乱才趋于平静。[51]

的确，一些奇怪的事情正在萨达特身后发生。基于十月战争中埃及在苏伊士运河战场上的胜利，埃及公众曾一度欢呼他为"渡河英雄"，现在他们对总统却失去了信心。萨达特并不具备纳赛尔的个人魅力或对公众的吸引力。他需要兑现其对经济繁荣的承诺，否则就要面临被废黜的风险。萨达特越来越确信，繁荣只有在美国支持以及与以色列实现和平的基础上才能实现。

1973年战争结束伊始，基于埃及具有说服力的军事表现以及对阿拉伯石油武器的成功运用，萨达特成功说服了美国敦促以色列从西奈部分撤军。美国国务卿亨利·基辛格开启了其独特的穿梭外交，在开罗和耶路撒冷之间展开了频繁的协调谈判，最终确保了两份西奈脱离接触协议的达成（1974年1月和1975年9月）。协议将苏伊士运河以及西奈的部分油田归还给了埃及。

收复苏伊士运河是萨达特的一项重要成就，首先是因为他在纳赛尔失败的地方取得了成功——他成功地避免了运河转变为埃、以之间的实际边界。其次是因为，运河是财政困难的埃及政府的一个重要收入来源。在美国的帮助下，埃及人将1967年阿以战争中被炸毁的船只残骸清除出了运河区。1975年6月5日，萨达特重新向国际航运市场开放了这一具有战略意义的水路。通过运河的第一批船队来自"黄色舰队"的14艘船只。"黄色舰队"是一群因1967年战争而被迫滞留在"大苦湖"的国际汽轮，因花了8年时间来收集黄色灰尘而得名。尽管埃及为这些收获进行了庆祝，但《西奈协议》使以色列控制了西奈半岛（"六日战争"中埃及被以色列占领的领土）的绝大多数地区，而埃及国库还在为收支相抵而苦苦挣扎。

萨达特越来越急于为其国库获得新的资金，为此他甚至不惜与阿拉伯邻国为敌，以便巩固自身的地位。出于对增加埃及收入的迫切需求，1977年夏，萨达特试图夺取隶属于利比亚的油田。根据当时的估计，利比亚每年的石油收入高达50亿美元。对一个人口还不足埃及零头的国家而言，这是一个巨大的数字，而保护这些财富的军队，其规模也只有埃及的一个零头。在疯狂的机会主义想法的刺激下，萨达特将苏联向这个富裕邻国提供武器作为入侵的借口，仿佛利比亚的军火库对埃及的安全构成了威胁。

7月16日，萨达特从西奈的以色列前线撤回了其部队，向驻扎在西部沙漠的利比亚军队发动了进攻。埃及空军轰炸了利比亚基地，为地面部队的入侵提供了空中掩护。资深分析家穆罕默德·海卡尔回忆说："几乎从一开始就很清楚，萨达特做出了误判。无论在［埃及］民众还是军队看来，撤下对付敌国以色列的部队去攻击一个阿拉伯邻国都毫无道理。"

埃及对利比亚的进攻持续了9天。埃及民众反应冷淡，华盛顿则公开反对埃及毫无理由的入侵。美国驻开罗大使明确表示，美国反对对利比亚的任何入侵，萨达特被迫做出让步。7月25日，埃及部队撤出利比亚，双方冲突就此结束。海卡尔总结道："所以，正是1月份的食品骚乱以及搞砸了的对外冒险……导致萨达特在1977年年中得出结论，埃及必须与以色列就全新的两国关系展开谈判。"[52]如果萨达特无法增加国库收入，他就会面临更多的食品骚乱。他又无法确保从其阿拉伯兄弟手中获得资金，无论是通过说服还是强制的手段。但一旦成为与以色列缔结和平的第一个阿拉伯国家，埃及就可能获得大量的美国发展援助并吸引可观的外国投资。考虑到阿拉伯人对以色列的不妥协立场，这一策略具有很高的风险。但萨达特之前已经冒过很大的风险，还获得了成功。

与以色列和解的障碍从未像现在这样显得难以跨越。1977年5月，梅纳赫姆·贝京领导下的右翼政党利库德集团在以色列议会选举中获胜，打破了以色列建国以来工党对政府的垄断。在贝京的领导下，利库德集团坚决主张在以色列于1967年6月占领的阿拉伯领土上建立定居点，以保留这些土地。很难想象会有一位比这位前恐怖分子、大以色列的倡导者更顽固的谈判对象了。然而，正是贝京进行了最初的接触，通过摩洛哥国王哈桑二世和罗马尼亚总统尼古拉·齐奥塞斯库向埃及总统释放了一些和解信号。齐奥塞斯库劝告萨达特说："一旦工党上台、利库德集团在野，达成和平协议将不再可能；但在二者角色互换的情况下，达成协议的前景还稍好。"这是因为，工党（做在野党时）阻挠与埃及达成和平协议的可能性要稍小。[53]

萨达特回到埃及后，开始考虑这项不可想象的任务——直接与以色列人展开谈判，以确保一项阿以和平协议。在十月战争中，他已经展示了埃及的军事领导地位。通过引领和平，他将确立埃及在阿拉伯世界的领导权。正如1972年首次提出发动对以战争时他的将军们反对与以色列开战一样，他知道他手下的政治家们也会抵制他的和平计划。他需要重组政治团队，引入一些更少抵制变革的新人才。他选择了一位完全的外来者来协助制订他的和平计划。

布特罗斯·布特罗斯-加利（Boutros Boutros-Ghali，1922年出生）是开罗大学的一位政治学教授。在国王时期，他的祖父曾担任过首相，他的叔叔则担任过外交大臣。加利出生于一个土地贵族家庭，1952年革命后，根据新政府的土地改革措施，其家族的农业地产被没收。

埃及的绝大多数人口都是穆斯林，布特罗斯-加利本人却是一名科普特基督徒，他的妻子则出身于埃及一个显赫的犹太家族。1952年革命以来，上述身份特点曾迫使布特罗斯-加利远离埃及政治舞台。现在萨达特决定与以色列达成和解，同样的身份特点却使他成为政府公职的候选人。1977年10月25日，这位日后将成为联合国秘书长的大学教授很吃惊地得知，自己在一次内阁重组中已经被任命为国务部部长。

进入政府后不久，布特罗斯-加利参加了11月9日萨达特向议会发表的演讲。在这次演说中，萨达特首次暗示了与以色列合作的意愿。萨达特这样告诉出席的各位议员："我已经准备好走到天涯海角，如果这样做能以任何方式保护一位埃及儿童、战士或军官免受杀戮和伤害。"谈到以色列人，他继续说道："我已经准备好去他们的国家，甚至去以色列议会和他们会谈。"

巴解组织主席亚西尔·阿拉法特同样出席并聆听了萨达特的演说。布特罗斯-加利回忆说，阿拉法特"是对这些话报以热烈掌声的第一人。无论是阿拉法特、他的同事还是我本人，都没有理解总统所说的这番话的含义"。他们之中没有任何人想到萨达特真的计划于近期前往以色列。[54]然而一周之后，布特罗斯-加利完全理解了萨达特这番话的意思。副总统侯斯尼·穆巴拉克要求他起草一份演讲提纲，"总统将于下周日在以色列发表这份讲话"。布特罗斯-加利兴奋地发现自己"正处在这一历史性事件的中心"。

正像萨达特预料的那样，他手下的很多政治家都反对他的计划：外交部部长伊斯玛仪·法赫米（Ismail Fahmi）、负责外交事务的国务部部长穆罕默德·里亚德（Muhammad Riyad）双双辞职，而非陪同总统前往耶路撒冷。预计出发时间前两天，布特罗斯-加利被任命为代理外交部部长，受邀加入了前往耶路撒冷的总统代表团。他的朋友们劝告他不要同去。布特罗斯-加利日后回忆说："空气中几乎可以闻到恐惧的气氛，阿拉伯媒体非常恶毒，他们写道：没有穆斯林愿意陪同萨达特（前往耶路撒冷），所以他选择了基督徒布特罗斯-加利，后者还有一个犹太妻子。"[55]但新上任的代理外交部部长却发现自己"受到这一巨大挑战的吸引"：他们需要打破1967年喀土穆峰会制定的禁忌，该峰会决议要求所有阿拉伯国家的立场协调一致，不承认犹太国家、不与以色列官员谈判、不谋求与以色列达成和平。

这位埃及总统先宣布了他的计划，然后才寻求阿拉伯各国元首的支持，这让后者大为光火。为避免与叙利亚决裂，萨达特亲自飞往大马士革，向哈菲兹·阿萨德总统简要介绍了其出访以色列的计划。阿萨德立刻提醒萨达特关于阿拉伯统一立场的问题。阿萨德对他说："安瓦尔兄弟，你总是那么性急。"他警告道："我理解你急迫的心情，但请你也理解一下，你不能去耶路撒冷，这是一种背叛。埃及人民不会接受，阿拉伯人民也永远不会原谅你。"[56]

然而萨达特并没有被吓到。11月19日，在布特罗斯-加利的陪同下，他登上了一架公务飞机，踏上了前往特拉维夫的45分钟的行程。布特罗斯-加利惊呼道："我从未意识到（埃、以两国之间的）距离是如此之近！对我来说，以色列陌生得像来自外太空的一块土地。"[57]经过这么多年的战争和敌意，这似乎是埃及人第一次将以色列视为一个真实的国家，他们的感受非常复杂。埃及资深记者穆罕默德·海卡尔捕捉到了萨达特在罗德机场走下飞机的瞬间。"当电视摄像镜头伴随着他走下舷梯，数以百万计的埃及人所背负的负罪感被一种参与感所取代。无论对错，萨达特在政治和身体层面的勇气是不容置疑的。他踏上了这块禁地，许多埃及人为之侧目，阿拉伯世界其他地方的人也惊骇不已。"[58]

次日即1977年11月20日周日，埃及总统安瓦尔·萨达特用阿拉伯语在以色列议会发表演讲（让布特罗斯-加利伤心的是，他煞费苦心准备的英语讲稿并未被使用）。这恰恰是尤里·阿弗纳瑞一直以来敦促巴解组织应该摆出的勇敢姿态，以便向以色列公众证明，确实存在希冀和平的阿拉伯合作伙伴。萨达特对电视摄像机的镜头说道："请允许我从这个讲台上向以色列人民发出呼声。"他宣布："我向你们传达来自埃及人民的和平信息，一条面向以色列每一个男人、女人和儿童的安全与和平的信息。"萨达特径直越过了以色列的立法者们，直接敦促以色列的选民"鼓励你们的领导人为和平而奋斗"。

萨达特继续对以色列议会内外的听众说道："让我们彼此都坦诚一些，我们如何才能达成基于公正的持久和平？"萨达特阐明了自己的观点，表示持久的和平必须基于对巴勒斯坦问题的公正解决。他指责以色列人："今天在以色列宣扬的口号，完全无视巴勒斯坦人民的存在，甚至质疑他们的去向，世界上再没有人能够接受这样的口号。"他继续说道，和平也不可能在占领他国领土的情况下出现。他呼吁以色列归还1967年占领的所有阿拉伯领土，包括东耶路撒冷在内。作为交换，以色列将被所有阿拉伯邻国接受和承认。萨达特强调："正如我们真诚地寻求和平那样，我们同样真诚地欢迎你们和平、安全地生活在我们中间。"

萨达特的耶路撒冷之旅是一个非同寻常的外交壮举，在以色列和其阿拉伯邻国之间开启了首个严肃的和平进程。然而，事实证明，通往和平之路还很漫长、艰辛，且布满了风险。走到谈判桌前时，埃及人和以色列人的预期极为不同。萨达特希望以色列从1967年占领的领土上完全撤军，且在东耶路撒冷、约旦河西岸和加沙地带建立一个巴勒斯坦国的基础上，率领其他阿拉伯国家与以色列实现和平。贝京则无意做出这些让步，而且他削弱了萨达特在阿拉伯世界的公信力——他在以色列议会回应萨达特时坚称："萨达特先生知道，正如在他到达耶路撒冷之前我们已经告诉他的那样，我们关于和邻国之间持久边境的立场与他有所不同。"[59]在随后的谈判中，贝京宣称，愿意将西奈半岛以及戈兰高地的绝大部分分别归还给埃及和叙利亚，以换取双边关系的完全正常化，但他断然拒绝向巴勒斯坦人做出任何让步。

以色列关于阿以全面和平协议的立场过于强硬，无法吸引更多的阿拉伯国家参与。贝京执意要保留定居点，同时出于战略考量，要求保留被占的部分叙利亚和埃及领土。以色列人愿意向巴勒斯坦人做出的最大妥协，是允许加沙和约旦河西岸一定程度的自治。事实上，贝京一直用圣经地名朱迪亚和撒马利亚（Judea and Samaria）来称呼这两块地方。以色列人拒绝与巴解组织举行会谈，而巴勒斯坦独立或建国以及以色列归还部分耶路撒冷，更是毫无可能。以色列议会已然宣布耶路撒冷为这个犹太国家永久的、不可分割的首都（这一声明尚未得到国际社会的认可）。

在开启了这一勇敢的和平倡议之后，萨达特发现自己夹在拒不妥协的阿以双方之间进退两难。没有任何一个阿拉伯国家愿意追随埃及的脚步，以色列总理贝京也并未激励他们这样做。他深信与埃及达成和解符合以色列的战略利益，因为在缺少埃及的情况下，没有任何一个阿拉伯国家有能力对这个犹太国家构成真正的威胁。与其他阿拉伯国家的和平仅是次要议题，他也不愿为吸引他们加入严肃的谈判做出任何妥协。在阿拉伯世界对埃及的敌意不断扩大的背景下，埃及不得不单独与以色列人谈判。

为了将处境艰难的埃以和平倡议最终引向和平，美国总统吉米·卡特付出了巨大努力。1978年9月，卡特在位于马里兰州戴维营的总统度假地召开了一次会议。布特罗斯-加利再次作为埃及代表团成员参与了会议。随萨达特飞往戴维营参会途中，他听着埃及总统的谈判策略，心中越来越感到担心。萨达特天真地认为他能够赢得美国公众对埃及谈判立场的支持，相信卡特总统将站在他这一边，迫使以色列为实现他本人的要求做出必要的让步。布特罗斯-加利认为事情绝不会这么简单。"我担心美国人不会向以色列人施压，到那时萨达特将被迫做出让步。"[60]

萨达特也并不完全是错的：埃及的立场的确在美国得到了广泛的支持，而卡特总统也确实向贝京施加了巨大的压力，以迫使后者做出让步。经过13天的艰苦谈判以及对22份草案的反复修改，卡特终于使双方达成一致。贝京同意从整个西奈（他曾计划退休后在那里安度晚年）撤军，但萨达特也被迫做出了妥协。重要的是，整份协议并未保证巴勒斯坦人的自决权利。框架文件提出，在约旦河西岸和加沙地区设定一个5年的过渡期，规定以军撤出上述地区，同时在这两块巴勒斯坦领土上建立一个自由选举产生的自治权力机构。然而，协议却将被占巴勒斯坦领土的最终地位问题留待埃及、以色列、约旦及巴勒斯坦领土的民选代表通过谈判来解决。对于以色列未履行其承诺的情况，协议中也不包含任何惩罚措施。

为抗议萨达特对巴勒斯坦人权利的背叛，新任埃及外交部部长穆罕默德·易卜拉欣·卡米勒（Muhammad Ibrahim Kamil）愤然辞职。但萨达特并没有被吓倒。1978年9月17日，萨达特毅然前往华盛顿，在白宫的一次正式仪式上签署了《为实现和平协议的框架文件》（Framework for the Conclusion of a Peace Treaty）。

萨达特脱离阿拉伯阵营、寻求与以色列单独议和的决定，让整个阿拉伯世界惊恐不已。为应对这一危机，阿拉伯国家首脑于1978年11月在巴格达举行峰会。峰会上，阿拉伯产油国承诺在10年的时间内向埃及提供每年50亿美元的拨款，以削弱萨达特寻求与以色列议和背后可能的物质刺激因素。他们还威胁一旦萨达特与以色列缔结和约，埃及将被开除出阿拉伯国家联盟，阿盟总部也将从开罗迁往突尼斯。

但萨达特已经走得太远，阿拉伯国家的威胁已然无济于事。经过6个月的进一步谈判，1979年3月26日，卡特、贝京和萨达特再次回到白宫草坪上，签署了最终版本的埃以和平协议。在与以色列进行了5场战争之后，埃及这个阿拉伯世界最强大的国家最终放下了手中的武器。在缺少埃及的情况下，阿拉伯世界将再也不可能在军事层面压倒以色列，巴勒斯坦人和其他阿拉伯国家将不得不通过谈判确保自身的国家和领土诉求。阿拉伯国家将永远不具备足够的筹码来向一个顽固的以色列施压,迫使后者归还他们的土地。他们也将永远不会饶恕埃及脱离阿拉伯阵营、以他人利益为代价确保自身领土的做法。其他阿拉伯国家认为,阿拉伯人本来可以通过集体行动,为所有人达成一份更好的和平协议。

1979年3月埃、以签订和平协议后,阿拉伯国家立即将他们的威胁付诸实践,切断了与埃及的关系,埃及也将花费20多年的时间才重新完全融入阿拉伯阵营。萨达特装作满不在乎,但一贯自豪于本国在阿拉伯事务中的领导地位的埃及人民,此刻却为自身所受到的孤立而深感痛心。1979年,他们沮丧地看着阿拉伯国家的国旗从阿盟总部以及开罗市中心使馆建筑上降下。1980年2月,埃、以两国建立全面外交关系,埃及人民又同样担忧地目睹了大卫之星在开罗新落成的以色列使馆上方冉冉升起。

埃及人民并不反对同以色列人议和,他们只是不想让这一和平以埃及与阿拉伯世界关系的破坏为代价。埃、以两国现在实现了和平,但这一和平并未给任何一方的人民带来多少愉悦。

20世纪70年代末,阿以和平进程的光芒被现代中东历史上最重大的事件之一所掩盖。尽管伊朗在阿拉伯世界的范围之外,但伊朗伊斯兰革命的影响很快就传遍了整个中东阿拉伯世界。

1979年1月,美国支持下的伊朗国王被一场伊斯兰宗教学者领导的民众革命推翻。伊朗伊斯兰革命是冷战时期最重大的事件之一。由于美国失去了其在地区影响力的一根支柱,这场革命深刻地改变了中东地区的势力均衡。同时,伊朗革命也对油价产生了深远影响。在革命的混乱期,作为世界第二大产油国的伊朗实际上完全停止了其石油生产。在国王倒台引发的恐慌中,全球市场也经历了10年内的第二次石油危机。油价几乎涨至原来的3倍，每桶价格由13美元猛增至34美元。

在全世界消费者遭受损失的同时，产油国则经历了一个新的繁荣时期。沙特是世界上最大的碳氢化合物出口国，也是富油国的典型代表。沙特的石油收入由1970年的12亿美元，增至1973—1974年间石油禁运高潮时期的225亿美元。伊朗伊斯兰革命引发的第二轮石油危机后，沙特的石油收入在1979年时已飙升至700亿美元，在整个70年代增长了几乎60倍。包括利比亚、科威特、卡塔尔、阿拉伯联合酋长国在内的其他阿拉伯产油国，也经历了相似的增长速率。沙特人则推出了阿拉伯世界最雄心勃勃的公共支出计划，年度发展开支由1970年的25亿美元猛增至1980年的570亿美元。[61]

然而与其他产油国相似，沙特本身缺乏实现其发展目标所必需的人力资源，因而被迫从阿拉伯世界其他国家招募劳动力。埃及成为首要的劳动力输出国，但突尼斯、约旦、黎巴嫩、叙利亚、也门以及无国籍的巴勒斯坦人，同样也是阿拉伯劳工移民队伍中的生力军。20世纪70年代，在产油国工作的阿拉伯移民劳工由1970年的约68万人，猛增至1973年石油禁运后的130万人，据估计，至1980年已达到约300万人。这些阿拉伯劳工移民为本国经济做出了巨大贡献。1970年，埃及政府通过阿拉伯产油国的埃及劳工获得的侨汇收入为1000万美元，1974年时达到1.89亿美元，1980年时已增至约20亿美元，10年之内增长至原来的200倍。

埃及社会学家萨阿德丁·易卜拉欣（Saad Eddin Ibrahim）敏锐地指出，这种富油国和贫油国之间的劳动力与资本交换造就了一种"全新的阿拉伯社会秩序"。在一个政治分歧深刻、尖锐的时代，阿拉伯人在经济层面的相互依赖却不断加深。这一新秩序具有相当的弹性来缓和阿拉伯国家间的相互敌意。当1977年夏埃及向利比亚开战时，在利比亚工作的 40 万埃及劳工没有一人遭到报复性的驱逐。即便在萨达特脱离阿拉伯阵营与以色列议和的情况下，这种实用主义仍然占据优势——在《戴维营协议》之后的几年内，产油国对埃及劳动力的需求继续增长。正如易卜拉欣所总结的，到 20 世纪 70 年代末，石油已经使阿拉伯世界在社会经济层面的联系比其现代历史中任何时期都更加紧密。[62]

伊朗伊斯兰革命的影响远远超越了石油市场的范围。伊朗国王是中东地区统治时间最长的独裁君主之一，拥有该地区最强大的武装部队之一，且享有美国的全力支持。他的倒台引起了阿拉伯政客的警觉和思考。紧张的阿拉伯统治者们开始带着更多的疑虑来审视境内的伊斯兰政党。布特罗斯·布特罗斯-加利回忆，自己曾问一位埃及记者："伊朗革命有没有传播到埃及的风险？"后者向他保证说："伊朗革命是一种病症，不可能传播到埃及。"[63]这位记者指出，伊朗是一个什叶派国家，而埃及和阿拉伯国家绝大多数人口都是逊尼派，且埃及受到另一个伊斯兰国家——沙特阿拉伯王国的保护，可免遭伊朗的传染。事实很快就将证明这位记者是错的：在未来的 10 年内，伊斯兰政治将迅速兴起并对阿拉伯世界的每一位政治领袖发起挑战，而其起点正是沙特。

伊斯兰政治对沙特王国的挑战起始于 1979 年 11 月 20 日。当时，一个自称"阿拉伯半岛穆斯林革命者运动"的名不见经传的组织，占领了麦加大清真寺这一伊斯兰的神经中枢。该运动的领导人呼吁净化伊斯兰教，摒弃西方价值观，从沙特王室手中解放其国家，还指责王室伪善而腐败。僵局持续了两周以上，约 1000 名反叛者劫持了伊斯兰教最神圣的圣地。最后，沙特人被迫派遣国民卫队对反叛进行了镇压。官方数据称死亡人数只有几十人，非官方的观察者则宣称有数百人在冲突中被杀。该运动的领导人被捕，随后与 63 名追随者一道被处决,这些追随者中很多人来自埃及、也门、科威特或其他阿拉伯国家。

当麦加大清真寺仍处于被包围之时,沙特东部省份的什叶派社群于11月27日发动了暴力示威游行。示威者高举着伊朗革命精神领袖阿亚图拉霍梅尼(Ayatollah Khomeini)的画像,散发传单、鼓动推翻"专制的"沙特政权。沙特国民卫队的警力不堪重负,花了3天时间才扑灭了亲伊朗的示威游行,造成数十人伤亡。[64]

突然之间,即便是最富有、最强大的阿拉伯产油国在迅速崛起的伊斯兰政治力量面前都显得脆弱不堪。新一代青年正在阿拉伯世界崛起,他们已不再相信阿拉伯民族主义华而不实的空话。眼见阿拉伯国王和总统们正用腐败所得建造宫殿,并将个人权力置于阿拉伯公共利益之上,他们对本国的政治领袖不再抱有希望。他们不喜欢共产主义或苏联式的无神论。他们相信美国代表着一支新的帝国力量,正在阿拉伯国家之间推行分而治之的策略,为推进以色列的利益而牺牲巴勒斯坦人的权利。他们从伊朗革命中学到的经验就是,伊斯兰教比所有敌人联合起来都要强大。只要穆斯林能团结在其宗教的永恒真理之下,就能推翻统治者、对抗超级大国。在伊斯兰力量的激励下,阿拉伯世界正在进入一个政治和社会变迁的新时代。

第十三章　伊斯兰的力量

每年的 10 月 6 日，埃及武装部队都要举行阅兵式，这是纪念 1973 年战争的国定节日。开罗阅兵场的背景是一座现代金字塔，颇具戏剧感，这是安瓦尔·萨达特下令建造的十月战争阵亡将士纪念碑，也是埃及的无名战士墓。

武装部队日的游行庆祝是萨达特总统任期的巅峰时刻，也即他成为指挥埃及军队跨越苏伊士运河的"横渡英雄"的时刻。这次的阅兵式是为了纪念 1973 年埃及领导阿拉伯军队打击以色列。这次打击发生在埃及与这个犹太国家单独媾和之前，媾和严重损害了埃及的地位。

萨达特竭尽全力将公众的注意力集中到武装部队日的游行上，在埃及和国际媒体的注视下，他亲临游行现场。至少在这一天，他可以忽略埃及被孤立的事实：作为对《戴维营协议》的回应，其他阿拉伯国家与埃及断交，阿盟将总部从开罗迁至突尼斯。这些措施更坚定了埃及政府的决心，要将 1973 年战争的成就作为国家荣誉来庆祝。

1981 年 10 月 6 日，萨达特身穿礼服，坐在阅兵台上，身边环绕着他的内阁成员、宗教人士、外国政要和高级军官，呈现出国之大典的隆重。一排排坦克、装甲运兵车和导弹发射器在金字塔形纪念碑和检阅台之间列队前进。一组密集的空军战斗机在头顶呼啸而过，拖着彩色的烟雾。评论员宣告："现在炮兵来了。"此时沉闷的黄褐色卡车拉着榴弹炮驶近检阅台。

其中一辆卡车突然转向急停。一名士兵从驾驶室跳下来，向检阅台投掷了几枚眩晕手榴弹，而他的3个同伙则从平板卡车后面向聚集的政要们开火。这些叛变士兵的行动完全出乎意料，他们尽情地屠杀了30秒钟，没有受到任何阻碍。他们很可能一开火就射杀了萨达特。

这伙人的首领跑到检阅台前，近距离向伏地的萨达特总统开枪，直到一名总统卫兵开枪打伤了他。"我是哈立德·伊斯兰布里（Khalid al-Islambuli），"这名刺客对着一片混乱的检阅台高喊，"我杀了法老，我不怕死。"[1]

电视直播了萨达特遇刺，全世界为之震惊。一个不起眼的伊斯兰主义者，几乎完全依靠自己的力量，暗杀了埃及这个最强大的阿拉伯国家的总统。伊斯兰革命的景象可能不再局限于伊朗，阿拉伯世界各地都出现了伊斯兰主义运动，挑战世俗政府。

当哈立德·伊斯兰布里高喊"我杀了法老"时，他是在谴责萨达特，谴责他的世俗统治把人的法律凌驾于宗教之上。将伊斯兰主义者团结起来的是他们共同的信念：穆斯林社会必须按照"真主的法律"来统治，即源自《古兰经》、先知穆罕默德的智慧和伊斯兰神学家的法律判例的伊斯兰法，统称"沙里亚"（sharia）。他们视自己的世俗政府为敌人，称他们的统治者为"法老"。《古兰经》和《希伯来圣经》一样，都严厉批判古埃及的法老，把他们描绘成把人的法律凌驾于神谕之上的暴君。《古兰经》中有不下79节经文谴责法老。那些更极端的伊斯兰主义者主张用暴力对抗晚近统治阿拉伯世界的"法老们",以此作为推翻世俗政府和以伊斯兰国取而代之的必要手段。哈立德·伊斯兰布里是他们中的一员,他将伏地的总统萨达特斥为法老,从而宣布暗杀是合法的。

并不是只有伊斯兰主义者批评萨达特。1981年10月10日,埃及为安瓦尔·萨达特举行国葬,许多国际领导人参加了葬礼,但阿拉伯国家的代表寥寥无几。与会者包括3位美国总统——理查德·尼克松、杰拉尔德·福特和吉米·卡特,萨达特都曾和他们密切合作过。以色列总理梅纳赫姆·贝京率领一个声势浩大的以色列代表团出席,他曾因缔结埃以和平条约而与萨达特分享了1978年的诺贝尔和平奖。在阿盟成员国中,只有苏丹、阿曼和索马里派代表参加了葬礼。

也许更令人震惊的是,出席总统葬礼的埃及名流也很少。资深记者和政治分析家穆罕默德·海卡尔对萨达特怀有不满(在刺杀发生前一个月,海卡尔同一群反对派人士一起被捕入狱),他反思说:"一个在西方被视为英雄和具有远见卓识的政治家而受哀悼的人,却几乎没有同胞哀悼他。"[2]

然而,无论是批评者还是崇拜者,都很满意对萨达特最终安息之地的选择。对于那些尊敬这位"横渡英雄"的人来说,萨达特被埋在1973年战争纪念碑之下,面对着他被枪杀的检阅台,这是最恰当的。而萨达特的伊斯兰主义敌人对"法老"被埋葬在他金字塔的阴影下也感到满意。

伊斯兰主义者成功刺杀了埃及总统,但他们缺乏推翻埃及政府的资源和规划。副总统侯斯尼·穆巴拉克受轻伤,被紧急护送离开阅兵场。在萨达特的死讯公布后不久,穆巴拉克被宣布就任总统。埃及安全部队逮捕了数百名嫌疑人,据称其中多人遭到酷刑。

6个月后,1982年4月,5名被告因参与刺杀萨达特而被判处死刑：哈立德·伊斯兰布里、他的3个同伙以及他们的意识形态导师阿卜杜·赛莱姆·法拉吉（'Abd al-Salam Faraj），后者写了一本小册子，鼓吹对"非伊斯兰的"（即世俗的）阿拉伯统治者发动"圣战"。对他们的处决使刺杀萨达特的刺客们成为殉道者。20世纪80年代期间，伊斯兰主义团体继续使用暴力对抗埃及政府，企图将世俗民族主义的阿拉伯埃及共和国变成埃及伊斯兰共和国。

*

如今，在阿拉伯世界的大部分地区，伊斯兰教在公共生活中都发挥着显著影响，这很容易让人忘记1981年的中东是多么世俗化。阿拉伯国家中，除了最保守的海湾阿拉伯国家，西式服装比传统服饰更受欢迎，许多人无视伊斯兰禁令公开饮酒，男女在公共场合和工作场所都自由相处，越来越多的妇女接受高等教育、开启职业生涯。对于某些人来说，现下的自由标志着阿拉伯人进步到一个新的高度。另一些人则带着不安关注着这些新的发展，担心迅速的变化将会导致阿拉伯世界放弃其自身的文化和价值观。

关于伊斯兰教和现代性的论战，在阿拉伯世界由来已久。1928年，哈桑·班纳创立穆斯林兄弟会，以抗击西方对埃及的影响和对伊斯兰价值观的侵蚀。此后几十年，穆兄会遭到越来越强硬的镇压。埃及的君主政权与纳赛尔政权分别于1948年12月和1954年宣布取缔穆兄会。在20世纪五六十年代，阿拉伯世界的伊斯兰主义政治转入地下，世俗国家越来越多地从苏联社会主义或西方自由市场式民主中获得灵感，这削弱了伊斯兰价值观。然而，镇压让穆兄会更为坚定地反抗世俗主义，并推广他们眼中的伊斯兰价值观。

20世纪60年代，穆兄会里出现了一股激进的新潮流，引领者是一位极富个人魅力的埃及思想家，名叫赛义德·库特卜（Sayyid Qutb）。他将成为20世纪最具影响力的伊斯兰改革者之一。1906年，库特卜出生在上埃及的一个村庄，20 世纪 20 年代在开罗师范学院学习。毕业后，他供职于教育部，担任教师和督学。20 世纪三四十年代，他活跃于文坛，既是一名作家，又是一名评论家。

1948 年，库特卜获得两年政府奖学金，被送到美国留学。他在北科罗拉多大学师范学院获得教育学硕士学位，其间也在华盛顿特区和加州的斯坦福学习过。虽然他从东到西穿行过美国，但却没有那种典型的交换学生对留学对象国的感情。1951 年，库特卜在一份伊斯兰主义期刊上发表反思文章《我所见到的美国》。库特卜谴责他在美国社会体验到的物质主义的肆虐和精神价值的匮乏，厌恶他见到的道德败坏和肆无忌惮。让他尤为震惊的是美国教会里的恶习。他写道："大多数教堂都有两性共同参加的俱乐部，每个牧师都引导尽可能多的人去他的教堂，这主要是因为，不同教会之间存在激烈竞争。"在库特卜看来，这种招徕信众的做法，更适合剧院经理而不是精神领袖。

库特卜在文中讲到，一天晚上，他去参加教堂的仪式，仪式后是舞会。牧师想方设法让教堂看上去"更浪漫、更有情调"，这让他震惊不已。牧师甚至选择了一首撩人的歌曲来营造气氛，这是"一首著名的美国歌曲，叫作《但是宝贝，外面很冷》"。库特卜对这首歌曲的描述，反映出他同美国流行文化间有多深的隔阂："[这首歌]由晚上约会回来的男孩和女孩的对话构成。男孩把女孩带到他家，不让她走。女孩恳求男孩让她离开，因为夜色已浓，她的妈妈还在等她回家。但每次女孩提出一个回家的借口，男孩都会用这句歌词回答她：'但是宝贝，外面很冷！'"[3] 显然，库特卜觉得这首歌曲令人反感，而让他更为震惊的是，一个宗教人士竟然会选择这么一首不合适的歌曲来让年轻的教民们跳舞。（在他看来，宗教场所的）社会功能应该同清真寺一样，在其中两性是分开的，穿着得体与举止端庄是基本的规则。

库特卜回到埃及,看着他的同胞安然自得地崇尚着美国所体现的现代价值观,决心把他们唤醒。他提出:"恐怕美国国民的素质同它在物质上的强大并不匹配,待到生命之轮转去、时间之书合上时,美国将不会或几乎不会给将人与物甚至人与动物区分开来的道德带来任何助益。"[4] 库特卜不想改变美国,而是想保护埃及和伊斯兰世界免遭他在美国目睹的道德堕落。

从美国回来后不久,1952 年,赛义德·库特卜加入了穆兄会。考虑到他在出版领域的背景,他们任命他为穆兄会媒体与出版部门的负责人。这位狂热的伊斯兰主义者通过发表煽动性的文章建立起了广泛的读者群。埃及 1952 年革命后,库特卜同自由军官们保持良好关系。据报道,纳赛尔邀请库特卜为新的官方政党"解放大会"(Liberation Rally)起草党章。或许,纳赛尔这么做,并不是因为钦佩这位伊斯兰主义改革者,而是一次深思熟虑的尝试,目的是争取库特卜对这个新官方组织的支持。包括穆兄会在内的所有政党都将解散,并入该组织中。

新政权对穆兄会的善意是短暂的。1954 年 10 月,一名穆兄会成员企图暗杀纳赛尔,之后穆兄会遭到全面镇压,库特卜也被捕了。同许多其他穆兄会成员一样,库特卜声称在被捕期间遭受了可怕的酷刑和审讯。库特卜被控颠覆活动罪,处以 15 年苦役。

在狱中,库特卜继续激励伊斯兰主义者。因健康状况不佳,他常常住在狱中的医院,在那里,他写下了 20 世纪最具影响力的关于伊斯兰教与政治的著作,包括一部对《古兰经》的激进评注和号召推动建立真正的伊斯兰社会的《路标》(Milestones)。

《路标》是库特卜对西方物质主义破产和世俗阿拉伯民族主义专制性的最强阐述。他认为,界定当今这个时代的社会与政治制度是人为设立的，恰恰就是这种人为的属性导致了制度的失败。这些制度并没有开启科学和知识的新时代，反而造成了对神的指引蒙昧无知，或称"贾希利叶"（jahiliyya）。这个词在伊斯兰教中有特殊含义，指伊斯兰教产生前的黑暗时代。库特卜认为，20世纪的贾希利叶，"其形式是声称创造价值、立法规约集体行为和选择生活方式的权力属于人，而不考虑真主的规定"。这里暗含的意思是，20世纪科技的显著进步并没有将人类带入现代，而抛弃真主永恒的旨意却将人类社会带回了7世纪。库特卜相信，这一判断对阿拉伯世界和非伊斯兰的西方同样适用。这种状况造成的结果，在他看来，就是暴政。阿拉伯各国政权没有给公民带来自由和人权，却施行了压迫和酷刑——正如他从痛苦的亲身经历中所了解到的那样。

库特卜相信，伊斯兰教作为真主对人类秩序的完美表述，是通往人类自由的唯一途径，是真正的解放神学。由此推演，唯一有效和合法的法律就是伊斯兰法所载的真主的法律。他认为，必须有一个穆斯林先锋队来恢复伊斯兰教"人类领袖"的角色。先锋队将用"宣讲和说服来革新思想和信仰"，用"物质的力量和'圣战'来废除贾希利叶制度，该制度的组织和权威阻止人们改变思想与信仰，迫使他们遵循错误的道路，使他们服务于人类领主而不是全能的真主"。库特卜写作《路标》，就是为了指导引领伊斯兰价值观复兴的先锋队，通过复兴，穆斯林将再次实现个人自由并重回世界领导地位。[5]

库特卜观点的威力在于其简单与直接。他指出了一个问题——贾希利叶，并基于众多阿拉伯穆斯林所珍视的价值观，给出了一个明确的伊斯兰解决方案。他的批评，无论对帝国主义势力，还是对阿拉伯政府，都同样适用。他的回应传递出希望，而这一希望是建立在对穆斯林优越性的假设之上的：

> 状况发生了变化，穆斯林失去他们的体力并被征服；然而

意识没有脱离他们，因为他们是最优越的。只要他们坚持信仰，他们就会在面对征服者时处于优越的位置。他们依然确信，这状况是暂时的，也将会过去，而信仰将逆转潮头，席卷一切。即便死亡是命中注定，他们也不会低头。所有人都会死，但对他们来说则是殉难。他们将进入花园［即天堂］，而征服者将堕入火中［即地狱］。[6]

然而，无论库特卜有多反对西方列强，他的首要斗争目标始终是阿拉伯世界的威权政府，尤其是纳赛尔政府。库特卜在注释《古兰经》中有关"掘坑的人"的经文时，几乎毫不掩饰地将之作为反映穆兄会和自由军官之间斗争的寓言。在《古兰经》的故事中，有一群信仰者因信仰而遭到谴责并被暴君们活活烧死，暴君们聚集在一起，亲眼看着这些正直的受害者死去。"愿掘坑的人们，被弃绝"（《古兰经》第85章第1—16节）。库特卜是这样注释的：迫害者，也就是那些"傲慢、凶恶、有罪、堕落的人"，目睹着殉道者的痛苦，享受着施虐者的快感。他写道："当这些正直的信仰者中的青年男女、小孩和老人被扔进火中时，迫害者们邪恶的快感会达到新的高度，面对血肉模糊的场景，他们会发出狂喜的叫声。"《古兰经》的故事中并没有这样逼真的场面，这或许是受到库特卜和他的穆兄会同伴在狱中所受折磨的启发。库特卜总结道，"信仰者和他们的敌人之间的斗争"本质上是"信仰的斗争，或是不信与信之间的斗争，或是贾希利叶与伊斯兰之间的斗争"。他传递的信息很明确：埃及政府与他头脑中的伊斯兰政权不相容。两者间，不是你死，就是我亡。

1964年，库特卜被释放出狱，同年，《路标》出版。他在狱中的作品增强了他的地位，他很快就同被取缔的穆兄会的同志们重新建立了联系。然而，他也一定知道，他的每一次行动都在纳赛尔秘密警察的眼皮子底下进行。这位伊斯兰主义作家因其提出的激进新思想而在伊斯兰世界声名鹊起,将在埃及国内外对埃及政府构成威胁。

库特卜的追随者们同这位改革者一样面临着监视和风险。库特卜最具影响力的弟子中有宰奈卜·安萨里(Zaynab al-Ghazali,1917—2005),她是伊斯兰主义女性运动的先驱。年仅20岁时,她就创立了穆斯林妇女协会。她的活动受到了穆兄会创始人哈桑·班纳的关注,后者试图说服她与他刚建立的穆斯林姐妹会联合。尽管这两个伊斯兰主义女性运动走上了不同的道路,但安萨里成了哈桑·班纳的忠实追随者。

20世纪50年代,赛义德·库特卜尚在狱中,安萨里见了他的姐妹们,她们将当时尚未出版的《路标》部分章节的草稿给了她。她在阅读过程中得到启发,便践行库特卜在宣言中所设想的先锋队的使命——让埃及社会准备好接受伊斯兰法。正如先知穆罕默德在麦加度过13年后才迁徙到麦地那并建立了第一个穆斯林社团那样,库特卜的追随者准备用13年的时间把埃及社会变成一个理想的伊斯兰社会。她写道:"已经决定了,在对我们的青年、老人、妇女和儿童进行13年伊斯兰培训之后,我们将展开全国民调。如果民调显示,至少有75%的信教者相信伊斯兰教是一种完整的生活方式,并且深信应当建立伊斯兰国,那么我们就呼吁建立这样一个伊斯兰国。"如果民调结果反映出较低的支持率,那安萨里和她的同事们将再投入13年来改造伊斯兰社会。[7]他们的长远目标就是推翻自由军官政权,建立真正的伊斯兰国。纳赛尔和他的政府决心在伊斯兰运动做大之前消除它的威胁。

1964年底,在关押赛义德·库特卜10年后,埃及政府释放了他。宰奈卜·安萨里和库特卜的其他支持者们一起庆祝库特卜获释,并经常与他见面,当然是在埃及警方密切监视之下。许多人认为,政府释放库特卜是为了追踪与他志趣相同的伊斯兰主义者。库特卜仅仅获得了8个月的自由,1965年8月,他再次被捕,安萨里和其他相关人士一同被捕。他们被控密谋暗杀纳赛尔总统并推翻埃及政府。虽然这些被告们的长期目标肯定是以伊斯兰制度取代埃及政府,但他们坚称自己是无辜的,并没有威胁总统生命的阴谋。

安萨里在狱中度过了6年,后来撰文记述了狱中的痛苦经历。她生动地描绘了纳赛尔主义政权施于男男女女的伊斯兰主义者的恐怖酷刑。入狱第一天,她就目睹了暴力:"我几乎不能相信自己的眼睛,也不愿去接受这样非人的迫害。我默默地看着穆兄会的成员被吊在半空,他们赤裸的身体承受着激烈的鞭打。他们中,一些人被扔给凶残的狗,任凭它们撕扯他们的身体,而另一些人则面对着墙,等待遭受酷刑。"[8]

安萨里没有幸免于这些暴行,她经历了鞭打、殴打、恶狗攻击、隔离、睡眠剥夺和定期的死亡威胁,这些都是为了获得一份供状,表明库特卜和穆兄会的其他领导人确实谋划了所谓的阴谋,但施刑者徒劳无获。在安萨里遭受了18天虐待之后,两名新被捕的年轻妇女被投入了她的牢房,她无法用自己的话来向她们描述这种恐怖,于是念诵了《古兰经》中有关"掘坑的人"的经文。念诵完毕,一名女子开始默默哭泣,而另一名则疑惑地问道:"这真的发生在女性身上了吗?"[9]

1966年4月,对赛义德·库特卜及其追随者的审判开始了。包括库特卜和安萨里在内的共43名伊斯兰主义者被正式指控密谋反对埃及政权。政府公诉人以库特卜的著作为证据证明他有罪,指控他煽动暴力推翻埃及政府。1966年8月,库特卜和另外两名被告被判有罪并判处死刑。宰奈卜·安萨里被判处25年监禁和苦役。

埃及政府处决库特卜,不仅使他成为伊斯兰主义事业的殉道者,也证实了他著作中的许多说法。库特卜死后,他的著作比他生前更具影响。他的《古兰经》评注和他的政治行动纲领《路标》，在伊斯兰世界多次重印、传播。20世纪六七十年代的适龄新一代（伊斯兰主义者），受库特卜有关伊斯兰复兴和正义的言论感召，采用一切可能的手段——包括和平的和暴力的，去实现他的愿景。

*

20世纪60年代，伊斯兰主义的挑战从埃及蔓延到叙利亚。穆兄会的影响和赛义德·库特卜对世俗政府的激进批评，共同在叙利亚催生了革命性的伊斯兰主义运动，致力于推翻叙利亚那个古罗马执政官式的共和国。这场冲突将叙利亚推向内战的边缘，夺去了数万人的生命，并最终在叙利亚城镇哈马达到了残酷的顶峰。

穆兄会叙利亚分支的创始人是霍姆斯人穆斯塔法·西巴伊（Mustafa al-Siba'i, 1915—1964）。20世纪30年代，他在埃及学习，受到了哈桑·班纳的影响。返回叙利亚后，西巴伊将诸多穆斯林青年协会网罗到一起，创建了叙利亚穆兄会。利用穆兄会的网络，他在1943年的选举中赢得了叙利亚议会的一个席位。从那时起，政治精英就不能忽视叙利亚穆兄会的实力了，虽然后者自身还没有强大到足以影响20世纪四五十年代叙利亚日益表现出的世俗化和阿拉伯民族主义倾向的政治话语。

1963年，当复兴党在叙利亚掌权时，穆斯林兄弟会发起了攻势。复兴党的政策具有强烈的世俗化倾向，要求严格区分宗教和国家。对复兴党而言，形成这样的政策倾向是很自然的，因为党员的教派成分十分多样。复兴党不仅在占叙利亚人口绝大多数的逊尼派穆斯林（约占总人口的70%）中吸纳党员，也吸引了许多基督徒，还得到阿拉维派的大力支持。阿拉维派是伊斯兰教什叶派的分支，是叙利亚最大的少数族群，约占总人口的12%。在被占叙利亚人口多数的逊尼派边缘化多年之后，在20世纪60年代，阿拉维派通过加入军队和复兴党,在叙利亚政治中获得了显要地位。

复兴党的世俗化甚至无神论的倾向,引来了穆兄会越来越强烈的抵制,后者自称是叙利亚的"道德多数派"。穆兄会将阿拉维派的崛起视为对叙利亚逊尼派穆斯林文化赤裸裸的威胁,其成员决心暗中颠覆政府,在必要时不惜诉诸暴力。

20世纪60年代中期,穆兄会在哈马和北部城市阿勒颇组织地下抵抗运动。伊斯兰主义武装分子开始囤积武器,训练从叙利亚各地高中和大学征募来的年轻人。哈马最具魅力的伊玛目(清真寺中带领礼拜的人)之一谢赫麦尔旺·哈迪德(Shaykh Marwan Hadid),在征募学生加入伊斯兰主义地下运动方面尤其成功。对许多年轻的伊斯兰主义者来说,哈迪德是伊斯兰激进主义的启发者和榜样。[10]

1970年11月16日,复兴党成员、叙利亚空军司令哈菲兹·阿萨德将军发动政变掌权,伊斯兰主义地下组织和叙利亚政府之间的对抗已不可避免。阿萨德属于少数族群阿拉维派,是叙利亚第一位非逊尼派穆斯林领袖。他在执政初期曾努力安抚逊尼派穆斯林的敏感情绪,但无济于事。1973年颁布的新宪法第一次没有规定叙利亚总统必须是穆斯林,这重新引发了围绕宗教和国家关系的争论。这部宪法在逊尼派穆斯林的核心地区哈马引发了暴力示威。1976年4月,阿萨德决定干预黎巴嫩内战,支持马龙派基督徒,反对进步的穆斯林力量和巴勒斯坦运动,这引发了更多伊斯兰主义者的暴力活动。

阿萨德对黎巴嫩内战的干预引起了叙利亚穆斯林多数派的严重关切。自从阿萨德1970年掌权以来,许多心怀不满的逊尼派发现自己被阿拉维派主导的政府边缘化了,他们怀疑新政权是在推动一个"少数派联盟",将统治叙利亚的阿拉维派和黎巴嫩的马龙派捆绑在一起,以压制叙利亚和黎巴嫩的穆斯林多数派。政府和逊尼派之间的关系日趋紧张，阿萨德下令镇压叙利亚穆兄会。1976年，政府逮捕了哈马激进的伊玛目谢赫麦尔旺·哈迪德。这个征募伊斯兰主义者的人立即进行了绝食抗议，并于1976年6月去世。政府坚持说，哈迪德是绝食自杀的，但是伊斯兰主义者指责政府谋杀，并发誓为他报仇。

叙利亚的伊斯兰主义者花了3年时间才组织起来对阿萨德政权进行报复性打击。1979年6月，伊斯兰主义游击队袭击了阿勒颇的一所军事学院，该学院的大部分学员——320人中大约有260人来自阿拉维派。恐怖分子杀害了83名学员，他们全都属于阿拉维派。

对军事学院的袭击是穆斯林兄弟会和哈菲兹·阿萨德政权之间全面战争的开始，这场战争将持续两年半，将叙利亚拖入日复一日地狱般的恐怖与反恐的拉锯之中。

叙利亚的穆兄会，坚信他们的事业是正义的，拒绝与阿萨德政权谈判或妥协。1979年年中，他们在分发给叙利亚城镇的传单中宣称："出于对伊斯兰教原则的尊重，我们反对一切形式的专制，也不寻求推翻一个法老来让另一个法老承继。"[11] 他们的话呼应了埃及的伊斯兰主义武装分子，他们同样决心用暴力推翻萨达特政府，并给予在哈马起义反抗叙利亚法老的兄弟们以道义上的支持。

由于没有和解的余地，以总统的弟弟里法阿特·阿萨德（Rifa'at al-Asad）为首的叙利亚政府中的强硬派，被赋予了用武力镇压伊斯兰主义叛乱的自由。1980年3月，叙利亚突击队乘直升机降落在阿勒颇和拉塔基亚之间的一个反叛村庄，并将全村置于军事统治之下。据官方统计，有200多名村民在这次行动中丧生。

受这次乡村行动胜利的鼓舞，叙利亚政府派出2.5万人的部队入侵阿勒颇，一年前，那里曾发生过屠杀军校学生事件。士兵们搜查了那些被认为支持伊斯兰主义叛乱的街区的每一所房子，逮捕了8000多名嫌疑人。里法阿特·阿萨德在坦克炮塔上警告镇民，他准备每天处决1000人，直到穆兄会在阿勒颇的势力被完全清洗。

1980年6月26日，穆兄会发动回击，企图暗杀总统阿萨德。武装分子在总统接待一位来访的非洲政要时向他投掷手榴弹、扣动机关枪，阿萨德在保镖的保护下死里逃生。第二天，里法阿特·阿萨德派他的突击队到关押穆兄会囚犯的臭名昭著的泰德穆尔监狱，执行了可怕的报复。

年轻的阿拉维派突击队成员伊萨·易卜拉欣·法耶德（'Isa Ibrahim Fayyad）永远不会忘记他的第一次任务，他接到命令去屠杀手无寸铁的囚犯。早上6时30分，叙利亚士兵乘直升机前往监狱。总共大约有70名突击队员，分成7队，每队被派往一个不同的牢房。法耶德和他的部下各就各位，开始工作。"他们为我们打开了牢房的大门，我们中的六七个人进去杀了里面所有的人，共有六七十人，我自己应该是射杀了15人。"牢房里回响着机关枪的射击声和垂死者"真主至大"的呼喊声。法耶德并不同情他枪下的受害者，他冷冷地回忆道："大概有550个穆兄会成员被杀了。"其他参与者估计有多达700—1100名穆兄会成员被枪杀在他们的牢房中。手无寸铁的囚犯对突击队发动了孤注一掷的攻击，在混战中打死一人，打伤两人。当突击队完成任务时，队员们必须去清洗手、脚上的血渍。[12]

在消灭泰德穆尔监狱的穆兄会成员之后，阿萨德采取主动，将穆兄会从叙利亚社会中清除出去。1980年7月7日，叙利亚政府通过了一项法律，规定加入穆兄会是死罪。伊斯兰主义反对运动并不屈服，开始了一系列针对叙利亚知名官员的暗杀行动，其中包括阿萨德总统的一些私人朋友。

1981年4月，叙利亚政府做出回应，派遣军队进入穆兄会在哈马的据点。哈马是叙利亚第四大城市，当时有约18万人口，自20世纪60年代以来一直是伊斯兰主义反对派的中心。当部队到达时，镇民们并没有抵抗，以为这将是一次像过去一样的突袭，不过是突击队员把人关起来问话，恐吓几句就放了。可惜他们错了。

叙利亚军队决定拿哈马的平民开刀以儆效尤，他们不分青红皂白地杀害儿童和成人。一位目击者这样向一位西方记者描述这场屠杀："我走了几步就遇到一堆尸体，接着又是一堆，总共得有10—15堆。我走过一具又一具尸体，长时间地注视着他们，不敢相信自己的眼睛……每堆中有15、25或30具尸体，脸部完全不可辨认了……从14岁往上，什么年纪的都有，穿着睡衣或长袍，穿着凉鞋或光脚。"[13]据估计，这次攻击的死亡人数从150人至数百人不等。政府军和伊斯兰主义者相互敌对的两年里，死亡总数已经超过2500人。

为回应军队在哈马的暴行，穆兄会以牙还牙，在叙利亚主要城镇发动针对无辜平民的武装袭击。伊斯兰主义者将战场从北部城镇阿勒颇、拉塔基亚和哈马转移到首都大马士革。8—11月间，穆兄会安放了一系列爆炸装置，让叙利亚首都大为震动。最猛烈的炸弹袭击发生在11月29日，市中心一枚巨大的汽车炸弹爆炸，造成200人死亡，多达500人受伤。这是到当时为止阿拉伯世界伤亡人数最多的一次炸弹袭击。

1981年10月，安瓦尔·萨达特遇刺身亡，恰逢阿萨德总统51岁生日，叙利亚伊斯兰主义者散发传单，威胁他将遭受同样的命运。阿萨德授权他的弟弟里法阿特在穆兄会据点哈马进行一次灭绝行动，以一劳永逸地击败穆兄会。

1982年2月2日凌晨，叙利亚政府与穆兄会在其据点哈马开战。武装直升机把多队突击队员运送到城外的山上。在1981年4月政府袭击杀戮之后，市民处于高度戒备状态，警觉的伊斯兰主义者听到直升机飞来的动静后迅速做出反应。穆兄会成员们高呼"真主至大",武装反抗叙利亚政府。城中清真寺里通常用来宣礼的喇叭号召大家参加"圣战"。穆兄会领导人敦促市民将"异教徒"的阿萨德政权一劳永逸地赶下台。

黎明时分,第一批士兵撤退,伊斯兰主义斗士继续进攻,杀戮哈马的政府官员和复兴党成员。早期的成功给反叛分子带来了虚假的胜利希望,因为在第一批突击队员背后,还部署着数以万计的士兵,并有坦克和飞机支援。这场战斗,政府输不起,反叛分子也缺乏取胜的手段。

在第一周,穆兄会成功地击退了叙利亚军队的进攻。然而,政府的强大火力破坏极大,坦克和大炮夷平了整个城市的街区,将守卫者们掩埋在瓦砾之下。当哈马最终沦陷时,政府人员对幸存者进行了血腥镇压。哈马市民中,但凡有一丝支持穆兄会的嫌疑,就遭到逮捕、拷打和任意杀戮。暴力过后两个月,《纽约时报》记者托马斯·弗里德曼(Thomas Friedman)进入哈马,发现整片整片的街区都被推土机和蒸汽压路机摧毁、夷平。人员伤亡更为严重。弗里德曼报道说:"实际上,哈马一役中幸存的所有当地穆斯林领袖,从谢赫到教师再到清真寺看管人,后来都以这样或那样的方式遭到了清算,大多数反政府的工会领导人也遭到了同样的命运。"[14]

时至今日,没有人知道1982年2月有多少人在哈马死去。记者和分析人士估计死亡人数在1万至2万之间,但里法阿特·阿萨德吹嘘杀死了3.8万人。阿萨德兄弟想让全世界知道,他们已经彻底击败了他们的对手,给了叙利亚穆兄会一次永远无法恢复元气的打击。

伊斯兰主义者和法老们的冲突带来的风险达到了前所未有的高度。对伊斯兰主义反对派,埃及政府使用大范围的酷刑和选择性的处决,而叙利亚政权则进行大规模灭绝。伊斯兰主义者需要更高程度的训练、规划和纪律来推翻如此强大的对手。

叙利亚和埃及的伊斯兰主义者的经验表明，阿拉伯国家太强大了，不可能通过暗杀或颠覆来推翻。那些希望推翻世俗主义并建立伊斯兰国的伊斯兰主义者将不得不另辟蹊径。黎巴嫩内战为伊斯兰主义者提供了良机来推动其理想的伊斯兰社会愿景的实现。1979年被苏联入侵的阿富汗提供了另一个选择。在这两处，伊斯兰主义者都将他们的斗争推向了国际舞台，将他们的打击范围扩大到了以色列、美国和苏联等地区和全球超级大国。一开始是个别国家的国内治安问题，现在却变成了一个全球安全问题。

*

1983年10月23日星期日上午，几乎同时发生的两次爆炸震动了贝鲁特大地。几秒钟内，300多人丧生，其中包括241名美国军人、58名法国伞兵、6名黎巴嫩平民和2名自杀式炸弹袭击者。美国海军陆战队遭遇了自硫磺岛以来的最高单日死亡人数，法国遭遇了自阿尔及利亚战争以来的最高单日死亡人数，而自杀式炸弹袭击者则改变了黎巴嫩冲突的形态。

袭击者驾驶卡车，载着数吨烈性炸药接近目标。卡车在早上6点20分通过服务人员入口驶近美国海军陆战队的兵营——一栋坐落在贝鲁特国际机场区的混凝土建筑。他加快速度，冲破铁门而入。震惊的哨兵连上膛去阻止他的时间都没有。一名幸存者看着卡车飞驰而过，爆炸发生后，他只记得："那人开车经过时面带微笑。"[15]司机显然很高兴，因为他已经进入了美国的兵营，毫无疑问，他相信暴力死亡将为他打开天堂之门。

剧烈的爆炸将这座建筑物从地基处切断，兵营像纸牌屋一样倒塌了。海军陆战队的地下弹药库受热爆炸，这二次爆炸再次震荡了已成废墟的大楼。

向北 3 英里，另一名自杀式炸弹袭击者驾驶卡车进入了法国伞兵司令部所在高层大楼的地下停车场。他引爆了炸弹，夷平了整座大楼，造成了 58 名法国士兵死亡。爆炸发生几分钟后到达法国司令部废墟的记者罗伯特·菲斯克（Robert Fisk）无法理解这次破坏竟然如此剧烈。"我赶到一个冒烟的爆炸坑旁，它有 20 英尺深、40 英尺宽，边上堆放着一个大得骇人的三明治一样的物体，那是一座九层大楼……炸弹把这座九层大楼掀起并移动了 20 英尺。整座大楼都飞起来了。爆炸坑就是大楼原来所在的位置。这是怎么做到的？"[16]

1983 年 10 月 23 日袭击造成的破坏，对饱受战争摧残的贝鲁特来说，依然令人震惊。这些行动还反映出（袭击活动的）事先规划与执行纪律已经到了一个前所未有且令人深感不安的程度。今天，我们会说这两场袭击具有基地组织的行动特征，但距离后者发动第一次袭击还有 10 年。

没有人确切知道谁该为袭击贝鲁特的美国海军陆战队和法国伞兵负责。首要嫌疑对象是一个自称伊斯兰"圣战"的神秘新团体。1982 年 7 月，伊斯兰"圣战"组织成员绑架了贝鲁特美国大学的执行校长、美国学者大卫·道奇（David Dodge），这是该组织的早期行动之一。他们还声称对 1983 年 4 月贝鲁特市中心美国大使馆的汽车炸弹袭击负责；爆炸震塌了使馆的一侧，造成 63 人死亡，百余人受伤。

激进的新力量活跃在黎巴嫩内战中。在拨给一家外国通讯社的匿名电话中，伊斯兰"圣战"组织声称该组织 4 月对美国大使馆的炸弹袭击，"是伊朗伊斯兰革命在全世界范围内打击帝国主义的行动的组成部分"。看上去，伊朗在黎巴嫩有很危险的朋友。伊斯兰"圣战"组织的发言人继续说："我们将继续打击黎巴嫩境内的帝国主义势力，包括多国部队。"10 月爆炸发生后，伊斯兰"圣战"组织再次宣称负责。他们坚称："我们是真主的战士，我们热衷于献身。我们不是伊朗人，不是叙利亚人，也不是巴勒斯坦人，我们是遵循《古兰经》原则的黎巴嫩穆斯林。"[17]

从1977年叙利亚干预到1983年自杀式爆炸事件的6年间，黎巴嫩的冲突变得更加复杂。这场冲突在1975年爆发时是黎巴嫩各派别的内战，巴勒斯坦人牵扯其中，但到了1983年已经演变成地区冲突，吸引了叙利亚、以色列、伊朗、欧洲和美国直接参与，以及伊拉克、利比亚、沙特阿拉伯和苏联等更多国家间接参与，它们给不同的民兵组织提供资金和武器支持。

战争还导致黎巴嫩各派别之间的权力平衡发生重大变化。1976年，叙利亚军队作为阿盟维和部队的一部分进入黎巴嫩。他们先支持马龙派基督徒，以防止由卡迈勒·琼布拉特领导的左翼穆斯林派系获胜。叙利亚小心维持其在黎巴嫩的主导地位，迅速采取行动阻止任何派别在该国内战中取得明显胜利。这使得叙利亚相对频繁地转换结盟对象。击败左翼穆斯林民兵之后，叙利亚立马反对马龙派，转而支持新兴力量黎巴嫩什叶派穆斯林。

什叶派长期以来被政治精英边缘化，直到黎巴嫩内战爆发后才成为黎巴嫩一个独特的政治社群。到20世纪70年代，什叶派在数量上成为黎巴嫩最大的社群，尽管他们仍然是该国教派中最贫穷、最缺乏政治权利的群体。传统上，黎巴嫩什叶派社群的中心位于该国最贫穷的地区——南部地区和北部的贝卡谷地。什叶派纷纷逃离相对贫困的农村，迁至贝鲁特南部的贫民窟以寻找工作。

20世纪六七十年代，许多黎巴嫩什叶派教徒被吸引加入承诺推动社会改革的世俗政党，如复兴党、黎巴嫩共产党和叙利亚民族社会党等。直到20世纪70年代，才由一个具有黎巴嫩血统、个人魅力非凡的伊朗宗教学者穆萨·萨德尔（Musa al-Sadr）建立了一个独特的什叶派政党——"被剥夺者运动"（Harakat al-Mahrumin），并开始与左派政党竞争，获得黎巴嫩什叶派的支持。1975年内战爆发后，"被剥夺者运动"建立了自己的民兵组织"阿迈勒"。

黎巴嫩内战初期，阿迈勒站在以卡迈勒·琼布拉特为首、由左翼穆斯林政党构成的"民族运动"（National Movement）一边。但穆萨·萨德尔很快失去了对琼布拉特领导斗争的幻想，他指责这名德鲁兹领导人把什叶派当炮灰。用萨德尔自己的话说，就是"与基督徒战斗到最后一名什叶派牺牲"。[18] 阿迈勒和巴勒斯坦运动之间也关系紧张，1969年以来，后者一直把黎巴嫩南部作为抗击以色列的基地。巴勒斯坦人从黎巴嫩南部发动的行动招致以色列的报复性打击，什叶派社群深受其害。不仅如此，巴勒斯坦人对黎巴嫩南部的控制也让什叶派怨恨不已。

到1976年，阿迈勒已经与琼布拉特的联盟和巴勒斯坦运动分道扬镳，转而同叙利亚合作。阿迈勒的追随者认为叙利亚是对抗巴勒斯坦在黎巴嫩南部势力的唯一力量。这开启了叙利亚和黎巴嫩什叶派之间的持久联盟，一直延续至今。

1979年伊朗革命和伊斯兰共和国的建立改变了黎巴嫩的什叶派政治。数个世纪的宗教和文化纽带将黎巴嫩什叶派与伊朗维系在一起。穆萨·萨德尔本人是具有黎巴嫩血统的伊朗人，他推动的政治激进主义非常符合伊朗伊斯兰革命者的思想。

可惜萨德尔没能活着见证伊朗革命。1978年，他在去往利比亚的一次旅行中失踪，普遍认为他在那里被谋杀。黎巴嫩南部的什叶派还在努力接受他们的领袖失踪这一事实之际，伊朗革命在1979年爆发了，这赋予了他们一批新的领袖，让他们得以在关键时刻团结起来。贝鲁特南部贫民窟里和巴勒贝克罗马遗址上的穆萨·萨德尔画像边挂上了阿亚图拉霍梅尼的画像。伊朗人竭尽所能激发黎巴嫩什叶派的热情，这是他们早期输出革命的一部分，旨在扩大他们在传统什叶派阿拉伯文化中心——伊拉克南部、沙特东部、巴林和黎巴嫩的影响力。借助这一网络，伊朗可以向其对手和敌人施压，特别是美国、以色列和伊拉克。

1979年伊斯兰革命后，美国和伊朗的关系迅速恶化。伊朗新政府不信任美国政府，因为后者在过去支持伊朗国王穆罕默德·礼萨·巴列维（Mohamed Reza Pahlevi）。1979年11月4日，当美国政府允许被废黜的伊朗国王到美国接受治疗时（他患了癌症并已病入膏肓），一群伊朗学生占领了美国驻德黑兰大使馆，劫持了52名美国外交官作为人质。美国总统吉米·卡特冻结了伊朗的资产，对伊朗共和国实施了经济和政治制裁，甚至一度试图通过军事救援行动来缓解人质危机，但没有成功。美国外交官被囚禁了444天，而美国政府无能为力，备受羞辱。伊朗处心积虑打击吉米·卡特，后者的连任竞选也因人质危机而受挫。1981年1月，罗纳德·里根宣誓就职后，美国外交官们才被释放。这一姿态并没有使里根政府对伊朗政府产生好感，人质危机所造成的损害从那以后就一直困扰着美国和伊朗的关系。伊朗新政权谴责美国是大撒旦，是全体穆斯林的敌人。里根及之后的美国政府给这个伊斯兰共和国贴上了"流氓国家"的标签，并想方设法孤立伊朗、推翻伊朗政府。

1980年两伊战争的爆发，加剧了伊朗和美国间的敌对关系，给黎巴嫩带来了可怕的后果。1978年以来，伊拉克一直由萨达姆·侯赛因统治。1980年9月22日，伊拉克在没有任何警告的情况下入侵了它的东部邻国。侯赛因试图利用革命期间伊朗内部的政治动荡和人质危机期间伊朗所遭遇的国际孤立，夺取伊朗领土上的争议水道和优质油田。两伊战争是迄今为止现代中东历史上最暴力的冲突,战争持续了8年(1980—1988),使用了战壕战、毒气和化学武器、空中投弹与火箭炮袭击城市中心等让人联想起世界大战的作战手段,造成大约50万至100万人丧生。

伊朗人花了两年时间才把伊拉克人赶出他们的国土,并转而发动进攻。随着战事向对伊朗有利的方向发展,美国公开支持伊拉克,尽管后者与苏联关系密切。从1982年开始,里根政府开始向萨达姆·侯赛因提供武器、情报和经济援助,支持后者对伊朗的战争。这加剧了伊朗对美国的敌意,伊朗人利用一切机会打击美国在中东地区的利益。黎巴嫩很快成为伊美对抗的舞台。

伊朗在黎巴嫩有两个盟友——什叶派和叙利亚。伊朗和叙利亚联盟,这从很多方面看都有悖常理。叙利亚是公开的阿拉伯民族主义世俗国家,且正与本国的伊斯兰主义运动进行暴力斗争,因此不太可能是这个非阿拉伯的伊朗伊斯兰共和国的盟友。把两国维系在一起的是现实利益,主要是两国都怀有对伊拉克、以色列和美国的敌意。

20世纪70年代,伊拉克和叙利亚为争夺阿拉伯世界的领导权展开了激烈竞争。两国都实行一党制,执政党分别是奉行阿拉伯民族主义的复兴党的两个敌对支派。因此,复兴党实际上破坏了伊拉克和叙利亚之间的统一行动和共同目标。这两个复兴党国家之间的敌意如此之深,以至于叙利亚在两伊战争期间与其他阿拉伯国家分道扬镳,站到伊朗一边。作为回报,伊朗向叙利亚提供武器和经济援助,并在叙以冲突时提供增援。叙利亚和伊朗的联盟构成了一个三角关系,将叙利亚、伊朗与黎巴嫩的什叶派联系在一起。1982年夏,以色列入侵黎巴嫩,成为激活这一将对地区未来局势产生重大影响的三角关系的催化剂。

＊

1982 年以色列入侵黎巴嫩，把黎巴嫩的冲突带入了新阶段，暴力和破坏达到前所未有的程度。入侵黎巴嫩后，以色列开始作为黎巴嫩冲突的直接参与者卷入教派政治。以色列人将在黎巴嫩逗留超过 18 年，给两国带来持久的后续影响。

以色列对黎巴嫩的入侵是由一次在英国领土进行的袭击引发的。1982 年 6 月 3 日，激进团体艾布·尼达勒，即 1978 年杀害巴解组织驻伦敦外交官赛义德·哈马米的团体，企图在伦敦一家酒店外暗杀以色列大使史罗莫·阿尔果夫（Shlomo Argov）。尽管艾布·尼达勒是一个以暴力对抗阿拉法特和巴解组织的叛变团体，且巴解组织已经与以色列停火一年，但以色列政府仍然以这次暗杀企图为理由，对在黎巴嫩的巴解组织发动了战争。

以色列总理梅纳赫姆·贝京和好战的国防部部长阿里埃勒·沙龙将军制订了雄心勃勃的计划，要将巴解组织和叙利亚赶出黎巴嫩来重塑中东。贝京认为，黎巴嫩的基督徒是以色列这个犹太国家的天然盟友。自 1977 年上台以来，他领导的利库德政府与右翼的马龙派政党建立了日益公开的联盟（可以预想这会给叙利亚和马龙派的关系带来多么不利的影响）。[19] 长枪党的民兵被送到以色列受训，以色列人向基督徒战士们提供了价值超过 1 亿美元的武器、弹药和制服。

贝京相信，如果巴解组织和叙利亚都被赶出黎巴嫩，以色列就能与黎巴嫩达成全面和平协议。巴希尔·杰马耶勒（Bashir Gemayel）是长枪党创始人皮埃尔·杰马耶勒之子，他将成为黎巴嫩总统。继同埃及缔结和约后，以色列若再与黎巴嫩媾和，将会孤立叙利亚，从而可以自由地吞并在 1967 年 6 月战争中占领的约旦河西岸地区的巴勒斯坦领土。利库德政府一直用圣经名称朱迪亚和撒马利亚指称西岸，出于战略和意识形态的原因，他们决心将西岸并入现代以色列国。然而，以色列政府只想要西岸的土地，而不想吸纳西岸的阿拉伯人。沙龙的解决办法是把巴勒斯坦人赶出西岸，鼓励他们推翻侯赛因国王、接管约旦来实现他们的民族愿望，当时巴勒斯坦人已占约旦人口的60%。这体现了沙龙自己津津乐道的"约旦方案"。[20]

事后看来，这些雄心勃勃的计划只有通过军事手段和对人生命的漠视才能实现。第一步是摧毁巴解组织在黎巴嫩的势力，利库德政府以伦敦未遂的暗杀为由，发动战争。暗杀后第二天，即1982年6月4日，以色列战机和海军舰艇开始对黎巴嫩南部和贝鲁特西部展开猛烈的轰炸。6月6日，以色列地面部队执行"加利利和平行动"，横扫黎巴嫩边境。联合国的数据显示，在接下来的10周里，以色列的入侵造成超过1.7万名黎巴嫩人和巴勒斯坦人死亡，3万人受伤，其中绝大多数是平民。

以色列人将全部军事力量投到黎巴嫩。黎巴嫩城镇和城市遭到空中与海上的轰炸，以色列军队迅速穿过黎巴嫩南部去围攻贝鲁特，巴解组织总部正设在贝鲁特南郊的法哈尼。身处以色列人、巴勒斯坦人和叙利亚人的冲突中，贝鲁特的居民成为无助的受害者。以色列人把巴解组织领导层作为重点目标，希望通过杀害亚西尔·阿拉法特和他的高级别副手来摧毁该运动。为了避免暗杀，阿拉法特被迫每天更换住所。他藏身的建筑物，一旦有消息流出，很快就成为以色列轰炸机的目标。

1974年，阿拉法特在联大演讲时的助手丽娜·塔巴拉同她的家人一起生活在贝鲁特西部的穆斯林区，他们在黎巴嫩内战的第一阶段幸存下来。但她的婚姻没能持续，于是她恢复了娘家姓，做回了丽娜·米格达迪（Lina Mikdadi）。1982年贝鲁特被围攻期间，米格达迪生活在贝鲁特西部，她亲眼看到了阿拉法特几分钟前刚离开的公寓大楼被夷为平地。"我注意到公园背后的地方,那里曾有一栋大楼……我跑过去,发现八层高的大楼消失了,人们近乎疯狂地四散奔逃,女人们嘶喊着她们孩子的名字。"[21]根据米格达迪的说法,摧毁这栋阿拉法特避过难的大楼,造成了250名平民死亡。阿拉法特手下的一位指挥官说,这次袭击让阿拉法特悲痛欲绝。阿拉法特质问:"这些被埋在废墟下的孩子犯了什么罪?他们的全部罪过,不过是因为他们在我曾经去过几次的大楼内。"此后,阿拉法特睡在他的车里,远离住宅区。[22]

围攻持续了10周,满是无法形容的暴力。幸存者称,一天内有数百次袭击。没有避风港,也没有避难所。伤亡人数迅速上升至数万人,国际社会对以色列施加压力,要求其结束对贝鲁特的围攻。1982年8月,暴力达到顶峰。8月12日,以色列人连续进行了11个小时的空袭,向贝鲁特西部投掷了数千吨炸弹。估计有800所房屋被毁,500人伤亡。在华盛顿,罗纳德·里根总统致电以色列总理贝京,说服他停止战斗。米格达迪诘问道:"里根总统,你为什么不早点打电话呢?"[23]

贝京在美国的压力下让步了,里根政府促成了以色列人和巴勒斯坦人之间的一项复杂的停火协议。巴解组织的战斗人员将从海上撤出贝鲁特,以军撤出后的阵地,将部署由美国、法国和意大利军人组成的多国部队。

撤军计划的第一阶段进行得非常顺利。8月21日,法国军队抵达并控制贝鲁特国际机场。第二天,巴解组织的第一批部队开始从贝鲁特港口撤出。人们对即将离开的巴勒斯坦人的安全极为关切。许多黎巴嫩人越来越敌视巴勒斯坦运动,指责巴解组织是内战的始作俑者,是他们挑起了1978年和1982年以色列的入侵。然而,当拥有一半巴勒斯坦血统的丽娜·米格达迪来到集合点,向巴勒斯坦男人们告别时，她发现许多贝鲁特西部的市民也来送行。"妇女们从没有玻璃的窗户里探出头来抛洒大米，站在半毁的阳台上挥手。看着卡车经过，她们中许多人哭了。巴勒斯坦人已经在市体育场向他们的孩子、妻子和父母告别了。"[24]

离去的巴勒斯坦战士将分散到也门、伊拉克、阿尔及利亚、苏丹和突尼斯这些阿拉伯国家，巴解组织在突尼斯建立了新总部。巴解组织被逐出贝鲁特标志着一支完整的、成体系的战斗部队瓦解。8月30日，亚西尔·阿拉法特最后一个离开，他的离去意味着对贝鲁特的围攻实际上已经结束。整个过程进行得如此顺利，以至于原计划驻留30天的多国部队认为任务已经完成，提前10天撤离了。最后一支法国特遣队于9月13日离开黎巴嫩。

撤退的巴勒斯坦战士留下了他们的父母、妻子和孩子。这些留下的巴勒斯坦平民全都手无寸铁。多国部队的主要任务之一是确保这些巴勒斯坦战斗人员家属的安全，由于生活在一个对他们充满敌意的国家，他们极易受到攻击。多国部队撤走后，没有人能够保护巴勒斯坦难民营免遭各路敌对势力的攻击。

在巴解组织撤出黎巴嫩的同时，黎巴嫩议会定于8月23日举行会议，选举新总统。由于内战，自1972年以来没有举行过议会选举。议员死亡导致议员从99人减少到92人，其中只有45人实际在黎巴嫩。只有一位候选人宣布有意竞选总统：以色列盟友、来自马龙派长枪党的巴希尔·杰马耶勒。黎巴嫩引以为豪的民主被削弱至此。然而，对于饱受战争摧残的务实的黎巴嫩人来说，杰马耶勒是一个公认的候选人。他与以色列和西方的关系可能会为黎巴嫩赢得些许迫切需要的和平。当杰马耶勒确认当选时，全国各地的黎巴嫩人都发自内心地欢欣鼓舞。

事实证明，巴希尔·杰马耶勒的总统任期很短暂，黎巴嫩的和平也是如此。9月14日，一枚炸弹摧毁了位于贝鲁特东部的长枪党总部，杰马耶勒遇害。没有任何证据指向巴勒斯坦人；事实上，年轻的马龙派教徒、亲大马士革的叙利亚民族社会党成员哈比卜·沙尔图尼（Habib Shartouni）两天后被捕并认罪，谴责杰马耶勒是与以色列打交道的叛徒。然而，7年的内战，让长枪党民兵对巴勒斯坦人怀有深深的仇恨，他们决定去巴勒斯坦难民营为遭到暗杀的领袖复仇。

如果美、法、意多国部队能够完整履行30天的使命，他们也许能够为手无寸铁的巴勒斯坦难民提供必要的保护。相反，保护巴勒斯坦难民营的是以色列军队，他们在杰马耶勒死讯宣布后立即重新占领贝鲁特。9月16日晚，以色列国防部部长阿里埃勒·沙龙和参谋长拉斐尔·埃坦（Raphael Eitan）授权长枪党民兵进驻巴勒斯坦难民营。随之而来的是对无辜的、手无寸铁的平民的屠杀。

虽然这场在萨布拉和沙蒂拉进行的屠杀是马龙派民兵执行的，但把守该地区所有入口的以色列部队为他们进入难民营大开绿灯。以色列人非常了解他们的马龙派盟友，十分清楚他们将对巴勒斯坦人构成什么样的危险。即使不确定马龙派的真实动机，但当以色列军官监听到长枪党人进入巴勒斯坦难民营后的无线电交流后，一切犹疑都消散了。一名以色列中尉听到了一名长枪党民兵和马龙派指挥官埃利·霍贝卡（Elie Hobeika）的对话。1976年1月，在巴勒斯坦人围攻基督徒要塞达穆尔时，霍贝卡失去了他的未婚妻和许多家人，他对巴勒斯坦人的仇恨众所周知。民兵用阿拉伯语向霍贝卡报告说，他发现了50名妇女和儿童，请示该如何处置。以色列中尉回忆说，霍贝卡在无线电里的回答是："这是你最后一次问我这样的问题，你完全知道该怎么做。"话音刚落，无线电里就传来长枪党民兵们爆发出的刺耳笑声。这位以色列中尉证实,他"明白这些妇女和儿童将被杀害"。[25]因包庇马龙派对萨布拉和沙蒂拉的巴勒斯坦人犯下的谋杀罪行,以色列武装部队,特别是阿里埃勒·沙龙,蒙上了污点。

36小时内,在萨布拉和沙蒂拉的难民营里,长枪党人有计划地杀害了数百名巴勒斯坦人。马龙派民兵穿行于营地里恶臭的小巷,杀害他们发现的每一个男人、女人和孩子。28岁的贾迈勒是阿拉法特法塔赫运动的成员,巴解组织撤离后他一直留在贝鲁特,是屠杀的目击者。"星期四下午5点30分,营地上空开始出现照明弹……也有飞机投下曳光弹。暗夜如白昼。接下来的几个小时可怖极了。我看到人们惊慌失措地跑向小小的沙蒂拉清真寺。他们在那里避难,它不仅是圣所,更是坚固的钢结构建筑。清真寺里有26名妇女和儿童,其中一些人受了重伤。"他们很可能是被霍贝卡在无线电里定下灾难命运的难民。

杀戮进行期间,长枪党人开始用推土机夷平难民营,并不时杀害躲在营地里的人。贾迈勒说:"每一个他们找到的人,都被杀害了,但更需要注意的是他们杀人的方式。"老人被砍倒,年轻人被强奸并杀害,家人被迫目睹他们的挚爱被杀。以色列人估计此次屠杀有800人死亡,但巴勒斯坦红十字会报告说,有2000多人遇害。贾迈勒总结道:"他们一定是疯了,只有疯子才会做那样的事情。"谈论这次事件时,他带着些许超然的中立,把屠杀看作是一个更大计划的一部分。他说:"他们对我们所行之事,其心理动机很清楚。我们像动物一样被困在那个营地里,我们这个样子是他们一直试图向世界展示的,也是他们想让我们自己接受的。"[26]

萨布拉和沙蒂拉难民营的大屠杀招致全世界的广泛谴责,尤其是在以色列。那年夏天,以色列内部反对黎巴嫩战争的声音越来越大。9月25日，占总人口10%的约30万以色列人，聚集在特拉维夫举行大规模示威，抗议以色列在这起暴行中扮演的角色。作为回应，利库德政府被迫成立了一个官方调查委员会——卡汉委员会。1983年，该委员会认定以色列最有权势的官员——总理贝京、外交部部长伊扎克·沙米尔和参谋长埃坦将军对大屠杀负责。委员会还要求国防部部长阿里埃勒·沙龙辞职。

更为直接的反应是，国际社会的强烈抗议促使多国部队返回黎巴嫩，美国也再次介入来解决黎巴嫩危机。9月29日，美国海军陆战队队员、法国伞兵和意大利士兵返回贝鲁特，这对于他们所承诺的保障被驱逐的巴解组织战士家属的安全来说，为时已晚。

上一次，多国部队被派去送走巴勒斯坦战士；这一次，他们被派去充当以色列从贝鲁特撤军后的缓冲。对以色列人而言，他们不愿在与黎巴嫩缔结政治协定之前撤军。但首先，必须选举一位黎巴嫩新总统。在原计划巴希尔·杰马耶勒的就职日——9月23日，黎巴嫩议会重新召开会议，选举他的哥哥艾敏·杰马耶勒（Amin Gemayel）任总统。虽然巴希尔曾与以色列人密切合作，但艾敏同大马士革的关系更好，没有表现出他弟弟那样与特拉维夫密切合作的热情。然而，由于他的国家近一半被以色列占领，新总统杰马耶勒别无选择，只能与贝京政府谈判。1982年12月28日，谈判开始，谈判地点在黎巴嫩以色列占领区的卡勒德和以色列北部城镇谢莫纳城之间转换。接下来的5个月里，在美国官员的协助下，双方进行了35轮紧张的谈判。美国国务卿乔治·舒尔茨（George Schultz）花了10天时间进行穿梭外交，终于促成双方于1983年5月17日达成协议。

在阿拉伯世界，"5·17协议"被谴责为是对正义的嘲弄，在这一协议中，超级大国美国迫使弱小的黎巴嫩对入侵并破坏其国家的盟友以色列予以奖励。尽管该协议并不是以色列人最初希望的全面和平条约，但协议所体现的同以色列占领者的关系正常化依然超过了大多数黎巴嫩人所能接受的程度。协议结束了黎巴嫩和以色列之间的战争状态，要求黎巴嫩政府确保以色列北部边境的安全，确保这个犹太国家免受各路敌人侵扰，这将黎巴嫩政府推向了一个艰难境地。黎巴嫩将在南部部署军队，以建立一个涵盖约占三分之一黎巴嫩领土的"安全区"，从赛达向南延伸至以色列边境。黎巴嫩政府还同意将南黎巴嫩军队纳入黎巴嫩军队。南黎巴嫩军队是以色列资助的基督教民兵组织，因同入侵者勾结而声名狼藉。用一位什叶派官员的话说，这是一项"在以色列刺刀下"达成的"羞辱性协议"。[27]

叙利亚政府对"5·17协议"的条款尤为愤慨，该协议只会孤立叙利亚，改变地区的力量平衡，使之向有利于以色列的方向发展。在谈判过程中，美国故意绕过叙利亚总统哈菲兹·阿萨德，因为美国知道，他会阻碍以色列和黎巴嫩之间的谈判。"5·17协议"没有给叙利亚人任何特权，协议第六条要求叙利亚部队全部撤出黎巴嫩，并将之作为以色列撤军的先决条件。自首次介入黎巴嫩内战起6年内，叙利亚已在黎巴嫩投入太多的政治资本，让黎巴嫩在美国的支持下进入以色列的势力范围是叙利亚不可接受的。

叙利亚迅速动员其在黎巴嫩的盟友拒绝"5·17协议"。反对势力开始炮击贝鲁特的基督教区，战事重启，杰马耶勒政府的软弱显露无遗。反对势力还向多国部队中的美军开火，后者所扮演的中立维和人员的角色因美国的地区政策而受到致命损害。美军还击的主要形式是美国军舰的猛烈炮火，就这样，他们从黎巴嫩冲突的局外调停人转变成深陷其中的参与者。

美国虽然是个超级大国，但在黎巴嫩却处于劣势。美国的当地盟友——被孤立的艾敏·杰马耶勒政府和以色列占领军，较之他们的敌人——苏联支持的叙利亚、伊朗和什叶派伊斯兰抵抗运动，更为脆弱。和以色列人一样，美国人相信他们可以通过使用压倒性的武力在黎巴嫩实现他们的目标。他们很快就会发现，他们在黎巴嫩的军事部署如何使这个超级大国暴露在它众多的区域敌人面前而易受攻击。

以色列的入侵，相较于那些年的其他冲突，有一突出特征，那就是它将伊斯兰主义运动带入了黎巴嫩。在埃及和叙利亚，伊斯兰主义政党因其反政府、反社会的行径受到孤立和谴责。然而，黎巴嫩冲突给伊斯兰主义运动带来了外部敌人。无论是谁，只要能将痛苦和羞辱施于美国与以色列，都将在黎巴嫩和更广泛的阿拉伯世界中获得大规模的支持。这为一个新的什叶派伊斯兰运动——一个自称为真主党的民兵组织的出现创造了完美的条件，这个运动将发展成以色列和美国的祸患。

真主党诞生于伊朗革命卫队于 20 世纪 80 年代初在贝卡谷地中部城市巴勒贝克设立的训练营。数百名黎巴嫩什叶派青年涌向巴勒贝克接受宗教和政治教育以及高级军事训练。他们开始认同伊斯兰革命的意识形态，并开始憎恨伊朗的敌人，视其为自己的敌人。

具有讽刺意味的是，真主党的创立既归功于伊朗，也归功于以色列。1982 年 6 月，黎巴嫩南部的什叶派并不特别敌视以色列。1969 年以来，巴解组织抗击以色列的行动给南部居民带来了难以言说的痛苦。因此，1982 年，黎巴嫩南部的什叶派乐见巴解组织战士被赶走，对入侵的以色列部队，他们一开始也视作解放者。真主党二号领导人纳伊姆·卡西姆（Naim Qassem）回忆说："黎巴嫩南部的居民对巴勒斯坦人怀有敌意，他们对此的回应，就是用欢呼和撒米来欢迎［以色列］入侵者。"[28]

然而，贝鲁特被围困、惨重的伤亡以及以色列占领军在黎巴嫩南部的傲慢行径，激起了什叶派对以色列的反感。伊朗的宣传更是加深了这新生的敌意，滋长了对以色列、美国和两国在黎巴嫩的共同谋划——"5·17协议"的愤怒情绪。

真主党从一开始就以勇于践行信念著称。其成员团结一致，坚定不移地相信伊斯兰教的要旨，并愿意为在人世践行真主的意志做出任何牺牲。他们的榜样是先知穆罕默德之孙伊玛目侯赛因。公元680年，侯赛因在伊拉克南部城市卡尔巴拉与伍麦叶王朝统治者交战，对什叶派穆斯林来说，这依然是为反抗暴政而殉难的终极典范。伊玛目侯赛因的范例在真主党内部形成了一种殉难文化，成为对付敌人的致命武器。真主党大量使用自杀式炸弹袭击方式，这让许多分析人士试图将声称对美军和法军营地自杀式爆炸事件负责的伊斯兰"圣战"组织，与1982—1985年形成的萌芽阶段的真主党运动联系起来。不过，真主党自己一直否认参与了这些袭击。

反以和反美斗争只是实现更大目标的手段。真主党的最终目标是在黎巴嫩建立一个伊斯兰国。然而，该党始终不愿意违背多元的黎巴嫩人民的意愿，强加这样一个政府。真主党的领导人们在1985年2月宣布建党的公开信中宣称："我们不希望伊斯兰教像政治马龙主义现在所做的那样，靠武力统治黎巴嫩。但我们强调，我们相信伊斯兰教是一种信仰、制度、思想和统治模式，我们敦促所有人承认它，诉诸它的法律。"[29]就像埃及和叙利亚的穆兄会一样，真主党希望用真主的法取代人类的法。真主党领导人们深信，一旦伊斯兰的统治制度证明比世俗民族主义优越，绝大多数黎巴嫩人民，甚至是数量庞大的基督徒社群，都会愿意选择更为公正的真主之法。真主党领导层认为，没有什么比战胜以色列和美国更能证明伊斯兰统治的优越性了。年轻的什叶派男子愿意像他们的榜样伊玛目侯赛因那样,牺牲自己的生命来实现这一目标。

1982年11月,真主党的前身伊斯兰抵抗组织在黎巴嫩组织了什叶派第一次自杀式爆炸。一名叫艾哈迈德·卡西尔(Ahmad Qasir)的年轻人发动了第一次"殉难行动",他驾驶一辆满载炸药的汽车撞向黎巴嫩南部城市提尔的以军总部,造成75名以色列人死亡,多人受伤。记者罗伯特·菲斯克前往提尔调查爆炸事件。他对从这栋八层大楼的废墟中拖拽出的以色列伤亡者的人数感到震惊,但他最难以接受的是炸弹袭击的方式:"自杀式炸弹袭击者?这个想法似乎难以想象。"[30]以军总部爆炸后发生的一系列袭击证实,自杀式爆炸是美国和以色列的敌人的武器库中一种危险的新武器:1983年4月美国大使馆爆炸,1983年10月对美国和法国兵营的袭击,以及1983年11月对提尔以军总部的第二次袭击,这次又有60名以色列人遇难。

以色列情报部门很快就认识到伊斯兰抵抗组织的威胁,并立即反击,对什叶派宗教人士展开定点暗杀。但暗杀非但没有压制什叶派的抵抗,反而使暴力升级。一位分析人士指出:"到1984年,[什叶派]袭击的频次如此之高,以至于每三天就有一名以色列士兵在黎巴嫩遇害。"[31]在那一年,什叶派民兵也采取了多种策略,开始绑架西方人,企图把外国人赶出黎巴嫩。到1985年真主党出现时,他们的敌人已经在撤退了。

什叶派起义对以色列的第一次胜利是破坏"5·17协议"。被围困的艾敏·杰马耶勒政府没能执行该协议的任何条款,签署后一年,黎巴嫩部长会议废除了这份同以色列的协议。伊斯兰抵抗组织的下一个胜利是将美国和欧洲军队赶出黎巴嫩。随着美军在黎巴嫩伤亡人数的增加,里根总统面临着越来越大的撤军压力。1984年2月,意大利和美国军队撤离黎巴嫩,最后一批法国士兵也在3月底撤离。

以色列人发现他们在黎巴嫩也越来越站不住脚，1985年1月，总理伊扎克·沙米尔的内阁同意从黎巴嫩南部各中心城市撤到他们称为黎巴嫩南部安全区的地方，这是沿以色列和黎巴嫩边界的狭长地带，纵深5—25千米（3—15英里）。

黎巴嫩南部安全区是1982年以色列入侵黎巴嫩最为持久的遗产。建立安全区的目的是形成一个缓冲区，以保护以色列北部免受攻击。但恰恰相反，安全区为真主党和其他黎巴嫩民兵组织提供了一个射击场，用来继续打击以色列占领者。在接下来的15年里，真主党获得了来自黎巴嫩所有教派的支持。即便未必支持他们建立一个伊斯兰国，也至少支持他们的民族抵抗运动，抗击那让人深恶痛绝的占领。

对以色列来说，1982年入侵的最终结果是换来了一个比巴解组织这个敌人更为坚定的对手。与黎巴嫩的巴勒斯坦战士不同，真主党和黎巴嫩南部的什叶派是在为自己的土地而战。

从冷战的角度来看，黎巴嫩冲突是美国在与苏联对抗过程中的一次重大失败。然而，苏联人也没有资格庆祝。他们1979年对阿富汗的入侵引发了一场持续的叛乱，吸引了越来越多虔诚的穆斯林加入阿富汗"圣战者"的行列，通过战斗来驱逐"不信神的共产主义者"。如果说黎巴嫩是什叶派的"圣战"学校，那么阿富汗则是新一代逊尼派穆斯林武装分子的训练场。

*

1983年，24岁的阿尔及利亚人阿卜杜拉·阿纳斯（Abdullah Anas）从他的家乡本巴迪斯村乘公共汽车前往市集城镇西迪贝勒阿巴斯，那里有一个报摊，可让他了解世界大事。[32]阿纳斯是阿尔及利亚西部伊斯兰运动的创始人之一，他怀着极大的热情，持续关注伊斯兰世界的政治发展。

阿纳斯记得，那天他买了一本科威特杂志，其中有一则宗教学者们联署的法特瓦（伊斯兰学者的法律意见）引起了他的注意。这则法特瓦宣称，支持阿富汗的"圣战"是所有穆斯林的个人责任。阿纳斯去了附近的一家咖啡馆，坐下来细细读了这则法特瓦。那一长串联署名单让他印象深刻，他们都是著名的宗教人士，包括海湾阿拉伯国家和埃及的主要穆夫提们。有一个名字特别突出：谢赫阿卜杜拉·阿扎姆（Shaykh Abdullah 'Azzam），他的作品和布道录音带在伊斯兰主义者的圈子内流传甚广。

1941年，阿卜杜拉·阿扎姆出生于巴勒斯坦杰宁附近农村一个保守的宗教家庭。20世纪50年代中期，尚值青春期的阿扎姆就加入了穆兄会。[33] 完成高中学业后，他赴大马士革大学学习伊斯兰法。1967年6月战争后的一年半内，阿扎姆在约旦河西岸反抗以色列的占领，他称之为"巴勒斯坦圣战"。随后他前往开罗，在爱资哈尔大学获得了硕士和博士学位。在埃及期间，他结识了穆罕默德·库特卜（Muhammad Qutb）和艾米娜·库特卜（Amina Qutb），他们是1966年被纳赛尔政府处决的赛义德·库特卜的弟弟和妹妹。阿扎姆深受库特卜著作的影响。

阿扎姆凭借自己的学术资历，加入了位于安曼的约旦大学的伊斯兰研究系，在那里执教7年，直到他的煽动性出版物和布道让他与约旦当局发生冲突。1980年，他离开约旦前往沙特，在吉达的阿卜杜·阿齐兹国王大学任教。

就在阿扎姆迁去吉达之前，苏联入侵了阿富汗。阿富汗的共产主义政府及其苏联盟友表现出对伊斯兰的敌意，阿富汗人正"在真主的道路上"战斗。阿扎姆全力支持后者的事业，相信在阿富汗的胜利将重振伊斯兰的"圣战"精神。

正如他后来的著作所显示的那样，阿扎姆认为，在阿富汗取得

胜利能发动穆斯林在其他冲突地区采取行动。他是巴勒斯坦人,他认为阿富汗是未来抗击以色列的训练场。他写道:

> 别以为我们忘记了巴勒斯坦,解放巴勒斯坦是我们的宗教信仰中不可分割的一部分,存在于我们的血液里。我们永远不会忘记巴勒斯坦。但我确信,在阿富汗的工作,无论会带来多大的牺牲,都将重振"圣战"精神和对真主的忠诚。边界、制约与牢狱让我们无法在巴勒斯坦发动"圣战",但这并不意味着我们放弃了"圣战",也不意味着我们忘记了祖国。无论我们处于何处,我们都必须竭尽所能,准备"圣战"。[34]

阿扎姆关于"圣战"和牺牲的理念通过他的著作与他激情四溢的布道录音广泛传播。他唤起了世界各地穆斯林男子的"圣战"精神,甚至传到了如阿尔及利亚市集城镇西迪贝勒阿巴斯那样的偏远角落。

越读阿扎姆签署的法特瓦文本并权衡其论点,阿纳斯就越相信,阿富汗人反对苏联占领的斗争是所有穆斯林的责任。法特瓦中强调:"若一处穆斯林领土遇袭,'圣战'乃居于其间与相邻地区者之个人责任。若其人数不众或缄默不为,则该责任由临近地区之人担负,如此延扩,至世界各处。"[35] 鉴于阿富汗局势的严重性,阿纳斯认为,"圣战"的责任已经落到了身处阿尔及利亚农村的他本人身上。这种想法非同寻常,因为正如阿纳斯承认的那样,他当时对阿富汗一无所知,甚至无法在地图上找到它。

阿纳斯很快就会了解到,阿富汗是一个有着丰富的文化多样性和悲惨的现代历史的国家。阿富汗的人口由 7 个主要族群构成,其中最大的是普什图人(约占总人口的 40%)和塔吉克人(30%);逊尼派穆斯林占多数,什叶派大多是少数族裔;官方语言有两种(波斯语和普什图语)。这个国家的多样性是它所处地理位置的反映,西边是伊朗,南边和东边是巴基斯坦,北边是中国和(当时属于苏联的)中亚共和国土库曼斯坦、乌兹别克斯坦和塔吉克斯坦。如此的多样性与地理位置难以给内陆国阿富汗带来多少稳定。1973 年以来,这个国家一直饱受政治动乱和战争的蹂躏。

苏联与阿富汗的战争源自 1973 年的军事政变,其间国王查希尔沙(Zahir Shah)的君主制被推翻,左倾政府掌权。1978 年 4 月,总统穆罕默德·达乌德·汗(Mohammed Daoud Khan)的共和政权又被一场暴力的共产主义政变推翻。共产主义者宣布建立阿富汗民主共和国,这是一个与苏联结盟的一党制国家,决心推行快速的社会和经济改革。阿富汗新政府公然敌视伊斯兰教,宣扬国家无神论,这在大多数具有宗教信仰的阿富汗民众间激起了广泛反对。

在苏联的支持下,共产主义政权对所有反对势力实行集权统治,逮捕并处决了数千名政治犯。然而,执政的共产主义者自己却经历派系分裂,忙于内斗。在一连串的暗杀之后,苏联在 1979 年平安夜干预阿富汗,派出了一支 2.5 万人的入侵部队,以确保首都喀布尔的安全,并立其阿富汗盟友巴布拉克·卡尔迈勒(Babrak Karmal)为总统。

苏联入侵阿富汗激起了国际社会的谴责,但没有一个国家能够直接干预,迫使苏联撤出。阿富汗抵抗运动得依靠自身力量击退红军,伊斯兰主义派别领导了这场战斗。他们得到了来自美国的大量秘密援助。美国严格地从冷战的角度看待这场冲突,将反共的伊斯兰主义战士视为他们打击苏联的天然盟友。美国经由巴基斯坦向阿富汗抵抗运动提供军事物资和先进的便携式防空导弹。在卡特政府执政期间,美国向阿富汗抵抗运动提供了大约 2 亿美元的援助。罗纳德·里根进一步加大了支持力度,仅在 1985 年就提供了 2.5 亿美元的援助。[36]

巴基斯坦政府充当了美国人和阿富汗抵抗运动之间的中间人，并为阿富汗"圣战者"（伊斯兰游击队）提供情报和训练设施。伊斯兰世界给予了大量财政援助，并从1983年开始招募志愿者参加阿富汗"圣战"。

在阿卜杜拉·阿扎姆领头发出招募阿拉伯志愿者赴阿富汗作战的号召时，阿卜杜拉·阿纳斯是最先回应的人之一。1983年，两人在麦加朝圣时偶然相遇。在数百万聚集在一起参加朝圣仪式的人中，阿纳斯认出了阿卜杜拉·阿扎姆独特的面孔，后者有着长长的胡须和宽大的面庞。阿纳斯走上前去介绍自己。

阿纳斯说："我读了你和一群宗教人士发布的有关在阿富汗履行'圣战'责任的法特瓦，我对此深信不疑，但我不知道如何去阿富汗。"

阿扎姆回答道："这很简单。这是我在伊斯兰堡的电话号码，我将在朝觐结束后返回巴基斯坦。你到了那里之后，打电话给我，我会带你去找白沙瓦的阿富汗同事。"[37]

不到两周，阿纳斯就登上了飞往伊斯兰堡的飞机。这位年轻的阿尔及利亚人从未离开过阿拉伯世界，他在巴基斯坦迷路了。他直奔公用电话，阿扎姆接听了，并请他过去吃晚饭，他松了一口气。他后来回忆道："他用一种人性的温暖来迎接我，这种温暖触动了我。"阿扎姆欢迎阿纳斯来到他的家中，并把他介绍给参加晚餐的其他客人。"他的房子里挤满了他在伊斯兰堡国际伊斯兰大学指导的学生。他让我和他待在一起，直到他去白沙瓦，因为如果我一个人去白沙瓦，我没法见到阿富汗的同事。"

阿纳斯在阿扎姆的家做客3天。两人间的深厚友谊和政治伙伴关系就此开始，并在阿纳斯娶了阿扎姆的女儿后达到圆满。在阿扎姆的家中，阿纳斯见到了第一批响应阿扎姆号召参加阿富汗"圣战"的阿拉伯男子。1983年阿纳斯抵达时，参加阿富汗"圣战"的阿拉伯志愿者不过十几人。在他们出发前去白沙瓦之前，阿扎姆把阿纳斯介绍给了另一位阿拉伯志愿者。

阿扎姆介绍道："我给你介绍乌萨马·本·拉登兄弟，他是一个热爱阿富汗'圣战'的沙特青年。"

阿纳斯回忆道："他给我的印象是腼腆，话不多。谢赫阿卜杜拉解释说，乌萨马经常来伊斯兰堡拜访他。"阿纳斯并没有深入了解本·拉登，因为他们在阿富汗的不同地区活动，但他从未忘记他们的初次相见。[38]

在巴基斯坦，阿纳斯和另外两位阿拉伯志愿者一起被送入训练营。他在阿尔及利亚服过兵役，已经能熟练使用卡拉什尼科夫冲锋枪。两个月后，志愿者第一次有机会进入阿富汗。

在他们离开巴基斯坦的营地加入阿富汗"圣战者"行列之前，阿扎姆向他的阿拉伯门徒们解释说，阿富汗的抵抗运动分为7个派别，其中最大的是古勒卜丁·希克马蒂亚尔领导的以普什图人为主的伊斯兰党和塔吉克人布尔汉努丁·拉巴尼领导的伊斯兰促进会。阿扎姆警告阿拉伯志愿者避免在阿富汗的派系斗争中站队，并将自己视为"全体阿富汗人民的客人"。

然而，阿拉伯志愿者在阿富汗不同省份服务，接受特定党派的指挥，不可避免地效忠于他们所服务的人。阿纳斯自愿在北部的马扎里沙里夫省服务，受拉巴尼的伊斯兰促进会的成员指挥。这一小股阿拉伯志愿者加入了300人的武装队伍，同他们的阿富汗指挥官一起在严冬出发，步行穿越苏联控制的地盘。这段危险的旅程持续了40天。

到达马扎里沙里夫后，阿纳斯对他参与阿富汗"圣战"的初次经历感到沮丧。马扎里当地的指挥官刚刚在一次针对苏联人的自杀式行动中丧生,他的3个下属正在争夺对这个战略要镇抵抗力量的控制权。阿纳斯认识到,他对此无能为力。他在提到自己以及与他一同踏上这段征途的另两个阿拉伯人时写道:"我们是年轻人,没有消息,没有培训,也没有钱。我意识到参加'圣战'需要做好比我们已经做好的更高程度[的准备]。"

抵达马扎里后不到一个月,阿纳斯就决定远离这个"爆炸性的局势",尽快返回白沙瓦。他对阿富汗的第一印象是,阿富汗的问题太大,是一小批善意的志愿者所无法解决的。"伊斯兰世界势必将被动员起来承担起自己的责任。阿富汗的问题比5个阿拉伯人、25个阿拉伯人或50个阿拉伯人要大得多。"他认为有必要向阿卜杜拉·阿扎姆汇报阿富汗境内的政治局势,"以便他能够向阿拉伯和伊斯兰世界陈述这一局势,并为解决阿富汗问题寻求更多的援助"。[39]

阿纳斯在阿富汗度过的几个月间,边境城镇白沙瓦发生了重大变化。阿拉伯志愿者数量大增,从阿纳斯初到时的十几人增加到1985年初的七八十人。阿卜杜拉·阿扎姆建立了一个接待机构,来迎接响应他的号召而纷至沓来的阿拉伯人。阿扎姆对阿纳斯解释说:"你不在的时候,我、乌萨马·本·拉登和兄弟们一起建立了服务办公室。我们这么做,是为了组织阿拉伯人参加阿富汗'圣战'。"[40]阿扎姆认为,服务办公室是一个独立的中心,阿拉伯志愿者可以在那里见面并接受训练,而不会被卷入阿富汗人的政治分歧之中。服务办公室有3个目标:提供援助、协助改革和推广伊斯兰教。该办公室开始在阿富汗境内和巴基斯坦不断扩大的阿富汗难民营中开办学校与机构。它向因冲突而成为孤儿和寡妇的人提供援助。与此同时,它积极开展宣传,吸引新成员加入阿富汗"圣战"。

作为宣传工作的一部分，服务办公室出版了一份在阿拉伯世界广为流传的刊物——《圣战》(al-Jihad)。《圣战》的字里行间满是英雄主义和牺牲的故事，旨在激励不同年龄的穆斯林。重要的伊斯兰思想家在该刊物上撰写文章。因在20世纪60年代从事伊斯兰主义活动而被纳赛尔监禁的宰奈卜·安萨里，在访问巴基斯坦期间接受了《圣战》的专访。尽管已经70多岁了，安萨里一点都没有失去对伊斯兰主义事业的热情。她对采访者说："我在监狱中度过的整个时光都比不上阿富汗'圣战'战场上的一刻。我希望我能与阿富汗的女战士生活在一起。我请求真主赋予'圣战者'以胜利，并宽恕我们［即国际伊斯兰社群］在为阿富汗伸张正义时的不足之处。"[41] 安萨里将阿富汗"圣战"理想化为"回归先知门人的时代，愿和平降临在他身上，回归正统哈里发的时代"。

《圣战》加强了对阿富汗反苏斗争的英雄主义叙述，所刊登的关于各类奇迹的报道让人们联想起先知穆罕默德的时代。其中有文章描述一群"圣战者"杀了700名苏联人，而己方只有7人殉难；有文章描述一名年轻人单枪匹马击落了5架苏联飞机；甚至还有文章描述来自天堂的鸟群搭起鸟幕，为"圣战者"抵御敌人的攻击。这本刊物试图向读者证明，神的干预确实存在——真主用绝境下的胜利来回报信仰。

然而，阿卜杜拉·阿纳斯是一个实用主义者，也亲身经历了阿富汗战争。在他自己对这场战争的枯燥无味的叙述中，没有什么奇迹。1985年，他返回马扎里沙里夫，在那里，他在北部潘杰希尔谷地伊斯兰促进会武装的指挥官艾哈迈德·沙·马苏德手下效力。马苏德是一位天生的领袖，是一位极具魅力的游击队指挥官，就像切·格瓦拉那样。他经常带着他的部队撤退到令人望而生畏的兴都库什一带，在深山的洞穴里建立基地。在其中躲避数周的惩罚性轰炸后，又从瓦砾中冒出来，重创苏军。但他的手下也遭受了苦难。有一次，马苏德带着一支队伍从一个狭窄的山谷撤退，突然遭到苏军的火箭弹袭击。阿纳斯回忆道："不到5分钟，我们就殉难了10多人，当时的场面难以想象。"[42]阿纳斯还描述了另一场战斗，其间马苏德率领300名士兵（包括15名阿拉伯志愿者）战胜了苏联人。双方交战整整一天一夜，马苏德手下有18人丧生（包括4个阿拉伯人），另有多人受伤。[43]

阿富汗"圣战者"和阿拉伯支持者进行了一场孤注一掷的反抗超级大国的战斗，最终取得了胜利。10年的占领使苏联在人员和物资上都付出了高昂的代价。至少有1.5万名苏联红军士兵在阿富汗阵亡，5万人在战斗中受伤。阿富汗抵抗运动用美国提供的防空导弹击落了100多架飞机和300多架直升机。到1988年底，苏联人认识到，他们无法凭借一支10万人的入侵部队把他们的意志强加于阿富汗。克里姆林宫决定止损、撤军。1989年2月15日，最后一支苏联部队撤出阿富汗。然而，穆斯林武装对核超级大国的这一伟大胜利，最终却令那些在阿富汗作战的志愿者感到失望。

阿富汗抵抗运动战胜了苏联，但并没有实现最终的伊斯兰主义目标，即建立一个伊斯兰国。敌人苏联刚撤出阿富汗的疆界，阿富汗各派就在权斗中相互对抗，并很快演变为内战。尽管阿卜杜拉·阿扎姆尽了最大努力，但许多阿拉伯志愿者还是循着阿富汗的派系分野站队，支持他们各自熟悉的派别。其他人则选择离开阿富汗。对立军阀之间激烈的地盘争夺并不构成"圣战"，选择离去的人也不想与穆斯林同胞作战。

阿拉伯志愿者在阿富汗反抗苏联的战争中并没有产生太大的影响。事后，阿卜杜拉·阿纳斯称，阿拉伯人对阿富汗战争的贡献不过是"沧海一粟"。这群被称为"阿富汗阿拉伯人"的志愿者可能从未超过 2000 人，其中，阿纳斯称，"只有很小一部分人进入了阿富汗并同'圣战者'并肩作战"。其余的留在了白沙瓦，以"医生、司机、厨师、会计和工程师"的身份进行志愿服务。[44]

然而，阿富汗"圣战"对阿拉伯世界产生了持久的影响。许多响应"圣战"号召的人回到了自己的祖国，一心要实现他们在阿富汗未能实现的理想的伊斯兰秩序。阿纳斯估计约有 300 名阿尔及利亚志愿者在阿富汗效力，其中许多人将返回家园，在一个新的伊斯兰政党"伊斯兰拯救阵线"（以法语缩写 FIS 而为人所知）中发挥积极作用。其他人则聚集在乌萨马·本·拉登周围，后者建立了一个组织，同阿卜杜拉·阿扎姆服务办公室竞争。本·拉登称他的新组织为"基地"，其阿拉伯语名称"al-Qaida"更为人所知。一些在潘杰希尔山谷与阿纳斯一起效力的阿拉伯人选择留在巴基斯坦，成为基地组织的创始成员。

那个激励"阿拉伯阿富汗人"的人，自己在巴基斯坦安息了。1989 年 11 月 24 日，阿卜杜拉·阿扎姆和他的两个儿子在走近白沙瓦的一座清真寺进行主麻日祈祷时被汽车炸弹炸死。关于谁有可能下令杀害阿卜杜拉·阿扎姆，有许多说法，但没有定论。可能是阿富汗的敌对派系，也可能是乌萨马·本·拉登的圈子，甚至还有可能是以色列人，他们认为阿扎姆是一个叫作"哈马斯"的新巴勒斯坦伊斯兰主义运动的精神领袖。

*

到 1987 年 12 月，加沙人民已在以色列占领下度过了 20 年。加沙地带是一条狭长的沿海地带，长 25 英里，宽 6 英里，当时居住着大约 62.5 万名巴勒斯坦人。加沙的居民中四分之三是来自 1948 年被新生的以色列国征服的巴勒斯坦地区的难民，他们在 1948—1967 年期间遭受了极大的孤立。加沙人被埃及政府限制在这块孤零零的地块内，同敌对的以色列接壤，又切断了他们与所失去家园的联系。

以色列1967年的占领让加沙人重新有机会进入巴勒斯坦（历史意义上的地理名称）的其他地区，并与留在这片土地（隶属于以色列的城镇以及约旦河西岸被占领土）上的其他巴勒斯坦人接触。1967年之后，加沙也出现了某种程度的经济繁荣。在占领下，加沙人能够在以色列找到工作，并相对容易地跨越边界来来去去。以色列人在加沙购物，以享受免税价。从许多方面来看，在以色列的统治下，加沙居民的生活得到了改善。

然而，在占领下，没有人感到幸福，巴勒斯坦人渴望在自己的土地上取得独立。当埃及1979年与以色列缔结和平条约时，由其他阿拉伯国家来解救巴勒斯坦人的希望破灭了。1982年以色列入侵黎巴嫩，将巴勒斯坦武装驱散到阿拉伯世界各地，由巴解组织来解放巴勒斯坦人的希望也破灭了。

于是，从20世纪70年代末到80年代初，加沙和约旦河西岸越来越多的巴勒斯坦人开始自己起来对抗占领。以色列政府记录了"非法行为"的升级：仅在约旦河西岸，"骚乱"从1977年的656次上升到1981年的1556次和1984年的2663次。[45]

被占领土内的抵抗引起了以色列的严厉报复：大规模逮捕、恐吓、酷刑和羞辱。巴勒斯坦人是一个有自尊的民族，羞辱是他们最难以忍受的。用伊斯兰主义知识分子阿扎姆·塔米米的话说，占领者视巴勒斯坦人为"不值得被尊重的次等人"，[46]这加剧了尊严和自尊的沦丧感。

更糟糕的是，巴勒斯坦人配合以色列的占领，这让他们觉得自己是被征服者的同谋。加沙和约旦河西岸的巴勒斯坦人在以色列工作，并吸引以色列顾客到他们的商店购物，这些事实暗示他们也参与了占领。鉴于以色列人正在巴勒斯坦被占领土上没收土地和建造定居点，巴勒斯坦人与以色列人的合作更像是通敌。正如巴勒斯坦学者和活动家萨利·努赛贝赫（Sari Nusseibeh）解释的那样："用以色列的颜料来涂画我们反对占领的涂鸦，这样的矛盾令人难以忍受，以致（起义）爆发不可避免。"[47]

1987年12月，这种爆发终于发生了，导火索是加沙北部埃雷兹检查站附近的一起交通事故。12月8日，一辆以色列军用卡车撞上了运送巴勒斯坦工人从以色列回家的两辆面包车，造成4人死亡，7人受伤。谣言传遍整个巴勒斯坦社区，称巴勒斯坦工人的死是蓄意谋害，这加剧了被占领土上的紧张局势。葬礼于第二天举行，随后，大规模示威爆发，以色列部队用实弹驱散示威者，打死多人。

12月9日的杀戮引发的骚乱像野火一样蔓延到整个加沙和约旦河西岸，迅速转变为一场反对以色列20年占领的民众起义。巴勒斯坦人称这场运动为"大起义"（Intifada），这是一个阿拉伯语单词，意思是"起义"和"拭去灰尘"，就好像巴勒斯坦人正通过直接对抗占领来清除几十年累积的羞辱。

大起义开始时是一系列同以色列当局的对抗，缺乏组织，不成章法。示威者摈弃使用武器，并宣布他们的运动是非暴力的，但他们投掷石块。以色列当局用橡皮子弹和催泪瓦斯回应。到1987年12月底，以色列部队已经打死了22名示威者。以色列的镇压非但没有平息暴力，反而更为频繁地引发新的抗议和对抗。

大起义由加沙地带和约旦河西岸的一系列自发示威发展而来，在最初几周没有核心领导。根据萨利·努赛贝赫的回忆，这是一场草根运动，其中"每个示威者都做到了自以为的最佳，让那些更为出名的领导者在后面紧紧追赶"。[48]

两个地下组织形成，引领大起义的发展方向。在约旦河西岸，巴解组织各派的地方分支机构，包括亚西尔·阿拉法特的法塔赫运动、解放巴勒斯坦人民阵线和解放巴勒斯坦民主阵线，同共产主义者联合组建了一个地下领导层，自称为"民族联合指挥部"（United National Command，UNC）。在加沙，与穆兄会有关联的伊斯兰主义者创建了伊斯兰抵抗运动，其阿拉伯语首字母缩写"哈马斯"更为人所知。以色列的强力镇压使这些地下领导人无法在公开场合见面或行使其权力。相反，他们各自定期印发宣传品，哈马斯有自己的系列传单，民族联合指挥部也有单独的系列公报，印发这些宣传品是为了阐明各自的目标并指导公众行动。民族联合指挥部和哈马斯的宣传品包括行动呼吁与新闻简报，反映了巴解组织这样的世俗民族主义力量与正在兴起的伊斯兰主义运动之间为控制被占领土内的巴勒斯坦民族运动而进行的日益激烈的斗争。

穆兄会是加沙地带组织最好的政治运动，也是第一个对民众起义做出反应的组织。其领导人谢赫艾哈迈德·亚辛（Shaykh Ahmad Yassin）是一位50多岁的截瘫活动家。与许多当地的居民一样，亚辛在1948年以难民身份来到加沙。他十几岁时在一次工伤事故中瘫痪，但他继续接受教育，成为一名学校教师和宗教领袖。他于20世纪60年代加入穆兄会，成为赛义德·库特卜的狂热崇拜者。库特卜的著作经他转载与散发，在加沙地带广为传阅，流传之广，无以复加。20世纪70年代中期，他建立了一个名为伊斯兰中心的慈善组织，通过该组织，他资助加沙各地兴建清真寺、学校和诊所，搭建起传播伊斯兰价值观的网络。

1987年12月9日，起义爆发当晚，亚辛召集了兄弟会领导人开会协调行动。他们决定将加沙的穆兄会改造为抵抗运动。12月14日，哈马斯诞生，并发布了他们的第一份传单。

哈马斯的新颖之处在于用严格的伊斯兰主义理念表达了巴勒斯

坦人的愿望。从第一份传单起,哈马斯就表明了一个决不妥协的立场,将对抗犹太国家与拒绝世俗阿拉伯民族主义结合在一起。哈马斯坚称:"只有伊斯兰教才能打倒犹太人,摧毁他们的梦想。"依循阿卜杜拉·阿扎姆关于阿富汗和巴勒斯坦的抵抗运动皆为"圣战"的观点,巴勒斯坦的伊斯兰主义者宣布,他们抵抗伊斯兰土地上的外国占领者,而不是像赛义德·库特卜所主张的那样,反抗专断的阿拉伯领导人。哈马斯在其1988年的章程中强调:"一旦有敌人占领某处穆斯林土地,'圣战'就成为每个穆斯林的责任。在反抗犹太人占领巴勒斯坦的斗争中,必须竖起'圣战'的旗帜。"[49]

再看民族联合指挥部,他们尽管是自20世纪60年代以来一直主导巴勒斯坦政治的世俗民族主义者,但也有一些新的东西。约旦河西岸本地的活动分子在未与阿拉法特和流亡的巴勒斯坦领导人协商的情况下,第一次提出了自己的观点。在约旦河西岸,民族联合指挥部在哈马斯的第一份传单发布后不久就发表了自己的第一份公报。萨利·努赛贝赫回忆说,这份公报是由"两名当地的巴解组织积极分子"撰写的,他们在以色列当局大规模的镇压中被捕,"在公报投放街头时已经入狱了"。该公报呼吁举行为期3天的大罢工——完全停止被占领土的经济活动,并警告不要试图破坏罢工或与以色列人合作。

民族联合指挥部继续每隔几个星期发布通讯(仅在大起义的第一年就发布了31期),并开始在其中提出一系列要求:停止征敛土地和在被占领土上建以色列人的定居点,释放以色列监狱中的巴勒斯坦人,以及以色列军队撤出巴勒斯坦城镇和村庄。这些传单鼓励人们悬挂巴勒斯坦国旗,这是以色列人长期以来一直禁止的,并高呼"结束占领!""自由的阿拉伯巴勒斯坦万岁!"民族联合指挥部的最终目标是建立一个以东耶路撒冷为首都的独立的巴勒斯坦国。[50]大起义很快就变成了一场独立运动。

大起义的爆发完全出乎身处突尼斯的巴解组织领导层的意料。巴解组织被所有巴勒斯坦人承认为他们的"唯一合法代表",长期以来一直垄断着巴勒斯坦民族运动。现在,主动权已从突尼斯的"外部"领导层转移到在巴勒斯坦被占领土活动的"内部"的巴解组织活动分子。这一"局内人"和"局外人"的区别让巴解组织领导层处于明显的劣势。一夜之间,阿拉法特和他的副手们看起来像是多余的,因为加沙和约旦河西岸的居民自己开始为建立独立的巴勒斯坦国而努力。

1988年1月,阿拉法特采取行动,以将大起义置于巴解组织的管辖之下。他派遣了法塔赫最高级别的指挥官之一哈利勒·瓦齐尔(Khalil al-Wazir)——他以别名艾布·吉哈德(Abu Jihad)而更为人所知——去协调突尼斯和约旦河西岸之间的行动。1988年1月18日,民族联合指挥部发布的第三份传单是首次由突尼斯的法塔赫领导人批准的。在几个小时内,在加沙和约旦河西岸共分发了10万多份。被占领土的居民欣然回应来自阿拉法特的政治机器的权威声音。萨利·努赛贝赫观察到:"这就像看着音乐家从指挥那里得到指示一样。"[51]此后,大起义将由阿拉法特和他的官员来运作。

以色列政府决心阻止巴解组织利用大起义以牺牲以色列的利益为代价来谋取政治利益。1988年4月16日,以色列刺客在艾布·吉哈德位于突尼斯的家中枪杀了他,这位巴解组织官员的任务被截停了。但是,既然民族联合指挥部和巴解组织之间建立了联系,突尼斯就能够继续控制参加大起义的世俗主义力量。

民族联合指挥部和哈马斯散发的传单中呼吁举行的罢工与示威继续有增无减。以色列当局曾预计这一运动将失去动力。可恰恰相反,它似乎越来越强大,对以色列对被占领土的控制构成了真正的挑战。大起义进入第三个月时，以色列当局采取了法外手段加以镇压。对于如何对待占领下的平民，早在《日内瓦公约》确立相关国际法标准之前，英国委任统治官员曾起草过《紧急条例》。参照这一条例，以色列军队采用了大规模逮捕、未经指控的拘留和拆毁房屋等集体惩罚措施。

全副武装的士兵用实弹向投掷石块的示威者开火，这个场面令国际舆论哗然，迫使时任以色列国防部部长的伊扎克·拉宾下令用"威慑、暴力和殴打"取代致命的火力。1988 年 2 月，美国哥伦比亚广播公司电视网播放了以色列士兵在纳布卢斯附近殴打巴勒斯坦青年的可怕画面，揭露出这一看似温和的政策的残暴之处。在一段尤为让人动容的片段中，一名士兵被拍到拽着一名囚犯的手臂，用一块大石头持续敲击以砸断他的骨头。[52]以色列总检察长力劝拉宾去警告他的士兵不要做这些违法行为，但以色列军队继续暴力殴打巴勒斯坦示威者。大起义的第一年，有 30 多名巴勒斯坦人被殴打致死。[53]

面对以色列的暴力，巴勒斯坦人对非暴力抵抗策略的坚持引人注目。巴勒斯坦人宣称的非暴力受到以色列当局的质疑，后者指出，抗议者投掷石块、铁棒和燃烧瓶，这些投掷物会造成严重伤亡。然而，巴勒斯坦人在与以色列人的对抗中从未使用枪炮，这在很大程度上扭转了几十年来西方舆论把巴勒斯坦人描绘成恐怖分子、把以色列描绘成被围困的大卫的形象。以色列发现自己的处境不同往日；如今，它需要去消除自己在国际媒体上那独特的歌利亚形象。

非暴力使这次大起义成为全民参与度最高的巴勒斯坦运动。示威和非暴力抗争并不优先选择受过军事训练的年轻人，而是动员被占领土的全体男女老少共同进行解放斗争。民族联合指挥部和哈马斯的地下传单介绍了大量抗争策略——罢工、抵制以色列商品、用家庭教育来对抗学校关闭、通过后院种植来加强粮食自给，这些举措增强了被占领下的巴勒斯坦人的力量,并逐渐生成了深深的共同使命感,使大起义得以继续进行,尽管以色列进行了强力镇压。

随着大起义从1988年春季持续到夏季,世俗的民族联合指挥部同哈马斯之间出现了紧张关系。这两个组织都声称代表巴勒斯坦抵抗运动。哈马斯在其传单中称自己为"你们的运动、伊斯兰抵抗运动哈马斯",而民族联合指挥部则称自己是巴勒斯坦民众的领导人,"巴勒斯坦人民听从巴解组织和民族联合指挥部的号召"。[54]世俗派和伊斯兰主义竞争对手相互参阅对方的传单,争夺对街头民众运动的控制权。8月18日,哈马斯在传单中呼吁发动全国性罢工。组织罢工是巴解组织宣称在被占领土上拥有的特权,因此,民族联合指挥部首次直接批评这个伊斯兰主义组织,声称"对民族阵线团结的每一次打击都相当于为敌人服务,损害起义"。

这种权势争夺掩盖了哈马斯与巴解组织之间的根本分歧:哈马斯寻求推翻犹太国家,而巴解组织和民族联合指挥部则希望在以色列旁边建立一个巴勒斯坦国。哈马斯认为整个巴勒斯坦都是不可剥夺的穆斯林土地,需要通过"圣战"从非穆斯林统治中解放出来。它与以色列的对抗将是长期的,因为它的最终目标是在整个巴勒斯坦建立一个伊斯兰国。相比之下,1974年后,巴解组织倾向于两国方案。亚西尔·阿拉法特想经由大起义为加沙地带和约旦河西岸的巴勒斯坦人实现独立建国,首都为东耶路撒冷——即便这意味着承认以色列,并将1948年失去的78%的巴勒斯坦领土拱手让给这个犹太国家。两个抵抗运动的立场无法调和,因此巴解组织继续走两国方案的道路,不再考虑伊斯兰抵抗运动的意见。

巴勒斯坦的抵抗和以色列的镇压使大起义完完全全占据了世界各国报刊的头版,尤其是在阿拉伯世界。1988年6月,阿盟在阿尔及尔召开了一次紧急首脑会议，以应对大起义。巴解组织借此机会提出一份立场文件，呼吁巴勒斯坦人和以色列人相互承认双方和平、安全生活的权利。哈马斯断然拒绝巴解组织的立场，并重申其关于穆斯林对整个巴勒斯坦拥有权利的主张。哈马斯领导人在 8 月 18 日的传单中表达了他们的观点，伊斯兰抵抗运动在传单中坚称："穆斯林世世代代都对巴勒斯坦拥有完全的——而不是部分的——权利，过去、现在和将来都是如此。"

巴解组织没有被伊斯兰主义反对者镇住，而是继续利用大起义使其呼吁的巴以冲突两国解决方案合法化。1988 年 9 月，巴解组织宣布计划召开一次流亡中的巴勒斯坦议会——巴勒斯坦全国委员会会议，以巩固大起义的成果，确保巴勒斯坦人民"回归、自决和在巴解组织领导下在我国国土上建立一个独立国家的民族权利"。[55]哈马斯再次拒绝并谴责巴解组织的立场。哈马斯在 10 月 5 日的传单上写着："我们反对放弃哪怕是一寸我们的土地，因为这块土地浸入了圣门弟子和他们追随者的鲜血。"哈马斯坚称："我们将继续起义，在（真主的帮助下）将我们的整个土地从犹太人的玷污中解放出来。"巴解组织和伊斯兰抵抗运动之间的对立之处再清楚不过了。

阿拉法特定于 1988 年 11 月举行的巴勒斯坦全国委员会会议的议程，就是巴勒斯坦宣告在被占领土上建国。对加沙和约旦河西岸的许多人来说，11 个月的大起义和以色列的暴力报复使他们筋疲力尽，建国带来了独立和结束占领的希望，这似乎是对他们所做出牺牲的充分回报，他们因此热切期盼 11 月的全国委员会会议。

尽管萨利·努赛贝赫对巴解组织的政策有所保留，但他认为即将宣布的独立是"一个重要的里程碑，我和其他人一样，期待着帷幕揭开"。努赛贝赫提前获得了阿拉法特的讲话文本，他希望巴勒斯坦独立的宣布成为让世人铭记的时刻，他希望向"尊贵禁地"——

耶路撒冷老城圣殿山上的清真寺建筑群里的"成千上万人"朗读这一文本。"我想要那个正在经受占领的民族,那个正在进行大起义的民族,聚集在宇宙的中心,庆祝独立。"

但事情的发展并非如此。1988年11月15日,阿拉法特向巴勒斯坦全国委员会发表讲话当天,以色列对被占领土和东耶路撒冷实行严厉宵禁,禁止汽车和平民上街。努赛贝赫选择无视宵禁,设法穿过偏僻的街道,来到阿克萨清真寺。在那里,一小群政治活动分子正和宗教人士们一起,踱来踱去。"我们一同走进了阿克萨清真寺。当圣墓[教堂]的钟声响起,宣礼塔发出宣告时,指定的时刻到来了,我们一起庄严地宣读了我们的独立宣言。"[56]

阿拉法特在阿尔及尔举行的巴勒斯坦全国委员会第十九届会议上宣读了这一宣言,这代表了巴解组织对既往政策的大幅调整。该宣言支持1947年联合国关于在巴勒斯坦建立阿拉伯和犹太国家的分治计划,并批准了1967年和1973年战争后联合国安理会通过的第242号和第338号决议,其中确立了归还被占土地以换取和平的原则。该宣言意味着巴解组织承诺与以色列和平共处。

自1974年巴解组织驻伦敦外交官萨义德·哈马米首次尝试提出两国方案以来,巴解组织已经走过了很长一段路。巴解组织不再是一个游击队组织——阿拉法特现已断然放弃了"一切形式的'恐怖主义',包括个人、团体和国家'恐怖主义'"。面向国际社会,巴解组织将自己塑造为一个等待建国的临时政府。

国际社会很快给予承认。84个国家对新成立的巴勒斯坦国给予完全承认,其中包括大多数阿拉伯国家,一些欧洲、非洲和亚洲国家,以及中国和苏联等巴勒斯坦解放运动的传统支持者。大多数西欧国家给予巴勒斯坦外交地位,就差完全承认独立,但美国和加拿大却完全不予承认。1989年1月中旬,巴解组织取得了另一次象征性的胜利,获得了在联合国安理会上与成员国平等发言的权利。[57]

巴勒斯坦全国委员会的宣言没有得到以色列政府的批准。11月15日,以色列总理伊扎克·沙米尔发表书面声明,谴责这一宣言是"欺骗性的宣传活动,旨在制造一种印象:那些在朱迪亚和撒马利亚领土上实施暴力行为的人是温和的,且取得了成就"。以色列内阁将宣言斥为"旨在误导世界舆论的虚假信息"。[58]

哈马斯也对这一宣言不以为然。伊斯兰抵抗运动发表了一份公报,其中强调"巴勒斯坦人民有权在巴勒斯坦所有领土上建立一个独立国家",而不仅仅在被占领土上建国:"不要听从任何试图赋予犹太复国主义实体统治巴勒斯坦土地合法性的联合国决议……因为巴勒斯坦的土地是伊斯兰民族的财产,不是联合国的财产。"[59]

无论巴勒斯坦全国委员会的独立宣言带来了多少振奋,都并没有给加沙和约旦河西岸的居民带来任何实际利益。1988年11月15日之后,以色列并没有表现出比巴勒斯坦全国委员会的宣言宣读之前更多的放弃被占领土的意愿。在经历了一年的兴奋和期待之后,一切似乎都没有改变。然而,巴勒斯坦人却为这么小的成果付出了巨大的代价。到1988年12月大起义周年时,据估计有626名巴勒斯坦人被杀,3.7万名巴勒斯坦人受伤,超过3.5万名巴勒斯坦人在这一年中被捕,其中许多人在起义第二年开始时仍在牢狱之中。[60]

到1989年,大起义初期的理想主义已让位于愤世嫉俗,目标的统一已让位于宗派主义。哈马斯支持者同法塔赫成员爆发公开冲突。巴勒斯坦社会中的治安队员开始恐吓、殴打,甚至谋杀涉嫌与以色列当局勾结的巴勒斯坦同胞。公报还在发布,示威还在进行,石块还在投掷,伤亡还在增加,大起义还在继续,结局仍不明朗。这是持续了几十年的阿以冲突的最新阶段,国际社会似乎对此没有任何解决办法。

*

20世纪80年代，一些伊斯兰运动发起武装斗争来推翻世俗统治者或击退外国侵略者。伊斯兰主义者希望建立一个按照伊斯兰法统治的伊斯兰国，他们坚信这是真主的法律。他们的灵感来自1979年伊朗革命的成功和伊朗伊斯兰共和国的建立。在埃及，一个分裂运动成功地刺杀了总统安瓦尔·萨达特。在叙利亚，穆兄会对哈菲兹·阿萨德领导的复兴党政府发动了内战。深受伊朗伊斯兰共和国影响的黎巴嫩什叶派武装运动真主党，视美国和以色列为同一枚硬币的两面，并试图大败两者于黎巴嫩。阿富汗的"圣战"同时针对内部和外部的敌人，打击对象是苏联占领军和公开敌视伊斯兰教的阿富汗共产主义政府。加沙和约旦河西岸的伊斯兰主义者呼吁对犹太国家展开长期的"圣战"，以在伊斯兰政府的领导下使巴勒斯坦回归伊斯兰世界。真主党在迫使美国全部撤军和以色列重新部署，以及阿富汗"圣战者"在1989年迫使苏联人撤离他们的国家上取得的军事成功，并没有带来他们的理论家所希望的理想的伊斯兰国。黎巴嫩和阿富汗在外敌被迫撤退很久之后仍然深陷内战。

阿拉伯世界各地的伊斯兰主义者对建立伊斯兰国的最终目标采取了长期战略。埃及伊斯兰主义者宰奈卜·安萨里提出13年的准备周期，该周期将不断反复直到绝大多数埃及人支持伊斯兰政府。哈马斯发誓要为解放整个巴勒斯坦而斗争，"不管花多长时间"。伊斯兰国的最终胜利是一项旷日持久的工程，需要耐心。

即便伊斯兰主义者在"为真主之道而战"的斗争中输掉了一些战斗，但他们仍然相信他们最终会获胜。与此同时，伊斯兰主义团体在重塑阿拉伯社会方面取得了一些成功。伊斯兰主义组织在整个阿拉伯世界兴起，在20世纪八九十年代吸引了越来越多的追随者。

伊斯兰主义价值观在阿拉伯社会蔓延开来，越来越多的年轻男子开始蓄须，越来越多的妇女开始戴头巾、穿着端庄的遮体时装。伊斯兰出版物占据了书店的主要位置。世俗文化被迫退却，伊斯兰复兴方兴未艾，愈发强势，一直持续至今。

伊斯兰主义者从1989年末世界政治的重大变化中获得了勇气。冷战的种种必然如柏林墙一样迅速崩塌。11月9日，柏林墙倒塌，标志着美苏对抗的结束，并迎来了一个新的世界秩序。许多伊斯兰主义者认为苏联政权的崩溃预示着一个新的伊斯兰时代的到来。但现实情况是，他们发现自己面对的是一个单极世界，主导这个世界的是最后一个幸存的超级大国——美利坚合众国。

第十四章　冷战之后

在经历了近半个世纪的超级大国对抗之后，冷战于1989年突然结束。20世纪80年代中期，苏联总统米哈伊尔·戈尔巴乔夫的开放政策和改革重建政策，使苏联的政治文化发生了永久性的变化。1989年11月柏林墙正式被推倒时，分隔东欧和西欧的铁幕已经支离破碎。从1989年6月波兰共产党在大选中落败开始，苏联集团的政府一个接一个地垮台：从匈牙利到捷克斯洛伐克，再到保加利亚。民主德国领导人埃里希·昂纳克在那年秋天递交了辞呈，而铁腕统治罗马尼亚长达22年的尼古拉·齐奥塞斯库在1989年圣诞节被革命者草草处决。

国际体系发生了变化，两个超级大国的权力制衡政治让位于美国主导的单极时代。戈尔巴乔夫和美国总统乔治·赫伯特·沃克·布什捕捉到了美苏敌对结束所带来的希望，承诺建立一个"新的世界秩序"。对于作为冷战中心之一的阿拉伯世界来说，美国主导的新时代具有极大的不确定性。阿拉伯领导人再次被迫接受国际舞台上的新规则。

以推翻长期把持统治权的政府为目标的民众运动，像一个幽灵，让保守的阿拉伯君主制国家感到不安，但这些国家并不哀悼这些共产主义政权的崩溃。摩洛哥、约旦、沙特阿拉伯和其他海湾国家都信任西方，对他们来说，西方从冷战中获胜是一大幸事。

而像叙利亚、伊拉克、利比亚和阿尔及利亚这样的左倾阿拉伯共和国，与东欧的共产主义政权有更多的共同点：一党制国家、长期执政的统治者、庞大的军队和中央计划经济。齐奥塞斯库尸体的视频图像在世界各地传播，让一些阿拉伯政府极为不安。有什么能防止类似罗马尼亚的事件在巴格达或大马士革发生呢？

显然，再也不能指望苏联为其阿拉伯盟友挺身而出了。在过去的40年里，阿拉伯各共和国向苏联寻求军事装备、发展援助和外交支持，以抗衡西方的强力控制，那样的日子结束了。1989年秋季，叙利亚总统哈菲兹·阿萨德敦促戈尔巴乔夫提供更先进的武器，以帮助叙利亚实现与以色列间的战略对等。这位苏联总统回绝了他，他说："任何这样的战略支撑点都不能解决你们的问题——不管怎么说，我们不再参与这场游戏了。"阿萨德回到大马士革，气馁万分。

巴解组织的派系也忧心忡忡。1989年10月，解放巴勒斯坦人民阵线领导人乔治·哈巴什在访问莫斯科时批评了戈尔巴乔夫的政策，他警告说："如果你继续这样下去，你会伤害我们所有人的。"资深分析家穆罕默德·海卡尔目睹了阿拉伯领导人的困惑："每个人都感觉到，国际关系正从一个阶段向另一个阶段转变，但他们仍然坚持遵循熟悉的旧规则，各方都未能正确预测新的情况。"[1]

冷战时期既有的阿拉伯冲突在美国统治的新单极时代中凸显出来。两伊战争进行了8年（1980—1988），伊拉克经济受到削弱，但仍然拥有足够的军事资源来竞争地区主导权。1990年伊拉克入侵科威特是冷战后世界上的第一次危机。一个阿拉伯国家对另一个阿拉伯国家的入侵使整个阿拉伯世界两极分化，一些国家反对外国干预，而另一些国家则加入了以美国为首的联盟，把科威特从伊拉克的统治中解放出来。科威特危机也割裂了民众与政府，伊拉克总统萨达姆·侯赛因反抗美国，令人难以置信地做出将巴勒斯坦从以色列统治中解放出来的承诺，他因而成为在阿拉伯世界广受欢迎的英雄。

要恢复阿拉伯地区的秩序，仅仅迫使伊拉克撤出科威特是不够的。萨达姆·侯赛因将伊拉克占领科威特，与叙利亚驻军黎巴嫩、以色列长期占领巴勒斯坦领土联系在一起。在解放科威特战争之后，阿拉伯世界不得不应对已进入第15个年头的黎巴嫩内战。美国在马德里召开了自1973年日内瓦和平会议以来的第一次阿以会谈，以解决双方的分歧。对于当时的观察家来说，伊拉克入侵和随后被逐出科威特，究竟预示着以化解冲突为特征的新时代，还是漫长的地区争端史上的新升级，尚不清楚。

*

最早认识到冷战后的世界现实的阿拉伯领导人之一是伊拉克总统萨达姆·侯赛因。早在1990年3月，侯赛因就警告其他阿拉伯领导人："在今后5年里，真正的超级大国只有一个"，那就是美国。[2]

从先前冷战时期的大国角力过渡到美国主导这一新现实，伊拉克较之其他阿拉伯共和国，条件更为优越。尽管如1972年伊拉克和苏联的《友好合作条约》所确认的那样，伊苏关系特别密切，但8年的两伊战争（1980—1988）也缓和了美伊关系。美国对伊朗伊斯兰共和国的敌意促使里根政府支持伊拉克，以阻止伊朗取得彻底的胜利。即使在战争陷入僵局之后，华盛顿仍继续与巴格达修好。

1989年1月，乔治·赫伯特·沃克·布什就任美国总统后，下定决心进一步改善与伊拉克的关系。同年10月，布什政府发布了一项国家安全指令，阐明了美国对波斯湾的政策，该政策高度重视加强与伊拉克的关系。指令称："美国和伊拉克之间的正常关系将有利于我们的长期利益，并促进海湾和中东地区的稳定。美国应该向伊拉克提出经济和政治的激励措施，以缓和其行为，并提高我们对伊拉克的影响力。"该指令还鼓励向美国公司开放伊拉克市场："我们应该寻求机会让美国公司参与伊拉克经济重建并给予支持。"该指令进一步提出通过提供"非致命类型的军事援助"来增强美国对伊拉克国防体系的影响力。[3] 因此,萨达姆·侯赛因认为他在冷战结束后带领他的国家度过了混乱,他这样想确实是可以理解的。

然而,萨达姆·侯赛因的统治仍然面临着艰巨的挑战,肇因是他1978年上台后做的灾难性决策。这位伊拉克总统未遭挑衅便与伊朗开战,这场徒劳无获的战争让伊拉克损失惨重,也严重动摇了伊拉克民众对他的支持。8年的冲突,50万伊拉克人丧生,这激起伊拉克国内民众起来反对侯赛因的统治。战争延宕,对萨达姆·侯赛因的反对趋向暴力化。1982年,侯赛因在巴格达北部杜贾伊勒村的一次暗杀未遂中幸存下来。这位伊拉克总统以高压暴力回应,命令安全部队杀害近150名村民作为报复。

在伊拉克北部,库尔德各派借两伊战争来谋求自治。作为回应,伊拉克政府发动名为"战利品"(al-Anfal)的灭绝行动。1986—1989年,数千名伊拉克库尔德人被迫背井离乡,2000个村庄被摧毁,并有男子、妇女和儿童共计约10万人在"战利品"行动中被杀。1988年3月,伊拉克政府对哈拉布贾村使用神经毒气,杀害5000名库尔德平民,这是最为臭名昭著的事件之一。[4]

与库尔德人一样,伊拉克的逊尼派和什叶派社群也面临严酷镇压:任意逮捕、滥施酷刑和即刻处决,这些都是为了压制异见。在萨达姆·侯赛因领导下的伊拉克,只有身份确定的执政党复兴党成员才能获得信任和晋升。伊拉克曾经以其世俗的价值观、高识字率和两性平等著称,但到1989年已退化为一个恐怖共和国。[5]

在两伊战争结束时,萨达姆·侯赛因面临的最紧迫的挑战是重建伊拉克支离破碎的经济,这不仅仅是为了应对不安分的民众。伊拉克的财富来自其巨大的石油资源。8年来，对管道和港口设施的袭击，以及将两伊冲突带至海湾地区国际航道的残酷的油轮战争，切断了伊拉克的石油命脉。由于失去了石油收入，伊拉克被迫向其海湾阿拉伯邻国借款数十亿美元，以支持战事。到1988年战争结束时，伊拉克欠其他海湾国家约400亿美元，偿还债务消耗了伊拉克1990年一半以上的石油收入。[6]

石油价格的稳步下降让伊拉克的处境更加艰难。为了还债，萨达姆·侯赛因需要油价保持在每桶25美元左右（在两伊战争最激烈的时候，油价一度高达每桶35美元）。到1990年7月，看着国际油价跌至每桶14美元，他倍感绝望。此时，重归和平的海湾，能够满足全世界的石油进口需求。更糟糕的是，一些海湾国家的产量远远超过了欧佩克的配额。科威特是违反配额最严重的国家之一。科威特不服从欧佩克的配额规定，有自己的理由。早在20世纪80年代，科威特政府就已推行经济多元化：重金投资西方炼油厂，并在欧洲各地开设了数千家加油站，新品牌取名为"Q-8"，取"科威特"英语名称的谐音。科威特的原油出口越来越多地流向自己在西方的设施。科威特人向其西方炼油厂出售的原油越多，他们在欧洲市场的利润就越高。[7]这些炼油和销售渠道产生的利润率高于原油出口，使科威特免受原油价格变动的影响。因此，科威特更感兴趣的是原油产量最大化，而不是通过遵循欧佩克的指导方针将单桶石油价格推向最高点。

相比之下，伊拉克没有这样的外部渠道，其收入与原油价格有着密不可分的联系。单桶石油价格每下跌1美元，伊拉克的年收入就净损失10亿美元。在欧佩克会议上，伊拉克和科威特针锋相对，伊拉克迫切要求减产，并推高油价，而科威特则呼吁增加产量。科威特人不在意伊拉克的关切。1989年6月，科威特干脆不再受其他欧佩克成员国分配给它的配额的约束。科威特人总共贷给了伊拉克140亿美元以支持后者同伊朗的战事,现在战争结束了,科威特人觉得有理由把自己的经济利益放在第一位了。

萨达姆·侯赛因开始将伊拉克的经济困境归咎于科威特,他的回应是向这个海湾小酋长国施压并发出威胁。他呼吁科威特免除伊拉克140亿美元的债务,并为伊拉克重建再提供100亿美元的贷款。他指责科威特从他们共有的鲁迈拉油田窃取伊拉克的石油。他还声称,科威特在两伊战争期间占领了伊拉克领土,并要求"归还"位于波斯湾最北端的战略岛屿沃尔拜岛和布比延岛,用来建设伊拉克的军事设施和深水港。

侯赛因的说法虽然没什么根据,但重启了长久以来伊拉克对科威特边界和独立的挑战。在20世纪,伊拉克曾两次声称科威特是其领土的一部分:一次在1937年,另一次在1961年科威特宣布独立时。但伊拉克的阿拉伯邻国认为,这些新的主张和威胁不过是空洞的言辞而已。

但这些阿拉伯国家误判了。1990年7月,侯赛因在伊拉克与科威特的边界部署了大量部队和坦克,用行动来支持他的言辞。此时,其他阿拉伯国家才意识到,一场严重的危机正在酝酿,他们不得不采取行动。

埃及和沙特阿拉伯试图通过斡旋达成外交解决方案,来应对这场日益严重的危机。沙特阿拉伯国王法赫德和埃及总统穆巴拉克,安排科威特人和伊拉克人于8月1日在沙特红海港口吉达会晤。萨达姆在会晤前向阿拉伯领导人承诺,伊拉克与其诸邻国之间的所有分歧都将以"兄弟般的方式"解决。

但萨达姆·侯赛因已经下定决心要入侵科威特。7月25日,在派遣副总统前往吉达会见科威特王储之前,侯赛因要求会见美国驻巴格达大使阿普丽尔·格拉斯皮（April Glaspie），以听取华盛顿在这场危机中的立场。格拉斯皮向这位伊拉克总统保证，美国对"像你们和科威特之间的边界纠纷这样的阿拉伯国家之间的冲突没有意见"。[8] 侯赛因似乎将格拉斯皮大使的言论理解为美国不会干预阿拉伯世界的内部冲突。会见结束后不久，他调整了入侵计划的范围。最初，他设想有限地入侵科威特，占领上述两岛和鲁迈拉油田，而现在，他要求完全占领这个国家。在同执政的革命指导委员会开会时，侯赛因指出，如果他让统治科威特的萨巴赫（al-Sabah）家族继续掌管科威特的部分地区，他们将发动国际力量——特别是美国，向伊拉克施压并迫使伊拉克撤出。迅速、果断入侵，在萨巴赫家族还没来得及呼吁美国干预之前就推翻他们，这是伊拉克取得成功的最好机会。此外，如果伊拉克能完全吞并这个石油资源丰富的邻国，就可以一次性地解决所有的经济问题。

8月1日，当萨达姆·侯赛因派副总统前往吉达会见科威特王储时，他是在利用外交手段出其不意地实施其军事计划。伊扎特·易卜拉欣（Ezzat Ibrahim）和谢赫萨阿德·萨巴赫（Shaykh Saad al-Sabah）的这次会面进行得亲切友好，没有任何威胁迫近的迹象。两人友好分别，相约在巴格达举行下一次会面。午夜时分，当他们离开吉达时，伊拉克军队已经越过边界进入了科威特。

8月2日凌晨的几个小时内，数万名伊拉克士兵以迅猛之势进入科威特，去占领这个石油资源丰富的国家。科威特的居民最先惊觉。科威特城的一名学校行政人员吉罕·拉贾布回忆道："8月2日早上6点，我像往常一样下了床，打开窗户，看了看外面。令我震惊的是，我听到了尖锐、短促而不连贯的枪声，不是一两声枪响，而是持续不断的枪声，且有回击。枪声传向我们旁边清真寺的墙面，引发回响。我们马上明白发生了怎样可怕的事情——科威特正在被伊拉克入侵。"[9]

电话铃声开始在阿拉伯各国首都响起。凌晨5点，法赫德国王被这个消息惊醒。前一天晚上，沙特国王刚刚在吉达给伊拉克和科威特谈判的代表送行，他几乎无法相信伊拉克军队入侵了科威特。他立即尝试联系萨达姆·侯赛因，但没有成功。他的下一个电话打给了约旦国王侯赛因，大家都知道，后者同萨达姆走得最近。

1小时后，助手叫醒了埃及总统侯斯尼·穆巴拉克，报告说伊拉克军队已经占领了科威特埃米尔的宫殿和位于首都的主要部委。上午过半，阿拉伯各国领导人才等到了巴格达的第一个解释。萨达姆的政治特使向惊疑不定的阿拉伯各国元首解释说："这不过是伊拉克的一部分回归伊拉克而已。"[10]

国际社会正面临着冷战后的第一次危机。8月1日晚上9点，白宫得知了入侵的消息。当晚，布什政府对伊拉克入侵发出强烈谴责。第二天早上，美国将此事提交给联合国安理会，安理会迅速通过了第660号决议，要求伊拉克军队立即无条件撤出。

伊拉克军队毫不畏惧，他们冲进首都科威特城，企图抓住科威特埃米尔谢赫贾巴尔·艾哈迈德·萨巴赫（Shaykh Jabar al-Ahmad al-Sabah）及其家人。如果伊拉克人成功了，那他们就可以把埃米尔和他的家人扣为人质，对科威特有更多的控制权，以实现他们的目标。然而，埃米尔接到警告称伊拉克人正在行动，他带着他的家人逃到邻国沙特阿拉伯避难。

科威特王储谢赫萨阿德在结束与伊拉克副总统的吉达会晤后回国，得知入侵已经开始。他立即打电话给美国驻科威特大使，并正式请求美国提供军事支持，以击退伊拉克的入侵，然后他加入了流亡在沙特阿拉伯的王室其他成员的行列。通过这两个简单的行动——请求美国援助和自我流亡,萨巴赫家族成功地遏制了萨达姆刚开始的入侵。然而,在占领的苦难结束之前,科威特人民还将经历7个月的恐怖。

复兴社会党政权的威权主义和政治空谈让占领的最初几天看上去是乔治·奥威尔《1984》的直接呈现。伊拉克人荒谬地声称,他们进入科威特是应民众革命之邀来推翻执政的萨巴赫家族的。伊拉克政府发表的一份公报解释说:"真主帮助科威特纯粹的自由人民,他们冲破旧秩序,建立新秩序,并要求伟大的伊拉克人民给予兄弟般的帮助。"[11] 然后,伊拉克政权建立了它所称的自由科威特临时政府。

然而,由于没有明显的科威特革命者支持伊拉克的主张,萨达姆·侯赛因政府迅速放弃了这个解放的借口,宣布吞并科威特,于8月8日宣布其为伊拉克第十九省。伊拉克人开始把科威特从地图上抹去,甚至把首都科威特城重新命名为他们自创的名字——卡齐玛。

到10月,新法令颁布,要求所有科威特人将身份证件和汽车牌照更换为伊拉克标准制式。伊拉克人拒绝向没有伊拉克证件的科威特人提供服务,以迫使他们屈服。牛奶、糖、大米、面粉和食用油等基本食品的配给卡只发给持有伊拉克证件的人。人们必须出示伊拉克身份证才能得到医疗服务。加油站只为上了伊拉克牌照的车辆服务。然而,大多数科威特人顶住了压力,拒绝接受伊拉克公民身份,宁愿去黑市上交易必需品。[12]

入侵科威特时,伊拉克部队大肆劫掠商店、办公室和住宅,并将大部分赃物运往巴格达。看着成车的物品驶往巴格达,一名科威特官员问一名伊拉克官员:"既然你说这里是伊拉克的一部分,那你为什么要把所有的东西都拿走?"后者回答说:"因为没有哪个省可以比首都更好。"[13]

占领一天比一天残暴。8月底,萨达姆·侯赛因任命他臭名昭著的表弟阿里·哈桑·马吉德(Ali Hasan al-Majid)担任科威特军事长官,他因在"战利品"行动中对库尔德人使用毒气而获得了可怖的绰号"化学阿里"。科威特居民吉罕·拉贾布在日记中写道:"阿里·哈桑·马吉德抵达科威特后,统治变得愈发恐怖,可能发生化学袭击的传言愈传愈烈。"有能力逃走的人都逃走了。科威特银行家穆罕默德·叶海亚表示:"每个人都想着逃跑。"他描述道,沙特边境,来自科威特的车辆四排并行,绵延了30千米(约19英里)。但叶海亚选择留在科威特。[14]

伊拉克的政治系统对科威特展开全面镇压,随着镇压的深入,科威特人民起身进行非暴力反抗。吉罕·拉贾布写道:"在入侵的第一周,科威特妇女决定走上街头示威抗议。"8月6日,也就是入侵4天后,爆发了第一次示威。"当时的气氛,紧张中混合着期待:就好像人们已下意识地认识到,即使是和平示威,伊拉克人也不会支持。"多达300人参加了游行,他们手持横幅、流亡的埃米尔和王储的画像以及科威特国旗。

抗议者呼喊口号,一边致敬科威特和埃米尔,一边谴责萨达姆·侯赛因:"萨达姆去死!""萨达姆是一个犹太复国主义者!"这后一个口号并不符合现实。前两次示威,伊拉克没有反应,但当持续的抗议进入第三天,参加的民众越来越多,与武装的伊拉克士兵正面对峙,后者直接向人群开枪。拉贾布记录道:"骚乱爆发了,汽车试图疯狂地沿着公路后退,引擎轰鸣,人们尖叫着,枪声还在继续。"死伤的示威者被凌乱地丢弃在科威特市中心警察局外的地面上。"这是我们这个地区最后一次游行,也可能是所有地区的最后一次,因为伊拉克人开枪了,导致死亡和伤残。科威特人开始明白侵略者是多么的冷酷无情。"[15]

然而，在伊拉克占领期间，非暴力抵抗活动一直持续。抵抗运动改变了策略，以避开伊拉克的枪弹。9月2日，占领的第一个月以科威特人的反抗姿态结束。反抗的计划口耳相传，要求科威特城的所有居民在午夜爬上自家屋顶，高呼"真主至大"。在指定的时间，数千人加入了抗议占领的大合唱。在吉罕·拉贾布看来，这一呼喊是"对所发生的事情——入侵、紧随而来的暴行和杀戮以及在科威特多处建立的酷刑中心——的反抗和愤怒"。伊拉克士兵向屋顶鸣枪示警，以平息抗议，但科威特人民成功地让这次对占领的公然反抗持续了1小时。银行家叶海亚称："有人说那一晚科威特重生了。"[16]

也有许多科威特人在受过枪械训练的前警察和士兵的领导下武装反抗伊拉克人。他们伏击伊拉克部队，袭击军火库。经过吉罕·拉贾布学校的道路是伊拉克军车的主要通道，因而成为反抗者多次袭击的目标。8月下旬，这条路上发生了巨大爆炸，拉贾布大为震惊，紧接着是火箭弹时断时续的暴鸣。她很快意识到，反抗者袭击了伊拉克的弹药卡车，引爆了车里运送的弹药。爆炸平息后，她才敢离开她的公寓。她发现消防车正在冲浇燃烧着的伊军卡车残骸。她在日记中写道："除了散落的、发黑的车架外，几乎看不到什么东西了。任何人都会被炸得无影无踪。"

这些袭击使她所在社区的居民面临严重风险，他们既受到袭击的影响，也受到伊拉克人的报复。她记录道："这次袭击发生后，有几座房屋被击中，更糟糕的是，伊拉克人威胁说，如果再发生类似的事情，会杀了该地区所有的人。反抗者试图保护平民，让爆炸远离居民区。"[17]

对于伊拉克的威胁，科威特的居民丝毫不敢掉以轻心。尸体的恶臭在这个被占领的国家弥漫。死亡直逼许多科威特人的家门：伊拉克人的策略之一就是把一名被拘留者送回家,在家人面前开枪打死他。更令人恐惧的是,当局威胁说,如果尸体被移走,就会杀死死者全家。炎热的夏日,尸体经常被留置两三天,作为对那些敢于反抗者的可怖警告。

然而,尽管伊拉克努力恐吓科威特人使其屈服,但在整整7个月的占领期间,反抗有增无减。科威特解放后缴获的伊拉克情报文件证实了吉罕·拉贾布"在长达数月的占领期间持续抵抗"的说法,这些文件记录了7个月占领期间的反抗活动。[18]

在占领初期,没有理由相信伊拉克的野心会仅限于科威特。没有一个阿拉伯海湾国家有足够的军事力量来击退伊拉克的入侵,在科威特陷落之后,美国和沙特都担心萨达姆·侯赛因可能有意占领附近的沙特油田。

布什政府认为,对萨达姆·侯赛因野心的唯一威慑是美国的大规模军力部署。美军若要发动军事行动驱逐伊拉克人,则必须获得军事基地权。在派遣任何部队之前,美国政府都需要沙特政府提出正式的军事支援请求。法赫德国王反对这么做,担心国内公众会有负面反应。作为伊斯兰教的诞生地,沙特对非穆斯林在其领土上驻军颇感不适。更何况,沙特人未曾受过外部帝国的控制,他们极力捍卫自己独立于西方的地位。

美国军队有可能涌入沙特,这促使沙特的伊斯兰主义者采取行动。那些参加过阿富汗战争的沙特人,正因战胜了苏联而志得意满,他们坚决反对美国干涉科威特。从阿富汗"圣战"归来的乌萨马·本·拉登,因其直言不讳的演说而被沙特政府软禁,这些演说借助盒式录音带广为流传。

萨达姆·侯赛因的军队入侵科威特后,本·拉登致信沙特内政大臣纳瓦夫·本·阿卜杜·阿齐兹亲王（Prince Nawwaf bin Abdul Aziz），建议发动"圣战者"网络，他认为该网络极为有效地将苏联赶出了阿富汗。阿卜杜·巴里·阿特万（Abdul Bari Atwan）曾在阿富汗托拉博拉山脉的藏身之处采访过本·拉登，是为数不多的采访过他的记者之一。这位记者回忆道："本·拉登声称他可以召集一支10万人的军队，但这封信被忽略了。"

总的来说，沙特人认为，（相较于美军进驻）伊拉克人对他们国家的稳定构成了更大的威胁，因此他们不顾国内反对，还是选择了美国的保护。本·拉登谴责此举是对伊斯兰教的背叛。阿特万记录道："本·拉登告诉我，沙特政府邀请美国军队来保卫王国和解放科威特的决定是他一生中遭受的最大的冲击。"

> 他不能相信沙特家族能够欢迎"异教徒"部队部署在阿拉伯半岛临近圣地［即麦加和麦地那］的土地上，这是伊斯兰教诞生以来从未有过的。本·拉登还担心，沙特政府在迎接美国军队进驻阿拉伯土地之后将使沙特处于外国占领之下——这完全是阿富汗事件的重演，当时喀布尔的共产主义政府邀请苏联军队进驻。正如本·拉登曾拿起武器与驻阿富汗的苏军作战那样，他现在决定拿起武器在阿拉伯半岛对抗美军。[19]

由于本·拉登的护照被沙特政府没收，他不得不利用家人与沙特王室的密切关系来获得旅行证件并永久流亡。1996年，他宣布对美国进行"圣战"，并宣布沙特王室因其"反伊斯兰教的行为"而"不属于宗教社团"。[20] 然而，他同阿富汗"圣战"中的前盟友美国和沙特王室的分道扬镳源于1990年8月的事件。

科威特危机揭开了苏美国际外交合作的新篇章。安理会在其历史上第一次能够在不受冷战政治干扰的情况下果断采取行动。随着危机的加深,安理会在8月2日迅速通过第660号决议后的4个月里共通过了12项决议而没有遭遇否决票。8月6日,安理会对伊拉克实施贸易和经济制裁,冻结了伊拉克所有境外资产(第661号决议);9月25日,联合国再次收紧制裁措施(第670号决议);8月9日,安理会宣布伊拉克吞并科威特"无效"(第662号决议)。一系列决议谴责伊拉克违反科威特的外交豁免权,并维护第三国公民离开伊拉克和科威特的权利。11月29日,苏联和美国一起促成通过第678号决议,授权成员国"使用一切必要手段"对付伊拉克,除非后者在1991年1月15日前从科威特完全撤出。中东的冷战正式结束了。

最让阿拉伯尤其是伊拉克政客感到惊讶的是苏联的立场。埃及分析人士穆罕默德·海卡尔回忆说:"阿拉伯世界里许多人认为,即使莫斯科在伊拉克入侵后拒绝帮助伊拉克,它也至少会保持中立。但让他们惊讶的是,苏联一次又一次地帮助美国通过联合国安理会的决议。"阿拉伯世界没有考虑到的是苏联的国力已衰弱,因此注重与华盛顿保持良好关系。鉴于美国在海湾地区的地缘战略利益,苏联人知道,他们要么支持美国,要么对抗美国,但他们无法阻止美国采取行动。对抗不会带来任何好处,因此苏联选择与美国合作,而让他们的前阿拉伯盟友完全暴露在危险之中。

阿拉伯世界迟迟不承认后冷战时代莫斯科政策导向的改变。伊拉克对联合国的决议置若罔闻,美国开始动员组建作战联盟,而阿拉伯世界仍然期待苏联能阻止美国对其盟友伊拉克采取军事行动。恰恰相反,苏联外交部部长爱德华·谢瓦尔德纳泽(Eduard Shevardnadze)与美国国务卿詹姆斯·贝克(James Baker)密切合作,起草了授权采取军事行动的决议。海卡尔称:"令阿拉伯代表们感到惊讶的是,很明显,莫斯科将允许华盛顿采取行动。"[21]

美国和苏联在处理科威特危机时展开了前所未有的合作，但与此同时，阿拉伯世界却呈现出从未有过的四分五裂。一个阿拉伯国家入侵另一个阿拉伯国家，且外部干预在即，这引发了阿拉伯领导人之间的严重分歧。

因与以色列签订和平条约而被孤立了10年的埃及，当时刚刚恢复与阿拉伯国家的正常关系，它率先组织阿拉伯国家回应科威特危机。8月10日，穆巴拉克总统召开临时阿拉伯首脑会议，这是自《戴维营协议》以来首次在开罗举行的阿拉伯首脑会议。伊拉克人和科威特人自入侵以来第一次面对面。那是个紧张的时刻。科威特埃米尔发表了和解讲话，试图平息伊拉克人的情绪，提出通过外交途径解决危机，并希望接着8月1日的吉达会谈往下谈。然而，伊拉克人拒绝妥协。当埃米尔结束讲话并坐下时，伊拉克代表塔哈·亚辛·拉马丹（Taha Yassin Ramadan）抗议说：“科威特已经不存在了，我不知道谢赫是基于何种身份来对我们讲话的。”[22] 埃米尔气冲冲地离开大厅以示抗议。

对一些阿拉伯领导人来说，美国干预带来的威胁要比伊拉克入侵科威特更严重。阿尔及利亚总统沙德利·本·杰迪德（Chadli Benjedid）告诫大会：“我们毕生都在为摆脱帝国主义和帝国主义势力而斗争，但现在我们看到，我们的努力都白费了，阿拉伯民族正……请外国人来干涉。”[23] 利比亚、苏丹、约旦、也门和巴解组织的领导人都赞同本·杰迪德的关切，他们敦促阿拉伯国家采取协调一致的行动来解决这场危机。他们希望通过谈判，以双方都能接受的条件让伊拉克撤出科威特，以避免再次发生武装冲突和外国干涉。

在就开罗首脑会议的最后决议进行表决时，阿拉伯世界内部的分歧显露无遗。决议谴责了伊拉克的入侵，否认了伊拉克的吞并，并要求伊拉克军队立即撤出科威特。决议还支持沙特阿拉伯的请求，后者要求阿拉伯国家提供军事支持，以应对伊拉克对其领土的威胁。对该决议的辩论只进行了两小时，穆巴拉克就叫停并进行表决，结果阿拉伯世界分裂成两大阵营，10 票赞成，9 票反对。海卡尔写道："不到两个小时就制造了阿拉伯世界有史以来最严重的分裂，形成阿拉伯解决方案的最后一个微弱的机会已经丧失。"[24]

美国政府认为，只有发出切实可信的威胁，才能迫使伊拉克人撤出科威特。他们对阿拉伯国家外交斡旋没有信心，反而开始招募阿拉伯盟友加入军事行动。第一批美军已经于 8 月 8 日在沙特阿拉伯登陆，随后，埃及和摩洛哥的部队也加入了他们的行列。叙利亚人是伊拉克的老对手，且自苏联撤销对他们的支持后有意同美国修好，因此，他们也倾向于加入联盟，并于 9 月 12 日确认。其他海湾国家——卡塔尔、阿拉伯联合酋长国和阿曼也站在沙特一边，并向美国领导的联盟提供部队和设施。

萨达姆·侯赛因用行动将阿拉伯国家分裂成不可调和的阵营，接着又利用阿拉伯舆论，鼓动阿拉伯各国公民反对所在国政府。他把自己描绘成一个勇于反抗美国人和以色列人的实干家。他谴责美国采取双重标准，一方面代表石油资源丰富的科威特执行联合国安理会决议，另一方面却对以色列一再违反联合国要求其从阿拉伯被占领土撤军的决议视而不见。萨达姆·侯赛因的行动加大了对各阿拉伯政权的压力，他把他们说成是西方大国的走狗，牺牲阿拉伯的利益来与美国维持良好关系。侯赛因公开指责阿拉伯领导人在冷战之后的新时代奉行美国的规则。阿拉伯民众团结起来支持这位拒绝向美国压力低头的领导人。摩洛哥、埃及和叙利亚爆发暴力示威，抗议他们的领导人加入联盟的决定。约旦和巴勒斯坦举行大规模集会支持伊拉克人，这让流亡的科威特人大为懊恼，多年来他们一直慷慨支持哈希姆王国和巴解组织。

约旦国王侯赛因和巴解组织主席亚西尔·阿拉法特过去与伊拉克政权保持着友好关系。但此时,一边是支持萨达姆·侯赛因的阿拉伯舆论,一边是国际社会要求他们支持美国领导的联盟反对伊拉克入侵科威特,对此他们左右为难。阿拉法特公开表示支持萨达姆·侯赛因,而约旦国王仅仅做到拒绝谴责伊拉克人,因为他在为科威特危机寻求越来越不可能实现的"阿拉伯解决方案"。由于没有谴责伊拉克人,侯赛因国王被布什政府和阿拉伯海湾领导人指责支持入侵科威特。危机过后,约旦面临着阿拉伯海湾国家和西方的孤立。然而,侯赛因国王继续获得约旦人民的支持,并凭此避免了一场很可能使他失去王位的危机。

萨达姆·侯赛因在阿拉伯街头声望正隆,但却最终作茧自缚。一旦他在诸如以色列占领巴勒斯坦或承受美国压力等问题上占据了道德高地,他就不再有任何妥协的余地。他那些让阿拉伯公众群起力挺的言辞,对美国政府没什么影响力。布什政府只关注伊拉克对科威特的入侵,拒绝扩大讨论范围。萨达姆·侯赛因需要美国在巴以问题上做出让步才能撤军,以保全自己的颜面,但美国不愿如此。萨达姆·侯赛因不愿按美国的规则行事,对战争的前景,他表现得越来越听天由命。

1991年1月15日,联合国安理会第678号决议规定的最后期限过去了,此时,美国已经组建起一个庞大的国际联盟,准备将伊拉克赶出科威特。美军派出65万名士兵,占联军总兵力的三分之二以上。阿拉伯世界派出了约18.5万名士兵,其中,沙特派出10万名士兵,其余兵力来自埃及、叙利亚、摩洛哥、科威特、阿曼、阿拉伯联合酋长国、卡塔尔和巴林。联盟中的欧洲力量以英国和法国为首,还包括意大利和其他 8 个欧洲国家。总之,来自六大洲的 34 个国家联合起来,对伊拉克发动了一场世界战争。

1 月 15 日平安无事地过去了,全世界都屏息以待。第二天,美国发动了"沙漠风暴"行动,对巴格达和伊拉克军队在科威特与伊拉克的营地展开大规模的空中轰炸。萨达姆·侯赛因毫不服软,威胁他的对手要发动"战争之母"。联军面临的最大不确定性是伊拉克是否会像在安法尔战役中对库尔德人所做的那样使用生化武器。美军指挥官希望从空中击败伊拉克,避免他们的步兵去冒毒气战的风险。

伊拉克人应对空袭的方式是向以色列和美国在沙特阿拉伯的营地发射远程飞毛腿导弹。1 月 18 日凌晨,8 枚飞毛腿在没有预警的情况下袭击了海法和特拉维夫,造成了物质损失,但没有人员伤亡。当警报响起时,以色列电台建议市民戴上防毒面具,在密封的房间里躲避,担心伊拉克人在飞毛腿导弹上安上化学弹头。

伊扎克·沙米尔政府召开紧急会议,商议如何报复,但布什政府成功地说服了以色列人,让他们置身事外。显然,萨达姆·侯赛因希望把对科威特的战争转向波及面更广的阿以冲突,以让美国为首联军陷入混乱。穆罕默德·海卡尔讲述了伊拉克对以色列的导弹袭击如何混淆了联军中阿拉伯士兵效忠的对象。当一群驻扎在沙特的埃及和叙利亚士兵听闻伊拉克向以色列发射飞毛腿导弹时,他们高喊"真主至大","但过了一会儿,他们才想起,他们是来打击伊拉克的。但为时已晚,7 名埃及人和 7 名叙利亚人受到了惩罚"。[25]

伊拉克总共向以色列发射了 42 枚导弹,其中一些落在约旦河西岸,另一些则被爱国者导弹拦截。飞毛腿导弹带来的恐惧多于伤亡。许多被占领土上的巴勒斯坦人为萨达姆·侯赛因袭击以色列欢呼。大起义陷入僵局,以色列铁拳镇压,巴勒斯坦人被严格的 24 小时宵禁限制在家中，十分沮丧。如今，他们乐见以色列人遭到袭击，期待改变的到来。记者拍摄到巴勒斯坦人在屋顶上跳舞，为飞毛腿导弹欢呼，巴勒斯坦学者萨利·努赛贝赫对一家英国报纸解释了巴勒斯坦人的这种反应："如果巴勒斯坦人因看到导弹从东向西飞而高兴，那是因为，象征性地说，他们在过去40年里看到的都是从西向东飞的导弹。"努赛贝赫为他的导弹言论付出了代价：几天后，他遭虚假指控并被逮捕，理由是帮助伊拉克人，引导他们用飞毛腿导弹攻击以色列目标，为此他在拉马拉的监狱中被关押了3个月。[26]

伊拉克人向沙特阿拉伯发射了46枚飞毛腿导弹，大多数被爱国者导弹拦截，但仍有一枚击中了达兰的一个当时被用作美军军营的仓库，造成28人死亡，100多人受伤，这是此次战争中造成美军伤亡人数最多的事件。

对导弹残骸的分析让美军指挥官确信，伊拉克人没有使用生化制剂。伊拉克未使用非常规武器，使联军更加大胆地将战争从空中转向地面。2月22日，美国总统布什向萨达姆·侯赛因发出最后通牒，要求在第二天中午前撤出科威特，否则将面临地面战争。

到2月，伊拉克及其军队已经遭受了5个多星期的前所未有的空中轰炸，其效果是那些射向以色列和沙特的粗糙的飞毛腿导弹无法比拟的。联军每天出动战机多达1000架次，使用激光制导精密武器，携带高强度炸弹和巡航导弹，打击伊拉克的目标。巴格达和伊拉克南部城市遭受了大规模的轰炸，摧毁了发电站、通信设备、道路和桥梁、工厂和居民区。

关于这次"沙漠风暴"海湾战争中的平民死亡人数，没有官方统计数据，各类估计从5000—20万人不等。但毫无疑问，成千上万的伊拉克平民在猛烈的轰炸中丧生或受伤。这场战争中单次伤亡最重的袭击是美国空军向巴格达阿米里亚区的一处防空洞投掷了两枚重达 2000 磅的"智能炸弹",炸死了 400 多名平民,其中大多数是在此躲避猛烈轰炸中的妇女和儿童。伊拉克军队也在持续的轰炸中遭受重大伤亡。到 2 月的第三个星期,军队士气已很低落。

伊拉克军队即将被逐出科威特,面对这一情况,伊拉克政府发动环境战,旨在惩罚科威特和邻近的海湾国家。早在 1 月下旬,伊拉克军队就故意将 400 万桶石油注入波斯湾水域,形成了世界上最大面积的浮油,长 35 英里,宽 15 英里(长 56 千米,宽 24 千米)。考虑到海湾地区脆弱的生态系统,且已经历了两伊战争的多年破坏,这次浮油事件是一场规模空前的环境灾难。

在地面战前夕,伊拉克人炸毁了 700 口科威特油井,造成了一场大火。吉罕·拉贾布在科威特家中的屋顶上目睹了爆炸。她在日记中写道:"我们可以亲耳听到,伊拉克人正在引爆更多的放置在井口周围的炸药。漫天都是跳动、燃烧的红色火焰。有些火焰有规律地起落,有些则直入云霄,我想象,是它们发出了戏剧性的轰鸣声。然而,其余的火焰几乎都是活生生的:它们四处喷涌,汇成一个膨胀的、剧烈而稳定跳动的火球。"第二天早上,科威特的蓝天被 700 口熊熊燃烧的油井放出的浓烟遮住了。"今天早上,整个天空都是黑色的,太阳被遮住了。"[27]

伊拉克人的环境战让地面战更为紧迫。1991 年 2 月 24 日星期日清晨,地面战打响。地面战是短暂的,也是残酷的关键一战。联军涌入科威特,迫使伊拉克在 100 小时内全部撤离。激烈的战斗对科威特居民和伊拉克侵略者来说都是可怕的。吉罕·拉贾布描述了科威特城在油井燃烧的爆裂声和空中数百架蜂拥而至的战机的轰鸣声中,四处可闻的巨大爆炸和猛烈交火。2 月 26 日,地面袭击发动两天后,她写道:"真是个难以置信的夜晚!炮火照亮了低空,发出炫目的白光和血红的闪烁。"

惊慌失措的伊拉克军队开始混乱无序地撤退。士兵们试图挤上往北开向伊拉克边境的卡车和吉普车，并征用了所有仍能使用的车辆（科威特人弄坏了他们自己的汽车，以阻止盗窃）。成功坐上车从科威特出发的人中，许多在穆特拉山脊遇难，这里位于从科威特向北通向伊拉克边界的80号公路的无遮挡路段。成千上万名伊拉克士兵乘坐军用卡车、大巴和盗取的民用车辆行驶在80号公路上，造成了大规模交通堵塞。联军飞机轰炸了撤退长龙的前方和后方，将数千辆车困在中间。在随后的屠杀中，约有2000辆车被毁。我们不清楚有多少伊拉克人设法逃离了车辆，又有多少人被打死。然而，"死亡公路"的形象却使以美国为首的联盟面临着过度使用武力甚至犯下战争罪行的指控。布什政府担心这样的暴行会破坏国际社会对他们军事行动的支持，敦促于2月28日全面停火，海湾战争就此结束。

解放的代价是高昂的。科威特人兴高采烈，庆祝恢复独立，但他们的国家已被伊拉克的入侵和战争完全摧毁。数以百计的油井被焚烧得无法操控，基础设施被摧毁，全国很多地方都须重建。占领和战争也重创了科威特人民，数以千计的人被杀害、流离失所或失踪。

冲突之后，更广阔的阿拉伯世界也经历着分裂和创伤。阿拉伯各国公民强烈反对他们的政府站在国际联盟一边去打击一个阿拉伯国家。加入联盟的政府排挤没有加入的。约旦、也门和巴解组织因过于支持萨达姆·侯赛因政权而受到谴责。三者很大程度上依赖于海湾国家的财政支持，他们为他们的立场付出了经济代价。许多阿拉伯分析人士表达了对美国的严重不信任，以及对其在新的单极世界中的野心的忧虑。美国一心寻求军事解决，且疑似阻碍了通过外交途径解决海湾危机的努力，这使许多人相信，美国在利用这场战争谋求在海湾地区驻军，并控制该地区的石油资源。科威特解放多年后，数以千计的美国军队仍留在沙特和其他海湾国家，这一事实进一步加深了这种忧虑。

撤出科威特并没有给伊拉克带来任何喘息的机会。布什政府认为已经削弱了萨达姆·侯赛因及其军队的威信，便于1991年2月初鼓动伊拉克人民起来推翻他们的独裁者。美国的广播电台向伊拉克传送信息，承诺美国将支持民众起义。他们的承诺在伊拉克北部的库尔德地区和南部的什叶派地区都得到了响应，这些地区在萨达姆·侯赛因的统治下苦不堪言。1991年3月初，两地爆发了起义。

但这并不是美国所希望的宣传成果，他们希望看到巴格达发生军事政变推翻萨达姆·侯赛因。库尔德人和什叶派的起义都威胁到了美国的利益。美国在北大西洋公约组织（北约）里的盟友土耳其，自1984年以来一直在打击库尔德工人党（以库尔德语简称PKK闻名）领导的激烈的分裂主义叛乱。土耳其反对任何可能让伊拉克库尔德人在其东部边境建国的举措。美国人自己则担心，什叶派起义成功只会加强伊朗伊斯兰共和国的地区影响力。

尽管美国人鼓动伊拉克人起来反抗，但他们没有向什叶派或库尔德人提供任何支持。萨达姆·侯赛因集结余部，残酷镇压叛乱，布什政府对此视而不见。据信，有数万伊拉克什叶派教徒在镇压中丧生，还有数十万库尔德人为躲避报复逃离伊拉克，前往土耳其和伊朗避难。

面对自己造成的大规模人道主义灾难，美国做出回应，在伊拉克北部设立了禁飞区。美国军机在北纬36°以北地区巡逻，以保护库尔德人不受萨达姆·侯赛因军队的伤害，而英国飞机在伊拉克南部上空设立禁飞区。具有讽刺意味的是，禁飞区恰恰促成了土耳其最反对的那种库尔德自治区的建立。1992年5月，独立于萨达姆·侯赛因政府的地区议会选举举行，开始推动建立伊拉克库尔德地区政府。

布什政府未能通过军事手段和鼓动伊拉克国内起义将侯赛因赶下台，便重返联合国，确保通过一项决议，剥夺伊拉克拥有的大规模杀伤性武器，确立伊拉克支付战争赔偿的责任，并加强先前各项决议规定的经济制裁。萨达姆·侯赛因认识到，这些措施是为了煽动伊拉克人推翻他，他对此做出了蔑视的回应。他在巴格达的拉希德酒店门口铺上了布什的马赛克肖像，这样一来，所有的住客都会踩踏他对手的脸。1992年11月，侯赛因庆祝布什在总统选举中落败。布什倒台了，萨达姆仍然掌权。

美国人可以宣称在海湾战争中取得了彻底的军事胜利，但政治上，他们只取得了部分胜利。萨达姆·侯赛因的幸存意味着，在这个高度动荡的地区，伊拉克仍然是一个制造不稳定的源头。而且，同布什政府的期愿相悖的是，在"沙漠风暴"海湾战争之后，萨达姆主导了地区政治。这位伊拉克领导人将伊拉克在科威特的立场，与叙利亚对黎巴嫩的占领和以色列对巴勒斯坦领土的占领相提并论，迫使国际社会去应对中东一些悬而未决的冲突。

*

到20世纪80年代末，黎巴嫩的和平前景似乎从未如此遥远。黎巴嫩90%的领土处于外国占领之下，以色列控制着所谓的黎巴嫩南部安全区，叙利亚军队则控制着余下的所有地方。外国资金涌入黎巴嫩，武装了大批彼此敌对的民兵组织，这些组织间的权力斗争让黎巴嫩各大城镇满目疮痍。整整一代人都是在战争的阴影下长大的，没有受过教育，也没有机会正常谋生。一度繁荣的中东民主的典范已经沦为一个失败的国家，挣扎在叙利亚脆弱的控制下。

在黎巴嫩，国家在派别冲突的胁迫下解体，使1943年《民族宪章》规定的黎巴嫩教派政治制度的根基受到质疑。许多资深政客认为，黎巴嫩宗教与政治变化无常的关系是内战的肇因，并决心推行彻底的改革，将之视作任何和平方案的组成部分。拉希德·卡拉米（Rashid Karami）是一名逊尼派穆斯林，曾10次出任总理，长期以来，他一直呼吁对黎巴嫩政府进行重大改革，以在穆斯林和基督徒之间建立政治平等。1984—1987年，卡拉米再次担任总理，他认为，所有黎巴嫩公民，不论其信仰为何，都应享有平等的权利去竞选任何职位。内阁中的其他改革派成员也赞同卡拉米的观点。什叶派阿迈勒党主席兼司法部部长纳比赫·贝里（Nabih Berri）对《民族宪章》不屑一顾，称之为"一个不能修改或改进的无结果的制度"。他呼吁建立一个新的政治制度。[28]

艾敏·杰马耶勒的6年总统任期（1982—1988）代表了黎巴嫩政治的谷底，他是改革者攻击的焦点。德鲁兹交通部部长瓦利德·琼布拉特（Walid Jumblatt）建议，杰马耶勒应该在枪口下被赶下台。许多部长拒绝出席他主持的内阁会议，卡拉米也加入了抵制的行列。内阁停止开会，政府活动完全停滞。

1987年5月，卡拉米向杰马耶勒提交辞呈，两者的对抗升级。许多观察家认为，卡拉米辞职是为了在即将到来的1988年大选中竞选总统。这位逊尼派政治家曾在1970年尝试过一次，但被禁止参选，因为总统职位是给马龙派基督徒保留的。卡拉米是一位受人尊敬的公众人物，在改革派中有强大的支持者。鉴于黎巴嫩政治的崩溃，也许相较于1970年，他在1988年的机会更大。然而，他再未能有机会宣布参选。在辞去总理职务4周后，拉希德·卡拉米在他的直升机上遭遇事先安放的炸弹袭击，被暗杀身亡。虽然没有找到卡拉米的暗杀者，但他的被杀背后传递的信息大家都明白：《民族宪章》不允许谈判。

卡拉米遇刺后，被孤立的杰马耶勒总统找不到愿意担任总理的可靠的逊尼派政治家。他任命卡拉米已解散的内阁中的逊尼派教育部部长塞利姆·侯斯（Selim al-Hoss）为代理总理。从1987年6月到1988年9月22日杰马耶勒任期结束，黎巴嫩没有正常运作的政府。1988年，黎巴嫩面临的挑战是，在交战的政治精英们无法就任何问题达成一致的情况下，选出一名各方都接受的新总统。

1988年，只有一位候选人竞选总统：前总统苏莱曼·弗朗吉亚。公众对这位78岁的军阀没有信心。上一届任期（1970—1976）中，他没能有效地防止内战爆发。没有人相信他会在12年后更有效地实现民族和解。

缺少总统候选人成了一个悬而未决的问题，到选举当日，甚至没有足够的投票者来选举新总统。在黎巴嫩，总统是由议会选举产生的，由于内战爆发以来还没有举行过议会选举，8月18日，参加1972年议会的年迈的尚在人世的议员被召集来第三次履行宪法义务。在76名老议员中，许多人已逃离了这个饱受战争蹂躏的国家，在国外过上了更安全的生活。在选举当日，只有38名议员出席。议会因未达到法定人数而无法继续召开，黎巴嫩没有总统了，这是该国历史上的头一遭。

根据黎巴嫩宪法，在没有民选总统的情况下，总理及其内阁有权行使行政权力，直至新总统就职。杰马耶勒的总统任期行将结束，这项宪法规定对那些致力维持政治现状的马龙派人士构成了严重威胁。由于黎巴嫩从来没有缺过总统，逊尼派就从未行使过行政权力。保守的马龙派教徒担心，如果侯斯接管总统职权，他势必将寻求政治体制改革，为实现（穆斯林）多数的统治而废除《民族宪章》。这将意味着，作为中东基督教国家的黎巴嫩就此终结。

随着杰马耶勒的任期接近尾声，9月22日午夜，马龙派黎巴嫩武装部队总司令米歇尔·奥恩（Michel Aoun）将军亲自行动。这位

53岁的将军是贝鲁特南郊基督教和什叶派混合村哈拉特·胡雷克村人，他要求杰马耶勒在侯斯的看守政府获得行政权力之前解散它。奥恩将军警告杰马耶勒："总统先生，是否重新组阁，是你的宪法权利，但如果你选择后者［即不重新组阁］，我们将从午夜起认定你为叛徒。"[29]

奥恩发动政变是为了避免一场危机，但却又制造了另一场危机。作为一名马龙派基督徒，他没有资格担任总理，因为根据《民族宪章》的条款，这一职位是留给逊尼派穆斯林的。这个自称维护《民族宪章》的人实际上是在破坏黎巴嫩教派分权制度的基石。然而，在晚上11点——确切地说，是11点45分，艾敏·杰马耶勒屈服于奥恩的压力，签署了最后两项行政命令。第一项，解散塞利姆·侯斯的看守政府；第二项，任命米歇尔·奥恩将军为临时政府总理。侯斯和他的支持者们拒绝接受杰马耶勒在最后时刻发布的政令，并宣布对黎巴嫩有统治权。

一夜之间，黎巴嫩从没有政府变成了一个有两个彼此不容的政府的国家：侯斯希望在叙利亚的托管下，用有利于该国穆斯林多数群体的开放民主取代教派分权制度；奥恩则希望基于《民族宪章》重建黎巴嫩国，维护基督徒的统治地位，并完全独立于叙利亚。

两个政府相互敌对，将黎巴嫩分裂为基督教和穆斯林两个小政体。几乎没有基督徒愿意为侯斯的政府效力，也没有穆斯林愿意加入奥恩的政府。侯斯统治着逊尼派和什叶派的中心地带，奥恩统治着黎巴嫩的基督教区。双方的竞争带有闹剧的色彩，两位领导人都任命了各自的军事、安全机构和公务员系统的负责人。只有黎巴嫩中央银行经受住了压力，没有分化为两套班子，但却得为两个政府的支出提供资金。

真正的危险来自外部的庇护者。侯斯政府公开力挺叙利亚在黎巴嫩的角色，因而得到大马士革的全力支持。奥恩谴责叙利亚在黎巴嫩驻军威胁了黎巴嫩的主权和独立，他得到了伊拉克的全力支持。在1980—1988年的两伊战争中，叙利亚打破了阿拉伯阵营，与伊朗站在一起，巴格达一心要与大马士革算这笔账。黎巴嫩的诸多纷争为伊拉克政府惩罚叙利亚提供了充足的机会。伊拉克政府拥有大量的武器和弹药，能够向奥恩提供军事援助，支持他反抗叙利亚驻军黎巴嫩。1988年8月两伊战争结束后，伊拉克加大了支持力度。

受此鼓舞，奥恩于1989年3月14日向叙利亚宣战，发动解放战争。作为回应，叙利亚军队对奥恩统治下的基督教区实施了全面封锁。双方开始重炮互击，造成黎巴嫩穆斯林区和基督教区大面积毁损，并致数万平民流离失所，这是自1982年以色列围困贝鲁特以来最猛烈的炮击。

两个月的可怖战斗和严重的平民伤亡促使阿拉伯国家采取行动。1989年5月，阿拉伯国家首脑会议在摩洛哥的卡萨布兰卡召开，以应对黎巴嫩的新危机。会议授权沙特国王法赫德、摩洛哥国王哈桑二世和阿尔及利亚总统沙德利·本·杰迪德这三位阿拉伯国家元首进行斡旋，以结束暴力并着手恢复黎巴嫩的统治稳定。

这三位元首组成"三方最高委员会"，命令叙利亚遵守停火协议，并要求伊拉克停止向奥恩和黎巴嫩武装部队的民兵输送武器。"三方最高委员会"的努力起初收效甚微。叙利亚人无视"三方最高委员会"的要求，加紧轰炸遭围困的基督教区。伊拉克继续通过叙利亚的对手——马龙派控制的港口向其盟友供应军火。

1989年9月，经过6个月的战斗，"三方最高委员会"终于说服各方停火。阿拉伯各国领导人邀请黎巴嫩议员赴沙特的塔伊夫开会，以在确保中立的基础上启动民族和解进程。1972年选举产生的黎巴嫩议会议员中尚在人世者从流亡的法国、瑞士和伊拉克或从黎巴嫩的藏身之处出发，集聚塔伊夫，来决定他们国家的未来。62名议员出席了会议，其中一半是基督教徒，另一半是穆斯林，达到了代表黎巴嫩国做决定必需的法定人数。1989年10月1日，沙特外交大臣沙特·费萨尔亲王（Prince Saud al-Faisal）召开开幕会议，他警告说："不允许失败。"

成功的到来比预期的要晚。原计划3天的会议变成了23天的马拉松大会，其成果是不折不扣的黎巴嫩第二共和国的蓝图。《塔伊夫协定》所载的黎巴嫩政治重建条款保留了《民族宪章》规定的教派分权制度的许多要素，但修改了权力分配结构，以反映黎巴嫩的人口现实。因此，议会中的席位仍然分配给不同的教派，但这种分配已从有利于基督徒的6∶5调整为穆斯林和基督徒之间的席位对等。议会席位从99个增加到108个，这样可以在不减少基督徒席位的情况下扩大穆斯林的席位。

改革者未能实现其首要目标，即不分宗教向所有公民开放政治职位，因为很显然，这种对教派分权制度的攻击无法形成一致意见。折中的解决办法是保留《民族宪章》规定的职位分配，但重新调整各职位的权力。总统仍由马龙派基督徒担任，但其职责被缩减为更具仪式性的"国家元首和团结象征"的角色。总理和政府（被称为部长会议）是权力重新分配的主要受益者。现在，逊尼派总理将拥有行政权力，他将主持召开政府会议，并负责政策执行。此外，虽然总理仍由总统任命，但只有议会有权罢免总理。议长是分配给什叶派穆斯林的最高职位，塔伊夫的改革也赋予了该职位一些重要的新权力，包括在任命总理方面为总统提供建议的"拥护者"角色。通过这些变化，马龙派可以声称保留了他们的关键职位，穆斯林可以声称拥有了比基督徒更多的权力。即便所有人都对《塔伊夫协定》不甚满意，但作为一项改革措施，它提供了各方都可以接受的妥协方案。

奥恩的支持者试图借助《塔伊夫协定》迫使叙利亚撤出黎巴嫩，但没有成功。"三方最高委员会"发现哈菲兹·阿萨德不愿在叙利亚对黎巴嫩的立场上妥协。他们承认，如果没有叙利亚的支持，协定将毫无意义。《塔伊夫协定》正式感谢叙利亚军队过去提供的服务，承认目前驻扎在黎巴嫩的叙利亚部队的合法性，并让黎、叙两国政府自行商定未来何时终止叙利亚在黎巴嫩驻军，不规定具体时间。《塔伊夫协定》还呼吁黎、叙两国政府签署双边条约，将两国在"所有领域的特殊关系"正规化。简而言之，该协定在法律上批准了叙利亚对黎巴嫩的立场，并将两国更加紧密地联系在一起。聚集在沙特的黎巴嫩政客们认识到他们的现实处境，接受了妥协的方案，以期在将来取得进一步的成果。《塔伊夫协定》的最终文本得到在塔伊夫与会的黎巴嫩议员们的赞成，没有遭到反对。

在饱受战争蹂躏的黎巴嫩，《塔伊夫协定》的宣布引发了最后一轮战斗。奥恩将军所在的基督徒区，地处高原，遭受重创，在那里，他坚称自己领导的是黎巴嫩唯一的合法政府。他断然拒绝了这项为叙利亚在黎巴嫩的驻军提供法律掩护的协定。他发布总统令解散黎巴嫩议会，试图阻止《塔伊夫协定》的执行，但无济于事。奥恩在国内外被孤立，因为黎巴嫩人和国际社会都支持黎巴嫩的民族和解框架。

为了预先阻止奥恩发难，议员们赶回贝鲁特去批准《塔伊夫协定》。11月5日，黎巴嫩议会正式批准了这项协定，并选举64岁的议员、来自兹加尔塔的勒内·穆阿瓦德（René Moawad）为共和国总统。穆阿瓦德是北方一位受人尊敬的马龙派家族的后裔，是大家都能接受的候选人，得到了黎巴嫩民族主义者和叙利亚人的支持。然而，穆阿瓦德有危险的敌人。在他执政的第17天，这位黎巴嫩新总统在结束黎巴嫩独立日庆祝活动回家时，被一枚威力巨大的路边炸弹炸死。叙利亚、伊拉克、以色列和米歇尔·奥恩都被控谋杀，但那些应对穆阿瓦德遇刺负责的人从未被绳之以法。

对穆阿瓦德的残忍谋杀有可能引发塔伊夫进程的崩溃，毫无疑问，这正是暗杀者们的用意所在。暗杀发生后48小时内，黎巴嫩议会再次召开会议，在穆阿瓦德的死亡阻碍到在塔伊夫商定的重建进程之前，选出继任者。叙利亚当局赶在黎巴嫩议员之前寻觅到了穆阿瓦德的替代者。大马士革电台宣布埃利亚斯·赫拉维（Elias Hrawi）为新总统，这发生在黎巴嫩议员对此提名人选进行投票之前。[30] 阿萨德政权有意走漏消息，目的是向世人表明，在塔伊夫时代，对黎巴嫩的最终控制权仍在叙利亚手中。

赫拉维就任总统最先开展的行动之一是对付米歇尔·奥恩，此时，后者被普遍认为是背叛者和黎巴嫩政治和解的障碍。当选后第二天，赫拉维就解除了奥恩的武装部队总司令的职务，并命令他在48小时内撤出位于巴卜达的总统府。对赫拉维的命令，奥恩置若罔闻，他向支持他的伊拉克人寻求补给，确保通过贝鲁特附近他自己的港口接受武器、弹药和防空设备，以加固阵地，抵御外来攻击。在一片节日的气氛中，数以千计支持奥恩的平民在巴卜达的总统府周围安营扎寨，组成护卫奥恩的人体盾牌，这是赫拉维对付抗命违逆的奥恩的过程中最大的障碍。

这位黎巴嫩总统没有采取任何行动。1989年12月，黎巴嫩武装部队总司令萨米尔·贾贾（Samir Geagea）宣布支持《塔伊夫协定》，奥恩和黎巴嫩武装部队的马龙派民兵之间的对抗演变为公开冲突。同奥恩一样，贾贾的军火也是由伊拉克人补给的。1990年1月，这两个派别之间爆发了内战开始以来最激烈的战斗。两派在人口密集的居民区部署伊拉克的火箭弹、坦克和重型火炮，完全无视非战斗人员的生命安全，造成大量平民伤亡。战斗持续了5个月，直到

1990年5月,这两个敌对的基督教派别才在梵蒂冈的调解下实现了停火。

尽管米歇尔·奥恩面临着孤立和越来越多的反对,但他知道,至少在眼下,他与黎巴嫩武装部队的战斗阻挠了《塔伊夫协定》的进程,对此他多少有些满意。

1990年8月伊拉克入侵科威特是黎巴嫩冲突的分水岭。在战争中,伊拉克再也无力武装其在黎巴嫩的支持对象。此外,萨达姆·侯赛因试图将伊拉克撤出科威特与地区问题的总体解决联系起来,这些问题就包括叙利亚对黎巴嫩的"占领"。侯赛因毫不掩饰他的企图,即将国际社会的压力转到迫使叙利亚撤出黎巴嫩这一问题上来。

叙利亚人非常擅长地区政治,不会被萨达姆·侯赛因的伎俩牵着鼻子走。哈菲兹·阿萨德利用科威特危机改善叙利亚与美国的关系,华盛顿全力支持《塔伊夫协定》。因此,阿萨德决定全力支持落实《塔伊夫协定》框架,并将伊拉克的盟友米歇尔·奥恩视为实现和平的主要障碍。黎巴嫩人和叙利亚人进行了磋商,10月11日,赫拉维总统根据《塔伊夫协定》的条款正式请求叙利亚提供军事援助,以推翻奥恩将军。两天后,叙利亚飞机开始轰炸奥恩的营地,同时叙利亚和黎巴嫩军队的坦克进入奥恩的部队控制的领土。不到3小时,奥恩将军投降,前往法国大使馆寻求庇护,而他的党羽则继续战斗。激烈的战斗在8小时内结束了。10月13日,巴卜达空荡荡的总统府上空的硝烟散去,黎巴嫩人民第一次看到了战后的世界,即便它依然处于叙利亚的占领之下。

在米歇尔·奥恩败北之后,《塔伊夫协定》所设想的战后重建才真正开始。1990年11月,政府命令所有民兵组织离开首都贝鲁特。12月,军队清除了将穆斯林所在的西贝鲁特与基督徒所在的东贝鲁特分开的路障,自 1984 年以来,首次将这座城市统一起来。

1990 年平安夜,被暗杀的改革派总理拉希德·卡拉米的弟弟欧麦尔·卡拉米(Omar Karami)宣布新的民族团结政府成立。新政府有 30 位部长,是黎巴嫩历史上规模最大的内阁政府,囊括了黎巴嫩几乎所有主要民兵组织的首领。这些是对冲突中最严重的暴行负有责任的军阀,但由他们来组成政府是有好处的,这很快就在政府根据《塔伊夫协定》下令解除民兵武装时显现出来。政府要求各民兵组织在 1991 年 4 月底前解散并交出武器;作为回报,政府承诺将整编那些希望在黎巴嫩军队服役的民兵。无论民兵组织的首领如何反对这一举措,他们都没有反对政府,也没有从内阁辞职。[31]

只有一支民兵获准继续其军事行动,那就是真主党。在伊朗和叙利亚的支持下,真主党保留了武器,以便继续在黎巴嫩南部反抗以色列的占领。这个什叶派民兵组织同意将其行动限制在那部分属于以色列所称的南黎巴嫩"安全区"的地区,这一地区无论如何都不属于黎巴嫩政府的管辖范围。真主党将继续其对以色列占领者的"圣战",其手段越来越老练,破坏性也越来越大。

战争终于结束了,黎巴嫩在经历了 15 年的内战之后,面临着几乎难以完成的重建任务。1975—1990 年,估计有 10 万至 20 万人死亡,更多的人受伤、残疾,还有数十万人被迫流亡。没有一座城市幸免于难,整块整块的街区都变成了寂静的街道,到处都是破碎的建筑物。后一波战争的难民占据了前一波战争中被遗弃的居民楼。全国许多地方的公用设施已完全瘫痪。电力供应得靠私人发电机,自来水时有时无且不健康,未经处理的污水流淌在街道上,滋养着在战争废墟中繁茂生长的植物。

黎巴嫩的社会结构也受到了同样程度的破坏。对暴行的记忆,对那些永远不能纠正的不公的记忆,在和平宣布之后很久依然割裂着黎巴嫩的许多社群。和解、健忘和对过上正常生活的强烈驱动力结合在一起，使黎巴嫩人能够再次像一个国家一样行事。结果，有些人认为，黎巴嫩人对他们的国家的责任感变得更强了。[32]然而，黎巴嫩仍然是一个动荡不安的国家，冲突再次爆发的威胁始终存在人们的意识中。

*

萨达姆·侯赛因的入侵以及美国领导解放科威特的战争带来了一个意想不到的结果——迫使美国去处理长期悬而未决的巴以冲突。美国政府承认，科威特危机给美国的阿拉伯盟友带来了巨大的压力。萨达姆·侯赛因频繁提到解放巴勒斯坦，虽然这很不现实，但这使他在整个阿拉伯世界赢得了广泛的民众支持，并使其他阿拉伯国家的政府遭受公众的谴责。阿拉伯各国公民认为，他们的政府已经糊涂了：他们应该为了解放巴勒斯坦去同以色列作战，而不应该为了解放科威特的财富和石油去代表美国同伊拉克作战。

美国也受到阿拉伯媒体和舆论的广泛谴责。多年来，美国一直支持以色列，而后者却在要求其归还所占阿拉伯领土的联合国决议面前耀武扬威。1990年，以色列继续占领加沙地带、约旦河西岸、戈兰高地和黎巴嫩南部部分地区。然而，当伊拉克入侵科威特时，美国却援引联合国安理会的决议，似乎这些决议是神圣不可侵犯的。占领有的是对的，有的是错的；联合国的决议有的具有约束力，有的不具有约束力。对同为占领者的伊拉克和以色列实施了双重标准，这是不言而喻的。

萨达姆·侯赛因试图将伊拉克撤出科威特与以色列撤出巴勒斯坦被占领土相关联，对此，美国总统乔治·赫伯特·沃克·布什予以拒绝，但他无法否认伊拉克所提要求的逻辑性。1991年3月，伊拉克冲突刚结束，布什政府就宣布了一项新的阿以和平倡议。这是一次毫不遮掩的尝试，目的是重新掌握主动权，并表明，在新的世界秩序中，无论是和平还是战争，美国都一样可以有效地使用其权力。

美国有意重启和平进程的消息传来，巴勒斯坦人感到些许宽慰。他们支持萨达姆·侯赛因，支持其占领科威特，但这让他们付出了沉重的代价。国际社会刻意回避巴解组织，阿拉伯海湾国家切断了所有对巴勒斯坦人的资助。尽管布什政府明确表示，对于巴解组织在科威特冲突中采取的立场，他们无意奖惩，但新的和平倡议只会帮助巴勒斯坦人走出孤立。

巴勒斯坦活动家萨利·努赛贝赫在拉马拉监狱的牢房里庆祝布什的倡议。努赛贝赫因指引伊拉克飞毛腿攻击以色列目标这一表面上的指控被判入狱3个月，当1991年3月布什宣布其倡议时，他的刑期将满。美国的倡议完全出乎他的意料。"老乔治·布什突然发表了一项令人震惊的政策声明：'全面和平必须以第242号和第338号决议以及以土地换和平的原则为基础。'"布什接着把以色列的安全与巴勒斯坦人的权利联系在一起。他的国务卿詹姆斯·贝克宣布，以色列在约旦河西岸的定居点是和平的最大障碍。努赛贝赫在他的回忆录中回忆道："听到这些后，我在我狭小的牢房里跳起舞来。"[33]

一些巴勒斯坦人对美国的意图持怀疑态度。努赛贝赫在比尔宰特大学的同事、巴勒斯坦重要的政治活动家哈南·阿什拉维（Hanan Ashrawi）剖析了布什声明的语言："[布什]称将'投入美国在战争中获得的信誉给该地区带来和平'，我们认为这是在宣扬所得到的战利品。"阿什拉维认为，整个和平倡议是美国为使中东服从其统治而做出的努力。她说："声明称，随着冷战的结束，'新的世界秩序'正在形成，而我们是其中的一部分。我们认为这是根据美国的蓝图对我们的世界进行重新组织。声明称，中东和解的机会之窗正在打

开。我们认为这窗户是窥视孔、长隧道或陷阱。"³⁴

美国人向巴勒斯坦人表明的第一件事是，他们不会允许巴解组织在谈判中发挥任何作用。以色列政府断然拒绝参加与巴解组织的任何会晤，而美国人则有意排挤亚西尔·阿拉法特，以报复他对萨达姆·侯赛因的支持。

1991年3月，美国国务卿詹姆斯·贝克前往耶路撒冷，邀请约旦河西岸和加沙地带的巴勒斯坦领导人参加和平会议，代表被占领土上的巴勒斯坦人进行谈判。巴勒斯坦人认为，贝克的倡议公然企图建立另一个巴勒斯坦领导层。他们不想被牵扯进来，去破坏巴解组织作为巴勒斯坦人民唯一合法代表的国际公认地位。这些"内部"政治活动人士在同意3月13日与贝克会面之前，给突尼斯的巴解组织领导层写信，以获得阿拉法特的正式批准。

11名巴勒斯坦人出席了第一次会议，领头的是耶路撒冷人费萨尔·侯赛尼（Faisal al-Husseini）。他是阿卜杜·卡迪尔·侯赛尼的儿子，后者在1948年的盖斯塔勒战役中战死，这次战役标志着巴勒斯坦抵抗犹太复国主义的失败。费萨尔·侯赛尼是耶路撒冷最古老和最受尊敬的家族之一的后人。他也是一名忠诚的法塔赫成员，与亚西尔·阿拉法特关系密切。

侯赛尼开始发言："我们是奉巴解组织的命令来到这里的，这是我们唯一合法的领导。"

贝克回答说："你选择谁做你的领导是你自己的事。我正在寻找来自被占领土的巴勒斯坦人，他们不是巴解组织成员，愿意在安理会第242号和第338号决议以及土地换和平原则的基础上进行直接的双边、两阶段谈判，并愿意与以色列和平相处。这个房间里有吗？"贝克看着那11个巴勒斯坦人，但并不逼迫他们。

萨伊布·阿里卡特（Saeb Erakat）说："国务卿先生，我们必须提醒你,我们是一个有尊严和自豪的民族。我们没有被打败,这也不是萨夫万帐篷。"他指的是美国人在海湾战争结束时为伊拉克投降的条件谈判而搭建的帐篷。身材魁梧的阿里卡特是英国大学培养的、纳布卢斯纳贾赫大学的政治学教授。

贝克反驳道:"你们支持失败的一方不是我的错,你应该告诉你的领导不要下错赌注,这太愚蠢了,这是要付出很大代价的。"

海达尔·阿卜杜·沙菲(Haidar Abdel Shafi)说:"我同意来参加这次会议只为了谈一件事:以色列在被占领土建定居点的行动必须停止。只要定居点继续建设下去,就不会有和平进程。你可以一直从我这里听到这个观点。"阿卜杜·沙菲是加沙医学协会的医生和主席,他是被占领土的资深政治家,曾在1948—1967年加沙被埃及统治期间担任巴勒斯坦议会议长。

贝克回应说:"开始谈判,定居点行动就会停止。"

巴勒斯坦活动家们异口同声地回答道:"他们必须先停止行动,否则我们不能进入谈判进程。"

国务卿贝克注意到,会谈的主题正在转向谈判,他已找到了一群可靠的人来代表巴勒斯坦出席和平会议。带着些许满足感,他说:"现在你们在谈正事了。"[35]

第一次交流开启了美国人和巴勒斯坦人之间为期6个月的谈判,最终确定了1992年10月在马德里举行的和平会议的议程。美国人在以色列人和巴勒斯坦人之间奔走,试图调和几乎不可调和的立场,以确保会议的成功。

事实证明,与巴勒斯坦人相比,以色列政府对美国和平计划的阻碍要大得多。伊扎克·沙米尔总理领导的右翼利库德集团致力于保留所有占领的土地,特别是东耶路撒冷。随着冷战的结束,苏联犹太人得到了移居以色列的自由，以色列政府决心保留对其控制的所有土地的选择权，以应对新的移民潮。以色列正在加紧建设定居点，将其领土诉求扩大到约旦河西岸，并为俄罗斯移民提供新的住处。

对巴勒斯坦谈判者来说，东耶路撒冷和定居点是红线问题：如果以色列人保留整个耶路撒冷，并允许在约旦河西岸被占领土上继续建造定居点，就没有什么可讨论的了。巴勒斯坦人认为这两个问题是密不可分的。萨利·努赛贝赫分析道："以色列人想把定居点和东耶路撒冷问题排除在外，这是经过精心考虑的。在这两个问题中，我最担心东耶路撒冷问题。围绕耶路撒冷的战斗是关乎生存的战斗，这不是因为它是一座神奇的城市，而是因为它曾经是、现在也是我们文化、民族认同和记忆的中心——如果以色列人要想在他们所谓的朱迪亚和撒马利亚〔即西岸〕任意妄为，就必须加以铲除。"努赛贝赫总结道："我确信，只要我们坚守耶路撒冷，我们就可以在任何其他地方抵抗住他们。"[36]

布什政府对巴勒斯坦人的立场表示同情，并显然对沙米尔和他的利库德政府在马德里会议之前的顽固立场感到愤怒。尽管如此，在许多方面，美国继续优先考虑以色列的要求，而非巴勒斯坦人的关切。以色列人坚持将巴解组织完全排除在谈判进程之外，只允许巴勒斯坦人作为约旦-巴勒斯坦联合代表团的低级别合作方出席会议，东耶路撒冷的居民不得被委任参加谈判。这意味着一些最有影响力的巴勒斯坦人，如费萨尔·侯赛尼、哈南·阿什拉维和萨利·努赛贝赫，被禁止在马德里谈判中扮演任何官方角色。作为应对，在阿拉法特的建议下，侯赛尼和阿什拉维以非正式的"指导委员会"成员的身份陪同阿卜杜·沙菲率领的巴勒斯坦官方代表团。

尽管有种种限制，陪同约旦人前往马德里的巴勒斯坦代表团是国际舞台上最擅言辞、最具说服力的巴勒斯坦民族愿望的代言人。哈南·阿什拉维被指定为巴勒斯坦代表团的官方发言人。阿什拉维先在贝鲁特美国大学学习，又在弗吉尼亚大学获得了英国文学博士学位，其后回到约旦河西岸，在比尔宰特大学任教。阿什拉维是一位来自基督教家庭的杰出女性，有着出色的口才。在西方，许多人将巴勒斯坦事业同一种模式化的恐怖分子形象联系在一起，而她则完全不同。

在马德里，阿什拉维全力争取媒体的支持，让新闻报道的调子向有利于巴勒斯坦人的方向倾斜。从战略上考虑，她知道巴勒斯坦代表团通过赢得国际新闻界的支持来弥补在谈判桌上的弱势是多么重要。阿什拉维用她的足智多谋，在马德里向世人传递了巴勒斯坦人的诉求。当被拒绝进入官方新闻中心时，她在公共场所召开临时新闻发布会，吸引了比参加马德里会议的任何一家代表团都多的记者，造成一片混乱。为了规避西班牙极度严格的安全措施，她占据了一个市政公园，在那里，摄像团队可以跳脱安全部队的限制而摆设机位。仅在一天之内，她就接受了国际各大电视网络的 27 次长篇采访。以色列代表团发言人本雅明·内塔尼亚胡努力追赶这位魅力非凡的巴勒斯坦妇女，后者正持续不断地抢以色列人的风头。

阿什拉维对马德里会议最持久的贡献，是她为海达尔·阿卜杜·沙菲起草的在 1991 年 10 月 31 日代表巴勒斯坦代表团发表的讲话稿。阿卜杜·沙菲举止庄重，嗓音浑厚而深沉，他用尊严感满满的演讲，完美匹配了阿什拉维那文采飞扬的讲稿。他首先向与会的政要们问好，然后开始进入讲稿的核心部分，一边演说，一边用他那咄咄逼人的目光注视着全球的观众。面对济济一堂的以色列人、阿拉伯人和国际社会成员，他缓慢而庄重地说道："我们在马德里这座有着丰富历史脉络的城市开会，把我们的过去和未来编织在一起。

又一次，基督徒、穆斯林和犹太人面临挑战，去迎接一个新时代，这是一个为民主、人权、自由、正义和安全等全球价值观所保护的新时代。我们从马德里开始追寻和平，把人类生命的神圣置于我们世界的中心，把我们的精力和资源从追求相互毁灭转向追求共同的繁荣、进步和幸福。"[37] 阿卜杜·沙菲时刻注意着去代表所有的巴勒斯坦人发言，无论处于流亡，还是居于被占领土。他说："我们在这里共同寻求一个公正、持久的和平，其基石是巴勒斯坦的自由、巴勒斯坦人的正义和结束对所有巴勒斯坦与阿拉伯领土的占领。只有这样，我们才能真正共同享受和平的成果：繁荣、安全以及人的尊严和自由。"巴勒斯坦代表团开场表现十分精彩，这是他们在世界外交舞台上的首次亮相。

阿卜杜·沙菲的讲话在被占领土上的巴勒斯坦人中引起了不同的反响。伊斯兰主义的哈马斯运动，拒绝向两国方案妥协，它们从一开始就宣布反对参加会议。世俗的巴勒斯坦人则担心，他们的代表团可能会迫于美国和以色列的压力，做出与巴勒斯坦民族愿望不相符的让步。在巴勒斯坦大起义进行了4年后，所有巴勒斯坦人都希望看到他们多年的斗争和牺牲能换来一些具体的成果。

由于巴勒斯坦人能从马德里和平会议得到的好处最多，他们的发言大多面向未来向前看。其他代表团口头上承认会议的历史意义，但实际上却借机申诉过往的冤屈。黎巴嫩代表团关注的是以色列对黎巴嫩南部的持续占领，以色列总理列举了阿拉伯人意图摧毁这个犹太国家的种种努力，叙利亚外交部部长罗列了"以色列的不人道行为"，以表明他对必须同以色列人会谈感到厌恶。

共处3天后，代表们开始剑拔弩张，闭幕发言时发生了公开争吵。以色列总理沙米尔定下了辱骂的基调，他狠批叙利亚人，称自己可以"不停不歇地陈述各种事实来证明叙利亚在多大程度上理应被怀疑是世界上最暴虐、最专制的政权之一"。对于巴勒斯坦人，他摆出一副屈尊俯就的样子，称阿卜杜·沙菲"付出了勇敢的努力去讲述他人民的苦难"，但他指责巴勒斯坦人"歪曲历史，歪曲事实"。发言结束时，沙米尔和他的代表团一起冲出会议厅，表面上的理由是需要过犹太安息日。

阿卜杜·沙菲愤怒地回应，他对以色列代表团留下的空座说道："巴勒斯坦人是一个拥有合法民族权利的民族。我们不是'领土上的居民'，不是历史的偶然产物，不是以色列扩张主义计划的障碍，不是抽象的人口问题。沙米尔先生，对这个事实，你也许想闭上眼睛，但我们就在这里，在全世界的面前，在你眼前，我们的存在是不会被否认的。"

当愤怒的叙利亚外交部部长法鲁克·沙雷（Farouk al-Shara'a）拿出一张英国通缉伊扎克·沙米尔的告示时，会场上的相互辱骂达到了高潮。这张告示可以追溯到他加入斯特恩团伙在巴勒斯坦与英国斗争的日子。沙雷一边说，一边气势汹汹地挥舞着告示："让我给你们看一张沙米尔的老照片，那时他32岁。"他注意到沙米尔矮小的身材，停下来讥笑着说："165厘米。"沙雷越说越来劲，继续说道："这张相片被四处分发是因为他被通缉了。他自己承认自己是恐怖分子。据我所知，他承认他……在1948年参与谋杀了联合国调解人贝纳多特伯爵。他杀害了和平的调解人，却还在谈论叙利亚、黎巴嫩和恐怖主义。"[38]

沙雷冗长而激烈的批评让场面很难看，也预示着阿以和平的不祥前景。马德里会议在这不和谐的音符中结束。尽管会议正式结束了，但阿以和平谈判在美国的支持下进入了新的阶段：通过双边谈判来解决以色列与其阿拉伯邻国之间的分歧，以及通过40多个国家和国际组织参加的多边谈判来解决水、环境、军备控制、难民和经济发展等全球关切的问题。马德里进程虽然最终并没有成功，但却开启了以色列与其阿拉伯邻国之间 40 多年冲突以来最大范围的和平谈判。

双边谈判的目的是根据联合国安理会第 242 号和第 338 号决议，以归还被占领土换取和平的方式来解决阿以冲突。但是阿拉伯人和以色列人对这些决议的不同解释从一开始就困扰着谈判。阿拉伯国家抓住决议序言中提出的"不允许通过战争获取领土"的原则，主张以色列完全撤出 1967 年 6 月战争期间占领的所有阿拉伯领土，将之作为实现和平的先决条件。相反，以色列人声称，该决议只要求以色列军队从 1967 年战争中占领的领土撤出——并非所有领土，只是"领土"，并坚称，以色列在与埃及签订和平条约后，从西奈半岛撤出，这便已经履行了对第 242 号决议的承诺。以色列人提出，阿拉伯各方必须为了自己而谋求和平，并在不设先决条件的情况下，以协商双方都能接受的方案来解决领土问题。以色列、黎巴嫩、叙利亚和约旦之间的谈判没有取得任何进展。

以色列和巴勒斯坦之间的谈判有着不同的侧重点。双方同意就巴勒斯坦获得 5 年自治过渡期的条件进行谈判，过渡期结束后双方将进行最后谈判，以结束巴以冲突。但是，谈判开始后，沙米尔政府竭尽全力阻止巴勒斯坦人取得有意义的进展，并加紧建造定居点，以加强以色列对约旦河西岸的控制。沙米尔在 1992 年选举失败后接受采访时证实，他的政府阻碍了谈判，旨在阻止巴勒斯坦人建国并保留约旦河西岸作为以色列定居点。"我可以进行 10 年的自治谈判，到时候，我们在朱迪亚和撒马利亚的人口将达到 50 万。"[39]

沙米尔政府在选举中落败，他对谈判的阻挠也走到了尽头。1992 年以色列大选，左倾的工党领袖伊扎克·拉宾上台。在巴勒斯坦大起义中，拉宾授权对示威者实施身体暴力，这样的名声几乎没有理由使巴勒斯坦谈判代表相信"断骨者拉宾"能够成为"和平缔造者拉宾"。[40]

在拉宾上任的头几个月里，对于陷入僵局的双边谈判，他延续前任的做法，并没有带来什么改变。1992年12月，哈马斯活动分子绑架并杀害了一名以色列边防警卫。作为报复，拉宾在未经指控或审判的情况下下令逮捕416名嫌疑人并将他们驱逐到黎巴嫩。所有阿拉伯代表团都暂停了谈判以示抗议。如果说有什么不同的话，那就是拉宾看起来比沙米尔更强硬。

比尔·克林顿在1992年美国总统选举中出人意料地击败了乔治·赫伯特·沃克·布什，这引起了阿拉伯谈判团队的担忧。在总统竞选期间，克林顿曾明确表示无条件支持以色列，因此，阿拉伯各国代表团不认为美国总统更迭对他们来说是个好兆头。虽然谈判于1993年4月恢复，但克林顿政府对谈判采取了不干涉的态度，在缺少美国强有力领导的情况下，马德里会议发起的框架走进了死胡同。

巴以谈判的突破来自以色列政策的改变。以色列外交部部长西蒙·佩雷斯和他的副手尤西·贝林（Yossi Beilin）确信，与巴勒斯坦人和解符合以色列的国家利益。他们还认识到，只有与巴解组织的直接谈判才能达成和解。然而，自1986年以来，法律禁止以色列人会见巴解组织成员。到1992年，违反禁令的以色列记者和政客的人数越来越多，使得该项法律失去了意义。然而，以色列政府不能故意违反以色列的法律。拉宾对与巴解组织打交道并不抱太大热情，但他同意于1992年12月撤销禁止以色列公民与巴解组织接触的法律。

尤西·贝林给两名以色列学者耶伊尔·希尔施费尔德和罗恩·

蓬达克在挪威奥斯陆与巴解组织财务主管艾哈迈德·库赖秘密会面开了绿灯。这是在挪威外交部的主持下紧张和富有成果的谈判的开始,一共进行了14次会谈。

作为调解方,挪威人不偏不倚,他们提供了中立和自由决断的土壤,把对巴勒斯坦人和以色列人的干涉降到最小,以让双方解决分歧。挪威派出泰耶·勒厄德·拉森协助谈判,他在巴勒斯坦人和以色列人开始第一轮秘密外交谈判时,解释了挪威的角色。拉森强调:"如果你们想和平共处,就必须解决你们自己的问题。这是你们的问题。我们在这里为你们提供可能需要的帮助,如场地和事务性工作等。我们可以从旁协助……但仅限于此。我会在外面等待,不会干涉。只有当你们打起来了,我才会进来干涉。"拉森的幽默打破了两国代表团之间的僵局。巴解组织官员艾哈迈德·库赖回忆说:"正如所预期的那样,他这话让我们大家都笑了起来。"[41]

以化名艾布·阿拉而更为人所知的库赖在同耶伊尔·希尔施费尔德教授初次见面之前,从未见过以色列人,他把多年来巴勒斯坦人和以色列人之间相互敌对积累起来的所有恐惧与不信任摆在了谈判桌上。然而,在与世隔绝的挪威冬季,这5名男子——3名巴勒斯坦人和2名以色列人开始打破藩篱。"屋子里的气氛变得更轻松了,尽管我们这边仍然对以色列人有些不信任,但我们还是开始对他们有些好感了。"在第一次会议上,代表们确定了今后几轮会谈将要遵循的模式,不再围绕过去相互指责。艾布·阿拉回忆说:"我们把注意力集中在现在和未来,试图衡量我们在多大程度上有共同点,找出在哪些方面我们可能达成一致,并评估我们在各种问题上有多大的分歧。"[42]

在短短8个月内,巴勒斯坦人和以色列人在完全保密的情况下闭门讨论了他们的分歧,并争取到他们政府的支持来建立一个解决这些分歧的框架。他们经历过谈判破裂,挪威人有时不得不发挥更积极主动的作用,外交大臣约翰·约根·霍尔斯特(Johan Joergen Holst)甚至在突尼斯和特拉维夫之间进行了一些谨慎的电话外交,以帮助打破僵局。1993年8月,双方达成了一项他们愿意公开的协议。

当以色列和巴解组织宣布就巴勒斯坦在加沙和杰里科的临时自治达成协议时,全世界震惊了,当然他们也面临着可以预见的批评。看到在阿以和平进程中挪威人的成功和美国人的失败,克林顿政府颇为不悦。在以色列,反对党利库德集团指责拉宾政府的背叛行为,并承诺在重新掌权后废除该协议。阿拉伯世界批评巴解组织打破阿拉伯阵营,与以色列达成秘密协议,而巴勒斯坦的异见团体则谴责其领导人承认以色列。

奥斯陆谈判对亚西尔·阿拉法特来说是一场孤注一掷的赌博,但这位巴解组织主席已经别无选择。1993年,该组织面临着迫在眉睫的财政和制度崩溃。海湾石油国家断绝了对巴解组织的一切财政支持,以报复阿拉法特在海湾危机中对萨达姆·侯赛因的支持。到1991年12月,巴解组织的预算减少了一半。数千名战斗人员和雇员被裁减或连续数月没有薪水;到1993年3月,多达三分之一的巴解组织人员根本没有收入。财政危机引发一系列腐败和管理不善的指控,使巴解组织内部产生分裂。[43]作为一个流亡政府,巴解组织很难在这种压力下坚持很久。与以色列达成和平协议有可能为巴解组织开辟新的财政来源,并将为该组织在巴勒斯坦获得一个立足点,在此基础上可以向实现困难重重的两国方案迈进。

《奥斯陆协议》仅为巴勒斯坦人提供了一个小小的立足点。该协议规定建立一个临时巴勒斯坦权力机构,管辖加沙地带和约旦河西岸以杰里科为中心的地区。对许多巴勒斯坦人来说,这些领土所得同巴勒斯坦人对以色列做出的重大让步相比,似乎微不足道。在

《奥斯陆协议》宣布前夕，阿拉法特向哈南·阿什拉维透露了他的战略："以色列完全撤出加沙和杰里科是巴勒斯坦同以色列脱离接触的第一步，我将对两地行使主权。我要下杰里科，是因为它会把我带到耶路撒冷，并进而把加沙和约旦河西岸连接起来。"阿什拉维看上去并不信服。"相信我，我们很快就会有自己的国家电话代码、邮票和电视台。这将是巴勒斯坦国的开始。"[44]

随着1993年9月13日《临时自治安排原则宣言》（即《奥斯陆协议》）在白宫草坪上签署，《加沙地带-杰里科先行自治协议》成为现实。在全球电视观众面前，伊扎克·拉宾克服了不情愿，与亚西尔·阿拉法特握手，达成了协议。艾布·阿拉回忆道："所有的阿拉伯电视台都直播了这个仪式，阿拉伯世界的许多人几乎不敢相信正在发生的事情。"[45]

实际上，巴解组织和以色列达成的是一项巴勒斯坦分治计划。该协议要求以色列从杰里科和加沙地带撤出其军事行政机构，由巴勒斯坦民政管理机构取而代之，过渡期5年。协议还规定设立一个经选举产生的委员会，以"按照民主原则"管理巴勒斯坦人民。巴勒斯坦权力机构将控制文教、卫生、社会福利、税收和旅游业。巴勒斯坦警察将为巴勒斯坦人控制的地区提供安全保障。

这项协议推迟了对最具争议的问题的讨论。耶路撒冷的未来、难民的权利、定居点的地位、边界和安全布局都将在进入过渡期3年后开始的最终地位谈判中讨论。对于最后的永久解决方案，巴勒斯坦人期望的比以色列人可能让步的更多：前者希望在约旦河西岸和加沙地带全境建立一个以东耶路撒冷为首都的独立的巴勒斯坦国；后者期待与非必要的阿拉伯领土脱离，在此之上形成一个去军事化的巴勒斯坦实体。这些根本性分歧留待日后讨论。10月11日，《临时自治安排原则宣言》在以色列议会以令人满意的多数获批，而在由 80 名成员组成的巴勒斯坦中央委员会则以压倒性多数（63 票赞成、8 票反对、9 票弃权）获批。

到 1994 年 5 月，有关以色列部队撤出加沙和杰里科并在两地建立巴勒斯坦统治的技术细节已经解决。7 月 1 日，亚西尔·阿拉法特胜利返回加沙，监督巴勒斯坦权力机构的运作。9 月，阿拉法特和拉宾返回华盛顿，签署了《以色列-巴勒斯坦关于西岸和加沙地带的临时协议》，称为《奥斯陆二号协议》。中东政治就此进入了"奥斯陆时代"。

《奥斯陆协议》将以色列在阿拉伯世界的接受度提升到了前所未有的程度。一旦巴勒斯坦人与以色列达成单方面协议，其他阿拉伯国家就可以自由地基于自己的利益同这个犹太国家往来，不会再冒背叛巴勒斯坦事业的风险。在很大程度上，阿拉伯世界已经厌倦了阿以冲突，转而以务实的态度看待以色列。约旦人首先对这个新的现实做出反应。

《奥斯陆协议》一经宣布，约旦人就立即行动。侯赛因国王认为，与以色列缔结和约是约旦摆脱自伊拉克入侵科威特以来遭受的孤立的最佳途径。侯赛因国王相信，作为缔结和约的回报，约旦将获得美国的大量援助和国际投资。《临时自治安排原则宣言》在白宫签署后第二天，以色列和约旦的代表在美国国务院办公室会晤，签署了双方在马德里双边谈判过程中制定的和平纲领。

1994 年 7 月 25 日，侯赛因国王和拉宾总理应邀返回华盛顿，签署了一项初步和平协议，结束两国之间的交战状态，同意根据联合国安理会第 242 号和第 338 号决议解决所有领土争端，并承认哈希姆王室在穆斯林圣地耶路撒冷的特殊地位。同年 10 月 26 日，约旦和以色列在两国边境的阿拉巴沙漠签署最终和平条约。约旦成为继埃及之后第二个与这个犹太国家交换大使并实现关系正常化的阿拉伯国家。

以色列与巴解组织和约旦达成的协议为其他阿拉伯国家政府与以色列建立关系铺平了道路。1994年10月，摩洛哥和以色列同意在对方首都设立联络处。1996年1月，突尼斯采取了同样的做法。这两个国家都有较大规模的犹太少数社群，与以色列有着长期的联系。1999年11月，西北非的阿盟成员国毛里塔尼亚正式与以色列建交，并互派大使。两个阿拉伯海湾国家——阿曼苏丹国和卡塔尔分别于1996年1月和4月与以色列互建了贸易办事处。"奥斯陆时代"证明以色列得到了从北非到海湾的阿拉伯国家的广泛接受，这让那些一直以来认为阿拉伯世界永远不可能与这个犹太国家和平相处的人大跌眼镜。

然而，奥斯陆进程在某些地方继续遭到强烈反对，最激烈的反对来自以色列和巴勒斯坦被占领土。以色列和巴勒斯坦领土上的极端分子诉诸暴力，企图破坏和平协议。哈马斯和伊斯兰"圣战"组织声称对1993年9月《临时自治安排原则宣言》签署后立即发生的针对以色列人的多起致命袭击负责。以色列极端分子也加紧了对巴勒斯坦人的袭击。1994年2月，巴鲁赫·戈德斯坦身穿以色列预备役部队制服进入希伯伦易卜拉希米清真寺，向聚集在一起进行晨礼的礼拜者开火，造成29人死亡，150人受伤。随后，幸存者一拥而上，当场打死了他。戈德斯坦是一名医生，居住在基尔亚特·阿尔巴。这是希伯伦附近的一个激进的定居点，在他死后，当地人在他的坟墓旁安置了一块匾额，纪念他的屠杀行为，上面写着："献给神圣的巴鲁赫·戈德斯坦，他为犹太人民、律法和以色列民族献出了自己的生命。"

巴勒斯坦和以色列极端分子之间的鸿沟越来越大。希伯伦屠杀事件引发的愤怒导致巴勒斯坦人的袭击升级，旨在造成最大伤亡的自杀式爆炸也增多了。1994年4月，阿富拉和哈代拉公共汽车上发生的自杀式爆炸造成13人死亡。同年10月，特拉维夫也发生了一起针对公共汽车的自杀式袭击，造成22人死亡。作为回应，以色列暗杀伊斯兰主义团体的领导人。1995年10月，以色列特工在马耳他击毙了伊斯兰"圣战"组织领导人法特希·沙卡基（Fathi Shiqaqi），并于1996年1月用植入饵雷的手机杀死了哈马斯领导人叶海亚·阿亚什（Yahya 'Ayyash）。以色列人和巴勒斯坦人发现自己陷入了暴力和报复的循环之中，这严重挫伤了（各方）对奥斯陆进程的信心。

一起谋杀预示了奥斯陆进程的结束。1995年11月4日，伊扎克·拉宾在特拉维夫市中心举行的群众和平集会上发表讲话。这位以色列总理显然被15万张面孔构成的强大阵势所感动，对巴以和平的共同信念让这庞大的人群团结在一起。拉宾缓慢而庄重地说道："这次集会必须向以色列公众、全世界的犹太人、阿拉伯国家和世界各地的民众传递这样一个信息，那就是以色列国希望和平，支持和平，为此我感谢你们。"[46] 随后，拉宾带领人群唱了一首和平歌曲，便离开了。

一名参加集会的男子结束了和平进程。在拉宾被护送离开讲台回到他的汽车上时，一名叫伊格尔·埃米尔的以色列法律专业的学生突破保护总理的安全警戒线，开枪打死了他。在审判中，埃米尔公开承认刺杀，并解释说，他杀害拉宾是为了阻止和平进程。埃米尔深信犹太人对整个以色列土地的神圣权利，认为作为一名虔诚的犹太人，他有责任阻止任何以土地换取和平的交易。一个经受住了巴勒斯坦人和以色列人之间多次暴力行为的进程，在转瞬之间，就倒在了以色列人内部的一次暴力行为之下。

拉宾是奥斯陆进程不可或缺的人物。他的直接继任者是老对手西蒙·佩雷斯。尽管佩雷斯是奥斯陆进程的设计者之一，但他并不享有公众对拉宾那样的信任。一个长期的土地换和平方案所需要的那种程度的信任，以色列选民给不了佩雷斯。

安全领域被认为是佩雷斯的薄弱环节，为了向批评者证明此言不实，他发动军事行动报复真主党；后者袭击了黎巴嫩南部的以色列军营，并向以色列北部发射了导弹。1996年4月发动的"愤怒的葡萄"行动，证实了选民对佩雷斯在安全问题上的判断能力的疑虑。以色列的大规模入侵致使40万黎巴嫩平民流离失所。之后，以色列空军又轰炸了黎巴嫩南部村庄卡纳的一个联合国基地，造成102名在那里躲避袭击的难民死亡，这引发了国际社会的广泛谴责。这一行动在美国的调解下不光彩地结束了，没有给以色列的安全带来任何明显的好处。佩雷斯在1996年5月的选举中受到了选民的惩罚，利库德集团领导人本雅明·内塔尼亚胡以微弱的优势赢得了总理职位。

内塔尼亚胡的当选使以色列走上了与其在奥斯陆所做承诺相左的道路。内塔尼亚胡及其政党一贯反对以土地换取和平的原则。尽管他确实迫于美国的压力，完成了对约旦河西岸城镇希伯伦的重新分割，但他那用小块土地换和平的做法使以色列完全控制了约旦河西岸71%以上的土地，并控制了其他被占领土中23%以上地块的安全事务。这与《奥斯陆二号协议》中巴勒斯坦人期望的90%的领土移交相去甚远。

内塔尼亚胡为耶路撒冷而战，他利用定居点运动制造了不可改变的既成事实。他在艾布·古奈姆山建造并投入使用了6500个住房单元，建立起一个名为霍马山的新定居点，完成了以色列定居点对阿拉伯东耶路撒冷的包围。内塔尼亚胡用犹太人定居点包围耶路撒冷，是为了预先顶住压力，避免向巴勒斯坦权力机构交出1967年6

月占领的耶路撒冷阿拉伯区。霍马山是不断升级的定居点政策的最新一项，这种政策比任何其他因素都更易导致巴勒斯坦人对奥斯陆进程的信心崩溃。

在执政 3 年后，内塔尼亚胡失去了本党的信任，在腐败丑闻的困扰下，他被迫要求在 1999 年 5 月举行新的选举。他被击败了，在另一位退役将军埃胡德·巴拉克的领导下，工党重新掌权。巴拉克的竞选承诺之一是结束以色列对黎巴嫩南部的占领，如果当选，将在一年内撤出所有以色列部队。对黎巴嫩南部的占领在以色列越来越不受欢迎，因为真主党的持续攻击给以色列部队造成了经常性的伤亡。

在以压倒性优势战胜内塔尼亚胡后，巴拉克将从黎巴嫩撤军作为他的首要任务之一。然而，将权力从撤离的以色列部队平稳移交给他们在黎巴嫩南部军队中的本地代理的努力失败了，因为他们在黎巴嫩的合作者向真主党的部队投降了。以色列的单方面撤军变质为炮火下不体面的撤退，从而使真主党声称其长达 18 年的旨在将以色列人赶出黎巴嫩的运动取得了胜利。以色列高级军官怒不可遏，急切地等待下一次与这个什叶派民兵组织算账的机会。

一个反常的领土安排为未来的冲突埋下了种子。以色列从黎巴嫩完全撤出，除了存有争议的希巴农场，这是黎巴嫩与被占领的（叙利亚）戈兰高地边界沿线 22 平方千米（8 平方英里）的一片狭长地带。以色列至今声称它是被占领的叙利亚领土，而叙利亚和黎巴嫩则坚持认为它是黎巴嫩领土。真主党以希巴农场被占为借口，继续武装抵抗以色列对黎巴嫩领土的占领。

刚一撤出黎巴嫩，巴拉克总理就恢复了与巴解组织的谈判。鉴于以色列在内塔尼亚胡领导下的种种行动，双方之间几乎没有信任或善意。亚西尔·阿拉法特指责以色列未能履行《奥斯陆协议》规定的条约义务，并敦促巴拉克遵守临时协定中尚未履行的承诺。相比之下，巴拉克则希望直接着手讨论永久解决方案。这位以色列总理认为，与巴勒斯坦人无休止地争论临时安排的细节已经破坏了双方的谈判，他希望利用克林顿总统任期的最后几个月来确保达成一个永久解决方案。

比尔·克林顿邀请巴拉克和阿拉法特参加在马里兰州总统度假胜地戴维营举行的首脑会议。2000年7月，三国领导人举行了为期两周的会晤，尽管提出了大胆的新想法，但在形成解决方案方面没有取得任何实质性进展。第二次首脑会议于2001年1月在埃及旅游胜地塔巴举行。在那里，以色列人提出了迄今为止最慷慨的条件；即便如此，塔巴提案仍然把构拟的巴勒斯坦国的大部分领土置于以色列的控制之下，因而不能作为永久的解决方案。戴维营首脑会议和塔巴首脑会议的失败引发了尖锐的争吵与相互指责，美国和以色列的团队都错误地将失败归咎于阿拉法特和巴勒斯坦代表团。巴以间建立和平所必需的信任和善意已荡然无存。

奥斯陆框架是有缺陷的，但自1948年犹太国家成立以来，还没有哪个时刻能让阿以如此接近和平。奥斯陆会议的成果非常显著。以色列和巴解组织跨过了数十年的敌对状态，相互承认，并就两国方案进行了富有意义的谈判。巴勒斯坦领导人结束了突尼斯的流亡，开始在巴勒斯坦领土上建立自己的国家。以色列打破了在中东的孤立，首次与部分阿拉伯国家建立了正式关系，并破除了1948年以来阿盟对它的经济抵制。这些都是建立持久和平的重要基础。

不幸的是，这一进程同两个关联因素密不可分：双方之间建立互信和创造足够的经济繁荣，以使巴勒斯坦人和以色列人愿意做出永久解决所必需的艰难妥协。奥斯陆时期是以色列经济增长的阶段，而巴勒斯坦经济则经历了衰退和停滞。世界银行记录了奥斯陆进程那些年（巴勒斯坦人）生活水平的大幅度下降，并估计到 2000 年，约旦河西岸和加沙每 4 个居民中就会有 1 人陷入贫困。此外，失业率高达 22%。[47] 1993—2000 年间生活水平的下降，使巴勒斯坦人普遍对奥斯陆进程不再抱有幻想。

以色列扩建定居点的决定是破坏《奥斯陆协议》的一个关键因素。对巴勒斯坦人来说，定居点在国际法上是非法的，定居点的持续扩张违反了《奥斯陆二号协议》的规定。[48] 然而，在奥斯陆进程的几年里，以色列定居点的扩张程度是 1967 年以来最大的。约旦河西岸和东耶路撒冷的（犹太）定居者人数从 1993 年的 24.7 万增加到 2000 年的 37.5 万，增幅 52%。[49] 定居点建在以色列希望保留的地区，这些地区或是靠近以色列的中心城市，或是临近重要的含水层，有利于控制约旦河西岸稀缺的水资源。巴勒斯坦人指责以色列人摈弃土地换和平原则，反而进行土地掠夺，而和平进程的担保方美国却对此视而不见。

巴勒斯坦人对奥斯陆进程的期望，无非是在约旦河西岸和加沙地带的全部领土上建立一个以东耶路撒冷为首都的独立国家。巴勒斯坦人知道他们的立场得到了国际法的支持，并相信人口现实进一步强化了这一立场，因为这些领土上的居民几乎全部是巴勒斯坦人。巴解组织已经逐渐承认在 1948 年占领了巴勒斯坦 78% 土地的以色列国，但它们坚守对其余 22% 土地的权利。建立一个可以延续的巴勒斯坦国的地域已如此之小，没有任何可以让步的空间了。

巴勒斯坦人相信，和平进程未能实现建国、财产安全或繁荣，这引发了公众的愤怒，而定居点的扩张更是火上浇油。2000 年 9 月，愤怒的情绪达到顶点，演变成一系列暴力示威，并发展成为一场新的民众起义。同以非暴力抗争为特征的第一次大起义（1987—1993）相比，这第二次大起义确实非常暴力。

第二次大起义爆发的导火索，是2000年9月28日已升任右翼利库德集团领袖的阿里埃勒·沙龙对东耶路撒冷的访问。在戴维营首脑会议上，埃胡德·巴拉克总理提出了将东耶路撒冷交给巴勒斯坦人控制，并让耶路撒冷同时成为以色列和巴勒斯坦的首都的可能性。这一提议在以色列引起了极大的争议，促使巴拉克联盟的一些成员退出政府以示抗议。在这种情形下，一场新的选举势在必行。

对沙龙来说，耶路撒冷是一个制胜因素。他选择访问东耶路撒冷的圣殿山，以强化其政党维护耶路撒冷作为以色列不可分割的首都的主张，并发起他的竞选运动，把巴拉克从总理位置上赶下来。圣殿山，在阿拉伯语中被称为"尊贵禁地"，是公元70年被罗马人摧毁的犹太第二圣殿的所在地。7世纪以来，这里坐落着阿克萨清真寺，是伊斯兰教第三大圣地，仅次于麦加和麦地那。圣殿山对犹太教和伊斯兰教而言都极为重要，并因此成为一片充满政治色彩的土地。

2000年9月28日，沙龙在1500名武装警察的护送下抵达阿拉伯东耶路撒冷，并参观了"尊贵禁地"。这位利库德集团领导人在对随行的新闻记者发表的评论中称，他致力于维护以色列对整个耶路撒冷的统治。沙龙的安保团队驱散了在场抗议的一批巴勒斯坦要人。电视摄像机拍摄到以色列警方粗暴对待阿克萨清真寺最高级别的穆斯林宗教学者。萨利·努赛贝赫回忆说："不巧，他那象征崇高宗教地位的缠头被打掉了，落进了尘土里。观众看到，这一意义非凡的穆斯林圣地的最高级别穆斯林宗教学者，光着头站在那里。"在伊斯兰教第三大圣地侮辱一位受人尊敬的穆斯林宗教学者，足以在第二天激发大批民众来到"尊贵禁地"，参加周五的聚礼。"数百名全副武装、神情紧张的［以色列］边境警察进入老城，几十万来自周边社区和村庄的穆斯林涌进城门。"

聚礼过程中没有发生任何事件，但当愤怒的人群撤离清真寺时，一场暴力示威爆发了。青少年从禁地的建筑群向驻扎在下方西墙旁的以色列士兵投掷石块。以色列边境警察袭击了禁地的建筑群，士兵们向抗议者开火。几分钟内，8名闹事者被击毙，数十人受伤。萨利·努赛贝赫写道："'阿克萨大起义'开始了。"[50]

沙龙在安全问题上态度强硬，公共秩序的恶化对他有利，2001年2月，他（在选举中）大获全胜。以色列这位好战的新总理更感兴趣的是土地而不是和平，他的当选只会加剧以色列人和巴勒斯坦人之间的动荡。在新千年开始时，中东离和平越来越远，比以往任何时候都远。

*

在20世纪即将结束时，阿拉伯世界经历了一些重要的转变。几十年来一直是阿拉伯政治支柱的3位领导人去世了，他们的儿子继任。在一群长期执政的统治者的领导下，中东一直停滞不前。继任将新一代人推向权力宝座，燃起了改革和变革的希望。然而，无论是君主制国家还是共和制国家，都倾向于单一家族统治，这一状况阻碍了实质性的变革。

1999年2月7日，约旦国王侯赛因在与癌症长期斗争后去世。他在位近47年，是他这一代在位时间最长的阿拉伯统治者。侯赛因被国内外誉为和平缔造者，但他最后一刻更换继任者，引发了他家族和国家的动荡。侯赛因的弟弟哈桑自1965年以来一直担任王储。没有任何预警，侯赛因在去世前不到两周时解除了哈桑的职务，并任命长子阿卜杜拉为继承人。阿卜杜拉刚满37岁，相对年轻，且他的整个职业生涯都是在军队里度过的，几乎没有做好统治国家的准备。更糟糕的是侯赛因国王对这次换储的处理。这位垂死的君主在约旦媒体上发表了一封给哈桑亲王的冗长而愤怒的信,这封信简直就是对他弟弟的人格暗杀。许多与国王关系密切的人解释说,这封信是一项残忍但必要的措施,以确保哈桑永远不会对换储提出异议。约旦人在两周内接连经历了两次巨大冲击,一次是换储,另一次是执政多年的国王去世。许多人担心,他们这个由缺乏经验的年轻人接管的国家,未来岌岌可危。

5 个月后,1999 年 7 月 23 日,摩洛哥国王哈桑二世去世,结束了他 38 年的统治。接替他的是他的儿子穆罕默德六世,他只有 36 岁,和约旦国王阿卜杜拉二世一样,代表着阿拉伯国家新一代的领导人。他受过政治学和法律的训练,并在布鲁塞尔待过一段时间,熟悉欧盟的机构,他的父亲在他继任前的几年里一直在扩大他的职责范围。尽管如此,对于国内外大多数人来说,他仍然是一个未知数,所有人都想知道,新国王将如何在继续执行父亲的政策和在王国上留下自己的印记之间取得平衡。

世袭继承并不局限于阿拉伯君主制国家。2000 年 6 月 10 日,叙利亚总统哈菲兹·阿萨德在执政近 30 年后去世。老阿萨德一直在训练他的儿子巴希勒(Basil)来接替他,直到巴希勒在 1994 年的一次车祸中不幸去世。悲痛的总统召回了他的小儿子巴沙尔(Bashar),中断后者在伦敦的眼科学业,为继任做准备。巴沙尔·阿萨德进入了叙利亚军事学院,在他父亲生命的最后 6 年里,他的官方职责不断扩大。巴沙尔在 34 岁时就职,承诺改革。尽管叙利亚许多人预计新总统将面临来自政治体制内部和他父亲在 30 年威权统治中树敌众多的严重挑战,但从大马士革强人到他新手儿子的权力更替没有发生任何意外。

阿拉伯世界其他年迈的领导人也在培养他们的儿子接班。在伊拉克，萨达姆·侯赛因最初提拔他的儿子乌代（Uday）为法定继承人。乌代掌管着伊拉克的一家电视台和一家报社。因杀人不眨眼而臭名昭著的乌代·侯赛因在1996年的一次暗杀中身受重伤，一颗子弹留在了他的脊椎中。乌代康复无望，萨达姆·侯赛因开始提拔他的次子库赛（Qusay）继任。在利比亚，有传言称领导人穆阿迈尔·卡扎菲正准备让他的儿子们继承政权。在埃及，侯斯尼·穆巴拉克正在提拔他的儿子贾马勒，并拒绝任命副总统，这让许多人认为，到时候，贾马勒将继任总统。

然而，2000年最重要的继承发生在美国。当美国最高法院认定前总统乔治·赫伯特·沃克·布什的儿子乔治·沃克·布什在选举团投票中获胜时，阿拉伯世界的专家们嘲笑起美国来。民众投票略微偏袒小布什的民主党对手阿尔·戈尔，且投票结果最后决定于小布什的弟弟担任州长的佛罗里达州的不良选票和颇具争议的重新计票。上述事实表明，美国人的世袭统治并不亚于阿拉伯人。

事实上，大多数阿拉伯观察家在2000年庆祝了乔治·沃克·布什的胜利。他们认为布什家族是得州的石油大亨，与阿拉伯世界保持着良好的关系。阿尔·戈尔选择康涅狄格州参议员乔·李伯曼（Joe Lieberman）作为他的副总统竞选搭档，后者成为美国主要政党总统候选人中的第一位犹太人，这让阿拉伯世界的许多人认为，民主党将比共和党更亲以色列。他们选择信任布什。

新总统布什对中东不太感兴趣。他不是一个热衷外交事务的总统，他有别的优先事项。在就职前一周，布什与中央情报局局长乔治·特尼特（George Tenet）会面。在简要的情报汇报中，特尼特向当选的总统介绍了美国面临的三大威胁：大规模杀伤性武器、乌萨马·本·拉登和正在崛起为军事和经济强国的中国。[51]

尽管包括利比亚和叙利亚在内的一些阿拉伯国家被认为拥有危

险的武器项目，但国际社会最关心的是伊拉克的大规模杀伤性武器。自 1991 年 4 月联合国安理会第 687 号决议通过以来，伊拉克政府一直受到联合国和国际社会的持续压力，被要求交出大规模杀伤性武器。该决议要求销毁所有生化武器和核武器，以及射程超过 150 千米（93 英里）的所有弹道导弹。萨达姆·侯赛因怀疑美国人利用武器核查制度来颠覆他的政府，便去阻碍联合国武器核查人员的工作，后者于 1998 年从伊拉克撤出。

克林顿政府曾决心推翻萨达姆·侯赛因政府。他们坚持对伊拉克实行自其入侵科威特以来开始实行的严格的贸易制裁，但制裁并没有削弱侯赛因对政府的控制，反而造成了人道主义危机。他们动用英国和美国的空中力量定期在伊拉克北部和南部空中巡逻，对伊拉克领空保持着严格的监控。1998 年，克林顿政府推出《解放伊拉克法案》，承诺美国政府投入资金，支持伊拉克政权更迭。1998 年 12 月，在联合国武器核查人员离开伊拉克后，克林顿总统授权进行为期 4 天的轰炸行动，以"削弱"伊拉克生产和使用大规模杀伤性武器的能力。

小布什延续了克林顿的政策，即遏制伊拉克，限制其发展被认为对美国构成威胁的大规模杀伤性武器。

同任何来自伊拉克的威胁相比，美国情报界更关心美国与乌萨马·本·拉登的基地组织网络间不断加深的冲突。本·拉登投入了大量的时间和精力来实现基地组织宣布的目标，即将美国赶出沙特和更广大的伊斯兰世界。1998 年 8 月，美国驻坦桑尼亚和肯尼亚大使馆同时遭遇自杀式爆炸袭击，造成 220 多人死亡，数百人受伤——几乎所有伤亡者都是当地公民（只有 12 名死者是美国公民）。本·拉登因组织这两起使馆爆炸而被列入联邦调查局十大通缉犯名单。2000 年 10 月，停靠也门亚丁港的美国"科尔号"导弹驱逐舰遭到自杀式炸弹袭击，造成 17 名美国水手死亡，39 人受伤。

基地组织攻击美国武装力量中的薄弱环节在白宫圈里引发了切实的忧虑。2001 年 1 月，中央情报局局长特尼特警告布什说，本·拉登和他的网络对美国构成了"巨大""迫近"的威胁。然而，与伊拉克的萨达姆·侯赛因不同，本·拉登的威胁是流动的、难以捉摸的。目前尚不清楚新总统可能授权采取哪些政策措施来应对本·拉登的威胁。

布什进入椭圆形办公室时，深信伊拉克大规模杀伤性武器的威胁已经得到控制，且似乎并不特别关注本·拉登及其网络所构成的恐怖威胁。在他上任的头 9 个月里，布什的首要关注是中国。

2001 年 9 月 11 日发生的非同寻常的事件将改变布什的优先事项，并将开启美国现代史上与中东最大程度的接触，这也将是阿拉伯现代史上最为紧张的时刻。

第十五章　21世纪的阿拉伯人

阿拉伯世界的许多人感觉，公元第三个千年的最初十几年，已经像是一个世纪。在20世纪，重大的转折，一个人一辈子才经历一次：1914—1918年的第一次世界大战标志着奥斯曼时代的结束和欧洲帝国主义之下现代国家体系的引入；1948年的巴勒斯坦战争既开启了阿以冲突，也开启了中东的冷战；1991年的海湾战争宣告冷战的终结和一个崭新的美国霸权时代的开始。

而这个新千年已然见证了中东两个重大转变时刻：2001年的"9·11"袭击引发了美国领导的反恐战争，2011年的"阿拉伯之春"。这两个转折点的到来将决定21世纪中东的面貌。我们依然生活在两者的后续发展之中。在反恐战争和"阿拉伯之春"的压力之下，说2001年9月11日以来的岁月是阿拉伯现代史上最糟糕的时期，毫不夸张。

2001年9月11日，周四的早晨，恐怖主义团伙劫持了4架从波士顿、华盛顿特区和新泽西的纽瓦克出发的喷气式客机。在40分钟内，他们驾驶两架飞机撞向曼哈顿的世贸中心双塔，第三架撞向五角大楼，这是精密计划的自杀式袭击。第四架飞机在宾夕法尼亚州的一片田野里坠毁，它的目标被认为是美国国会大厦或白宫。除了

19名劫机者，共有约2974人在这4次袭击中丧生：死于世贸中心的2603人，死于五角大楼的125人，以及4架飞机上的246名乘客和机组人员。

恐怖分子没有事先警告，也没有提出要求。他们的目标是对美国造成最大程度的伤害，以催生改变。尽管没有任何组织对袭击负责，但美国情报机构从一开始就怀疑乌萨马·本·拉登的基地组织。"9·11"过后几天，美国联邦调查局就确定了这19名劫机者的身份。他们都是阿拉伯穆斯林男子——15人来自沙特，两人来自阿拉伯联合酋长国，一人来自埃及，一人来自黎巴嫩，他们都与基地组织有关联。我们只能从基地组织后来发布的声明推断自杀式劫机者心中想要推动的改变是什么：将美国赶出伊斯兰世界；动摇那里的亲西方政权，并以一个伊斯兰国取而代之。

对于这一次继日本在1941年袭击珍珠港以来美国本土发生的最严重的袭击，美国的回应是向一个基本上不知身份的敌人宣战。2001年9月20日，总统乔治·沃克·布什在国会两院联席会议上发表电视演讲，宣布发动"反恐战争"，从打击基地组织开始，"直到每一个全球性的恐怖组织都被发现、遏制和击败"。他让美国人为一场长期的、非传统的冲突做好准备，并向他们承诺，美国最终会胜利。

"9·11"袭击和反恐战争将美国与阿拉伯世界引向冲突之路。阿拉伯世界有很多人（当然不是全部，但依然有很多人）乐于见到美国遭难。对阿拉伯观察家而言，美国看上去对阿拉伯人的遭遇——以色列占领下巴勒斯坦人的困境、伊拉克人所经历的十年严酷经济制裁麻木不仁。乌萨马·本·拉登在他的公开声明中利用了这股阿拉伯人的愤怒。2001年10月，他声称："美国人今天所尝到的滋味，同我们过去几十年所经历的相比，只是九牛一毛。我们的民族已饱尝这样的羞辱和蔑视达 80 多年。"[1]

本·拉登从他阿富汗山中的秘密堡垒发出的声明,极大地激化了阿拉伯和美国之间的紧张局势。对这名基地组织领导人的崇敬之情遍布阿拉伯和伊斯兰世界。在美国本土发动这样的致命袭击,基地组织让民众印象深刻。一夜之间,本·拉登成为一个狂热崇拜的符号,他的脸部肖像成为伊斯兰反抗美国霸权的标志。对于本·拉登的观点,美国人认为不可理喻,将他斥之为彻头彻尾的祸害。

"9·11"袭击之后,美国人民惊恐、困惑、极度愤怒,他们感到在国内受到威胁,在国外也不安全。他们要求政府迅速而决定性地回击他们的敌人。布什政府的回应是:采取秘密行动打击"圣战"恐怖网络,并将美国带入两场自己选择发动的战争。这印证了阿拉伯世界的一个看法,即反恐战争就是反伊斯兰战争。

美国对阿富汗的战争始于 2001 年 10 月 7 日,后盾是一支联合国授权、北大西洋公约组织支持的联军。战争的目的是推翻庇护本·拉登及其组织的那个严苛的伊斯兰主义塔利班政权,逮捕基地组织领导人,摧毁其在阿富汗的训练设施。战事进行得很迅速,也基本上取得了成功。2001 年 11 月中旬,阿富汗北方联盟及其美国盟友将塔利班赶出首都喀布尔。12 月中旬,塔利班和基地组织最后的堡垒陷落。整个过程中,美国只使用了最小数量的地面部队。

阿富汗战争的作战过程是成功的,但被一些重大的失败搞砸了,反恐战争也由此升级。最为致命的是,乌萨马·本·拉登和塔利班领导人毛拉·奥马尔(Mullah Omar)逃脱了追捕。两人逃离阿富汗,在邻国巴基斯坦重组武装,重启对美国的打击。对本·拉登的支持者来说,在美国人的打击下幸存就是足够大的胜利。

其他在阿富汗战争期间俘获的基地组织成员被指认为"敌方战斗人员",被剥夺了《日内瓦公约》和美国法律系统下战俘所享有的权利。他们被关押在美国位于古巴的一个叫作关塔那摩监狱的海外军事设施中。从 2001 年 10 月开始，有近 800 名囚犯被送往关塔那摩，他们全都是穆斯林。这些年来大部分被关押者被释放并免遭起诉——到 2017 年 1 月，被关押者人数下降到 42 人。这些人被释放后回到家中，讲述他们的经历。从羞辱到折磨，关塔那摩的虐囚行为激起了国际社会的谴责和阿拉伯世界的愤怒。

在阿富汗，美国人同地方首领合作，为这个饱经战事摧残的国家建立新的政治结构；自 1979 年苏联入侵以来，这个国家已经经历了超过 20 年的战乱。然而，美国人需要在经济发展和国家建设上进行大量投入，以保证总统哈米德·卡尔扎伊（Hamid Karzai）新政府的稳定。但布什政府并没有这么做，到 2002 年，它已将精力和资源转向策划伊拉克战争，脆弱的阿富汗国无力抵挡塔利班的卷土重来。结果最初始于 2001 年 10 月的只有一小股外国地面部队参与的战争扩大为一场大规模军事冲突，在 2011 年的巅峰期，超过 12 万人的西方部队在打击塔利班。美国人和他的盟友们直到 2014 年 12 月才宣布结束作战，那时已有超过 10 万平民在战斗中丧生，数百万人无家可归。同基地组织的罪行毫无干系的阿富汗人民为 "9·11" 袭击付出了沉重的代价。

对于美国在伊斯兰世界不断扩大军事势力，大部分阿拉伯国家感到不安。它们对美国反恐战争不冷不热的支持让美国对一些长期的地区盟友心生疑虑，特别是沙特。本·拉登和参与 "9·11" 袭击的 15 名自杀劫机者都是沙特公民，且沙特的私人资金曾资助基地组织，这两个事实恶化了沙美关系。其他国家也被重新审视。华盛顿认为埃及对恐怖主义心慈手软，给伊朗和伊拉克贴上了"邪恶轴心"的标签，并将叙利亚挪至支持恐怖主义国家榜单的首位。

"9·11"之后，阿拉伯各国发现自己深陷不可化解的重压之中。如果他们反对美国的反恐战争，那将招致世界上唯一的超级大国的制裁：从经济孤立到直接鼓动政权更迭。如果他们站在美国这边，他们的领土将会面临效仿本·拉登的本地"圣战"组织的攻击。2003年5—11月间，本地的伊斯兰主义者在沙特、摩洛哥和土耳其的城市中发动多起炸弹袭击，致125人死亡，近1000人受伤。2005年11月，协同炸弹袭击摧毁了约旦安曼的3座宾馆，57人死亡，数百人受伤，大部分伤亡者是约旦人。阿拉伯世界在处理同美国的关系时举步维艰。

同样的压力，让美国与阿拉伯人疏远，却让以色列与美国走得更近。以色列总理阿里埃勒·沙龙说服美国总统乔治·沃克·布什，美、以两国正在面对一场共同的反恐战争。2000年9月爆发的第二次巴勒斯坦大起义，其暴力程度到"9·11"袭击时已不断升级。伊斯兰主义组织使用自杀式炸弹袭击以色列平民，让布什总统相信美国和这个犹太国家正在打击共同的敌人。于是美国放任以色列采取行动，既打击它的伊斯兰主义敌手——巴勒斯坦的伊斯兰"圣战"组织和哈马斯以及黎巴嫩的真主党，也打击得到国际承认的巴勒斯坦权力机构。以色列充分利用美国的默许，对巴勒斯坦政府和社会发动了远超既定规模的袭击，大幅加剧了阿拉伯世界的紧张局势。

2002年6月，以色列总理沙龙下令重新占领约旦河西岸。他的理由是确保以色列的安全、避免恐怖袭击，但他显然想要孤立亚西尔·阿拉法特，削弱巴勒斯坦权力机构。当以色列部队占领了《奥斯陆协议》以来自治的巴勒斯坦城市——伯利恒、杰宁、拉马拉、纳布卢斯、图勒凯尔姆和盖勒吉利耶，他们的攻击早已不再限于打击巴勒斯坦人的抵抗。第二次巴勒斯坦大起义期间（2000年9月至2005年2月）共有约3200名巴勒斯坦人和950名以色列人悲惨地死去。[2]

在以色列军队竭力镇压第二次巴勒斯坦大起义之际,沙龙政府采取了旨在控制约旦河西岸地区更多土地的方式,从而加剧了同巴勒斯坦人之间的冲突。以色列在巴勒斯坦被占领土上扩建定居点。2002年6月,以色列政府开始建设一座长720千米(约450英里)的高墙,显然是为了将以色列同巴勒斯坦人的恐怖袭击隔绝开来。这座分隔屏障(巴勒斯坦人称之为隔离墙)深深切入约旦河西岸,实际吞并了约旦河西岸近9%的巴勒斯坦领土,对近50万巴勒斯坦人的生活和生计产生了负面影响。[3]

以色列对第二次巴勒斯坦大起义的镇压明显拖累了美国的反恐战争。巴勒斯坦人受难的场面,经阿拉伯卫星电视实时播出后,在中东各处激起广泛愤慨。以色列的所作所为和美国的不作为给基地组织与其他恐怖组织招兵买马创造了难得的条件。布什政府认识到,若要平息地区争端,必须促进巴以和平。

乔治·沃克·布什成为第一个支持以两国方案解决巴以冲突的美国总统。2002年6月24日,布什在一次重要的白宫演讲中展望了一个同以色列"和平相处、相安无事"的巴勒斯坦国的图景。然而,布什的图景要求巴勒斯坦人选举"不沾染恐怖主义的新领导人",这是对民主选举产生的巴勒斯坦权力机构主席亚西尔·阿拉法特的故意打击。

为了实现解决巴以冲突的两国方案的目标,布什政府与俄罗斯、欧盟和联合国合作。这个新的集团称作中东问题四方,就解决巴以冲突寻求国际共识。特别重要的是,巴勒斯坦人认为,中东问题四方有利于平衡美国对以色列的支持,因为它包含历史上更同情巴勒斯坦人愿望的国家和组织,特别是俄罗斯和联合国。

2003年4月,中东问题四方发布"中东和平路线图",给布什的两国方案提供了方向。路线图提出了一个雄心勃勃的三阶段方案：首先呼吁巴以结束暴力冲突；然后在临时疆域内建立一个临时的巴勒斯坦国；最后，在第三阶段，巴以双方将解决边界、耶路撒冷的未来、难民地位、以色列在约旦河西岸和加沙地带定居点的未来等复杂的问题。到2005年底，以色列和巴勒斯坦两国将相互承认，并宣告彼此间冲突结束。

对于美国的用意和路线图能否实现巴以之间公正和持久的和平，阿拉伯世界的人民表示怀疑。这是因为在布什的演讲和路线图发布之间的几个月内，美国于2003年3月入侵了伊拉克。

美国是基于全球反恐战争提出反对伊拉克的。布什政府称萨达姆·侯赛因的政府集聚了一大批大规模杀伤性武器，包括生化战剂和制造核武器的前体反应物。英国首相托尼·布莱尔回应布什的担忧，将英国对伊拉克的立场同美国保持一致。白宫同时指出，侯赛因的政府同乌萨马·本·拉登的基地组织存在联系，因此大规模杀伤性武器有可能转移到该恐怖组织。布什政府提出对伊拉克进行先发制人的打击，以防止最危险的武器落入最危险的恐怖分子手中。[4]

对于布什政府的指控，阿拉伯世界并不信服。但阿拉伯各国政府错误地认为，萨达姆·侯赛因可能确实拥有一个生化战剂库。毕竟，在20世纪80年代，他确实使用了化学武器对付伊朗人和伊拉克的库尔德人。甚至联合国首席武器核查员汉斯·布利克斯博士也相信伊拉克确实拥有这样的武器。然而，阿拉伯各国知道伊拉克并没有参与"9·11"袭击，也高度怀疑伊斯兰主义的基地组织运动与世俗主义的伊拉克复兴党之间存在关联。萨达姆·侯赛因所领导的那类政府恰恰是乌萨马·本·拉登想要推翻的。阿拉伯世界确实不接受布什政府所说的，也怀疑美国的隐秘动机是贪图伊拉克的石油和试图控制石油资源丰富的波斯湾。

对伊拉克的入侵始于 2003 年 3 月 20 日，入侵遭到了国际社会和阿拉伯世界的广泛谴责。美国和紧随其后的英国在没有遭到挑衅，也没有获得联合国授权的情况下入侵了一个阿拉伯国家。面对强大的西方军队，萨达姆·侯赛因依然保持藐视的姿态。同 1991 年的海湾战争一样，这一姿态赢得了阿拉伯公众的广泛支持。所有 22 个阿盟成员国，除科威特外，都支持谴责入侵的决议，认为入侵违反了《联合国宪章》，并要求美英联军于 3 月 23 日完全撤出伊拉克领土。但是没人真的指望布什政府会理睬联合国的关切，更不用说是阿拉伯世界的关切了。

尽管伊拉克人发起了顽强的反抗，但未经抵抗便控制了伊拉克领空的美英联军完全压制了他们。4 月 9 日，美国人控制了巴格达，标志着萨达姆·侯赛因的政府在战争开始的三周内倒台。伊拉克人民感情复杂，他们一边庆祝推翻了遭人痛恨的独裁者，一边又怨恨美英侵略他们的国家。

推翻侯赛因的政府，让美国得以控制伊拉克。布什政府建立了一个叫作联盟驻伊拉克临时管理当局（Coalition Provisional Authority，CPA）的统治机构。临时管理当局在 2003 年 5 月做出的两个初期决定，将战后伊拉克的混乱局面转变为反抗美国统治的武装起义。第一个决定宣布萨达姆·侯赛因的伊拉克复兴党非法，禁止前复兴党成员担任公职。第二个决定解散了 50 万之众的伊拉克军队和情报机构。这两项举措合在一起，被称为"去复兴党化"。

美国政府推行"去复兴党化"，以清除萨达姆·侯赛因对伊拉克的有害影响，这受到了二战之后盟军驻德国占领当局的"去纳粹化"政策的启发。他们希望，通过这些措施，能够自由地建立一个尊重人权的新的、民主的伊拉克国家。事实上，临时管理当局让大批全副武装的人失业，也剥夺了伊拉克逊尼派穆斯林政治精英同美国的新的、民主的伊拉克合作的意愿，这个国家越来越被占据多数的什叶派穆斯林把控。反对美军占领的反叛和伊拉克社群之间的教派冲突随即到来。

伊拉克很快成为反美和反西方活动分子的征募地。新的组织出现了，比如伊拉克基地组织。这是一个同本·拉登的组织只保持名义联系的"圣战"团体，部署针对外国和本土目标的自杀式炸弹袭击。2003年8月19日，伊拉克基地组织发动针对性的炸弹袭击，致联合国驻伊拉克高级特使塞尔吉奥·维埃拉·德梅洛和20多名下属身亡，迫使联合国关闭了驻巴格达办公室。西方人被扣为人质，并有多人惨遭杀害。军事巡逻队成为攻击的目标，攻击的方式日益复杂。一场英美鲜有人伤亡的战争变成了盟军伤亡惨重的占领。到2011年美军最终撤出为止，反叛者已经杀害了近4500名美国人和170多名英国人，并致3.2万余名外国士兵受伤。[5]

传播民主是美国反恐战争中常见的主题。布什总统和他的新保守主义顾问们认为，民主价值观和参与型政治与恐怖主义不相容。这类观点的主要倡导者是美国国防部副部长保罗·沃尔福威茨（Paul Wolfowitz）。2002年5月，他在加利福尼亚的一次外交政策论坛上发表讲话时称："要赢得反恐战争……我们必须与伊斯兰世界数亿温和与宽容的人们对话……他们渴望享受自由、民主和自由从业的福祉。"[6] 2002年12月，国务卿科林·鲍威尔发起了他自己提出、后来早夭的中东伙伴关系计划，旨在将"民主和自由市场"带给中东。[7] 布什政府认为，一个民主的伊拉克将成为其他阿拉伯国家的灯塔，并将掀起一股席卷阿拉伯世界的民主化浪潮。

2005年1月，当伊拉克公民投票选举国民议会以起草新宪法时，伊拉克已经出现了严重的分裂。占伊拉克总人口 50%—60%的什叶派是新民主制度的主要受益者。他们中参与投票的人数众多，据报道，什叶派地区的投票率高达 80%。库尔德人是一个非阿拉伯民族，在全伊拉克境内是少数群体，但在自己的省份他们占据绝对多数。他们是伊拉克新民主制度更热情的支持者，投票率高达 90%。逊尼派阿拉伯人是"去复兴党化"的首要对象，他们基本上抵制了选举。逊尼派在摩苏尔的投票率低至 10%。[8]

2005 年 12 月，根据新宪法举行的选举验证了伊拉克的新政治现实。领头的什叶派集团伊拉克团结联盟获得了国民议会 275 个席位中的 128 个。库尔德联盟成为第二大集团，获得了 53 个席位。由逊尼派政客组成的联盟伊拉克和谐阵线以 44 席名列第三。库尔德领导人贾拉勒·塔拉巴尼（Jalal Talabani）被任命为伊拉克总统，什叶派政治家努里·马利基（Nouri al-Maliki）被任命为总理。逊尼派阿拉伯精英们在统治了伊拉克政坛几个世纪之后失去了权力，鉴于他们的相对人口比重，他们再也不能通过票箱重掌权力。在无法通过民主手段取胜的地区，逊尼派武装分子诉诸暴力。反叛团体将目标从占领军转向他们的什叶派同胞，伊拉克陷入毁灭性的教派冲突之中。

伊拉克安全部队和美军无力遏制派别暴力。自杀式炸弹袭击者每日在伊拉克城市的市场和清真寺发动屠杀。卫星电视将死亡与破坏的现场图像在阿拉伯世界传播。尽管入侵以来伊拉克平民的伤亡数字存在广泛争议，但伊拉克政府估计，2003—2011 年间，有 10 万至 15 万平民丧生。同阿富汗一样，在伊拉克，平民承担了反恐战争的真正代价。入侵及其后续的暴力摧毁了他们的安全、价值观和生活方式。[9]

萨达姆倒台后，什叶派崛起掌握了伊拉克的权力，这也改变了阿拉伯世界的地区力量平衡。2003 年之前，伊拉克一直是最强大的逊尼派阿拉伯国家之一，也是遏制伊朗伊斯兰共和国威胁的缓冲。2005年后，什叶派领导的伊拉克被视为伊朗的盟友。以沙特和约旦为首的逊尼派邻国忧心忡忡地谈论从伊朗穿过伊拉克到叙利亚（1980年以来就是伊朗的盟友）和黎巴嫩的"什叶派新月地带"。在黎巴嫩，什叶派民兵组织阿迈勒和真主党在国家政局中发挥了主导作用。逊尼派和什叶派之间出现了新的紧张局势，这一局势的发展将进一步破坏整个阿拉伯世界的稳定。

同伊拉克一样，布什政府提出的促进民主的倡议在阿拉伯世界的其他地方也没能取得多少成功。民众对其新保守主义外交政策不满，使得主张抵制美国的伊斯兰政党，比寻求与西方和解的温和派更具吸引力。2005年在黎巴嫩和2006年在巴勒斯坦领土举行的选举，呈现了一个有关阿拉伯世界民主的令人不安的事实：在任何自由和公正的选举中，最有可能获胜的是那些最敌视美国的政党。

2004年11月11日，亚西尔·阿拉法特，这位巴勒斯坦民族斗争的历史性的领袖，这位被围困的巴勒斯坦权力机构主席，因并发症在巴黎一家医院逝世。布什政府坚称，尽管巴勒斯坦人哀悼阿拉法特，但他的离世为他们选举"不沾染恐怖主义"的新领导人提供了机会。2005年1月9日，巴勒斯坦人选举新总统。法塔赫领导人马哈穆德·阿巴斯以63%的绝对多数获胜，接替阿拉法特。布什政府称赞这一结果，宣布阿巴斯是一个可以合作的人。以色列总理阿里埃勒·沙龙则拒绝与他打交道。

2005年，沙龙宣布打算从加沙地带撤出所有的以色列军队和定居者。以色列在加沙的位置非常不稳固，为保障身处140万敌对的巴勒斯坦人中8000名定居者的安全，以色列派出了数千名士兵。从加沙撤军，受到以色列军队和选民的欢迎。这也使沙龙有更大的自由去忽视路线图，并声称推进他自己同巴勒斯坦人的和平计划。但沙龙拒绝与巴勒斯坦权力机构谈判，以确保加沙顺利交接。结果当以色列人于 2005 年 8 月完成撤军时，他们造成了加沙地带危险的权力真空，给哈马斯带来了一场重要的胜利。这个伊斯兰政党自然将以色列撤军归功于自身，是他们多年的抵抗将以色列赶出了加沙。

哈马斯的实际所得之大，直到 2006 年 1 月巴勒斯坦立法委员会选举才体现出来。参选的两个主要政党是阿拉法特的法塔赫，由马哈穆德·阿巴斯领导，以及哈马斯，由伊斯玛仪·哈尼亚（Ismail Haniya）领导。西方的媒体和政策制定者都预计哈马斯将获得强有力支持，而法塔赫在立法委员会中的多数席位将有所减少。然而，哈马斯成功之巨震惊了巴勒斯坦人和外国观察者。哈马斯赢得了绝对多数，获得了立法委员会 132 个席位中的 74 个，法塔赫仅保住了 45 个席位。巴勒斯坦领土被分为约旦河西岸和加沙地带，其统治机构也分裂为法塔赫控制的行政机构和哈马斯控制的议会。让局势更为复杂的是，一个被美国和欧盟列为恐怖组织而予以正式抵制的政党，赢得了一场国际观察者眼中自由而公正的选举，组建了巴勒斯坦的下一届政府。对于美国的反恐战争来说，这是一个令人震惊的逆转。巴勒斯坦人民将为此付出代价。

哈尼亚总理领导的哈马斯新政府公开拒绝中东问题四方的政策。哈尼亚拒绝承认以色列，拒绝结束武装抵抗，拒绝接受路线图的条款。因此，四方切断了对巴勒斯坦权力机构的一切援助。在哈马斯证明愿意以西方的方式"放弃恐怖"之前，欧盟和美国都不会支持哈马斯领导的巴勒斯坦权力机构，即使这一机构是民主选举产生的。

在黎巴嫩，伊斯兰真主党因其反抗以色列和美国的政策而吸引了选民。真主党的强势让布什政府惊讶，布什政府坚持认为黎巴嫩公民在叙利亚的压迫下成功地维护了他们的民主权利，是一个典范。

2005年2月14日，黎巴嫩前总理拉菲克·哈里里（Rafik Hariri）遇刺，引发了黎巴嫩的民主运动。哈里里是一个引人瞩目的人，就在4个月前，他辞职抗议叙利亚干涉黎巴嫩政治。对他的谋杀，其暴力程度甚至震惊了饱经战火的黎巴嫩人。哈里里的车队按照每日例行的路线从议会回家，在经过海滨酒店区时，刺客引爆了1吨重的汽车炸弹。有21人与哈里里同归于尽，包括政客、保镖、司机和无辜的路人。

哈里里的儿子萨阿德（Saad）领导全国哀悼，并明确表示叙利亚是他父亲遭受暴力死亡的罪魁祸首。暗杀事件引发了一波又一波的大规模示威，使黎巴嫩政治陷入停滞。3月14日，100万黎巴嫩人涌向贝鲁特市中心，要求叙利亚完全撤出黎巴嫩。这是第一起将同6年后的"阿拉伯之春"联系在一起的大规模群众示威。这场运动得到了美国的全力支持，后者指责叙利亚支持恐怖主义。在国际社会的巨大压力下，叙利亚政府同意将其士兵和情报部门撤出黎巴嫩，此前叙利亚已占领黎巴嫩近30年。最后一批叙利亚军队于4月26日从黎巴嫩撤出。

2005年5月和6月，黎巴嫩公众投票选举新议会。布什政府称赞这次选举证明了美国促进阿拉伯世界民主的政策是正确的。以萨阿德·哈里里为首的反叙利亚联盟赢得了议会128个席位中的72个。然而，什叶派民兵组织真主党的政治派别赢得了14个议会席位，形成了一个稳固集团，并与一群亲叙利亚政党一起，成为黎巴嫩政治中一股强大的反对力量。即使在黎巴嫩，明显敌视美国的政党在投票中也表现良好。

抵抗以色列给伊斯兰主义政党带来了政治利益。事实上，只要他们坚持大胆打击犹太国家，巴勒斯坦的哈马斯和黎巴嫩的真主党就可以指望得到广泛的政治支持。他们还认为，反抗以色列、解放穆斯林土地是一项宗教义务。2006年夏天，双方对以色列的袭击都升级了，给加沙地带和黎巴嫩带来了灾难性后果。

2006年6月25日，一群哈马斯活动分子通过埃及边境附近的一条隧道，从加沙地带进入以色列，袭击了以色列军队的一个哨所。他们打死了2名士兵，打伤4人，俘虏了一名叫吉拉德·沙利特的年轻士兵，并带着他逃回加沙。6月28日，以色列士兵进入加沙，并于第二天逮捕了64名哈马斯官员，其中包括8名巴勒斯坦内阁成员和20名经民主选举产生的巴勒斯坦立法委员会成员。哈马斯的回应是向以色列发射自制火箭，以色列人则部署空军轰炸巴勒斯坦目标。11名以色列人和400多名巴勒斯坦人在2006年11月的停火前死亡。

真主党同以色列的交战引发了后者针对黎巴嫩的极其过度的回应。2006年7月12日，一群真主党战士越境进入以色列，袭击了2辆在黎以边界巡逻的吉普车。他们打死了3名士兵，打伤了2人，并俘虏了2人。这次无端的袭击引发了为期34天的冲突，其间以色列地面部队入侵了黎巴嫩南部，以色列空军轰炸了关键的基础设施，并夷平了贝鲁特南郊整个什叶派街区，导致约100万平民流离失所。真主党战士在黎巴嫩南部山区与以色列军队进行了激烈的战斗，并持续不断地向以色列发射导弹，迫使数千名以色列人撤离冲突地区。

黎巴嫩政府向美国寻求援助。毕竟，布什政府把民主的黎巴嫩吹捧为中东的榜样，并在2005年黎巴嫩要求叙利亚撤军一事上给予了全力支持。然而，在2006年，美国不愿对以色列进行干预，甚至不愿呼吁停火。由于以色列正在打击的是被美国列为恐怖组织的真主党，布什政府拒绝对该盟友加以限制。事实上，当对黎巴嫩的轰炸行动耗尽了以色列的军火库时，美国政府向以色列人提供了激光制导武器和集束炸弹。到8月14日34天的冲突结束时，已有1100

多名黎巴嫩人和43名以色列平民在空袭中丧生。在战斗人员中，联合国估计有500名真主党民兵被打死，以色列军队报告有117名士兵死亡。

2006年夏季的冲突表明，美国对阿拉伯民主的支持是有限的，对以色列的支持是无限的。实际上，布什政府只会承认亲西方政党掌权的选举结果。美国会支持以色列对与恐怖主义有关联的各方采取的任何行动，无论这种行动多么过度。美国与以色列谴责哈马斯和真主党这一事实，进一步加强了后两者在国内的地位。伊斯兰抵抗运动非但没有因为挑起与以色列的毁灭性战争而受到谴责，反而因为反对布什、以色列和美国领导的反恐战争，在国内和整个阿拉伯世界中赢得了更大的支持。

2008年11月，巴拉克·奥巴马当选总统，美国进入了一个与阿拉伯和伊斯兰世界进行建设性接触的新时代。在上任的头100天里，这位新总统提出了一系列政策，旨在缓和7年反恐战争所造成的地区紧张局势。他开始裁减美国在伊拉克的驻军，并放出信号表示，巴以和平进程是第一要务。他恢复接触叙利亚和伊朗等布什政府回避的国家。

对这一与阿拉伯和伊斯兰世界进行建设性接触的新政策的最为清晰的表述，出现在2009年6月奥巴马在开罗大学发表的演讲中。"我来到这里是为了寻求美国和世界各地穆斯林之间的一个新开端，一个基于共同利益和相互尊重的新开端，"奥巴马对专心听他演讲的听众们说，"必须不断努力地相互倾听、相互学习、相互尊重、寻求共同点。"尽管阿拉伯世界的许多人保留自己的判断，等着看奥巴马是否言行一致，但他所传递的信息，对于这个因多年来处于反恐战争核心区而不堪重负的地区而言，是令人欣喜的宽慰。

尽管奥巴马在 2009 年获得了诺贝尔和平奖，但他在 8 年任期内一直与伊斯兰世界保持战争状态。在减少驻伊美军人数的同时（2011 年 12 月，美军最后一批部队撤离巴格达），他将美国在阿富汗的驻军增加到 10 万人，直到 2014 年才宣布结束在那里的军事行动，使阿富汗战争（2001—2014）成为美国历史上持续时间最长的战争。最具争议的是，奥巴马加大了在巴基斯坦、索马里、也门和利比亚使用无人机发动致命袭击的力度。布什总统授权了大约 50 次无人机袭击，造成 296 名战斗人员和 195 名平民死亡，而奥巴马则批准了 500 多次无人机袭击，夺去了 3040 名战斗人员和数百名平民的生命。[10] 奥巴马的白宫授权的最重要的定点清除行动发生在 2011 年 5 月 2 日，美国突击队员在乌萨马·本·拉登位于巴基斯坦阿博塔巴德的秘密营地枪杀了他，并将他海葬。"9·11"袭击后，布什总统援引了蛮荒西部（Wild West）的正义，称要缉拿本·拉登，无论他"是死是活"。诺贝尔和平奖获得者奥巴马成功做到了这位反恐战争设计师的未竟之事。

同这名基地组织头目在与西方的冲突中所获得的突出地位相比，阿拉伯世界对本·拉登被杀缄默无声。2011 年，整个地区发生的事件盖过了这场冲突，也盖过了西方的光芒。因为，随着突尼斯总统宰因·阿比丁·本·阿里和埃及总统侯斯尼·穆巴拉克的倒台，阿拉伯世界进入了一个充满希望和危险的变革时刻，这一时刻在西方被称为"阿拉伯之春"。

2011 年 1 月的突尼斯"革命"和 2 月的埃及"革命"促成了"阿拉伯之春"。它们提供了一种民众反抗的语言和策略，阿拉伯世界各处纷纷效仿。最先在突尼斯出现的口号在埃及被重复使用，接着又被用于利比亚、巴林、也门和叙利亚：对那些已经失去其统治效力的强人们用命令式的口吻喊道"滚!",以及那响彻各处的"人民想要推翻政权!"。战略上,通过社交网站进行大规模动员,让组织者绕开安全部队,让示威者占据市中心的公共空间,比如突尼斯布尔吉巴大道和开罗的解放广场,并昼夜不停地举行抗议活动,直到统治者倒台。示威的规模使阿拉伯公民有信心坚持挑战专制的统治者。阿拉伯世界各国首都的抗议者坚称,他们不再害怕他们的政府。当时的假设是,每一个发动"阿拉伯之春"起义的国家都可以重复突尼斯和埃及抗议者所取得的成功。

所有阿拉伯国家都是同质的,普适于同一个"革命"范式,这个观点被证明是"阿拉伯之春"的谬误。很快人们就发现,穆阿迈尔·卡扎菲统治下几乎完全没有国家机构的利比亚,同受逊尼派和什叶派间教派冲突困扰的巴林完全不同,巴林又同拥有悠久地方主义历史的也门不同,而也门又同阿拉维派少数族裔统治下的叙利亚毫无相似之处。2011 年经历了"革命"的 6 个国家,在国内的限制因素和地区大国干预的共同作用下,出现了极为不同的结果:反"革命"、内战、地区冲突和跨境哈里发政权兴起。一开始的解放运动迅速恶化成困扰现代中东的最严重的政治和人道主义危机。

在突尼斯和埃及"革命"成功之后的几周内,反"革命"的力量在巴林扭转了"阿拉伯之春"的走向。

巴林的年轻人关注着突尼斯和埃及的事态发展,愈来愈兴奋。他们在"巴林在线"(Bahrain Online)上进行互动,这是一个社交媒体网站,为安全、匿名地交换政治观点提供了一个虚拟的聚会场所。到 2011 年,"巴林在线"已经拥有数十万用户。2011 年 1 月 26 日,也就是埃及人聚集在解放广场的第二天,一位发帖人在"巴林在线"上建议:"让我们选择一个特定的日子,开始巴林的民众'革命'。"

读者们一致认为，2月14日是不二之选，因为这一天关联着这个岛国一度被拉高却又破灭的期望。[11]

10年前，即2001年2月14日，巴林政府就《国家行动宪章》举行全民公投，以改革的承诺平息多年来的政治抗议。该宪章承诺恢复选举产生的议会，强化1973年的宪法，并基于君主立宪制赋予巴林更大程度的民主。大量巴林民众支持宪章，公投结果显示，支持率达98.4%，彰显了王国内什叶派和逊尼派社群的高度团结。

《国家行动宪章》给人们带来的希望在一年后破灭了。2002年2月14日，统治者谢赫哈马德·本·伊萨·阿勒·哈利法（Shaykh Hamad bin Isa Al Khalifa，1999年起在位）发布命令，批准了一部专制的新宪法，该宪法设立了通过任命产生的上议院和几乎没有权力的民选议院。新宪法把巴林国变成了君主制，国家的统治者成了国王。反对派谴责这一举动是宪法政变，将执政的哈利法家族的意志强加于人民。

2002—2011年间，巴林局势紧张。虽然没有该岛国官方的教派人口数据，但普遍认为什叶派是绝对多数。在该国60万公民中，什叶派占60%甚至更高，余下的是逊尼派（巴林130万人口中有一半以上是外国人）。巴林的许多人认为新的宪法秩序给执政的逊尼派少数带来了超过他们人口占比的收益。日益严重的不平等和对不同政见者的镇压，使得对新君主制政权的反对愈演愈烈。

到2011年1月，巴林持不同政见者的不满清单很长：一个不负责任的政府，利用教派主义分裂巴林人；腐败，统治精英掠夺国家财富，征敛土地；残酷镇压异见、审查制度；使用外国安全部队打压公民（没有什叶派在安全部队服役）。一位网友在"巴林在线"的一篇帖子中写道："我们所有人都感到愤怒和沮丧。"2月14日被宣布为民众反抗政权弊病的"愤怒日"，组织者自称"2·14青年运动"。

就在侯斯尼·穆巴拉克下台两天后,巴林抗议者在"愤怒日"走上街头。安全部队发射催泪瓦斯和实弹驱散人群,造成一名示威者死亡,多人受伤。第二天为倒下的示威者举行的葬礼引发了新一轮的抗议,并导致另一人死亡。人群开始从城郊和村庄向首都麦纳麦行进,前往"巴林在线"网友们指定的地点,那里是巴林版"解放广场"的理想位置:珍珠广场。

珍珠广场上竖立着为纪念1982年巴林主办的海湾合作委员会会议而建造的一座纪念碑。这座纪念碑由6张弧形风帆组成,每张风帆代表一个海合会成员国(巴林、科威特、阿曼、卡塔尔、沙特阿拉伯和阿拉伯联合酋长国),每个桅杆上都悬挂着一颗巨大的珍珠,追溯前石油时代巴林的采珠经济。珍珠广场交通便利,位置居于中心且邻近麦纳麦附近的村庄,自然成为巴林抗议者的汇聚点。

2月15日,示威者涌入珍珠广场,高喊"和平!和平!"以劝阻警察不要向他们开枪。他们呼喊口号:"人民和土地都很愤怒,我们的要求就是有约束力的宪法。"[12]他们在珍珠广场扎营了两天,直到2月17日安全部队介入强行驱赶示威者,造成4人死亡,数十人受伤。不断上升的死亡人数进一步激起了抗议者的怒火,2月19日安全部队撤离后,抗议者立即涌回珍珠广场。他们了解,突尼斯和埃及的运动是在分别死了几十人和几百人之后才成功的。他们相信,他们也能通过牺牲获得合法的政治权利。政府的镇压使得抗议者的要求更加强硬。人民不再满足于改革,转而要求国王退位,即推翻政权。

3个多星期内,珍珠广场一直是巴林人民起义的神经中枢。抗议者们搭起了帐篷、屏风、临时厨房、医疗中心和演讲台,还为满足国际媒体报道"阿拉伯之春"的不竭需求开设了一个媒体办公室。人群持续在珍珠广场集聚,男男女女、逊尼派和什叶派、资深反对派政客和"2·14青年运动"参与者。狂欢的气氛毫不掩饰对王权的挑战。根据"阿拉伯之春"的脚本,这种对中心广场的公开占领直到政权倒台时才会结束。

哈马德国王和他的政府在如何应对这一问题上存在分歧。由首相哈利法·本·萨勒曼·阿勒·哈利法亲王（Prince Khalifa bin Salman Al Khalifa,他自1970年以来一直担任这一职务,是世界上任职时间最长的非选举产生的政府首脑）领导的强硬派想要镇压。王储萨勒曼·本·哈马德·阿勒·哈利法（Salman bin Hamad Al Khalifa）与7个公认的反对运动进行了秘密谈判,提出了有可能让抗议者满意并解决危机的宪政改革方案。[13]巴林的海湾邻国站在了首相一边。对沙特领导人来说,巴林的起义对他们自己的统治秩序构成了生死存亡的威胁。他们认为,保守的海湾君主国中,任何一个国家发生"革命"都会威胁到所有国家的政治稳定。他们认为,在这场以什叶派穆斯林为主的抗议运动中,伊朗施加了恶性影响。沙特人推断,如果伊朗在巴林取得成功,他们将势必鼓动石油资源丰富的沙特阿拉伯东部省的什叶派居民发起叛乱。沙特决心在巴林"革命"和伊朗在巴林的渗透这双重威胁生根蔓延之前遏制并消除它们。

沙特阿拉伯和阿拉伯联合酋长国牵头进行干预,以打压珍珠广场的"革命"。3月14日,海湾国家以驻扎在沙特的海合会"半岛之盾"联合部队的名义,调动2000人的部队和150辆装甲车穿过连接沙特和巴林的25千米（15英里）长的堤道。沙特及其盟友为干预辩护,称要维护巴林主权免受伊朗威胁,这个理由也反映了这些国家自己的忧虑。哈马德国王宣布巴林进入"国家安全状态",授权巴林政府"清空或隔离某些区域以维持安全和公共秩序",赋予其搜查权、逮捕权以及撤销（相关人士）公民身份和驱逐威胁公共安全的外国人的权力。[14]

在海湾盟国的支持下，巴林安全部队开始清除珍珠广场的示威者营地。政府不仅推倒了珍珠广场的临时建筑，还拆除了纪念碑，风帆和混凝土塑成的珍珠被夷为瓦砾，用卡车运走。巴林外交大臣哈立德·本·艾哈迈德·阿勒·哈利法（Khalid bin Ahmad Al Khalifa）将此次行动形容为"消除糟糕的记忆"。[15]之后，政府镇压了所有与抗议运动有关联的人士，包括大规模逮捕、涉嫌使用酷刑、组建特别安全法庭进行审判和判处重刑。巴林政权充分利用了在进入"国家安全状态"后可采取的措施。

国际社会对镇压的批评迫使哈马德国王做出让步，授权独立调查委员会调查巴林的起义和对起义的镇压。在杰出的美籍埃及裔法学教授谢里夫·巴斯尤尼（Cherif Bassiouni）领导下，该委员会对这个海湾国家开展了前所未有的法律审查，于2011年11月发布了长达500页的详细报告。该报告记录了数百起不公正的定罪和过度的判决、多起对被拘留者数周内不得与家人或律师见面这样的"强迫失踪"控诉、60起酷刑以及5名被拘留者死于酷刑。[16]国王承诺惩罚那些虐待行为的责任人，实施改革，并努力在经历2011年严重分裂事件后实现民族和解。但是最终，巴斯尤尼报告提出的建议没有得到落实，巴林政权诉诸镇压以规避改革。

巴林政府战胜了珍珠广场的抗议者，这标志着突尼斯和埃及模式的"阿拉伯之春"终结。靠聚集足够多的人已不再能确保政权垮台。这个海湾小国向世人展示，如果一国武装部队一直忠于统治者并愿意向示威者开火，政权就能够挺过"革命"。对"革命"的逆转于2011年3月在巴林开始，于2013年7月在埃及达到高潮。如果说"阿拉伯之春"是关于公民不再恐惧他们的政府，那么反"革命"就是使用暴力来恢复恐惧。反"革命"将把随后在利比亚、也门和叙利亚发生的所有起义变成流血冲突。

"阿拉伯之春"是在巴林起义爆发几天后来到利比亚的。1969 年以来，自诩为"兄弟领袖"的穆阿迈尔·卡扎菲（他总是拒绝接受"总统"头衔），通过残酷的镇压而非利比亚人民的首肯，长期掌握着权力。在突尼斯和埃及"革命"的鼓舞下，利比亚人民奋起反抗统治他们 41 年的独裁者，揭开了 2011 年阿拉伯觉醒运动的暴力新篇章。

2 月 15 日，东部城市班加西爆发示威，安全人员用武力镇压示威者，打伤数十人。利比亚活动分子效仿埃及和巴林组织者的做法，呼吁在 2 月 17 日发动"愤怒日"行动。抗议活动蔓延到全国各地，并波及利比亚首都的黎波里。愤怒的群众放火焚烧政府大楼和警察局。安全部队对示威者使用实弹，打死 80 多人。卡扎菲的儿子、预计的接班人赛义夫·伊斯兰·卡扎菲在 2 月 20 日的一次电视广播中威胁利比亚反政府武装。他轻蔑地对着镜头摇着手指说："不要为 84 人的死亡而哭泣，因为你将为数十万人的死亡而哭泣。血流成河将近。"他谈论利比亚，就好像这是他家族的私有财产："这个国家属于我们。"[17]

局面迅速脱离了政府的控制。卡扎菲政权的反对者将利比亚第二大城市班加西作为他们的大本营，并于 2 月 27 日在那里成立了执政机构——国家过渡委员会。利比亚东部地区的武装部队和安全机构成员反抗政府，加入了反叛。反叛变得越来越有组织性，寻求推翻卡扎菲。然而，其余大部分武装部队依然忠于政权。一开始就是武装冲突的利比亚"革命"很快演变成内战。

在反叛初期，反叛分子占了上风。他们巩固了在班加西和利比亚东部沿海地区的地位，重新竖起 1969 年革命之前的红、黑、绿三色带有白色伊斯兰星与新月的国旗。数以千计的平民志愿者带着与他们的纪律和训练成反比的热情，加入了反叛的军队。他们驾驶配备重型机关枪的改装皮卡车，从班加西的基地出动，占领了重要的沿海城市，包括炼油港口城市布瑞加与拉斯拉努夫。到2月底，叛乱分子已经把控制范围扩大到班加西以东的整个海岸和的黎波里附近的主要城镇，如米苏拉塔。班加西四处都张贴着措辞强硬的标语，用粗体红字书写的"拒绝外国干涉"周围围绕着鲜明的武器图案。"利比亚人民可以自己解决。"然而，事实证明，有关卡扎菲将重蹈本·阿里和穆巴拉克的覆辙的预言是不成熟的。

这位利比亚独裁者对他的统治所面临的日益严峻的挑战，表现出愤怒，但毫不畏惧。他在的黎波里实施了全面打击。政权在城中心的绿色广场组织了支持卡扎菲的集会，数千名利比亚人在那里高呼口号支持"兄弟领袖"、反抗叛军。卡扎菲仍然控制着他的军队中装备最精良、训练最有素的部队。2月22日，他发表了冗长而杂乱无章的演讲，把叛军斥为"老鼠和蟑螂"，并发誓要"一寸一寸、一屋一屋、一户一户、一巷一巷"地追捕他们。这是卡扎菲扼杀"革命"的开始。

政府军在3月头几周的几个重大战斗中与反叛者交战并击败了他们。当卡扎菲的军队接近叛军在班加西的据点时，国际社会担心大屠杀迫在眉睫。反叛者2月的强硬立场不再，叛军公开呼吁国际社会干预。3月12日，阿拉伯联盟做出一项非同寻常的决定，要求联合国授权在利比亚叛军控制的地区设立禁飞区，以支持反叛者对抗被承认的政府。根据阿盟的决定，联合国安理会于3月17日通过了第1973号决议，在利比亚全境设立禁飞区，并授权采取"一切必要措施"保护利比亚平民。

联合国的决议使利比亚"革命"国际化。北约领导的干预部队几乎即刻袭击了利比亚境内的主要目标，法国、英国和美国发挥了主导作用。在约旦、卡塔尔和阿拉伯联合酋长国的阿拉伯空军部队的支援下，北约战机发动致命空袭，卡扎菲的部队被迫从班加西撤退。行动的主动权已经从利比亚人转移到西方人手中，而任务也从设立禁飞区转向迫使卡扎菲下台。由国际社会来寻求推翻政权，这在"阿拉伯之春"诸起义中是头一次。

2011年春夏期间，尽管北约发动了数千次袭击，但卡扎菲仍控制着政权。反对运动的重大突破出现在8月20日，一次大规模进攻突破了卡扎菲在的黎波里的防线。8月23日，在反叛者庆祝胜利之时，利比亚独裁者和他的儿子们逃离了首都。国家过渡委员会获得国际承认，成为利比亚临时政府，并承诺迅速过渡到立宪政府。烟花四射，利比亚人民公开庆祝的黎波里的解放。

然而，这场战争在攻陷首都后仍在继续。卡扎菲的效忠者继续在这名下台领袖的家乡苏尔特和效忠者的根据地巴尼瓦利德，与国家过渡委员会的部队作战。经过长时间的围困，苏尔特于2011年10月20日落入国家过渡委员会部队之手，卡扎菲和他的儿子穆塔西姆（Mutassim）在那里落网并被私刑处死。卡扎菲之死的恐怖视频被上传到互联网，他的尸体在曾遭受政府军数月围困的米苏拉塔被公开示众，以向利比亚人证明，这名暴君真的死了。卡扎菲是这场已导致超过1.5万人丧生的冲突中最新一名死者。

政权的垮台并没有带来新的民主秩序，而是造成了权力真空。卡扎菲给他的人民留下了一种特殊的、缺乏制度的统治模式，这种模式使他多年来可以在权力不受制约或制衡的情况下实行统治。当利比亚许多受过良好教育的世界公民结束流亡回来助力重建祖国时，他们见到的是危险的混乱，因为有枪的人比有思想的人更容易填补权力真空。

利比亚向民主的过渡如约开始。2012年7月7日，约280万利比亚公民踊跃投票，选举设有 200 个席位的国民议会，以取代国家过渡委员会。然而，从一开始，伊斯兰主义者和世俗主义者之间的派别分歧，加上利比亚本土政治中显著的部落和地区分裂，阻碍了议会的工作。的黎波里的民选政客对部落民兵统治的省份没有控制权。到 2013 年 8 月，敌对民兵组织之间爆发武装冲突，它们与政府角力，争夺城镇、港口和石油设施。

2014 年，受迫于不可调和的政治力量，利比亚一分为二。在国民议会中占据统治地位的伊斯兰主义派别控制了首都的黎波里和整个利比亚西部。新选出的取代国民议会的国民代表大会和总理阿卜杜拉·萨尼（Abdullah al-Thinni）为首的利比亚政府被迫流亡到利比亚东部。利比亚国民军由一名前卡扎菲麾下的将军哈利法·哈夫塔尔（Khalifa Haftar）领导，支持利比亚东部的国民代表大会，而强大的民兵组织则力挺利比亚西部伊斯兰主义者主导的国民议会。

利比亚的战争给这个国家造成了毁灭性的影响。据估计，2011—2015 年间，有 2.5 万人死于这场冲突，超过 10 万人流离失所。就百姓的苦难和政治的分裂而言，利比亚"革命"与也门 2011 年以来的经历最为相似。

卡扎菲死后一个月，2011 年 11 月 23 日，执政 33 年的也门总统阿里·阿卜杜拉·萨利赫成为第四位倒台的阿拉伯统治者。

也门的"革命"似乎从一开始就注定陷入僵局。这个国家按照先前南北分立（1990 年统一）的模式呈现出内部分化，是阿拉伯半岛基地组织这一较为活跃的基地组织分支的根据地，并深陷也门-沙特边境什叶派胡塞社群的武装叛乱。阿里·阿卜杜拉·萨利赫总统于 1978—1990 年统治北也门，并于 1990 年成为合并的也门共和国的总统。同阿拉伯专制统治的做法一样，他正在培养他的儿子艾哈迈德（Ahmed）来接替他。在阿拉伯世界中处于发展水平最低的情况下，也门人民对父子继承的前景深感忧虑，认为这会使萨利赫的蠹政永久化。因此，也门人民采纳了2011年阿拉伯"革命"的口号，希望推翻他们的政权。

2011年2月，萨那、亚丁和塔伊兹爆发数万人之众的大规模示威。活动分子在萨那大学附近搭建了一个帐篷城，效仿开罗解放广场，称之为"变革广场"。《纽约时报》记者罗伯特·沃思（Robert Worth）回忆，变革广场上的横幅上醒目地写着"反对腐败，反对暴政，人民要求推翻政权"，广场呈现出一种明显的也门风格。"它可能是受到开罗解放广场的启发，但它显然不同：更大、更脏、更狂野。它向不同方向延伸了好几个街区，在人行道上搭起了一大堆帆布帐篷，中间还有一个大舞台，供演讲用。"[18]

随着主要军事和部落领导人加入反对派行列，对总统的支持开始瓦解。然而，也门这场以和平抗议开始的运动变得越来越暴力。3月18日，军中忠于总统的部队向示威者开枪，打死50多名手无寸铁的平民。许多支持总统的人辞去了职务，加入了反对派。也门军中整支整支的部队倒戈支持示威者。国际社会也呼吁也门总统下台，阿里·阿卜杜拉·萨利赫变得更加孤立。

在经历了10个月的政治动荡之后，阿里·阿卜杜拉·萨利赫终于在海合会的斡旋及美国和欧洲国家的支持下签署了一项协议：放弃权力并即时生效，以免于被起诉。在没有预告的情况下，萨利赫于11月23日将权力移交给副总统阿卜杜·拉布·曼苏尔·哈迪（Abed Rabbo Mansour al-Hadi）。然而，该协议远远没有满足抗议者改变政权的要求，也没有解决也门政治精英在"革命"过程中的派系分歧。活动分子希望看到阿里·阿卜杜拉·萨利赫对示威者的死亡（总计近2000人）负责，他们认为，萨利赫不应该获得法律豁免。

当总统阿里·阿卜杜拉·萨利赫下台时,也门几乎没有庆祝,因为也门人依然不相信他真的放弃了权力。

也门于 2012 年 2 月举行了选举,但许多也门人质疑投票的意义,因为选票上只有一个名字:阿卜杜·拉布·曼苏尔·哈迪。然而,65% 的选民最终还是授权哈迪总统改革也门政府,让该国各派实现和解。哈迪的努力取得了一些成功。2014 年 1 月,全国对话会议就也门新的联邦结构和新宪法的条款达成了协议。然而,政治过渡也带来了不稳定。胡塞部落在以前忠于被推翻的总统萨利赫的军队的支持下,在北部重启叛乱。许多人公开推断,萨利赫正与他担任总统时试图镇压的胡塞武装分子勾结在一起。

2014 年 9 月,胡塞武装未经抵抗进入也门首都萨那。胡塞人对这座城市并不陌生。他们属于宰德派,是什叶派的一支,其领袖或伊玛目以萨那为基地,统治也门达数个世纪,直到 1962 年共和革命为止。从历史上看,宰德人与伊朗的主流什叶派几乎没有接触。尽管在阿拉伯半岛,宰德人是少数教派,但他们从未在也门经历过教派冲突。然而,这些历史上的区分在 21 世纪困扰阿拉伯世界的恶性教派主义中很容易被忽视。

在几个月不愉快的共处之后,胡塞人在 2015 年 2 月任命了一个执政委员会来接替哈迪总统,后者带着政府主要成员逃往他的家乡亚丁。哈迪不愿将权力移交给胡塞人,他仍然是国际公认的也门领导人。胡塞人向亚丁挺进,打压这位流亡的总统,但哈迪逃到沙特阿拉伯,为他倒台的政府谋求支持。沙特人对也门的危机越来越担忧,他们认为这是一场伊朗人幕后操纵、旨在破坏阿拉伯半岛南部稳定的什叶派运动。他们决心像对待巴林那样,采取果断行动,防止伊朗在阿拉伯半岛立足。

2015 年 3 月,沙特领导的十国联军对也门胡塞叛军发动了战争。[19]沙特海军对沿海地区实施严格海禁，防止伊朗向胡塞武装提供海上补给。与利比亚和巴林一样，最初的国内起义已演变成一场国际冲突。到2015年9月，也门政府军在其阿拉伯盟友空中力量的支持下，成功收复了亚丁。哈迪总统回到这座南部港口城市，领导一个无力的政府，这也确认了也门分为胡塞武装控制的北部和哈迪统治的南部。与此同时，阿拉伯联盟发起了毁灭性的空袭，将这个阿拉伯世界最贫穷国家的大量居民楼和基础设施夷为平地。

2011年之后的几年里，"革命"、战争和海上禁运加在一起，造成了也门的人道主义危机。到2015年底，战争使约250万也门人在境内流离失所；到2017年，战争估计已造成1万人死亡，4万人受伤。那些幸存下来的人面临着饥荒的爆发，因为海上封锁关闭了也门的国际货运渠道，而也门90%的粮食依赖进口。比成为一个失败的国家更糟糕的是，也门退化成了两个失败国家，彼此间争斗不休。[20]

尽管事实证明，利比亚和也门的事态发展是可怖的，但"阿拉伯之春"历史上最悲惨的一章是在叙利亚展开的。

叙利亚是2011年最后爆发民众起义的阿拉伯国家之一。当脸书活动分子首次试图在大马士革发动大规模抗议时，安全部队的人数远远超过示威者，以至于他们被吓得不敢坚持推进他们的行动。此外，2000年接替父亲哈菲兹·阿萨德担任总统的巴沙尔·阿萨德，享有一定程度的合法性和公众的支持，这让他有别于其他阿拉伯统治者。他掌权了11年，相对还是一个新人，而且他仍然享有改革者的名声——尽管这并不符实。2011年春，叙利亚政权在叙利亚和约旦边境的农业城镇德拉对一群青少年的抓捕与折磨，打破了这一形象。

3月的一天，一群叛逆的年轻人在德拉的墙上写上了2011年阿拉伯"革命"的标语："人民想要推翻政权"。这一小小的挑衅行为，在当年春天的阿拉伯世界显得平淡无奇，但叙利亚政权对它的反应，将引发一场"革命"。

对阿拉伯世界各地的局势发展忧虑不安的阿萨德政权，拒绝容忍最低限度的异见表达。秘密警察逮捕了15名10—15岁之间的男孩，罪名是制作异见涂鸦。他们绝望的父母向政府请愿，要求释放他们，随后发展为公开游行抗议。安全部队以实弹回应，在德拉枪杀示威者，最后同意释放被拘留的青少年以平息事态。被释放后，这些男孩身上带有明显的酷刑痕迹，他们大部分的指甲都被拔掉了。

释放德拉的受虐儿童非但没有平息局势，反而激起了愤怒。在叙利亚近期历史上前所未有的大规模抗议中，成千上万的市民起来反抗，推翻了所有与阿萨德政权有关的象征物。作为回应，军队加大了镇压力度，袭击了市中心一座被抗议者用作基地的清真寺，造成5人死亡。人群聚集起来埋葬死者，抗议的规模成倍增加。3月的最后一周，超过55名德拉市民死亡。

叙利亚各地的人们都密切关注着德拉事件。在许多像德拉那样经济不景气的小镇，市民们感觉被政府遗忘了，但却因害怕遭到报复而不敢抗议。在2011年春的"革命"氛围下，叙利亚人民鼓起勇气表达他们的异见并要求变革。他们开始组织抗议活动，给每一天都起不同的名字。萨玛尔·亚兹贝克是大马士革的一位单身母亲，她从2011年3月25日"尊严的星期五"开始写关于叙利亚"革命"的日记，从一开始就记录了伴随起义而来的激烈暴力：

> 今天，在尊严的星期五，叙利亚各大城市都爆发了示威。超过20万名示威者悼念德拉的死难者。德拉城外的全部村民都向南部的墓地行进。15人被杀。在霍姆斯有3人被杀。在拉塔

基亚，有人被杀害，有人受伤……军队包围德拉，并向任何移动的生物体开火。在塞奈迈因，安全部队实施大屠杀，杀了20人。[21]

事后看来，亚兹贝克对起义的支持似乎很令人惊讶，因为她是阿萨德总统所属阿拉维教派的一员。然而，在"革命"的头几个月，包括穆斯林、基督徒、阿拉维派和德鲁兹人在内的所有教派的叙利亚人共同行动要求改革。只有当"革命"演变成内战时，教派主义才开始起作用。

在叙利亚"革命"的第一阶段，抗议者是非暴力的。他们呼吁废除1963年以来实施的"紧急状态法"，以恢复他们的政治权利和人权。他们在反对法国委任统治时叙利亚民族主义者使用的旗帜下集会，该旗由绿、白、红三道横条构成，中间有三颗红星（叙利亚的官方国旗同1958—1961年间与埃及联合时使用的旗帜保持一致，由红、白、黑三道横条构成，中间是两颗绿色的星）。他们开始从小城镇发动，也呼吁大城市的同胞们高举横幅，提出改革诉求。

无论示威者多么平和，政权从一开始就开枪还击。与其他经历反"革命"的国家（巴林、利比亚和也门）一样，很大一部分军队仍然忠于总统，并被证明愿意向同胞开火。越来越多的持不同政见的士兵脱离部队，以抗议指挥官命令他们向手无寸铁的平民开火。2011年7月，一群变节的军人组建叙利亚自由军，领导反政权的武装叛乱。从非暴力到武装抗议的转变，把"革命"变成了全面的内战。

叙利亚冲突造成的死亡人数充分反映了这一转变意味着什么。在战争的第一年结束时，联合国已经报告有5000多人在叙利亚死亡。到2012年底，这一数字上升到4万人。联合国估计，到2014年夏季，死亡人数为19.1万。而在2016年，经过5年战争之后，死亡人数已超过40万。虽然死亡人数令人震惊，但它只反映了叙利亚所遭受的全部苦难中的一小部分。到2016年，冲突已使叙利亚一半以上的人口背井离乡。大约有610万叙利亚人在国内流离失所，另有480万人去境外的约旦、黎巴嫩、土耳其和欧盟国家寻求避难。[22]叙利亚人民和国际社会一直在努力解释，为什么"阿拉伯之春"会走上如此严重的错误道路。

示威者和国际社会忽视了阻碍叙利亚政权倒台的一些国内制约因素。无论反对者如何辱骂，巴沙尔·阿萨德在叙利亚一直享有较大的支持。叙利亚的少数群体——阿拉维派、德鲁兹人、伊斯玛仪派和基督教徒，约占2200万总人口的25%。绝大多数叙利亚人是逊尼派穆斯林，估计占总人口的75%。少数群体中的许多人认为，巴沙尔·阿萨德和他的阿拉维派主导的政府是对抗保守的逊尼派穆斯林秩序的堡垒，在这种秩序下，少数群体会遭到歧视。阿萨德还得到了更多持民族主义和世俗主义立场的逊尼派穆斯林的大力支持，他们是执政的复兴党成员。支持者中还得算上为政权奋战的所有军队和安全部队人员。考虑到叙利亚出现的内部分歧比许多外国分析人士所承认的要严重得多，阿萨德的支持基础就显得更大了。

此外，与反对派相比，叙利亚政权的团结程度更高。在叙利亚战争期间，出现了数十个反对派民兵组织向政权发起挑战，从呼吁民主改革的公民团体，到以建立伊斯兰政权为目标的强硬派萨拉菲。这些反叛团体往往各有各的目标，为争夺地盘而相互战斗。另一方面，政权的凝聚力远超反对势力。政权受到的威胁越大，其核心就越强大。对于阿萨德政权及其支持者来说，胜利关乎生存。这场冲突已经恶化到不仅赢家通吃而且输家必亡的境地。这种对阿拉维派和复兴党人以及阿萨德政权其他关联群体进行种族灭绝式报复的恐惧，在某种程度上解释了阿萨德政权为何在保持权力上下了如此坚定的决心，为何宁可整个国家沦为废墟也不愿投降。

最后，随着地区和全球大国为保护自身利益进行干预，叙利亚冲突迅速国际化。自1980年两伊战争爆发后叙利亚政权与阿拉伯国家分道扬镳去支持伊朗以来，伊朗一直与叙利亚保持着特殊关系。德黑兰从一开始就给予阿萨德政权无条件支持，这一立场得到黎巴嫩什叶派民兵组织真主党的力挺。在叙利亚这场多战线的冲突中，伊朗革命卫队和真主党战士支持疲于作战的叙利亚正规军。为削弱伊朗的影响力，沙特及其海湾盟国在背后支持保守的逊尼派穆斯林民兵组织，向他们提供武器和弹药。土耳其为叙利亚自由军和致力于推翻阿萨德政权的叙利亚政治派别提供了一个基地，同时派军队跨境进入叙利亚，以阻止叙利亚库尔德民兵组织在对抗阿萨德政权过程中获益。美国及其欧洲盟友向一些特定的反对派别和民兵组织提供了有限的支持，或多或少与土耳其和海湾国家保持一致。

2015年9月，俄罗斯部署战机支持阿萨德政权，这突破了西方干预叙利亚冲突的限度。俄罗斯在叙利亚有明确的利益，因此果断采取行动保护叙利亚。叙利亚向俄罗斯提供了在地中海东部唯一的海军基地，以及一个监测中东情报的平台。叙利亚也是俄罗斯在阿拉伯世界中最后一个盟友。一旦阿萨德倒台，俄罗斯将失去对叙利亚所有影响力，这将大大削弱它在该地区的地位。

俄罗斯对反对派阵地的空袭为叙利亚军队提供了战略和道义上的支持。弗拉基米尔·普京政府表示不会允许阿萨德政权倒台。西方列强谴责俄罗斯干预，但美国和欧洲大国都不愿意直接对抗俄罗斯，也不会把自己的军队投入叙利亚冲突之中。因此，西方对叙利亚反对派的支持相形见绌，阿萨德政权奉行与俄罗斯和伊朗联合对抗国内反对派的战略，并让美国及其盟国应对另一个争夺对叙控制权的势力——"伊斯兰国"。

"伊斯兰国"产生于2003年之后伊拉克逊尼派穆斯林组织抗击美国占领的过程中,特别是伊拉克基地组织。在阿布·穆萨布·扎卡维(Abu Musab al-Zarqawi)的领导下,伊拉克基地组织因对西方人和什叶派教徒使用极端暴力而出名。2006年扎卡维去世后,他的继任者将该组织重塑为"伊拉克伊斯兰国"。伊拉克深陷逊尼派对什叶派掌控的政府的反抗之中,叙利亚处于困境的阿萨德政权正在努力维护其控制下的核心领土,"伊斯兰国"利用两国政府控制力的崩溃,给地区的国家体系带来了一个世纪以来最严重的挑战。[23]

2011年起,"伊拉克伊斯兰国"与一支在叙利亚内战中作战的基地组织分支——2012年1月出现的努斯拉阵线结成联盟。2013年,基地组织领导人拒绝了"伊斯兰国"对努斯拉阵线的恶意收编。"伊斯兰国"运动没有被吓倒,而是更名为"伊拉克与沙姆伊斯兰国"(Islamic State in Iraq and al-Sham,ISIS)。阿拉伯语词"沙姆"既指大马士革,也指伊斯兰教早期大马士革控制的大叙利亚(黎巴嫩、叙利亚、约旦和以色列/巴勒斯坦这些现代国家合在一起的地区)。[24] 2014年6月29日,在占领伊拉克的逊尼派核心地区安巴尔省的主要城市和伊拉克第二大城市摩苏尔后,"伊斯兰国"领导人艾布·伯克尔·巴格达迪宣布自己为哈里发,即全球逊尼派穆斯林社群的精神领袖。随后,巴格达迪的部队驾着推土机推倒了伊拉克和叙利亚之间的边界,宣布他们的哈里发国不再承认国家间的边界。"伊斯兰国"定都叙利亚东部城市拉卡,控制了横跨伊拉克和叙利亚的广阔而人烟稀少的区域。

"伊斯兰国"的出现进一步使叙利亚内战国际化。这场运动迅速以对敌人和它认定的异教徒实施极端暴力而出名。"伊斯兰国"武装分子斩首外国俘虏视频录像以及施于少数群体雅兹迪人的种族灭绝措施震惊了全球公众。"伊斯兰国"还成功地招募了来自世界各地的穆斯林激进分子，引发了从华盛顿到北京的安全忧虑。"伊斯兰国"开始宣称对欧洲和美国发生的恐怖袭击负责。"伊斯兰国"在亚洲和非洲的特许分支开始宣布效忠于这个自封的哈里发国。西方国家遏制"伊斯兰国"的斗争开启了反恐战争的全新篇章，这回的焦点是叙利亚和伊拉克。

叙利亚领土支离破碎，控制方有阿萨德政权、各反对派运动、东北部的库尔德人以及"伊斯兰国"。新出现的敌人分裂了交战各方：美国及其欧洲盟国集中精力打击"伊斯兰国"，土耳其越发注重遏制叙利亚的库尔德人，而俄罗斯和伊朗则与叙利亚政权合作挫败反对派势力。多股力量的交汇解释了为什么叙利亚经受了反"革命"过程中最为暴力的冲突。

反"阿拉伯之春"的决定性篇章出现在埃及。

"1·25运动"成功推翻了执政30年的穆巴拉克，在埃及和整个阿拉伯世界都燃起了希望：一个公民权利和问责政府的新时代将要到来。穆巴拉克一下台，埃及就进入了狂热的政治发展时期。埃及军方对政府实行托管，制定了一个雄心勃勃的6个月时间表来起草宪法修正案，作为选举新政府的指导。

埃及历史最悠久的反对派别穆斯林兄弟会已是该国最强大的政治组织。那些青年组织者，尽管十分高效地发动了民众抗议，但他们缺乏体制基础，也没有政治经验。他们创立了几十个政党，没有一个达到足够多的党员人数，这让更有组织的各伊斯兰主义政党主导了过渡时期的政治。那些较为世俗的埃及人怀疑穆兄会是一个秘密阴谋集团，企图将埃及变成一个伊斯兰国。为了不激起这些埃及人的警觉，穆兄会领导层承诺不寻求议会多数席位，不派候选人竞选总统。在此基础上，解放广场上的其他运动派别接纳穆兄会为埃及政治改革的建设性伙伴。

事实上，2011年11月埃及人投完票后，穆斯林兄弟会获得了40%的议会席位，居各派之首，获得第二多席位的是更为保守的伊斯兰萨拉菲主义政党光明党（Hizb al-Nur）。鉴于这个民选机构中的大多数席位都被伊斯兰主义者获得，世俗的埃及人开始担心，他们将迎来的不是一部自由主义宪法，而是一部用伊斯兰法取代埃及民法的伊斯兰主义宪章。

穆罕默德·穆尔西（Mohamed Morsi）竞选总统，这让穆兄会违背了早先的承诺，也让民众加深了对穆兄会真实意图的怀疑。穆尔西是受过美国教育的工程师，也是资深的穆兄会成员。他的竞争对手是同穆巴拉克有密切关联的前总理艾哈迈德·沙菲克（Ahmed Shafik）。对于埃及的自由主义者来说，必须在一个穆兄会成员和一个旧政权成员间做出选择，简直糟糕透顶。他们最终选择了变革而非世俗主义。2012年6月30日，穆罕默德·穆尔西宣誓就任埃及第五任总统，这是埃及第一个民主选举产生的总统。

穆尔西的总统任期仅维持了1年。他日益专制的倾向疏远了大批埃及选民。2012年11月，穆尔西发布总统令，授权自己凌驾于法院之上，自封为埃及"革命"的监护人。在他的监督下，制宪会议召开了，但科普特基督徒和世俗的埃及自由主义者退出，抗议专制的伊斯兰主义倾向。制宪会议余下的成员几乎完全是男性伊斯兰主义者，他们于2012年11月30日批准了宪法草案，并急着在12月15—22日间对草案进行全民公投。埃及自由主义者呼吁抵制公投，结果只有33%的人参与投票。占投票者64%的多数人赞成宪法草案。12月26日，穆尔西签署总统令，宣布新宪法生效，他证实了自由主义改革者们对穆兄会劫持"革命"的担心。

2013年头几个月，反对穆尔西总统的声势越来越强。一个自称

"反叛"（Tamarod）的运动发起全国范围的请愿，呼吁穆尔西下台。该运动自设目标，要在穆尔西就职一周年之际确保收到 1500 万个签名，但据报道，到 6 月 29 日，已有超过 2200 万人签名，一致要求穆尔西辞职，这已超出了既定的雄心勃勃的目标。这一数字从未得到证实，新闻报道援引了一些人，他们吹嘘自己已经签了 20 次请愿书甚至更多。不管是否存在潜在弄虚作假，请愿运动将自由主义者发动了起来，他们走上解放广场，举行大规模示威游行，要求推翻穆尔西政权。

埃及军方抓住"反叛"运动带来的机会，干预埃及的政治动乱。许多分析者认为军队积极煽动请愿活动。从 1952 年自由军官革命到穆尔西当选总统，埃及一直由一个军事政权统治，每一位总统都曾经是军人：来自陆军的贾马勒·阿卜杜·纳赛尔、安瓦尔·萨达特与来自空军的穆巴拉克。60 年来，军队加深了对埃及政治和经济的控制。穆尔西政府及其穆兄会支持者对军方的利益构成了真正威胁，在埃及民主实验的乱局中，最高层军官迅速采取行动，重新控制局面并维护自身的利益。

埃及军方向穆尔西发出最后通牒，要求在 48 小时内处理埃及人民的合法关切，不然将进行军事干预。这是一个不可能得到响应的请求，穆尔西拒绝了。7 月 3 日晚，国防部部长阿卜杜·法塔赫·塞西（Abdel Fattah el-Sisi）通过电视直播宣布解除穆尔西总统职权，由最高宪法法院院长阿兹利·曼苏尔（Adly Mansour）临时接替。穆尔西和他的几名主要官员被逮捕并秘密关押。这是一场典型的军事政变，尽管武装部队及其支持者愤怒地否定了这个说法。在开罗和全国其他地方，埃及人举行大规模示威游行，颂扬军队的行动尊重了人民的合法要求，是第二次"革命"。

7 月 3 日的政变实际上是埃及暴力反"革命"的开始。一夜之间，穆兄会从执政党变成了违禁组织，其领导人被捕或在逃。穆兄会在埃及拥有广大的支持基础，其支持者被激怒了，因为他们认为，军队违宪，非法从民主选出的总统手中夺取权力。他们聚集在开罗和亚历山大的清真寺示威，采用"阿拉伯之春"的模式，即占据一个中心地点，直到人民的意愿得到尊重，可惜徒劳无获。

军队及其支持者的人数比穆兄会更多。大多数埃及人都对穆兄会未能恪守其选举前的承诺感到失望，并对穆尔西拙劣的威权主义感到惊恐。此外，埃及人普遍厌倦了"革命"的混乱。人们希望恢复正常秩序，希望经济复苏，希望回归工作岗位谋取生计——这些都是被两年"革命"的动荡打乱的生活常态。人们信任军队，因为他们相信军队能够做到令行禁止、雷厉风行。

埃及政治历史上最暴力的篇章接踵而至。2013年8月14日，在6周的抗议活动之后，军方袭击了开罗的两处穆兄会的抗议据点：拉拜阿·阿达维亚和复兴广场。安全部队用实弹攻击平民示威者，一天之内屠杀了多达1000名被废总统的支持者。[25] 军方宣布国家进入紧急状态并实行宵禁，法律便因此暂时失去了效力。当局更猛烈地镇压穆兄会，逮捕了数千人。9月，政府宣布穆兄会非法，冻结了其资产，12月，政府宣布穆兄会是恐怖组织。法院判处前总统穆罕默德·穆尔西、穆兄会最高精神领袖穆罕默德·巴迪阿（Mohamed Badie）和数百名级别略低的骨干人员死刑。此外，还有2万多名伊斯兰主义者被捕入狱。[26]

埃及军队清洗穆兄会势力的过程中，军队总司令阿卜杜·法塔赫·塞西将军的声望急剧上升。他的崇拜者们把他和纳赛尔相提并论，并鼓励他实现政治抱负。2014年3月，塞西辞去军中职务，得以不受限制地竞选总统。他只有一名竞争对手——萨达特和穆巴拉克时代的反对派活动家哈姆丁·萨巴希（Hamdeen Sabahi）。2014年

5月，塞西以96％的多数票赢得了总统选举。卸下军装的塞西无疑代表了军队重新掌控埃及政治。

埃及的反"革命"完成了。对许多人来说，2011年的"1·25运动"似乎从未发生过。阿拉伯人民不再要求公民权利和问责政府，他们放弃了对政治自由的希冀，不顾一切地寻求稳定。"革命"造成埃及和巴林的政治动荡，在利比亚、也门和叙利亚升级为内战。事实证明，"革命"式变革的代价超出了阿拉伯人民的承受能力——除了突尼斯，那里上演着"阿拉伯之春"仅存的成功故事。

突尼斯是唯一一个在"阿拉伯之春"后通过谈判实现向新宪政秩序平稳政治过渡的阿拉伯国家。反对派成员与本·阿里时代官员联合组建团结政府执掌权力。2011年10月，突尼斯人涌向投票站选举制宪会议来修订突尼斯宪法。本·阿里治下非法的伊斯兰主义政党复兴党（Ennahda）赢得了最多选票，达41％。同埃及穆兄会不同，突尼斯复兴党并没有试图利用从选举中获得的权力来主宰突尼斯政治。在突尼斯，伊斯兰主义者选择与两个中间派世俗政党合作，维持了较高程度的民族团结。起草新宪法的进程很漫长，但这是为了建立共识而不是实行胁迫。2014年1月通过的新宪法庄严载入了"革命"运动在公民权利和法治方面取得的成就。

2014年10—12月，突尼斯选民根据新的治国规则投票选举议会和总统，突尼斯向新宪政时代的过渡告一段落。这些规则是突尼斯人经过反复讨论和投票确认之后建立起来的，而不是外国势力强加的，达到了几个世纪以来围绕限制统治者专制权力而进行的斗争的目标。2014年的选举结果十分乐观。世俗派呼声党（Nidaa Tounes）赢得相对多数席位，伊斯兰主义的复兴党获得第二多席位，两党同意组建联合政府，呼声党主席贝吉·凯德·埃塞卜西（Beji Caid

Essebsi）当选总统。

然而，突尼斯所取得的成就还很不稳固。突尼斯遭受了恐怖袭击，严重破坏了作为经济支柱的旅游业，而外国投资者尚未给予突尼斯足够的信任。在恐怖主义威胁得到遏制和经济增长得以恢复之前，突尼斯"革命"取得的成果仍将面临风险。然而，突尼斯脆弱的民主实验所取得的成功，符合阿拉伯世界的利益，也符合全世界的利益。经历了21世纪第二个十年的暴力和破坏之后，阿拉伯人民势必将重申对问责政府的合法要求。对于阿拉伯人民在21世纪的希冀而言，突尼斯将成为一座灯塔。

致　谢

在撰写这部阿拉伯世界的近现代史时，我有幸已成为牛津大学圣安东尼学院中东研究中心杰出的知识分子群体的一员。

已故的阿尔伯特·侯拉尼是研究阿拉伯世界的最伟大的历史学家之一，他聚集了一批具有创新精神的学者，使中东研究中心成为欧洲领先的研究现代中东的大学研究所。从我1991年成为中心成员起，已经退休的同事穆斯塔法·巴达维、德里克·霍普伍德、罗伯特·马布罗和罗杰·欧文一直是我的导师。我充分仰仗了他们对中东的深刻了解，与他们讨论了本书的论点，并硬是将各章草稿发给他们以征求意见。他们一直不遗余力地鼓励和提出建设性的批评。

中东研究中心目前的研究团队在各方面都保留了阿尔伯特·侯拉尼最初团队的魔力。在艾哈迈德·沙希、沃尔特·安布拉斯特、拉斐拉·德尔·萨托、荷马·卡忒泽安、西莉亚·克斯莱克、菲利普·罗宾斯和迈克尔·威利斯等人中，我有慷慨的朋友和同事每天都为这个项目做出贡献——每天早上在中心边喝咖啡边闲聊，推荐阅读文献和评论章节草稿。我特别感谢阿维·施莱姆，他是一位研究以色列与阿拉伯人之间波折历史的杰出而富有创新精神的历史学家。阿维阅读了每一章，并在大学的午餐时间与我会面，给我最详细和最有建设性的反馈。他富有洞察力的评论对本书的每一部分都有影响。

我要感谢中东研究中心的档案管理员黛比·阿瑟,她慷慨地支持我对档案中丰富的私人文件和历史照片的研究。我非常感谢中东研究中心图书管理员马斯坦·埃布泰哈伊和中心管理员朱丽亚·库克。

我在牛津大学的阿拉伯近现代史课程中使用了本书稿,非常感谢机敏的学生们的反馈。我要感谢丽姆·艾布·法得勒、尼克·卡尔达赫吉和纳迪亚·奥维达特对本书研究的帮助。

在写本书的这几年里,我一直依靠家人和朋友,无论他们是否为专业人士,都来阅读并评论章节草稿。他们的鼓励和批评对本书的完成起到了比他们所想的更大的作用。我要感谢彼得·艾雷、图伊·克拉克、我的伊拉克历史导师福拉斯·哈迪德、蒂姆·肯尼迪、迪娜·扈利、约书亚·兰迪斯、罗纳德·奈特勒、汤姆·奥尔德、最先鼓励我写作这本阿拉伯人史的托马斯·菲利普、加比·皮特伯格、塔里克·拉马丹、我的兄弟格兰特·罗根、凯文·沃特金斯和我才华横溢的妻子恩盖尔·伍兹。

我要特别感谢我最执着的读者——我的母亲玛格丽特·罗根。她一生都在研究中东,她从头到尾阅读了本书的每一章,挑出错误,没有让母爱蒙蔽她。

自本书首次出版以来,多位读者来信提出了一些建议和更正,其中许多已被这一版本采纳。我要感谢阿里·阿拉维、马克·艾伦爵士、穆扎法·H. 巴拉齐、赛斯·弗兰茨曼、艾弗·卢卡斯、米歇尔·吕特法拉、弗朗西斯·罗宾森、阿扎姆·萨阿德和理查德·昂德兰。

我要感谢布洛涅-比扬古的阿尔伯特·卡恩博物馆的塞尔日·富沙尔,他制作了阿尔伯特·卡恩收藏中卓越的早期彩色相片的副本以供出版。我也非常感谢布里奇曼艺术图书馆的维多利亚·霍格思和哈佛美术图书馆的杰夫·斯珀尔，他们为本书的图片收录工作提供了帮助。

如果没有我的文学经纪人费利西蒂·布莱恩的卓越才干，本书就不会问世。我特别感谢费利西蒂打破自己不为朋友代理的规矩。我将永远感激乔治·卢卡斯同意在纽约代表我，并以令人难忘的方式把我介绍给纽约的出版界。他们两人一起为本书找到了最好的出版社。

对基本书局（Basic Books）的编辑工作，我深深地感谢我的编辑劳拉·海默特，她用幽默与洞察力，鼓励我写出了一本比我独自一人能写出来的更好的书。布兰登·普罗亚贡献了他的编辑才能，并帮助搜寻适合本书的图片。凯·玛丽亚和米歇尔·浅川拼尽全力，以惊人的速度完成了文字编辑。在企鹅出版社，西蒙·温德以其深邃的学识深度参与本书的写作过程，使我受益匪浅。

在写作本书的每一刻，我的家人都是我力量和灵感的源泉。我疯狂地承担了这个写作项目，但恩盖尔以及我俩的儿子理查德和女儿伊莎贝尔十分通情达理，谢谢你们！

图片版权许可

1. Private collection. Photo © Christie's Images/ The Bridgeman Art Library
2. Private collection. Photo © Christie's Images/ The Bridgeman Art Library
3. Photograph by Bonfils. Harvard College Library, Fine Arts Library, HSM
4. Chateau de Versailles, France/ Giraudon/ The Bridgeman Art Library
5. Private collection/© The Fine Art Society, London, UK/ The Bridgeman Art Library
6. Harvard College Library, Fine Arts Library, HSM 620
7. Chateau de Versailles, France/ Lauros/ Giraudon/ The Bridgeman Art Library
8. Musée Condé, Chantilly, France/ Giraudon/ The Bridgeman Art Library
9. Musée Albert-Kahn – Département des Hauts-de-Seine, A15488
10. Musée Albert-Kahn – Département des Hauts-de-Seine, A15562
11. Musée Albert-Kahn – Département des Hauts-de-Seine, A51046
12. Private Collection/Archives Charmet/The Bridgeman Art Library. All best efforts have been made to contact the copyright holder of this anonymous Moroccan work.
13. Musée Albert-Kahn – Département des Hauts-de-Seine, A19031
14. Frédéric Gadmer, Musée Albert-Kahn – Département des Hauts-de-Seine, A19747
15. Owen Tweedy Collection, PA 7/216, Middle East Centre Archive, St. Antony's College, Oxford
16. Sir Edmund Allenby Collection, PA 5/8, Middle East Centre Archive, St. Antony's College, Oxford
17. Bibliotheque Nationale, Paris, France/ Archives Charmet/ The Bridgeman Art Library
18. Norman Mayers Collection album 1/40, Middle East Centre Archive, St. Antony's College, Oxford
19. John Poole Collection 11/5/5, Middle East Centre Archive, St. Antony's College, Oxford
20. John Poole Collection 11/4/16, Middle East Centre Archive, St. Antony's College, Oxford
21. Sir Edward Spears Collection, Album 8/28, Middle East Centre Archive, St. Antony's College, Oxford

22. Sir Edward Spears Collection, Album 9/75, Middle East Centre Archive, St. Antony's College, Oxford
23. Desmond Morton Collection, 13/1/1, Middle East Centre Archive, St. Antony's College, Oxford
24. Desmond Morton Collection, 13/1/2, Middle East Centre Archive, St. Antony's College, Oxford
25. AP Images
26. © Bettmann/Corbis
27. © Bettmann/Corbis
28. © Bettmann/Corbis
29. © Bettmann/Corbis
30. © Hulton-Deutsch Collection/Corbis
31. © Hulton-Deutsch Collection/Corbis
32. © Bettmann/Corbis
33. © Bettmann/Corbis
34. © Genevieve Chauvel/Sygma/Corbis
35. © Bride Lane Library/Popperfoto/Getty Images
36. © Christian Simonpietri/Sygma/Corbis
37. © Bettmann/Corbis
38. © Bettmann/Corbis
39. © Alain DeJean/Sygma/Corbis
40. © Kevin Fleming/Corbis
41. © AFP/Getty Images
42. © Dominique Faget/epa/Corbis
43. © Gérard Rancinan/Sygma/Corbis
44. © Michel Philippot/Sygma/Corbis
45. © Françise de Mulder/Corbis
46. © Françise de Mulder/Corbis
47. © Peter Turnley/Corbis
48. © Reuters/Corbis
49. © Reuters/Corbis

注 释

序言

1. 穆罕默德的姐姐巴斯玛·布瓦齐齐,转引自"Controversy over 'the Slap' That Brought Down a Government," *Asharq Al-Awsat*, February 2, 2011;菲达·哈姆迪,转引自 KaremYehia,"Tunisian Policewoman Who 'Slapped' Bouazizi Says 'I Was Scapegoated by Ben Ali,'" *Ahram Online*, December 16, 2014。另见 Yasmine Ryan, "The Tragic Life of a Street Vendor: Al-Jazeera Travels to the Birthplace of Tunisia's Uprising and Speaks to Mohamed Bouazizi's Family," AlJazeera.com, January 20, 2011; Kareem Fahim, "Slap to a Man's Pride Set Off Tumult in Tunisia," *New York Times*, January 21, 2011。

2. 菲达·哈姆迪在多次采访中就这一系列事件给出了自己的讲述,见 Yehia, "Tunisian Policewoman Who 'Slapped' Bouazizi,"和 Radhouane Addala and Richard Spencer, "I Started the Arab Spring. Now Death Is Everywhere, and Extremism Is Blooming," *Daily Telegraph*, December 17, 2015。

3. Roger Owen, *The Rise and Fall of Arab Presidents for Life* (Cambridge, MA: Harvard University Press, 2012); Joseph Sassoon, *Anatomy of Authoritarianism in the Arab Republics* (Cambridge: Cambridge University Press, 2016)。

4. Samir Kassir, *Being Arab* (London: Verso, 2006), from the author's introduction。

5. 菲达·哈姆迪在以下采访中谈论自己佩戴头巾:"Interview with Fadia Hamdy [sic]," video posted by CorrespondentsDotOrg on YouTube, July 11, 2012, https://www.youtube.com/watch?v=JSeRkT5A8rQ。

6. George Will, "Take Time to Understand Mideast Asia," *Washington Post*, October 29, 2001。

7. Eugene Rogan, *The Fall of the Ottomans: The Great War in the Middle East, 1914–1920* (New York: Basic Books, 2015)。

第一章 从开罗到伊斯坦布尔

1. 先知穆罕默德离世引发了伊斯兰教最早的分裂之一,因为他的追随者们在如何选择他的继承人(即哈里发)来领导穆斯林社团的问题上存在分歧。一派穆斯林主张继承者须来自先知家族,并支持阿里·本·艾布·塔利卜为继承者,他是先知的堂弟和女婿,是他的近亲。这个派别在阿拉伯语中被称为"阿里党人","什叶"一词即源于此。然而,大多数穆斯林认为,哈里发应该是最虔诚的穆斯林,最有能力去维护"逊奈"(*sunna*),即先知穆罕默德的做法和信仰,这派人后来被称为逊尼派。在伊斯兰历史的大部分时间里,逊尼派一直是信仰者群体中占主导地位的大多数,特别是在阿拉伯和土耳其世界,而什叶派伊斯兰教各支则扎根在阿拉伯半岛南部、波斯和南亚。

2. 穆罕默德·本·艾哈迈德·本·伊耶斯(约 1448—1524)的编年史《世事奇葩》(*Bada'i' al-zuhur fi waqa'i' al-duhur*)1893—1894 年首次在开罗出版。关于奥斯曼征服叙利亚和埃及部分的英语节译本为 W. H. Salmon, *An Account of the Ottoman Conquest of Egypt in the Year A.H. 922 (A.D. 1516)* (London: Royal Asiatic Society, 1921)。全译本为 Gaston Wiet, *Journal d'un bourgeois du Caire: Chronique d'Ibn Iyâs*, vol. 2 (Paris: S. E. V. P. E. N., 1960). 此处的叙述参见 Salmon, *Account of the Ottoman Conquest*, pp.41 – 46; Wiet, *Journal d'un bourgeois du Caire*, pp.65 – 67。

3. Salmon, *Account of the Ottoman Conquest*, pp.92 – 95; Wiet, *Journal d'un bourgeois du Caire*, pp.117 – 120.

4. Salmon, *Account of the Ottoman Conquest*, pp.111 – 113; Wiet, *Journal d'un bourgeois du Caire*, pp.137 – 139.

5. Salmon, *Account of the Ottoman Conquest*, pp.114 – 117; Wiet, *Journal d'un bourgeois du Caire*, pp.140 – 143.

6. Wiet, *Journal d'un bourgeois du Caire*, pp.171 – 172.

7. Ibid., p.187.

8. 正统哈里发是先知穆罕默德的最初四位继承者,即艾布·伯克尔、欧麦尔、奥斯曼和阿里,他们在 7 世纪统治着早期的伊斯兰社团。他们之后是伍麦叶王朝(公元 661—750 年),定都大马士革。

9. Thomas Philipp and Moshe Perlmann, eds., *'Abd al-Rahman al-Jabarti's History of Egypt*, vol. 1 (Stuttgart: Franz Steiner, 1994), p.33.

10. Salmon, *Account of the Ottoman Conquest*, pp.46 – 49; Wiet, *Journal d'un bourgeois du Caire*, pp.69 – 72.

11. 沙姆斯丁·穆罕默德·本·阿里·本·突伦(约 1485—1546)的编年史《大马士革土耳其省长的背景资料》的校订本与译本为 Henri Laoust, *Les Gouverneurs de Damas sous les Mamlouks et les premiers Ottomans* (658—1156/1260—1744) (Damascus: Institut Français de Damas, 1952)。

12. Bruce Masters, *The Origins of Western Economic Dominance in the Middle East: Mercantilism and the Islamic Economy in Aleppo, 1600—1750* (New York: New York University Press, 1988).

13. Laoust, *Les Gouverneurs de Damas*, p.151.

14. Salmon, *Account of the Ottoman Conquest*, p.49; Wiet, *Journal d'un bourgeois du Caire*, p.72.

15. Laoust, *Les Gouverneurs de Damas*, pp.154 – 157.

16. 源自伊本·朱玛(逝于 1744 年后)的编年史,参见 Laoust, *Les Gouverneurs de Damas*, p.172.

17. 伊本·朱玛和伊本·突伦的叙述几乎相同,前者几乎一字不差地重复了后者的叙述,参见 Laoust, *Les Gouverneurs de Damas*, pp.154 – 159, 171 – 174。

18. Amnon Cohen and Bernard Lewis, *Population and Revenue in the Towns of Palestine in the Sixteenth Century* (Princeton, NJ: Princeton University Press, 1978), pp.3-18.

19. Muhammad Adnan Bakhit, *The Ottoman Province of Damascus in the Sixteenth Century* (Beirut: Librairie du Liban, 1982), pp.91-118.

20. I. Metin Kunt, *The Sultan's Servants: The Transformation of Ottoman Provincial Government, 1550—1650* (New York: Columbia University Press, 1983), pp.32-33.

21. Philipp and Perlmann, *Al-Jabarti's History of Egypt*, vol. 1, p.33.

22. Michael Winter, *Egyptian Society Under Ottoman Rule, 1517—1798* (London: Routledge, 1992), pp.16-17.

23. Bakhit, *Ottoman Province of Damascus*, pp.105-106.

24. 赛义德·穆拉德所著《海伊尔丁帕夏征服记》(*Ghazawat-i Khayr al-Din Pasha*) 为16世纪抄本，其法语节译本为 Sander Rang and Ferdinand Denis, *Fondation de la régence d'Alger: Histoire de Barberousse* (Paris: J. Angé, 1837)。此处的叙述参见 vol. 1, p.306。

25. John B. Wolf, *The Barbary Coast: Algeria Under the Turks* (New York: W. W. Norton, 1979), p.20.

26. Cited in ibid., p.27.

27. Ahmad b. Muhammad al-Khalidi al-Safadi, *Kitab tarikh al-Amir Fakhr al-Din al-Ma'ni* [The book of history of the Amir Fakhr al-Din al-Ma'ni], edited and published by Asad Rustum and Fuad al-Bustani under the title *Lubnan fi 'ahd al-Amir Fakhr al-Din al-Ma'ni al-Thani* [Lebanon in the age of Amir Fakhr al-Din II al-Ma'ni] (Beirut: Editions St. Paul, 1936, reprinted 1985).

28. Abdul-Rahim Abu-Husayn, *Provincial Leaderships in Syria, 1575—1650* (Beirut: American University in Beirut Press, 1985) pp.81-87.

29. Al-Khalidi al-Safadi, *Amir Fakhr al-Din*, pp.17-19.

30. Ibid., pp.214-215.

31. Ibid., pp.150-154.

32. Daniel Crecelius and 'Abd al-Wahhab Bakr, trans., *Al-Damurdashi's Chronicle of Egypt, 1688—1755* (Leiden: E. J. Brill, 1991), p.286.

33. Ibid., p.291.

34. Ibid., p.296.

35. Ibid., pp.310-312.

36. Winter, *Egyptian Society Under Ottoman Rule*, p.24.

第二章　阿拉伯人挑战奥斯曼统治

1. Ahmad al-Budayri al-Hallaq, *Hawadith Dimashq al-Yawmiyya* [Daily events of Damascus] *1741—1762* (Cairo: Egyptian Association for Historical Studies, 1959),

p.184; and George M. Haddad, "The Interests of an Eighteenth Century Chronicler of Damascus," *Der Islam* 38 (June 1963): 258 – 271.

2. Budayri, *Hawadith Dimashq*, p.202.
3. Ibid., p.129.
4. Ibid., p.219.
5. Ibid., p.57.
6. Ibid., p.112.
7. 转引自 Albert Hourani, "The Fertile Crescent in the Eighteenth Century," *A Vision of History* (Beirut: Khayats, 1961), p.42。
8. Thomas Philipp and Moshe Perlmann, eds., *'Abd al-Rahman al-Jabarti's History of Egypt*, vol. 1 (Stuttgart: Franz Steiner, 1994), p.6.
9. 关于黎巴嫩山的谢哈卜家族，参见 Kamal Salibi, *The Modern History of Lebanon* (London: Weidenfeld and Nicholson, 1965)。关于摩苏尔的加利利家族，参见 Dina Rizk Khoury, *State and Provincial Society in the Ottoman Empire: Mosul, 1540—1830* (Cambridge: Cambridge University Press, 1997)。
10. Roger Owen, *The Middle East in the World Economy, 1800—1914* (London: Methuen, 1981), p.7.
11. Budayri, *Hawadith Dimashq*, pp.27 – 29.
12. Ibid., pp.42 – 45.
13. Amnon Cohen, *Palestine in the Eighteenth Century* (Jerusalem: Magnes Press, 1973), p.15.
14. Thomas Philipp, *Acre: The Rise and Fall of a Palestinian City, 1730—1831* (New York: Columbia University Press, 2001), p.36.
15. Philipp and Perlmann, *Abd al-Rahman al-Jabarti's History of Egypt*, vol. 1, p.636. 关于伟大的阿里贝伊，参见 Daniel Crecelius, *The Roots of Modern Egypt: A Study of the Regimes of 'Ali Bey al-Kabir and Muhammad Bey Abu al-Dhahab, 1760—1775* (Minneapolis and Chicago: University of Minnesota Press, 1981)。
16. Philipp and Perlmann, *Abd al-Rahman al-Jabarti's History of Egypt*, vol. 1, p.639.
17. Ibid., p.638.
18. Ibid., p.639.
19. 这段叙述来自黎巴嫩山的埃米尔哈伊达尔·艾哈迈德·谢哈卜(1761—1835)的编年史《当世英华录》(*Al-Ghurar al-Hisan fi akhbar abna' al-zaman*)。谢哈卜的编年史由 Asad Rustum 和 Fuad al-Bustani 校订出版，题为《谢哈卜埃米尔时代的黎巴嫩》(*Lubnan fi 'ahd al-umara' al-Shihabiyin*), vol. 1 (Beirut: Editions St. Paul, 1984), p.79。
20. Shihab, *Lubnan fi 'ahd al-umara' al-Shihabiyin*, vol. 1, pp.86 – 87.
21. Philipp and Perlmann, *Abd al-Rahman al-Jabarti's History of Egypt*, vol. 1, p.639.

22. Philipp, citing Ahmad al-Shihab's *Tarikh Ahmad Pasha al-Jazzar*, in *Acre*, p.45.

23. 这段关于扎希尔·欧麦尔之死的戏剧性叙述出自米哈伊勒·萨巴厄(约1784—1816)的编年史《谢赫扎希尔·欧麦尔·齐达尼史》(*Tarikh al-Shaykh Zahir al-'Umar al-Zaydani*)(Harisa, Lebanon: Editions St. Paul, 1935), pp. 148–158。

24. 引自 Alexei Vassiliev, *The History of Saudi Arabia* (London: Saqi, 2000), p. 98。

25. Philipp and Perlmann, *Abd al-Rahman al-Jabarti's History of Egypt*, vol. 4, p. 23.

26. Mikhayil Mishaqa, *Murder, Mayhem, Pillage, and Plunder: The History of Lebanon in the Eighteenth and Nineteenth Centuries* (Albany: SUNY Press, 1988), p. 62.

第三章 穆罕默德·阿里的埃及帝国

1. Thomas Philipp and Moshe Perlmann, eds., *'Abd al-Rahman al-Jabarti's History of Egypt*, vol. 3 (Stuttgart: Franz Steiner, 1994), p.2.

2. Ibid., p.13.

3. Ibid., p.8.

4. Ibid., p.51.

5. M. de Bourienne, *Mèmoires sur Napolèon*, 2 vols. (Paris, 1831), cited in ibid., p.57, n. 63.

6. Thomas Philipp and Moshe Perlmann, eds., *'Abd al-Rahman al-Jabarti's History of Egypt*, vol. 3, pp.56–57.

7. Afaf Lutfi al-Sayyid Marsot, *Egypt in the Reign of Muhammad Ali* (Cambridge: Cambridge University Press, 1984), p.37. See also Darrell Dykstra, "The French Occupation of Egypt," in M. W. Daly, ed., *The Cambridge History of Egypt*, vol. 2 (Cambridge: Cambridge University Press, 1998), pp.113–138.

8. Thomas Philipp and Moshe Perlmann, eds., *'Abd al-Rahman al-Jabarti's History of Egypt*, vol. 3, pp.505–506.

9. Ibid., vol. 4, pp.179–180.

10. Marsot, *Egypt in the Reign of Muhammad Ali*, p.72.

11. Ibid., p.201. 一袋钱相当于500比索, 19世纪20年代的兑换比率约为1美元=12.6比索。

12. 对处决瓦哈比运动领导者的叙述来自俄国大使给奥斯曼帝国的报告, 转引自 Alexei Vassiliev, *The History of Saudi Arabia* (London: Saqi, 2000), p.155。

13. Khaled Fahmy, *All the Pasha's Men: Mehmed Ali, His Army, and the Making of Modern Egypt* (Cambridge: Cambridge University Press, 1997), p.92.

14. Mustafa Rashid Celebi Efendi, cited in ibid., p.81.

15. Letter from Muhammad 'Ali to his agent Najib Efendi dated October 6, 1827,

translated by Fahmy in All the Pasha's Men, pp.59 – 60.

16. 米哈伊勒·米舍卡写于 1873 年的编年史《答挚爱者建议书》(al-Jawab 'ala iqtirah al-ahbab) 由 Wheeler Thackston 翻译出版: Murder, Mayhem, Pillage, and Plunder: The History of the Lebanon in the Eighteenth and Nineteenth Centuries (Albany: SUNY Press, 1988), pp.165 – 169。

17. Ibid., pp.172 – 174.

18. Ibid., pp.178 – 187.

19. Palmerston's letter of July 20, 1838, cited in Marsot, Egypt in the Reign of Muhammad Ali, p.238.

20. Mishaqa, Murder, Mayhem, Pillage, and Plunder, p.216.

21. London Convention for the Pacification of the Levant, 15 – 17 September 1840, reproduced in J. C. Hurewitz, The Middle East and North Africa in World Politics, vol. 1 (New Haven, CT: Yale University Press, 1975), pp.271 – 275.

第四章　改革的危险

1. 对塔赫塔维作品《披沙拣金记巴黎》(Takhlis al-Ibriz fi Talkhis Bariz) 的完整英译和研究,见 Daniel L. Newman, An Imam in Paris: Al-Tahtawi's Visit to France (1826—1831) (London: Saqi, 2004)。

2. Ibid., pp.99, 249.

3. Ibid., pp.105, 161.

4. 对这部宪法的分析转载于 ibid., pp.194 – 213。

5. 塔赫塔维对 1830 年七月革命的分析可参见 ibid., pp.303 – 330。

6. 1839 年改革法令的译本转载于 J. C. Hurewitz, The Middle East and North Africa in World Politics, vol. 1 (New Haven, CT: Yale University Press, 1975), pp.269 –271。

7. 1856 年改革法令的文本转载于 ibid., pp.315 – 318.

8. 大马士革的奥斯曼法官穆罕默德·萨义德·乌斯图沃奈的日记由 As 'ad al-Ustuwana 编辑出版, Mashahid wa ahdath dimishqiyya fi muntasif al-qarn al-tasi' 'ashar (1840—1861) (Damascus: Dar al-Jumhuriyya, 1993), p.162。

9. Jonathan Frankel, The Damascus Affair: "Ritual Murder," Politics, and the Jews in 1840 (Cambridge: Cambridge University Press, 1997).

10. Bruce Masters, "The 1850 Events in Aleppo: An Aftershock of Syria's Incorporation into the Capitalist World System," International Journal of Middle East Studies 22 (1990): 3 – 20.

11. Leila Fawaz, An Occasion for War: Civil Conflict in Lebanon and Damascus in 1860 (London: I. B. Tauris, 1994); and Ussama Makdisi, The Culture of Sectarianism: Community, History, and Violence in Nineteenth-Century Ottoman Lebanon (Berkeley and Los Angeles: University of California Press, 2000).

12. 大马士革穆斯林要人艾布·沙特·哈希卜的回忆录引自 Kamal Salibi, "The

1860 Upheaval in Damascus as Seen by al-Sayyid Muhammad Abu'l-Su'ud al-Hasibi, Notable and Later *Naqib al-Ashraf* of the City," in William Polk and Richard Chambers, eds., *Beginnings of Modernization in the Middle East: The Nineteenth Century* (Chicago: University of Chicago Press, 1968), p.190。

13. Wheeler Thackston Jr. 翻译了米哈伊勒·米舍卡写于1873年的历史,译本题为 *Murder, Mayhem, Pillage, and Plunder: The History of the Lebanon in the Eighteenth and Nineteenth Centuries* (Albany: SUNY Press, 1988), p.244。

14. 米舍卡1860年9月27日向美国驻贝鲁特领事提交的阿拉伯语报告,存于美国马里兰州大学公园市国家档案馆。

15. Y. Hakan Erdem, *Slavery in the Ottoman Empire and Its Demise, 1800—1909* (Basingstoke, UK: 1996).

16. Roger Owen, *The Middle East in the World Economy, 1800—1914* (London: Methuen, 1981), p.123.

17. David Landes, *Bankers and Pashas: International Finance and Economic Imperialism in Egypt* (Cambridge, MA: Harvard University Press, 1979), pp.91–92.

18. Owen, *Middle East in the World Economy*, pp.126–127.

19. Janet Abu Lughod, *Cairo: 1001 Years of the City Victorious* (Princeton, NJ: Princeton University Press, 1971), pp.98–113.

20. 海伊尔丁的自传《致我的孩子》(À mes enfants)由 M. S. Mzali 和 J. Pignon 编辑出版:"Documents sur Kheredine," *Revue Tunisienne* (1934): 177-225, 347-396,本段引文见 p.183。

21. 海伊尔丁的政治著作《万国实闻录》(*Aqwam al-masalik li ma'rifat ahwal al-mamalik*)的编译本为 Leon Carl Brown, *The Surest Path: The Political Treatise of a Nineteenth-Century Muslim Statesman* (Cambridge, MA: Harvard University Press, 1967)。

22. Ibid., pp.77–78.

23. Jean Ganiage, *Les Origines du Protectorat francaise en Tunisie (1861—1881)* (Paris: Presses Universitaires de France, 1959); L. Carl Brown, *The Tunisia of Ahmad Bey (1837—1855)* (Princeton: Princeton University Press, 1974); and Lisa Anderson, *The State and Social Transformation in Tunisia and Libya, 1830—1980* (Princeton, NJ: Princeton University Press, 1986).

24. 转引自 Brown, *The Surest Path*, p.134。

25. Mzali and Pignon, "Documents sur Kheredine," pp.186–187.

26. P. J. Vatikiotis, *The History of Egypt from Muhammad Ali to Sadat* (London: Johns Hopkins University Press, 1980).

27. Niyazi Berkes, *The Emergence of Secularism in Turkey* (London: Routledge, 1998), p.207.

28. Ahmet Cevdet Pasha in Charles Issawi, *The Economic History of Turkey, 1800—1914* (Chicago: University of Chicago Press, 1980), pp.349–351; and Roderic

Davison, *Reform in the Ottoman Empire, 1856—1876* (Princeton, NJ: Princeton University Press, 1963), p.112.

29. Mzali and Pignon, "Documents sur Kheredine," pp.189-190.
30. Owen, *Middle East in the World Economy*, pp.100-121.
31. Ibid., pp.122-152.

第五章　第一波殖民主义:北非

1. 两份报告的文本转载于 Hurewitz, *The Middle East and North Africa in World Politics*, vol. 1 (New Haven, CT: Yale University Press, 1975), pp.227-231。
2. Rifaʻa Rafiʻal-Tahtawi, *An Imam in Paris* (London: Saqi, 2004), pp.326-327.
3. Alexandre Bellemare, *Abd-el-Kader: Sa Vie politique et militaire* (Paris: Hachette, 1863), p.120.
4. 两份条约的原始文本与英语译文转载于 Raphael Danziger, *Abd al-Qadir and the Algerians: Resistance to the French and Internal Consolidation* (New York: Holmes & Meier, 1977), pp.241-260. 条约分配给法国和阿尔及利亚的领土地图见 ibid., pp.95-96, 157-158。
5. Reproduced in Bellemare, *Abd-el-Kader*, p.260.
6. Ibid., p.223.
7. A. de France, *Abd-El-Kader's Prisoners; or Five Months' Captivity Among the Arabs* (London: Smith, Elder and Co., n.d.), pp.108-110.
8. Bellemare, *Abd-el-Kader*, pp.286-289. 阿卜杜·卡迪尔之子在 *Tuhfat al-zaʼir fi tarikh al-Jazaʼir waʼl-Amir ʻAbd al-Qadir* (Beirut: Dar al-Yaqiza al-ʻArabiyya, 1964), pp.428-431 中描写了齐马拉陷落对士兵士气的影响。
9. Tangier Convention for the Restoration of Friendly Relations: France and Morocco, September 10, 1844, reproduced in Hurewitz, *Middle East and North Africa in World Politics*, pp.286-287.
10. Bellemare, *Abd-el-Kader*, p.242.
11. Stanford J. Shaw and Ezel Kural Shaw, *History of the Ottoman Empire and Modern Turkey*, vol. 2 (Cambridge: Cambridge University Press, 1985), pp.190-191. 注意法郎兑英镑比率为 FF25 = £1, 土耳其镑兑英镑比率为 £T1 = £0.909.
12. 欧拉比的自传被收入 Jurji Zaydan 编写的人物志《19世纪东方名人传》(*Tarajim Mashahir al-Sharq fiʼl-qarn al-tasiʻ ʻashar*), vol. 1 (Cairo: Dar al-Hilal, 1910), (hereafter Urabi memoirs)。
13. Ibid., p.261.
14. 1903年,欧拉比向威尔弗里德·斯科恩·布伦特讲述了这些事件,后者将之收入 *Secret History of the British Occupation of Egypt* (New York: Howard Fertig, 1967, reprint of 1922 ed.), p.369。
15. Urabi memoirs, p.269.
16. Ibid., p.270.

17. Ibid., p.272.

18. 布伦特请请穆罕默德·阿布笃评论欧拉比对这些事件的叙述,见 Blunt, *Secret History*, p.376。

19. Urabi memoirs, p.274.

20. Blunt, *Secret History*, p.372.

21. A. M. Broadley, *How We Defended Arabi and His Friends* (London: Chapman and Hall, 1884), p.232.

22. Ibid., pp.375 – 376.

23. Blunt, *Secret History*, p.299.

24. *Mudhakkirat 'Urabi* [Memoirs of Urabi], vol. 1 (Cairo: Dar al-Hilal, 1954), pp.7 – 8.

25. 关于"争夺非洲"和法绍达事件,参见 Ronald Robinson and John Gallagher, *Africa and the Victorians: The Official Mind of Imperialism*, 2nd ed. (Houndmills, UK: Macmillan, 1981)。

26. Hurewitz, *Middle East and North Africa*, vol. 1, p.477.

27. Ibid., pp.508 – 510.

28. Ahmad Amin, *My Life*, translated by Issa Boullata (Leiden: E. J. Brill, 1978), p.59.

29. 转引自 Ami Ayalon, *The Press in the Arab Middle East: A History* (New York and Oxford: Oxford University Press, 1995), p.15。

30. 转引自 ibid., p.30。

31. 转引自 ibid., p.31。

32. Martin Hartmann, *The Arabic Press of Egypt* (London, Luzac, 1899), pp.52 – 85, cited in Roger Owen, *Lord Cromer: Victorian Imperialist, Edwardian Proconsul* (Oxford: Oxford University Press, 2004), p.251.

33. Albert Hourani, *Arabic Thought in the Liberal Age, 1798—1939* (London: Oxford University Press, 1962), p.113.

34. Ahmad Amin, *My Life*, pp.48 – 49.

35. Thomas Philipp and Moshe Perlmann, trans. and eds., *'Abd al-Rahman al-Jabarti's History of Egypt*, vol. 3 (Stuttgart: Franz Steiner, 1994), pp.252 – 253.

36. Daniel L. Newman, *An Imam in Paris: Al-Tahtawi's Visit to France (1826—1831)* (London: Saqi, 2004), p.177.

37. Ahmad Amin, *My Life*, p.19.

38. Judith Tucker, *Women in Nineteenth Century Egypt* (Cambridge: Cambridge University Press, 1985), p.129.

39. Qasim Amin, *The Liberation of Women*, trans. Samiha Sidhom Peterson (Cairo: American University at Cairo Press, 1992), p.12.

40. Ibid., p.15.

41. Ibid., p.72.

42. Ibid., p.75.
43. Ahmad Amin, *My Life*, p.90.
44. Ibid., p.60.
45. Ibid., pp.60 - 61.此处英译者使用了"upset"(苦恼)一词,但原阿拉伯语用词意为"悲伤",语义更强。

第六章　分而治之:第一次世界大战及战后解决方案
1. "De Bunsen Committee Report," in J. C. Hurewitz, ed., *The Middle East and North Africa in World Politics*, vol. 2 (New Haven, CT: Yale University Press, 1979), pp.26 - 46.
2. 侯赛因-麦克马洪通信转引自 ibid., pp.46 - 56。
3. 引自卡拉克居民奥代・古苏斯未出版的回忆录,转引自 Eugene Rogan, *Frontiers of the State in the Late Ottoman Empire: Transjordan, 1851—1921* (Cambridge: Cambridge University Press, 1999), pp.232 - 233。
4. 《赛克斯-皮科协定》转引自 Hurewitz, *Middle East and North Africa*, vol. 2, pp.60 - 64。
5. George Antonius, *The Arab Awakening: The Story of the Arab National Movement* (London: Hamish Hamilton, 1938), p.248.
6. 第一届犹太复国主义大会的《巴塞尔纲领》转引自 Paul R. Mendes-Flohr and Jehuda Reinharz, *The Jew in the Modern World: A Documentary History* (New York: Oxford University Press, 1980), p.429。
7. Tom Segev, *One Palestine, Complete* (London: Abacus, 2001), p.44.
8. 《贝尔福宣言》转引自 Hurewitz, *Middle East and North Africa*, vol. 2, pp.101 -106。
9. 哲马勒帕夏的评论载于《东方报》(*al-Sharq*),转引自 Antonius, *Arab Awakening*, pp.255 - 256。
10. 1918 年 11 月 7 日英、法两国发布的声明转引自 ibid., pp.435 - 436; Hurewitz, *Middle East and North Africa*, vol. 2, p.112。
11. 费萨尔与魏茨曼的协议转引自 Walter Laqueur and Barry Rubin, eds., *The Israel-Arab Reader: A Documentary History of the Middle East Conflict* (New York: Penguin, 1985), pp.19 - 20。
12. 费萨尔的备忘录转引自 Hurewitz, *Middle East and North Africa*, vol. 2, pp.130 -132。
13. Harry N. Howard, *The King-Crane Commission* (Beirut: Khayyat, 1963), p.35.
14. 《金-克瑞恩报告》首次刊载于 *Editor & Publisher* 55, 27, 2nd section, December 2, 1922. 他们所提建议的节略版转引自 Hurewitz, *Middle East and North Africa*, vol. 2, pp.191 - 199。
15. Abu Khaldun Sati'al-Husri, *The day of Maysalun: A Page from the Modern*

History of the Arabs(Washington, DC: Middle East Institute, 1966), pp.107-108.

16. 转载于阿拉伯语版的 Sati' al-Husri, *Yawm Maysalun*(Beirut: Maktabat al-Kishaf, 1947), plate 25。关于标语口号的政治功用,见 James L. Gelvin, *Divided Loyalties: Nationalism and Mass Politics in Syria at the Close of Empire*(Los Angeles and Berkeley: University of California Press, 1998)。

17. Al-Husri, *Day of Maysalun*, p.130,为巴黎美国代表团撰写的《金-克瑞恩报告》的秘密附录证实了这一点。

18. Yusif al-Hakim, *Suriyya wa'l-'ahd al-Faysali* [Syria and the Faysali era] (Beirut: Dar An-Nahar, 1986), p.102.

19. "Resolution of the General Syrian Congress at Damascus," reproduced in Hurewitz, *Middle East and North Africa*, vol. 2, pp.180-182.

20. "King-Crane Recommendations," in ibid., p.195.

21. Al-Husri, *Day of Maysalun*, p.79.

22. Elie Kedourie, "Sa'ad Zaghlul and the British," *St. Antony's Papers* 11, 2 (1961): 148-149.

23. 麦克弗森关于1919年革命的信件转引自 Barry Carman and John McPherson, eds., *The Man Who Loved Egypt: Bimbashi McPherson*(London: Ariel Books, 1985), pp.204-221。

24. Huda Shaarawi, *Harem Years: The Memoirs of an Egyptian Feminist*, trans. and ed. Margot Badran(New York: The Feminist Press, 1986), p.34.

25. Ibid., pp.39-40.

26. Ibid., p.55.

27. Ibid., pp.92-94.

28. *Al-Istiqlal*, October 6, 1920, reproduced in Abd al-Razzaq al-Hasani, *al-'Iraq fi dawray al-ihtilal wa'l intidab* [Iraq in the occupation and mandate eras](Sidon: al-'Irfan, 1935), pp.117-118.

29. Charles Tripp, *A History of Iraq*(Cambridge: Cambridge University Press, 2000), pp.36-45.

30. Published by Shaykh Muhammad Baqr al-Shabibi in Najaf, July 30, 1920. Reproduced in al-Hasani, *al-'Iraq*, pp.167-168.

31. Ghassan R. Atiyya, *Iraq, 1908—1921: A Political Study*(Beirut: Arab Institute for Research and Publishing, 1973).

32. Muhammad Abd al-Husayn, writing in the Najaf newspaper *al-Istiqlal*, October 6, 1920, reproduced in al-Hasani, *al-'Iraq*, pp.117-118.

33. Aylmer L. Haldane, *The Insurrection in Mesopotamia, 1920*(Edinburgh and London: William Blackwood and Sons, 1922), p.331.

第七章 大英帝国在中东

1. Charles E. Davies, *The Blood-Red Arab Flag: An Investigation into Qasimi*

Piracy，*1797—1820* (Exeter: Exeter University Press，1997)，pp.5 - 8，190. See also Sultan Muhammad al-Qasimi，*The Myth of Arab Piracy in the Gulf* (London: Croom Helm，1986)。

2. 英国与巴林谢赫的协议签订于 1880 年 12 月 22 日，见 J. C. Hurewitz，*The Middle East and North Africa in World Affairs*，vol. 1 (New Haven，CT: Yale University Press，1975)，p.432。

3. 引自巴林与英国在 1892 年 3 月 13 日签订的排他性协议，见 ibid.，p.466。

4. Great Britain，*Parliamentary Debates*，*Commons*，5th ser.，vol. 55，cols. 1465—1466，cited in ibid.，p.570.

5. De Bunsen Report of June 30，1915，reprinted in Hurewitz，*Middle East and North Africa*，vol. 2，pp.28 - 29.

6. Middle East Centre Archives，St. Antony's College，Oxford (hereafter MECA)，Philby Papers 15/5/241，letter from Sharif Husayn to Ibn Saud dated February 8，1918.

7. MECA，Philby Papers 15/5/261，letter from Sharif Husayn to Ibn Saud dated May 7，1918.

8. King Abdullah of Transjordan，*Memoirs* (New York: Philosophical Library，1950)，p.181.

9. 沙特军队在第二次胡尔迈战役(1918 年 6 月 23 日至 7 月 9 日)中截获的文件显示，哈希姆军队有步兵 1689 人，骑兵和其他部队约 900 人，共 2636 人。MECA，Philby Papers 15/5/264。

10. MECA，Philby Papers 15/2/9 and 15/2/30，two copies of Ibn Saud's letter to Sharif Husayn dated August 14，1918.

11. MECA，Philby Papers 15/2/276，letter from Sharif Husayn to Shakir bin Zayd dated August 29，1918.

12. King Abdullah，*Memoirs*，p.181.

13. Ibid.，p.183；Mary Wilson，*King Abdullah*，*Britain*，*and the Making of Jordan* (Cambridge: Cambridge University Press，1987)，p.37.

14. King Abdullah，*Memoirs*，p.183.

15. Alexei Vassiliev，*The History of Saudi Arabia* (London: Saqi，2000)，p.249.

16. 转引自 Timothy J. Paris，*Britain*，*the Hashemites*，*and Arab Rule*，*1920—1925* (London: Frank Cass，2003)，p.1。

17. 转引自 Wilson，*King Abdullah*，*Britain*，*and the Making of Jordan*，p.53。

18. 南部城镇卡拉克基督徒奥代·古苏斯(1877—1943)的回忆录从未出版。这里引用的所有段落都来自回忆录阿拉伯语打字稿中关于外约旦埃米尔阿卜杜拉的第九章。

19. 奥代·古苏斯在他的回忆录中转载了 1923 年 11 月 1 日的起诉书，见第 63 页。1924 年 1 月 9 日，他在吉达收到该起诉书的副本。

20. Uriel Dann，*Studies in the History of Transjordan*，*1920—1949*：*The Making of a State* (Boulder，CO: Westview Press，1984)，pp.81 - 92.

21. 1921 年 7 月 8 日信件。格特鲁德·贝尔的信件可通过纽卡斯尔大学的格特鲁德·贝尔项目网上阅览,见 http://www.gerty.ncl.ac.uk/。

22. Sulayman Faydi, *Mudhakkirat* [*Memoirs of*] *Sulayman Faydi* (London: Saqi, 1998), pp.302-303.

23. Gertrude Bell, letter of August 28, 1921.

24. Muhammad Mahdi Kubba, *Mudhakkirati fi samim al-ahdath*, 1918—1958 [My memoirs at the center of events, 1918—1958] (Beirut: Dar al-Tali'a, 1965), pp.22-25.

25. 1922 年协议的文本转载于 Hurewitz, *Middle East and North Africa*, vol. 2, pp.310-312。

26. Kubba, *Mudhakkirati*, pp.26-27.

27. 费萨尔的绝密备忘录转引自 Hanna Batatu, *The Old Social Classes and the Revolutionary Movements of Iraq* (Princeton, NJ: Princeton University Press, 1978), pp.25-26。

28. 扎格卢勒的评论转引自"Bitter Harvest," *Al-Ahram Weekly Online*, October 12-18, 2000, http://weekly.ahram.org.eg/。

29. Ismail Sidqi, *Mudhakkirati* [My memoirs] (Cairo: Madbuli, 1996), p.85.

30. Ibid., p.87. 伤亡人数来自一部持同情立场的西德基传记, Malak Badrawi, *Isma'il Sidqi, 1875—1950: Pragmatism and Vision in Twentieth-Century Egypt* (Richmond, UK: Curzon, 1996), p.61。

31. Sidqi, *Mudhakkirati*, p.97.

32. 奥斯曼时期的人口数据很不可靠。巴以冲突中人口统计的政治化进一步加大了这一不可靠程度。最可靠的资料是 Justin McCarthy, *The Population of Palestine* (New York: Columbia University Press, 1990). 这些数字见 table 1.4D, p.10。

33. Ibid., p.224.

34. Neville J. Mandel, *The Arabs and Zionism Before World War I* (Berkeley and Los Angeles: University of California Press, 1976); Hasan Kayali, *Arabs and Young Turks: Ottomanism, Arabism, and Islamism in the Ottoman Empire, 1908—1918* (Berkeley and Los Angeles: University of California Press, 1997), pp.103-106.

35. 移民人数见 McCarthy, *Population of Palestine*, p.224。伤亡人数见 Charles Smith, *Palestine and the Arab-Israeli Conflict*, 4th ed. (Boston and New York: Bedford/St Martin's, 2001), pp.113, 130。

36. 丘吉尔的白皮书转载于 Hurewitz, *Middle East and North Africa*, vol. 2, pp.301-305。着重号为原文所加。

37. Matiel E. T. Mogannam, *The Arab Woman and the Palestine Problem* (London: Herbert Joseph, 1937), pp.70-73.

38. Ibid., p.99.

39. McCarthy, *Population of Palestine*, pp.34-35.

40. Akram Zuaytir, *Yawmiyat Akram Zu'aytir: al-haraka al-wataniyya al-filastiniyya, 1935—1939* [The diaries of Akram Zuaytir: The Palestinian national

movement, 1935—1939〕(Beirut: Institute for Palestine Studies, 1980), pp.27 – 30.

41. Ibid., p.29.

42. Ibid., pp.32 – 33.

43. 转引自 Wilson, *King Abdullah, Britain, and the Making of Jordan*, p.119。

44. 艾布·萨勒曼的诗转载于巴勒斯坦小说家 Ghassan Kanafani, "Palestine, the 1936—1939 Revolt"(London: 1982)。

45. 本-古里安的日记转引自 Tom Segev, *One Palestine, Complete* (London: Abacus, 2001), pp.403 – 404。

46. 对英国为打击阿拉伯起义而采取的这些军事手段和其他镇压措施的详细描述见 Tom Segev, *One Palestine, Complete*, pp.415 – 443。另见 Matthew Hughes, "The Banality of Brutality: British Armed Forces and the Repression of the Arab Revolt in Palestine, 1936—39," *English Historical Review* 124 (2009):313 – 354。

47. Harrie Arrigonie, *British Colonialism: 30 Years Serving Democracy or Hypocrisy* (Devon: Edward Gaskell, 1998)。本书描述了这些发生在他抵达白萨村前一周的事件。Arrigonie 也转载了被毁公共汽车和村民尸体的照片。阿拉伯人对这场屠杀的叙述来自 Eid Haddad,他的父亲在15岁时目睹了这起暴行,但他将这次事件的发生日期定为1939年6月,见 "Painful memories from Al Bassa," http://www.palestineremembered.com。Ted Swedenburg 从库威凯特村收集到了相似的叙述,见 *Memories of Revolt: The 1936—1939 Rebellion and the Palestinian National Past* (Fayetteville: University of Arkansas Press, 2003), pp.107 – 108。

48. 1939年白皮书转载于 Hurewitz, *Middle East and North Africa*, vol. 2, pp.531 –538。

第八章 法兰西帝国在中东

1. Meir Zamir, *The Formation of Modern Lebanon* (London: Croom Helm, 1985), p.15.

2. 与阿蒙同行的还有另一个马龙派教徒、一个逊尼派穆斯林、一个希腊东正教基督徒和一个德鲁兹人。Lyne Lohéac, *Daoud Ammoun et la Création de l'État libanais* (Paris: Klincksieck, 1978), p.73.

3. 阿蒙的陈述载于颇有影响力的《巴黎日报》(*Le Temps*), January 29, 1919,转载于 George Samné, *La Syrie* (Paris: Editions Bossard, 1920), pp.231 – 232。

4. Ghanim's introduction in Samné, *La Syrie*, pp.xviii-xix.

5. Muhammad Jamil Bayhum, *Al-'Ahd al-Mukhdaram fi Suriya wa Lubnan, 1918—1922* 〔The era of transition in Syria and Lebanon〕(Beirut: Dar al-Tali'a, n.d. [1968]), p.109.

6. Ibid., p.110.

7. Lohéac, *Daoud Ammoun*, pp.84 – 85.

8. Bishara Khalil al-Khoury, *Haqa'iq Lubnaniyya* 〔Lebanese realities〕, vol. 1 (Harisa, Lebanon: Basil Brothers, 1960), p.106.

9. Lohéac, *Daoud Ammoun*, pp.91–92.
10. Alphonse Zenié, quoted in ibid., p.96.
11. Yusif Sawda, resident in Alexandria, cited in ibid., p.139.
12. Bayhum, *al-'Ahd al-Mukhdaram*, pp.136–140.
13. Si Madani El Glaoui, cited in C. R. Pennell, *Morocco Since* 1830: *A History* (London: Hurst, 2000), p.176.
14. Pennell, *Morocco Since* 1830, p.190.
15. 被法国人逮捕后,穆罕默德·本·阿卜杜·卡里姆(阿卜杜·克里姆)在拉希德·里达主编的期刊《光塔》(*al-Manar*)上发表了他的政见,见 *al-Manar* 27, 1344—1345 (1926—1927):630–634。英译本见 C. R. Pennell, *A Country with a Government and a Flag: The Rif War in Morocco, 1921—1926* (Wisbech: MENAS Press, 1986), pp.256–259。
16. 转引自 Pennell, *A Country with a Government*,源自阿卜杜·克里姆失败后法国人对部落民的采访,p.186。
17. Ibid., pp.189–190.
18. Ibid., pp.256–259.
19. Fawzi al-Qawuqji, *Mudhakkirat* [Memoirs of] *Fawzi al-Qawuqji*, vol. 1, 1914—1932 (Beirut: Dar al-Quds, 1975), p.81.
20. Edmund Burke III, "A Comparative View of French Native Policy in Morocco and Syria, 1912—1925," *Middle Eastern Studies* 9 (1973): 175–186.
21. Philip S. Khoury, *Syria and the French Mandate: The Politics of Arab Nationalism, 1920—1945* (Princeton, NJ: Princeton University Press, 1987), pp.102–108.
22. Burke, "Comparative View," pp.179–180.
23. Abd al-Rahman Shahbandar, *Mudhakkirat* [Memoirs] (Beirut: Dar al-Irshad, 1967), p.154.
24. Al-Qawuqji, *Mudhakkirat*, p.84.
25. Al-Qawuqji, *Mudhakkirat*, pp.156–157.
26. Al-Qawuqji, *Mudhakkirat*, pp.86–87.
27. Ibid., p.89; Michael Provence, *The Great Syrian Revolt and the Rise of Arab Nationalism* (Austin: University of Texas Press, 2005), pp.95–100.
28. Siham Tergeman, *Daughter of Damascus* (Austin: University of Texas Press, 1994), p.97.
29. Shahbandar, *Mudhakkirat*, pp.186–189.
30. Al-Qawuqji, *Mudhakkirat*, pp.109–112.
31. John Ruedy, *Modern Algeria: The Origins and Development of a Nation*, 2nd ed. (Bloomington and Indianapolis: University of Indiana Press, 2005), p.69.
32. Gustave Mercier, *Le Centenaire de l'Algérie*, vol. 1 (Algiers: P&G Soubiron, 1931), pp.278–281.

33. Ibid., vol. 1, pp.296 – 300.

34. Ibid., vol. 2, pp.298 – 304.

35. Ferhat Abbas, *Le jeune Algérien: De la colonie vers la province* [The young Algerian: From the colony toward the province] (Paris: Editions de la Jeune Parque, 1931), p.8.

36. 根据 Ruedy 书中第 111 页的数据,有 20.6 万名阿尔及利亚人被征召入伍,其中 2.6 万人战死,7.2 万人受伤。Abbas 称有 25 万名阿尔及利亚人被征召入伍,其中 8 万人死亡;p.16。

37. Abbas, *Le jeune Algérien*, p.24.

38. Ibid., p.119.

39. Ibid., pp.91 – 93.

40. Claude Collot and Jean-Robert Henry, *Le Mouvement national algérien: Textes 1912—1954* [The Algerian national movement: Texts 1912—1954] (Paris: L'Harmattan, 1978), pp.66 – 67.

41. Ibid., pp.68 – 69.

42. Ibid., pp.38 – 39. 关于麦萨利,见 Benjamin Stora, *Messali Hadj (1898—1974): pionnier du nationalism* algérien [Messali Hadj (1898—1974): Pioneer of Algerian nationalism] (Paris: L'Harmattan, 1986)。

43. 法案的全译本见 J. C. Hurewitz, *The Middle East and North Africa in World Affairs*, vol. 2 (New Haven, CT: Yale University Press, 1975), pp.504 – 508。

44. Al-Khoury, *Syria and the French Mandate*, p.592.

45. Bishara al-Khoury, *Haqa'iq Lubnaniyya* [Lebanese realities], vol. 2 (Beirut: Awraq Lubnaniyya, 1960), pp.15 – 16.

46. Ibid., pp.33 – 52.

47. Khalid al-Azm, *Mudhakkirat* [Memoirs of] *Khalid al-'Azm*, vol. 1 (Beirut: Dar al-Muttahida, 1972), pp.294 – 299.

48. Tergeman, *Daughter of Damascus*, pp.97 – 98.

第九章 巴勒斯坦灾难及其后果

1. Communiqué of the Jewish Underground Resistance in Palestine, cited in Menachem Begin, *The Revolt* (London: W. H. Allen, 1951), pp.42 – 43.

2. 斯特恩的话转载于 Joseph Heller, *The Stern Gang: Ideology, Politics and Terror, 1940—1949* (London: Frank Cass, 1995), pp.85 – 87。

3. Begin, *The Revolt*, p.215.

4. Ibid., pp.212 – 230.

5. *Manchester Guardian*, August 1, 1947, p.5, cited in Paul Bagon, "The Impact of the Jewish Underground upon Anglo Jewry: 1945—1947" (M.Phil. thesis, Oxford, 2003), pp.118 – 119.

6. *Jewish Chronicle*, August 8, 1947, p.1, cited in Bagon, "Impact of the Jewish

Underground," p.122.

7. 转引自 William Roger Louis, *The British Empire in the Middle East, 1945—1951* (Oxford: Oxford University Press, 1985), p.485。

8. Charles D. Smith, *Palestine and the Arab-Israeli Conflict*, 4th ed. (Boston and New York: Bedford/St. Martin's, 2001) pp.190 – 192.

9. 转载于 T. G. Fraser, *The Middle East, 1914—1979* (London: E. Arnold, 1980), pp.49 – 51。

10. *Al-Ahram*, February 2, 1948.

11. 卡西姆·利马维陪同阿卜杜·卡迪尔·侯赛尼前往大马士革,后来他向研究1948年巴勒斯坦大灾难的历史学家阿里夫·阿里夫讲述了他的经历,见 al-Arif, *al-Nakba: Nakbat Bayt al-Maqdis wa'l-Firdaws al-Mafqud* [The catastrophe: The catastrophe of Jerusalem and the lost paradise], vol. 1 (Sidon and Beirut: al-Maktaba al-'Asriyya, 1951), pp.159 – 161。

12. Ibid., p.161. 阿里夫在脚注中提醒读者,另一些英国士兵加入了哈加纳的部队。

13. Ibid., p.168.

14. Ibid., pp.171 – 170.

15. 工厂主之子艾哈迈德·阿伊什·赫里勒和当时17岁的小农家之女阿伊莎·吉马·宰伊丹的证词,转载于 Staughton Lynd, Sam Bahour, and Alice Lynd, eds., *Homeland: Oral Histories of Palestine and Palestinians* (New York: Olive Branch Press, 1994), pp.24 – 26。

16. Arif, *al-Nakba*, p.173。

17. Ibid., pp.173 – 174.

18. Ibid., pp.174 – 175.

19. Benny Morris, *The Birth of the Palestinian Refugee Problem, 1947—1949* (Cambridge: Cambridge University Press, 1987), p.30.

20. Rashid al-Hajj Ibrahim, *al-Difa' 'an Hayfa wa qadiyyat filastin* [The defense of Haifa and the Palestine problem] (Beirut: Institute for Palestine Studies, 2005), p.44.

21. Ibid., p.104.

22. Ibid., pp.109 – 112.

23. 来自 Khalil al-Sakakini,转引自 Tom Segev, *One Palestine, Complete* (London: Abacus, 2000), p.508。

24. Morris, *Birth of the Palestinian Refugee Problem*, p.141.

25. Avi Shlaim, *The Politics of Partition: King Abdullah, the Zionists, and Palestine, 1921—1951* (Oxford: Oxford University Press, 1998).

26. John Bagot Glubb, *A Soldier with the Arabs* (New York: Harper & Brothers, 1957), p.66.

27. 转引自 Fawaz Gerges, "Egypt and the 1948 War," in Eugene Rogan and Avi Shlaim, eds., *The War for Palestine: Rewriting the History of 1948* (Cambridge:

Cambridge University Press, 2001), p.159。

28. Avi Shlaim, "Israel and the Arab Coalition in 1948," in ibid., p.81. 只有埃及军队在战争过程中大幅度增加了兵力,从最初的 1 万人增加到战争结束时的峰值 4.5 万人。Gerges, "Egypt and the 1948 War," p.166.

29. Gamal Abdel Nasser, *The Philosophy of the Revolution* (Buffalo, NY: Economica Books, 1959), pp.28-29.

30. Constantine K. Zurayk, *The Meaning of the Disaster*, trans. R. Bayly Winder (Beirut: Khayat, 1956).

31. Musa Alami, "The Lesson of Palestine," *Middle East Journal* 3 (October 1949): 373-405.

32. Zurayk, *Meaning of the Disaster*, p.2.

33. Ibid., p.24.

34. Alami, "Lesson of Palestine," p.390.

35. Richard P. Mitchell, *The Society of the Muslim Brothers* (Oxford: Oxford University Press, 1993), p.6.

36. 'Adil Arslan, *Mudhakkirat al-Amir 'Adil Arslan* [The memoirs of Amir 'Adil Arslan], vol. 2 (Beirut: Dar al-Taqaddumiya, 1983), p.806.

37. Avi Shlaim, "Husni Za'im and the Plan to Resettle Palestinian Refugees in Syria," *Journal of Palestine Studies* 15 (Summer 1986): 68-80.

38. Arslan, *Mudhakkirat*, p.846.

39. Mary Wilson, *King Abdullah, Britain, and the Making of Jordan* (Cambridge: Cambridge University Press, 1987), pp.209-213.

第十章 阿拉伯民族主义的兴起

1. Nawal El Saadawi, *A Daughter of Isis: The Autobiography of Nawal El Saadawi* (London: Zed Books, 2000), pp.260-261.

2. Nawal El Saadawi, *Walking Through Fire: A Life of Nawal El Saadawi* (London: Zed Books, 2002), p.33.

3. Anouar Abdel-Malek, *Egypt: Military Society* (New York: Random House, 1968), p.36.

4. Mohammed Naguib, *Egypt's Destiny* (London: Gollancz, 1955), p.101.

5. Anwar el-Sadat, *In Search of Identity* (London: Collins, 1978), pp.100-101.

6. Khaled Mohi El Din, *Memories of a Revolution: Egypt 1952* (Cairo: American University in Cairo Press, 1995), pp.41-52.

7. Ibid., p.81.

8. Naguib, *Egypt's Destiny*, p.110.

9. Ibid., pp.112-113.

10. 萨达特在《寻找身份认同》(*In Search of Identity*)一书第 107 页表示,政变爆发时他正在电影院;穆希丁在《革命回忆录》(*Memories of a Revolution*)中记录了那场争吵和相关警察记录。
11. Mohi El Din, *Memories of a Revolution*, pp.103 - 104.
12. El Saadawi, *Walking Through Fire*, p.51.
13. Sadat, *In Search of Identity*, p.121.
14. Naguib, *Egypt's Destiny*, pp.139 - 140.
15. Ibid., p.148.
16. Alan Richards, *Egypt's Agricultural Development, 1800—1980* (Boulder, CO: Westview Press, 1982), p.178.
17. El Saadawi, *Walking Through Fire*, pp.53 - 54.
18. Charles Issawi, *An Economic History of the Middle East and North Africa* (New York: Columbia University Press, 1982), table A.3, p.231.
19. 该数据转引自 Naguib, *Egypt's Destiny*, p.168。
20. Richard P. Mitchell, *The Society of the Muslim Brothers* (New York: Oxford University Press, 1993), p.149.
21. Joel Gordon, *Nasser's Blessed Movement: Egypt's Free Officers and the July Revolution* (New York and Oxford: Oxford University Press, 1992), p.179.
22. Mohamed Heikal, *Nasser: The Cairo Documents* (London: New English Library, 1972), p.51.
23. Avi Shlaim, *The Iron Wall: Israel and the Arab World* (New York: W. W. Norton, 2000), p.112.
24. Hassan II, *The Challenge* (London, 1978), p.31, 转引自 C. R. Pennell, *Morocco Since 1830: A History* (London: Hurst, 2000), p.263。
25. Leila Abouzeid, *Year of the Elephant: A Moroccan Woman's Journey Toward Independence* (Austin: University of Texas Press, 1989), pp.20 - 21. 艾布·宰德的首部阿拉伯语小说发表于 20 世纪 80 年代初。
26. Ibid., pp.36 - 38. 在这部小说英语译本的序言中,艾布·宰德写道:"在整部作品中的主要事件和人物都是真实的。这些故事并不是我创造的,我只是简单地按事实真相讲述了他们,而摩洛哥充满了尚未被讲述的故事。"
27. Ibid., pp.49 - 50.
28. John Ruedy, *Modern Algeria: The Origins and Development of a Nation* (Bloomington and Indianapolis: University of Indiana Press, 2005), p.163.
29. Heikal, *The Cairo Documents*, pp.57 - 63.
30. Motti Golani, "The Historical Place of the Czech-Egyptian Arms Deal, Fall 1995," *Middle Eastern Studies* 31 (1995): 803 - 827.
31. Heikal, *The Cairo Documents*, p.68.
32. Ibid., p.74.
33. Ezzet Adel, quoted by the BBC, "The Day Nasser Nationalized the Canal," July 21, 2006, http://news.bbc.co.uk/1/hi/world/middle_east/5168698.stm.
34. Heikal, *The Cairo Documents*, pp.92 - 95.

35. 转引自 Shlaim，*The Iron Wall*，p.166。
36. Heikal，*The Cairo Documents*，p.107.
37. 关于美国中央情报局政变密谋的细节，参见 Wilbur Crane Eveland，*Ropes of Sand: America's Failure in the Middle East* (New York: W. W. Norton, 1980)。
38. El Saadawi，*Walking Through Fire*，pp.89 – 99. 伤亡数字转引自 Heikal，*Cairo Documents*，p.115。
39. Heikal，*Cairo Documents*，p.118.
40. Abdullah Sennawi, quoted by Laura James, "Whose Voice? Nasser, the Arabs, and 'Sawt al-Arab' Radio," *Transnational Broadcasting Studies* 16 (2006), http://www.tbsjournal.com/James.html.
41. Youmna Asseily and Ahmad Asfahani, eds., *A Face in the Crowd: The Secret Papers of Emir Farid Chehab, 1942—1972* (London: Stacey International, 2007), p.166.
42. Patrick Seale, *The Struggle for Syria: A Study of Post-War Arab Politics, 1945—1958* (New Haven, CT: Yale University Press, 1986), p.307.
43. Khalid al-Azm, *Mudhakkirat* [Memoirs of] *Khalid al-Azm*, vol. 3 (Beirut: Dar al-Muttahida, 1972), pp.125 – 126.
44. Ibid., pp.127 – 128.
45. Seale, *The Struggle for Syria*, p.323.
46. Avi Shlaim, *Lion of Jordan: The Life of King Hussein in War and Peace* (London: Allen Lane, 2007), pp.129 – 152; Lawrence Tal, *Politics, the Military, and National Security in Jordan, 1955—1967* (Houndmills, UK: Macmillan, 2002), pp.43 –53.
47. Eveland, *Ropes of Sand*, pp.250 – 253.
48. Yunis Bahri, *Mudhakkirat al-rahala Yunis Bahri sijn Abu Ghurayb ma' rijal al-'ahd al-maliki ba'd majzara Qasr al-Rihab 'am 1958 fi'l-'Iraq* [Memoirs of the traveler Yunis Bahri in Abu Ghurayb Prison with the men of the Monarchy era after the 1958 Rihab Palace Massacre in Iraq] (Beirut: Dar al-Arabiyya li'l-Mawsu'at, 2005), p.17.
49. 这段叙述是一位目击者在艾布·格莱布监狱中向优尼斯·白哈里讲述的，见 Bahri，*Mudhakkirat*，pp.131 – 134。
50. Ibid., pp.136 – 138.
51. Camille Chamoun, *La Crise au Moyen Orient* (Paris, 1963), p.423, 转引自 Irene L. Gendzier, *Notes from the Mine Field: United States Intervention in Lebanon and the Middle East, 1945—1958* (New York: Columbia University Press, 1997), pp.297 –298。
52. Heikal, *Cairo Documents*, p.131.

第十一章 阿拉伯民族主义的衰落

1. 转引自 Malcolm Kerr, *The Arab Cold War: Gamal 'Abd al-Nasir and His Rivals, 1958—1970*, 3rd ed. (New York: Oxford University Press, 1971), p.21。

2. Mohamed Heikal, *Nasser: The Cairo Documents* (London: New English Library, 1972), p.187。

3. Mouloud Feraoun, *Journal 1955—1962* (Paris: Éditions du Seuil, 1962), p.156。

4. Ibid., pp.151-152。

5. 这个故事是阿尔及尔战役的另一位女性亲历者宰哈拉·德里夫讲述的,见 Danièle Djamila Amrane-Minne, *Des Femmes dans la guerre d'Algérie* [Women in the Algerian War] (Paris: Karthala, 1994), p.139。

6. Georges Arnaud and Jacques Vergès, *Pour* [For] *Djamila Bouhired* (Paris: Minuit, 1961), p.10。哲米莱·布希里德是埃及导演优素福·夏因一部长故事片的主人公。

7. Amrane-Minne, *Femmes dans la guerre d'Algérie*, pp.134-135。

8. Alistair Horne, *A Savage War of Peace: Algeria, 1954—1962* (New York: New York Review Books, 2006), p.151。

9. 保尔·欧萨莱斯将军在其2001年出版的关于阿尔及尔战役的回忆录中,公开承认了使用酷刑的普遍程度,在法国国内也重新激起了关于在阿尔及利亚滥施酷刑的争议。这本书已被译为英语出版,标题为: *The Battle of the Casbah: Terrorism and Counter-terrorism in Algeria, 1955—1957* (New York: Enigma, 2002)。

10. Horne, *Savage War of Peace*, p.282。

11. Feraoun, *Journal*, p.274。

12. Ibid., pp.345-346。

13. Amrane-Minne, *Femmes dans la guerre d'Algérie*, pp.319-320。

14. Anouar Abdel-Malek, *Egypt: Military Society* (New York: Random House, 1968), p.287。

15. 转引自 Laura M. James, *Nasser at War: Arab Images of the Enemy* (Houndmills, UK: Palgrave, 2006), p.56。

16. "毫无疑问,20世纪50年代中期(也门)北部的部落民……也在定期地收听开罗(的广播)。"见 Paul Dresch, *A History of Modern Yemen* (Cambridge: Cambridge University Press, 2000), p.77。

17. Ibid., p.86。

18. 转引自 Mohamed Abdel Ghani El-Gamasy, *The October War: Memoirs of Field Marshal El-Gamasy of Egypt* (Cairo: American University in Cairo Press, 1993), p.18。

19. Heikal, *Cairo Documents*, p.217。

20. Gamasy, *The October War*, p.28。

21. Anwar el-Sadat, *In Search of Identity* (London: Collins, 1978), p.172。

22. Avi Shlaim, *The Iron Wall: Israel and the Arab World* (New York: W. W.

Norton, 2000), p.239.

23. 转引自 Gamasy, *The October War*, p.53。
24. Ibid., p.54.
25. Ibid., p.62.
26. Ibid., p.65.
27. Hussein of Jordan, *My "War" with Israel* (New York: Peter Owen, 1969), pp.89 – 91.
28. Michael B. Oren, *Six Days of War: June 1967 and the Making of the Modern Middle East* (London: Penguin, 2003), p.178.
29. Hasan Bahgat, cited in Oren, *Six Days of War*, p.201.
30. BBC Monitoring Service, cited in ibid., p.209.
31. Ibid., p.226.
32. Sadat, *In Search of Identity*, pp.175 – 176.
33. Ibid., p.179.
34. Ibid.
35. 关于纳赛尔(与以色列的秘密)外交,见 Shlaim, *The Iron Wall*, pp.117 – 123;关于(约旦国王)侯赛因与以色列官员会谈的启动,见 Avi Shlaim, *The Lion of Jordan: The Life of King Hussein in War and Peace* (London: Allen Lane, 2007), pp.192 –201。
36. 萨拉赫·赫莱夫与埃里克·鲁洛合作,使用化名艾布·伊亚德发表了回忆录。见 *My Home, My Land: A Narrative of the Palestinian Struggle* (New York: Times Books, 1981), pp.19 – 23。
37. 转引自 Helena Cobban, *The Palestinian Liberation Organisation: People, Power, and Politics* (Cambridge: Cambridge University Press, 1984), p.33。
38. Leila Khaled, *My People Shall Live* (London: Hodder and Stoughton, 1973), pp.85, 88.
39. Mahmoud Issa, *Je suis un Fedayin* [I am a Fedayin] (Paris: Stock, 1976), pp. 60 – 62.
40. 本数据引自 Yezid Sayigh, *Armed Struggle and the Search for Peace: The Palestinian National Movement, 1949—1993* (Oxford: Oxford University Press, 1997), pp.178 – 179。
41. Khaled, *My People Shall Live*, p.107.
42. Abu Iyad, *My Home, My Land*, p.60.
43. Sayigh, *Armed Struggle*, p.203.
44. Khaled, *My People Shall Live*, p.112.
45. Ibid.
46. Ibid., p.124.
47. Ibid., p.126.
48. Ibid., pp.136 – 143.

49. Khalaf, *My Home, My Land*, p.76.
50. Khaled, *My People Shall Live*, p.174.
51. 转引自 Peter Snow and David Phillips, *Leila's Hijack War* (London: Pan Books, 1970), p.41。
52. Heikal, *Cairo Documents*, pp.21-22.

第十二章 石油时代

1. Daniel Yergin, *The Prize: The Epic Quest for Oil, Money, and Power* (New York: Free Press, 1991), p.446.
2. Ibid., p.500.
3. 例如，图雷基对一条阿拉伯输油管道的观点，见 *Naql al-batrul al-'arabi* [Transport of Arab petroleum] (Cairo: League of Arab States, Institute of Arab Studies, 1961), pp.114-122。
4. Muhammad Hadid, *Mudhakkirati: al-sira' min ajli al-dimuqtratiyya fi'l-'Iraq* [My memoirs: The Struggle for democracy in Iraq] (London: Saqi, 2006), p.428; Yergin, *The Prize*, pp.518-523.
5. Yergin, *The Prize*, pp.528-529.
6. 转引自 Mirella Bianco, *Gadhafi: Voice from the Desert* (London: Longman, 1975), pp.67-68。
7. Mohammed Heikal, *The Road to Ramadan* (London: Collins, 1975), p.70.
8. Abdullah al-Turayqi, *Al-bitrul al-'Arabi: Silah fi'l-ma'raka* [Arab petroleum: A weapon in the battle] (Beirut: PLO Research Center, 1967), p.48.
9. Jonathan Bearman, *Qadhafi's Libya* (London: Zed, 1986), p.81; Frank C. Waddams, *The Libyan Oil Industry* (London: Croom Helm, 1980), p.230; Yergin, *The Prize*, p.578.
10. Ali A. Attiga, *The Arabs and the Oil Crisis, 1973—1986* (Kuwait: OAPEC, 1987), pp.9-11.
11. Al-Turayqi, *al-Bitrul al-'Arabi*, pp.7, 68.
12. Mohamed Abdel Ghani El-Gamasy, *The October War: Memoirs of Field Marshal El-Gamasy of Egypt* (Cairo: American University in Cairo Press, 1993), p.114.
13. Ibid., pp.149-151.
14. Ibid., pp.180-181.
15. Riad N. El-Rayyes and Dunia Nahas, eds., *The October War: Documents, Personalities, Analyses, and Maps* (Beirut: An-Nahar, 1973), p.63.
16. 转引自 Yergin, *The Prize*, p.597. 哈立德·哈桑向阿兰·哈特讲述了同一故事："费萨尔说：'条件是你必须要坚持战斗很长时间，不能在几天后就要求停火。你战斗的时间不得少于3个月。'"见 Alan Hart, *Arafat: Terrorist or Peacemaker?* (London: Sidgwick and Jackson, 1984), p.370。

17. Heikal, *The Road to Ramadan*, p.40.

18. 盖迈西称,10月6日、7日分别有27架、48架以色列飞机被击落,这就意味着战争打响的最初两天共有75架以色列飞机被击落(第234页)。他宣称10月6日、7日以色列损失的坦克分别为120辆和170辆(第217、233页)。与整场战争的官方数据——以色列共损失了103架飞机和840辆坦克,阿拉伯军队损失了329架飞机和2554辆坦克——相比较,这些数字看来是可信的。见Avi Shlaim, *The Iron Wall：Israel and the Arab World* (New York：W. W. Norton, 2000), p.321。

19. 转引自Yergin, *The Prize*, pp.601-606。

20. El-Rayyes and Nahas, *The October War*, pp.71-73.

21. Heikal, *Road to Ramadan*, p.234.

22. 以色列官方数据转引自Shlaim, *Iron Wall*, p.321。

23. Heikal, *Road to Ramadan*, p.275.

24. 转引自Hart, *Arafat*, p.411。

25. Ibid., p.383.

26. Ibid., p.379.

27. Uri Avnery, *My Friend, the Enemy* (London：Zed, 1986), p.35.

28. Ibid., p.52.

29. Ibid., p.36.

30. Ibid., p.43.

31. Ibid., p.44.

32. Lina Mikdadi Tabbara, *Survival in Beirut* (London：Onyx Press, 1979), pp.3-4, 116.

33. Hart, *Arafat*, p.411.

34. 阿拉法特演讲全文转载于Walter Laqueur and Barry Rubin, eds., *The Israel-Arab Reader：A Documentary History of the Middle East Conflict* (New York：Penguin, 1985)。

35. Hart, *Arafat*, p.392.

36. Patrick Seale, *Abu Nidal：A Gun for Hire* (London：Arrow, 1993), pp.162-163.

37. 联合国难民救济和工程处(UNRWA)已登记的难民数据。正如难民救济和工程处所指出的,登记是自愿的,因此登记难民的数量并非准确人口数据,而是少于难民实际人口数量。罗伯特·菲斯克称1975年黎巴嫩国内巴勒斯坦难民总数为35万,见 *Pity the Nation：Lebanon at War* (Oxford：Oxford University Press, 1990), p.73。难民救济和工程处网站上公开的难民数据,见 http://www.un.org/unrwa/publications/index.html.

38. Camille Chamoun, *Crise au Liban* [Crisis in Lebanon] (Beirut：1977), pp.5-8.

39. Kamal Joumblatt, *I Speak for Lebanon* (London：Zed Press, 1982), pp.46-47.

40. Tabbara, *Survival in Beirut*, p.25.

41. Ibid., p.19.

42. Ibid., pp.20, 29.

43. Ibid., pp.53-54.

44. Saad Eddin Ibrahim, "Oil, Migration, and the New Arab Social Order," in Malcolm Kerr and El Sayed Yasin, eds., *Rich and Poor States in the Middle East* (Boulder, CO: Westview Press, 1982), p.55.

45. Tabbara, *Survival in Beirut*, p.66.

46. Walid Khalidi, *Conflict and Violence in Lebanon: Confrontation in the Middle East* (Cambridge, MA: Harvard University Press, 1979), pp.60-62.

47. Ibid., p.104.

48. Tabbara, *Survival in Beirut*, p.114.

49. Jumblatt, *I Speak for Lebanon*, p.19.

50. Tabbara, *Survival in Beirut*, p.178.

51. 大饼骚乱发生于 1977 年 1 月 18 日和 19 日。见 Mohamed Heikal, *Secret Channels: The Inside Story of Arab-Israeli Peace Negotiations* (London: Harper Collins, 1996), p.245。

52. Ibid., pp.247-248. 关于利比亚对埃及入侵的看法,见 Bearman, *Qadhafi's Libya*, pp.170-171。

53. Heikal, *Secret Channels*, pp.252-254. 萨达特在其回忆录中有一段相似的说法,见 Anwar el-Sadat, *In Search of Identity* (London: Collins, 1978), p.306。

54. Boutros Boutros-Ghali, *Egypt's Road to Jerusalem* (New York: Random House, 1997), pp.11-12.

55. Ibid., p.16.

56. Heikal, *Secret Channels*, p.259.

57. Boutros-Ghali, *Egypt's Road to Jerusalem*, p.17.

58. Heikal, *Secret Channels*, p.262.

59. Doc. 74, Statement to the Knesset by Prime Minister Begin, November 20, 1977, in *Israel's Foreign Relations: Selected Documents*, vols. 4-5: 1977—1979,发布于以色列外交部网站:www.mfa.gov.il/MFA/Foreign+Relations/Israels+Foreign+Relations+since+1947/1977—1979/。着重号为作者所加。

60. Boutros-Ghali, *Egypt's Road to Jerusalem*, pp.134-135.

61. 统计数据转引自 Saad Eddin Ibrahim, "Oil, Migration, and the New Arab Social Order," pp.53, 55。

62. Ibid., pp.62-65.

63. Boutros-Ghali, *Egypt's Road to Jerusalem*, pp.181-182, 189.

64. Alexei Vassiliev, *The History of Saudi Arabia* (London: Saqi, 2000), pp.395-396.

第十三章 伊斯兰的力量

1. Gilles Kepel, *The Prophet and the Pharaoh: Muslim Extremism in Egypt*

(London: Saqi, 1985), p.192.

2. Mohamed Heikal, *Autumn of Fury: The Assassination of Sadat* (London: Deutsch, 1983), pp.xi-xii.

3. Sayyid Qutb, "The America I Have Seen," in Kamal Abdel-Malek, ed., *America in an Arab Mirror: Images of America in Arabic Travel Literature* (New York: St Martin's Press, 2000), pp.26-27.

4. Ibid., p.10.

5. Sayyid Qutb, *Ma'alim fi'l-tariq* [字面意思为"路标",英译本通常译作 *Milestones* (里程碑)] (Cairo: Maktabat Wahba, 1964). 该书有多个英译本,我所引用的版本是大马士革知识出版社出版的(出版日期不明)。此处的观点引自前言,第 8-11 页;第四章"沿着真主的道路进行圣战",第 55 页;第七章"伊斯兰是真正的文明",第 93 页。

6. Ibid., ch. 11, "The Faith Triumphant," p.145.

7. Zaynab al-Ghazali, *Return of the Pharaoh: Memoir in Nasir's Prison* (Leicester, UK: The Islamic Foundation, n.d.), pp.40-41.

8. Ibid., pp.48-49.

9. Ibid., p.67.

10. 一名哈迪德的应召者向一名叙利亚法官讲述了他的经历,该讲述内容的法语译本转引自 Olivier Carré and Gérard Michaud, *Les frères musulmans* [The Muslim brothers] (1928—1982) (Paris: Gallimard, 1983), p.152。

11. Ibid., p.139.

12. 伊萨·易卜拉欣·法耶德在约旦被捕,被控参加了叙利亚派来杀害约旦首相的暗杀小组。他对泰德穆尔监狱屠杀事件的叙述转引自 ibid., pp.147-148。

13.《华盛顿邮报》的一名记者记录了这一匿名目击者的叙述,转引自该报文章"Syrian Troops Massacre Scores of Assad's Foes," June 25, 1981。

14. Thomas Friedman, *From Beirut to Jerusalem* (London: Collins, 1990), p.86.

15. 转引自 Robert Fisk, *Pity the Nation: Lebanon at War* (Oxford: Oxford University Press, 1991), p.518。

16. 着重号为原文所有;ibid., p.512。

17. 转引自 ibid., pp.480, 520。

18. 转引自 Augustus Richard Norton, *Hezbollah* (Princeton, NJ: Princeton University Press, 2007), p.19。

19. 关于马龙派和以色列的联盟,参见 Kirsten E. Schulze, *Israel's Covert Diplomacy in Lebanon* (London: Macmillan, 1998), pp.104-124。

20. 关于沙龙的重构中东计划,参见 Kirsten E. Schulze, *Israel's Covert Diplomacy in Lebanon* (London: Macmillan, 1998), pp.104-124。

21. Lina Mikdadi, *Surviving the Siege of Beirut: A Personal Account* (London: Onyx Press, 1983), pp.107-108。

22. Colonel Abu Attayib, *Flashback Beirut 1982* (Nicosia: Sabah Press, 1985), p.213.

23. Mikdadi, *Surviving the Siege of Beirut*, p.121.
24. Ibid., pp.132–133.
25. 引自以色列最高法院院长伊扎克·卡汉领导的"1983 年贝鲁特难民营事件调查委员会"的最终报告的官方译本,第 12、22 页。
26. Selim Nassib with Caroline Tisdall, *Beirut: Frontline Story* (London: Pluto, 1983), pp.148–158.
27. Naim Qassem, *Hizbullah: The Story from Within* (London: Saqi, 2005), pp.92–93.
28. Ibid., pp.88–89.
29. 这份建党文件,即 1985 年 2 月 16 日发布的《真主党致黎巴嫩和世界上被压迫者的公开信》,全文转引自 Augustus Richard Norton, *Amal and the Shi'a: Struggle for the Soul of Lebanon* (Austin: University of Texas Press, 1987),本文索引段落在第 174–175 页。
30. Fisk, *Pity the Nation*, p.460.
31. Norton, *Hezbollah*, p.81.
32. Abdullah Anas, *Wiladat "al-Afghan al-'Arab": Sirat Abdullah Anas bayn Mas'ud wa 'Abdullah 'Azzam* [The birth of the "Arab Afghans": The autobiography of Abdullah Anas between Mas'ud and Abdullah 'Azzam] (London: Saqi, 2002), p.14. 他出生于布·朱玛阿,在加入阿富汗"圣战"组织后,采用别名阿纳斯作为自己的姓氏。
33. 阿卜杜拉·阿扎姆的简短传记见 Thomas Hegghammer, "Abdallah 'Azzam, the Imam of Jihad," in Gilles Kepel and Jean-Pierre Milelli, eds., *Al Qaeda in Its Own Words* (Cambridge, MA: Harvard University Press, 2008), pp.81–101。
34. Abdullah 'Azzam, "To Every Muslim on Earth," *Jihad* (他在阿富汗编辑的阿拉伯语刊物), March 1985, p.25.
35. Abdullah 'Azzam, "The Defense of Muslim Territories Constitutes the First Individual Duty," in Keppel and Milelli, pp.106–107.
36. 美国支持阿富汗"圣战者"的完整记录见 Steve Coll, *Ghost Wars* (New York: Penguin, 2004)。卡特政府的援助数据在第 89 页,1985 年的援助数据在第 102 页。
37. Anas, *Wiladat "al-Afghan al-'Arab,"* p.15.
38. Ibid., pp.16–17.
39. Ibid., pp.25–29.
40. Ibid., pp.33–34.
41. Interview with Zaynab al-Ghazali, *Jihad*, December 13, 1985, pp.38–40.
42. Anas, *Wiladat "al-Afghan al-'Arab,"* p.58.
43. Ibid., p.67.
44. Ibid., p.87.
45. Shaul Mishal and Reuben Aharoni, *Speaking Stones: Communiqués from the Intifada Underground* (Syracuse, NY: Syracuse University Press, 1994), p.21.
46. Azzam Tamimi, *Hamas: Unwritten Chapters* (London: Hurst, 2007),

pp.11-12.

47. Sari Nusseibeh with Anthony David, *Once Upon a Country: A Palestinian Life* (London: Halban, 2007), p.265.

48. Ibid., p.269.

49. 该章程发布于 1988 年 8 月 18 日,此处引自 art. 15。"Charter of the Islamic Resistance Movement (Hamas) of Palestine," *Journal of Palestine Studies* 22, 4 (Summer 1993): 122–134.

50. Communiqués 1 and 2, in Mishal and Aharoni, *Speaking Stones*, pp.53–58.

51. Nusseibeh, *Once Upon a Country*, p.272.

52. M. Cherif Bassiouni and Louise Cainkar, eds., *The Palestinian Intifada - December 9, 1987-December 8, 1988: A Record of Israeli Repression* (Chicago: Database Project on Palestinian Human Rights, 1989), pp.19–20.

53. Ibid., pp.92–94.

54. Hamas Communiqué No. 33, December 23, 1988, and UNC Communiqué No. 25, September 6, 1988, in Mishal and Aharoni, *Speaking Stones*, pp.125–126, 255.

55. UNC Communiqué No. 25, September 6, 1988, in Mishal and Aharoni, *Speaking Stones*, p.125.

56. Nusseibeh, *Once Upon a Country*, pp.296–297.

57. Yezid Sayigh, *Armed Struggle and the Search for State: The Palestinian National Movement, 1949—1993* (Oxford: Oxford University Press, 1997), p.624.

58. 转引自 Avi Shlaim, *The Iron Wall*, p.466。

59. Communiqué No. 33, December 23, 1988, in Mishal and Aharoni, *Speaking Stones*, p.255.

60. Robert Hunter, *The Palestinian Uprising: A War by Other Means* (Berkeley and Los Angeles: University of California Press, 1991), p.215.

第十四章 冷战之后

1. 关于阿萨德和哈巴什的原话,见 Mohamed Heikal, *Illusion of Triumph: An Arab View of the Gulf War* (London: Harper Collins, 1992), pp.14–17。又见 Christopher Andrew and Vasili Mitrokhin, *The World Was Going Our Way: The KGB and the Battle for the Third World* (New York: Basic Books, 2005), pp.212–213。

2. Mohamed Heikal, *Illusion of Triumph*, pp.16–17.

3. 引自 Zachary Karabell, "Backfire: U.S. Policy Toward Iraq, 1988–2 August 1990," *Middle East Journal* (Winter 1995): 32–33.

4. Human Rights Watch, *Genocide in Iraq: The Anfal Campaign Against the Kurds* (New York and Washington, DC: Human Rights Watch, 1993).

5. 1989 年,伊拉克作家卡南·麦基亚用化名萨米尔·哈利勒发表了他的研究 *The Republic of Fear* (Berkeley and Los Angeles: University of California Press, 1989),生动描述了萨达姆·侯赛因统治下伊拉克的政治压迫。

6. Charles Tripp, *A History of Iraq* (Cambridge: Cambridge University Press, 2000), p.251.

7. Daniel Yergin, *The Prize* (New York: Free Press, 1991), p.767.

8. 格拉斯皮和侯赛因面谈的文字转录转载于 Phyllis Bennis and Michel Moushabeck, eds., *Beyond the Storm: A Gulf Crisis Reader* (New York: Olive Branch, 1991), pp.391 – 396。

9. Jehan S. Rajab, *Invasion Kuwait: An English Woman's Tale* (London: Radcliffe Press, 1993), p.1.

10. Heikal, *Illusion of Triumph*, pp.196 – 198.

11. Ibid., p.207.

12. Rajab, *Invasion Kuwait*, pp.55, 99 – 100.

13. Heikal, *Illusion of Triumph*, p.250.

14. Mohammed Abdulrahman Al-Yahya, *Kuwait: Fall and Rebirth* (London: Kegan Paul International, 1993), p.86.

15. Rajab, *Invasion Kuwait*, pp.14 – 19.

16. Ibid., pp.73 – 74; Al-Yahya, *Kuwait: Fall and Rebirth*, pp.87 – 88.

17. Rajab, *Invasion Kuwait*, pp.43 – 45.

18. Ibrahim al-Marashi, "The Nineteenth Province: The Invasion of Kuwait and the 1991 Gulf War from the Iraqi Perspective" (D.Phil. thesis, Oxford, 2004), p.92.

19. Abdul Bari Atwan, *The Secret History of Al-Qa'ida* (London: Abacus, 2006), pp.37 – 38.

20. "Declaration of Jihad Against the Americans Occupying the Land of the Two Holy Sanctuaries," 转载于 Gilles Kepel and Jean-Pierre Milelli, eds., *Al-Qaeda in Its Own Words* (Cambridge, MA: Harvard University Press, 2008), pp.47 – 50。又见美国有线电视新闻网(CNN)对本·拉登的采访,载 ibid., pp.51 – 52。

21. Heikal, *Illusion of Triumph*, pp.15 – 16.

22. Ibid., p.230.

23. Ibid.

24. Ibid., p.234.

25. Ibid., p.13.

26. Sari Nusseibeh, *Once Upon a Country: A Palestinian Life* (London: Halban, 2007), p.318.

27. Rajab, *Invasion Kuwait*, p.181.

28. Theodor Hanf, *Coexistence in Wartime Lebanon: Decline of a State and Rise of a Nation* (London: I. B. Tauris, 1993), p.319.

29. Ibid., p.570.

30. Ibid., p.595.

31. Ibid., p.616.

32. Kamal Salibi, *A House of Many Mansions* (London: I. B. Tauris, 1988).

33. Nusseibeh, *Once Upon a Country*, p.337.

34. Hanan Ashrawi, *This Side of Peace： A Personal Account*（New York： Simon & Schuster, 1995）, p.75.

35. Ibid., pp.82-84.

36. Nusseibeh, *Once Upon a Country*, p.342.

37. 海达尔·阿卜杜·沙菲的演讲稿全文转载于耶路撒冷媒体与传播中心网站, http://www.jmcc.org/documents/haidarmad.htm。

38. 参加马德里会议的各代表团团长的开闭幕式发言转载于以色列外交部网站, http://www.mfa.gov.il/MFA/Archive/。以色列历史学家认为沙米尔和斯特恩团伙的另两名领导人对贝纳多特的"谋杀负有真正的责任",见 Ilan, *Bernadotte in Palestine, 1948*（Houndmills, UK, and London： Macmillan, 1989）, p.233。

39. Avi Shlaim, *The Iron Wall*, p.500.

40. Ashrawi, *This Side of Peace*, p.212.

41. Ahmed Qurie（"Abu Ala"）, *From Oslo to Jerusalem： The Palestinian Story of the Secret Negotiations*（London： I. B. Tauris, 2006）, p.58.

42. Ibid., p.59.

43. Yezid Sayigh, *Armed Struggle and the Search for State： The Palestinian National Movement, 1949—1993*（Oxford： Oxford University Press, 1997）, pp.656-658.

44. Ashrawi, *This Side of Peace*, p.259.

45. Qurie, *From Oslo to Jerusalem*, p.279.

46. Avi Shlaim, *The Iron Wall： Israel and the Arab World*（New York： W. W. Norton, 2000）, p.547.

47. World Bank, "Poverty in the West Bank and Gaza," Report No. 22312-GZ, June 18, 2001.

48. 修建新定居点违反了《奥斯陆二号协议》第31条,该条规定："在永久地位谈判取得结果之前,任何一方都不得启动或采取任何步骤改变西岸和加沙地带的状况。"

49. B'tselem, the Israeli Information Center for Human Rights in the Occupied Territories, "Land Grab： Israel's Settlement Policy in the West Bank," May 2002, p.8.

50. Ibid., pp.433-444.

51. Bob Woodward, *Bush at War*（New York： Simon & Schuster, 2002）, p.35.

第十五章　21世纪的阿拉伯人

1. 乌萨马·本·拉登的这一电视讲话于2001年10月7日在半岛电视台播出。讲话的英译文本见英国广播公司网站："Bin Laden's Warning： Full Text," BBC, October 7, 2001, http://news.bbc.co.uk/1/hi/world/south_asia/1585636.stm。

2. 该统计数字来自以色列人权组织 B'tselem,转引自 BBC, "Intifada Toll 2000—2005," BBC, last updated February 8, 2005, http://news.bbc.co.uk/1/hi/world/middle_east/3694350.stm。

3. 所有有关行政拘留、房屋毁损及隔离墙的统计数据均可参见"List of Topics," B'tselem.org, http://www.btselem.org/english/list_of_Topics.asp。

4. 值得注意的是,英国情报部门并不认同布什政府的评估。正如 2016 年《齐尔考特报告》所指出的那样:"联合情报委员会继续判定伊拉克与基地组织之间的合作'不大可能',也没有'可信证据'表明伊拉克向恐怖主义分子转让与大规模杀伤性武器相关的技术和专门知识。"见 *Iraq Inquiry*, executive summary, paragraph 504, p.70。

5. 美军在伊拉克的伤亡数字见美国国防部网站:www.defense.gov/casualty.pdf。

6. "Bridging the Dangerous Gap Between the West and the Muslim World" (remarks prepared for delivery by Deputy Secretary Paul Wolfowitz at the World Affairs Council, Monterey, California, May 3, 2002).

7. Secretary Colin L. Powell, "The U.S.-Middle East Partnership Initiative: Building Hope for the Years Ahead" (lecture delivered to the Heritage Foundation, Washington, DC, 2002).

8. Gareth Stansfield, *Iraq*, 2nd ed. (Cambridge, MA: Polity Press, 2016), pp.185–194.关于伊拉克 3300 万庞大人口,没有官方统计数据。2011 年,美国中央情报局估计什叶派占伊拉克总人口的比例多达 60%—65%,余下的人口中逊尼派阿拉伯人和库尔德人各占一半。皮尤研究中心 2011 年末的调查发现,51% 的伊拉克穆斯林自称属于什叶派。

9. 非政府组织伊拉克罹难人数统计组织(Iraq Body Count)统计了媒体和官方报道的死亡人数,发表报告称 2003—2011 年间,共有近 12 万平民丧生,见"Documented Civilian Deaths from Violence," www.iraqbodycount.org/data base。联合国支持的伊拉克家庭健康调查研究小组估计,仅 2003 年 3 月至 2006 年 6 月期间,就有 15.1 万人死于暴力,见"Violence-Related Mortality in Iraq from 2002 to 2006," *New England Journal of Medicine* 358 (2008): 484–493。

10. Micah Zenko, "Obama's Embrace of Drone Strikes Will Be a Lasting Legacy," *New York Times*, January 12, 2016.官方报告的平民死亡人数在 64—116 之间,该统计遭到质疑。杰克·塞尔称有 380—801 名平民死于无人机轰炸,见 Jack Serle, "Obama Drone Casualties Number a Fraction of Those Recorded by the Bureau," *Bureau of Investigative Journalism*, July 1, 2016。

11. Ala'a Shehabi and Marc Owen Jones, eds., *Bahrain's Uprising: Resistance and Repression in the Gulf* (London: Zed Books, 2015), pp.1–2.

12. Shehabi and Jones, *Bahrain's Uprising*, p.4.

13. Toby Matthiesen, *Sectarian Gulf: Bahrain, Saudi Arabia, and the Arab Spring That Wasn't* (Stanford, CA: Stanford University Press, 2013), pp.36–48.

14. 引自"Report of the Bahrain Independent Commission of Inquiry," originally delivered November 23, 2011, final revised version December 10, 2011, accessed online at http://www.bici.org.bh/BICIreportEN.pdf, pp.47–48。

15. Shehabi and Jones, *Bahrain's Uprising*, p.84.

16. "Report of the Bahrain Independent Commission of Inquiry."

17. 转引自利比亚流亡小说家 Hisham Matar 的作品 *The Return：Fathers，Sons and the Land in Between*（London：Penguin Viking，2016），p.235。1990 年，Matar 的父亲因在政治上反对政权被利比亚安全部队绑架、关押,他在狱中消失,没有留下任何线索。

18. Robert F. Worth, *A Rage for Order：The Middle East in Turmoil，from Tahrir Square to ISIS*（New York：Farrar，Straus and Giroux，2016），p.107.

19. 这 10 个国家是巴林、埃及、约旦、科威特、摩洛哥、卡塔尔、沙特阿拉伯、塞内加尔、苏丹和阿拉伯联合酋长国。

20. Internal Displacement Monitoring Centre,"Global Report on Internal Displacement 2016"（May 2016）; Ahmad al-Haj,"Yemeni Civil War：10,000 Civilians Killed and 40,000 Injured in Conflict, UN Reveals," *Independent*, January 17, 2017.

21. Samar Yazbek, *A Woman in the Crossfire：Diaries of the Syrian Revolution*（London：Haus，2012），p.4.

22. 人权观察在《2017 年世界报告》中援引叙利亚政策研究中心有关伤亡和流离失所人数的说法,称截至 2016 年 2 月,已有 47 万人死亡,见"Syria：Events of 2016," Human Rights Watch, https://www.hrw.org/world-report/2017/country-chapters/syria。

23. Jean-Pierre Filiu, *From Deep State to Islamic State：The Arab Counter-revolution and Its Jihadi Legacy*（London：Hurst，2015）; Fawaz Gerges, *ISIS：A History*（Princeton，NJ：Princeton University Press，2016）.

24. "伊拉克与沙姆伊斯兰国"的阿拉伯语缩略语是"达伊什"（*Daʻish*）,而由于不确定"沙姆"的所指,西方世界既使用"ISIS"（IS in Iraq and Syria,即"伊拉克与叙利亚伊斯兰国"）,也使用"ISIL"（IS in Iraq and Levant,即"伊拉克与黎凡特伊斯兰国"）。

25. 埃及卫生部报告称在拉拜阿广场有 638 人死亡,人权观察称至少有 817 人遇害,而穆兄会称有 2600 人遇害。

26. Ashraf El-Sherif,"The Muslim Brotherhood and the Future of Political Islam in Egypt"（paper published by the Carnegie Endowment for International Peace, October 21, 2014).

原书索引

(页码为原书页码,即本书边码)

Abbas II, Khedive 165, 205
Abbas, Ferhat 297-8, 299, 300-1, 413
Abbas, Mahmoud 434, 619
Abbas Pasha 104, 123
Abbasid caliphate 7, 26
Abduh, Muhammad 159, 176, 177, 178, 181, 206
Abdulhamid II 159
Abdullah, King (formerly Amir) 225-6, 227, 230-4, 248, 322, 333, 334, 335, 338, 348, 349
Abdullah II, King 605
Abdulmecid I 101, 111, 132
Abouzeid, Leila 371, 372, 374
absolutism 12-13
Abu Ala (Ahmad Qurie) 594, 596
Abu Dhabi 457
Abu Ghurayb Jail 38
Abu Musa 458
Abu Nidal Group 479, 521-2
Abyssinian Campaign 156
Acheson, Dean 347
Acre 347
　occupied by Muhammed Bey 67
　siege of 96-7, 102
Aden 635

Administrative Council of Mount Lebanon 267, 268, 271, 273, 274
Afghani, al-Sayyid Jamal al-Din al- 176-7, 178
Afghanistan
　Arab volunteers in 533-41
　and Soviet Union 535-41, 552
　US war against Taliban 611-12, 623
Aflaq, Michel 387
Ahmad, Imam 418-19
Ahmad Bey 126-7, 128, 130
Ahmad Pasha (Damascus) 119
Ahmad Pasha (Egypt) 31, 34, 84-5
Aida 126
Ain Rummaneh attack 479, 482
Ait Ahmed, Hocine 408, 409
Ajman 457
Al-Ahram 174, 177, 366
Al-Asifa (Fatah) 436
al-Istiqlal 214
al-Jami'a al-Islamiyya 255
Al-Jazeera 3
al-Jihad 538-9
al-Liwa 181
Al-Muqattam 174
al-Nakba (The Disaster) 340, 341, 343

al-Qaida 541, 608, 609 – 10, 614, 633, 640
al-Qaida in Iraq 616 – 17, 640
al-Qaida in the Arabian Peninsula 633
al-Qastal 325 – 7
ALA 323 – 4, 328, 332, 338
Alami, Musa 341, 342
Alaoui sultans 372
Alawites 285, 286, 510, 511 – 12
Aleppo 19, 22, 27, 28, 30, 32 – 3, 34, 98, 101, 116, 137, 285, 511 – 12
Alexandretta 304
Alexandria 77
　British occupation 163
　counterrevolution against the Arab Spring 644
　riots 162, 244
　surrendered to British 82
Algeciras Conference 168
Algeria
　abolition of slavery 142
　Battle of Algiers 409 – 12
　Code de l'Indigénat 297 – 8
　destruction of piracy 142
　Egyptian support for FLN 375
　Evian negotiations 415, 416
　French citizenship rights 298 – 303
　French colonialism 140 – 9, 171, 294 – 303, 373, 374 – 5, 407 – 18
　and imperialism 297
　independence from France 407 – 18
　National Liberation Front (FLN) 375, 407 – 18
　OAS (Secret Armed Organization) 415 – 16
　oil 448, 452
　Philippeville massacres 375, 407
　republic established 406
　Sétif repression 407
　Soviet influence 11
　volunteers in Afghanistan 541
　women's status 416 – 17
　in WWI 298 – 9
Algerian Muslim Congress 301 – 2
Algerian War (1954 – 62) 407
Algiers
　autonomy 137, 140
　Battle of 409 – 12
　European trade 140
　French occupation 142
　as Ottoman vassals 57
　siege of 40 – 1
Ali Bey 62 – 3
Allenby, General Lord 191, 243, 252
Amal 618
Amal militia 518 – 19
Amar, Abu
　see Yasser Arafat
Amer, Field Marshal Abd al-Hakim 357, 358, 359, 424, 426, 427
Amin, Ahmad 171 – 2, 174, 178, 181, 182
Amin, Muhammad VIII al- 373
Amin, Qasim 179 – 80
Amir, Yigal 599
Ammoun, Daoud 268
Anas, Abdullah 533 – 41
Anatolia 20
Anglo-Egyptian Evacuation Agreement 367
Anglo-Egyptian Treaty 354
Anglo-French Declaration 213
Anglo-Iraqi Treaty 237, 238, 239, 240, 262
Anglo-Jordanian Treaty 391
Anjar, battle of 44
Aoun, General Michel 577 – 9, 581, 582, 583

Aqsa Mosque 603 – 4
Arab
　high officials 55, 56
Arab – *cont.*
　journalism 172 – 3
　language 27 – 8
　religions 28
　threat to Ottoman Empire 55 – 6
　unity 351
　volunteers in Afghanistan 533 – 41
Arab Higher Committee 256, 257
Arab League 324, 325, 332, 335, 458,
　496, 500, 548, 615 – 16, 631
Arab Legion 336, 338
Arab liberalism
　rejection of 13
Arab Liberation Army (ALA) 323 – 4,
　328, 332, 338
Arab malaise 4
Arab Renaissance Party
　see Ba'th Party
Arab Revolt 196, 202, 223, 236, 239,
　313, 324
Arab Socialist Union 417
Arab Spring 1 – 7, 12, 14, 609
　Bahrain 624, 625 – 9
　counterrevolution against 641 – 6
　Egypt 4, 4 – 6, 14, 624
　Libya 4, 6, 624, 629 – 33
　Saudi Arabia 627 – 8
　Syria 4, 6, 624, 635 – 7
　Tunisia 1 – 4, 6, 14, 624
　Yemen 4, 6, 624, 633 – 4
Arab Union 392
Arab Women's Association 251 – 2
Arabi, Colonel
　see Urabi
Arab-Israeli War (1948) 13, 332 – 40,
　420

Arab-Israeli War (1956) 420, 423
Arab-Israeli War (1967) 420 – 33, 437,
　459 – 60, 463
Arab-Israeli War (1973) 463 – 71
Arafat, Yasser 434, 435, 437, 439, 446,
　471 – 3, 474, 475, 477 – 9, 487,
　491 – 2, 523, 543, 545, 548, 549,
　568, 586, 595, 596, 601, 613, 619
Aramco 450
Argov, Shlomo 522
Arguello, Patrick 444
Arif, Abd al-Rahman 430
Arif, Colonel Abd al-Salam 396 – 7, 398
Arif, Arif al- 327, 328
Arslan, Adil 344, 345, 346
Asad, Bashar al- 4, 6, 606, 636, 638,
　639 – 40
Asad, Basil al- 606
Asad, General Hafiz al- 430, 469, 492,
　511, 512, 529, 551, 554, 583, 606
Asad, Hafez al- 636
Asad, Rifa'at al- 512 – 13, 515
Ashrawi, Hanan 586, 589, 595 – 6
Ashu, Mustafa 348
Asquith, Herbert 188
Assembly of Delegates 154, 158, 160
Aswan Dam 363, 377 – 8, 379, 380
Atassi, Nur al-Din 430
Ataturk, Mustafa Kemal 233
Atrash, Pasha al- 288, 290, 293
Attiga, Ali 455
Atwan, Abdul Bari 564
Avnery, Uri 475, 476, 477, 479, 493
Ayn Dara, battle of 117
Ayyash, Yahya 598
Aziz, Abdul 172, 229
Aziz, Moulay Abd al- 168, 169
Aziz, Nawwaf bin Abdul 564
Azm, As'ad Pasha al- 52, 53, 60

Azm, Khalid al- 309 – 11, 388, 390
Azm, Sulayman Pasha al- 59, 60
Azm family 51, 52, 55, 57, 104
Azzam, Abdullah 533, 534, 536 – 8, 541, 544

Baalbek, siege of 44
Bab Zuwayla 25
Badr, Imam 419
Baghdad 7, 35, 617, 623
Baghdad Pact 368, 391, 392
Baghdadi, Abu Bakr al- 640
Bahrain 220, 456, 457, 458
  and Arab Spring 624, 625 – 9
  constitution, 2002 625
  National Action Charter 625
Bahri, Yunis 395 – 6, 397, 398
Baker, James 586, 587 – 8
Bakir Pasha 48
Balad, Shaykh al- 62
Balfour, Arthur 193
Balfour Declaration 193, 194, 196, 230, 247, 248, 249, 251, 318
Banna, Hassan al- 344, 503, 507 – 8
Barak, General Ehud 600, 601, 603
Barbarossa (Khayr al-Din) 37 – 41
Barbary Coast pirates/corsairs 36 – 41, 126
Barber of Damascus
  see Budayri
Baring, Sir Evelyn (later Lord Cromer) 165, 174, 182, 241
Bar-Lev, General Chaim 461
Bar-Lev Line 461, 464 – 5
Barudi, Mahmud Sami al- 161
Bashir II, Amir 96
Ba'th Party 387 – 8, 389, 430, 510, 560, 616
The Battle of Algiers 410

Bayhum, Muhammed Jamil 270, 274 – 5
Beaufort d'Hautpoul, General Charles de 121
Bedouins 45, 58 – 9
Begin, Menachem 315, 317, 475, 490, 494, 495, 496, 502, 522, 524, 527
Beilin, Yosse 593 – 4
Beirut
  Airport bombing 440
  bombarded by British 102
  civil war (1975 – 76) 481 – 8
  Israeli attacks on 442, 523 – 4
  and journalism 173, 174
  Marine barracks bombing 516
  and Ottoman rule 267
  PLO expelled 524 – 5
  riots/demonstrations 308
  sectarian massacres 483
  see also Lebanon
Belen, battle of 99
Belhadj, M. 296
Bell, Gertrude 214
Ben Ali, Zine el-Abidine 1, 3, 4, 624
Ben Arafa 371
Ben Badis, Abd al-Hamid 299 – 300, 301
Ben Bella, Ahmed 408 – 9, 416
Ben Gana, Bouaziz 296
Ben-Gurion, David 260, 313, 316, 332, 345, 346, 347, 365 – 6, 367, 377, 380, 381, 385, 425
Benghazi 6, 629, 630, 631
Benjedid, Chadli 567, 579
Berbers 143, 278, 279, 282
Bernadotte, Count Folke 337
Berri, Nabih 576
Bevin, Ernest 318, 335
Bey, Muhammad al-Sadiq 152, 153
Bin Laden, Osama 177, 537, 538, 541, 564, 565, 607, 608, 610 – 11, 612,

623 – 4
Bin Zayd, Sharif Shakir 225, 226
Bitar, Salah al-Din 387, 388, 390
Black September 445
Black Letter 250, 253
Black Saturday 355 – 7, 484
Blair, Tony 615
Blignières, Ernest-Gabriel de 134
Blix, Hans 615
Blum, Léon 301, 302, 303, 304
Blum-Viollette bill 302, 303, 304, 415
BOAC 444
book of laws 34
Bouazizi, Basma 2
Bouazizi, Mohamed 1 – 4, 6, 14
Bouchard, Henri 295
Boudiaf, Mohamed 409
Bouhired, Djamila 410 – 11
Bouhired, Fatiha 410 – 11, 412
Boumedienne, Houari 416
Bourgés-Maunoury, Maurice 380
Bourguiba, Habib 373
Boutros-Ghali, Boutros 491 – 6
boy levy 33, 55, 91
BP (British Petroleum) 451 – 2
Brezhnev, Leonid 468 – 9
Britain
 and Alexandria 163
 Anglo-Egyptian treaty 354
 anti-Jewish riots 319
 Battle of the Nile 81
 colonial rivalry with France 166
 condominium colonialism 241
 and Cyprus 151, 152
 decline in Middle East 261 – 5
 and Egypt 136, 161 – 2, 164 – 6, 205 – 6, 354 – 7, 363 – 4
 Entente Cordiale with France 167
 Gambetta Note 161

 and Gulf protectorates 220, 456 – 7
 gunboat diplomacy 161 – 2
 and Ibn Saud 222 – 9
 ignorance of Arab world 199
 invasion of Iraq 615
 and Iraq (Mesopotamia) 188, 212 – 17, 234 – 40, 262 – 3
 and Jordan 400, 420
 and Morocco 167
 and oil 221, 229, 239, 457 – 9
 and Palestine 247 – 61, 312, 313 – 32
 postwar plans for Ottoman Empire 188 – 9
 RAF bombs Middle Euphrates 238
 Red Line Agreement 239 reliance on oil 221
 Suez Canal, see Suez Canal
 and Suez Crisis 377 – 85
 and Transjordan 230 – 4
 Treaty of Preferential Alliance 239 – 40
 in WWI 184 – 95
 in WWII 261 – 5
British East India Company 219
Broadley, A.M. 165
Budayri, Ahmad al- (al-Hallaq) 50 – 1, 52 – 5, 59, 60
Bugeaud, General Robert 144, 146, 295
Bulgarian Horrors 150
Bülow, Prince Bernhard von 168
Bunche, Ralph 345, 347
Bush, George H.W. 12, 553, 555 – 6, 564, 571, 574 – 5, 585, 586, 593, 606
Bush, George W. 606, 607, 608, 610, 612, 614, 617
Byron, Lord 93
Byzantine Empire 20

Cairo
 bankruptcy 135

battle 22 - 4, 77 - 8
Citadel massacre 86 - 7
counterrevolution against the Arab Spring 644
and journalism 173
Mamluks in 29
surrendered to British 82
Tahrir Square protests 5 - 6, 14
Cairo Accord 442
CalTex 449
Camp David Accords (Carter era) 495, 498, 500
Camp David meetings (Clinton era) 601, 603
Carbillet, Captain Gabriel 288
Carter, Captain (TWA) 441
Carter, Jimmy 495, 496, 502, 520
Casablanca 169
Casablanca conference 369
Catherine the Great, Empress of Russia 64
Catroux, General Georges 284, 287, 305
Ceausescu, Nicolae 490 - 1
Cemal Pasha 186 - 7, 194, 196
Chamoun, Camille 392, 393, 394, 395, 399, 481 - 2, 484
Chancellor, Sir John 251
Charles V, Emperor 38, 39 - 40
Charles X, King 141 - 2
Chehab, Amir Farid 386
Chemical Ali (Ali Hasan al-Majid) 561 - 2
Cherchel 38 - 9
Chevron 450
Churchill, Winston 229, 230, 249, 369
CIA 382, 394
Citadel massacre 86 - 7
Clayton, Sir Gilbert 234
Clemenceau, Georges 195
Clement, Marguerite 209

Clinton, Bill 12, 593, 595, 601, 607
Code de l'Indigénat 297 - 8
condominium colonialism 241
Congress of Berlin 151
Congress of the League against Colonial Oppression 300
Constantine 145
Constituent Assembly 238
Constitutional Bloc 306, 394
constitutional government 108, 131 - 2
constitutional reform 12 - 13
Consultative Council of Deputies 130 - 1
corporal punishment 112
corruption 2
cotton 58, 125
Council of Four 195
Council of Ministers 113
Council of Ten 268, 270
Covenant of the League of Nations 201, 202
Cox, Lady 235
Cox, Lieutenant-Colonel Charles 233 - 4
Cox, Sir Percy 235, 236
Crane, Charles R. 198, 203, 286
Crimean War 114, 115
Cromer, Lord
    see Baring
Crusader army (1249) 20
Crusaders 7
Cyprus 151, 152

Damascus 29, 30 - 1, 32 - 3, 34, 137, 173
and Arab Spring 636, 637
under Azm rule 51 - 5
Damascus - cont.
    capture by Ibrahim Pasha 97 - 8
    captured by Mamluks 64 - 6
    corruption 51 - 5

prostitution in 53 - 5
riots 118 - 22
sack of 31
Damurdashi, Ahmad Kathuda al- 46 - 7
Dayan, General Moshe 425
Dayr Yasin 327 - 9
de Bunsen, Sir Maurice 188
de Bunsen Committee 188 - 9
de Gaulle, General Charles 305, 369, 414 -16
Declaration of Principles 596
Declassé, Théophile 167
democracy promotion 617 - 19
Democratic Front for the Liberation of Palestine 473
Denizli, Ahmad Agha al- 68
Dentz, General Henri 305
Deraa 636
Desmichels, General Louis 144
Deval, Pierre 140 - 1
devshirme
  see boy levy
Dhahbour, Amina 440
Din, Khaled Mohi El 357
Din, Khayr al- (Barbarossa) 37 - 41
Din, Khayr al- (Tunisia) 127 - 8, 130, 132
Din, Muhi al- 143
Din, Zakaria Mohi El 339
Dinshaway Incident 182 - 3
Dir'iyya Agreement 70
Dir'iyya destruction 89
Disraeli, Benjamin 150
Dodge, David 517
Doria, Andrea 38, 39
Druzes 41, 42, 43, 44 - 5, 116 - 19, 266, 285, 286, 287 - 8, 289 - 90
Dubai 457
Dulles, John Foster 366, 376, 378

early colonialism 136 - 83
Eastern Orthodox Church 113
Eban, Abba 470
Eden, Anthony 368, 377, 380, 385
Egypt
  Abyssinian Campaign 156
  administration 34
  Alexandria riots 162
  Ali Bey as ruler 62 - 3
  Anglo-Egyptian treaty 354
  anti-British strikes 208
  Arab Socialist Union 417
  and Arab Spring 4, 4 - 6, 14, 624
  Arab-Israeli War (1948) 332 - 40
  Arab-Israeli War (1967) 420 - 33, 460
  army austerity 154, 157
  Assembly of Delegates 154, 158, 160
  Aswan Dam 363, 377 - 8, 379, 380
  attack on Libya 489 - 91, 498
  as autonomous Ottoman province 159
  Axis support in 263 - 5
  bankruptcy 133 - 4, 174
  Ba'th party 387 - 8
  Black Saturday 355 - 7
  bread riots 488
  British occupation 136, 164 - 6, 180 - 3, 205 - 12, 354 - 7, 363, 365
  Central Revolutionary Committee 208
  clash with French culture 78 - 9
  Communists 355, 356, 387
  constitution of 1882 13
  Constitution of 1923 13
  constitutional movement 130
  Constitutions 240, 245, 246
  Consultative Council of Deputies 130 - 1
  counterrevolution against the Arab Spring 641 - 5
  covert Israeli operations in 367

democracy 240 – 1
Dinshaway Incident 182 – 3
elections, 2011 641 – 2
elections, 2014 645
financial indemnity 124 – 5
foreign debt 133 – 4
foreign military asistance 375 – 7
Free Officers 357 – 63, 364, 403, 424, 461
French occupation 77 – 9, 80 – 2, 94
French savants in 78 – 9, 80
Gambetta Note 161
industry 363
and Iraqi Revolution 400
and Islam 178
Islamic Republic campaign 502 – 3
Islamist trials 509
and Israel 365 – 7, 381
January 25
Movement 5 – 6, 641, 645
joins League of Nations 246
joint British/French gunboat diplomacy 161 – 2
Liberation Rally 362
Mamluks in 7, 46, 62
military coup 13 – 14
Montgolfier balloon in 79
under Muhammad 'Ali Pasha 84 – 104
Muslim Brotherhood. *see* Muslim Brotherhood
National Democratic Party 5
National Party 158 – 9
nationalism 10, 175 – 6, 180 – 2, 205 – 12, 240 – 7, 263 – 4
Navarino Bay, battle of 95
Nile, battle of the 81
and Non-Aligned Movement 375
oil 448
under Ottoman rule 32
peasant conscription 92
printing presses introduced 172
reforms in 19th century 123 – 35
reforms under Muhammad 'Ali Pasha 85
relationship with France 93 – 4
Revolution 207 – 8, 339, 357 – 68, 375 – 89, 400 – 1, 402
Revolutionary Command Council 362, 363, 364
riots 356
scientific demonstrations 7 – 78
Second Egyptian Crisis 103, 105, 111
and siege of Acre 96 – 7
and Soviet Union 11, 366, 401, 406, 462
Sudan campaign (1820 – 2) 90, 241
Suez Canal. *see* Suez Canal
Suez Crisis. *see* Suez Crisis
support for FLN 375
Syria/Egypt union 386 – 91, 403
Tahrir Square protests 5 – 6, 14
Tamarod movement 643 – 4
and UAR 389, 392, 400, 401, 402, 404, 406, 417
and United States aid 366
women in politics 208 – 11, 251 – 2
women's rights 178 – 80, 208 – 11, 251 – 2
in WWI 206
and Yemen 403, 418 – 20, 424
see also Nasser; Sadat
Egyptian Feminist Union 211
Egyptian Gazette 174
Egyptian Movement for Change 4 – 5
Egyptian Muslim Brotherhood 343
Eisenhower, Dwight 376, 378, 382 – 3
Eisenhower Doctrine 393, 394, 399
Eitan, General Raphael 526, 527

El-Al 43, 439 – 40, 444, 473 – 4
Enver Pasha 185 – 6
Erakat, Saeb 587
Eshkol, Levi 421, 425
Essebsi, Beji Caid 646
Esso 455
Ethiopia 246
European Colonial era 8, 9 – 10, 136 – 83
European commerce 116
European investment 129
Eveland, Wilbur Crane 394
Evian negotiations 415, 416
Exodus 318, 319
Exxon 450, 455

Fahd, King 558, 559 – 60, 579
Fahmi, Ismail 492
Faisal II, King 392
Faisal, Saud al- 579
Fakhr al-Din 42 – 5
famine 187
Faqar, Zayn al- 47 – 8
Faqaris (Mamluks) 46, 48
Faraj, Abd al-Salam 502
Farouq, King 333, 349, 354, 360 – 1
Faruq, King 246, 264
Fatah 37, 434, 435 – 6, 437, 438, 439, 441 – 2, 445, 543, 545, 551, 587, 619 – 20
Faud, King 241, 242, 246
Faud Pasha 121
Faydi, Sulayman al- 235 – 6
Faysal I, King (formerly Amir) 190, 191, 196 – 9, 201 – 2, 203, 204, 206, 228, 229, 234, 235 – 7, 269 – 70, 271, 286, 397
Faysal II, King 261, 396
Fayyad, Isa Ibrahim 513
February 14 Youth Movement 627

Feraoun, Mouloud 409 – 10, 415, 416
Ferdinand of Aragon 36
Fez 37, 277, 278
Fez Convention 169
fida'iyin 354
Filastinuna 435
Filiki Etairia (Society of Friends) 92
financial indemnity 124 – 5
First Aliya 248
First Arab Women's Congress 251
First World War 184 – 95, 217
First Zionist Congress 192
Fisk, Robert 531
FLN
    see Algerian National Liberation Front
fly-whisk incident 140 – 1, 153
Ford, Gerald 502
Fourteen Points (Woodrow Wilson) 9, 205, 210
Framework for the Conclusion of a Peace Treaty 495
France
    and Algeria 140 – 9, 294 – 303, 373, 374 – 5, 407 – 18
    Algerian citizenship rights 298 – 303
    Algerian War (1954 – 62) 407 – 18
    colonial ambitions 266 – 7
    colonial rivalry with Britain 166
    colonialism in Middle East 266 – 312
    Entente Cordiale with Britain 167
    Evian negotiations 415, 416
    Gambetta Note 161
    gunboat diplomacy in Egypt 161 – 2
    ignorance of Arab world 199
    and Indochina 373
    and Lebanon 203 – 4, 266 – 76, 305 – 8, 311 – 12
    and Morocco 166 – 70, 276 – 83, 368 – 72, 374

Nazi occupation 305
OAS (Secret Armed Organization) 415 – 16
opposition to Algerian War 413 – 14
relationship with Egypt 93 – 4
and Rif War 279 – 83
as seen by al-Tahtawi 106, 110
and Suez Canal 166
Suez Crisis 377 – 85
and Syria 204 – 5, 266 – 94, 303 – 5, 308 – 12
and Tunisia 136, 149, 152 – 3, 170, 370 – 1
Vichy government 305, 307, 369
Franjieh, Sulieman 486, 576 – 7
Free Officers
  Egypt 357 – 63, 364, 403, 424, 461
  Iraq 396
  Jordan 391 – 2
  Libya 430
  and Muslim Brotherhood 507
Free Syrian Army 637, 639
French Charter of 1814 13
French Revolution 12
Friedman, Thomas 515
Fujayra 457

Galilee cotton 58
Gallipoli 187, 189, 206
Gamasy, General Abd al-Ghani El 422, 427, 461, 463, 464
Gambetta Note 161
Gaulle, Charles de 305, 369, 414 – 16
Gauthier, Monsieur (French official) 274 – 5
Gaza 541 – 51
Gaza Strip 614, 619, 620
Gaza-Jericho First plan 596
Geagea, General Samir 582

Gemayel, Amin 528, 529, 532, 576, 577 – 8
Gemayel, Bashir 522, 525, 528
Gemayel, Pierre 482, 522
Genoa 39
Georges-Picot, Charles François 191, 266
Germany
  and Morocco 166 – 8
  and Stern Gang 314
  in WWI 185 – 95
Ghanim, Shukri 269
Ghazali, Janbirdi al- 30 – 1
Ghazali, Zaynab al- 507 – 9, 539, 552
Gibran, Khalil 268
Gladstone, William 150
Glaspie, April 558 – 9
Glubb, General John Bagot (Glubb Pasha) 335, 338, 391
Goldstein, Baruch 598
Gorbachev, Mikhail 553, 554
Gore, Al 606, 607
Gouraud, General Henri 272 – 3, 274, 284, 285 – 6, 287, 306
Great Mosque siege 498 – 9
Greek uprising 92 – 5
Guantánamo Bay Detention Camp 611
Guardians of Iraqi Independence 215
Gulf Cooperation Council 626, 628, 634
Gulf States, Western influence 11, 15

Habash, George 439, 554
Hached, Farhat 371
Hadi, Abed Rabbo Mansour al- 634, 635
Hadi, Awni Abd al- 252
Hadid, Marwan 511
Hadj, Messali 300
Hafiz, Moulay Abd al- 169, 276, 277
Haganah 315, 316, 317, 322, 324, 325, 330, 331

Haifa National Committee 330
Hakim, Yusuf al- 201
Hama 30, 290, 291, 514 - 15
Hamas 541, 543 - 8, 550, 551, 590, 593, 598, 619 - 20, 621 - 2
Hamdy, Fayda 1 - 2, 3 - 4, 6, 14
Hamid, Abdul II 173
Hamid, Abdul III 151
Hammami, Said 474 - 7, 479, 550
Hammer, Armand 456
Hamou, Hadj 296
Hananu, Ibrahim 285
Haniya, Ismail 619, 620
Har Homa settlement 600
Haram al-Sharif (Temple Mount) 603 - 4
Hariri, Rafik 620
Hariri, Saad 620 - 1
Hasan, Khalid al- 472, 478 - 9
Hasan, Moulay 168, 169
Hasan Pasha 67, 68
Hashemites 189, 190, 191, 194, 196, 200, 226, 227, 229, 237, 240, 263, 322, 333, 391, 392
Hashim, Labiba 209
Hassan II, King 369, 490, 579, 605
Heikal, Mohamed 366, 376, 377, 380, 382, 385, 400 - 1, 421, 446 - 7, 470, 490, 502, 554, 566, 567, 570
Helmi, Ahmed 355
Henderson, Arthur 243
Hero of the Crossing 500, 502
Herriot, Edouard 280 - 1
Herzl, Theodore 192 hijacking 439 - 42
Hijaz
    attacked by Wahhabis 73 - 5, 105
    under Ottoman rule 32
    seized by Ali Bey 63
    seized by Ikhwan 228
Hijaz Railway 187, 190

Hilmi II, Abbas 182
Hirschfeld, Yair 594
Hizb Allah 289
Hizbullah 529 - 32, 551, 584, 599, 601, 618, 620 - 1, 621, 622
Hobeika, Elie 526, 527
Hocine, Baya 417
Holst, Johan Joergen 594
Holy Places Dispute (1851 - 2) 114
Homs, battle of 98, 99
Hoss, Selim al- 576, 577, 578
Hrawi, Elias 582, 583
Huda, Tawfiq Abu al- 335
Hugo, Victor 144
Hungarian Revolution 383
Husayn, Imam ibn Ali, Imam Husayn 72, 73, 530, 531
Husayn, King (formerly Sharif ibn Ali) 189 - 90, 191, 194, 196, 205, 223 - 8, 229, 233, 270
Husayn, Kamil 205
Husayn Pasha 140 - 1, 142
Husayni, Abd al-Qadir al- 324, 325 - 7, 587
Husayni, Hajj Amin al- 251, 262, 322, 333, 336, 348
Husayni, Jamal al- 321
Husayni, Musa al- 348
Husayni, Musa Kazim al- 251
Husaynid beys 372
Husaynid Dynasty 126
Husayni/Nashashibi rivalry 250 - 1
Husayn-McMahon correspondence 192, 194, 196
Husri, Sati al- 204
Hussein, King 348, 391 - 2, 399 - 400, 424, 426 - 7, 428, 429, 432, 437, 438, 442, 443, 445, 473, 477, 560, 568, 597, 605

Hussein, Qusay 606
Hussein, Saddam 398, 520, 521, 555 – 62, 564, 571, 573, 574, 575, 582 – 3, 584 – 5, 606, 607, 615 – 16
Hussein, Uday 606
Husseini, Faisal al- 587, 589

Iberian Peninsula
　the Catholic Reconquista 7
Ibn Bishr 73
Ibn Iyas 22, 23, 24, 27, 30
Ibn Saud (20th century) 221 – 9
ibn Saud, Muhammed 70, 72, 88, 89
Ibn Taymiyya 70
Ibn Tulun, Muhammed 27, 31
Ibrahim, Ezzat 559
Ibrahim, Rashid al-Hajj 330
Ibrahim, Saad Eddin 497
Ibrahim Pasha 34, 88, 90, 93, 96, 97, 99 – 100, 102 – 3, 104
Ibrahimi Mosque killings 598
Ibrat Filastin 341
Idris I, King 430, 453
Ikhwan 222, 228
Ilah, Abd al- 261, 397
inequality 14
Intellectual Association of Egyptian Women 209
Intifada 543, 545, 546, 548, 551, 603
Iran 458
　an axis of evil 612
　Islamic Revolution 61, 496 – 9, 519 – 21
　oil 449, 456
　threat of 618
　and United States 555
Iran-Iraq War 520 – 1, 555, 556, 639
Iraq
　Abu Ghurayb prison 38

Anglo-French Declaration 213
Arab-Israeli War (1948) 332 – 40
an axis of evil 612
Ba'th Party 387
bombed by RAF 238
British occupation 9, 212 – 17, 234 – 40, 262 – 3
British postwar plans for 188
Coalition Provisional Authority 616
communal violence 618
Constituent Assembly 238
Constitution of 1925 13
de-Ba'thification 616
elections, 2005 617 – 18
Free Officers 396
Iraqi Uprising (Revolution of 1920) 215 – 17
ISIS in 640
Kurdish Regional Government 574
and Kurds 239, 556, 573, 574
Kurds 617 – 18
Iraq – *cont.*
Kuwait invasion/Gulf War (1990) 12, 554 – 75
in League of Nations 246
military coup 13 – 14
nationalism 10, 235 – 40
and oil 449, 456, 557 – 8
and OPEC 557 – 8
Red Line Agreement 239
Revolution 395 – 8, 400 – 1, 402
rioting 262 – 3
Saddam Hussein, *see* Saddam Hussein
Shiite uprising 574
Soviet influence 11
Treaty of Preferential Alliance 239 – 40
US invasion of 615 – 17
weapons of mass destruction (WMD) 607, 608

in WWI 187
Iraq Liberation Act 607
Iraqi Uprising (Revolution of 1920) 215 – 17
Irgun 260 – 1, 313 – 20, 327, 330 – 1
Iron Hand Society 286 – 7
Isabella, of Castile 36
ISIS 640 – 1
Islam
　and al-Tahwati 106 – 10
　beliefs in 71
　in Egypt 178
　Hanbali school 70
　and jahiliyya 505 – 6, 507
　in modern world 176
　mysticism 71
　need to update 176
　Ottoman 71
　and polytheism 72
　Qur'an. see Qur'an
　religious tolerance 72
　rise of 7, 500 – 52
　and Tanzimat 113
Islambuli, Kalid al- 501, 502
Islamic (sharia) law 8
Islamic Center 544
Islamic empires 7
Islamic Jihad 517, 530, 598
Islamic Resistance 531 – 2
Islamic Resistance Movement
　see Hamas
Islamic Revolution 496 – 9
Islamic Salvation Front (FIS) 541
Islamic State 639 – 40
Islamic State in Iraq 640
Islamists 501 – 52
Islamo-Progressives 484
Isma'il Bey 64 – 6, 69
Ismail, Shah 21

Ismail, General Ahmad 465
Ismail Pasha (later Khedive) 125 – 6, 128, 129, 130, 134, 153, 154, 155, 156 – 7
Israel
　Arab relations established 597 – 8
　Arab-Israeli War (1948) 332 – 40
　Arab-Israeli War (1956) 420, 423
　Arab-Israeli War (1967) 420 – 33
　Arab-Israeli War (1973) 463 – 71
　armistice agreements with Arab states 340
　attack on USS *Liberty* 431
　Beirut Airport bombing 440, 442
　covert operations in Egypt 367
　and Egypt 365 – 7, 381
　Hamas rocket attacks 621 – 2
　invasion of Lebanon 521 – 9, 621 – 3
　Jordan-Israel peace treaty 597
　missile attacks in Gulf War 570
　occupation of Arab territory 403
　Oslo Accords 594 – 604
　Palestine occupation 541 – 51, 613 – 15, 619 – 20
　Sadat's visit 488 – 96
　Second Intifada 613 – 14
　Separation Barrier 613
　two-state solution 614
　and United States 420, 431
　see also Palestine
Israeli-Lebanese Agreement 528 – 9, 530, 532
Issa, Mahmoud 437, 440, 443
Istanbul 32, 135
Istiqlalis 231, 234
Italy
　occupies Libya 136, 152, 167

Jabarti, Abd al-Rahman al- 26 – 7, 33 –

4, 57, 62, 63, 67, 78, 79, 80, 84, 178
Jaffa massacre 67
jahiliyya 505 – 6, 507
Jalili family 57, 104
Janissaries 34, 37, 40, 41, 52, 91, 101
January 25 Movement 5 – 6, 641, 645
Jarida 181
Jerusalem 7, 614
Jewish Agency of Palestine 250, 314, 315, 316, 317, 320
Jewish Chronicle 319
The Jewish State 192
Jihad 544
Jihad, Abu
    see Khalil al-Wazir
John, King of Abyssinia 156
Johnson, Lyndon 431
Jordan
    Arab-Israeli War (1967) 420 – 33
    Ba'th Party 387
    Britain in 400
    and Egypt/Syria union 391 – 2
    Free Officers 391 – 2
    and Iraqi Revolution 399 – 400
    Karamah 437 – 8
    nationalism 391 – 2
    oil 448
    Oslo Accords 594 – 9, 594 – 603
    and Palestine 442 – 6
    and Syria 446
    Western influence 11
Jordan-Israel peace treaty 597
journalism 172 – 4
Jumblatt, Kamal 394, 481, 486, 487, 518 – 19
Jumblatt, Walid 576

Kabir, Ali Bey al- 62 – 9, 85, 105

Kader, Abdel 278
Kahan Commission 527
Kamil, Muhammad Ibrahim 495
Kamil, Mustafa 181 – 2
Kanj Yusuf Pasha 75
Kanuni
    see Süleyman II
kanunname 34
Karak 191
Karamah 437 – 8, 445
Karami, Omar 583
Karami, Rashid 394, 575 – 6, 583
Karbala, attacked by Wahhabis 72 – 3
Karmal, Babrak 535
Karzai, Hamid 612
Kassir, Samir 4, 12
Kaylani, Rashid Ali al- 262
Keeley, James 345 – 6
Kemal, Namik 131
Khair Bey 22, 29 – 30
Khalaf, Salah 434, 435, 436, 438, 442
Khaled, Leila 436, 438, 440 – 1, 443, 444, 446
Khalid, King 487
Khalifa, Shaykh Hamad bin Isa A 625, 627, 628
Khalisi, Ayatollah al- 237 – 8
Khan, Mohammed Daoud 535
Khan Maysalun 204 – 5, 284
Khartoum Summit 432, 492
Khattabi, Muhammad Abd al-Krim al- 370
Khider, Mohamed 408, 409, 417
Khomeini, Ayatollah 499, 519
Khoury, Bishara al- 271 – 2, 306, 307 – 8, 309, 394
Khurshid Ahmad Pasha
    see Ahmad Pasha (Egypt)
Khusru Pasha 155, 157, 158

King, Henry Churchill 198, 203
King David Hotel bombing 316 – 17
King-Crane Commission 198, 199, 200 – 1, 204, 249, 270, 286
King-Crane Report 198, 203
Kissinger, Henry 467, 470, 489
Kitchener, Lord 189
Konya 99
Krim, Abd el- 279 – 83, 284, 370
Kristallnacht 260
Kubba, Muhammed Mahdi 236
Kurdish Regional Government 574
Kurdistan Workers' Party (PKK) 574
Kurds 52, 617 – 18, 641
Kuwait 12, 448
   invasion 554 – 75

Lamoricière, General de 295
Lamothe, General de 284
Lampson, Sir Miles 246, 264
Larsen, Terje Roed 594
Latif, Mahmoud Abd al- 365
Lavon, Pinhas 367
Lavon Affair 367
Lawrence, Colonel T. E. 190, 227 – 8, 230
Le Réveil 273
League of Nations 201, 202, 214, 234, 235, 240, 246, 247
Lebanon
   Amal militia 518 – 19
   and Arab Unity 392 –5
   Ba'th Party 387
   colonial rule 9, 203 – 4, 267 – 76
   composition of government 306
   Constitution of 1926 13
   Constitutional Bloc 306, 394
   Constitutional change 307
   Druze community 41, 42 – 5

Eisenhower Doctrine 393, 399
   elections, 2005 620 – 1
   elections, 2006 619
   independence 305 – 8
   internal disputes 392 – 5, 398 – 9, 481 – 8, 575 – 84
   and Iraq 578
   Israel invades South Lebanon 621 – 3
   Israeli invasion 521 – 9
   joins United Nations 311
   Maronite community 41 – 2
   National Front 395
   National Pact 305, 306, 392, 575, 576, 577, 580
   nationalism 303, 305 – 8
   and Ottoman Empire 42 – 3
   regional conflict 518
   riots/demonstrations 308
   Second Republic 579
   secular parties 518
   Shiites 518, 530 – 2
   South Lebanon Security Zone 532
   and Syria 487 – 8, 518, 578 – 84, 621
   Taif Accord 579, 580 – 1, 582, 583
   troika 579, 580
   see also Arab-Israeli Wars; Beirut
Lehi
   see Palestine
Lesseps, Ferdinand de 124, 379
L'Étoile Nord-Africaine 300
Liberal Constitutional Party 245
The Liberation of Women 179, 180
Liberation Party 505
Liberation Rally 362
Libya
   and Arab Spring 4, 6, 624, 629 – 33
   attack by Egypt 489 – 91
   Free Officers 430
   General National Congress 632

military coup 13 - 14
National Transitional Council 630, 632
occupied by Italy 136, 152, 167
oil 448, 452 - 3
under Ottoman rule 170
Qadhafi coup 430, 453 - 6
Soviet influence 11
transition to democracy 632
war in 632 - 3
Lieberman, Joe 607
Likud Party 490, 523, 595, 603
Lloyd, Selwyn 381
Lloyd George, David 193, 195
London Convention for the Pacification of the Levant 149
l'Orient 81
Louis IX, King 20
Louis Philippe, King 148
Lyautey, Marshal Hubert (and Lyautey system) 277 - 9, 280 - 3, 284, 285, 286, 288

Macbeth 29
MacDonald, Ramsay 250
McMahon, Sir Henry 189 - 90, 191, 194, 227, 229, 270
McPherson, Joseph 207 - 8
Madrid Conference 588 - 92
Maher, Ali 360, 361
Mahmud I 50
Mahmud II 89, 90, 95, 99 - 100, 101, 111, 132
Majid, Ali Hasan al- (Chemical Ali) 561 -2
Makhzan 277
Malek, Anouar Abdel 356
Maliki, Nouri al- 618
Mamluks 7, 17 - 33, 46 - 9, 58, 62 - 9, 77, 82, 83, 127

Mardam, Jamil 310
Marj Dabiq, battle of 17, 21 - 2, 23, 27, 29
Maronite Church 113
Maronite Phalangists
    see Phalangists
Maronites 41 - 2, 116 - 17, 266, 268, 482, 526, 576
Martin, Cliff 319
martyrdom in Hizbullah 530
Massoud, Ahmad Shah 539 - 40
Massu, General Jacques 413
Matni, Nasib 395
Maude, General Sir Stanley 398
May 17 Agreement
    see Israeli-Lebanese Agreement
Mecca 57, 73, 228
Medicis 43 - 4
Medina 57, 73
Mehmed II (Mehmed the Conqueror) 20
Mehmed Rashid Pasha 99
Meir (Meyerson), Golda 334, 433
Mello, Sergio Vieira de 617
Mercier (historian) 295 - 6
Mesopotamia
    see Iraq
Middle East Defense Organization (MEDO) 366
Middle East Partnership Initiative 617
Middle East Quartet 614
Mikdadi, Lina
    see Lina Tabbara
Milestones 505, 507, 509
military coups 13 - 14
Milner, Lord 211
Mishaqa, Mikhayil 75, 97, 98, 100, 102, 118 - 20
Mitija Plain 145
Moawad, René 581 - 2

Mobil 450
Mogador 147
Mohammed V, King 369, 370, 371, 374
Mohammed VI, King 169 – 70, 605
Moms 30
Mongols 7, 20
Montefiore, Moses 192
Moriscos 36
Moroccan Question 168
Morocco
  becomes Franco-Spanish protectorate 136
  bomb attacks 612
  Communists 371
  France in 166 – 70, 276 – 83, 368 – 72, 374
  independence 374
  Independence Party (Istiqlal) 370, 371
  under Lyautey 277 – 9
  nationalist movement 369 – 70
  Rif War 279 – 83, 284, 370
  Spanish interests in 276
  Western influence 11
  in WWI 279
Morsi, Mohamed 642 – 4, 644
Mosul 640
Mount Lebanon 116 – 67, 173, 187, 266 – 73
Movement of the Dispossessed 518
Movement of the Muslim Revolutionaries of the Arabian Peninsula 498 – 9
Moyne, Lord 315
Mubarak, Gamal 606
Mubarak, Husni 4, 4 – 6, 58, 502, 560, 566, 606, 624, 626
Muhammad (the Prophet)
  ancestor of Abd al-Qadir 144
  ancestor of Ahmad Urabi 154 – 5
  as role model 177

Muhammad 'Ali Pasha 13
  ambitions of 83, 84
  birth of 83
  and Citadel massacre 86 – 7
  founder of dynasty 85
  as governor of Egypt 84 – 104
  innovator in Egypt 85
  invades Sudan 90
  modernization 123
  as Ottoman commander 83 – 4
  and printing 172
  and religious equality 115 – 16
  threat to Ottomans 75 – 6, 111
  and Wahhabi campaign 84, 85 – 6, 87 – 9, 96
Muhammadia Palace 128
Muhammed Bey Abu al-Dhahab 65, 66, 67
Muhammed Bey Quatamish 47 – 8
Munich Olympics attack 474
Murad, Sayyid 40
Murad IV 45
Murad Pasha 43
Murtagi, General Abd al-Muhsin 426
Muslim Brotherhood 323, 351, 354, 355, 357, 364, 365, 503 – 16, 531, 533, 543, 551, 641 – 5
Muslim Ladies' Society 507
Muslim Sisterhood 508
Mussolini, Benito 246, 263
Mustafa Pasha 44
Mustafa Reshid Pasha 111
Mutawakkil III, caliph al- 17
Muzayrib 64 – 5

Nabulsi, Sulayman al- 391 – 2
Naguib, General Muhammad 358, 359, 360, 361, 362, 364, 365
Nagy, Imre 383

nahda (cultural renaissance) 173
Nahhas, Mustafa al- 242 – 3, 244, 247, 264
Napier, Admiral 102
Napoleon (Bonaparte) 77 – 9, 80 – 1, 94, 266
Napoleon, Louis (Napoleon III) 125, 148
Naqib, Sayyid Talib al- 235
Nashashibi/Husayni rivalry 250 – 1
Nasif, Malak Hifni 209
Nasser, Gamal Abdel 339, 357, 358, 359, 361, 362, 363, 364, 365, 366, 367 – 8, 375 – 6, 378 – 85, 386, 387, 388 – 9, 400 – 1, 402, 403, 417 – 18, 419, 421 – 2, 423, 424 – 5, 429 – 30, 431, 432, 434, 437, 442, 446 – 7, 454, 460, 643
Nasuh Pasha 43
National Bloc 303, 304, 308 – 9
National Democratic Party, Egypt 5
National Liberation Front (FLN) 407 – 18
National Movement 481, 482, 484, 485
National Pact 305, 306
nationalism 10, 14, 149, 174 – 5, 180 – 2, 184, 186, 199
NATO 384, 574, 611, 631
Navarino Bay, battle of 95
Nazi atrocities against Jews 260, 315
Nazli, Princess 165
Nelson, Admiral Horatio 81
Neo-Destour party 373
Netanyahu, Benjamin 589, 600, 601
New Order (Nizam-i Cecid) army 91, 92, 94
The New Woman 180
Nezib, battle of 101, 102
Nile, battle of the 81
Nile Navigation Company 124
Nixon, Richard 441, 467, 468, 502

Nizam-i Cecid (Nizami) army 91, 92, 94, 106, 127, 128
Non-Aligned Movement 11, 375
Nour, Ayman 5
Nubar Pasha 156
Numayri, Ja'far al- 430
Nuqrashi, Mahmud Fahmi al- 343 – 4, 354
Nusra Front 640
Nusseibeh, Sari 542, 543, 545, 546, 549, 570, 585 – 6, 588, 589, 604

OAS (Secret Armed Organization) 415 – 16
Obama, Barack 623 – 4
Occidental Petroleum 455 – 6
October War (Arab-Israeli War 1973) 463 – 71
Office of the Arab Maghrib 370
oil
   in 1967 Arab-Israeli war 459 – 60
   embargos 459
   fires in Kuwait 571 – 2, 573
   location of reserves 448
   multinational profits 449 – 50
   royalties 449
   in twentieth century 58, 221, 229, 239, 448 – 99
   as a weapon 459, 466 – 7
Omar, Mullah 611
OPEC 452, 557
Operation Desert Storm 569, 571, 575
Operation Grapes of Wrath 599
Operation Peace for Galilee 523
Oran, French occupation of 142
Organization of Petroleum Exporting Countries
   see OPEC
Oslo Accords 594 – 604

Osman III 51
Ottoman Empire 8 – 9
　administrative system 32 – 5
　and Albania 171
　Ali Bey revolt against 62 – 7
　Arab threat to 55 – 6
　and Barbary pirates 36 – 41
　battle of Navarino Bay 95
　conquests (1516 – 17) 8, 17 – 39
　Constitution 111
　corruption 51 – 5
　decline in authority 51, 52, 56 – 7
　and Druze 41 – 5
　in Egypt 77 – 105
　end of 217
　and Enlightenment ideas 123
　European threat to 56, 105
　in First World War 185 – 95
　foreign debt 132 – 5
　on good government 51
　Greek uprising 92 – 5
　and Hasa region 222
　judiciary 35
　in Lebanon 42 – 3, 267
　in Libya 170 – 1
　and Mamluks 46 – 9, 58, 82
　masscare at Gaza 23
　and Mount Lebanon 116 – 18
　Muhammad 'Ali Pasha threat to 75 – 6, 89, 111
　and nationalism 149 – 50
　Nizami troops 91, 92
　partition proposals 150 – 1
　postwar plans for 188
　Reform Decrees 111 – 13
　reforms 8 – 9, 110 – 35, 136 – 7
　reforms and Islamic doctrine 122
　and religions 113 – 15
　Russian War (1768 – 74) 61
　Russian War (1877 – 78) 133, 150 – 1
　and Safavid Empire 21, 35
　Second Egyptian Crisis 103, 111
　slave embargo 90
　and Spain 36 – 41
　Tanzimat period 111 – 13
　territorial losses 56 – 7
　troops 34
　and Wahhabi challenge 69 – 76
Ottoman Era 8 – 9
Ottoman Public Debt Administration (PDA) 133
Ottoman-Russian War (Crimean War) 114, 115
Oujda 147
Ourabah, M. 296

Pahlevi, Shah Mohamed Reza 458, 496 – 7, 520
Paice, Marvyn 319
Pakistan 611
Palestine
　al-Nakba (The Disaster) 340, 341
　al-Qastal 326
　Arab states invade 332
　Arab-Israeli War (1967) 432 – 3
　Beisin 331
　British in 247 – 61, 312, 313 – 32
　British reprisals 259
　British soldiers hanged 319
　conquered by Ibrahim Pasha 96
　Dayr Yasin 327 – 9
　declaration of independence 549 – 50
　economic decline 602
　Haganah activity 315, 316, 317, 322, 324, 325, 330, 331
　Haifa captured 329 – 30, 331
　Irgun activity 260 – 1, 313 – 17, 318 – 20, 327, 330 – 1

Israeli occupation 541 – 51, 613 – 15, 619 –20
as Jewish national home 9, 192 – 3, 249 – 50, 318
Jews declare war on Britain 313
and Jordan 442 – 6
Karamah 437 – 8
King David Hotel bombing 316 – 17
Lehi (Lohamei Herut Yisrael) 314 – 17, 320, 327
liberation movements 434 – 46
medical convoy ambush 329
Oslo Accords 594 – 604
partition proposals 258 – 9, 260
Phalangist atrocities 526 – 7
and PLO 434 –46
population diversity 248 – 9
refugee resettlement 345, 349, 367, 420
riots and demonstrations 249, 255 – 6, 543
Safad 331
Second Intifada 613 – 14
Stern Gang 260 – 1, 313
UN Partition Resolution 320, 325, 334, 336
UNSCOP report 320, 321
White Paper 260, 313 – 15
in WWI 191, 192, 194
Zionists in 248 – 9
see also Hamas; Israel
Palestine Liberation Army 437, 446
Palestine Liberation Movement 434
Palestine Liberation Organization
see PLO
Palestine National Council (PNC) 472, 474, 478, 548, 550
Palestine Student Union 434
Palestine War, 1948 13

Palestinian Authority 613, 614, 619, 620
Palestinian Legislative Council 619
Palestinian-Israeli conflict
two-state solution 614
Palmerston, Lord 101, 103
Pan Am 444
Paris Peace Conference 9, 195, 197, 203, 205, 206, 210, 212, 218, 242, 267, 268, 270, 279
Passfield White Paper 250, 252, 253
Peace of Kütahya 100
Peace of Paris 115
peace process 491 – 6
Peel Commission 257, 260
Peninsula Shield Force 628
People's Party (Egypt) 181, 245
People's Party (Syria) 287, 289
Peres, Shimon 380, 593, 599
Perpetual Treaty 220
Pétain, Marshal Philippe 283, 305
Pflimlin, Pierre 413
PFLP 439, 440, 443, 444 – 5, 473, 554
Phalangists 482, 484, 522, 525 – 7
pharaohs 501
Philippeville massacres 375
Pineau, Christian 381
piracy 36 – 41, 126, 142, 219 – 20
PKK (Kurdistan Workers' Party) 574
PLO 434 – 46, 469, 471 – 9, 522, 523, 524, 530, 532, 543, 548, 550, 554, 585, 586, 593, 595, 601, 603
Pointe, Ali la 411
Polignac, Prince Jules de 142
Popular Front for the Liberation of Palestine
see PFLP
Popular Front (France) 301, 303 – 4
Port Lyautey 279
Porte

see Sublime Porte
Postwar (WWI) Settlement 184, 195 – 218
Powell, Colin 617
The Prophet 268
prostitution in Damascus 53 – 5
Pundak, Ron 594
Putin, Vladimir 639 – 40

Qadhafi, Colonel Muammar al- 4, 6, 430, 453 – 6, 606, 624, 629 – 32
Qadhafi, Seif al-Islam 629 – 30
Qadir, Abd al- 143 – 9, 175, 294, 295
Qadiriyya order 143
Qana 599 – 600
Qansuh al-Ghawri, al-Ashraf 17 – 21
Qasim, Brigadier Abd al-Karim 396, 401
Qasimis (Mamluks) 46, 47, 48, 219 – 20
Qassam, Izz al-Din al- 253 – 6
Qassem, Naim 530
Qatar 456, 457, 458
Qawuqji, Fawzi al- 283 – 7, 289, 290, 291, 293, 323 – 4, 332
Qazdughlis 48
Qur'an 15, 25, 108, 114, 115, 122, 176 – 7
  commentaries on 505, 507, 509
Qurie, Ahmad (aka Abu Ala) 594, 596
Qusus, Awda al- 231 – 2
Qutb, Amina 533 – 4
Qutb, Muhammad 533 – 4
Qutb, Sayyid 503 – 10, 533 – 4, 544
Quwatli, Shukri al- 309, 310 – 11, 333, 344, 386, 390, 404

Rabat Summit 477
Rabin, Yitzhak 425, 479, 546, 593, 596, 597, 599
Radio Bari 263

Rahman, Moulay Abd al- 147
Rajab, Jehan 559, 562, 563 – 4, 572
Ramadan, Taha Yassin 567
Raqqa 640
Ras al-Khaima 219, 457, 458
Rashidis 222
Reagan, Ronald 520, 524, 532
Red Line Agreement 239
Reform Decrees 111 – 13, 114, 115, 118, 119
refugees
  Syrian civil war 638
Revolutionary Command Council 362, 363, 364, 559
Rif War 279 – 80, 284, 370
Rifai, Samir al- 469
Rifqi, Uthman Pasha 157, 158, 160
Rightly-Guided Caliphs 26
Rigoletto 126
Riyad, Muhammad 492
Riyad Pasha 157
Riyadh Summit 487, 488
Road Map 614 – 15, 619
Rogers, William 461
Rommel, Field Marshal Erwin 264
Roosevelt, Franklin 369
Rothschild, Baron Edmond de 192
Russia
  postwar aims 188
  protects Eastern Orthodox Church 113
  Syrian civil war intervention 639 – 40
  territorial claims 192
  threat to Britain 101 – 2
  see also Soviet Union
Russian Revolution 193
Russian War (1768 – 74) 61
Russian War (1877 – 78) 133, 150 – 1

Sa'ada, Antun 347

Saadawi, Nawal El 354, 359, 383 – 4
Sabah, Jabar al-Ahmad al- 560
Sabah, Saad al- 559
Sabra camp 526 – 7
Saʿcd, Maʿruf 482
Sadat, Anwar 357, 359, 423, 424, 430, 446, 461, 462, 463 – 4, 468, 488 – 96, 500 – 2, 551
Sadr, Anwar 643
Sadr, Musa al- 518 – 19
Safavid Empire 21, 35
Safwat, General Ismail 324, 325 – 6
Saʿid, Nuri al- 392, 395, 396, 397
Said Pasha 123 – 4, 154, 155
Salafism 177
Salan, General Raoul 413 – 15
Saleh, Ali Abdullah 4, 6, 633 – 4
Salem, Salah 339, 357
Salim Pasha 288
Salman, Abu 257
Salman, Isa bin 458
Salmun (Damascus prostitute) 54
San Remo conference 271
Sanaʿa 633, 634
Sanussi, Sayyid Muhammed Idris al- (Idris I) 430 – 53
Sarkis, Elias 486, 487
Sarrail, General Maurice 287, 289, 292
Sartre, Jean-Paul 292
Saʿud ibn Abd al-Aziz 72, 73
Saudi Arabia
　and Arab Spring 627 – 8
　bomb attacks 612
　and Houthi insurgency in Yemen 635
　oil 229, 448, 449, 456
　Western influence 11
Saudi-Hashemite conflict 223
Saudi-Wahhabi confederation (18th century) 57

Saudi-Wahhabi confederation (20th century) 221
Sayfas 45
Sayyid, Ahmad Lufti al- 177, 180 – 2
Schultz, George 528 scramble for Africa 166
Second Egyptian Crisis 103, 105, 111
Secret Armed Organization (OAS) 415 – 16
self-denying protocol 136
Selim I (Selim the Grim) 21, 22 – 3, 24 – 5, 26, 27, 29 – 30, 32, 49
Selim II 45
Selim III 91
September 11 attacks 12, 608, 609 – 10
Sétif repression 407
Sèves, Colonel 92
Seymour, Admiral Sir Beauchamp 162, 163
Shafʿi, Husayn al- 426
Shafi, Haidar Abdul 581, 587, 589 – 90
Shahbandar, Abd al-Rahman 286 – 7, 288, 289, 292 – 3
Shakespeare, William 29
Shamir, Yitzhak 315, 527, 532, 550, 570, 588, 591, 592 – 3
Shaʿrawi, Ali Pasha 209, 210
Shaʿrawi, Huda 208 – 11, 251
Sharett, Moshe 345, 367
sharia (Islamic) law 8
Sharifian Solution 229, 231
Sharja tribe 219
Sharjah 457
Sharon, General Ariel 522, 526, 527, 603, 604, 613, 619
Shartouni, Habib 525
Shatila camp 526 – 7
Shaw Report 250
Shaykh al-Balad

see Muhammed Bey Qatamish
Shertok, Moshe 346
Shiba Farms 601
Shihab, General Faud 399
Shihab family 57, 104, 117
Shiite Crescent 618
Shiite uprising in Iraq 574
Shiqaqi, Fathi 598
Shirazi, Ayatollah al- 215
Shuqayri, Ahmad 435, 439
Siba'i, Mustafa al- 510
Sicily 39
Sidi Bouzid 1 – 2, 3, 6
Sidi Ferrush 294, 295, 296, 298
Sidqi, Ismail 242, 243 – 4, 245 – 6
Sinai Disengagement Accords 489
Sisi, Abdel Fattah el- 643 – 5
Six Day War (Arab-Israeli War 1967) 420 – 33, 437, 453 – 60, 463
slavery
   abolition by France 142
   and Barbarossa 36
   boy levy 33, 55, 91
   Ottoman slave embargo 90
   and Qur'an 122
   slave soldiers 20
   slaves released at Tunis 39 – 40
   Spanish soldiers 39
   and Suez Canal 125
social contract 14
Society of Young Ottomans 131
Solh, Riyadh al- 308
Souqi, Samir 323
South Lebanon Security Zone 532
South Yemen, Soviet influence 11
Soviet Union
   in Afghanistan 535 – 41
   in Cold war 10 – 12
   collapse 553 – 5

and Egypt 420
and Iraq 555
and Iraq invasion 12
Nasser and Khrushchev 401
oil 451
and Syria 420
and Yemen 418
see also Russia
Soviet-American cooperation 565 – 6
Spain
   and Morocco 166 – 7
   Muslim rule in 36
   siege of Algiers 40
Special Operations Squad (Palestine) 440
Stack, Sir Lee 242
Standard Oil of California 449
Standard Oil of New Jersey 452
Stern, Abraham 314 – 15
Stern Gang 260 – 1, 313 – 15
Stone Pasha 160
Sublime Porte 32, 41, 44, 45, 46, 57, 61, 83, 96, 100, 102, 103, 113, 114, 123, 170
Sudan
   British/Egyptian occupation 241 – 3, 263
   invaded by Egypt (Muhammad'Ali Pasha) 90, 241
   Mahdi's Revolt 241
   military coup (1969) 430
Suez Canal 124, 125, 126, 151, 163, 164, 166, 187, 241, 354, 355, 367, 460 – 1, 489
Suez Canal Company 125, 134, 379
Suez Crisis (Tripartite Aggression) 377 – 85, 420
Sufi orders 20
Sufism 71
suicide bombings 598

Sulayman, Sidqi 424
Süleyman II (Süleyman the Magnificent/law-giver) 25, 30, 31-5, 39
Sulh, Riyad al- 348
Sultan Pasha (Pasha al-Atrash) 288, 290, 293
Sunni militants 533
Supreme Muslim Council 251
Sykes, Sir Mark 191, 266
Sykes-Picot Agreement 191, 192, 193-4, 266
Syria
  Alawaite Mountains revolt 284
  Aleppo military academy attack 511-12
  Aleppo revolt 285
  Arab Renaissance Party (Ba'th Party) 387
  and Arab Spring 4, 6, 624, 635-7
  Arab-Israeli War (1948) 332-40
  Arab-Israeli War (1967) 420-33
  Ba'th Party 387-8, 638
  Charter of 1930 13
  CIA plot against 382
  civil war 637-41
  colonial rule 9, 203-4
  Communists 387
  Egyptian rule 100, 266, 303-5
  Egypt/Syria union 386-91, 403
  famine 187
  and France 204-5, 266-76, 283-96, 303-5, 308-12
  the Friday of Dignity 637
  independence 303-5, 308-12
  Iron Hand Society 286-7
  joins United Nations 311
  and King-Crane Commission 198-204, 270
  Kurds 641
  and Lebanon 487, 518, 578-84, 621
  military coup 13-14, 344
  Muhammad 'Ali Pasha and 95-8
  Muslim Brotherhood 510-16, 551
  National Bloc 303, 304, 308-9
  nationalism 199-203, 283-7, 303-5, 308-12, 386-91
  occupied by British 305
  occupies Beirut 487, 488
  oil 448
  under Ottoman rule 32
  refugees 638
Syria - cont.
  riots/demonstrations 309-11
  Russian intervention 639-40
  Soviet influence 11
  Tadmur Prison 513
  Syrian Central Committee 269
  Syrian General Congress 200, 201, 202-3, 204, 270, 285
  Syrian Legion 284, 285, 290, 291
  Syrian Revolt 287-94
  Syrian Union Party 287

Taba summit 601
Tabbara, Lina 477-8, 483, 484, 485, 486, 487, 488, 523, 524
Tadmur Prison 513
Tafna Treaty 144
Tahtawi, Rifa'a al- 13, 106-9, 142, 172, 178
Taif Accord/Agreement 579, 580-1, 582, 583
Tal al-Za'tar 485
Talabani, Jalal 618
Taliban 611-12
Tall, Mustafa Wahbi al- 232
Tall al-Kabir 164
Tamarod movement 643-4

Tamimi, Azzam 542
Tangier(s) 147, 277
Tanzimat period 111 – 15, 130
Taqla, Bishara 174
Taqla, Salim 174
Tawfiq Pasha (later Khedive) 153 – 4, 157, 158, 159 – 60, 161, 162, 163, 164
Tehran Agreement 456
Temple Mount 603 – 4
Tenet, George 607, 608
Tergeman, Siham 292, 311, 312
Texaco 450
Thinni, Abdullah al- 632
Tiberias, siege of 59 – 60
Tlemcen 37
Topkapi Palace 32
torture
　abolition 112
　Abu Ghurayb Jail/prison 38
　in Algeria 411, 413, 417
　following Urabi assassination plot 160
　in Hama 515
　in Kuwait 563
　of Muslim Brothers 505, 507, 509
　in Palestine 259, 542
　in Transjordan 233
　of Zaynab al-Ghazali 508 – 9
Transjordan 230 – 4, 248
　air strikes on 231
　Arab-Israeli War (1948) 332 – 40
　and partition 322
　tax strike 231
Treaty of Berlin 149
Treaty of Fez 276
Treaty of Friendship and Cooperation (Iraq/Soviet Union) 555
Treaty of Madrid 276
Treaty of Preferential Alliance 239 – 40, 246
Tripartite Aggression (Suez Crisis) 377 – 85
Tripoli 30, 32 – 3, 34, 630, 631, 632
troika 579, 580
Troupes Spéciales (Syrian Legion) 284, 285, 290, 291
Trucial States 220, 456, 457
Truman, Harry 320
Tumanbay, al-Ashraf 22 – 3, 24 – 5, 29
Tunbs 458
Tunis 37, 39, 624
　and Arab Spring 2 – 3
　bankruptcy 135
　Ottoman vassals 57
　Regency government 126
Tunisi, Khayr al-Din al- 13
Tunisia
　and Arab Spring 1 – 4, 6, 14, 624
　constitution, 1863 13
　constitution, 2014 645 – 6
　demonstrations 370
　development projects 126
　elections, 2014 645 – 6
　foreign loans 132
　French occupation 136, 149, 152 – 3, 170, 370 – 1, 373
　and Khayr al-Din 127 – 8
　Neo-Destour party 373
　political transition 645 – 6
　Western influence 11
Tunisian Constitution 130
Turaba 226
Turayqi, Abdullah al- 451, 452, 454, 459
Turco-Circassians 154, 155, 159, 160, 361
Turcomans 52
Turkey

bankruptcy 135, 150
bomb attacks 612
constitutional movement 131
as Sick Man of Europe 150
and Syrian civil war 639, 641
Turkish Petroleum Company 239
Tussun Pasha 86, 88
TWA 440 - 1, 443

U Thant 423
Um al-Qaiwain 457
Umar, Zahir al- 58 - 62, 64, 66, 67 - 8, 69, 105
Umayyad dynasty 26
unified Arab state proposal 197
Union of Arab Emirates
 see United Arab Emirates
United Arab Emirates 456, 458, 628
United Arab Republic (UAR) 389, 392, 400, 401, 402, 404, 406, 417, 419, 447
United National Command (UNC) 543, 544 - 7
United Nations
 Arafat visit 471 - 2, 477
 Emergency Force (UNEF) 422 - 3
 Lebanon joins 311
 and Libya 631
 Partition Resolution (Palestine) 320, 325, 334, 336
 peacekeeping after Suez 384
 Security Council (Resolution 242) 432, 433, 467, 469, 471, 472, 549, 586, 592, 597
 Security Council (Resolution 338) 469, 471, 549, 586, 592, 597
 Security Council (Resolution 660) 560, 565
 Security Council (Resolution 661) 565

 Security Council (Resolution 662) 565
 Security Council (Resolution 670) 565
 Security Council (Resolution 678) 566, 569
 Security Council (Resolution 687) 607
 Special Committee on Palestine (UNSCOP) 318, 319
 Syria joins 311
 and Syrian civil war 638
 United Arab Emirates joins 458
 UNSCOP report 320, 321
United States
 in Afghanistan 611 - 12, 623
 Arab relations (after 1967) 431
 attack on USS *Liberty* 431
 CIA involvement 382, 394
 in Cold war 10 - 11, 12
 drone attacks 623 - 4
 Eisenhower Doctrine 393, 394, 399
 as Great Satan 520
 invasion of Iraq 615 - 17
 and Iran 555
 and Israel 420, 431
 in Lebanon 399, 622
 Marine barracks bombing 516 - 17
 Obama era 623 - 4
 September 11 attacks 12, 608, 609 - 10
 and Suez Crisis 382 - 4
 and Syria 202
 war on terror 609, 612 - 13, 617, 618
Urabi, Colonel Ahmad 154 - 9, 160, 161, 162, 163 - 4, 165 - 6, 174, 175, 361
USS *Liberty* 431
Uthman Pasha 61, 65, 68

Verdi, Giuseppe 126
Vernet, Horace 144
Versailles Peace Conference 196

Viollette, Maurice 300 – 2
Voice of the Arabs (radio station) 386, 419

Wafd nationalist party 210, 211, 241, 242, 244 – 5, 246, 264, 354, 355
Wafdist Women's Association 251
Wafdist Women's Central Committee 211
Wahhab, Muhammad ibn Abd al- 69 – 76
Wahhabi
  attack on Hijaz 73 – 5
  attack on Karbala 72, 73
  attack on Mecca 73
  attack on Medina 73
  attack on Southern Iraq 105
  attack on Taif 228
  and Muhammad 'Ali Pasha 84, 85 – 6, 87 –9, 96
  as zealous warriors 226
Wahhabi-Saudi confederation 57
Wahhabism 70, 71 – 6
Waldheim, Kurt 469
War of Attrition 461
Wazir, Khalil al- 435, 545, 546
weapons of mass destruction (WMD) 607
Weitzman, Chaim 250
Weizmann, Chaim 193, 196
West Bank 522, 541 – 51, 614, 620
Wilhelm II, Kaiser 168
Will, George 7
Wilson, Sir Arnold 214
Wilson, Sir Charles Rivers 134, 156
Wilson, Harold 457
Wilson, Woodrow 9, 195 – 6, 197 – 8, 201, 205, 206, 210, 218
Wingate, Sir Reginald 206, 210
Wolfowitz, Paul 617
Wolseley, Sir Garnet 164
women in politics 208 – 11, 251 – 2, 354 – 5, 410 – 11, 416 – 17, 440, 507 – 9, 589
women's rights 178 – 80, 208 – 11, 251 -2
World Bank 377
World War I 13, 184 – 95, 217, 266, 279, 298 – 9
World War II 261 – 5, 313
World Zionist Organization 192 – 3, 250
Worth, Robert 633

Yacef, Saadi 411, 412
Yahya, Imam 418
Yahya, Mohammed al- 562, 563
Yahya, Tahir 426
Yamani, Ahmad Zaki al- 454, 466, 470
Yassin, Ahmad 544
Yazbek, Samar 636 – 7
The Year of the Elephant 371
Yegen, Dawud Pasha 160
Yellow Fleet 489
Yemen
  and Arab Spring 4, 6, 624, 633 – 4
  and China 418
  civil war 403
  and Egypt 419 – 20, 424
  elections, 2012 634
  Houthi insurgency 634 – 5
  humanitarian crisis 635
  military coup 13 – 14
  and Nasser 419
  National Dialogue Conference 634
  as Ottoman vassals 57
  Saudi embargo 635
  Yemen Arab Republic declared 419
  Yemen War 418 – 20, 422
Yezidi, the 641
Yom Kippur War (Arab-Israeli War 1973) 463 – 71
Younes, Colonel Mahmoud 379 – 80

Young Algeria movement 299
The Young Algerian: From Colony to Province 298
Young Men's Muslim Association 253
Young Turks 170, 184 – 5, 217 – 18
Youssef, Moulay 277, 281

Zaghlul, Sa'd 177, 206, 207, 210, 211 – 12, 241, 242
Zahir Shah, King 535
Zahleh, siege of 117 – 19
Za'im, Colonel Husni al- 344 – 7, 347, 386
Zarqawi, Abu Musab al- 640
Zaydanis 58, 59, 60
Zaydi Sect (Yemen) 418
Zaydis, the 634 – 5
Zeid, Prince 400
Zimala encampment 147
Zionist Organization of America 441
Zionists 247 – 9, 260
Ziyada, Mai 209
Zuaytir, Akram 253 – 6
Zurayk, Constantine 340 – 2